21世纪应用型
"双创"型

U0675872

企业文化

双色版

主　编　徐艳华　张晓艳

副主编　廖新平　颜黎明　张嘉惠

　　　　张淑红　逢山舒　杨　靖

　　　　李　昕　曹哲文　王　琦

　　　　李秀菊　梁冬梅　张　蕊

QIYE WENHUA

湖南师范大学出版社　国家一级出版社
全国百佳图书出版单位
·长沙·

图书在版编目（CIP）数据

企业文化 / 徐艳华，张晓艳主编 . —长沙：湖南师范大学出版社，2016. 1（2020. 1 重印）
21 世纪应用型人才培养规划教材
ISBN 978-7-5648-2416-7

Ⅰ.①企…　Ⅱ.①徐…　②张…　Ⅲ.①企业文化-高等学校-教材　Ⅳ.①F270

中国版本图书馆 CIP 数据核字（2016）第 024207 号

企业文化
QIYE WENHUA

徐艳华　张晓艳　主编

◇全程策划：王　强
◇组稿编辑：杨海云
◇责任编辑：张志红
◇责任校对：张晓芳
◇出版发行：湖南师范大学出版社
　　　　　　地址/长沙市岳麓山　邮编/410081
　　　　　　电话/0731-88872751　传真/0731-88872636
　　　　　　网址/http：//press. hunnu. edu. cn
◇经　　销：全国新华书店
◇印　　刷：北京俊林印刷有限公司

◇开　　本：787mm×1092mm　1/16
◇印　　张：23.5
◇字　　数：448 千字
◇印　　次：2020 年 1 月第 2 次印刷
◇书　　号：ISBN 978-7-5648-2416-7
◇定　　价：59.00 元

精品课程配套教材
"双创"型人才培养优秀教材 编写委员会

前　言

随着经济社会的发展，现代企业管理大致经历了经验管理、科学管理、文化管理三个阶段。而企业文化管理是企业管理的总体趋势，即企业管理理念、价值观等软性因素在现代管理中的作用日渐增强。企业文化客观地存在每一个企业经营管理中，实践证明，优秀的企业文化将促进企业的长远发展，反之则阻碍企业的进步。做为企业管理者还需根据企业所处的发展阶段，不断完善管理方式，进行企业文化建设和变革。

企业文化管理要求企业从整体和长远利益出发，就企业目标制定相应的决策，并将企业理念内化到员工的语言和行为，共同导向企业的目标实现。企业文化管理具有许多不同与科学管理的特征：管理的目标从纯追求总量和利润向追求服务超值、增加财富转变；管理组织结构从金字塔的直线职能型向扁平化组织转变；管理系统从以物质资源为主体的简单管理系统向智力资源为主体的复杂管理系统转变；管理策略从刚性管理向柔性管理转变；管理职能分工和"管"向综合和"理"转变；管理者与被管理者的关系从单向的执行到双向的互动转变等等。

现代企业管理离不开文化管理，文化管理也越来越在实践中证明它对企业发展的重要性，基于社会企业管理对文化管理的需求，高校管理类专业也日渐重视企业文化管理课程的开设与改革，企业文化管理是培养应用型的企业管理人才必备的内容，适应了高校培养高素质应用型创新人才的趋势，是一门越来越受到高校重视的管理课程，在高校企业管理相关专业一般设置在专业技能课程环节。

本书正是基于培养应用型人才的目标的背景下，对管理类专业学生的企业文化管理课程进行改革研究，选择合适的内容组织形式与案例素材，达到培养素质高、能力强的应用型人才的目标。为使教材尽量适应各大高校培养应用型人才的时代新要求，本书修订基本上保留了原教材的内容体系和知识结构，仅对部分章节进行了调整，如增加文化概述一章，体现文化与企业文化的内在渊源；第七章、第八章和第十章增加了实践训练项目，使得章节的实践训练更加完善；为了新时期企业和广大师生文化自信的提升，本书增加了重视中国优秀传统文化的上新了故宫和中华老字号"崔"字牌香油瑞福油脂公司企业文化等案例；网络时代新文化现象出现，为文化创新提供了新平台，本书增加了抖音文化也可让"非遗抖起来"等案例，更加贴近社会实际；另外为了方便学习，每章增加了大量视频等知识拓展资料，丰富教材的知识信息量，供师生参考。

本书由徐艳华综合多年的企业文化管理教学经验编写大纲并统稿，由徐艳华（青岛科技大学)、张晓艳（青岛广播电视大学）担任主编，其中第一至六章由徐艳华编写；第七章由张晓艳编写；第八章由梁冬梅编写；第九章由刘敏编写；第十章由廖新平、颜黎明、李秀菊编写；第十一章由张嘉惠、张淑红、逄山舒编写；第十二章由杨靖、李昕、曹哲文、王琦、张蕊编写。

在本书修订过程中，我们仔细通读了全书，对每章、每节进行了详细审查，更正了个别错漏字句，对书中的案例数据进行了相应更新。

由于实践限制和编者水平所限，书中难免有不足之处，敬请广大师生和专家指正。

编　者

目 录
*C*ontents

第一章　企业文化概述

学习目标

- 掌握企业文化的概念及特征。
- 掌握企业文化的基本要素。
- 熟悉企业文化的产生与形成。
- 了解企业文化的重要性。

导入案例

《上新了故宫》里的"故宫文化"与文创产品创新

"解锁求知若渴学霸康熙"，"揭秘紫禁城皇家演唱会"，"揭秘乾隆秘密花园"……由故宫博物院、北京电视台出品、华传文化传播（天津）有限公司联合出品、春田影视制作的大型文化季播节目《上新了·故宫》，仿佛"魔法"般打开了壁垒森严的宫墙，把华夏民族史上最为瑰丽的建筑文化故宫的奇迹与神秘以及精美绝伦的国宝文物，零距离地展现给观众，让"年轻态"时代的新鲜感唤醒了沉睡的历史文化，让顶级国宝文物活起来。《上新了·故宫》联合顶尖跨界设计师，每期诞生一个引领热潮的文化创意衍生品，掀起了线上线下故宫热，开辟了领略故宫的文化底蕴的新纪元，激活了国宝的无限活力！

《上新了·故宫》以年轻群体喜闻乐见的方式传播和传递传统文化，以嘉宾探秘的形式"梳理传统文化资源"，通过将传统文化元素付诸文创产品的形式，"让收藏在禁宫里的文物、陈列在广阔大地上的遗产、书写在古籍里的文字都活起来"。整个节目变成了一个富有悬念的故宫主题探寻解密之旅、变成当代年轻人与古老文明的对话、时代新鲜感与沉睡文物的被激活与唤醒的过程。由"传统文化向人群的单向输出"变成"文化与人群之间的双向交互"，采用"实地探索＋合理想象＋应用实践"的形式最终将节目成果用更为接地气的方式传递给年轻受众。将历史文化融入现代生活，开发适合现代社会生活的新的文创产品。

"买卖是最好的保护，使用是最好的传承，分享是最好的传播。"该节目践行习近平总书记的讲话精神，用商业化的形式为故宫传统文化赋能。该节目与今日头条合作，每期就故宫文化元素征集文化创新创意，在网上形成热点事件。并通过嘉宾分享在网络上的故宫文化元素，年轻人通过自己在故宫探索得到的文化元素，再通过设计开发，研发出适合年轻人的文创产品。从传统文化探索，到文创产品研发，再到线上众筹，节目形成一个"年轻化的生产与传播闭环"。以崭新的视角和年轻的表达满足新一代对故宫的好奇，把凝结着上下五千年文明精粹的故宫，特别是35%未开放的区域突破性地首次呈现给观众。《上新了·故宫》成功地探索出创新中国传统文化传播、实现中国文化类节目本质上的升级的"蓝海"，一经播出便获得良好口碑，是一部注重匠心、走心制作的精品电视节目，是文化类节目创新的标杆。

"企业文化"（Corporate Culture）和"组织文化"（Organizational Culture）这两个名词均来源于西方管理学界。西方学者倾向于使用"组织文化"，传到中国内地，国内的学者更青睐"企业文化"。事实上"组织文化"和"企业文化"基本上是可以混用的概念，因为多数组织文化研究的对象都是企业。本书主要使用"企业文化"的概念，但有时为了保证引文的准确性也同时使用"组织文化"的概念。

第一节 企业文化理论的产生与形成

有企业和企业管理存在，就有企业文化存在。一般来说，这种企业文化属于自发形成的文化。真正把企业文化当成一门科学来对待，有意识地对它进行研究并运用于企业管理实践，是 20 世纪 80 年代以后的事情。

一、企业文化兴起的历史背景

理性主义一直是西方企业管理的基本准则。然而，这种理性主义管理在第二次世界大战后（尤其是在 20 世纪六七十年代）遇到了严峻的挑战。

首先，从当代西方学术思想发展来看，第二次世界大战以后，西方学术界的主要特征之一是注重人的主体性研究，致力于探求人的精神世界和行为表现，以弘扬人的价值和尊严。因此，以人为中心，强调研究人的精神、人的文化的企业文化理论正是现代西方人本主义学术思潮的一种表现。

其次，从世界经济范围来看，20 世纪 70 年代末，日本经济实力的强大对美国乃至西欧经济形成了挑战。面对日本的汽车、录像机和其他许多产品压倒美国货，美国人感到非常困惑，美国大量的专家、学者和企业家纷纷到日本考察、研究，探索日本成功的奥秘。经过认真研究，他们发现成功的企业管理是日本经济迅速崛起的重要原因。日本企业的管理注重目标、信念、价值观和文化这类软性因素，美国企业则强调技术、设备、方法、规章、组织结构和财务分析等硬性因素；日本企业强调团体的作用，美国企业强调高层经理的作用；日本企业强调部门之间的协作，美国企业强调部门的专业化和分工；日本企业强调员工的稳定性和终身雇用，美国企业强调流动和解雇；日本企业强调工资与工龄成正比，美国企业强调工资与贡献成正比；日本企业强调对员工进行缓慢的评价和升迁，美国企业强调快速地评价和提升等等。

再次，从管理实践角度看，当代企业管理实践在许多方面都发生了巨大的变化，主要表现为：第一，人们在精神方面的需求不断增长，单纯依赖物质刺激已经不足以调动职工的积极性，需要一种新的管理理论和管理方式；第二，在西方国家，体力劳动者越来越少，脑力劳动者比例增大，这意味着"胡萝卜加大棒"（即重奖重罚）式的管理方法必然遭到广大劳动者的激烈反对；第三，现代生活节奏越来越快，人们的业余文化生活变得相对较少，因此要求工作本身能给人们提供精神补偿；第四，企业中管理人员的数量在下降，对"知识型员工"的管理更为宽松。"知识型员工"偏好软性约束，并要求积极参与企业管理。

综上所述，企业文化的兴起是当代学术思潮发展的必然结果，是美日经济竞争引起的管理模式比较的产物，更是对现代企业管理实践新动向的反映。

二、企业文化理论的产生

组织文化（即企业文化）这一概念正式面世，是 20 世纪七八十年代的事情。1970 年，美国波士顿大学组织行为学教授 S. M. 戴维斯在其《比较管理——组织文化展望》一书中，率先提出组织文化这一概念。

美国企业文化研究的热潮，大体经历了以下三个阶段。

第一阶段的代表作是哈佛大学伏格尔教授的《日本名列第一》，影响很大。1980 年 7 月，美国国家广播公司播出电视节目"日本能，为什么我们不能"，在美国引起强烈反响。这一阶段起到了动员和准备作用。

第二阶段是两国管理模式的比较研究，发表的论著较多，具有代表性的有 1981 年 2 月出版的斯坦福大学教授帕斯卡尔和哈佛大学教授阿索斯的著作《战略家的头脑——日本企业的管理艺术》，以及 1981 年 4 月出版的美国加利福尼亚大学美籍日裔教授威廉·大内的著作《Z 理论——美国企业界如何迎接日本的挑战》。《战略家的头脑——日本企业的管理艺术》一书中提出了"7S"模式，即战略（strategy）、结构（structure）、制度（system）、人员（staff）、作风（style）、技能（skills）、崇高目标（superordinate goals）。在 7 个"S"中，战略、结构、制度是硬性因素，其余 4 个是软性因素，7 个"S"构成一个有骨骼、有血肉的有机系统。日本企业对一些软性因素，如人员、作风、崇高目标相当重视，这是日本组织文化的独到之处。作者强调，必须把硬性因素和软性因素结合起来，把硬性因素置于软性因素的控制之下。《Z 理论——美国企业界如何迎接日本的挑战》一书中提出，必须把企业建设成为一种"Z 型组织"，同时造就一种"Z 型文化"。作者认为"Z 型文化"就是"信任、微妙性和人与人之间的亲密性"。"这种组织文化的发展，可能部分地代替分布命令和对工人严密监督的官僚方法，从而既能提高劳动生产率，又能发展工作中的支持关系。"

第三阶段，可以说是深入改革的研究，主要目标是重建与美国文化相匹配的经营哲学和工作组织，以恢复美国的经济活力和对日本企业的竞争力。主要代表作有 1982 年 7 月由哈佛大学教授特伦斯·迪尔（Terrence E. Deal）和麦肯锡咨询公司顾问艾伦·肯尼迪（Allan Kennedy）合著的《企业文化——企业生活中的礼仪与仪式》，以及 1982 年 10 月由麦肯锡咨询公司顾问彼得斯和沃特曼合著的《寻求优势——美国最成功公司的经验》。在《企业文化——企业生活中的习俗礼仪仪式》一书中，作者把公司文化的构成归纳为五大要素，即价值观、英雄人物、习俗和仪式、文化网络及企业环境，其中价值观是核心要素。该书认为，正是这些非技术性、非经济的因素，对企业成功与否起着一种主要作用。《寻求优势——美国最成功公司的经验》的作者认为，纯粹以理性主义为指南，会使企业变得片面狭隘、僵化呆滞，无法适应市场竞争需要。专著通过对美国 40 多家公司的研究，概括了美国优秀公司的八大特点：①行动迅速，决策果断；②接近顾客，以优秀的产品和优秀的服务维持优势；③锐意革新，全力支持敢闯敢做的改革者；④珍视企业至为宝贵的资源——人，通过人潜能的发挥来提高生产率；⑤以价值准则为轴心，把公司内部的各种力量凝聚到企业目标上来；⑥扬长避短，展开多角化经营，增强应变能力；⑦组织结构简单，减少层次；⑧宽严相济，张弛有度，注重管理艺术。他们研究的美国许多家优秀创新型企业彻底实施了上述原则，因而取得了惊人的成就。

上述第二阶段和第三阶段出版的四本畅销著作，被称为企业文化的"新潮四重奏"。这四本著作的出版，标志着企业文化理论的诞生。

三、企业文化理论在我国的引入和文化建设实践发展

我国企业文化建设三十几年来的历程大致可以划分为以下三大阶段。

1. 引入介绍期

20 世纪 80 年代属于引入介绍期。20 世纪 80 年代美国提出的企业文化理论传到中国，并很快得到了中国企业界和管理学界的认同和响应，掀起了第一次企业文化热潮。有没有优良的企业文化当时被作为企业达标升级的条件之一。

2. 初步探索期

20 世纪 90 年代属于初步探索期。进入 20 世纪 90 年代后，我国已逐步告别短缺经济，市场竞争日趋激烈，产品同质化现象十分普遍，企业开始寻求差异化策略。一时间，许多企业纷纷模仿外资企业文化的一些形式，如热衷于搞文艺活动、喊口号、统一服装、统一标志，大多数企业还直接请广告公司等做 CI 形象设计，积极导入 CIS 等。

3. 蓬勃发展期

21 世纪属于蓬勃发展期。市场经济的深入发展和经济全球化背景下竞争格局的变化，使得加强企业文化建设受到我国越来越多企业的重视。一大批企业开始自觉进行文化建设，纷纷成立企业文化领导机构，并建立了企业文化职能部门，开始致力于构建企业文化体系，全面系统地推行企业文化建设。

三十多年来中国企业文化建设取得了一系列可喜的成绩，主要表现在：①企业文化建设的广度显著增大。越来越多的企业开始认识到企业文化是企业持续发展的重要力量源泉之一，众多的企业家开始重视企业文化建设，各地区、各行业、不同所有制、不同规模的企业纷纷着手加强企业文化建设，制定企业文化战略，实施企业文化工程。②企业文化建设开始由表及里深入发展。许多企业开始从战略高度认识到转变企业经营理念的重要性，把企业文化建设与企业改革和加强管理相结合，努力改变计划经济体制下形成的思维模式和经营方式，逐步树立与市场经济体制相适应的价值观，提炼和培育出具有时代气息和自身特色的价值理念。③涌现出一大批先进的企业文化示范企业。如海尔、联想、同仁堂、西安杨森等企业在自身发展的过程中逐步培育和积淀了各具特色的企业文化，这些先进企业的文化具有很好的辐射作用，有效带动了其他企业的文化建设。

四、企业文化形成的影响因素

企业文化是在企业外部环境和内部环境的交互作用下形成的，下面分析企业文化形成的外部影响因素和内部影响因素。

1. 外部影响因素

影响企业文化形成的外部因素主要有以下几个：

（1）民族文化因素。

民族文化是影响企业文化的重要因素之一。不同的民族有不同的文化，这种文化必然会影响到企业文化。相对于社会大文化来说，处于亚文化地位的企业文化植根于民族文化土壤中，这使得企业的价值观念、行为准则、道德规范等无不打上民族文化的深深烙印。民族文化对企业的经营思想、发展战略及策略等均会产生深刻的影响。不仅如此，企业为了经营的成功和今后的进一步发展，还要努力去适应民族文化环境，去理解在一定民族文化环境下所形成的社会心理状态。

（2）外来文化因素。

对于特定企业而言，从其他国家、其他民族、其他地区、其他行业、其他企业引进的文化都是外来文化，都会对该企业的文化产生一定影响。

随着世界市场的融合和经济全球化的进程，各国间经济关系日益密切，不同国家之间在文化上的交流和渗透日益频繁。例如，第二次世界大战后的日本受美国的现代经营管理思想、价值标准、市场意识、竞争观念、时间观念等影响很大，日本的企业文化中既有以中国儒家思想为中心的根，又有受美国文化影响的叶。中国实行改革开放以来，在引进、消化、吸收外国先进技术和管理的同时，也引进了国外的文化。从国内其他民族、地区、行业或企业进行技术转移的过程，也会对一个企业的企业文化产生影响。即使同行业中企业与企业之间由于所在地区、环境及发展历史等原因在企业文化上也会有相当大的差异，因此地区之间、行业之间、企业之间的技术转移过程中通常会伴随企业文化的辐射和扩散。

（3）行业文化因素。

不同行业的企业文化特点是不一样的。由于各个行业在生产特点、管理模式和服务要求上存在很大差异，所以企业文化也必然存在差异。

如制造业通常以体力和技艺、机械力和管理组合作为生产力的主体，科学和理性是管理的主要特性，因而可能出现科学和过度的理性对人性的压抑。与之相对照，IT 业主要以知识、智慧组合成生产力的主体，创新的过程基本上都是在黑箱中进行，只有到外化为产品时，我们才能间接地感受到。因此虽然 IT 行业的基础是科学和理性，但更多地表现出感性和人性化的倾向。服务业提供的不是有形的产品，而是无形的服务，因此服务业特别强调给顾客提供超值和人性化的服务。每一个行业都有其文化个性，在这个行业没有革命性的变化之前，行业的基本特性通常是不会改变的。

（4）地域文化因素。

无论国家与国家之间，还是同一国家的不同地区之间，地域性差异是客观存在的。不同的地域处在不同的地理、历史、政治、经济和人文环境下，因而在一定程度上会产生企业间文化的差异。可以说地域文化是民族文化地域差异性的显现。

2. 内部影响因素

影响企业文化形成的内部因素主要有以下几个：

（1）企业传统因素。

企业文化的形成过程也就是企业传统的传承过程，企业文化的发展过程也就是对企业传统去粗取精、扬善抑恶的过程。因此，企业传统是形成企业文化的重要因素。每个企业都应根据自身的外部环境和内部条件等特点，从本企业所追求的经营目标、实施的发展战略及经营策略中总结出自己的优良传统和经营特色，从而形成自身的经营哲学、价值观念，创造出本企业独具特色的企业文化风格。

（2）企业发展阶段因素。

企业处于不同的发展阶段，决定了它将面临不同的发展状况和焦点问题，进而影响到企业文化的不同特点。一般来说，企业从创业期到成长期，再到成熟期，企业文化会呈现阶段性变化。处于创业期的企业往往更关注企业的生存和市场情况，这一阶段的企业往往对内部规范管理还顾及不到。企业步入成长期后，随着各项工作的顺利开展，企业文化模式渐渐成形，这是企业文化建设的关键时期。企业一旦进入成熟期，主导文化就基本固定下来，这时的企业就需要特别注意防止官僚习气的产生，否则将导致企业缺乏创新性和灵活性。

（3）企业发展战略因素。

随着外部环境的改变，企业战略常常需要做相应的调整或变革，因为不断创新以适应环境变化是企业旺盛生命力的源泉。当战略的变革与企业文化相冲突时，由于企业文化变革的速度有限，观念的更新和行为的改变需要经历一定的时间跨度，企业文化的某些内容就会成为战略实施的阻力。这时企业往往需要对企业文化进行重新调整，修正、补充、更替原有的企业文化要素，使企业文化与变革的战略能够匹配、协调。

（4）个人文化因素。

个人文化因素指的是企业领导者和员工的思想素质、文化素质和技术素质，它直接影响和制约着企业文化的水平。其中，企业领导者的个人素质、思想方法、价值观念、经营思路、经营哲学、实际经验、工作作风等因素对企业文化的影响是非常显著的，甚至其人格特征也会对企业文化的形成有较大的影响，这是因为企业的价值观、作风和行为准则等在某种意义上说就是企业领导者价值观的反映。员工中的英雄模范人物是员工群体的杰出代表，也是企业文化人格化的具体体现。

第二节　企业文化的概念与基本要素

一、企业文化的概念

1. 企业文化现象无处不在

每时每刻，我们都在与企业文化打着交道。当我们接触到其他企业时，这些企业中最明显、最不同寻常的特质常常会引起我们的关注和兴趣，如索尼公司、松下公司员工对公司和企业产品的热忱，微软公司异乎传统的经营方式等。而当我们身居其中，企业文化现象又时隐时现，难于察觉。只有当我们有意实施一些与企业文化的核心价值观念和标准相抵触的新策略时，才可能真切感受到企业文化那实实在在的力量。

索尼公司的前身东京通信工业株式会社成立之初，创始人井深大就说："我们要凭着别的公司都无法超越的决心，创造我们自己独一无二的产品。"后来盛田昭夫回忆说："建立公司之初，我们并没有写一首公司之歌，但是我们确实有一个我们信奉的纲领，称为'索尼精神'。首先，我们说索尼是开拓者，它决不跟在人后，随波逐流。公司将'始终是一个未知世界的开拓者'。"

2. 企业被文化所围绕但文化常会被忽略

不管你是否注意，文化其实就在你的身边。不同的企业有着不同的文化。例如，当你进入不同的企业，你就能"感觉到"该企业的氛围，人们是如何彼此打招呼的，或他们是如何看待你的。人们谈论的事，或人们保持沉默的事，办公室的设备、布告栏及许许多多不出声的暗示都能向你展示企业的文化。

我们经常由于一些原因而忽略了文化的存在。首先，我们往往不会觉察到文化，这是由于文化已经如此深地扎根于人们日常的工作与生活之中。我们的信念、价值观和行为方式已经变得极其内在，以至于文化过程也变得令我们毫无察觉。

其次，文化的组成部分难以捉摸。假定我们要求人们对其企业文化进行描述，即便是从那些来自相同文化氛围的人，你获得的回答也可能相去甚远，因为人们关注的方面各不相同。

再次，往往只有在我们所习惯的事物发生变化时，当我们遇到了不同于我们所习惯的事物时，才会深刻地注意到文化的存在。事实上，我们常常期望其他人也有与我们相似的风俗习惯和文化意识，而在他们并不具备这些东西时，我们会感到奇怪。如果你在一家企业工作了一段时间，然后又调往另一家企业，或者如果你们的公司有了一次并购经历，你对其间的文化差异就会具有深刻体验。

3. 目前企业文化尚无统一定义

企业文化又称公司文化，这个名词的出现始于 20 世纪 80 年代初。一种新的概念和理论在形成过程中，往往会发生众说纷纭的现象，企业文化也不例外。

特伦斯·迪尔和艾伦·肯尼迪在《企业文化：企业生活中的礼仪与仪式》一书中指出，企业文化是由五个因素组成的系统，其中，价值观、英雄人物、习俗和仪式及文化网络，是它的四个必要的因素，而企业环境则是形成企业文化的最大影响因素。

威廉·大内认为，企业的传统和氛围产生一个企业的企业文化。企业文化表明企业的风格，如激进、保守、迅速等，这些风格是企业中行为、言论、活动的固定模式。管理人员以自己为榜样把这个固定模式传输给一代又一代的企业员工。

爱德加·沙因（Edgar H. Schein）认为，从企业的各层面上来说，文化就是根本的思维方式——企业在适应外部环境和内部整合过程中独创、发现和发展而来的思维方式，这种思维方式被证明是行之有效的，因而被作为正确的思维方式传输给新的成员，以使其在适应外部环境和内部整合过程中自觉运用这种思维方式去观察问题、思考问题、感受事物。沙因把文化分为三个层面，如图 1-1 所示。

约翰·科特和詹姆斯·赫斯克特在其《企业文化与经营业绩》一书中指出，企业文化通常代表一系列相互依存的价值观念和行为方式的总和。这些价值观念、行为方式往往为一个企业全体员工所共有，往往是通过较长的时间积淀、存留下来的。

迈克尔·茨威尔在其著作《创造基于能力的企业文化》中谈到，从经营活动的角度来说，企业文化是组织的生活方式，它由员工"世代"相传。通常包含以下内容：我们是谁，我们的信念是什么，我们应该做什么，如何去做。大多数人并不会意识到企业文化的存在，只有当我们接触到不同的文化，才能感到自己文化的存在。企业文化可以被定义为

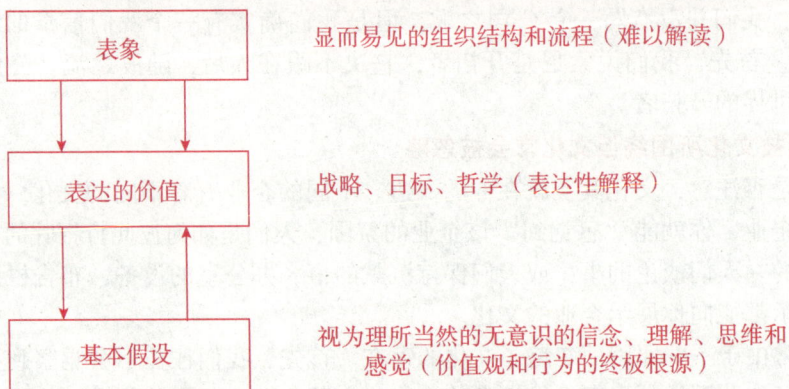

图 1-1 文化的层次

在组织的各个层次得到体现和传播，并被传递至下一代员工的组织的运作方式，其中包括组织成员共同拥有的一整套信念、行为方式、价值观、目标、技术和实践。

杰克琳·谢瑞顿和詹姆斯·斯特恩在《企业文化：排除企业成功的潜在障碍》一书中指出，企业文化通常指的是企业的环境或个性，以及它所有的方方面面。它是"我们在这儿的办事方式"，连同其自身的特征，它很像一个人的个性。更确切地说，我们可将企业文化分成四个方面：①企业员工所共有的观念、价值取向及行为等外在表现形式；②由管理作风和管理观念（管理者说的话、做的事、奖励的行为）构成的管理氛围；③由现存的管理制度和管理程序构成的管理氛围；④书面和非书面形式的标准和程序。

查尔斯·希尔和盖洛斯·琼斯认为，企业文化是企业中人们共同拥有的特有的价值观和行为准则的聚合，这些价值观和行为准则构成企业中人们之间和他们与企业外各利益方之间交往的方式。

清华大学教授张德认为，企业文化是指企业全体员工在长期的创业和发展过程中培育形成，并共同遵守的最高目标、价值标准、基本信念及行为规范。

上海德村文化研究所所长曹世潮先生认为，文化是特定人群当下普遍自觉遵循的观念和方式系统。

4. 正确理解企业文化

那么究竟应如何理解企业文化呢？我们认为，企业文化是社会文化的一个子系统。企业通过自身生产经营的产品及服务，不仅反映出企业的生产经营特色、组织特色和管理特色等，更反映出企业在生产经营活动中的战略目标、群体意识、价值观念和行为规范，它既是了解社会文明程度的一个窗口，又是社会当代文化的生长点。因此，在国内外学者观点的基础上我们可以对企业文化作如下定义。

企业文化是指现阶段企业员工所普遍认同并自觉遵循的长期形成的一系列理念和行为方式的总和，通常表现为企业的使命、愿景、价值观、管理模式、行为准则、道德规范、沿袭的传统和习惯等。

表 1-1 5719 厂企业文化手册

项目	内容
企业使命	给飞机心脏创造新的生命，为航空发展贡献不竭动力
企业愿景	成为飞机心脏的顶级服务者

续表

项目	内容
企业精神	情系蓝天，追求卓越
企业核心价值观	诚、新、快、实、和
企业质量观	产品如人品，质量不好就是人品不好；质量就是最大的政治
企业安全观	遵章为先，预防为主
企业人才观	学技术吃香，有本领风光
企业环保观	绿色维修，美好环境
企业发展观	以军为本，航修为主，寓军于民，走修、造、研、改、教相结合的发展道路
企业科技创新观	以研强修，以研兴造，以研促改，以研带教

理解企业文化需要注意以下几个方面：

第一，文化具有时段性。文化总是相对于一定时间段而言，我们所指的企业文化通常是现阶段的文化，而不是指企业过去的历史文化，也不是指将来企业可能形成的新文化。

第二，文化具有共识性。只有达成共识的要素才能称为文化，企业新提出的东西，如果没有达成共识，目前就不能称之为文化，只能说是将来有可能成为文化的文化种子。企业文化代表企业共同的价值判断和价值取向，即多数员工的共识。当然，共识通常是相对而言的。在现实生活中，通常很难想象一个企业的所有员工都只有一种思想、一个判断。由于人的素质参差不齐，人的追求呈现多元化，人的观念更是复杂多样，因此，企业文化通常只能是相对的共识，即多数人的共识。

第三，文化具有范围性。文化总是相对于一定范围而言，我们所指的企业文化通常是企业员工所普遍认同的部分。如果只是企业领导层认同，那么它只能称为领导文化；如果只是企业中某个部门中的员工普遍认同，那么它只能称为该部门的文化。依据认同的范围不同，企业中的文化通常可以分为领导文化、中层管理者文化、基层管理者文化，或部门文化、分公司文化、子公司文化、企业文化等。

第四，文化具有内在性。企业所倡导的理念和行为方式一旦得到普遍的认同，成为企业的文化，就必将得到广大员工的自觉遵循。

二、企业文化管理的概念

企业文化管理是指通过文化建设，形成一套适应企业发展战略的文化体系，并使广大员工认同企业所倡导的文化体系，达成共识，从而有效发挥文化的导向、激励、凝聚、约束等功能，以最大程度实现多层面自主管理的一种现代管理方式。

企业文化管理主张尽可能通过文化来对企业的生产经营活动进行管理，从过去强调命令和服从的传统企业管理，上升到注重企业文化的驱动性、影响性和激励性的现代企业管理。企业文化管理是一种行之有效的人本管理模式，它把人放在企业文化的背景中，在尊重人的自主意识的前提下，强调只有企业员工认同组织所倡导的价值理念时，才能更多依靠员工的自我指导、自我控制，并通过员工的自律行为来发挥人力资本的最大作用，从而降低企业内部不必要的管理成本。

企业文化管理旨在建立一套适应公司发展战略的文化体系，以这一套具有适应性的文化体系贯穿、整理、提升和完善企业的管理制度与行为规范，使之体现出这种适应性文化的要求。同时必须用这种文化塑造员工的思想，使他们为这种文化所指引，深刻认同这种文化，成为这种文化的自觉执行者和推动者，从而使企业的市场行为一致化、自觉化，企业内部管理行为有机化，从整体上提高企业的竞争力。

要迈向知识经济时代，企业文化管理势在必行。知识经济将成为 21 世纪的主导型经济形态，知识经济的发展依赖于智力资源潜能的发挥。知识经济所依赖的知识和智慧不同于传统经济所依赖的土地、劳工与资本等资源，它们是深藏在人们头脑中的资源。知识和智慧的分享都是无法捉摸的活动，上级无法监督，也无法强迫，只有让员工自愿合作，他们才会贡献知识和智慧。优秀企业文化的重要特点是重视人的价值，正确认识员工在企业中的地位和作用，激发员工的整体意识，从根本上调动员工的积极性和创造性。通过文化建设所营造的积极向上的思想观念及行为准则，可以形成强烈的使命感和持久的驱动力。因此，企业文化管理能够充分挖掘智力资源的潜能。

大规模的公司和服务行业更需要文化管理。金字塔式的垂直管理是 20 世纪大部分公司管理的主要方法，它解决了公司的控制问题。近 20 年来，由于垂直管理对大规模公司的失效，出现了管理扁平化的趋势，但是控制力却随之相应减弱，这表明传统的管理方法已经不能适应大规模公司的管理要求。若依靠垂直管理系统进行控制性管理，控制的目的达到了，但是员工的积极性、主动性、创造性得不到充分发挥，公司对市场的灵活应变能力也会逐渐丧失；采用扁平化管理，又显得管理幅度过大，运营效率降低。日本松下公司前总裁松下幸之助管理企业的方略为：员工百人，我身先士卒；员工千人，我督察管理；员工万人，我唯有祈祷。事实上松下幸之助是用文化来实施管理，他制定了文化规则并结合各种管理力量促使广大员工将这些规则变为自己内在的自觉，因此庞大的公司就被有效地管理起来了。

文化管理不仅可以运用于规模大、员工多的企业的经营管理，还可以满足服务行业所面临的空间广大、流动性高、以单体服务为主（员工与客户往往一对一服务）等独特的要求。第一，文化规则提供了一整套价值观念系统，弥补了公司制度管理很难完备的不足；第二，文化的导入和形成过程就是员工对文化规则变不自觉为自觉的过程。通过文化建设，员工清楚地知道了工作的价值和意义，知道了自己的使命，知道了应该追求什么和以什么为满足。广大员工不仅明了为什么这么干，怎么干，而且还愿意干和乐意好好干，这就有效地解决了服务业分散作业难以监督控制的问题。

导入案例

华为企业文化

1987 年，华为创建于中国深圳，当时的注册资本为 2.1 万元，且没有技术和市场，只能在国内外通信巨头的联合围剿、压制下艰难起步。困难的时候，公司连续几个月卖不出自己的产品，也经常发不出工资。当时的华为只不过是一家无足轻重的小公司，甚至有人怀疑它是否能够过成果一两年。

华为致力于构建万物互联的智能世界，经过几十年的发展，华为从最初的交换机代理商成长为全球最大的电信网络解决方案供应商、全球第一大通信设备供应商、全球第二大电信基站设备供应商、全球第三大智能手机厂商，更是全球领先的信息与通信解决方案供应商。此外，华为也从一家营业额几乎为零的企业，成长为一个年营收超过阿里巴巴、腾讯、百度年营业收入总和的通信巨头，目前有18.8万员工，业务遍及170多个国家和地区，服务30多亿人口。

一、华为文化简介

华为总裁任正非创建了生生不息的华为文化，以企业文化为先导来经营企业，是任正非的基本理念，通过他的一些讲话可以帮助我们理解华为文化的内涵。任正非认为资源是会枯竭的，唯有文化才能生生不息。他说："人类所占有的物质资源是有限的，总有一天石油、煤炭、森林、铁矿会开采光，而唯有知识会越来越多。以色列这个国家是我们学习的榜样。一个离散了两个世纪的犹太民族，在重返家园后，他们在资源严重贫乏，严重缺水的荒漠上，创造了令人难以相信的奇迹。他们的资源就是有聪明的脑袋，他们是靠精神和文化的力量，创造了世界奇迹。"

任正非说："华为公司有什么呢？连有限的资源都没有，但是我们的员工都很努力，拼命地创造资源。真正如国际歌所唱的，不要说我们一无所有，我们是明天的主人。从来就没有什么救世主，也不靠神仙皇帝，全靠我们自己。我们有名的垫子文化，将万古流芳。我们生产队伍，努力进行国际接轨，不惜调换一些功臣，也决不迟疑地坚持进步；机关服务队伍，一听枪声，一见火光，就全力以赴支援前方，并不需要长官指令。一切是为了活下去，一切是为了国家与民族的振兴。世界留给我们的财富就是努力，不努力将一无所有。"

"我认为内地的企业不景气，不仅仅是一个机制问题，关键是企业文化。能否把我们华为的文化推到内地去，救活中国内地的企业。当然有机制和管理方面、资金方面的问题，但也有一个企业文化问题，内地许多企业就没有企业文化。"

二、华为企业文化内涵

华为致力于把数字世界带入每个人、每个家庭、每个组织，构建万物互联的智能世界：让无处不在的联接，成为人人平等的权利；让无所不及的智能，驱动新商业文明；所有的行业和组织，因强大的数字平台，而变得敏捷、高效、生机勃勃；个性化的定制体验不再是少数人的专属特权，每一个人与生俱来的个性得到尊重，潜能得到充分的发挥和释放。

但华为的企业文化到底是什么，怎么样让这种文化更好的传承下去，任正非在《致新员工书》中是这么写的：

"物质资源终会枯竭，唯有文化才能生生不息。一个高新技术企业，不能没有文化，只有文化才能支撑她持续发展，华为的文化就是奋斗文化，它的所有文化的内涵，都来自世界的、来自各民族的、伙伴的……，甚至竞争对手的先进合理的部分。"

华为在执行的过程中，是怎么把这些文化说的清楚易懂的呢？任正非在将化为的企业文化时说过这16句话，从中便能解密部分化为的企业文化。

任正非给华为人讲的管理故事可以体会华为企业文化的内涵：

1. 企业不能穿"红舞鞋"

"我现在想的不是企业如何去实现利润最大化的事，而是考虑企业怎么活下去，如何提高企业的核心竞争力。"

2. 蓝军OK红军

"我认为人的一生中从来都是红蓝对决的，我的一生中反对我自己的意愿，大过我自己想做的事情--就是我自己对自己的批判远远比我自己的决定还大。"

3. 扁鹊大哥

"那些整天快速响应，四处忙碌的，看似热闹，其实很可能是他的周边工作环境在思路上、方法上有问题。"

"而优秀的公司、部门，一切都有条不紊地在运作，员工甚至不大感觉到管理的存在，而团队绩效却很突出。"

4. 力出一孔，利出一孔

"十五万人的能量如果在一个单孔里去努力，大家的利如果华为能坚持力出一孔，益都在这个单孔里去获取。利出一孔，下一个倒下的就不会是华为。"

5. 跳芭蕾的女孩都有一双粗腿

"世界是在变化的，永远没有精致完美，根本不可能存在完美，追求完美就会陷入到低端的事物主义，越做越糊涂，把事情僵化了。"做得精致完美，就会变成小脚女人，怎么冲锋打仗，华为公司为什么能够超越西方公司，就是不追求完美。

6. 蛙鼠殒命

"一定要警惕合作是否会使双方在特定时刻丧失各自的优势，不要让《蛙鼠殒命》的悲剧故事在经营领域里一次次地重演。""任何事情都不能用形而上学的静止的观点去看待、分析和处理，客观事物是不断变化发展的，所以人们要用发展的观点看待事物，要与时俱进，不断变易。

7. 不做"黑寡妇"

"华为跟别人合作，不能再做'黑寡妇'"。要开放、合作、实现共赢，多把困难留给自己，多把利益让给别人。

8. 灰度

"开放、妥协、灰度是华为文化的精髓，也是一个领导者的风范。"

"你中有我，我中有你，你活我也活，黑中见白，白中有黑。"

9. 狼性生存法则

"企业要发展就要发展一批狼，狼有三大特征，一是敏锐的嗅觉；二是不屈不挠，奋不顾身的进攻精神；三是群体奋斗意识。"这三个品质正是华为狼性文化的精髓。

10. 烧不死的鸟就是凤凰

"您有时会感到公司没有您想象的公平。真正绝对的公平是没有的，您不能对这方面期待太高。但在努力者面前，机会总是均等的，只要您不懈的努力，您的主管会了解您的。要承受得起做好事反而受委屈，烧不死的鸟就是凤凰，这是华为人对待委屈挫折的态度和挑选干部的准则。没有一定的承受能力，今后如何能做大梁。"

华为将员工的奉献精神从过去的"干了多少工作、吃了多少苦、为企业创造了多少价值"狭隘的观念中挣脱出来，让员工不仅要对自己的工作、对自己所在的工作岗位负责，还要对客户负责，更重要的是员工要将个人目标和企业目标相结合，要将个人的责任感与企业的社会责任感结合起来，通过自身的努力和奉献，来增强企业的社会地位以及社会影响力。

三、企业文化的基本要素

对于企业文化的基本要素，不同的学者有不同的观点，最具有代表性的是美国的特伦斯·迪尔和艾伦·肯尼迪在《企业文化——企业生存的习惯和礼仪》一书中指出，企业文化是由企业环境、价值观、英雄人物、习俗和仪式、文化网络五个因素所组成的。本书主要介绍这五个要素。

1. 企业环境

迪尔、肯尼迪所说的"企业环境"，并不是指企业的内部环境，而是指企业所处的外部环境，包括市场、顾客、竞争者、政府、技术等。企业环境是形成企业文化最大的影响因素，而企业文化则是企业在这种环境中为了获得成功所必须采取的全部策略的体现。

企业是一个开放系统，它不能脱离社会环境而存在。自然，企业文化也不能脱离社会环境而生成。因此，要塑造良好的企业文化，就必须认真分析影响企业文化生成的环境因素。企业文化环境由宏观环境和微观环境构成，影响企业文化的宏观环境主要包括社会政治制度、社会经济发展状况、社会科技发展水平、民族文化传统、自然地理条件等；影响企业文化的微观环境则主要包括企业所在社区、地区的经济发展战略、地方法规、社区文化、风俗习惯、乡土人情等。一个企业只有很好地把握了企业内部和外部环境的特性，才能提出有效的企业文化建设方案，从而推动企业文化的健康发展。

2. 价值观

价值观指的是企业在经营过程中推崇的基本信念和奉行的目标，是为企业绝大多数成员共有的关于企业意义的终极判断，是企业文化的核心或基石。对于任何一个企业而言，只有当企业内绝大部分员工的个人价值观趋同时，整个企业的价值观才可能形成。与个人价值观主导人的行为一样，企业所信奉与推崇的价值观，是企业的日常经营与管理行为的内在依据。无数例子证明，企业价值观建设的成败，决定着企业的生死存亡。因而，成功的企业都很注重企业价值观的建设，并要求员工自觉推崇与传播本企业的价值观。为了让企业员工了解企业的价值观，价值观应该用具体的语言表示出来，而不应该用抽象难懂、过于一般化的语言来表示。

例如，海尔公司把价值观表示为"真诚到永远"，IBM提出"最佳服务精神"，把为顾客提供世界上一流的服务作为最高的价值信念等。同时，不同的企业，其价值观最好尽可能使用不同的语言来表示，避免雷同，要做到这点虽然很难，但应努力去做，使价值观能够反映一个企业的基本特征，能够把一个企业对内对外的态度和另一个企业区别开来。

3. 英雄人物

一个企业的英雄人物是企业为了宣传和贯彻自己的价值系统而为企业员工树立的可以直接仿效和学习的榜样。英雄人物是企业价值观的人格化体现，更是企业形象的象征。许多优秀的企业都十分重视树立能体现企业价值观的英雄模范人物，通过这些英雄人物向其他职工宣传提倡和鼓励的东西。

现代社会心理学的研究证明，任何人都有一种在群体中出人头地的愿望。企业能够利用员工的这一心理，促进他们将强烈愿望转化为具体的行为过程，是企业创造文化的一个根本条件。在这一过程中，要借助榜样的力量，使员工从英雄人物身上认识到英雄人物同自己一样，也是平凡的人，他们能成功，自己也一样能，因此，英雄应平实。通常英雄有两种类型。有一类是和公司一起诞生的"共生英雄"，也叫创业式英雄，是指那种创办企业的英雄。共生英雄在数量上很少，多数是公司的缔造者。他们往往有一段艰难的经历，但面临困难仍然有抱负、有理想，并终于把公司办起来了。所以又被称为"幻想英雄"。

4. 习俗和仪式

习俗与仪式，是在企业各种日常活动中经常反复出现、人人知晓而又没有明文规定的东西，它们是有形地表现出来而程式化了并显示内聚力程度的文化因素。习俗就是指企业的风俗习惯。根据迪尔、肯尼迪对美国企业的研究，那里的习俗类型有：

（1）游戏（开玩笑、逗趣、即兴表演、策略判定等）。它的价值是能缓和人们之间的紧张气氛，可鼓励创新活动。

（2）聚餐（友谊午餐、啤酒聚会）。其价值是加强上下层、横向之间的联系和了解。如维克特公司，每星期随机从公司中挑选几名职员去饭店轮流与总裁或副总裁见面聚餐，称为友谊午餐。

（3）"训人"。如通用电气公司，对于拿着工程师文凭、穿着新买的西装第一次来公司上班的大学毕业生，是递给他一把扫帚让他去扫地。

仪式是指企业按照一定的标准、一定的程序进行的时空有序活动。根据迪尔、肯尼迪的研究，美国企业中常见的仪式有：

（1）问候仪式。个人之间进行非书面交往时使用。这种仪式告诉人们怎样站位，怎样称呼，什么程度的争论或激动是可以容忍的，等等。

（2）赏识仪式。当某人或出色地完成一项工作、或晋升、或退休、或达到可以继续留任的标准时，就举行这种赏识仪式。当事人在仪式上得到奖品、奖章、礼物或纪念品，并使全公司知道他们为什么被赏识。

（3）工作仪式。这是在日常工作中经常举行的。如每天上班前的集会唱歌，以发明人的名字命名新产品的仪式。工作仪式是增加自我价值感的途径。

（4）管理仪式。这是经理们在处理日常事务时所运用的。如各种正式会议，计划框架与成本曲线分析，行为、评价、复审技术等。

（5）防患于未然的仪式。这是为了避免糟糕局面的出现而使用的仪式。如维萨国际银行组织 1974 年开会时，就搞了个颁发并佩戴金铸标志的仪式，右臂上的标志是半个世界地图和"志在成功"四个字，左臂上的标志是另一半世界地图和"彼此忍让"四个字。这种仪式有效地防止了各成员国由分歧走向分裂。

（6）庆典。这是超凡的、引人注目的仪式，当企业通过特殊成就时举行。

（7）研讨会或年会。这是颁发科学奖、显示技术开发成果、全面奖励有功人员的盛大庆典。例如玫琳凯化妆品公司，举行一次研讨会常常要花几百万美元，几百名推销员都可以得到各种不同的奖品（甚至轿车）。

习俗和仪式并不完全是自生自灭的东西，而是企业价值观的体现。它们的形成，离不开企业主管的自觉提倡，也离不开反复执行、历代相传、积久而成的自发力量。习俗和仪式给全体员工施加普遍的影响，使他们的语言文字、公共礼节、行为交往、会议进程等都规范化，从而把企业的价值观、信仰、英雄形象等灌输到每一个人，深深地印入全体员工的脑海中。但是习俗与仪式也不是万能的，并不是随便什么人都可以通过习俗和仪式而同化于企业。习俗与仪式不会使性别歧视和种族歧视自动消失。

5. 文化网络

文化网络是指企业内部以逸事、故事、机密、猜测等形式来传播消息的非正式渠道，是和正式组织机构相距甚远的隐蔽的分级联络体系。文化网络传递消息的整个过程，没有文件、录音磁带之类的参与，而是依靠人的口头表达。因此每个人都在本企业的文化网络中扮演一定的角色，但这个角色不是由谁任命的，也不能印在名片上，而是隐蔽地自发地形成的。

第三节　企业文化的基本特征

企业文化一般呈现以下基本特征。

1. 稳定性

任何一个企业的企业文化，总是与企业发展相联系的。企业文化的形成是一个渐进的过程。它一经形成，并为企业员工所掌握，就具有一定的稳定性，不因企业产品、组织制度和经营策略的改变而立即改变。没有质的稳定，就没有特定的企业文化，企业文化的存在和发展也就失去了客观基础。

文化的生成呈现长期性，文化的作用具有延绵性。一种积极的企业文化，尤其是居核心地位的价值观念的形成往往需要很长时间，需要先进人物的楷模作用，需要一些引发事件，需要领导者的耐心倡导和培育等。企业文化一旦形成，它就会变成企业发展的灵魂，不会朝令夕改，不会因为企业产品的更新、组织机构的调整和领导人的更换而发生迅速的变化，一般来说它会长期在企业中发挥作用。

当然，企业文化的稳定性也是相对的，根据企业内外经济条件和社会文化的发展变化，企业文化也会不断地得到调整、完善和升华。尤其是当整个社会处于大变革和大发展、企业制度和内部经营管理发生剧烈变动的时期，企业文化也通常会经过新旧观念的冲突而发生大的变革，从而适应新的环境、条件和组织目标。"适者生存，优胜劣汰"，企业文化是在不断适应新的环境中得以进步并充满生机和活力的。

2. 开放性

优秀的企业文化具有全方位开放的特征，它绝不排斥先进管理思想及有效经营模式的影响和冲击。企业文化的开放性，将促进企业文化的发展。通过引进、改造、吸收其他企业的文化，促使自身发育成长，不断完善。企业文化的开放性，必然导致外来企业文化与本土企业文化、现代企业文化与传统企业文化的交融和整合，这也正是建设具有自身特色企业文化的契机。

3. 可塑性

企业是一个有生命的有机体，企业活动是一种动态的过程。随着社会和经济的发展，各种先天的素质、历史的积累、后天的营养及现实的环境因素等，都会对企业文化产生影响。人们希望优秀企业文化可以能动地变革，创造某些形态和模式，以适应新的发展要求，塑造出新的企业文化。企业文化的塑造过程，实际上也就是企业所倡导的新的价值观念和行为方式被员工普遍认同并接受的过程。

4. 系统性

企业文化是一个系统，是由相互联系、相互依赖、相互作用的部分和层次构成的有机整体。构成企业文化的有意识形态、制度形态、物质形态等不同的层次和内容，虽然它们各有特点且相对独立，但又紧密结合成为一个整体。企业文化与社会文化也是一个有机的整体，社会文化时时处处在渗透、影响和制约着企业文化的发展，而企业文化也通过其辐射功能推动着社会文化的进步，使其成为社会文化新的生长点。可见，企业文化不是企业诸因素的简单叠加，而是相互影响、相互渗透的一个有机系统，综合对企业管理和企业发展产生作用。

5. 非强制性

企业文化不是强制人们遵守各种硬性的规章制度和纪律，而是强调文化上的"认同"，强调人的自主意识和主动性，也就是通过启发人的自觉意识达到自控和自律的境界。对多数人来讲，由于认同了某种文化，因此，这种文化是具有非强制性的。当然，非强制之中也包含有某种"强制"，即软性约束。对少数人来讲，一种主流文化一旦发挥作用，即使他们当时并未认同这种文化，也同样会受到这种主流文化氛围、风俗、习惯等非正式规则的约束。违背这种主流文化的言行是要受到舆论谴责或制度惩罚的。所以企业文化专家威廉·大内认为，文化可以部分地代替发布命令和对员工进行严密监督，从而既能提高劳动生产率，又能发展工作中的支持关系。"非强制性"是针对认同企业文化的人员而言，"强制性"是针对还未认同企业文化的人员而言。可见，企业文化与传统管理对人的调节方式不同，传统管理主要是外在的、硬性的制度调节；企业文化主要是注重内在的文化自律与软性的文化引导。

6. 独特性

企业文化是在企业外部环境和内部环境的交互作用下形成的。

企业文化既存在于民族社会文化之中，又因各企业的类型、所处行业性质、规模、人员结构、发展阶段等方面的差异而各不相同。不同的社会、不同的民族、不同地区的不同企业，其文化风格各有不同，即使两个企业在环境、设施设备、管理组织、制度手段上十分相近甚至一致，在文化上也会呈现出不同的特点。这是由企业生存的社会、地理、经济等外部环境，以及企业所处行业的特殊性、自身经营管理特点、企业家素养风范和员工的整体素质等内在因素决定的。当然，由于企业作为市场经济和文明社会的产物，其文化中体现着市场经济的一般规律，渗透着人类文明的共同意识，不同企业的文化也具有很多共性。企业文化的共性是时代特征和社会特征的综合体，反映了社会环境对企业文化的影响。然而，企业文化又是企业基本特点的体现，是一个企业独特的理念和风格的具体反映，并以其鲜明的个性区别于其他企业，形成自己的具体特点，这就是企业文化的独特性。企业文化重视企业的个性特征及其在管理上的影响，强调企业应按照自身的特点去进行有效管理。每个企业只能根据本企业的具体情况，因时制宜、因人制宜地培育适合自己需要的、具有自己特色的企业文化。

例如，同属高科技行业，美国英特尔公司的文化就很有特色。英特尔公司创立于1968年，是计算机微处理器的设计者和制造商。英特尔公司独树一帜地强调纪律和平等。英特尔的员工，必须准时上班。每天上班时间从早上8点整开始，8点零5分以后才报到的同事，就要签名在"英雄榜"上，背负迟到的"罪名"。一个高科技公司，为什么如此强调纪律呢？葛洛夫认为："公司就像一部大机器，各部门必须同步作业，无论制造、工程、行销或财务部门，都必须遵守相同的纪律，才能让机器运转最顺畅，产能也最高。"一位专栏作家曾问道："葛洛夫先生，贵公司在管理上强调平等，是否过于虚伪呢？"葛洛夫很诚恳地回答说："这并非虚伪，而是我们的生存之道。"英特尔人认为：任何一家高科技企业，各种决策必须由经理与技术精英共同制定。经理有管理经验，了解趋势，但脱离研究工作，而技术精英经常是实际在做研究的年轻人，拥有最新的技术，因此两者要经常沟通。如果强调等级差别，突出职位象征，那对促进意见交流，显然是有百害而无一利，因此强调平等的管理才真正符合高科技公司的需求。英特尔文化的另一特点是鼓励尝试风险。英特尔的创始人摩尔提出，计算机的性能每18个月翻一番，只有不断创新，才能赢得高额利润并将获得的资金再投入到下一轮的技术开发中去。英特尔公司的领导人，对于风险较大的创新工作，总是鼓励员工去大胆尝试。英特尔人认为，尝试风险有利于成长，因为有限度地承担风险，可能会带来两种结果：成功或失败。如果你获得成功，显然这是一种成长。就算你失败了，你也可以很快学会哪里出错了，不应该做些什么，这也是一种成长。

第四节 企业文化的功能

优良的企业文化通常具有以下功能。

1. 导向功能

企业文化的导向功能是指它对企业行为方向所起的显示、诱导和坚定作用。

①企业文化能显示企业发展方向。企业文化以概括、精粹、富有哲理性的语言明示着企业发展的目标和方向，这些语言经过长期的教育、潜移默化，已经铭刻在广大员工心中，成为其精神世界的一部分。美国IBM公司的宗旨是："为顾客提供世界上最优良的服务。"经过长期实践，"优良服务"几乎成了公司的象征。它不仅向客户提供各种机器租赁而且提供各种机械服务，不仅提供设备本身，还提供技术培训和"随叫随到"的咨询服务。它能保证做到"在24小时以内对任何一个顾客的意见和要求作出满意的答复"。

②企业文化能诱导企业行为方向。企业文化建立的价值目标是企业员工的共同目标，它对员工有巨大的吸引力，是员工共同行为的巨大诱因，使员工自觉地把行为统一到企业所期望的方向上去。正如彼得斯和沃特曼所说，在优秀的公司里，因为有鲜明的指导性价值观念，基层的人们在大多数情况下都知道自己该做些什么。

③企业文化能坚定企业行为方向。企业在遇到困难和危机时，强大的企业文化可以促使员工把困难当作动力，把挑战当作机会，更加坚定而执著地为既定的目标而奋斗。青岛双星集团总裁汪海曾自豪地说："我们不怕困难，不怕挑战，我们经常讲危机，经常讲缺点。因为我们相信，'双星'精神会激励我们战胜危机，克服困难。"

2. 激励功能

企业文化对强化员工工作动机和激发员工的工作主动性、积极性和创造性能产生巨大作用。

①企业文化使员工获得充分发挥自己聪明才智、不断实现自我的优越条件。鼓励创新、支持变革，是一切优秀企业文化的鲜明特点。员工自我发挥、自我实现和自我完善的

需要，只有在强大的企业文化环境中才能获得满足。

②企业文化的重要特点是重视人的价值，正确认识员工在企业中的地位和作用，激发员工的主体意识，从根本上调动员工的积极性和创造性。例如，美国波音公司把"我们每一个人都代表公司"作为企业精神来激励员工的主体意识。

③积极向上的思想观念及行为准则，可以形成强烈的使命感和持久的驱动力。心理学研究表明，人们越能认识行为的意义，行为的社会意义越明显，越能产生行为的推动力。倡导企业理念的过程，正是帮助员工认识工作意义，建立工作动机，从而调动积极性的过程。

3. 凝聚功能

企业组织的高凝聚力，主要表现在三个方面：一是组织与团体、团体与团体之间的关系是亲密的，和谐合作的；二是组织对团体、团体对个人具有很强的吸引力；三是个人对团体和组织有很强的认同感、依恋感和向心力。企业文化具有很好的凝聚功能。

①企业文化赋予人们以共同的目标、理想、志向和期望，使人们心往一处想，劲往一处使，成为具有共识、同感的人群结合体。

②企业文化给人们提供了一套价值评价和判断的标准，使人们知道怎样做是正确的，怎样做是错误的，不仅能避免大量矛盾的发生，而且即使出现某些矛盾和冲突，也会积极、主动地设法解决。

③企业文化提供给员工多方面的心理满足的条件。企业对员工有很强的吸引力，员工对企业有很大的向心力。

4. 约束功能

企业文化的内容不仅包括企业规章制度，而且包括企业的思想作风、企业的伦理道德、企业的价值观念、企业的行为方式等诸多方面。这就使企业文化具有两个方面的约束功能：一种是硬性的约束，即企业成文的规章制度对员工的约束力；另一种是软性的约束，即一种无形的约束。企业文化的约束功能主要是从价值观念、道德规范上对员工进行软性的约束，它通过将企业共同价值观、道德观内化为员工个人的价值观、道德观，使员工在观念上确立一种内在的自我约束的行为标准。一旦员工的某项行为违背了企业的信念，其本人心理上会感到内疚，并受到共同意识的压力和公共舆论的谴责，促使其自动纠正错误行为。例如，北京王府井百货大楼的广大员工在张秉贵"一团火精神"的带动下，人人都以热情服务、微笑待客为荣，以不负责任、冷淡粗暴为耻。

5. 调适功能

企业文化的一个重要组成部分，就是活跃企业员工的文化生活，进行与其相适应的福利设施和文化生活环境的建设。企业员工良好的生活环境和丰富多彩的业余文化生活，不仅能极大地调动员工的生产积极性，而且也是扩大再生产的重要保证。鞍钢的一位负责人自豪地说："我们的员工都为自己是鞍钢人感到自豪，这是由于我们重视业余文化生活，为工人的娱乐休息创造了良好的条件。"

6. 教化功能

员工的素质是企业素质的核心，员工素质能否提高，在很大程度上取决于他所处的环境和条件。优秀的企业文化体现卓越、成效和创新。具有优秀文化的集体是一所"学校"，为人们积极进取创造良好的学习、实践环境和条件，具有提高人员素质的教化功能。它可以使人树立崇高理想，培养人的高尚道德，锻炼人的意志，净化人的心灵，使人学到为人处世的艺术，有助于人的全面发展。例如，具有悠久历史的北京同仁堂的堂训是"同修仁德，亲和敬业；共献仁术，济世养生"，这一理念不仅影响了员工的行为，更为重要的是陶冶了员工的情操，培养了员工优秀的品质，发扬了中华民族的优良传统。

7. 维系功能

企业发展需要两种纽带。一种是物质、利益、产权的纽带，另一种是文化、精神、道德的纽带。企业如果只有前一种纽带，而没有后一种纽带，是不会得到健康、持续的发展的。企业文化建设的重要功能之一就在于形成企业发展所不可缺少的精神纽带、道德纽带。这正如济南三联集团董事长张继升所讲的，"这种纽带能够把不同经历、不同年龄、不同知识层次、有不同利害关系的人组合在一起，为共同的目标去努力工作。这种作用绝不是用金钱就能实现的"。可见，文化纽带是韧性最强、最能突出企业个性的纽带，同时也是维系企业内部力量统一、企业与社会良好关系的重要力量。

8. 辐射功能

企业文化不仅对本企业产生作用，还会不断地向周围传播和辐射。这种辐射的途径，是企业的对外横向联系及人员交往，它的作用机制则是依靠企业文化交往实现的。例如，鞍钢公司"两参一改三结合"的作风等，就曾对我国整个社会文化的发展和进步起到重要作用。

第五节　企业文化管理的重要性

一、企业文化管理是企业发展的永恒主题

企业文化作为社会大文化的一个子系统，客观地存在于每一个企业之中。优秀的企业文化，将极大地促进企业的发展，反之则将削弱企业的组织功能。

美国兰德公司、麦肯锡公司、国际管理咨询公司的专家通过对全球增长最快的30家公司的跟踪后联合撰写的《关于企业增长的研究报告》最后一段话是这样写的："正如《财富》杂志评论员文章所指出，世界500强胜出其他公司的根本原因，就在于这些公司善于给他们的企业文化注入活力。这些一流公司的企业文化同普通公司的企业文化有着显著的不同，他们最注重四点：一是团体协作精神；二是以客户为中心；三是平等对待员工；四是注重激励与创新。凭着这四大支柱所形成的企业文化力，使这些一流公司长盛不衰。在大多数企业里，实际的企业文化同公司希望形成的企业文化出入很大，但对那些杰出的公司来说，实际情况同理想的企业文化之间的关联却很强，他们对公司的核心准则、企业价值观遵循始终如一，这一理念可以说是世界最受推崇的公司得以成功的一大基石。"

吉姆·柯林斯和杰里·I. 波勒斯（Jim Collins and Jerry I. Porras）在《基业长青》一书中指出，高瞻远瞩公司的根本是什么？是公司的核心理念。这好比强力胶和指导力量，使公司在突变和演进时，精诚团结；这好比自然界的遗传密码，因为拥有这些不变的指导方针，公司才会拥有一个目标和一种精神。高瞻远瞩公司用一系列做法，围绕着核心理念，创造一种几乎像教派一样的环境。

从1988年开始，哈佛商学院把"当代影响企业发展业绩的重要因素"作为重点研究课题，通过对世界各国企业的长期分析研究，得出的结论是："一个企业本身特定的管理文化，即企业文化，是当代社会影响企业本身业绩的深层次重要原因。"美国哈佛大学教

授约翰·科特与其研究小组，用了 11 年的时间，对企业文化对经营业绩的影响力进行研究，结果证明：凡是重视企业文化因素特征（消费者、股东、员工）的公司，其经营业绩远远胜于那些不重视企业文化管理的公司（见表 1-2）。他在进一步论述企业文化的力量时提出，企业文化在下一个 10 年内很可能成为决定企业兴衰的关键因素。应当说，决定企业兴衰的因素是多方面的，但无论如何企业文化肯定是一个具有根本意义的重要因素。

表 1-2　企业文化对经营业绩的影响

	重视企业文化的公司	不重视企业文化的公司
总收入平均增长率	682%	166%
员工增长率	282%	36%
公司股票价格增长率	901%	74%
公司净收入增长率	756%	1%

（资料来源：约翰·科特，詹姆斯·赫斯克特．企业文化与经营绩效．曾中，李晓涛，译．北京：华夏出版社，1997：15—16）

　　企业文化的形成是一个渐进的过程。它一经形成，并为全体员工所掌握，具有一定的稳定性，不因企业产品、组织制度和经营战略的改变而立即改变。在企业中，新的战略往往要求原有文化进行配合与协调。由于组织中原有文化变革的滞后性，往往很难马上对新战略作出反应。因此，企业文化既可以成为实施战略的动力，也可能成为阻力。

　　埃克森公司在 20 世纪 70 年代初开始执行多元化战略，它不愿再完全依靠石油产业，而开始致力于"未来办公室"技术的开发。通过兼并高科技企业，埃克森公司获得了三项新的字处理和打印技术以建立埃克森办公室系统。作为兼并交易的一部分，埃克森继续雇用开发这些新技术的企业家。但是很不幸，这些在杂乱无章的环境里成长起来、常有令人兴奋的主意、喜欢冒险和迅速决策的企业家，被置于埃克森的管理人员的管理之下，这些管理人员生活在企业的政策和文件之中，习惯于经过多次会议之后才进行决策。最后，这些具有创造性但不守纪律的"孩子"离开了企业的会议和文件，在其他地方开始了新的事业。埃克森用从其他办公设备公司（如 IBM 和施乐等企业）雇用来的专业管理人员代替他们。这些新的人员习惯于大量的员工和充分的支持。他们用刚刚离开的企业的管理方式管理这些小企业，他们不强调研究和创新，而是强调广告和促销。结果埃克森在 1985 年最终将埃克森办公系统公司出售，估计损失了 20 亿美元。一个分析人员概括了埃克森的问题：很明显埃克森从来没有考虑管理一大群小企业的特点，仅仅是因为这不是其文化的一部分。管理部门没有了解到冰冷的机器和过程技术在石油经营中可能工作得非常好，但是在迅速发展的办公设备行业却行不通。

　　约翰·科特教授通过 20 年的研究，得出以下结论：对企业长期经营业绩存在负面作用的企业文化并不罕见，这些企业文化容易滋生和蔓延，即使在那些汇集了许多通情达理、知识程度高的人才的公司中也是如此。那些鼓励不良经营行为、阻碍企业进行合理经营策略转变的企业文化容易在企业正处于获得较好经营业绩的时候缓慢地、不知不觉地产生。这种企业文化不易被人所察觉，同时还极力维护企业内现存的权力结构，所以一旦存在，就很难立即改变。由此可见，与环境匹配型的企业战略不相符的企业文化将阻碍企业的进一步发展。

二、迈向新经济时代企业文化战略势在必行

1. 知识经济的发展依赖于智力资源潜能的发挥

知识经济将成为 21 世纪的主导型经济形态。知识经济是以知识为基础的经济，这种经济直接依据于知识和信息的生产、分配和使用。知识经济在资源配置上以智力资源——人才和知识的占有，比工业经济中对稀缺自然资源——土地和石油的占有更为重要，知识经济的发展依赖于智力资源潜能的发挥。

2. 优秀的企业文化能够充分挖掘智力资源的潜能

知识经济所依赖的知识和智慧不同于传统经济所依赖的土地、劳工与资本等资源，它们是深藏在人们头脑中的资源。智慧和知识的分享都是无法捉摸的活动，上级无法监督，也无法强迫，只有让员工自愿合作，他们才会贡献出智慧和知识。正如诺贝尔经济学奖获得者海耶克所说："每个人都拥有一些特殊的信息，每个人只有在愿意主动合作时，才会应用这些信息。"

企业文化是指现阶段企业员工所普遍认同并自觉遵循的一系列理念和行为方式的总和，通常表现为企业的使命、愿景、价值观、管理模式、行为准则、道德规范、沿袭的传统和习惯等。在重视文化管理的企业中，员工可获得充分发挥自己聪明才智、不断实现自我的优越条件。鼓励创新、支持变革，是一切优秀企业文化的鲜明特点。员工自我发挥、自我实现和自我完善的需要，只有在强大的企业文化环境中才能获得满足。企业文化的重要特点是重视人的价值，正确认识员工在企业中的地位和作用，激发员工的整体意识，从根本上调动员工的积极性和创造性。企业文化所营造的积极向上的思想观念及行为准则，可以形成强烈的使命感和持久的驱动力。心理学研究表明，人们越能认识行为的意义，行为的社会意义越明显，就越能产生行为的推动力。倡导企业理念的过程，正是帮助员工认识工作意义，建立工作动机，从而调动工作积极性的过程。因此，优秀的企业文化能够充分挖掘智力资源的潜能。要迈向知识经济时代，企业实施文化战略势在必行。

例如，华为公司在其基本法中指出，资源是会枯竭的，唯有文化才会生生不息。一切产品都是人类智慧创造的。华为没有可以依存的自然资源，唯有在人的头脑中挖掘出大油田、大森林、大煤矿。精神是可以转化为物质的，我们坚持以精神文明促进物质文明的方针。

三、经济全球化使跨文化管理成为企业文化建设日益突出的重要课题

随着我国加入 WTO，伴随与世界经济交往的增多，特别是中外跨国公司在地域上的相互交叉与渗透，公司的跨文化管理将带来许多亟待解决的企业文化建设新课题。在国内，伴随着跨地区、跨行业、跨所有制的企业集团的组建与扩张，实际上也存在着不同程度的跨文化管理问题有待解决。还有通过兼并、联合、重组等形式形成的企业规模化扩张，对于不同的企业异质文化的整合，也将作为企业集团组建的文化纽带问题而列入企业文化建设的日程。

四、企业文化支撑企业战略管理

1. 企业文化引导着企业的战略选择

企业文化代表组织成员所共享的价值理念和行为方式，企业使命属于企业文化的核心

理念之一，企业使命为企业战略的选择提供基础性依据。

世界管理大师彼得·德鲁克（Peter Drucker）曾经指出，有效的企业管理必须回答"企业存在的理由是什么、业务是什么、业务应该是什么"这三个基本问题。这些听上去似乎很简单的问题，正是企业必须时时作出明确答复的最大难题。有时在企业刚成立时这些问题还比较清晰，但经营一段时间后，企业逐渐扩大，增加了新的产品和新的市场，这些问题就会变得模糊起来。特别是随着新的经济时代的到来，企业需要面对各种新的变化，如转产、多元化经营、并购、合营等。在新时代、新产品、新技术、新市场等全新的环境中，企业如何选择自身存在的基础，如何树立自身存在的价值和意义，如何确立企业生存和发展的信念，是当今企业所面临的重要课题。

关于企业使命的思想是以彼得·德鲁克于20世纪70年代中期创立的一整套思想为基础提出的。德鲁克认为，问"企业的业务是什么"就等于问"企业的使命是什么"。定义企业使命就是阐明企业的根本性质与存在的目的或理由，说明企业的经营领域、经营思想，为企业目标的确立与战略的制定提供依据。企业使命成为使一个企业区别于其他类似企业的长期适用的对经营目标的叙述，揭示出企业要想成为什么样的组织和要服务于哪些用户这样的愿景内容。

每一组织客观上都应该有一个特别的、不同于其他组织的存在理由，而不论其战略管理者是否意识到及能否用文字将其表达出来。清楚表达企业使命，对于企业战略管理过程来说至关重要，它能为企业资源分配提供基础与准则，从而对企业组织内部各种相互冲突的目标起到一定的缓解与协调作用；能为企业员工了解组织目标与方向提供机会，从而有助于在组织内部树立起团结奋发精神，将组织的业务宗旨转化为具体的行动目标，将战略任务落实到每一位员工身上。

从另一层面讲，每个行业都存在行业文化，而且行业之间的文化往往有着较显著的差异，例如制造业的文化就有其行业自身的特点，从管理方面来说，它可能比较严格，注重质量的管理、生产的效率、纪律性等，而一些新兴产业，如IT行业则更多地注重宽松的环境、员工的创新性及相互之间的交流。因此企业在制定战略时，特别是考虑行业选择时，必须以目前本企业的文化现状为基础。每一个行业都有其文化个性，在这个行业没有发生革命化的变化之前，行业的基本特性是不会改变的，是必需的。因此，企业的文化特质在很大程度上决定企业总体战略中有效的行业选择。

2. 企业文化是企业战略实施的重要手段

企业制定战略以后，就需要全体成员积极有效地贯彻实施。企业文化正是激发群体成员的热情、统一群体成员的意志的重要手段。

（1）企业文化为战略实施提供行为导向。

这是由人的本性所决定的。新制度经济学认为，人是有限理性的。在企业中往往并不是所有的员工都能在同一时间对企业新的发展战略、经营思路做到完全领悟，在这种情况下，大家如何齐心协力地往前走，这就需要企业文化的引导。优秀的企业文化能有效地弥补人的有限理性的不足，将广大员工的行为引导到共同的企业发展目标和方向上来。

（2）企业文化具有独特的激励功能。

这也是由人的本性所决定。从传统经济学看，人是经济人，人人都唯利是图，希望财富最大化。但这与现实并不完全吻合。新制度经济学认为，人具有双重性，一方面追求物质利益，另一方面又追求非财富的最大化。文化管理可以很好地满足这两个方面的需求。企业文化搞得好的企业很注重对员工的物质激励，如实施员工持股计划、高级管理人员的股票期权制度等，这很好地满足了人们对财富最大化的需求。另外，文化管理的一个最大特点是注重一种精神文化氛围的营造，通过共同使命的认定、团队的建设、情感的管理等来满足人们在非财富最大化方面的追求，使大家能认识到在企业中工作的价值所在。因此，企业文化可以很好地全方位地达到一种激励的作用。

（3）企业文化具有良好的约束功能。

为什么企业员工需要约束？这也是由人的基本性质决定的。孟子认为，人之初，性本善，而荀子则认为人性本恶。但从新制度经济学角度来讲，人不可避免地有机会主义行为倾向，人在没有监督的情况下总是倾向于使自己的利益最大化，有时就可能妨碍企业和社会的利益，因此需要约束。如何约束，本书认为一方面通过制度的管理，用制度来约束。但是制度也存在不足；另一方面它很难做到完善，因为制度是人制定，人是有限理性的，它很难完备。退一步讲，即使制度很完备，制定制度的成本也会很高，而且落实制度的监督成本也往往很大。如何弥补制度的不足，这就需要一种软性的约束。相对来说，制度约束是硬性的约束，而文化管理就可以起到软性的约束作用。就如一个国家，除了依法治国外，还要以德治国。对于企业来讲，除了企业的规章制度外，同时还需要一种文化的管理，通过共同的舆论导向、共同的行为模式，形成员工自觉的行动。

3. 企业文化必须与企业战略相互适应和协调

由于一个企业的企业文化是相对稳定的，不易变革，有一定持续性，因而，企业战略的制定和实施都必须适应已有的企业文化，不能过分脱离企业文化现状。从战略实施的角度来看，企业文化既为实施企业战略服务，又会制约企业战略的实施。当企业新的战略要求企业文化与之相配合时，企业的原有文化变革速度却非常慢，很难马上对新战略作出反应，这时企业原有文化就可能成为实施企业新战略的阻力。因此，在战略管理过程中，企业内部新旧文化的更替和协调是战略实施获得成功的关键因素。

（1）注重行业文化的培育。

公司领导层往往知道什么人最适合从事某一类工作，并在聘用时使某人在某一岗位上取得成功。可是，令人遗憾的是，领导者很少考虑相同的问题：哪一种公司文化最适合于公司的行业特性并能自觉地推动战略目标的实现，然后用心去寻找这种文化或是建立这种文化，使公司文化的特性与产业的特质一致，以使公司获得自觉的发展。

有雄心在某一行业中树立竞争优势，就必须将这一伟大的目标具体演化为与行业相适应的使命、精神、价值观、行为方式等，并使其得到员工的普遍认同，使之成为文化，这样才能使公司的战略目标成为一种可操作的实现过程。

（2）企业并购要注重文化融合。

企业并购是实现企业快速成长和低成本扩张的一种重要方式，因此近年来企业并购在全球范围内呈现风起云涌的势头。但纵观历史上的企业并购重组，往往以失败居多。美国默瑟管理咨询公司对300多次企业并购进行了调查，结论是大约2/3的公司并购以失败告终。麦肯锡咨询公司也曾对公司间的并购做过一次大规模调查，得出了同样发人深省的结论，并购10年后只有近1/4的公司获得成功。究其原因，双方企业文化不能很好融合是其中一个重要的因素。并购企业与被并购企业如果在企业文化上存在很大的差异，企业并购以后，被并购企业的员工不喜欢并购企业的管理作风，并购后的企业便很难管理，这将严重影响并购后企业的有效运作和最终企业的经济效益。企业在完成并购后，原有各企业长期奉行的决策偏好和参照系统往往会发生冲突，将被并购企业在并购前形成的企业文化有效地融合进并购方的企业文化，以降低一体化经营过程中的内部摩擦成本，对并购完成后企业最终运行效果的好坏起着重要的作用。

4. 企业文化管理要符合企业发展战略的要求

首先，企业理念文化必须以企业发展战略为依据，离开战略发展的理念，是盲目的、短视的。企业理念中的基本理念，如企业目标、经营理念等，与企业的发展战略所规定的产业结构、未来目标、经营方向直接相关。例如，若企业采用成本领先的竞争战略，则企业理念应突出强调成本意识和成本管理；若企业实施人力资源的职能战略，则企业理念应突出人才理念和人本精神。

其次，企业制度和行为文化也必须以企业发展战略为依据。制度建设要服务于发展战略的实施。

再次，企业物质文化同样必须以企业发展战略为依据。物质文化是企业理念文化的载体，也是企业战略实施的重要条件。如近年来，全球经济增长减缓，市场竞争变得越来越激烈，如何在新的环境里维护和加强自己在市场竞争中的地位，对各个企业来说都是不得不考虑的问题。于是，许多企业纷纷调整竞争战略，收缩或者扩展业务，企业的经营理念也随之发生相应变化。为了在新的竞争环境中重新定位企业形象，展示企业新的文化理念，获取新的竞争力，许多企业纷纷进行企业品牌标志的创新和切换。

2003 年 4 月 28 日，联想集团正式放弃旧的品牌标志"**联想** LEGEND"，全面切换为新的品牌标志，在国内正式采用"*lenovo* 联想"作为联想集团品牌标志，在海外采用"*lenovo*"作为联想集团品牌标志。2003 年 2 月 18 日，可口可乐（中国）饮料公司在上海对外公开宣布，正式更换包装，启用新标志，这是可口可乐公司自 1979 年进入中国市场以来首次改用中文新标志。从联想和可口可乐品牌标志切换的例子我们不难发现，企业在特定发展阶段有时需要进行品牌标志切换。联想舍弃使用长达 19 年之久的原品牌标志，是为了下一步的国际化战略目标；而可口可乐为了更好地适应中国市场竞争的需要，首次改用中文新标志。

综上所述，企业文化管理是离不开企业发展战略的，对于尚未进行发展战略规划的企业来说，企业文化管理的首要任务之一，就是要勾勒出企业发展战略的轮廓，或者制定企业的发展战略，并以此作为文化管理的基本依据。

本章小结

1. 企业文化的兴起是当代学术思潮发展的必然结果，是美日经济竞争引起的管理模式比较的产物，更是对现代企业管理实践新动向的反映。

2.《Z 理论——美国企业界怎样迎接日本的挑战》《战略家的头脑——日本企业的管理艺术》《企业文化——企业生活中的礼仪与仪式》和《寻求优势——美国最成功公司的经验》这四本著作的出版，被称为企业文化的"新潮四重奏"，标志着企业文化理论的诞生。

3. 20 世纪 80 年代开始引入美国提出的企业文化理论，掀起了第一次企业文化热潮；在 90 年代初步探索期，企业开始寻求差异化策略；21 世纪蓬勃发展期，企业全面系统地推行企业文化建设。

4. 企业文化是指现阶段企业员工所普遍认同并自觉遵循的一系列理念和行为方式的总和，通常表现为企业的使命、愿景、价值观、管理模式、行为准则、道德规范、沿袭的传统和习惯等。

5. 企业文化管理是指通过文化建设，形成一套适应企业发展战略的文化体系，并使广大员工认同企业所倡导的文化体系，达成共识，从而有效发挥文化的导向、激励、凝聚、约束等功能，以最大程度实现多层面自主管理的一种现代管理方式。

6. 企业文化具有稳定性、开放性、可塑性、系统性、非强制性、独特性等特征。

7. 优良的企业文化具有导向功能、激励功能、凝聚功能、约束功能、调适功能、教化功能、维系功能、辐射功能。

8. 企业文化作为社会大文化的一个子系统，客观地存在于每一个企业之中。优秀的企业文化，将极大地促进企业的发展，反之则将削弱企业的组织功能。迈向新经济时代企业文化战略势在必行。

复习思考题

1. 请谈谈你对企业文化概念的理解，并举例说明。
2. 企业文化的基本结构是什么？
3. 企业文化有哪些基本特征？
4. 企业文化的主要功能是什么？

实践训练项目　各行各业企业文化搜集介绍

实训目的：
通过实训，使学生了解企业文化的基本内涵，让学生理解企业文化的力量，体会学习企业文化的重要性，理解不同行业中企业文化的特征。

实训地点： 教室或相关实验室

实训组织：
1. 在教师指导下，学生分为若干模拟公司，每组 7~10 人，设组长 1 人，并扮演企业不同角色。
2. 小组组长带领成员通过网络、图书馆或现场调研搜集、整理和分析企业文化资料。
3. 各组将研究成果制作成幻灯片，并由扮演相应角色的成员进行汇报。
4. 小组自评，小组互评，教师讲评。

实训内容：
在教师指导下，学生以组为单位自主选择熟悉的行业或者企业，对该行业（或企业）的企业领导人、企业简介和企业文化理念进行搜集、整理分析，形成 PPT，并提交书面报告。

评价标准：
根据学生在企业文化资料整理内容、团队协作能力、PPT 制作水平与汇报人综合素质等方面进行优良中差层次评判。

案例研讨　迪斯尼的魔力

像许多优秀的公司一样，迪斯尼运用灌输信仰、严密契合和精英主义等手段，作为保存核心理念的主要方法。

一、新人训练课程

只要是迪斯尼的员工，不管是什么阶层和职位，公司要求每个人都要参加迪斯尼大学的新人训练（也叫作迪斯尼传统）课程。这所大学是公司内部的社会化训练组织，迪斯尼设计这个课程，目的是要向"迪斯尼团队的新人介绍我们的传统、哲学、组织和做生意的方式"。

对于要进入迪斯尼乐园工作的论时计酬员工，迪斯尼特别注意筛选和社会化，对于可能招募进来的人——即使是雇来的清洁工——必须至少通过由不同口试官主持的两次筛选（在20世纪60年代，迪斯尼要求所有应聘人员参加多次性格测验）。脸上有毛的男性、耳环摇摇晃晃或化浓妆的女士不必去应聘，因为迪斯尼实施严格的仪容规定（1991年，迪斯尼乐园员工发动罢工，抗议仪容规定，迪斯尼公司开除罢工领袖，继续维持仪容规定，没有改变）。甚至早在20世纪60年代，迪斯尼乐园在雇用员工方面，就实施严格符合公司哲学的方针。1967年，理查德·席克尔在他写的《迪斯尼之梦》里，对迪斯尼乐园的员工有过这样的描述：

（他们）有一种相当标准化的仪容，女孩通常都是金发、蓝眼、不爱出风头的那一类型，全都好像刚刚从加州运动装广告里走出来，准备嫁到郊区做个好母亲的女孩，男孩……一律都是纯美国风格，喜爱户外运动。是妈妈喜欢的那种迷糊快乐的小孩。

迪斯尼乐园所有新进人员都要接受很多天的培训，迅速学习一种新语言：

员工是"演员表上的演员"；

顾客是"贵宾"；

群众是"观众"；

值班是"表演"；

职务是"角色"；

职务说明是"剧本"；

制服是"戏装"；

人事部门是"分派角色部门"；

当班是"在舞台上"；

下班是"在后台"。

这种特殊语言强化了迪斯尼员工的心态。在此之前，迪斯尼已经在新人培训里使用精心编写的剧本，由训练有素的"培训员"用有关迪斯尼特性、历史和神话的问题做练习，不断地在演员表上的新人心里灌输和加强公司的基本理念。

培训员：我们从事什么事业？每一个人都知道麦当劳做汉堡包。迪斯尼做什么？

新进人员：我们做的是让大家快乐。

培训员：对，完全正确！我们让大家快乐，不管是谁、说什么语言、从事什么行业、是哪里人、是什么肤色或有什么其他的差别，我们来这里就是要让他们快乐……我们雇的人没有一个是雇来担任什么职务的，每一个人都是在我们的戏里排定一个角色。

新人培训安排在特别设计的培训室里进行，培训室里贴了很多照片，全是创办人沃尔特·迪斯尼和他最有名的角色，像米老鼠、白雪公主和七个小矮人。按照汤姆·彼得斯公司一卷录像带的说法，这些东西"意在创造沃尔特·迪斯尼本人亲自在现场欢迎新进人员加入他个人王国的幻觉，好让新进员工觉得自己和乐园的创办人是伙伴"。员工要学习迪斯尼大学的教科书，书的内容包括下面这些警语："我们在迪斯尼乐园里会疲倦，但是，永远不能厌烦，而且，即使这一天很辛苦，我们也要表现出快乐的样子。必须展现真诚的笑容，必须发自内心……如果什么东西都帮不上忙，请记住：'我是为领薪水来微笑的。'"

经过培训，每个新演员和一位有经验的同事搭配，接受进一步的社会化训练，以便了解这个工作的细微之处。从里到外，迪斯尼推行严格的行为准则，要求演员迅速磨掉不符合个人特定角色的个性。

二、优质、高效、细致的服务

据统计，到迪斯尼参观的人有70%会再度光临。面对激烈的市场竞争，是什么力量使迪斯尼经久不衰呢？

迪斯尼成功的秘密武器就是给游客提供优质、高效、细致的服务。

迪斯尼主题公园不管坐落在世界的哪个地方，有一个简称SCSE的经营理念始终不变，即安全（Safe）、礼貌（Civility）、表演（Show）、效率（Efficiency）。迪斯尼将其内涵理解为：保证我们的客人舒适安全；保证我们的职员彬彬有礼；保证我们的演出充满神奇；保证我们的业务具有高效率。由于多年如一日地坚持做到了这四点，才始终保持很高的上客率。

迪斯尼公司为观众和客人提供的优质服务，使游人在离开迪斯尼乐园之后仍然可以感受到。他们调查发现，平均每天大约有两万名游人将车钥匙反锁在车里，于是公司雇用了大量的巡游员，专门在公园的停车场帮助那些将钥匙锁在车里的游客打开车门。这一切，无须给锁匠打电话，无须等候，也不用付费。公司的服务意识与其产品一样也极其注重如"晃动的灯影"这样的细节。

迪斯尼乐园是一个大舞台，每一位员工都是"演员"，而管理阶层的任务就是"分配角色"。既然游客付了钱，每一位员工就应该使出浑身解数，将最好的表演展现到舞台。

迪斯尼公司有一个"交叉利用"计划，每年进行一周。它要求公司的高级经理在这一个星期里，离开办公室，脱下制服，换上乐园的道具服，在乐园的第一线干活，卖门票、管理停车场、驾驶单轨车或者小火车等。对乐园的主管而言，整个乐园就是办公室。所有的小组主管70%~80%的上班时间都在乐园内走动，目的不是监督一线员工，而是观察游人的反应，收集有利于改善经营的信息。

迪斯尼乐园里，售货员的目光必须与顾客的目光处于同一水平线上。如果客人是儿童，售货员还必须面带微笑地蹲下去，把商品递到儿童手里。

三、不断扩张自己的品牌

迪斯尼也一直在不断扩张自己的品牌。消费需求的日新月异反衬出品牌资产的重要性。品牌资产是产品或服务在不断成长、发展过程中所积累下来的对消费者的影响力。创立成功的品牌并没有什么固定的模式，但是品牌所暗含的理念却是完整而且具有永恒魅力的。品牌的成功在于具有清楚的品牌特征。

沃尔特一直认为只有借助电视节目的广泛宣传，赢得观众后，才会促进迪斯尼公司电影的销售。利用电视的作用，定期播放关于迪斯尼乐园的虚拟节目，既赢得观众的支持，也赢得投资家的信心。

迪斯尼每次推出一部新片之前，整个集团上下一致，全力配合，利用所有宣传机器——迪斯尼电视频道、所辖ABC电视网、迪斯尼网站、迪斯尼乐园、迪斯尼玩具专卖店，并与其战略伙伴电影院、麦当劳和可口可乐公司等有关方面合作，进行整体宣传。

"通常情况下，一部电影即使再轰动也只是'一时'。但迪斯尼要让它变得更为长久，于是采用了连环套：影院放过后，电视播，接着是录像带、光盘、书籍等出版物，同时将

'明星''偶像'制成玩具，印在服装上，让它走进孩子和家长的内心深处。"迪斯尼可以将一部热门电影如《狮子王》变成大为轰动的特许经营系列，衍生出电视剧、图书、玩具、主题公园和百老汇演出……

除了影片的发行网外，迪斯尼还拥有商品、书籍、玩具、服装、电视及录像带等其他商品的全球发行网络，所有这些构成了迪斯尼复杂完备的基础设施。在此基础上，经过多年的努力，迪斯尼在动画片及其他产品的制作方面已经赢得了人们的信任，建立起了世界性的声誉。

迪斯尼同美国在线、时代华纳一样，已经将其产品推向全球，并已经同法国、日本和拉丁美洲的多家公司签订了产品生产和销售协议。迪斯尼的 Miramax 公司在欧洲建立了以英国为基地的电影公司。迪斯尼对全球电视市场发起了全面的攻势。它是斯堪的纳维亚广播系统（SBS）最大的持股者，SBS 公司是挪威、瑞典、丹麦、芬兰、比利时和荷兰的主要地方商业电视的所有者和运营者。迪斯尼在全球拥有无与伦比的娱乐及新闻品牌优势，其麾下有 590 家遍布全球的迪斯尼零售商店。它同成千上万家制造商和零售商有买卖和特许关系。迪斯尼正在成为"一个全球消费品的最终制造公司"。

商标注册已成为迪斯尼一项重要的商业行为，根据《星球大战》和《外星人》制作的玩具已成为年轻人心爱之物。迪斯尼看到了这一商机，高价请斯皮尔伯格执导《谁杀死了兔子罗杰》，同时把其中的卡通形象推广到商场。恩斯诺在影片没有拍摄前，便与打算使用《谁杀死了兔子罗杰》中卡通形象的 34 个商家签订了生产 500 多种产品的协议。

迪斯尼在特许经营上一发不可收拾，这类特许经营业务每年收入高达 10 亿美元，它在全球发展了 4000 多个拥有迪斯尼特许经营权的商家。产品范围从铅笔、橡皮、书包到价值数千美元的时髦服饰，价值数万美元的手表、汽车，应有尽有。

迪斯尼整体的商业模式已经成型，被称为"轮次收入"模式，通俗地说就是"一鱼多吃"。"一鱼多吃"的源头是迪斯尼年度的动画巨作，通过发行复制和录像带，迪斯尼赚到第一轮收入，基本上是美国市场、海外市场，分别收入数亿美元。这轮收入中，迪斯尼收回了成本。然后是特许经营、后续产品的开发和主题公园的创收构成第二轮收入。每出一部新卡通片就在主题公园中增加一个新的人物，在电影和公园共同营造出的氛围中，吸引大量游客游玩消费，迪斯尼由此赚到第二轮收入。接着是品牌产品和连锁经营。迪斯尼在美国本土和全球各地建立了大量的迪斯尼商店，通过销售品牌产品，迪斯尼赚进第三轮收入。这一轮是迪斯尼的收入，大约 40% 的利润来自于此。

2003 年 7 月底，迪斯尼公司同几家无线通信公司和手机制造商的谈判吸引了华尔街的注意力。迪斯尼开发了面向手机的电子游戏，游戏内容主要基于《怪物公司》和《亚特兰蒂斯：失落的帝国》等迪斯尼拍摄的电影。迪斯尼希望建立一种无线娱乐服务，并吸引欧洲和美国的无线通信运营商向各自的用户转售这种服务。

四、狂热保存自我形象和理念

迪斯尼保存自我形象和理念的狂热，在主题公园里表现得最清楚，但是，也远远地延伸到主题公园之外。公司所有员工都必须上迪斯尼传统的培训课程。一位斯坦福大学MBA 学员暑假期间到迪斯尼公司做财务分析、战略规划和其他类似的工作，事后他描述说：

第一天到迪斯尼公司，我就领略了沃尔特·迪斯尼梦想的魔力……迪斯尼大学利用录像带和"仙尘"技术，让大家分享沃尔特·迪斯尼的梦想和迪斯尼"世界"的魔力。迪斯尼文物馆珍藏着沃尔特·迪斯尼的历史，让演员同人享受。接受培训后，我驻足在米老鼠大道和多皮大街交叉口，感觉到公司的魔力、感性和历史。我信仰沃尔特·迪斯尼的梦想，并且和组织里的其他人共享这个信仰。

公司里任何一个人如果嘲笑或公然抨击"身心健康"的理想，那就绝对不能在公司里继续生存。公司出版的刊物不断强调迪斯尼公司"特别""与众不同""独一无二"的"神奇"，连写给股东看的年报都经过加料调味，使用"梦想""乐趣""兴奋""欢乐""想象"及"魔力是迪斯尼公司的根本精神"之类的文字。

迪斯尼内部的运作大部分都秘而不宣，更增添了神秘感和精英意识，只有深深属于"内部"的人，才能在幕后一窥"神奇魔力"的运作情形。例如，除了已经发誓保守秘密的特定演员之外，谁也不能观察迪斯尼乐园角色的训练；采访迪斯尼的记者都遭遇过守门人的拼命抵抗，这些人不让这个"神奇王国"的秘密外泄。一位作家说过："迪斯尼是一家封闭得让人奇怪的公司。他们严密控制一切，那种偏执程度之高，是我这么多年以来接触到的众多美国企业中所罕见的。"

迪斯尼密集的员工筛选和教育程序、对秘密运作和控制的沉迷，以及精心创造神话、培养公司对全世界儿童生活至为特别和重要的形象，全都有助于创造一种类似教派一样的信仰，这种信仰甚至延伸到顾客身上。

有位对迪斯尼忠心不二的顾客，一次在某家零售店里看到一个略为褪色的迪斯尼角色玩偶，不满地说道："要是迪斯尼叔叔看到了，一定会觉得羞愧。"

的确，审视迪斯尼时，心里很难记得它是一家企业，而不是一种社会或宗教运动。乔·福勒在他的《神奇王国的王子》一书里这样写道：

这不是企业的历史，是人类衷心为理想、价值观和希望奋斗的历史。这些都是世间男女愿意牺牲生命去奋斗的东西，是一些有时是如此容易消失，有些人可能斥之为愚蠢的价值观，却也是如此深刻，以致其他人愿意学习、愿意奉献一生去实现的价值观。他们在价值观遭到侵犯时愤愤不平，这就是"迪斯尼"这个名字让人印象深刻的地方。大家看迪斯尼没有中立的看法……沃尔特·迪斯尼不是天才就是骗子，不是伪君子就是典范，不是江湖郎中就是世世代代儿童热爱的老爹。

事实上，迪斯尼像教派一样的文化可以追溯到创办人沃尔特·迪斯尼，他把自己和员工的关系看成是父亲和子女，期望员工全心全意地奉献，要求员工忠诚于公司和公司的价值观。热心而且——最要紧的是忠心的迪斯尼人可以犯诚实的错误，仍可得到第二次（通常还有第三次、第四次和第五次）机会。但是，违反公司神圣的理念或表现不忠……嗯，这就是罪恶了，要受到立即而无理开除的惩罚。按照马克·艾略特在《沃尔特·迪斯尼传》一书中的说法："要是偶尔有人不小心在沃尔特·迪斯尼和众人面前说了一句脏话，结果总是立刻被开除，不管这样做会在业务上造成什么样的不便，结果都是这样。"1941年，迪斯尼的动画人员罢工，沃尔特·迪斯尼觉得遭到了员工的背叛，认为工会不是什么经济力量，对于他小心控制、由忠贞迪斯尼人组成的"家庭"，反倒是一种横加干预的外力。

沃尔特·迪斯尼把对秩序和控制的热爱转变成了有形的做法，以便维持迪斯尼的基本精神，从个人仪容规定、招聘和培训过程、对实际布置最细微部分的注重、对保持秘密的关心，到制定出一丝不苟的规定，力求保存迪斯尼每一个角色的一贯性和庄严性。这一切的一切，都可以追溯到沃尔特·迪斯尼执著追求、使公司务必完全在核心理念的范畴内运作的精神。沃尔特·迪斯尼自己说明过迪斯尼乐园这种程序的起源：

第一年我把停车位经营权外包出去，引进一般的安全警卫——还有其他类似的小事，但是，我很快就知道自己错了，我不能找外面的人帮忙，还想贯彻我对亲切招待的要求，所以，我们现在招募和培训自己的每一个员工。例如，我告诉安全警卫，说他们绝对不能把自己想象成是警察，他们在那里是要帮大家的忙……一旦你把这种政策推行开来，公司就会成长了。

他的公司的确在持续成长，即使在沃尔特·迪斯尼辞世后公司停滞不前，却始终没有失去核心理念，主要原因是他在世时已经把有形的程序安排就绪。到 1984 年，迈克尔·艾斯纳和新的迪斯尼团队接掌公司后，这种小心保存的核心理念就成了其后 10 年迪斯尼重振声威的基础。

（选编自［美］詹姆斯·C. 柯林斯，杰里·I. 波勒斯. 基业长青. 真如，译. 北京：中信出版社，2002）

讨论题：

1. 迪斯尼公司的核心文化包括哪些内容？
2. 请谈谈迪斯尼公司的文化对于迪斯尼公司的发展有何作用。
3. 请谈谈迪斯尼公司文化管理实践的启示。

第二章　企业文化类型

（第二章第二）

学习目标

- 掌握科特的三种类型划分及特征。
- 掌握卡梅隆和奎因的四种类型划分及特征。
- 熟悉肯尼迪的类型划分及特征。
- 了解企业文化管理方格论。

导入案例

阿里巴巴的"倒立文化"

倒立文化的典故起源于马云 2003 年创立阿里巴巴的时候。那时马云刚创业，实力有限；面对的对手是国内电子商务之王——易趣网，它的背后是全球最大的电商公司 Ebay。易趣对于淘宝很不屑。就像一场体育比赛，一位老将面对挑战的新人，一面嘲讽一面扣杀，在精神和肉体上摧垮对手。创业之初可不比现在，老马手里基本是小米加步枪。论资本、商户、客户、品牌哪个也没法和老大哥易趣比。现在大哥想灭了你，压力可想而知。

在早期的阿里巴巴，"倒立"只是一种独特的娱乐方式，后来，马云下了死命令，将"倒立"当作"政治任务"在内部推行，每一个员工，不管男女都必须学会——"靠墙倒立"，俗称"拿大顶"。男的要保持 30 秒，女的保持 10 秒。这么做，一是办公条件确实不好，空间小没地锻炼；二是，人一倒立，就能体验到头重脚轻的倒空感，看世界、想问题的角度也不同了。

倒立是打破条条框框的一种手段，为了在内部强调这种打破常规的文化，马云可谓不遗余力。

2005 年 10 月，易趣网国内市场份额剩下不到 30%。一场曾被预言要打十年的战争，淘宝用了三年就获胜了。从此，淘宝奠定了江湖地位。几年后，面对京东、当当等 B2C 后起之秀开始发力。马云再次将这种倒立文化，坚决地贯彻。

故事启示：独特的文化模式成就独特的企业经营观念，优秀的企业文化成就优秀的企业，倒立思维使阿里巴巴在企业竞争中获得胜利。

按照不同的划分标准，不同的学者将企业文化划分为不同的类型，典型的有科特的三种类型划分、卡梅隆和奎因的四种类型划分和肯尼迪的类型划分，其他的还有企业文化方格论等。本章分别予以介绍。

第一节 科特的三种类型划分

美国哈佛商学院两位著名教授约翰·科特和詹姆斯·赫斯克特合著的《企业文化与经营业绩》一书，总结了他们在1987—1991年间对200多家公司的企业文化和经营状况的深入研究，列举了强力型、策略合理型和灵活适应型三种类型的企业文化对企业长期经营业绩的影响，并通过对一些世界著名公司成功与失败案例的分析，说明企业文化的不同类型对企业长期经营业绩的重要影响。

一、强力型企业文化

在强力型的企业文化中，公司员工对企业核心价值观的认同程度较高，几乎每一位经理都具有一系列基本一致的共同价值观念和经营方法，新员工进入到这个组织氛围也会很快接受这个公司的价值观念和行为准则。在这种企业文化氛围中，新任高级经理如果偏离公司的价值观念，强力型的企业文化会很快将其偏差纠正到企业的共同价值观上来，这样做的人不仅有他的上司，他的下级同事也会纠正，所以这样的企业凝聚力和忠诚度较高，企业员工的离职率也较低。

强力型企业文化具有以下三点优势：

第一，目标一致。在具有强力型文化的企业中，员工们方向明确，步调一致，在目前专业化程度很高、分工复杂的世界中，做到这一点非同小可，一位CEO曾说："经营一家企业，没有企业文化，或企业文化很脆弱是难以想象的。嗯，下面的人办事总不那么齐心。"

第二，企业营造激发员工积极性的氛围。企业成员中共同的价值观念和行为方式使得他们愿意为企业出力，这种自愿工作或献身企业的心态使得企业员工工作积极努力。

第三，提供必要的企业组织机构和管理机制。这样做避免了企业对那些常见的、窒息企业活力和改革思想的官僚们的依赖。

劣势：随着众多企业经营业绩的不断提高，这种强力型文化会出现不良风气，员工内部产生矛盾，官僚作风日渐盛行。这样的结果反过来会对企业的经营产生负面的影响。尤其是现代化的市场竞争不断加剧、技术变革日新月异，市场瞬息万变，这种强力型的企业文化会制约企业高级管理人员的进步，使他们无视企业创新变革，从而在一定程度上大大阻碍企业的进步。

比如，IBM公司的企业文化"三原则"："尊重个人、服务至上、追求完美。"

1. "尊重个人"——尊重人是尊重职工和顾客的权利与尊严，并帮助他们自我尊重

在IBM后来的发展中却演化成了沃森当初没想到的一些其他含义，变成了一种理所应当的津贴式文化氛围。在这种文化氛围里，"个人"不必做事就可以获得尊重——仅仅因为是公司员工，就可以想当然地获得丰厚的福利和终生工作职位。

"尊重个人"也意味着人们可以"为所欲为"而不必承担责任，只要不愿意，就可以说"不"。"尊重个人"演化成一种对不合作行为普遍性的制度支持，使"不文化"充斥

IBM 公司的各个层面，各自为政，争权夺利成为司空见惯的事情，侵蚀着 IBM 肌体。

2. "服务至上"就是要为顾客提供高品质的服务

在 IBM 对行业具有绝对领导权的时代，"高品质的客户服务"这种公司和客户之间的双边互动关系，却变成了单边的关系。IBM 的客户服务，实际上成了"你用我们的机器，我给你最好的服务"。服务是有前提的承诺。仿佛客户的需要公司已经安排好了，你就用我们的机器吧，至于你不用我们的东西或客户自己的意愿，则根本不用去考虑。"服务至上""高品质"成了"自我意识"的代名词，本质上还是自己至上，客户是次要的。距离一个真正的服务型公司的要求还有相当的距离。

3. "追求完美"演化成了对完美的固执迷恋，导致决策行动迟缓，以行政助理制度为代表的等级森严、程序繁杂的官僚主义文化，求稳怕变，缺乏冒险精神

IBM 文化理念是特定环境下的正确抉择，但在高枕无忧的乐观氛围中，形成了和当初沃森希望的文化迥异的文化现象。这种文化越来越显出它的守旧性和不合时宜，最终导致 IBM 步入困境。

蓝色巨人 IBM 就因为体系的官僚文化而错过了个人计算机革命的浪潮。当互联网扑面而来的时候，大多数 IBM 的管理者也反应迟缓。20 世纪 90 年代初期的 IBM 几乎陷入泥潭，郭士纳临危受命，进行了大刀阔斧的改革。改革的主要方向就是破除与蓝血公司文化相伴的官僚主义。经过艰苦的努力，IBM 重新设立了面向未来和互联网的战略格局，同时也重塑自身的企业文化。这家以出售大型计算机为主业的公司已经转变为服务型公司，成为一头可以"跳舞的大象"。

二、策略合理型文化

企业中不存在抽象的好的企业文化内涵，也不存在任何四海皆准、适合所有企业的"克敌制胜"的文化。只有当企业文化"适应"于企业环境时，这种文化才是好的、有效的文化。

科特认为，企业文化与环境和企业经营策略相适应、具有一致性时，才会有较好的企业经营业绩，企业文化适应性越强，经营业绩越大，反之业绩越小。如果要想企业文化对企业经营业绩产生正面影响，就得团结员工，调动企业员工的积极性。

劣势：虽然策略合理型文化能更充分地阐释企业文化与企业经营业绩之间的联系，但它仍然无法阐释不同企业为了保持与市场环境相适应，对企业文化进行改革，获得完全不同的成功，也不能解释企业长期经营业绩中存在的差异。

三、灵活适应型文化

只有那些能够使企业适应市场经营环境变化并在这一适应过程中领先于其他企业的企业文化才会在较长时期与企业经营业绩相联系，市场适应性强、协调性好的企业文化必须有着一些与众不同的特质。这种观点支持企业进行变革创新，崇尚员工冒险、挑战困难的精神。

这种观点的支持者通常着重考察那些对市场环境适应度不高的企业文化的发展状况，了解他们是如何转化为适应程度较高的企业文化的。他们特别指出，那些适应度不高的企业文化都带着某些官僚作风，公司员工对改革持否定态度，缺乏冒险精神，企业没有创造力，信息不灵，显得耳塞眼滞，企业特别强调规范化管理，打击了员工的积极性和发展企业生产的热情。

比如，3M 公司就是典型的灵活适应性企业，3M 全称 Minnesota Mining and Manufacturing（明尼苏达矿务及制造业公司），创建于 1902 年，总部设在美国明尼苏达州的圣保罗市，是世界著名的产品多元化跨国企业。

3M 公司的企业使命是："Practical and ingenious solutions that help customers succeed." 意思是成为最具创意的企业，并在所服务的市场里成为备受推崇的供应商。

从 1902 年至今，这一目标始终如一。3M 品牌向顾客承诺所售出的每件产品皆具有 3M 质量、服务和价值的保证，以创新优质的产品和服务使消费者生活得更轻松、更美好，并且不断地推陈出新，为客户创造更高的价值。

时至今日，3M 公司已经成为多元化科技著名的跨国企业，在全球生产并销售超过 6 万个产品。科技的不断创新带来蓬勃的发展力。满载全球的信赖和非凡的荣誉，3M 创新的脚步更加坚定。

作为世界 500 强的企业之一，3M 公司被评为全球最佳表现 50 强之一、"全球最具创新精神的 20 家公司"之一，分别获评《Booze & Co.》全球最具创新精神企业、《福布斯》"全球最受尊敬公司"之一。

第二节　卡梅隆和奎因的四种类型划分

依据"组织弹性—稳定性"和"外部导向—内部导向"两个维度，金·S. 卡梅隆和罗伯特·E. 奎因在竞争性文化价值模型中提出企业文化的四种类型划分：等级型文化、市场型文化、宗族型文化、创新型文化。

一、等级型文化

具有规范的、结构化的工作场所以及程序式的工作方式。企业领导在其中扮演协调者、控制者的角色，重视企业的和谐运转。人们更关心企业长远的稳定，尽量避免未来的不确定性，习惯于遵守企业中的各种制度和规范。

二、市场型文化

所谓市场型文化，并非以企业与市场的衔接紧密来判定，而是指企业的运作方式和市场一致。这类企业的核心价值观在于强调竞争力和生产率，更加关注外部环境的变化，例如供应商、顾客、合作人等。在该文化背景下，人们时刻以警醒的眼光看待外部环境，认为市场中充满敌意，顾客百般挑剔。企业要在市场中生存，只有依靠不断提升自己的竞争优势。因此，市场型文化中往往有一个明确的发展目标和主动进攻的战略姿态。

长虹集团

在主导产品开发上，长虹结合本公司的实际，从20世纪80年代中期开始，集中有限资金，围绕彩电规模。采取填平补齐、梯度推进的技改方法，从前端到终端，又从终端到前端，轮流推动，转动发展。对此，公司总裁倪润峰先生有过一个幽默的比方，他说："一个家庭财力、精神有限，与其同时赡养三个小孩，一个个营养不良，养得面黄肌瘦，不如先生一个，养分充足，养得白白胖胖的，重点造就他上大学，读完博士学位，再生老二，让老大挣钱辅助老二苗壮成长，而后再生老三……这个家庭不就旺盛发达了吗？"为此，从80年代中期到90年代中期，长虹不疏散资金和技术气力的投向，而是集中在彩电的技术、设备和生产能力上，连续加大投入。恰是这一"优生优育"战略，使长虹创出了今天的名牌产品。

长虹的发展战略并没有停滞不前，在获得了阶段性的成功之后，又向新的目标冲刺。开始制定新的战略，从适应市场、占据市场到逐步引导市场方向前进。

航空母舰战略：全力以赴上规模

要想在市场经济的海洋中永不淹没，就要使企业成为能四周出击的航空母舰，招聘管理软件。规模生产不仅降低了生产成本，更重要的是增添了企业在市场经济大陆中搏击风浪的能力。正是这种思想，使长虹可以抓住彩电这个拳头产品，全力以赴上规模。企业的"雪球"越滚越大，彩电产销量年年上新台阶，在国内同行业中持续多年遥遥领先。

长虹公司以电视机为龙头，充分发掘军品配套的闲置能力，实现资源的优化配置，用较少投入建起了20多个专业配套厂，其中很多厂在技术水平、生产能力和生产规模等方面成为国内同行业中的佼佼者，有的甚至成为亚洲第一。这些配套厂不仅使各类配套产品的质量、数目、供货周期得到充分保证，下降成本，加强了公司产品的竞争力，而且还能成为独立的产业，其产品远销国内外市场。企业精神："创新、求实、拼搏、贡献。"

"创新"：就是要善于学习，博采众长，在引进和吸收国内外一切先进的经营管理理论、体系、先进技术的基础上，勇于创新，创造出具有自我特色的一流管理、一流技术、一流产品，创造世界名牌。

"求实"：就是一切从本公司利益出发，不好高骛远，又紧盯弘远目标，扎扎实实，一步一个足迹，面向市场，研究市场。一切活动、决策都要合乎市场规律，建立爱岗就是爱国的观念，在本职岗位上干出切切实实的事业。

"拼搏"：就是要理解素来就没有救世主，市场不信任眼泪，不等、不靠、不要，要创造长虹的光辉，唯有长虹员工的艰苦努力，发愤图强，勇敢斗争。

"奉献"：就是要有产业报国、民族繁荣为己任的高尚精神境界，以强烈的民族自尊心，发愤图强办企业，出一流人才，为国家做一流奉献。

在长虹的管理思想中，更是充分体现了"以人为本"的观点，逐渐形成"三大理论"：

一曰"太极拳实践"，刚柔并举、进退有度。一种管理主意与制度，先要在干部中酝酿成熟才实施；对员工先有热忱教导、柔情领导，再进行刚性管理；推行现代管理，从严格劳动纪律等基础性工作做起，留神宽严适度。

二曰"投石子理论"，不断使池水激发浪花，鱼儿才有氧。企业只有常常向员工灌注新的思想观念，提出新的目标任务，保持积极的危机感，才会有活力与活气。

三曰"外圆内方理论"，对外熟能生巧、对内铁面忘我。企业作为社会经济细胞，必然与社会发生普遍联系，在联系中，只有尽量减少棱角碰撞、抵触摩擦，环境才会宽松；企业制度和工作原则又是不容违背的，任何人都不会例外。

三、宗族型文化

宗族型文化有着共同的价值观和目标，讲究和谐、参与和个性自由，这类企业更像是家庭组织的延伸。宗族型文化的一个基本观点是外部环境能够通过团队的力量来控制，而顾客则是最好的工作伙伴。日本的很多企业属于这一类型，它们认为企业存在的重要目的在于提供一个人文的工作环境，而管理的主要内容则只是如何来激发员工的热情，如何为员工提供民主参与的机会。一般而言，这类企业员工的忠诚度较高。

比如，丰田公司企业文化就是典型的宗族型企业文化，这从丰田纲领和经营理念、企业原则等方面都可以看出来：

丰田纲领：

管理哲学：事业在于人；

上下同心协力，忠实于公司事业，以产业成果报效国家；

潜心研究与创造，不断开拓，时刻站在时代潮流的最前端；

切戒奢侈浮华，力求朴实稳健；

发扬友爱精神，以公司为家，相亲相爱；

经营理念：

对客户——客户至上、服务至上；

对员工——以人为本；

对生产——以精简为手段，追求低成本；

对产品——以零缺陷为最终目标，追求高质量；

植根于当地的社会活动，为当地的经济、社会发展做贡献。

以开展业务关系为根本，互相致力于研究创造，实现长期稳定的发展和共存共荣。

企业原则：让汽车与自然环境"协调发展"，让公司与国际社会"协调发展"，让个人与社会共同进步。

丰田生产方式 TPS（Toyota Production System）：

TPS 是丰田人基于"顾客至上"而构筑的丰田生产环节中最根本的理念。其目标是通过彻底消除浪费以实现"高质量、低成本、短交货期"。而保证这一目标付诸实现的是"质量体现于全部工序"的人"自动化"及"在必要时间内生产必要数量的必要产品"的"准时化生产（Just in Time）"这两大理念。

"人"是 TPS 中最重要的因素，因此必须构建相互信赖的良好的劳资关系，培养个人的创造力及团队精神，从而确保世界各地都能生产高质量的丰田汽车。

四、创新型文化

创新型文化是知识经济时代下的产物，它在具有高度不确定性、快节奏的外部环境中应运而生。创新型文化的基本观点认为，创新与尝试引领成功。为了明天的竞争，优势企业要不断地创造出新思维、新方法和新产品，而管理的主要内容就是推动创新。在这类企业中，项目团队是主要的工作方式，组织结构随着项目的变化而改变。此文化主要存在于软件开发、咨询、航空、影视行业。

微软就是典型的创新型文化。"失败是成功之母"，微软的管理实践已验证了这句中国古话的正确性。在很多企业还没有真正理解和应用这句话的时候，微软却率先做到了；当我们将这句话作为失败后的一支安慰剂的时候，微软却已经将其作为实际工作的指导理念。微软的这种管理境界和管理哲学是很多企业所不及的，这些也是很多企业应该向微软学习的。微软对每一个员工灌输正确对待失败、尊重失败的思想，甚至提出"没有失败说明工作没有努力"。因此，在微软工作的人从不惧怕失败，他们将失败看作是任何事情走向成功的铺垫。在微软，只要遇到失败，接下来不是进行批评、斥责或者评估损失，而是"残酷无情"的剖析过程，他们认为这是对失败的尊重。失败的直接作用就是促使去尝试新的实现可能，也正因为失败成就了微软一次次令对手胆寒的成功。用微软自己的话说："失败是成功的一种需要。"

很多公司将信息视作一种权力或者私有财产。与此相反，微软提倡一种"释放信息"的管理方式，它的目的就是互通有无、信息共享、相互协作，它的最高境界就是一切为了公司的成功和发展。微软已经将"释放信息"的工作方式发挥到极致：不论你是哪个部门或哪个项目小组，不论你是上级还是下级，都尽可能将自己的目前工作状况、项目思路、计划实施、遇到的问题等信息公布出来。在"释放信息"这种形式的背后，微软创造的是一种相互信任、相互协助、高效率的工作氛围，培养了员工们"个人成功服从公司成功""任何人的工作都是为了公司发展"的企业理念。

第三节　迪尔和肯尼迪的四种类型划分

按照企业经营的任务和经营方向，特伦斯·迪尔和艾伦·肯尼迪在《企业文化：企业生活中的礼仪与仪式》一书中将企业文化分为四种类型：硬汉型文化、努力工作/尽情玩乐型文化、赌注型文化、过程文化。

一、硬汉型文化

这种文化的类型特征是投资风险很高而且反馈很快，注重冒险精神。企业可能会迅速功成名就，也可能会一败涂地。建筑业、化妆品、管理咨询、风险投资、广告、电影、出版社、体育运动等许多行业都属于这种类型。

硬汉型文化倾向于年轻人的文化，强调速度而不是持久力。在这种文化中，不采取行动与采取行动同样重要，硬汉型文化树立的是"寻找一座山峰并征服它"的信念。如果汽车制造厂的经理拖延了产品设计更新的决策，而旧款的汽车又卖不出去，结果可能会使该经理下台。当然，它的经济效益也来得很快，我们周围所有 28 岁前就成为百万富翁的人都是这种文化的产物。然而，巨大的工作压力和紧张的工作节奏常常会使他们在步入中年之前就筋疲力尽。这种环境中"全"或"无"的特性（要么赢得一切，要么输掉所有）看重的是冒险精神，并相信"我们能赢得巨大的成功、伟大的胜利"等。这些口号反映了企业追求最优、最大、最好的价值观，例如，"制作最出色的广告"（李奥贝纳广告公司）。

微软就是这种文化下很好的诠释。比尔·盖茨独特的个性和高超技能造就了微软公司的文化品位。这位精明的、精力充沛且富有幻想的公司创始人，极力寻求并任用与自己类似的既懂得技术又善于经营的经理人员。他向来强调以产品为中心来组织管理公司，超越经营职能，大胆实行组织创新，极力在公司内部和应聘者中挖掘同自己一样富有创新和合作精神的人才并委以重任。知识经济时代的核心工作内容就是创新，创新精神应是知识型企业文化的精髓。微软人始终作为开拓者——创造或进入一个潜在的大规模市场，然后不断改进一种成为市场标准的好产品。微软公司不断进行渐进的产品革新，并不时有重大突破，在公司内部形成了一种不断地新陈代谢的机制，使竞争对手很少有机会能对微软构成威胁。其不断改进新产品，定期淘汰旧产品的机制，始终使公司产品成为或不断成为行业标准。创新是贯穿微软经营全过程的核心精神。

二、努力工作/尽情玩乐型文化

这种类型企业文化的特征，一是工作数量扮演重要角色；二是崇尚优胜群体，只有群体才能赢得世界，群体产生数量；三是着迷于刺激活动。这是种风险极小、反馈迅速的企业文化。

这种文化通常植根于那些生机勃勃、运转活跃的销售型组织，包括房地产公司、计算机公司、汽车销售商、所有上门推销的销售公司等。在这些公司中，员工们生存的世界风险很低，同时又有着快速而密集的反馈信息，在这个领域中，行动意味着一切。员工们只要不断努力，就一定会达到目标。成功来自坚持不懈——多到顾客中走走，多打打电话。

这种文化的主要价值观集中在顾客及其需要方面，提供优质的顾客服务这一思想渗透在大多数这种组织中。"IBM 意味着服务"可以说是这种价值观的一个标志性的口号。数字设备公司接受了 IBM 公司的这种思想，并进一步发展成"体恤顾客的销售"这一口号，这意味着销售代表要待在市场中努力接近顾客，深入了解顾客的需求所在。

再来看看麦当劳公司。专家们认为，这家公司之所以能取得成功，并不是因为汉堡包做得出色，而是因为员工在柜台前转身的速度更快。它成功的秘诀在于——通过数量来降低固定成本，这不是全部秘诀。麦当劳在它的员工和特许经营店中树立了这样一个成功的经营理念，即"质量、服务、清洁、价值"。任何一个新的特许经营商从进入汉堡大学的第一天起，就被反复灌输这个主题，从而成为真正的信徒。所以，强有力的文化正是麦当劳成功的秘诀。

日本铃木公司一条发动机装配线上，员工全是女工。在班组休息室时，里面摆着各种各样的洋娃娃。这是一种有意的设计，充分考虑了女性的心理特点，使她们在工间休息时得到充分放松、尽情娱乐，在工作时能全身心地投入进去，体现了该公司以人为本、稳步前进的企业文化。

三、赌注型文化

这种文化的特点是包含孤注一掷的决策，员工需要等待若干年才知道这一决策能否取得效益。这种企业文化风险很高，但反馈很慢。

这种文化下的生活常常风险大而且反馈慢。"慢"在此处并不意味着压力的减轻；相反，它意味着持久地承受压力。它意味着你需要在一个项目中投资几百万美元甚至几千万美元资金，而经过若干年时间开发、提炼和检验后，你才能知道这个项目能否取得成功。例如，美孚石油公司拟投资购买5亿美元的钻探设备，用于开发乔治湾的油田。

这种文化背景下的公司中的人不像硬汉型企业中的人那样拿自己的职业去冒险，他们常常是拿整个企业的未来去冒险。这些巨头们也许不会因为一个投资决策的失误而步履维艰，但两个错误决策就有可能要了企业的命。

这种文化的主要仪式是公司会议。虽然处于不同层次的人员都会出席会议，但他们的座位却按严格的等级顺序排列，只有资深员工才可以发言。一旦得到了所有的信息，决策会自上而下地进行。而在循环周期较短的企业里，决策速度会更快，因为这种组织的结构是扁平化的而且更不正式，即使作出了错误决策也没有太大关系，总会有机会进行纠正。

赌注型文化会带来优质的创造发明和重大的科学突破，它有助于推动国家经济的发展。但是，有时它也慢得可怕。它从不进行大规模生产，行动也不像快速反馈的环境中要求的那样迅速和果断。另外，由于周期长，企业在等待一个大型项目回报的过程中，很容易由于市场经济的短期波动和现金流问题而受到重创。

四、过程型文化

这种文化下反馈很少甚至没有，工作绩效很难评估，取而代之的是，它们更注重过程。当过程失控时，我们也可以用另外一种方式——官僚——来称呼这种文化。

占据这个风险小、反馈慢的角落的是银行、保险公司、金融服务组织、大型政府部门、公共事业机构，以及有着严格规范的行业。和努力工作/尽情玩乐型文化一样，这里在资金上的风险很低，任何一笔交易都不可能造就一个公司，也不可能使一个公司灭亡。但与之不同的是，这里的员工几乎得不到任何反馈，他们写的备忘录和报告递交之后就再没有下文。如果不是因为某种失误受到责备，他们完全不知道自己的工作绩效如何。

以花旗银行为例。一是具有柔软性。花旗银行企业文化的共同价值观和行为准则，尽管不具有像硬件那样的"不可塑性"，却具有一种无形的力量，让人感到有一种柔性压力感。二是具有渐进性。花旗银行企业文化的创立和发展是一个漫长的过程，是经过190多年的培育逐渐形成的。三是具有潜移默化性。花旗银行企业文化形成后，便体现在日常的各种经营活动中，通过各种形式，"无孔不入"地渗透到职工的思想中去，像无声的命令促使员工朝着同一目标前进。四是具有延续性。花旗银行的企业文化产生后，历经世代相传，绵延发展，并在实践中得到不断丰富。

渣打银行采取蓄势待发、把握增长的策略，从小处着眼发挥，继续扩大产品类型，建立多元化的盈利基础，力求稳定增长的业绩表现。渣打银行已经对中小企业的贷款融资审批建立了 5CS 的原则，包括借款人和主要股东的品行、还款能力、信用度、企业的现金流。除这四点之外最重要的是抵押品，这是贷款中最重要的因素。同时，渣打银行内部还建立了一个评分系统，根据全球 56 个国家不同的中小企业贷款的经验，对企业提供的数据进行量化分析，然后它们会看客户的现金流、财务报表，并做一个比较客观的量化分析。

第四节 其他类型

除了典型的企业文化划分类型外，还有其他的诸如企业文化管理方格理论、艾博斯的划分类型和海能 16 种类型划分，在这一节中简单做个介绍。

一、企业文化管理方格理论

美国得克萨斯大学的行为科学家罗伯特·布莱克（Robert R. Blake）和简·莫顿（Jane S·Mouton）在 1964 年出版的《管理方格》（1978 年修订再版，改名为《新管理方格》）一书中提出管理方格理论（Management Grid Theory）。管理方格图的提出改变以往各种理论中"非此即彼"式（要么以生产为中心，要么以人为中心）的绝对化观点，指出在对生产关心和对人关心的两种领导方式之间，可以进行不同程度的互相结合。他们认为，在企业管理的领导工作中往往出现一些极端的方式，或者以生产为中心，或者以人为中心，为避免趋于极端，克服以往各种领导方式理论中"非此即彼"的绝对化观点，他们指出：在对生产关心的领导方式和对人关心的领导方式之间，可以有使二者在不同程度上互相结合的多种领导方式。为此，他们就企业中的领导方式问题提出了管理方格法，使用自己设计的一张纵轴和横轴各 9 等分的方格图，纵轴和横轴分别表示企业领导者对人和对生产的关心程度。

基于管理方格理论，在此建构一个"企业文化管理方格论"，在"关心人本"和"关心市场"两个维度来组合出不同的企业文化管理类型模式。

1. 企业文化管理方格理论的内涵

企业文化方格中有两个维度，一个是"关心人本"，另一个是"关心市场"。

其中"关心人本"这个维度的内涵，从企业管理角度说，就是坚持以人为本，以人为中心，这里的"人"不仅包括企业员工，还包括顾客，广义上也可以包括社会公众。所以，"关心人本"要运用企业文化激励员工积极上进，获得员工整体素质的提高，并且要赢得顾客，取得社会整体效益。

"关心市场"这个维度的内涵，就是企业以市场为目标导向，倡导竞争机制，鼓励创新，追求效率，赢得市场竞争效果。

企业文化建设既要关注人，也要关注市场，二者不可偏废。

2. 企业文化管理方格理论的类型

企业文化的先进性与有效性，集中体现在"关心人本"和"关心市场"的具体强度上，其不同强度的组合，就可以如图2-1所示的企业文化管理类型矩阵，按照不同强度各分为9个档次，1为最低，9为最高，共构成81个方格的矩阵，其中的5个具有典型性的企业文化类型，如（1，9）（9，1）（5，5）（1，1）（9，9）。

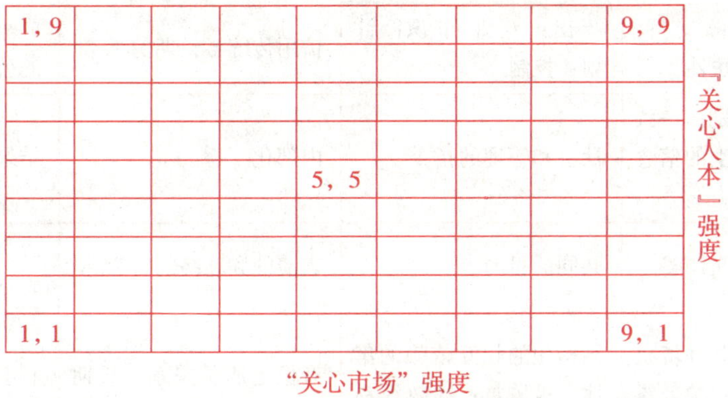

图2-1　企业文化管理方格图

理想型文化（9，9）：这种企业既关注人本也关注市场，是最理想的双强文化管理模式，这样的企业也容易做到基业常青。

趋利型文化（9，1）：这种企业忽视人本，高度关注市场。为了追求市场利润，不顾员工利益和精神状态，也缺乏社会责任感，最终也会损害消费者和社会的利益，坚持这种类型的企业失败的可能性较大。

平庸型文化（5，5）：这种企业对人本和市场都有一定程度的关注，在企业内部较为和谐，形成了良好的人际关系，上下左右同心同德，组成了亲密团结合作的团队，反过来有力地促进了生产经营活动。但是由于缺乏创新和冒险，从长远来看，不利于企业的持续进步和新市场的获得，企业可能会丧失许多的发展机会。

人本型文化（1，9）：这种企业以人本为核心，关注人，注重企业的人际和谐，凝聚力较强，团队目标一致，让整个企业充满了快乐的氛围。但是这种企业文化管理不关注市场，缺乏效率和竞争机制，在竞争日趋激烈的市场中，企业发展的危机风险较大。

沙漠型文化（1，1）：既不关注人本也不关注市场，就像一片沙漠，如果不是有特殊条件的庇护，这种企业早已经被淘汰。

二、艾博斯的类型

艾博斯将企业文化分为合法型文化、有效型文化、传统型文化、实用型文化，如表2-1所示。

表 2-1　艾博斯企业文化类型划分

	合法型	有效型	传统型	实用型
组织内容	环境的规范和价值观	对绩效的需求	成员的价值观、信仰和传统	成员的自我利益
效度基础	信念	适当的绩效	亲和性	心理和法律契约
焦点	外部支持；合法性	产出；专业知识；计划；控制	信用传统；长期的承诺	成就；激励和贡献的公平分配
个人服从的基础	识别；一致产生的信念压力	社会和管理的指令	内部化	结果的计算
行动的协调	名义调整	共同的目的	表演的和联络的行为	内部锁定利益和战略行动
特征集合	公共环境机构；绩效难以知道	结构化的相互依赖的集体；被监督；绩效容易知道	有稳定成员关系、长期历史和密集交流的集体	通常是为了共同的利益或目的而将个人集结起来的小的混合团体

三、海能的 16 种类型

德国慕尼黑大学教授海能在《企业文化——理论和时间的展望》一书中提出，企业文化是有关企业的、通过象征传播的共同价值观念和行为准则，依据企业文化牢固程度、一致程度和企业文化与系统和谐性等，将企业文化划分为 16 种类型，如表 2-2 所示。

表 2-2　海能企业文化的 16 种类型

单独进行的系统研究	与系统无关的企业文化研究		企业文化与系统的和谐性	企业文化的类型	编号
	牢固程度	一致程度			
控制手段有效	高	高	是	强的、支持强系统的企业文化	1
			否	强的、与系统矛盾的企业文化	2
		低	是	强的、支持强系统的亚文化	3
			否	强的、与系统矛盾的亚文化	4
	低	高	是	弱的、支持强系统矛盾的统一文化	5
			否	弱的、与系统矛盾的统一文化	6
		低	是	"无文化"的企业	7
			否	"无文化"的企业	8

续表

单独进行的系统研究	与系统无关的企业文化研究		企业文化与系统的和谐性	企业文化的类型	编号
	牢固程度	一致程度			
控制手段无效	高	高	是	强的、支持弱系统的企业文化	9
			否	强的、与弱系统矛盾的企业文化	10
		低	是	强的、支持弱系统矛盾的亚文化	11
			否	强的、与弱系统矛盾的亚文化	12
	低	高	是	无文化、无领导的企业	13
			否	无文化、无领导的企业	14
		低	是	无文化、无领导的企业	15
			否	无文化、无领导的企业	16

海能认为，企业作为一个系统的强弱，可以通过单独研究领导系统来明确，从而能够断定响应的控制手段是否有效、适当和合理。企业文化自身的状况，其牢固程度和一致程度，可以通过与系统无关的纯粹的企业文化研究来明确。企业文化和企业现有的领导系统的关系，可以通过对照性研究来明确。他假定：系统分为强（控制手段有效）和弱（控制手段无效）两种状况；企业文化自身的牢固程度和一致程度各自分为高或低两种状况；企业文化和系统的和谐性，也只区分为"是"与"否"两种情况，这样，企业文化就可以区分表格中的16种类型。

对企业文化分类的标准，海能概括为三个：(1) 牢固程度；(2) 一致程度；(3) 系统和谐性。他还特别说明："企业文化分类标准的各种度量并不是相互无关的。"对上述分类"通过分析可以得出一些看法，这些看法在美国管理文献中尚未见到。首先，上面的分类表明，企业文化并不是"强"的，组织成员有关切的"弱"价值观念和行为准则系统也可以成为企业文化。此外，企业文化的"强"不是一开始就可以作为"起作用"的标志。在个别情况中，一个强的，然而与系统不和谐的企业文化对企业绩效的努力是起不到积极作用的。其次，当企业所处的环境比较稳定，从而人事领导和经营领导现有的形式工具就能够满足要求时，从整个系统来说企业文化的问题就不那么重要了。

❓ 本章小结

1. 科特依据企业文化和经营状况划分为强力型、策略合理型和灵活适应型三种类型。

2. 依据"组织弹性—稳定性"和"外部导向—内部导向"两个维度，卡梅隆和奎因在竞争性文化价值模型中提出企业文化的四种类型划分：等级型文化、市场型文化、宗族型文化、创新型文化。

3. 按照企业经营的任务和经营方向，特伦斯·迪尔和艾伦·肯尼迪将企业文化分为四种类型：硬汉型文化、努力工作/尽情玩乐型文化、赌注型文化、过程文化。

❓ 复习思考题

1. 科特是如何划分企业文化类型的，每一种类型都有什么特征？

2. 卡梅隆和奎因是如何划分企业文化类型的，每一种类型都有什么特征？

3. 特伦斯·迪尔和艾伦·肯尼迪是如何划分企业文化类型的，每一种类型都有什么特征？

4. 企业文化管理方格中的"关注市场"和"关注人本"的内涵是什么？

5. 你是如何理解企业文化与企业绩效的关系的？

实践训练项目　企业文化类型判断

实训目的：

通过实训，判断某公司企业文化的基本类型，让学生理解企业文化的特征。

实训地点：教室或相关实验室

实训组织：

1. 在教师指导下，学生分为若干模拟公司，每组 7～10 人，设组长 1 人，并扮演企业不同角色。

2. 小组组长带领成员通过网络、图书馆或现场调研搜集、整理和分析企业文化资料。

3. 各组将研究成果制作成幻灯片，并由扮演相应角色的成员进行汇报。

4. 小组自评，小组互评，教师讲评。

实训内容：

在教师指导下，学生以组为单位自主选择企业，对企业的企业文化进行搜集并整理，分析其企业文化的类型，形成 PPT，并提交书面报告。

评价标准：

根据学生在企业文化资料整理内容、团队协作能力、PPT 制作水平与汇报人综合素质等方面进行优良中差层次评判。

案例研讨　玫琳凯的企业文化

1963 年 9 月 13 日，玫琳凯和她的儿子以及 9 个平均年龄超过 50 岁的女性在美国达拉斯的一个狭窄的地下室创办了玫琳凯化妆品公司。承载着一个平凡女性的梦想，玫琳凯公司从一个只有 5000 美元，员工仅有 9 个人的小公司发展至今已有 50 多年的历史。如今的玫琳凯是全美最畅销的护肤品和彩妆品牌，在全球 44 个国家和地区都有子公司，专业的美容顾问超过 180 多万名，年销售额超过 45 亿美元。作为全球 500 强企业之一的玫琳凯化妆品公司被美国著名杂志《财富》连续六年连续四次评为"卓越雇主——最值得女性工作的十家企业之一"。

1995 年玫琳凯总公司在中国杭州投资两千多万美元建立了其国外的首家工厂，第二年上海玫琳凯（中国）化妆品公司正式成立。10 年之后，玫琳凯又在杭州投资 2 亿元人民币建成了 7 万多平方米的亚太生产中心，同时，玫琳凯也获得了在华直销经营许可。2009 年玫琳凯（中国）被授予"优秀化妆品企业"称号。2010 年玫琳凯当选"年度风云品牌"。经过几年的发展，玫琳凯公司在中国的市场份额不断扩大，竞争力不断增强，对中国的化妆品市场影响越来越大。玫琳凯公司在保持高速增长的同时，也不断优化其服务，为了随时随地给女性提供体验产品和玫琳凯美丽到家服务，玫琳凯创造性地采用粉红色流动大巴，大巴内有一个美容教室，就像流动的分公司一样，通过粉红色流动大巴，玫琳凯不仅为顾客提供了更优化的服务，也使得自己获得了更大的利益。

公司使命：玫琳凯公司致力于创建一个全球女性共享的事业，以丰富女性人生为己任，以相互关爱的精神和积极的价值观实现公司的使命，为广大女性朋友提供别处没有的机会——一个在各个方面都能无限发展的机会，不仅指收入、个人抱负或者事业发展机会，还为她们提供很更广阔的发展天地，以实现她们的梦想。每当员工获取一个可以成功的机会，并利用它帮助其他渴望成功并且需要帮助的女性，帮助她们取得成功，最终改变她们的命运，这就成为一种使命。既然是使命，就义不容辞。所有的女性来到玫琳凯都有自己的梦想，帮助她们实现自己的梦想是玫琳凯公司的使命，她们也都明白要想自己取得成功，得帮助其他人获得成功。从大的方面讲，是将彼此的命运连在一起，将公司所有员工的命运连在一起。入职美容顾问，就有传承玫琳凯文化的责任。

美容顾问经常提到这样一句话：玫琳凯公司给女人带来比化妆更美丽的改变，比自信更丰富的提升，比成功更精彩的创造。

"乐施精神"：施爱于人，你将会得到快乐。如果我们每个人都有一个好的策略，我们互相分享彼此的策略，我们就都有更多的策略。但是如果我们不能分享自己的策略，每人只有一个策略。正是因为在整个企业中，凸显着这种伟大的精神，大家都说出自己的策略，才使得玫琳凯公司能够飞速地发展。公司会把员工提出的好策略发表在公司主管备忘录或杂志中。所以玫琳凯公司所有的员工就能一起去学习这个好策略了。通过分享这种好策略，玫琳凯获得了成功。

"黄金法则"：你们愿意别人怎样对待你们，你们也要怎样对待别人。这就要求玫琳凯的员工都要有换位思考的习惯。如果员工把这种法则运用到她们的工作、家庭和生活当中，她们的人际关系也会相当的融洽，工作也会非常顺利，家庭也会幸福。

"恪守生活优先次序"：玫琳凯·艾施女士告诉我们，只有遵循"信念第一，家庭第二，工作第三"的生活优先次序，才能获得快乐而充实的生活。只有拥有这样的信念，公司员工才能愿意在团队中认真工作，才能为公司贡献自己的一份力量，才能把个人事业与公司发展融合为一体；即便是超出自己职责范围的任务，也乐于承担。

对玫琳凯公司而言，人才远比计划重要。

许多其他公司更喜欢用比较庄重的雕像、图画或者自己所生产的产品来装饰门面。然而，玫琳凯总公司却把全国性推销指导员的照片放在显而易见的位置，这表现了玫琳凯公司是一家以人为主的公司。

人本管理的核心是以人为本，因而不能单单把公司员工当成是一种生产要素，而是要把公司中的人视为人的本身。

(1) 人才是兴业之本

一家公司人的好坏决定该公司的好坏，这是玫琳凯女士所坚信的。首屈一指的公司必有首屈一指的人才。如果她们不能在某一部门发挥出自己的才干，我们尽量为她们调换工作。

(2) 激励从精神到物质

管理的目的在于如何最大限度地释放员工潜藏的能量，最大限度地调动人们的积极性，让人们以极大的热情和创造力投身于事业之中。这就是激励。其中物质激励无疑满足了员工的需要。

①精神激励

你能做到。玫琳凯帮助她的员工培养信心，实现自我。她用独到的企业文化激励自己的员工致力于自身的发展和形象的改善。玫琳凯经常用"你能做到的"精神来鼓励更多的女性加入玫琳凯公司。

认可和鼓励。美容顾问每取得一点进步，她就会得到充分的认可；公司会根据员工所处的不同阶段给予不同的奖励。玫琳凯就是以赞美和鼓励助人成功。

鼓励创造性劳动。玫琳凯极力鼓励员工积极参加这项创造性的劳动以防止某些人员的自尊心受到影响，从而产生消极怠慢的情绪。然而，增加参与人数虽然可以换得较高的士气，同时也会增添较多的麻烦。在玫琳凯公司的发展过程中，员工提出的设想和改进方案曾起过巨大的作用，结果是形成了一股强大的向心力。公司开发的成百上千的新品种，最初的信息和设想都来自推荐人员的建议。

②物质激励

玫琳凯公司每年拿出巨额资金用于向美容顾问发放奖金。其中，最为著名的是大黄蜂别针"粉红色的凯迪拉克"。

缎带的赞美。当员工首次卖出一百美元产品时，公司会奖励给她们一条缎带，当她们再卖出一百美元时再获得一条缎带，并依此类推。

红地毯的赞美。玫琳凯公司会用红地毯来欢迎那些在一年中表现良好的美容顾问返回总公司，在总公司接受奖励。

红马甲的赞美。一流的美容顾问都会在每年总部召开的年度讨论会上，身穿专门定做的红色马甲上台发表演讲，并且接受同事们的掌声和鼓励。

《喝彩》杂志的赞美。作为公司内部发行刊物。其发行量和许多全国性的杂志不相上下。创办这本杂志的最主要的目的就是给予赞美。

当然还有最独特的奖品——别针，为了奖励表现优秀的美容顾问，玫琳凯在美国设计制造了这些精致的别针，然后运送到世界各个地方的公司，送到这些优秀的美容顾问手中。

（3）看得见的晋升轨迹

玫琳凯公司不断创造数以万计"从起步到巅峰"的奇迹，公司为女性员工量身打造了一个平等的创业机会，不仅丰富了她们的物质财富，也丰富了她们的精神财富。

另外，玫琳凯公司还为自己的员工设计了比较系统的学习教材，并给她们提供完整的练习，这些练习经由她们的招募人所属团队督导。公司在新顾问开始她们的招募工作时持续提供给她们所属团队中的督导教材，用来帮助她们不断晋升练习，更好地学习、了解公司的文化和制度，更进一步地了解她们所需要具备的沟通技巧。当玫琳凯公司的员工在公司的职位不断提高时，玫琳凯会让她们接受一些特训，目的是为了鼓励她们取得更大的进步，更好地巩固她们的领导能力与专业性。

（4）玫琳凯公司的社会责任

①创业基金

玫琳凯公司与全国妇联共同合作创立妇女创业基金，为下岗女工和农村比较贫穷的妇女的创业提供无息贷款，帮助更多有梦想的女性实现她们的梦想。

②慈善事业

不管在何时何地，玫琳凯公司都以人为本，把关心人放在首位，铭记为全社会的慈善事业贡献自己的力量。在中国发展的这几年，玫琳凯公司每年都会做一些慈善活动，这也使得玫琳凯在中国赢得了认可，使玫琳凯在中国发展得更为顺利。

③教育事业

从2000年起，玫琳凯每年都会在教育方面做一些活动，每年都会向高校中来自中西部地区优秀女生颁发奖学金。不仅为小学捐建"玫琳凯图书馆"，给孩子们提供更多的书籍，而且，针对大学生就业，也举办了一些活动，这些活动帮助大学生们更好地自我评估，更好地给自己定位，从而找到一个合适的工作。最近几年玫琳凯公司不断在全国各地尤其是贫困的边远地区建立希望小学，为希望小学提供物资，解决了大批留守儿童的上学问题，给他们送去了希望，送去了温暖。

（5）玫琳凯公司的产品与服务

①质量承诺从摇篮开始，双重保险保证质量

玫琳凯公司向消费者提供的全部产品除了达到工厂的内部检测要求，同时也通过了化妆品产品主管部门的专业检测和政府质监部门的监督。严格贯彻ISO9001体系，实施化妆品GMP管理，并通过建立供应链质量管理机制、全面质量管理体系对化妆品的研发、采购、生产、检验等全程实行严格的管理。

②安全性放在首位

每年，玫琳凯公司都要投入巨资进行多达30多万次的检验以确保玫琳凯的产品在生产经营的各个方面均达到高标准。玫琳凯公司还对车间内的环境质量包括细颗粒物等进行控制，对车间环境、公司员工的卫生、清洁，都有着严格规定和要求。

③创新极其广泛

创新范围极其广泛，创新无时不在，无处不在。玫琳凯公司的科学家、营销人员积极参与全球范围内的交流与合作，不仅与该行业的专家学者、杰出人才进行深入的探讨，并且与高等院校的专家进行合作，研制出更加有效和先进的技术，从而提高产品的功效、价值。

④服务第一

在公司刚成立时，玫琳凯就树立了服务第一的信念，玫琳凯不仅在销售公司的产品，更多的是在销售产品内在的本质——玫琳凯的服务。

⑤黄金法则式的服务

永远站在顾客的角度去发现需求，满足需求。玫琳凯在培训销售人员时，要求她们从顾客的角度出发，想办法使顾客更好，并不是要从顾客身上获取多少利益。以诚实与公平引导每项商业决策，并以真理和奉献的精神作为奉行的原则。让顾客感到贴心，迅速而主动地提供亲切、便利的服务。

⑥有针对性的个性化服务

美容顾客通过独一无二的培训教育教会消费者掌握一些基本的修饰技巧，如何护理自己的皮肤，并且为每位消费者进行皮肤类型分析。根据不同人的不同皮肤类型和皮肤条件而设计皮肤保健产品。

⑦玫琳凯产品和服务二合一

可以说玫琳凯公司的产品是一种将产品与服务完美结合的产品。也正是玫琳凯产品的这个独特的优点促使它不断走向成功。

（资料来源：作者改编）

思考：

1. 玫琳凯企业文化有什么特点？
2. 玫琳凯企业文化属于什么类型？

第三章　企业文化结构

学习目标

- 掌握物质层、制度层、行为层和精神层的基本概念。
- 熟悉物质层、制度层、行为层和精神层的基本范畴。

导入案例

松下水库理论

企业经营总有好有坏的时候，就像天气一样，有干旱也有洪涝的时候。水库的作用是在下雨的时候可以蓄水，在干旱的时候可以放水灌溉。如果你没有水库的话，你就没有办法来调节天气给你带来的影响。所以，他认为，企业也像水库一样，市场好的时候，你要懂得积蓄，市场不好的时候，你可以把积蓄的力量放出来，这样企业才可能应对危机经营企业，一定要建造水库。

故事启示：企业经营理念影响到企业的发展壮大，创立促进企业发展的经营理念是企业发展的动力。

企业文化通常是由企业理念文化、企业制度文化、企业行为文化和企业物质文化四个层次所构成（见图3-1）。研究企业文化结构是把企业文化作为一种独特的文化现象来探讨，可以从物质层、制度层、行为层和精神层对企业文化进行深入剖析。

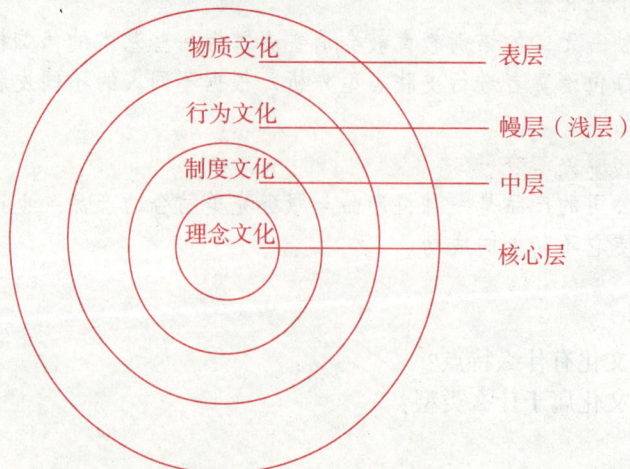

图3-1　企业文化结构图

第一层是表层的物质文化；第二层是幔层的（或称浅层的）行为文化；第三层是中层的制度文化；第四层是核心层的精神文化。企业文化的这四个层次是紧密联系的。物质文化是企业文化的外在表现和载体，是行为文化、制度文化和理念文化的物质基础；制度文化是理念文化的载体，制度文化又规范着行为文化；理念文化是形成行为文化和制度文化的思想基础，也是企业文化的核心和灵魂。

第一节　企业文化的物质层

企业文化的物质层也叫企业的物质文化，它是由企业员工创造的产品和各种物质设施等构成的器物文化，是一种以物质形态为主要研究对象的表层企业文化。

企业生产的产品和提供的服务是企业生产经营的成果，它是企业物质文化的首要内容。其次是企业创造的生产环境、企业建筑、企业广告、产品包装与设计等，它们都是企业物质文化的主要内容。

一、现代意义的产品

传统的产品以及对它的解释，常常局限在产品特定的物质形态和具体用途上，而在现代市场营销学中，产品则被理解为人们通过交换而获得的需求的满足，归结为消费者和用户需求的实际利益。由此，产品概念所包含的内容大大扩充了：产品是指人们向市场提供的能满足消费者或用户某种需求的任何有形产品和无形服务。有形产品主要包括产品实体及其品质、特色、式样、品牌和包装；无形服务包括可以给买主带来附加利益和心理上的满足感及信任感的售后服务、保证、产品形象、销售者声誉等。

现代产品的整体概念由核心产品、形式产品（形体产品）和扩大产品（附加产品）三个基本层次组成（见图3-2）。

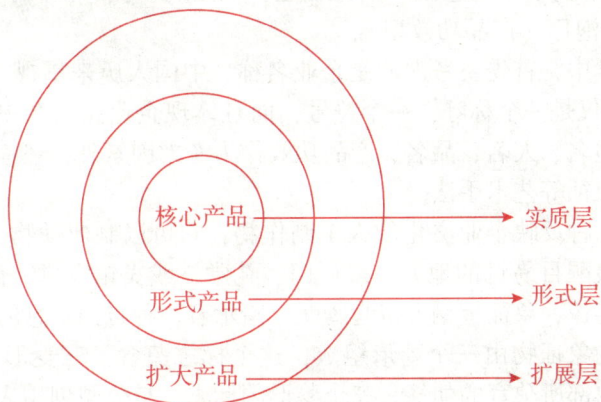

核心产品 ——————→ 实质层

形式产品 ——————→ 形式层

扩大产品 ——————→ 扩展层

图3-2　产品整体概念示意图

核心产品，是指产品的实质层，它为顾客提供最基本的效用和利益。消费者或用户购买某种产品绝不仅是为获得构成某种产品的各种构成材料，而是为了满足某种特定的需要。如人们购买电冰箱，并不是为了买到装有压缩机、冷藏机、冷藏室、开关按钮的组合产品，而是为了通过电冰箱的制冷功能，使食物保鲜，更好地方便日常生活。

形式产品，是指产品的形式层，较产品实质层具有更广泛的内容。它是目标市场消费者对某一需求的特定满足形式。产品形式一般通过不同的侧面反映出来。例如，质量水平、产品特色、产品款式以及产品包装和品牌。人们在购买产品时，不仅注意到产品的功能，还考虑到产品的品质、造型、颜色、品牌等因素。劳务产品或称服务产品，也有产品形式，如人们在理发时，不仅要求剪短头发，而且要求提供满意的发型，同一种发型也有质量高低之分。计算机服务也有计算结果精确度高低的区别，以及能否提供文字、图表说明等。产品形式向人们展示的是核心产品的外部特征，它能满足同类消费者的不同要求。

扩大产品，是指产品的扩展层，即产品的各种附加利益的总和。它包括各种售后服务，如提供产品的安装、维修、送货、技术培训等。国内外许多企业的成功经验中，很重要的一条就是得益于优良的售后服务。它们除了提供特定的产品外，还根据顾客和用户的需要提供多种服务。在现代市场营销中，企业销售的绝不只是特定的使用价值，而必须是反映产品的整体概念的一个系统。在日益激烈的竞争环境中，扩大产品给顾客带来的附加利益，已成为竞争的重要手段。许多情况表明，新的竞争并非各公司在其所生产的产品上，而在于附加在包装、服务、广告、顾客咨询、资金融通、运送、仓储及具有其他价值的形式。因此，能够正确发展附加产品的公司，必将在竞争中获胜。

二、企业环境和企业容貌

企业环境和企业容貌是企业物质文化的重要组成部分。企业环境主要是指与企业生产相关的各种物质设施、厂房建筑以及员工的生活娱乐设施。

企业容貌是企业文化的表征，是体现企业个性化的标志。它包括企业的名称、企业象征物、企业空间结构和布局等。

现代企业很注重通过宣传、推广企业的名称来树立企业形象，开拓市场。企业名称一般由专用名称和通用名称两部分构成。前者用来区别同类企业，后者说明企业的行业或产品归属。企业名称可以用国别、地名、人名、品名、产品功效等形式来命名。如中国国际信托投资公司（国别型）、上海卷烟厂（地名型）、张裕葡萄酒（人名型）、可口可乐公司（品名型）和永明灯泡厂（产品功效型）。

在企业识别要素中，首先要考虑的是企业名称。中国人历来重视"名"，所谓"名不正则言不顺"，名不仅是一个称呼，一个符号，而且体现企业在公众中的形象。企业的命名除上述以国别、地名、人名、品名、产品功效作为考虑因素外，还应考虑艺术性，应当尽可能运用寓意、象征等艺术手法。

企业象征物是一种反映企业文化的人工制作物，它可以制成动物、植物或其他造型。一般矗立在企业中最醒目易见的地方，或厂门、礼堂，或宾馆大堂、商店进门处。例如，上海宝钢的不锈钢铸像，象征宝钢人奋起腾跃，暗示着一种自强不息的企业文化。

日本三菱企业的象征物由三个菱形组成，这个标志蕴含了三菱形"人和"的企业理念，并表达出企业内部所孕育的朝气。三个菱形的标志，是公司创始人岩崎弥太郎在狱中设计的——就因为他在狱中，所以，此标志的诞生让人感到惊讶。岩崎弥太郎是德川幕府末期的上佐藩士，在当时很活跃。他在狱中认识了一个神奇的老人，这位老人告诉他，如果想要推翻德川幕府，推行王政复古运动，必须拥有政策资金，所以，先要学习、研究经济学，并告诉他企业发展最重要的是"人和"。他在这位老人的启发下，把三个人形组成一个图案，最后修正为三个菱形的标志。据说岩崎祖先是武田流水笠原氏，三个重叠的菱形是他家族的族徽，因此，三菱的菱形象征物还具有纪念的意义。

企业布局是指企业的内外空间设计，包括厂容厂貌、商店的橱窗和内部装饰。一个企业的厂容厂貌、绿化、厂房造型、各车间的布局、各种交通布局等，都应给人以一种"花园式工厂"的感觉。商店橱窗，应以商品为主体，以布景、道具、装饰面的背景为衬托，并配合灯光、色彩和文字说明；在进行商品介绍的同时，应注意艺术性与实用性的统一。商店橱窗是商业企业形象的重要组成部分，它不仅只是一种广告手段，还是该企业精神面貌的一个折射，顾客通过橱窗来缩短商品与顾客、商店与顾客的距离。国外十分重视商业橱窗的设计，精明的老板在展示颇具艺术气氛的橱窗的同时，还常常运用光、色、声等综合艺术效果来烘托商品，加强情感效果。

三、企业生产环境

企业生产环境的优劣，直接影响企业员工的工作效率和情绪。优化企业的生产环境，为企业员工提供良好的劳动氛围，是企业重视人的需要、激励人的工作积极性的重要手段。

运用色彩调节可以优化劳动环境。例如，厂房用色，可以选择相应的色彩以适应特定的工作，利用冷暖色来提高和降低人的心理感受度，减少疲劳。如冷性环境（冷藏库、冷加工车间、地下室、无窗厂房的内部等），可将墙壁涂成暖色，以此增加温暖、明亮的心理感觉。而在暖性环境中，如炼钢车间、热加工车间、重体力劳动场所等，可采用冷色。中性环境，色彩不宜太艳，因为它会使人感到兴奋、容易疲劳；也不宜太平，它会使人感到单调，容易沉闷。一般以乳白、淡黄、浅蓝、果绿等色彩为宜，再适当点缀些深色，使人感到有变化、有层次感，感觉舒适。

机器设备用色应以主要工作对象的颜色来加以比较，进行选择。如果加工对象的颜色很鲜明，为避免视觉疲劳，机器设备最好涂上对比度较强的暗色。反之亦然。

传统的机器设备以绿色为主，而现代机器设备却有了新的色彩倾向，其典型组合为乳白加深灰，加高纯度色。因为乳白和深灰接近两个极端——黑与白，其间又都包含着非色彩的因素，因此极容易与其他色彩协调。不管加工对象的颜色如何，乳白和深灰历来有"精、俏"之美称。以如此大面积的低纯度色为主调，再施以高纯度色进行对比，可给人以一种清新、明快、丰富的感觉。

除色彩调节外，还可以用音乐调节。音乐调节是指在工作场所创造一种良好的音乐环境，以此来减轻疲劳和调节情绪。音乐是以声音为表现媒介，表达人听觉的艺术形式。而音乐调节是利用音乐节奏、旋律的起伏所产生的情绪激发作用来调节劳动者，它起到一种"功能音乐"的作用。据心理学的研究表明，柔和的音乐不但不会分散注意力，反而会提高工作效率，原因是它能够通过人耳对旋律的选择作用使音乐掩盖噪声。因此，在选配乐曲时，应挑选一些悦耳的轻音乐，它可对人的神经系统产生良好的刺激，促进人体内有益健康的激素、酶和乙酰胆碱等物质的合成，调节血液流量，促进细胞兴奋，增强对信息的感受能力和反应速度，提高工作效率。

在劳动中播放音乐，还应注意乐曲节奏的选择，使其与工作节奏相协调，使音乐节奏作为劳动节奏的支撑，把时间上的节奏和空间中的运动协调起来。这样，就会减轻劳动者的疲劳感，并使人对融合一体的节奏产生愉悦感，提高工作效率。

在我国，早在两千多年以前，《乐记》就已经提出"凡音之起，由人心生也"的看法，指出劳动与音乐的联系，音乐表达人的哀心、乐心、喜心、怒心、敬心、爱心六种人的不同情感。早在古希腊时期，亚里士多德就把音乐与人的劳动、生活情感相联系，认为音乐可以激发人的劳动热情、勇敢和节制的品格。

四、技术、设备现代化与文明程度

企业的文明程度与技术、设备的现代化密切相关。从一定意义上说，企业文化的形成取决于企业内外多种因素，其中企业外部的技术环境、企业内部的技术条件、企业员工的文化技术水平对企业文化的塑造有重要影响。技术的发展对企业文化有很大影响。技术作为物质文明、精神文明的一种体现，对社会起着潜移默化的作用。人们接受了这种技术反映出来的思想，可以冲击传统的思想沉积，破除旧的价值观念，萌生新的价值追求。

技术、设备是企业形成物质文化的保证。企业技术、设备的发展水平决定企业的竞争力，新技术、新设备、新材料、新工艺、新产品的开发和应用，生产过程的机械化、自动化、电算化都直接关系到企业生产技术的发展方向和产品在国内外市场上的竞争力，关系到企业物质文化发展的水平及其对企业精神文化发展的影响程度。

早在出租汽车业刚刚起步的时期，美国纽约亚伦出租汽车公司走在了前列，使纽约的出租马车受到了冲击。当时马车业的业主们认为亚伦公司抢走了他们的生意，于是用马车阻挡亚伦出租车，甚至砸亚伦公司的汽车。亚伦公司运用舆论、法律等文化手段与之抗争，马车业的业主们终于败下阵来。亚伦的胜利是技术的胜利和文化舆论的胜利。

第一台电子计算机刚刚出现时，人们嫌它又大又笨，但当它被广为使用并不断改进后，人们终于认识了计算机的价值，并引起了一系列价值观的变化。如今，计算机技术的发展引发了一场企业革命，产生了所谓的计算机化企业。马丁（Martin）将计算机化企业界定为按照控制论原则设计的计算机时代的企业。这种企业是由计算机控制的，能够对环境变化、竞争和消费者需求作出即时反应的企业。在需要的时候，能够进行虚拟运作或灵活地与其他企业的能力进行连接。这是一种为适应快速变化而设计的、能够学习、进化、自我快速变化的企业。在计算机化企业的世界里，计算机技术使企业之间的联系更为方便，依赖程度日益增加，虚拟关系普遍存在，增加了企业适应市场的灵活性和竞争力。计算机化企业是以知识为基础的，知识是计算机化企业的关键性资源，计算机化企业需不断地获取和创造知识，储存知识，阐明知识，向员工传播知识，并在实践中运用知识。计算机化企业强调学习，强调人力资源开发，强调发展人的潜能，尊重人的价值。这些为创造新的企业文化、新的企业价值观提供了社会条件和外部环境。

技术、设备是现代企业进行生产经营活动的物质基础，是企业劳动资料中最积极的部分。在现代企业中，员工凭借先进的技术、设备，使劳动对象达到预期的目标，为社会生产出量多、质优、价廉的产品，创造优质的物质文化。随着知识经济时代的到来，技术、设备对企业文化建设的制约作用越来越大。今后的企业生产效率和经济效益在很大程度上也取决于技术、设备的现代化程度。

第二节 企业文化的行为层

企业文化的行为层又称为企业行为文化。如果说企业物质文化是企业文化的最外层，那么，企业行为文化可称为企业文化的幔层，或称第二层，即浅层的行为文化（见图3-1）。

企业行为文化是指企业员工在生产经营、学习娱乐中产生的活动文化。它包括企业经营、教育宣传、人际关系活动、文娱体育活动中产生的文化现象。它是企业经营作风、精神面貌、人际关系的动态体现，也是企业精神、企业价值观的折射。

从人员结构上划分，企业行为又包括企业家的行为、企业模范人物的行为、企业员工的行为等。企业的经营决策方式和决策行为主要来自企业家，企业家是企业经营的主角。在具有优秀企业文化的企业中，最受人敬重的是那些集中体现了企业价值观的企业模范人物。这些模范人物使企业的价值观"人格化"，他们是企业员工学习的榜样，他们的行为常常为企业员工所仿效。企业员工是企业的主体，企业员工的群体行为决定企业整体的精神风貌和企业文明的程度。

IBM 公司在几十年的经营中形成了一种良好服务的企业文化。IBM 公司的历届总裁都认为，良好的服务是打开计算机市场的关键，IBM 就是要为顾客提供全世界最好的销售服务。IBM 公司的创始人老托马斯·J. 沃森从公司建立的那一天起就十分注重销售部门的服务质量，他要求对每一个用户的服务都要周密安排。IBM 公司还免费为用户提供基本软件、保养维修、业务咨询及培训程序设计人员和操作人员。如果用户对机器的业务性能质量不满意，可以不付租金，将机器退回。正因为 IBM 公司从上到下竭尽全力为顾客提供尽可能完善的服务，才赢得了用户的广泛好评。

一、企业家行为

企业的经营决策方式和决策行为主要来自企业家，企业家是企业经营的主角。企业家是工业革命后资本主义商品经济高度发展的产物。随着生产力和科学技术的发展，特别是机器化生产和大股份公司的迅速成长，企业家队伍日益壮大。新中国成立前，由于经济、文化的落后，没有严格意义上的企业家。"企业家"一词最早见于 16 世纪的法文（Enter Preneur），后来英语也沿用这个词。它原来的含义带有冒险家的意思。当时，领导军事远征的人需要承担风险，对企业的经营决策，也如同领导军事远征一样，具有较大的风险，直至今天企业家这个词一直是与承担风险联系在一起的。19 世纪末，美国由于大规模资本主义工业的发展和大股份公司的创立，出现了一些典型的企业家。这些企业家残酷地剥削工人，他们的行为激起了工人们的愤怒和仇恨，广大工人群众把他们称为"强盗男爵"。

但是，他们又是具有卓越才能的人，他们强调长期行为，不断把利润进行再投资，以发展企业。他们善于创新，干实事而不尚空谈；有领导能力，有丰富的想象力、判断能力和坚韧的意志；有监督和管理的才能；有丰富的业务知识，善于把握时机，作出具有战略意义的重大决策和创新。他们目光远大，不斤斤计较眼前利润的多少，而是注重于对整个企业发展的全局性设想。

成功的企业家在经营决策时总会当机立断地选择自己企业的经营战略目标，并一如既往地贯彻这个目标直至成功。实现这一目标并非一件易事，它要求企业家在制定决策时必须体现宏观性、预见性、创新性、联想性和韧性的统一。

从整个社会的经济运行来说，企业是社会经济的细胞，是一个局部，从企业本身来看，它又是一个有机的整体，有着自己的结构与层次。作为企业家，是整个企业的统帅，既要决策，又要指挥。因此，企业家必须统观全局。但若不分巨细，事必躬亲，必会消耗企业家过多的精力而影响他对全局的决策。企业家要学会宏观性的思维方式。那些具体的环节和事务，可委托他人或具体职能部门去做。只有有所不为，才能有所为。统帅"不为"之事，由将校去做，将校"不为"之事，由士兵去做，各司其职，才能使统帅腾出主要精力去思考战略性问题和进行全局的决策。美国阿波罗登月工程总指挥韦伯说，阿波罗工程的所有技术和构件，都是已有的成熟技术和构件，没有新的创造，只不过是总体设计、安装协调而已！可见，总体上的协调与指挥具有多么重要的作用。一个企业总体上的谋划、决策，就要靠统帅——企业家来担任。企业家的决策行为与企业命运是休戚相关的。

军事上把瞄准一个正在前进的目标定位在目标之前的那一段距离叫"提前量"，只有精确地计算"提前量"，射击目标才会准确。进行企业的决策，也应考虑"提前量"的问题。美国一位著名的企业家在介绍他的成功之道时说："我把75%的精力放在考虑未来的事业上，只留下25%的精力处理昨天和今天的事情。"高明的企业领导总是处于高峰时准备应对低潮；企业的开拓方向、经营战略，要随形势而变化，在变化中求生存，求发展。因此，企业家就应当与新闻界、科技界、信息情报界、文化界的人士多交朋友，在社交中获取信息。

在企业决策行为中，创新性是十分重要的。企业家独立自主地经营企业，不仅拥有独立的生产决策权——企业生产什么，怎样生产，为谁生产的基本决策权，而且要对生产要素进行新的组合，要开发新产品，采用新工艺，开辟新市场，获得新原料，建立新组织。所有这些都需要有创新的勇气。即要创新，就要"多谋"和"善断"。

所谓"多谋"，除了企业家自己开动脑筋外，还要集思广益，吸收广大员工群众的智慧。所谓"善断"，就是对这些谋略进行正确的筛选。要"断"得正确，"断"得及时。有些时候，虽属正确之判断和决策，但因延误了时机，也得不到应有的效果。所以，及时的判断和正确的判断对企业家来说是特别重要的事。"机不可失，时不再来"，所强调的就是要及时做判断和决策，把握好时机。

联想是创造的前提。人类文化发展史告诉我们，没有联想，就没有创造。就拿文学创作来说，没有联想就没有比喻，就没有诗歌和文学。联想的作用和范围远远超过了诗歌和文学。联想当然需要有广博的知识和深厚的生活阅历，要广泛地接触社会上的各种事物。眼光远大、思维活跃的企业家，总是善于从世界的各种事物中找到普遍的联系，善于从间接联系中联想到直接联系，从看似"无关"的联系中找到有关的联系。

在创办企业和企业经营中必定会遇到各种意想不到的困难和挫折，因此，企业家要有不怕失败、不怕挫折和百折不挠的勇气，要有献身事业、不惧风险、敢冒风险的精神。干任何事业，要达到预期的目标，都需要用坚忍不拔、一往无前的精神去支配自己的行为，而企业家更需要这种精神。因为，经营企业最大的风险是向没有把握的新项目或新的开发领域进行投资。要投资就有风险，在日趋激烈的市场竞争中，风险将来自各个方面。如竞争对手推出新的产品或新的竞争策略，本企业无所觉察也毫无对策；或本企业研制的新产品及为此而进行的技术引进或技术改造，由于对销路摸得不准或对同行业技术进步、生产能力发展预测不准而销路不畅等，均可能使企业陷入困境。竞争、风险，给企业带来希望，也潜伏着危机。在情况不清时只能按概率进行决策，风险总是难免的。一旦遭受不测，没有韧性就会彻底垮台。

从某种意义上说，市场经济是"冒险家的乐园"。在这个乐园中，可以享受公平、平等、独立、互益的乐趣。它是一个"自由王国"，但在这个自由王国里充满着风险，只有那些敢于承担风险成本的人才能获取风险的成果和回报。

二、企业模范人物的行为

企业模范人物是企业的中坚力量，他们的行为在整个企业行为中占有重要的地位。

在具有优秀企业文化的企业中，最受人敬重的是那些集中体现了企业价值观的企业模范人物。这些模范人物使企业的价值观"人格化"，他们是企业员工学习的榜样，他们的行为常常被企业员工作为仿效的行为规范。

这些模范人物大都是在实践中涌现出来的、被员工推选出来的普通人，他们在各自的岗位上作出了突出的成绩和贡献，因此成为企业的模范。

在我国，企业中的模范人物称谓很多，有的称"劳动模范"，有的称"先进工作者"，还有的称"新长征突击手""革新能手""'三八'红旗手""学雷锋标兵"等。企业模范的行为又可以分为企业模范个体的行为和企业模范群体的行为两类。

企业模范个体的行为标准是，卓越地体现企业价值观与企业精神的某个方面和企业的理想追求相一致。在其卓越地体现企业精神等方面取得了比一般员工更多的实绩，具有先进性。他们的所作所为离常人并不遥远，显示出普普通通的人也能完成，可以成为人们仿效的对象。企业模范的行为总是在某一方面特别突出，而不是在所有方面都无可挑剔。所以，对企业模范不能求全责备，不能指望企业员工从某一个企业模范身上学到所有的东西。

一个企业中所有的模范人物的集合体构成企业模范群体，卓越的模范群体必须是完整的企业精神的化身，是企业价值观的综合体现。企业模范群体的行为，是企业模范个体典型模范行为的提升，具有全面性。因此，在各方面它都应当成为企业所有员工的行为规范。

企业模范可按不同的类型划分。美国的学者曾把企业模范人物划分为共生英雄（幻想英雄）和情势英雄两大类。而情势英雄又被划分为出格式英雄、引导式英雄、固执式英雄和圣牛式英雄四类。他们所说的共生英雄，是指优秀的企业创建者，如通用电气公司的托马斯·爱迪生、宝洁公司的普罗克特和甘布尔、IBM公司的托马斯·沃森、松下电器公司的松下幸之助、索尼公司的井深大和盛田昭夫等。他们不仅是企业的创建者，也是企业的所有者，一辈子为他们自己的企业呕心沥血。

共生英雄是企业模范中的最高层次，因为他们不仅建立了企业组织，而且还缔造了一个能使他们生存并将个人的价值观付诸实践——改变公司经营方式的企业理念，且这种企业理念的影响力不断地被扩大。

在我国，任何一个企业员工，只要通过自己的努力，都可以成为任何一个层次上的企业模范。从企业模范行为的类型上划分，可分为领袖型、开拓型、民主型、实干型、智慧型、坚毅型和廉洁型。①领袖型企业模范：具有极高的精神境界和理想追求，有整套符合社会主义企业发展规律的价值观念体系，常常从这个企业调到另一个企业担任领导，都能把企业办好，许多濒临绝境的企业被他们一一救活。②开拓型企业模范：永不满足现状，勇于革新、锐意进取，不断开创新领域，敢于突破新水平。他们具有创新意识，自身充满创新的活力和竞争的意识。③民主型企业模范：善于处理人际关系，善于发挥大家的聪明才智、集思广益，能把许多小股力量凝聚成为无坚不摧的巨大力量。④实干型企业模范：总是埋头苦干，默默无闻，数十年如一日，如老黄牛贡献出自己的全部力量。⑤智慧型企业模范：知识渊博，思路开阔，崇尚巧干，常有锦囊妙计，好点子层出不穷。⑥坚毅型企业模范：越是遇到困难干劲越足，越是危险越能挺身而出，关键时刻挑大梁，百折不挠。⑦廉洁型企业模范：一身正气，两袖清风，办事公正，深得民心，为企业的文明作出表率。上述七类人的行为并不是彼此孤立的，只不过是在某方面有突出的表现，因此把它归为某一类型。在现实生活中，不少企业模范既有某一方面的长处，又有另一方面的优点，常常是相互交融的。

三、企业员工群体行为

企业员工是企业的主体，企业员工的群体行为决定企业整体的精神风貌和企业文明的程度，因此，企业员工群体行为的塑造是企业文化建设的重要组成部分。

有人把企业员工群体行为塑造简单地理解为组织员工政治学习、企业规章制度学习、科学技术培训，开展文化、体育、读书以及各种文艺活动。诚然，这些活动都是必要的、不可或缺的，但员工群体行为的塑造不仅仅限于此，至少还得包括以下三方面的内容：

第一，激励全体员工的智力、向心力和勇往直前的精神，为企业创新作出实际的贡献。美国最优秀的100家企业之一的信捷公司，对自己的员工提出了这样的行为规范：在工作中不断激发个人的潜能，积极主动地为自己创造一种不断学习的机会，尽管工作是日常性的，但工作的全部内容应当提升到与成就个人事业相联系的位置上，以便为个人的成长提供动力。贝尔研究所拥有9000名具有博士和硕士头衔的员工，他们坚持每月举办系列学术讲座，并鼓励不同专业的人员互相交流，所有员工，上至企业家、管理学家，下至各类专业人员、计算机专家、化学家、物理学家、心理学家和普通职员，大家共同探讨，交流各自的看法，在企业中形成一种勤于学习和善于钻研的好风气。

第二，把员工个人的工作同自己的人生目标联系起来。这是每个人工作主动性和创造性的源泉，它能够使企业的个体产生组合，即超越个人的局限，发挥集体的协同作用，进而产生$1+1>2$的效果。它能唤起企业员工的广泛热情和团队精神，以达到企业的既定目标。

当全体员工认同企业的宗旨、每个员工体验到在共同的目标中有自己的一份时，他就会感到自己所从事的工作不是临时的、权宜的、单一的，而是与自己人生目标相联系的。当个人目标和企业目标之间存在着协同关系时，个人实现目标的能力就会因为有了企业而扩大，把这种"组合"转变成员工的个体行为，就会有利于员工形成事业心和责任感，建立起对企业、对奋斗目标的信念。

第三，每个员工必须认识到：企业文化是自己最宝贵的资产，它是个人和企业成长必不可少的精神财富，以积极处世的人生态度去从事企业工作，以勤劳、敬业、守时、惜时的行为规范指导自己的行为。

导入案例 ◀

老字号传承老传统　同仁堂净匾修德

农历二月初二，传说中龙抬头的日子，传统上人们都在这一天祭祀龙神，希望新的一年风调雨顺、天佑丰收。然而对于有着300多年历史的老字号同仁堂来说这一天更尤为重要。这一天，北京同仁堂药店举行一年一度的净匾仪式。百年老店，百年传承。在深厚的历史文化浸润下，北京同仁堂药店用敬匾这一传统仪式，与职工、与参与者一同共勉，共勉同仁堂"同修仁德，济世养生"的企业精神，共勉老药店文化传承的企业价值，为大家的健康保驾护航！

"净匾"也为"敬匾"，它有两层含义：

一是"净"，即擦拭匾额上的灰尘，寓意净化我们的心灵使心灵不至蒙尘；

二是"敬"，对我们所从事的工作要心存敬畏，中医药关乎人民的生命健康，要敬畏消费者，敬畏良知。

净匾文化亦是感恩，同仁堂崇尚大爱济世，有着为社会多种贡献的美好愿望。北京同仁药店始终秉承"四个善待"要求，诚信经营，服务大家。

2019年3月8日，农历二月初二，北京同仁堂国药有限公司在香港大埔生产研发基地举行了隆重的净（敬）匾仪式。同仁堂在中国内地以外举行净（敬）匾仪式尚属首次。净匾者来自五大洲，伴随着"五千载华夏，敬请鉴我情"的特别晨训词，五位不同肤色的员工身着正装，缓缓步向"同仁堂"、"灵兰秘授"、"琼藻新栽"三块老匾，小心擦拭匾额上的灰尘。据悉，此次参与净匾环节的员工及合作伙伴，是北京同仁堂国药有限公司在其开展中医药产品服务的五大洲中精挑细选的骨干。

"今年之所以考虑在香港开展净（敬）匾仪式，就是要在今年这个具有特殊意义的年份里，更好地传承文化、传承同仁堂质量诚信的血脉。"丁永玲说。据主办方介绍，将净匾仪式主题定为"传承百年品牌，造福世界健康"，切合了北京同仁堂国药有限公司"创造健康，全球共享"的使命，也回溯着同仁堂品牌百年诚信的核心价值。净匾仪式的目的在于，牢固树立同仁堂海外员工的品牌意识、诚信意识和自律意识，让员工有像爱护生命和眼睛一样爱护同仁堂品牌的觉悟，不断传承同仁堂中医药传统文化精神。

从事企业工作就像从事其他一切经济活动一样，必须有一种精神力量和内在动力去推动。德国思想家马克斯·韦伯把它称为"经济伦理""工具理性"。在他看来，完成世俗一生的义务是一个人道德行为所能达到的既实际又崇高的目标，要达到这个目标，就应当"强迫自己去工作，喜爱节俭，把一个人的生活变成达到别人的权力之目的的工具、苦行禁欲，以及一种强制的责任感——成为资本主义社会的生产性力量，没有这些属性，现代经济与社会发展是不可能的"。这种"工具理性"在中国传统文化中早已有之，归纳起来就是"可为""非命""勤勉""惜时"。"可为"就是以大无畏的精神投身于自己的事业。孔子说过，"知其不可为而为之"（《论语·宪问》）。在孔子看来，要成就一项事业，就必须有堆土成山的顽强意志，"譬如为山，未成一篑，止，吾止也。譬如平地，虽覆一篑，进，吾往也"（《论语·子罕》）。"非命"就是对"死生有命、富贵在天"命定论的挑战。中国传统文化认为，人们的一切活动，成功与否不是命定的，其决定因素是"力"和"强"，"强必富，不强必贫；强必饱，不强必饥。故不敢怠倦"（《墨子·非命》）。"勤勉"就是勤于耕织、劳作有时，杜绝懒惰淫逸之风，"人生在勤，勤则不匮"。"惜时"就是珍惜时间，"阴阳消息，则变化有时矣。时得而治矣，时失而乱矣"（《说苑·辨物》）。这种献身工作、只争朝夕、不怕疲劳、不敢安逸的精神，正是激发每个企业员工完善自身行为的精神动力和内在力量。

第三节 企业文化的制度层

企业文化的制度层又叫企业的制度文化，企业制度文化是得到企业广大员工认同并自觉遵从的由企业的领导体制、组织形态和经营管理形态构成的外显文化，是一种约束企业和员工行为的规范性文化，主要包括企业领导体制、企业组织机构、企业经营制度、企业管理制度和一些其他特殊制度。它是企业文化的中坚和桥梁，把企业文化中的物质文化和理念文化有机地结合成一个整体。

一、企业制度文化的性质和范围

在企业文化中，企业制度文化是人与物、人与企业运营制度的结合部分，它既是人的意识与观念形态的反映，又是由一定物的形式所构成。同时，企业制度文化的中介性还表现在，它是精神与物质的中介。制度文化既是适应物质文化的固定形式，又是塑造精神文化的主要机制和载体。正是由于制度文化的这种中介的固定、传递功能，它对企业文化的建设具有重要作用。

企业制度文化是企业为实现自身目标对员工的行为给予一定限制的文化，它具有共性和强有力的行为规范的要求。企业制度文化的"规范性"是一种来自员工自身以外的、带有强制性的约束，它规范着企业的每一个人，企业工艺操作规程、厂规厂纪、经济责任制、考核奖惩制等都是企业制度文化的内容。

企业制度文化作为企业文化中人与物、人与企业运营制度的中介和结合，是一种约束企业和员工行为的规范性文化，它使企业在复杂多变、竞争激烈的经济环境中处于良好的状态，从而保证企业目标的实现。

企业领导体制（有的教科书把它列入组织文化）是企业领导方式、领导结构、领导制度的总称，其中主要是领导制度。企业的领导制度，受生产力和文化的双重制约，生产力水平的提高和文化的进步，就会产生与之相适应的领导体制。不同历史时期的企业领导体制，反映着不同的企业文化。在企业制度文化中，领导体制影响着企业组织机构的设置，制约着企业管理的各个方面。所以，企业领导体制是企业制度文化的核心内容。卓越的企业家就应当善于建立统一、协调、通畅的企业制度文化，特别是统一、协调、通畅的企业领导体制。

企业组织机构，是指企业为了有效实现企业目标而筹划建立的企业内部各组成部分及其关系。如果把企业视为一个生物有机体，那么，组织机构就是这个有机体的骨骼。因此，组织机构是否适应企业生产经营管理的要求，对企业的生存和发展有很大的影响。不同的企业文化，有着不同的组织机构。影响企业组织机构的不仅是企业制度文化中的领导体制，而且，企业文化中的企业环境、企业目标、企业生产技术及企业员工的思想文化素质等也是重要因素。组织机构形式的选择，必须有利于企业目标的实现。

在探讨企业的组织机构和企业组织文化的时候，我们应当注意到，企业的组织文化并不是完全独立的，它与一定的民族文化传统的深厚背景有着千丝万缕的联系。在中国传统文化中，一般不从个体方面看问题，而是把什么都看成是一种有组织的结构。大到国家，小到个人，都有相应的管理网络和管理艺术。所谓格物、致知、诚意、正心，是修己、是自我管理；所谓齐家、立业、治国、平天下，是家庭管理、企业管理、行政管理、教化管理。修身和安人是相互沟通的，修身是根本，身能修治，家庭才能管好。家庭、事业都管理得好，才能有治理国家的本领。国家治理好了，天下才能实现大同。《大学》中指出，古人要想使天下人都能彰明自己的明德，先要治好自己的国家，想要治好自己的国家，先要治好自己的家庭，进而先要修身、正心，即物穷理。

中国古代传统的组织文化大体可分为唐模式、宋模式和明模式三种模式。

在唐模式中，管理程序一般分为提出问题、贤人拟订计划、交送主管核定和交付执行机关执行四个环节。由主管者的认识，或来自下层的建议，或由于专家的分析，无论何种情况，都要通过主管的认定；问题提出后，主管请内行人、专家代为拟定对策；专家拟订计划后，由主管核定；最后交付有关部门执行。在宋模式中，管理程序分为六个环节，即问题构成、专家请示原则、主管说明构想、专家根据构想拟订计划、呈请主管核定、交付有关部门执行。在明代模式中简化为三个环节，即问题构成、主管拟订计划、交付有关部门执行。它们都是一定时代组织文化的反映。

按照中国传统的组织文化，组织模式一般为树状模式。决策层和管理层犹如树的根部，必须非常稳固，才能支撑整个组织系统。树冠部分是执行层，它以参差茂密的枝叶作为触角迎接各种事务。

现代企业的各种组织模式很容易调整为树状模式，如图3-3、图3-4和图3-5所示。

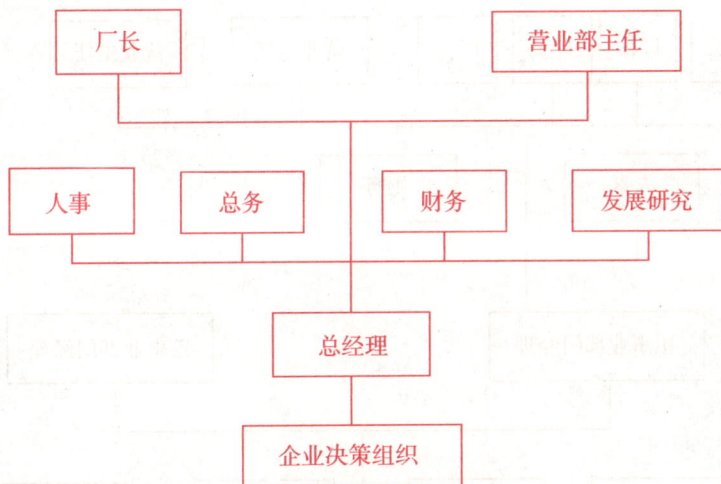

图3-3 现代企业树状组织模式之一

企业管理制度是企业为求得最大效益，在生产管理实践活动中制定的各种带有强制性义务，并能保障一定权利的各项规定或条例，包括企业的人事制度、生产管理制度、民主管理制度等一切规章制度。企业管理制度是实现企业目标的有力措施和手段。它作为员工行为规范的模式，能使员工个人的活动得以合理进行，同时又成为维护员工共同利益的一种强制手段。因此，企业的各项管理制度，是企业进行正常的生产经营管理所必需的，它是一种强有力的保证。优秀企业文化的管理制度必然是科学、完善、实用的管理方式的体现。

企业制度文化是企业文化的重要组成部分，制度文化是一定精神文化的产物，它必须适应精神文化的要求。人们总是在一定的价值观指导下去完善和改革企业的各项制度，企业的组织机构如果不与企业目标的要求相适应，企业目标就无法实现。卓越的企业总是经

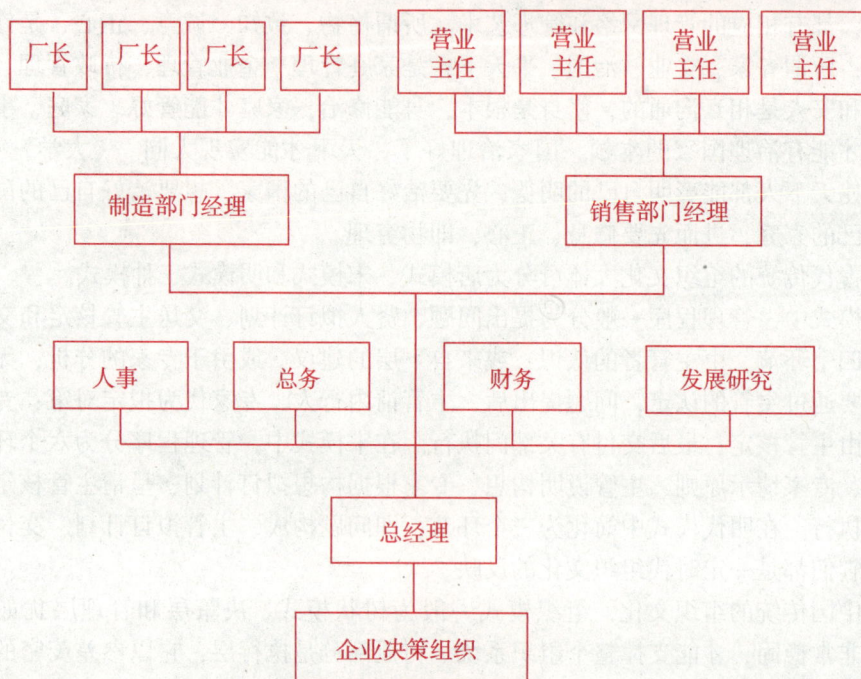

图 3-4　现代企业树状组织模式之二

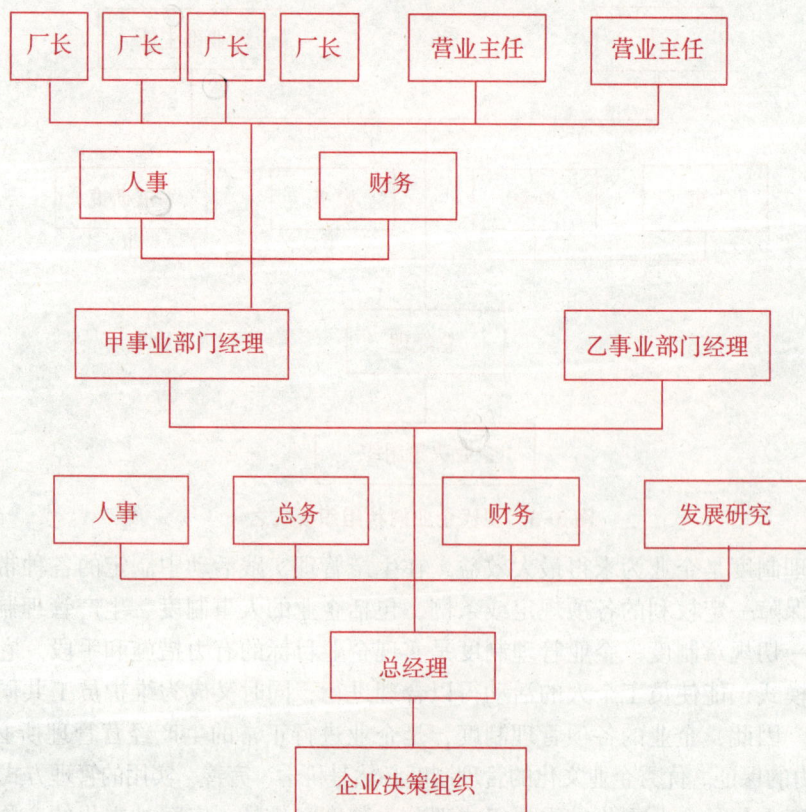

图 3-5　现代企业树状组织模式之三

常用适应企业目标的企业组织结构去迎接未来，从而在竞争中获胜。

制度文化又是精神文化的载体。企业的制度与企业的理念有着相互影响、相互促进的作用。合理的制度必然会促进正确的企业经营观念和员工价值观念的形成；而正确的经营观念和价值观念又会促进制度的正确贯彻，使员工形成良好的行为习惯。企业文化总是沿着精神文化—制度文化—新的精神文化的轨迹不断发展、丰富和提高的。

曾经有一位记者向海尔总裁张瑞敏提出一个问题：如果公司更换了新的领导人，海尔的企业文化会不会随之改变呢？张瑞敏回答："美国人讲企业就像一堵砖墙一样，如果抽掉一块砖这堵墙不会塌。我们想先做到这个程度，然后考虑这堵墙怎么不断长高。"怎样做呢？这就涉及张瑞敏所说的"制度文化"。尤其对于现阶段处于由人治向法治转换过程中的大多数国内公司而言，健康的制度将削弱甚至取代个人影响力在企业中的过分存在，为企业的平稳发展创造条件。当海尔规模不断扩大、日渐规范时，张瑞敏总是设法利用企业的规章制度来保证和强化企业文化。他将公司的主要价值观念通过规则或职责规范予以公布，敦促公司所有人遵从这些规定。这样，即使企业变换了新的领导人，强力型企业文化也不会随之改变，因为它已逐渐扎根于企业之中。

物质文化是制度文化的存在前提，一定的物质文化只能产生与之相适应的制度文化。企业的组织机构是提高管理有效性的最重要方法之一。如果企业组织机构不先进，那么，无论怎样试图调整，这个管理机构的活动也不能得到预期的结果。相反，有科学根据的组织机构，在减少与管理有关的消耗的同时，能为提高管理的有效性、可靠性和应变能力创造出十分有利的条件。因此，这些组织机构的质量及其各部分的相互作用在很大程度上决定着能否及时地履行管理职能。正确处理企业制度文化和其他企业文化的关系，对于提高企业管理的质量也具有重要意义。

现代化的生产设备要求形成一套现代化的管理制度，制度文化还要随着物质文化的变化而变化。企业劳动环境和生产的产品发生了变化，企业的组织机构就必须作出相应的变化，否则，就不能发挥其应有的效能。制度文化是物质文化建设的保证，没有严格的岗位责任制和科学的操作规程等一系列制度的约束，任何企业都不可能生产出优质的产品。

企业的制度文化也是企业行为文化得以贯彻的保证。同企业员工生产、学习、娱乐、生活等方面直接发生联系的行为文化建设得如何，企业经营作风是否具有活力、是否严谨，精神风貌是否高昂、人际关系是否和谐、员工文明程度是否得到提高等，无不与制度文化的保障作用有关。

根据科学原理构建的企业组织机构具有能够保证系统高效率发挥作用并使系统得到发展的潜力。那些在自身运动中已经落后了的、已经多少察觉到不能满足管理对象需要的组织机构则可能成为系统活动的障碍。为了保证企业运营各子系统经常保持协调一致，必须经常改变组织机构以适应之。

二、企业领导体制沿革反映了管理文明的进程

企业领导体制的演变和沿革作为一种特殊的企业文化现象，既反映了企业价值观、企业管理思想的演变，同时也反映了企业管理水平不断由低级、粗放型的管理渐渐走向更高级的、集约型管理的进程。

西方企业领导体制走过了三个阶段：家长式领导体制阶段、经理领导体制阶段、职业"软专家"领导体制阶段。家长式领导体制阶段，是指凭企业家个人经验进行管理决策的

阶段。这种模式盛行于资本主义发展初始时期，企业规模小，技术装备落后，企业主既是企业财产的所有者，又是企业的经营管理者。他们在企业中的地位等于在家庭里的家长，一切经济活动都由他们说了算。他们的决策往往带有浓厚的家族、个人色彩，这种封建式的家长或领导体制一直延续到 19 世纪中叶。

经理领导体制阶段，是指社会化大生产时期的企业管理阶段。19 世纪中叶以后，随着商品经济的发展，企业出现了许多新的变化。企业规模不断扩大、技术水平提高、生产方式改变（由原来的手工作坊式演变为半机械化、机械化生产）。这些变化促进了企业领导体制的变革。单凭个人经验的家长式领导体制已不能适应企业发展的需要，取而代之的是经理制。这时担任经理的主要是一些在企业中精通业务的技术专家，即所谓的"硬专家"。这些转行来的"硬专家"通晓技术，熟悉生产过程，具有较高专业知识水平和一定的管理能力，他们比只凭个人经验的家长或领导要高明得多。经理制的推行是企业领导体制的一大进步。

职业"软专家"领导体制形成于 20 世纪以后，此时企业又有了很大发展。企业生产进一步社会化，企业与企业之间、企业内部进一步专业化。企业技术水平进一步提高，企业经营的范围日益扩大，任务日益繁重。企业规模进一步扩大，内部结构更加复杂，与外部环境的联系也日益增强。企业发展的这些变化使精通专业技术的"硬专家"也难以适应企业领导工作的需要，于是，以企业管理为职业的"软专家"就应运而生了。这些职业化的"软专家"经过系统的经营管理培训，掌握各方面专业知识，具有经营和领导的才能，比从专业技术岗位上转行担任领导的"硬专家"又要高明。职业"软专家"领导体制不仅能克服"硬专家"的不足，而且，职业"软专家"的出现，给企业的发展产生了巨大的推动力。

企业领导体制的变化是生产发展的必然结果，它同时又是文化进步的产物。自新中国成立以来，我国国营企业的领导体制大致经历了四个阶段：①"一长制"，厂长（经理）总揽企业中的一切大权，对企业全权负责。这是新中国成立初期照搬苏联的模式。②"党委领导下的厂长（经理）分工负责制"，即 1956 年党的八大以后，"一长制"被当作否定党的领导和否定群众路线加以批判，开始实行党委领导下的厂长（经理）分工负责制。③"文化大革命"中实行的领导体制，这种体制破坏了党的政治领导原则，使企业陷入混乱。④1978 年以后，企业由恢复实行"党委领导下的厂长负责制"，又逐步向"厂长（经理）负责制"过渡。

"厂长负责制"的含义是，由职工代表大会及其常设机构行使企业重大问题的审议和监督权，使企业全体职工真正当家做主，在充分发扬民主的基础上，由厂长行使决策和行政指挥权，建立一个以厂长为首的强有力的行政指挥系统，决策和处理日常的生产经营活动，企业党委执行全面监督权，以保证国家的经济政策和法令在企业中贯彻执行，使国家的统一性和企业的独立性正确地结合起来。

近年来，随着科学技术的发展和企业规模的扩大，个人的领导能力已不适应现代化企业生产的要求，企业家集团领导体制将逐步代替传统的企业领导模式。企业家集团的崛起，企业家在社会经济发展中占有特殊的地位。企业家集团领导体制，是指由一个优秀企业家为主的企业家集团领导的体制。在此基础上形成一种集团的领导力量，领导集团既发挥企业家个人的作用，又突出企业家集团的力量，促进企业的发展。

企业规模的扩大和集团型企业的增加，出现了许多跨国公司。这些大企业，管理层次多、经营范围广、技术工艺复杂，领导的复杂性急剧增大，单靠职业"软专家"个人的能力已远远不够。而且，飞速发展的新技术革命使企业外界环境变化很快，对经营的要求也大大提高，任何一个高明的"软专家"都无法只靠个人的能力去领导企业，迫切要求企业家集团的领导。企业家集团体制是现代企业发展的必然趋势。

企业家集团领导体制，不仅包括企业几位最高级领导人组成的集团领导，还包括吸收各类专家参与领导决策。参与决策的"软专家"，不仅指专家个人，更重要的是指为领导决策提供科学依据的各种形式的"智囊团"。

三、企业组织机构的制度文化属性

企业组织机构是企业文化的载体。组织机构是否适应生产经营与管理的需要，不仅反映出不同企业文化的特点，还直接影响着企业管理的成效。

企业组织机构的类型根据权责关系的不同形式，可分为直线式、直线职能式和矩阵式等几种形式。

直线式机构是指上下级只存在直线的关系，没有横向并列的组织机构。上级主管人员执行各种管理职能，统一指挥，下级只服从一个上级，并只对他负责。

直线式机构简单明了，指挥系统单一，职权明确，横向摩擦少，因而效率高，但是，这种类型的组织没有专业化的管理分工，因此只适用于小规模的企业，或者是经营管理活动内容比较单一的企业。

直线职能式机构是指以直线式机构为基础，按专业分工设置的管理职能部门作为补充的综合性机构。它是适应企业日益复杂化而出现的一种形式，保留了直线式集中统一指挥的优点，又吸取了职能式专业分工的长处，因而它是一种有助于提高管理效率的较好的组织形式。但其职能部门之间的横向联系较差，容易产生矛盾，职能部门和直线指挥部门之间目标不一致，也常需要协调，职能部门无指挥权，事事要请示报告，使直线指挥人员无暇顾及组织的重大问题。

现代管理学把直线职能定义为"是对完成企业目标有直接影响的职能"。在哈罗德·孔茨和海因兹·韦里克看来，有一种更为确切、更符合逻辑的直线与参谋的概念，认为两者只是一个关系问题。负有直线职权的上级对下级行使一种直线职权。职权，如同一种不间断的刻度或系列的梯级，存在于所有的组织中。因此，组织中存在着等级原则，从企业最高管理职权中分给每一个下级职位的直线职权越明确，则决策的职责越明确，组织的沟通越有效。等级原则就是一个上级对下级行使直线的管理监督，即直线职权，是一种直线或梯级的职权关系，因而，直线的概念就显示出来了。图3-6是一张制造公司简化的组织机构图。对于公司经营的重要方向来说，把研究部主任和公共关系部主任的业务主要看成顾问性质，而财务、生产和销售部门，由于其活动一般与公司的主要职能有关，所以通常被看成是直线部门。

事业部，是指在最高领导层下设立若干个有一定自主权的事业部门的组织机构。图3-7为事业部式机构的典型形式。

由于权力下放，可使领导层摆脱日常繁杂事务，成为强有力的决策部门，各事业部自成系统，独立经营核算，能充分发挥管理的主动性、灵活性和适应性。事业部式机构适用于经营范围广、产品品种多的大规模企业。

矩阵式机构，是把多元素按横向、纵列排成一个矩阵，由纵横两种管理系列组成的方

总裁

财务副总裁　研究部主任　生产副总裁　公关部主任　销售副总裁

会计经理　现金管理经理　国内销售经理　广告经理　国外销售经理

采购经理　厂长　人事经理

生产控制主任　零部件车间主任　装配车间主任　维修车间主任

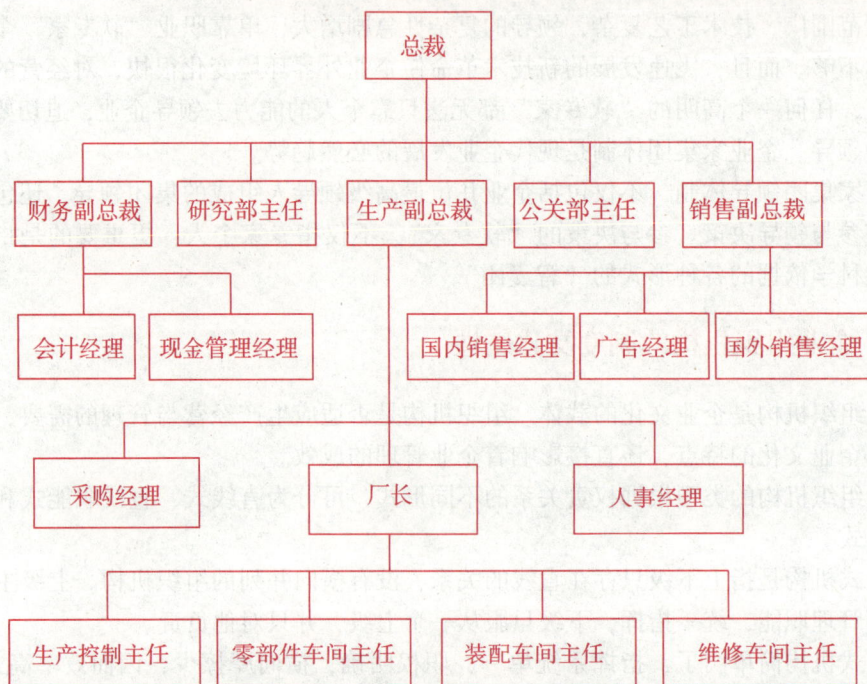

图 3-6　直线职能式机构示意图

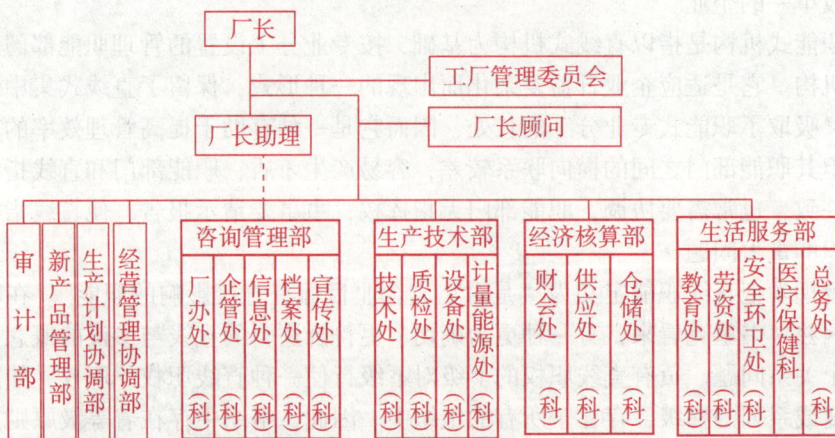

厂长

工厂管理委员会

厂长助理　厂长顾问

审计部　新产品管理部　生产计划协调部　经营管理协调部

咨询管理部：厂办处(科)　企管处(科)　信息处(科)　档案处(科)　宣传处(科)

生产技术部：技术处(科)　质检处(科)　设备处(科)　计量能源处(科)

经济核算部：财会处(科)　供应处(科)　仓储处(科)

生活服务部：教育处(科)　劳资处(科)　安全环卫处(科)　医疗保健科　总务处(科)

图 3-7　事业部式机构示意图

形机构：一种是职能部门；另一种是为完成某一任务而组成的项目小组。纵横系列交叉起来就组成了一个矩阵。矩阵式机构的最大优点是，有利于实现来自环境的双重需要的协调和可在产品之间灵活使用人力。其最大缺点是：职能经理与产品经理的权力和责任易产生矛盾和重叠，由于需要频繁地沟通和解决冲突，常常会消耗过多时间和精力。

　　上述四种主要组织机构都各有长短，在现实中可以综合使用，以扬长避短。本书把企业组织机构的制度文化属性作为讨论的内容，其本意在于通过企业组织机构的创新，使企业更适应未来市场竞争的需要，因为企业之间的竞争最终是文化的竞争。

第四节 企业文化的精神层

　　企业文化的精神层又叫企业精神文化，相对于企业物质文化和行为文化来说，企业精神文化是一种更深层次的文化现象，在整个企业文化系统中，它处于核心的地位。

　　企业精神文化，是指企业在生产经营过程中，受一定的社会文化背景、意识形态影响而长期形成的一种精神成果和文化观念。它包括企业精神、企业经营哲学、企业道德、企业价值观念、企业风貌等内容，是企业意识形态的总和。它是企业物质文化、行为文化的升华，是企业的上层建筑。

一、企业精神

　　企业精神是现代意识与企业个性相结合的一种群体意识。每个企业都有各具特色的企业精神，它往往以简洁而富有哲理的语言形式加以概括，通常通过厂歌、厂训、厂规、厂徽等形式形象地表现出来。

　　一般地说，企业精神是企业全体或多数员工共同一致，彼此共鸣的内心态度、意志状况和思想境界。它可以激发企业员工的积极性，增强企业的活力。企业精神作为企业内部员工群体心理定式的主导意识，是企业经营宗旨、价值准则、管理信条的集中体现，它构成企业文化的基石。

　　企业精神源于企业生产经营的实践。随着这种实践的发展，企业逐渐提炼出带有经典意义的指导企业运作的哲学思想，成为企业家倡导并以决策和组织实施等手段所强化的主导意识。企业精神集中反映了企业家的事业追求、主攻方向以及调动员工积极性的基本指导思想。企业精神常常以各种形式在企业组织过程中得到全方位强有力的贯彻。于是，企业精神又常常成为调节系统功能的精神动力。

　　企业精神总是要反映企业的特点，它与生产经营不可分割。企业精神不仅能动地反映与企业生产经营密切相关的本质特性，而且鲜明地显示企业的经营宗旨和发展方向。它能较深刻地反映企业的个性特征和它在管理上的影响，起到促进企业发展的作用。

　　企业的发展需要全体员工具有强烈的向心力，将企业各方面的力量集中到企业的经营目标上去。企业精神恰好能发挥这方面的作用。人是生产力中最活跃的因素，也是企业经营管理中最难把握的因素。现代管理学特别强调人的因素和人本管理，其最终目标就是试图寻找一种先进的、具有代表性的共同理想，将全体员工团结在企业精神的旗帜下，最大限度地发挥人的主观能动性。企业精神渗透于企业生产经营活动的各个方面和各个环节，给人以理想、以信念，给人以鼓励、以荣誉，也给人以约束。

　　企业精神一旦形成群体心理定势，既可通过明确的意识支配行为，也可通过潜意识产生行为。其信念化的结果，会大大提高员工主动承担责任和修正个人行为的自觉性，从而主动地关注企业的前途，维护企业的声誉，为企业贡献自己的全部力量。

　　从企业运行过程中可以发现，企业精神具有以下基本特征：

1. 它是企业现实状况的客观反映

　　企业生产力状况是企业精神产生和存在的依据，企业的生产力水平对企业精神的内容有着根本的影响。很难想象在生产力低下的经济条件下，企业会产生表现高度发达的商品经济观念的企业精神，同样，也只有正确反映现实的企业精神，才能起到指导企业实践活动的作用。企业精神是企业现实状况、现存生产经营方式、员工生活方式的反映，这是它最根本的特征。离开了这一点，企业精神就不会具有生命力，也发挥不了它的应有作用。

2. 它是全体员工共同拥有、普遍掌握的理念

只有当一种精神成为企业内部的一种群体意识时，才可认为是企业精神。企业的绩效不仅取决于它自身有一种独特的、具有生命力的企业精神，而且还取决于这种企业精神在企业内部的普及程度，取决于是否具有群体性。

3. 它是稳定性与动态性的统一

企业精神一旦确立，就相对稳定，但这种稳定并不意味着它就一成不变了，它还是要随着企业的发展而不断发展的。企业精神是对员工中存在的现代生产意识、竞争意识、文明意识、道德意识，以及企业理想、目标、思想面貌的提炼和概括，无论从它所反映的内容和表达的形式看，都具有稳定性。但同时，形势又不允许企业以一个固定的标准为目标，竞争的激化、时空的变迁、技术的飞跃、观念的更新、企业的重组，都要求企业作出与之相适应的反应，这就反映出企业精神的动态性。稳定性和动态性的统一，使企业精神不断趋于完善。

4. 具有独创性和创新性

每个企业的企业精神都应有自己的特色和创造精神，这样才可使企业的经营管理和生产活动更具有针对性，让企业精神充分发挥它的统率作用。企业财富的源泉蕴藏在企业员工的创新精神中，企业家的创新体现在他的战略决策上，中层管理人员的创新体现在他怎样调动下属的劳动热情上，工人的创新体现在他对操作的改进、自我管理的自觉性上。任何企业的成功，无不是其创新精神的结果，因而从企业发展的未来看，独创和创新精神应当成为每个企业的企业精神的重要内容。

5. 要求务实和求精精神

企业精神的确立，旨在为企业员工指出方向和目标。所谓务实，就是应当从实际出发，遵循客观规律，注重实际意义，切忌凭空设想和照搬照抄。如美国杜邦公司的企业精神是"通过化学为人们的生活提供更好的商品"，表明了杜邦公司的经营特色和独具个性的理念。我国在 20 世纪 50 年代也有过鞍钢的爱厂如家的"孟泰精神"，60 年代有过"三老四严，四个一样"的"大庆精神"，等等。

求精精神就是要求企业经营上高标准、严要求，不断致力于企业产品质量、服务质量的提高。在现代强手如林的市场竞争中，质量和信誉是关系企业成败的关键因素。一个企业要想得到长期稳定的发展，永远保持旺盛的生命力，就必须发扬求精精神。

6. 具有时代性

企业精神是时代精神的体现，是企业个性和时代精神相结合的具体化。优秀的企业精神应当能够让人从中把握时代的脉搏，感受到时代赋予企业的勃勃生机。在发展市场经济的今天，企业精神应当渗透着现代企业经营管理理念、确立消费者第一的观念、灵活经营的观念、市场竞争的观念、经济效益的观念等。充分体现时代精神应成为每个企业培育自身企业精神的重要内容。

二、企业经营哲学

企业经营哲学，是指企业在经营管理过程中提升的世界观和方法论，是企业在处理人与人（雇主与雇员、管理者与被管理者、消费者与生产者、企业利益与员工利益、企业利益与社会利益、局部利益与整体利益、当前利益与长远利益、企业与企业之间相互利益）、人与物（产品质量与产品价值、职工操作规范、技术开发与改造、标准化、定额、计量、信息、情报、计划、成本、财务等）关系上形成的意识形态和文化现象。处理这些关系中形成的经营哲学，一方面与民族文化传统有关，另一方面与特定时期的社会生产、特定的经济形态及国家经济体制有关。

导入案例

海尔张瑞敏经营管理哲学

1. 管理就是行动。
2. 有缺陷的产品就是废品。
3. 永远战战兢兢，永远如履薄冰。
4. 看不出问题是最大的问题。
5. 观念不变原地转，观念一变天地宽。
6. 管事先管人，管人带作风。
7. 开发的是市场而不是产品。
8. 流程再造就是先要再造人。
9. 海尔人只有创业没有守业。
10. 员工齐心，管理用心，对用户真心。
11. 智力比知识重要，素质比智力重要，觉悟比素质更重要。
12. 经营企业就是要经营人，经营人首先要尊重人。
13. 突破自我，突破思维定势，突破昨天。
14. 企业一旦站立到创新的浪尖上，维持的办法只有一个，就是要持续创新。
15. 什么是不简单？能够把简单的事千百遍都做对，就是不简单；什么不容易？大家公认的非常容易的事情认真地做好，就是不容易。

企业经营哲学还与企业文化背景有关。一个企业在确立自身的经营哲学时，必须考虑到企业文化背景对企业的影响力。外向型企业、跨国公司、企业跨国经营，更需重视这一点。东西方民族文化传统不同，在企业经营中，从方法到理念上都存在着明显的差异。英美国家的企业受其文化传统影响，崇尚个人的价值——聪明的企业家、诺贝尔奖得主工资收入悬殊，技能培养自我负责，任意辞职或任意解雇，追求利润最大化。他们崇尚天马行空、独往独来式的英雄，崇尚个人奋斗和竞争。在管理中比较强调"理性"管理，强调规章制度，管理组织结构、契约等。而东方文化圈的企业更强调"人性"的管理，如强调人际关系、群体意识、忠诚合作的作用；强调集体的价值——企业集团和社会负责技能训练、团队精神、对公司的忠诚、产业发展战略以及推动经济增长的产业政策。一个是以理性为本，一个是以人为本、以情感为本，两种文化传统形成鲜明的对比，从而也形成两种不同的企业经营哲学。

日本在吸取中国文化传统的基础上形成的日本式经营哲学已引起世界的关注，这种经营哲学也直接影响着日本企业运营的绩效。第二次世界大战后，日本仅用 10 年的时间，就医治了战争的创伤，并保持了 10% 的年平均增长速度，人均国民收入从 1945 年的 200 美元增长到 1980 年的 8940 美元。日本的汽车、家用电器等产品源源不断地大量输入美国，它以其质优、价低、物美对美国的产品构成极大的威胁。日本经济高速增长的因素很多，但其企业经营哲学之独特是一个重要因素。管理专家和企业家发现，美国企业家重视管理的"硬"的方面，即重视理性主义的科学管理，而日本企业不仅重视"硬"的方面，而且更重视企业形成共同的目标、共同的价值观念、行为方式、道德规范等精神因素。

在东亚文化圈的企业经营哲学中，重视集体精神的价值，每当公司制定发展战略，一定要征求公司集体的意见。在日本企业内，雇员被放在利益相关集体的首位，客户次之，股东则更次之。由于雇员的利益最重要，日本公司总是设法不断提高雇员的工资，以培养雇员对公司集体的忠诚。

跨文化管理，又称交叉文化管理，是指企业跨国经营，在这一领域中，企业经营哲学与企业文化背景之间的相互联系显得格外重要。西方国家早已开始了跨文化经营哲学的研究。

随着科技的进步和世界经济的迅速发展，企业跨国经营的国际化趋势日益明显。企业的跨国经营是工业发达国家利用国际资源，壮大经济实力的必由之路。企业跨国经营、跨文化管理孕育了企业跨国经营哲学。管理学大师彼得·德鲁克说过，跨国经营的企业是一种多文化的机构，其经营管理思想基本上是一个把政治、文化上的多样性结合起来而进行统一管理的哲学思想体系。跨国经营企业面临的是一个在诸多差异之间进行生产经营活动的经营环境，企业经营环境的跨文化差异是企业跨文化管理的现实背景。一般地说，跨国经营企业所面临的经营环境包括经济环境、政治环境、法律环境、社会环境、文化环境等。

文化因素对企业运行来说，其影响力是全方位、全系统、全过程的。在跨国经营企业内部，东道国文化和所在国文化相互交叉结合，东道国与所在国之间以及来自不同国家的经理职员之间的文化传统差距越大，所需要解决的问题也就越多。在跨文化管理中，形成跨文化沟通和谐的具有东道国特色的经营哲学是至关重要的。成功的跨国经营企业在这方面作出了有益的尝试。惠普中国公司探索了一种建立在东西方文化结合基础上的人本管理新模式，用他们的话来说，就是在中国文化和美国文化背景的相互交融中，不断提高外部适应性和内部和谐性。共同的长期战略、互利、相互信任和共同管理是跨国经营哲学的基础。

据统计，1994 年，我国批准外商投资项目共 47390 个，利用外资 458 亿美元。到 1995 年 4 月底，全国累计批准外商投资项目 23 万多个，已经建成投产的外商投资企业达 10 万余家，投资外商来源于 120 多个国家和地区。我国在引进资金和技术的同时，也引进了管理，使不同的价值观、经营思想、管理方法、思维方式、经营哲学发生了交汇和碰撞。在中国建立的"三资"企业的经营必然要受到中国大环境的制约，它不但涉及中国的法规、制度，还涉及中国的文化、价值观念。上海大众汽车有限公司原德方副总经理马丁·波斯曾指出：为了实现长期的目标，必须实现技术的中国化和经营哲学思想的中国化。

当前，我国已在境外 120 多个国家和地区投资建立了企业，海外投资有快速增长的趋势。在新形势下，企业跨国经营已成为中国经济发展的一个重要趋势，进行全球的投资以实现资源的有效配置，可以充分而有效地利用国际市场，参与国际竞争，提高国际竞争力。我国的海外企业与国外企业在不同文化层面上的相互渗透和融合的过程中，不但要通晓东道国、所在国、当地的国情和民情，不同地区、不同民族各不相同的风俗和文化习惯，而且还要在与不同文化背景的人打交道时，将上述跨国经营、跨文化经营的理念灵活地运用于企业运营、企业谈判、企业涉外交往的各个领域之中。

三、企业价值观

企业价值观，是指企业在追求经营成功过程中所推崇的基本信念和奉行的目标。从哲学上说，价值观是关于对象对主体有用性的一种观念。而企业价值观是企业全体或多数员工一致赞同的关于企业意义的终极判断。

这里所说的"价值"是一种主观的、可选择的关系范畴。一事物是否具有价值，不仅取决于它对什么人有意义，而且还取决于是谁在做判断。不同的人很可能作出完全不同的判断。如一个把"创新"作为本位价值的企业，当利润、效率与"创新"发生矛盾时，它会自然地选择后者，使利润、效率让位。同样，另一些企业可能认为："企业的价值在于致富""企业的价值在于利润""企业的价值在于服务""企业的价值在于育人"。那么，这些企业的价值观分别可称为"致富价值观""利润价值观""服务价值观""育人价值观"。

在西方企业的发展过程中，企业价值观经历了多种形态的演变，其中最大利润价值观、经营管理价值观和企业社会互利价值观是比较典型的企业价值观，分别代表了三个不同历史时期西方企业的基本信念和价值取向。

最大利润价值观，是指企业全部管理决策和行动都围绕如何获取最大利润这一标准来评价企业经营的好坏。

经营管理价值观，是指企业在规模扩大、组织复杂、投资巨额而投资者分散的条件下，管理者受投资者的委托，从事经营管理而形成的价值观。一般地说，除了尽可能地为投资者获利以外，还非常注重企业人员自身价值的实现。

企业社会互利价值观，是 20 世纪 70 年代兴起的一种西方社会的企业价值观，它要求在确定企业利润水平时，把员工、企业、社会的利益统筹起来考虑，不能失之偏颇。

当代企业价值观的一个最突出的特征就是以人为中心，以关心人、爱护人的人本主义思想为导向。过去，企业文化也把人才培养作为重要的内容，但只限于把人才培养作为手段。西方的一些企业非常强调在员工技术训练和技能训练上投资，以此作为企业提高效率、获得更多利润的途径。这种做法，实际上是把人作为工具来看待，所谓的培养人才，不过是为了改进工具的性能，提高使用效率罢了。当代企业的发展趋势已经开始把人的发展视为目的，而不单纯是手段，这是企业价值观的根本性变化。企业能否给员工提供一个适合人的发展的良好环境，能否给人的发展创造一切可能的条件，这是衡量一个当代企业或优或劣，或先进或落后的根本标志。德国思想家康德曾指出：在经历种种冲突、牺牲、辛勤斗争和曲折复杂的漫长路程之后，历史将指向一个充分发挥人的全部才智的美好社会。随着现代科学技术的发展，21 世纪文明的真正财富，将越来越表现为人通过主体本质力量的发挥而实现对客观世界的支配。这就要求充分注意人的全面发展问题，研究人的全面发展，无论对于企业中的人，还是对全社会，都有着极其重要的意义。

📮 本章小结

1. 企业文化的物质层，即企业物质文化，是由企业员工创造的产品和各种物质设施等构成的器物文化。它包括企业生产经营的成果、生产环境、企业建筑、产品、包装、设计等。

2. 企业文化的制度层，即企业制度文化，既是人的意识与观念形态的反映，又是由一定物的形式所构成，是塑造精神文化的主要机制和载体。

企业的制度文化也是企业行为文化得以贯彻的保证。同企业员工生产、学习、娱乐、生活等方面直接发生联系的行为文化建设得如何、企业经营作风是否有活力，与制度文化建设有很大关系。

3. 企业文化的行为层，即企业行为文化，是指企业经营、教育宣传、人际关系活动、文娱体育活动中产生的文化现象，它是企业经营作风、精神面貌、人际关系的动态体现，是企业精神、企业价值观的折射。

4. 企业文化的精神层，即企业精神文化，在整个企业文化系统中处于核心地位，它是在企业生产经营过程中，受一定的社会文化背景、意识形态影响而长期形成的一种精神成果和文化观念，包括企业精神、企业经营哲学、企业道德、企业价值观念、企业风貌等内容，是企业意识形态的总和。

📮 复习思考题

1. 企业文化的内部结构由哪几部分组成？
2. 什么是企业物质文化，包括哪些具体内容？
3. 什么是企业制度文化，包括哪些具体内容？
4. 什么是企业行为文化，包括哪些具体内容？
5. 什么是企业精神文化，包括哪些具体内容？
6. 你是如何理解企业文化结构之间的关系的？

实践训练项目　企业品牌商标搜集介绍与设计

实训目的：
通过实训，提高学生对企业品牌与商标内涵的认识与企业文化的理解

实训地点： 教室或相关实验室

实训组织：

1. 在教师指导下，学生分为若干模拟公司，每组 7~10 人，设组长 1 人，并扮演企业不同角色。

2. 小组组长带领成员通过网络、图书馆或现场调研搜集、整理和分析企业品牌与商标。

3. 各组将研究成果制作成幻灯片，并由扮演相应角色的成员进行汇报。

4. 小组自评，小组互评，教师讲评。

实训内容：

在教师指导下，学生以组为单位自主选择熟悉的行业或者企业，对该行业（或企业）的企业品牌与商标进行搜集、整理分析，形成PPT，并提交书面报告。

评价标准：

根据学生对企业品牌与商标资料整理内容、团队协作能力、PPT制作水平与汇报人综合素质等方面进行优良中差层次评判。

案例研讨 百年老字号同仁堂的企业文化

北京同仁堂是药业中华百年老字号，在清朝康熙八年（1669）创立，至今已经340多年的历史，其间供奉皇室御药近188年，古今同仁堂本着"修合无人见，存心有天知"的理念诚信经营，对于药品的生产坚持恪守"炮制虽繁必不敢省人工，品味虽贵必不敢减物力"的古训和精益求精的企业精神。同仁堂获得中国第一个驰名商标，并被商业部授予"老字号"品牌，2006年同仁堂中医药文化进入国家非物质文化遗产名录，知名度和美誉度不断提高，在国内外都享有盛誉。

一、同仁堂的发展历史

1669年，乐显扬创办同仁堂药室。

1706年乐凤鸣在宫廷秘方、民间验方、祖传配方的基础上总结前人制药经验，完成了《乐氏世代祖传丸散膏丹下料配方》一书，该书序言明确提出"炮制虽繁必不敢省人工，品味虽贵必不敢减物力"的训条，成为历代同仁堂人的制药原则。

1723年（清雍正元年），由皇帝钦定同仁堂供奉清宫御药房用药，独办官药，历经八代皇帝，188年之久。

1989年，国家工商行政管理局商标局认定"同仁堂"为驰名商标，受到国家特别保护，"同仁堂"商标还是中国第一个申请马德里国际注册的商标，大陆第一个在台湾申请注册的商标。

1997年，由集团公司六家绩优企业组建成立北京同仁堂股份有限公司。同年7月，同仁堂股票在上证所上市，这标志着同仁堂在现代化企业制度的进程中迈出重要步伐。集团公司所属企业八条主要生产线通过澳大利亚GMP认证，为同仁堂产品进一步走向世界奠定了基础。

2005年，成立了北京同仁堂科技发展股份有限公司，在香港创业板上市，实现了国内首家A股分拆成功上市，同年5月成立了同仁堂麦尔海生物技术有限公司，开始了向生物工程领域的初步探索。同年10月香港成立了同仁堂和记（香港）药业发展有限公司，为同仁堂产品进入国际主流市场迈出了关键一步。

二、传承中医药文化的同仁堂企业文化

同仁堂是祖国传统中医药文化的继承者。中医药理论是祖国传统中医药文化的精髓，同仁堂文化结合了中国儒家、道家思想精华，在坚持辩证法理念的基础上继承传统中医药理论。供奉御药使同仁堂中医药形成了"配方独特、选料上乘，工艺精湛、疗效显著"的制药特色，至今有良好口碑。

（一）同仁堂物质文化

1. 历史由来：乐氏家族第26世之乐良才于明永乐帝朱棣迁都之际，由宁波迁来北京，

良才是一位走街串巷行医卖药的铃医，来京后仍操此业，他娶妻杨氏，生子廷松，从此定居北京。铃医乐良才为北京乐氏宗族始祖。乐廷松继承其父的铃医衣钵，为适应大城市的医药需求，开始学习中医经典理论和方药著作，开阔知识视野，朝着正统中医药的方向转变。经过乐氏两代人的奋斗，传至4世乐显扬于清代当上了清太医院吏目，号尊育，"诰封登仕郎太医院吏目，晋封文"。

2. **"同仁堂"商标的设计意图**：在有着悠久历史文化的中国，龙是至高无上的象征，北京同仁堂数百年的制药精华与特色是：处方独特，选料上乘，工艺精湛，疗效显著，因而在国内外医药市场上享有盛名。商标采用两条飞龙，代表着源远流长的中国医药文化历史，"同仁堂"作为主要图案是药品质量的象征；整个商标图案标志着北京同仁堂是国之瑰宝，在继承传统制药特色的基础上，采用现代的科学技术，研制开发更多的新药造福人民。

3. **建筑特点**：古色古香结合富丽堂皇，传统的建筑特点结合现代的装饰，洋溢着中华民族的精神风貌，形成了其独特的建筑风格。

(二) 同仁堂行为文化

1. 同仁堂净匾仪式：

在传统的农历"二月二龙抬头"这一天，同仁堂依旧按照惯例，举办了一年一度的净（敬）匾仪式。《特别晨训》："志公雅之意，同仁初始创；怀仁德之心，承道自岐黄。供御药事君，兢兢而小心；献百草为民，兢兢为济世。两个必不敢，良方并良药；存心有天知，仁术共仁心。传承三百载，堂韵何悠悠……净匾也为敬匾，寓意'同仁堂'这块金字招牌在新人手中继续传承发扬。"

在北京同仁堂集团"既是经济实体，又是文化载体"的战略定位指引下，结合京城老字号过去的习俗，以及药店于1996年农历二月二在原址重张开业的历史，同仁堂老药铺开创了二月二龙抬头"净（敬）匾仪式"。

同仁堂老药铺净（敬）匾传统恢复于2011年，2015年是同仁堂恢复传统净（敬）匾习俗的第五个年头，其主题为"固守诚信，根脉传承"，同样从"净匾祈福运，抚匾温堂训"的晨训诵读方式开始。

2. 在旧社会没有现代宣传工具，同仁堂为了扩大知名度，就利用搞公益事业进行宣传。

3. 同仁堂还制定了各种行为规范。 其中有《同仁堂全体人员共同行为规范》《同仁堂领导干部行为规范》和《同仁堂零售药业人员行为规范》等各类不同岗位、不同职位人员的行为规范，共六种。这些经营哲学、企业精神和行为规范等，都吸收了同仁堂传统中的精华，又有所创新和发展。前任同仁堂集团公司党委书记田大方主持整理了《同仁堂大事记》，并组织同仁堂内外专家，完成了同仁堂"家庭中药用药指南"丛书的出版，为消费者提供方便。

4. 为了普及企业文化，同仁堂集团编辑出版了《同仁堂故事》。 这部书通过同仁堂发生的一个个真实故事，生动形象地介绍了同仁堂从古至今的文化传承和经营理念。为这本书撰文的有领导干部、堂史研究者、科技人员，也有普通的工人和批发、营销人员。

(三) 同仁堂精神文化

1. 同仁堂文化的价值观

同仁堂的价值取向源于"可以养生，可以济人者惟医药为最"的创业宗旨，创业者将行医卖药作为一种济世养生、效力于社会的高尚事业来做，这时价值观继承了中华文化精髓儒家思想的核心"仁、德、善"。

2. 管理信念

同心同德，仁术仁风。

3. 企业使命

弘扬中华医药文化，领导"绿色医药"潮流，提高人类生命与生活质量。

4. 企业目标

以高科技含量、高文化附加值、高市场占有率的绿色医药名牌产品为支柱，具有强大国际竞争力的大型医药产品集团。

5. 同仁堂文化的质量观

由于同仁堂自成立开始就供奉御药，迫于皇权的压力，对质量不敢马虎，要求非常严格，他们对职工进行传统的质量教育、对产品进行严格标准的监督控制，同仁堂人本着"修合无人见，存心有天知"的信条严格自律，恪守诚实敬业的药德，形成"安全有效方剂，地道洁净药材，依法科学工艺，对证合理用药"的制药规范，并将质量规范渗透于企业制药和管理的各项工作之中。2000 年，北京质量协会授予北京同仁堂科技发展股份有限公司"北京市推行全面质量管理二十周年先进企业"称号。

6. 同仁堂文化的经营观

同仁堂的经营理念是"诚信为本，药德为魂"。具体体现是以患者为中心的"以义取利，义利共生"的行为理念。它所形成的是"德、诚、信"的思想和诚信文化。

7. 同仁堂文化的品牌观

同仁堂品牌是同仁堂的无形资产，同仁堂非常重视品牌宣传，并利用朝廷会考机会，免费赠送"平安药"等方式提高同仁堂的知名度和美誉度，打造形象良好的同仁堂品牌。

8. 同仁堂文化的人才观

古今同仁堂非常重视人才，利用儒家精髓"仁和"思想塑造了"人和"用人理念，关心员工的物质和精神文化生活，并培养出大批善于管理的医药专家人才。

（四）同仁堂制度文化：

1. 形成一套适应现代化生产需要的质量管理制度，建立三级质量管理网，实施了"质量一票否决权"。

2. 用人机制：同仁堂紧紧抓住"人尽其才"这一主线，强调用人机制不同，但发展机会、管理标准、考核机制相同。干部任用不看出身，实行"海选"，在人员管理方面做到了干部管理标准、职工岗位要求和执行制度标准三统一，逐步缩小两种体制员工在工资增长方面的差距。

3. 招聘与考核制度：对于基层工作岗位，同仁堂侧重通过校园招聘进行选拔，新员工必须在生产车间工作一年以上，再从中物色合格人才，提拔到各个岗位。但是，同仁堂的管理层一般从内部选拔任命。以同仁堂旗下的健康药业为例，公司规定在一线工作两年以上、绩效优异、执行力强、具有奉献精神的员工均有机会成为储备店长。成为储备店长之后的考核非常严格，首先要经过人力资源部组织的店长培训并通过考核，之后在门店进行为期一年的实习，实习期间由区域经理、管理中心分别进行月度、季度考核，实习期通过考核后才能正式任命为店长，强调宽进严出。健康药业管理层平均年龄不足 35 岁，而且 80%是由公司内部培养的，现有门店经理的平均年龄不足 30 岁，最年轻的店长仅 23

岁，100%通过内部选拔任命。

4. 培训制度：同仁堂对进入公司的新员工进行企业文化、企业发展史等基本知识的培训，使之尽快融入到企业中来。平时，同仁堂坚持将培训作为常务工作来抓，建立了完善的三级培训梯度，即集团公司教育学院培训、商业公司组织培训及门店日常培训。而且，同仁堂坚持中医药"师傅带徒弟"、口传心授的传统育人理念，辅以多岗培训、派出进修、竞赛比武、自学奖励等机制，强调课程体系差异化、培训资源多样化、全员培训普及化，充分调动青年员工的学习积极性，形成了人才接力梯队，并结合员工发展特点，建立了管理干部、重点专业人员、高级技工三大类人员的提升空间。

三、同仁堂的文化传播

有关同仁堂的不少影视作品讲述的就是同仁堂的故事，比如：

《同仁堂传说》：六集电视连续剧。

《大清药王》：连续剧，乐阔海原型即是同仁堂第八代传人乐兴；剧中主角乐宏达原型则是同仁堂第十代传人、中兴同仁堂家业的乐平泉。

《大宅门》：该剧导演郭宝昌为乐镜宇养子，剧中主角白景琦原型即是乐镜宇，百草厅即是同仁堂。李天意原型即是郭宝昌。

《风雨同仁堂》：八集京剧连续剧，以八国联军侵华为背景，剧中主角乐徐氏原型即乐平泉继配夫人许叶芬。

《戊子风雪同仁堂》：三十集电视连续剧，以1949年前后为故事背景。

四、同仁堂文化发展中的创新

同仁堂从最初的作坊店发展到今天的集团公司，从民间验方、官廷秘方到高科技含量的中药产品，从丸散膏丹到片剂、口服液、胶囊剂等多种剂型，300多年的历史无不渗透着同仁堂文化的创新。

（一）体制创新

同仁堂在1997年成立北京同仁堂股份有限公司，并在同年7月，同仁堂股票在上证所上市，这标志着同仁堂在现代化企业制度的进程中迈出重要步伐。同仁堂作为国企体制的创新融入资金，并扩大生产规模，进行技术革新，有力地推动了同仁堂的持续健康发展。

（二）战略创新

同仁堂在开拓市场时，利用中华百年老字号的品牌优势进行战略合作创新，以同仁堂品牌作为无形资产入股，实现与中国香港和英国的战略合作。

（三）市场开发创新

同仁堂在市场开拓过程中，不断创新，并创办《同仁堂报》对内宣传，对外利用各种媒体进行同仁堂整体形象的宣传。在建立自主销售终端的过程中，同仁堂探索出一套适合自身的经营体制，以药、店、医三位一体的经营模式，推动同仁堂走向世界的进程。

（四）科技创新

同仁堂集团的科研硬件水平在同行业中领先，拥有现代化生产线、完善的药理室、SPF级实验动物房、工艺制剂室、质量检测室等。

1997年，同仁堂集团公司所属企业八条主要生产线通过澳大利亚GMP认证，为同仁堂产品进一步走向世界奠定了基础。1999年，同仁堂发展委员会成立。其宗旨是"立足全国、面向世界、着眼未来"，提高同仁堂产品的科技含量，为同仁堂在21世纪的腾飞提供拥有知识产权的"重磅产品"保证了科技持续创新的有效进行。2000 年，北京市科学技术委员会认定，北京同仁堂科技发展股份有限公司为高新技术企业。

"管理方面的任何改变和创新，都只能在一个灵活而开放的文化环境中发生和发展，否则将极大地限制领导力技能的培养和发挥。"同仁堂宣传部长姜晓东认为，企业总是面临着不断变化的竞争环境，但优秀的企业文化则能使其"以不变应万变"。

（资料来源：北京同仁堂 http://www.tongrentang.com/brandstory/history.php）

讨论题：

1. 谈谈中国传统文化与同仁堂文化的关系。
2. 结合材料谈谈同仁堂文化的特点。
3. 结合资料谈谈你对同仁堂文化创新的评价，效果如何。

第四章　企业理念文化

学习目标

- 掌握企业理念、企业使命、企业价值观、企业精神的内涵。
- 熟悉企业愿景建立的基本原则。
- 了解企业使命的意义。
- 了解提炼企业精神的步骤。

导入案例

抖音文化也可让"非遗抖起来"

抖音 App 是一款由北京微播视界科技有限公司开发的社交类软件，抖音的 slogan 是"记录美好生活"，旨在让用户分享和看到美好的、高质量的东西。4G 技术的日趋成熟以及 5G 技术的发展为短视频的快速传输提供了基础，使得用户可以利用碎片化时间快速了解自己想知道的内容。通过 15 秒的视频拍摄，分享线下生活、奇闻趣事、情景感受、特殊技能。

借助抖音 App 软件，可在网络平台内完成社交互动，结交朋友并扩大社交范围。抖音平台开发的各种功能都是为了迎合网络受众快餐文化的需求。因为在社会节奏不断加快的今天，很多人并不需要有厚重的积累或内在价值或极具深度的文化内容，反而更享受通俗易懂、迅速愉悦和快速流行的快餐式文化。可以说，抖音激发了社会对快餐文化的需求，同时也推动着快餐文化在社会各个阶层的渗透。

自 2016 年以来，迅速占领年轻群体。艾瑞网的相关数据显示，30 岁以下的用户占 55%，占总用户的一半以上；截至 2019 年 7 月，抖音 APP 日活跃用户已经突破 3.2 亿。从某种程度上说，传统文化应该算是抖音里的"网红"。现代快节奏的工作和生活使得人们倾向于快速获取信息，而传统文化相对来说既宏大又具体，例如，一个小小的让座短视频也能体现中国优秀的传统文化中对于"尊老爱幼"的完美诠释。对于视频制作者来说，既传播了中国传统文化，又为自己累积了"粉丝"，这是一个"双赢"的行为。

2019 年 4 月 26 日，抖音发起"非遗合伙人计划"，抖音号"非遗抖起来"在抖音短视频平台上拥有 51.6 万粉丝，以传统文化传承人第一角度叙事，从保护传统文化出发，以期推广中国传统文化，在民族文化传播中用短小却内涵丰富的视频展现中国非物质文化遗产，使用户更容易接受，从而增强了中国传统民族文化的传播效果。年轻人玩转抖音的同时，非遗也抖进年轻人的视野，抖进现代生活，抖出新未来，抖音也可为非遗赋能！

企业理念文化是指企业在长期的生产经营过程中形成的文化观念和精神成果，是一种深层次的文化现象。在整个企业文化系统中，它处于核心的地位。企业理念文化通常包括企业使命、企业愿景、企业价值观、企业精神等核心理念，以及与经营管理紧密相关的系列专项理念，代表企业意识形态的总和。

第一节　企业理念文化体系

企业理念文化体系通常包括核心理念和专项理念。

1. 核心理念

核心理念是指企业所信奉和倡导并用以指导企业行为的全部价值理念中具有中心指导地位、关系企业全局并贯穿企业全部活动的理念，主要包括企业使命、企业愿景、价值观和企业精神等。

企业核心理念需要回答三个关键性问题，即企业"追寻什么""为何追寻"与"如何追寻"。

追寻什么？追寻愿景，也就是追寻一个大家希望共同创造的未来景象。

为何追寻？为了追求企业的使命。企业的根本目的或使命，是组织存在的根源和基础。有使命感的组织通常有高于满足股东与员工需求的目的，他们希望对世界、国家和社区作出贡献。

如何追寻？遵循企业所倡导和信奉的价值观。在达成愿景的过程中，核心价值观是一切行动、任务的最高依据和准则。这些价值观反映出公司在向愿景迈进时，期望全体成员在日常工作和生活中遵循的行事准则。价值观对于协助人们做日常性的决策是非常必要的，因为使命通常较抽象，而愿景是长期性的，人们需要价值观这种单一、清晰、易辨认的"北极星"来引导日常决策的方向。

由上可知，建立共同愿景实际上只是企业基本理念中的一项，其他还包括使命与价值观等。愿景若与员工每日信守的价值观不一致，不仅无法激发真正的热忱，反而可能使员工因挫败、失望而对愿景产生怀疑。这三项企业核心理念是组织上下全体的信念，它引导企业不断向前迈进。

当松下的员工唱着公司的歌曲："将我们的产品如泉涌般源源不断地流向全世界的人们"，他们是在宣示公司的愿景；当他们背诵公司的信条："体认我们身为实业家的责任，促成社会的进步和福祉，致力于世界文化进一步的发展"，他们是在描述公司的使命；当他们接受公司内部的训练计划，课程包括"公平""和谐与合作""为更美更善而奋斗""礼貌与谦逊"与"心存感谢"等主题，他们是在学习公司精心构建的价值观，松下将它们称为公司的"精神价值"。

2. 专项理念

专项理念就是指企业在各个不同的领域或单个层面问题上所信奉和倡导并用以指导此

类问题的价值理念，如人才观、市场观、竞争观、质量观、分配观、成就观、科技观、时间观、安全观、环保观、效益观、法律观、道德观等，根据各个企业的不同情况，专项理念可以根据其经营管理实际特点而建立，内容可以增加也可以相应减少，并可根据行业特点和企业发展战略突出其中的某些方面。

导入案例

腾讯企业文化

腾讯公司成立于 1998 年 11 月，由马化腾、张志东、许晨晔、陈一丹、曾李青五位创始人共同创立。是中国最大的互联网综合服务提供商之一，也是中国服务用户最多的互联网企业之一。成为最受尊敬的互联网企业是腾讯的远景目标。腾讯多元化的服务包括：社交和通信服务 QQ 及微信/WeChat、社交网络平台 QQ 空间、腾讯游戏旗下 QQ 游戏平台、门户网站腾讯网、腾讯新闻客户端和网络视频服务腾讯视频、旅游、金融、电商、汽车交通、生活服务和教育等多元领域，腾讯的发展深刻地影响和改变了数以亿计网民的沟通方式和生活习惯，并为中国互联网行业开创了更加广阔的应用前景。

企业愿景及使命

"用户为本，科技向善"

一切以用户价值为依归，将社会责任融入产品及服务之中；

推动科技创新与文化传承，助力各行各业升级，促进社会的可持续发展。

企业价值观

"正直、进取、合作、创新"

"正直"：坚守底线，以德为先，坦诚公正不唯上。

"进取"：无功便是过，勇于突破有担当。

"协作"：开放协同，持续进化。

"创造"：超越创新，探索未来。

企业宗旨

"致力公益慈善事业，关爱青少年成长，倡导企业公民责任，推动社会和谐进步"

企业理念

管理理念：关心员工成长；为员工提供良好的工作环境和激励机制；完善员工培养体系和职业发展通道，使员工与企业同步成长；充分尊重和信任员工，不断引导和鼓励，使其获得成就的喜悦。

经营理念：一切以用户价值为依归；注重长远发展，不因商业利益伤害用户价值；关注并深刻理解用户需求，不断以卓越的产品和服务满足用户需求；重视与用户的情感沟通，尊重用户感受，与用户共成长。

鼓励创新

腾讯面向未来，坚持自主创新，树立民族品牌是腾讯的长远发展规划。腾讯50%以上员工为研发人员，拥有完善的自主研发体系，在存储技术、数据挖掘、多媒体、中文处理、分布式网络、无线技术六大方向都拥有了相当数量的专利，在全球互联网企业中专利申请和授权总量均位居前列。

2019 年 1 月由腾讯基金会出资，正式启动科学探索奖，这个全新公益项目聚焦基础科学和前沿核心技术，直接资助并激励参与研究的青年科学家，面向未来，推动前瞻性基础研究，引领原创成果实现突破。

2015 年 7 月创办青腾大学，作为腾讯官方唯一面向创始人和企业家生态的公司级大学，旨在整合全球最优质的产学研资源，为前沿产业创造者提供持续生长的终身学习平台。青腾大学采用与顶级高校机构联合办学模式，学科专注在互联网+、AI +、未来科技、文创产业等前沿产业领域。青腾大学设有商业、科技、文创三大学院，并与长江商学院、清华经管学院、北大光华管理学院等高校长期合作。截止 2019 年 4 月，青腾大学已办学六期、学员 288 名，学员企业总估值超 6，500 亿。其中 14 家上市公司，38 家独角兽，68 家获腾讯投资。

腾讯众创空间，是腾讯自启动开放战略以来打造的创业孵化生态，联合社会各界力量，整合公司的内部资源，凭借双百计划、青腾大学、创业大赛、全国线下孵化空间、AI 加速器等创业助推器，打造全要素立体化的孵化加速平台，助力创业者实现创业梦想。

企业社会责任

腾讯一直积极参与公益事业、努力承担企业社会责任、推动网络文明。2007 年 6 月，腾讯成立了中国互联网首家慈善公益基金会——腾讯慈善公益基金会，并建立了腾讯公益网。秉承腾讯的每一项产品与业务都拥抱公益，开放互联，并倡导所有企业一起行动，通过互联网领域的技术、传播优势，缔造"人人可公益，民众齐参与"的互联网公益新生态，推动互联网与公益慈善事业的深度融合与发展。

腾讯基金会慈善工作的重头戏是每年一度于 9 月举行的"99 公益日"活动，透过网上平台将大众在活动期间网上作出的捐款进行匹配。

腾讯长城保护项目起始于 2016 年 9 月，由腾讯公益慈善基金会与中国文物保护基金会共同合作，并成立长城保护公益专项基金。腾讯基金会先后向长城保护公益专项基金捐赠 3，500 万元人民币，用于支持北京箭扣长城与河北喜峰口长城两段修缮工程以及长城文化传播与公众参与的一系列项目。结合自身业务与平台优势，腾讯运用包括动漫、影视、游戏等多种形式传播长城文化，引导公众关注和参与长城保护。

第二节　企业使命

目前我国许多企业的高层领导几乎将主要精力都用于解决日常管理和策略问题，往往忽视了企业的使命。一些企业制定使命也只是觉得它很时髦，并未认识到企业使命是企业文化的一个重要组成部分，因此导致企业缺乏真正的使命感。世界管理大师彼得·德鲁克曾指出，建立一个明确的企业使命应成为战略家的首要责任。

一、企业使命的概念和意义

1. 企业使命的概念

使命陈述（Mission Statement）有时又称为任务陈述、纲领陈述、目的陈述、宗旨陈述等，尽管提法不同，但都是在回答"企业的业务是什么"这一关键性问题，并表明企业存在的根本目的和理由。企业使命描述了企业的主导产品、市场和核心技术领域，反映了企业的宗旨和价值观。使命是企业一种根本的、最有价值的、崇高的责任和任务，即回答我们干什么和为什么干这个。如在微软中国公司的网站上开宗明义地便是微软的使命："在微软，我们的使命是创造优秀的软件，不仅使人们的工作更有效率，而且使人们的生活更有乐趣。"

2. 企业使命的意义

（1）明确企业的发展方向与核心业务。

企业使命定义可以帮助明确组织的发展方向与核心业务，弄清企业目前是一个怎样的组织，将来希望成为怎样的一个组织，以及如何才能体现出不同于其他组织的显著特征，从而为企业确立一个贯穿各项业务活动始终的共同主线，建立一个相对稳定的经营主题，为进行企业资源配置、目标开发及其他活动的管理提供依据，以保证整个企业在重大战略决策上做到思想统一、步调一致，充分发挥各方面力量的协同作用，提高企业整体的运行效率。

（2）协调内外部各种矛盾冲突。

通常情况下，公众比较关心企业的社会责任，股东较为关心自己的投资回报，政府主要关心税收与公平竞争，地方社团更为关心安全生产与稳定就业，这样他们就有可能会在企业使命与目标的认识上产生意见分歧与矛盾冲突。因此，一个良好的使命表述应能说明企业致力于满足这些不同利益相关者需要的相对关心与努力程度，注意协调好这些相互矛盾冲突目标之间的关系，对各种各样利益相关者之间所存在的矛盾目标起到调和作用。一切组织都需要得到用户、员工与社会的支持，企业使命表述能够起到帮助企业实现与内外部环境利益相关者进行有效沟通并赢得支持的作用。企业使命表述通过对于企业长期发展目标的说明，可以帮助各级管理人员超越局部利益与短期导向观念，促进各层次企业员工之间形成共享的价值观，并随着时间的推移不断得到加强，以做到最终为企业外部环境中的个人与组织所认同、所接纳，从而为企业树立良好的社会形象。

（3）树立用户导向思想。

一个好的企业使命体现了对用户的正确预期。企业的经营宗旨应当是确认用户的需求，并提供产品或服务以满足这一需求，而不是首先生产产品，然后再为它寻找市场。理想的企业使命应认定本企业产品对用户的功效。美国电话电报公司的企业使命不是电话而是通信，埃克森公司的企业使命突出能源而不是石油和天然气，太平洋联合公司强调运输而不是铁路。环球电影制片公司强调娱乐而不是电影，其道理都在于此。

（4）表明企业的社会政策。

社会问题迫使战略制定者不仅要考虑企业对各类股东的责任，而且要考虑企业对用户、环境、社区等所负有的责任。企业在定义使命时必然要涉及社会责任问题。社会与企业间的相互影响越来越引人注目。社会政策会直接影响企业的用户、产品、服务、市场、技术、盈利、自我认识及公众形象。企业的社会政策应当贯彻到所有的战略管理活动之中，这当然也包括定义企业使命的活动。

二、企业使命的内涵

企业是提供物质财富的经济组织，这是传统的企业观，这个观念在过去的时代几乎从未发生过变化。然而在当今时代，仅仅从企业的经济活动本身来认识企业，已经远远不够了。企业不仅在经济上，而且在许多方面都担负着重要的责任，企业活动的领域正在逐步扩展，伸触到社会的各个方面。

以日本为例，日本在 20 世纪五六十年代，曾经把企业作为四个行为主体来认识企业的性质，其标准是：

①企业是生产物质财富、建设经济基础的"经济主体"；

②企业是通过纳税给国家活动提供财政基础的"纳税主体"；

③企业是为国民和侨民提供安定就业条件的"就业主体"；

④企业是推进技术开发和事业开发的"开发主体"。

这些观点虽然已经从较广的范围认识企业和企业的经营任务，但是，实质上仍然是仅从经济的着眼点来认识企业的功能。

进入 20 世纪 70 年代后，日本社会对于企业的看法发生了极大变化。1973 年 10—12 月，日本搞了一项调查，该调查以东京市民为对象，调查目的是弄清"企业"这个概念究竟给人们一种什么印象。调查者将预先能够想到的企业活动事项都排列了出来，一共 20 项，其中有积极的因素，也有消极的因素。要求被调查者从 20 项里选出 5 项顺序排列，最后的结果表明，人们对企业的活动是这样认识的：

①公害的制造者；

②经济增长的动力；

③政治的伙伴；

④新产品的开发者；

⑤物价上涨的制造者。

从以上调查可以看出，随着经济高速增长时代的到来，人们并非更加注重企业的经济功能，而是把企业作为社会细胞之一，从社会的角度强调企业的作用，把企业的活动直接看作是社会的活动之一。

自 20 世纪 80 年代以后，人们对企业的看法又有了新的变化。日本对学生就业倾向的一项调查表明，学生在选择就业时，开始用文化的眼光来选择企业。日本还曾对 200 家公司的 500 名企业家进行过一次连续三年的调查，调查的主题是对企业形象的综合评价。综合评价的项目一共设计了 16 项。在这 16 个项目中，有经济的成分，也有文化的成分。值得注意的是，人才的培养和使用、社会责任能力、组织力、企业精神这四个要素是企业文化的深层部分，这个部分得到了企业家的一致重视。

日本企业观念的转变可以代表欧美先进国家对于企业看法的转变。从 20 世纪 60 年代到 70 年代是第一次观念飞跃，从 70 年代到 80 年代是第二次观念飞跃，第一次飞跃的标志是在传统的经济观念上加上了社会的观念，第二次飞跃的标志是在社会观念之上又加上了文化的观念。在 20 世纪 80 年代的企业观念中，企业已经被作为一种文化存在，企业活动也被看作一种文化现象。

因此，企业使命从总体上来说可以划分为经济使命、社会使命和文化使命三个层面。

三、企业使命的定义

各公司的企业使命在内容、形式和具体性等方面各不相同，因此企业使命的定义没有一个统一的模式，但通常可遵循以下基本原则。

1. 确定好企业的主要经营领域

（1）要用市场导向观念来确定企业经营领域。

在《营销近视》一文中，莱维特提出了下述观点，即企业的市场定义比企业的产品定义更重要。他认为，企业经营必须被看成是一个满足顾客的过程而不是一个产品生产的过程。产品是短暂的，而基本需要和顾客群则是永恒的。马车公司在汽车问世以后不久就会被淘汰，但是同样一个公司，如果它明确规定公司的经营领域是提供交通工具，该公司可能就会从马车生产转入汽车生产。莱维特主张公司在确定其经营领域时应该从产品导向转向市场导向，表4-1列举了几个这样的例子作为比较。

表4-1　产品导向和市场导向两种不同的经营领域定义的比较

公司	产品导向经营领域定义	市场导向经营领域定义
化妆品公司	我们生产化妆品	我们出售美丽和希望
复印机公司	我们生产复印机	我们帮助改进办公效率
化肥厂	我们出售化肥	我们帮助提高农业生产率
石油公司	我们出售石油	我们提供能源
电影厂	我们生产电影片	我们经营娱乐
空调器厂	我们生产空调器	我们为家庭及工作地点提供舒适的气候

定义经营领域时应注意激发起企业员工的工作激情，使得企业的全体员工能认识到他们正在为人们的美好生活作出贡献，他们的工作是有意义的。如一个化肥厂，可以定义其使命为提高农业生产率，那将使员工产生一种强烈的使命感。如果把生产吸尘器的企业使命定义为为人们创造一个清洁、健康的生活及工作环境，则员工工作起来会受到一种巨大的鼓舞。

（2）要找最能体现本企业特点的经营领域。

大多数企业经营者在选择经营领域时经常出现两种倾向：一是企业经营者已习惯于从企业原有产品及原来的经营领域来观察周围的环境，这就限制了他们的眼界，很难开拓新的经营领域；二是企业经营者过高估计自己企业的实力，盲目乐观，开辟了许多新的经营领域，向一些完全陌生的行业投资，结果消耗了大量的人力、物力资源，造成经营效益下降。为避免上述两种倾向，企业经营者应从本企业的资源条件和能力出发，紧密结合自己的竞争优势及核心能力来选择经营领域。

2. 注重企业所承担的社会责任

在现代社会中，企业对于整个社会生活的影响和作用越来越大，社会也逐渐对企业的运行提出越来越高的要求，希望企业运行能够更好地符合整个社会发展的需要。因此，一个企业如果不能正确地认识自己所应承担的社会责任，则从长远的观点看，将很难保证自己能够立于市场竞争的不败之地。

企业作为社会的重要而有影响力的成员，有责任与义务来帮助保持和改进社会的各种福利。企业与社会的相互作用，可以表现在政治、技术、经济、环境、社会、文化等方面，为此，企业必须考虑社会责任问题。例如，企业可能需要考虑自己的用工制度对社区就业的影响问题，考虑自己的生产工艺可能产生的环境污染问题，考虑自己的产品或服务的社会成本问题，这些都要求企业本着对社会高度负责的精神，采取长期的眼光来看待这些问题。

从企业盈利的角度来看，承担社会责任短期内似乎对企业盈利没有好处，但从长期来说，由于有助于推进和完善社区建设，将为企业树立良好的企业形象，提高企业的知名度，从而帮助企业赢得政府的好感，为企业的长期发展创造一个良好的外部环境。

美国安利公司对于企业公民责任是这样描述的：安利深切了解其身为企业公民对社会及生态环境所承担的责任，并会竭尽全力成为良好的企业公民。

3. 建设优秀企业文化，促进社会文化的进步

企业文化不仅会对本企业产生巨大作用，还会不断地向社会周围传播和辐射。随着改革开放的深入，文化的落后越来越成为中国经济发展的障碍，而社会的发展使我国无论在体制上还是在文化上都处于新旧交替的震荡之中。作为市场经济中的企业，为了自身的生存和发展，必须建构有利于企业进步的文化氛围，勇敢地致力于新文化的建设。这种行为势必还将影响社会大文化的走向，从而使企业成为推动社会文化进步和产生中国新文化的坚实土壤。

四、企业使命的表述

表述企业使命时应遵循如下基本原则。

1. 经营领域表述不宜太细

企业使命作为企业经营的总体指导思想，通常只能在比较广泛的层次上阐明企业的态度与观点，客观上不应该太详细。企业使命是对企业态度和展望的宣言，而不是对具体细节的陈述。企业使命不宜太细出于两个主要原因：第一，一个好的企业使命应有助于产生和考虑多种可行的目标和战略，避免不适当地抑制管理部门的创造力。过于细致的经营领域规定将限制企业创造性增长潜力的发挥。第二，一个好的企业使命应有利于调和企业众多利益相关者之间的矛盾，适合他们的不同需求。

2. 经营领域表述也不宜太粗

就企业使命表述不宜太粗来说，主要是指企业使命对于企业战略方案选择的指导意义。含义太广的使命表述往往可以容纳任何类型的战略方案，这在客观上将起不到指导战略方案筛选的作用。有效的使命表述反映了企业对未来发展方向的决策，这些决策是基于对未来内部和外部环境的分析和展望而作出的。使命应为战略的选择提供依据。

综合考虑以上因素的作用，在企业使命的实际表述中，应选择适当的措辞，这样既有利于企业的进一步发展，又不至于使企业失去具体业务方向。据此判断，将电话公司的使命定义为"提供信息传递服务"是比较合适的，若把制笔公司的使命也定义为"提供信息传递服务"就显得太宽，而定义为"提供信息记录手段"可能就很合适，因为这样可使企业有比较明确的发展方向。表4-2所列是国内外一些著名企业的企业使命描述的案例。

表 4-2　国内外一些著名企业的企业使命

企业名称	企业使命描述
IBM 公司	无论是一小步，还是一大步，都要带动人类进步
通用电气	以科技及创新改善生活品质
惠普	为人类的幸福和发展作出技术贡献
麦肯锡	帮助杰出的公司和政府取得更大的成功
耐克公司	体验竞争、获胜和击败对手的感觉
戴尔公司	在我们服务的市场传递最佳顾客体验
荷兰银行	通过长期的往来关系，为选定的客户提供投资理财方面的金融服务，进而使荷兰银行成为股东最乐意投资的企业及员工最佳的生涯发展场所
沃尔玛	给普通百姓提供机会，使他们能与富人一样买到同样的东西
沃尔特·迪斯尼	使人们过得快活
中国移动通信	创无限通信世界，做信息社会栋梁
华为公司	聚焦客户关注的挑战和压力，提供有竞争力的通信解决方案和服务，持续为客户创造最大价值
万科集团	建筑无限生活
华侨城集团	致力于人们生活质量的改善、提升和创新，以及高品位生活氛围的营造，致力于将自身的发展融入中国现代化事业推进的历史过程中
阿里巴巴	让天下没有难做的生意

第三节　企业愿景

一、企业愿景的概念

愿景一词是由英文"vision"翻译而来。目前对"vision"有远景、景象等多种译法，但均不如"愿景"更能够贴切地反映"vision"的原意。愿景包含着两层内容：其一是"愿望"，指有待实现的意愿；其二是"景象"，指具体生动的图景。在解释愿景时，西方有本教科书曾用了一幅漫画，画中一只小毛毛虫指着它眼前的蝴蝶说，那就是我的愿景。可见，愿景是一个主体对于自身想要实现的目标的具体刻画。因此，企业愿景（Shared Vision）是指组织成员普遍接受和认同的组织的长远目标。

企业愿景阐述了人们希望达到什么目标，是他们就所能达到的理想的未来状况形成的概念。企业愿景不同于一般的短期目标，它往往更为笼统，描绘了一幅更远大的前景。

二、建立企业愿景的意义

企业愿景可以唤起人们的一种希望，特别是内生的企业愿景更是如此。工作变成是在追求一项蕴含在组织的产品或服务之中，比工作本身更高的目的。苹果计算机使人们透过个人计算机来加速学习，AT&T借由全球的电话服务让全世界互相通信，福特制造大众买得起的汽车来提升出行的便利。这种更高的目的，可以深植于组织的文化或行事作风之中。

企业愿景会改变成员与组织间的关系。它不再是"他们的公司"，而是"我们的公司"。企业愿景是使互不信任的人一起工作的第一步，它产生一体感。事实上，组织成员所共有的目的、愿景与价值观，是构成共识的基础。心理学家马斯洛晚年从事于杰出团体的研究，发现其最显著的特征是具有共同的愿景与目的。

企业愿景具有强大的驱动力。在追求愿景的过程中，人们会激发出巨大的勇气，去做任何为实现愿景所必须做的事。对企业愿景最简单的说法是"我们想要创造什么"？正如个人愿景是人们心中所持有的意象或景象，企业愿景也是组织中人们所共同持有的意象或景象，它创造出众人是一体的感觉，并遍布组织全面的活动中，而使各种不同的活动融会起来。当人们真正共有愿景时，这个共同的愿景会紧紧地将他们结合起来。企业愿景的力量是源自共同的关切。人们寻求建立企业愿景的理由，就是他们内心渴望能够归属于一项重要的任务、事业或使命。企业愿景刚开始时可能只是被一个想法所激发，然而一旦发展成感召一群人的支持时，就不再是个抽象的东西，人们开始把它看成是具体存在的。在人类群体活动中，很少有像企业愿景那样能够激发出这样强大的力量。1961年肯尼迪总统宣示了一个汇集许多美国太空计划领导者多年心愿的愿景：在十年内，把人类送上月球。这个愿景引发出无数勇敢的行动。另外，企业愿景培育出承担风险与实验的精神，就如赫门米勒家具公司的总经理赛蒙所说："当你努力想达成愿景时，你知道需要做哪些事情，但是却常不知道要如何做，于是你进行实验。如果行不通，你会另寻对策、改变方向、收集新的资料，然后再实验。你不知道这次实验是否成功，但你仍然会试，因为你相信唯有实验可使你在不断尝试与修正之中，一步步接近目标。"

拥有企业愿景的企业可以有效协调各经营单位之间的关系。企业愿景之精义，在于使个别愿景与一个较大的愿景和谐一致。如果组织的愿景被强加于下级单位，它最多能够产生遵从而不会是奉献。如果有一个持续进行的建立愿景的过程，经营单位的愿景与组织的愿景将不断互动和相互充实。使命、愿景与价值观结合产生的认同感，能够将一个大型组织内部的全体员工连接起来。不论在总公司或在分公司，领导者的主要任务之一是培育这种共识。

如果没有企业愿景，将无法想象AT&T、福特、苹果计算机等如何创造他们骄人的业绩和成就。这些由他们的领导人所创造的愿景分别是：裴尔想要完成耗时五十多年才能达成的全球电话服务网络；福特想要使一般人，不仅是有钱人，能拥有自己的汽车；杰伯斯、渥兹尼亚及其他苹果计算机的创业伙伴，则希望计算机能让个人更具力量。同样，日本公司若不是一直被一种纵横世界的愿景所引导，也无法如此快速崛起。例如，佳能从一无所有，到20世纪90年代即达到施乐复印机的全球市场占有率；本田公司也在全球市场获得了成功。其中最重要的是企业愿景所发挥的功能，这些愿景被公司各个阶层的人真诚地分享，并凝聚了这些人的能量，在极端不同的人中建立起一体感。

三、建立企业愿景应遵循的基本原则

1. 宏伟

一个愿景要能够激动人心，首先就不能是普通和平凡的，而必须具有神奇色彩，要能够超越人们所设想的"常态"水准，体现出一定的英雄主义精神。大多数人是为了一种意义而活着，并追求自我实现。远大的组织愿景一旦实现，便意味着组织中个人的一种自我实现。因此，愿景规划的真正意义在于，通过确立一种组织自我实现的愿景，将它转化为组织中每个人自我实现的愿景。而要达到自我实现，愿景必须宏伟。

2. 振奋

表达愿景的语言必须振奋、热烈，能够感染人。人是有感情的动物，只有用热烈的语言才能激发起人们的情感力量。企业愿景越令人振奋，就越能激励员工，影响他们的行为。愿景规划给人鼓励，它为人们满足重要需求、实现梦想增添了希望。

3. 清晰

愿景还必须清晰、逼真、生动。愿景是一种生动的景象描述，如果不清晰，人们就无法在心目中建立一种直觉形象，鼓舞和引导的作用也难以发挥。

例如，亨利·福特的"使汽车大众化"，就非常形象生动。福特还进一步表达了他的愿景："我要为大众生产一种汽车，它的价格如此之低，不会有人因为薪水不高而无法拥有它，人们可以和家人一起在上帝赐予的广阔无垠的大自然里陶醉于快乐的时光。"

4. 可实现

愿景"宏伟"的原则并不意味着愿景的规划必须十分夸张。相反，只有可实现的"宏伟"才有意义。因为愿景不是单纯为了激发想象力，而是激发坚定的信念，愿景如果不能被认为是可实现的，就不可能有坚定的信念产生。

四、建立企业愿景要注意的一些方面

企业愿景的设计与建立，是一个密不可分的过程，需注意以下几方面：

①把个人愿景作为企业愿景的基础；

②按照自下而上的顺序进行征集和筛选；

③反复酝酿，不断提炼和充实。无论愿景是谁提出来的，都应使之成为一个企业上下反复酝酿、不断提炼的分享过程。

为了更好地运用企业愿景，应当使它具备以下主要特征。

它应当简单易懂。员工在知道企业愿景后，应当能够很快地领会它的意思，并且不用十分费力就能回忆起主要内容。这一点对在许许多多不同环境中运用愿景规划帮助组织实行变革十分重要。

它应当有吸引力。员工在读到或听到愿景规划后，应当会这样对自己说："听上去还不错。我喜欢它，要是我们真像那样就好了。"愿景规划如果缺乏吸引力还不如不做任何规划。

它应当有助于建立一整套的标准。人们应当能够根据某项决定、选择方案或行为是否符合愿景规划来对它们进行评估。企业愿景的一大好处是它能促使人们不断为一个共同的目标而努力。

它应当具有可操作性。你应当能够运用企业愿景提出有助于实现设想的提案和计划。通过认清当前的现实，找出现实和企业愿景之间的差距，你可以制定改革策略，使公司走上成功之路。

导入案例

万科的企业愿景

万科企业股份有限公司成立于 1984 年 5 月，通过多年的转型发展，成长为目前中国最大的专业住宅开发企业。

万科的企业愿景是成为中国房地产行业领跑者。

为了实现这个愿景，万科要做到：

* 不断钻研专业技术，提高国人的居住水平；

* 永远向客户提供满足其需要的住宅产品和良好的售后服务；

* 展现"追求完美"之人文精神，成为实现理想生活的代表；

* 快速稳健发展业务，实现规模效应；

* 提高效率，实现业内一流的盈利水准；

* 树立品牌，成为房地产行业最知名和最受信赖的企业；

* 拥有业内最出色的专业和管理人员，并为其提供最好的发展空间和最富竞争力的薪酬待遇；

* 以诚信理性的经营行为树立优秀新兴企业的形象；

* 为投资者提供理想的回报。

第四节　企业价值观

在现实生活中，无论是个人生活，还是企业经营，都普遍存在着价值观问题。企业在经营管理活动中，需要什么、相信什么、坚持什么、追求什么，都与其价值观有着密切的联系。不同的价值观，造就了企业不同的个性特征。

要认识企业的价值观，首先要弄清楚何为价值、价值观。马克思曾指出："价值这个普遍的概念是从人们对待满足他们需要的外界物的关系中产生的。"也就是说，价值是一种关系范畴，是用来表示主体与客体之间需要与满足的关系的。对于主体而言，能够满足主体需要的客体属性，就是有价值的。

所谓价值观，简单地讲，就是关于价值的观念。它是客观的价值关系在人们主观意识中的反映，是价值主体对自身需要的理解，以及对价值客体的意义、重要性的总的看法和根本观点。价值观回答以下基本问题："什么事至关重要？""什么很重要？""我们该怎样行动？"它包括价值主体的价值取向，以及价值主体对价值客体及自身的评价。价值是客观的，价值观念则是主观的，由于人们的社会生活条件、生活经验、目的、需要、兴趣、爱好、情感、意志等不同，人们的价值观念也各不相同。这种主体的差异性正是价值观的一个重要特点。价值观的主体可以是一个人、一个国家、一个社会，也可以是一个企业。

克拉克洪1951年对价值观作出了经典性定义："价值观是一种外显的或内隐的，有关什么是'值得的'看法，它是个人或群体的特征，它影响人们对行为方式、手段和目的的选择。在一个个有关'值得的'看法的背后，是一整套具有普遍性的、有组织的观念系统，这套观念系统是有关对大自然的看法、对人在大自然中的位置的看法、人与人的关系的看法，以及在处理人与人、人与环境关系时对值得做和不值得做的看法。"克拉克洪称之为"价值取向"（Value Orientation）。具体来说，价值观是一个社会的成员评价行为和事物及从各种可能的目标中选择合适目标的标准。这个标准存在于人的内心，并通过态度和行为表现出来。它决定人们赞成什么、追求什么、选择什么样的生活目标和生活方式，同时价值观念还体现在人类创造的一切物质和非物质产品之中。产品的种类、用途和式样，无不反映着创造者的价值观。

概略地说，价值观是关于"对象对于主体来说是否有价值"的看法。企业价值观则是企业全体（或多数）员工一致赞同的、与企业紧密关联的关于"对象对于主体来说是否有价值"的看法。"企业价值观"和"价值观"的区别有两点：第一，"企业价值观"是全体（或多数）员工一致赞同的看法，所以有时又称为"共有（或共享）价值观"，个别员工的看法没有资格称为企业价值观。这说明企业价值观的形成，必须有一个认同过程，这个过程可以说就是企业文化的建设过程。由此不难区分企业的"主导价值观"和"企业价值观"。"主导价值观"是握有企业实权的少数人物关于"对象对于主体来说是否有价值"的看法，它可能被全体（或多数）员工认同，从而转化为企业价值观，但也可能永远不会被多数员工认同，从而只能靠强权硬性贯彻，这就不是搞企业文化建设，而是搞企业的"分化"（员工心里不服，企业内部价值观实际上四分五裂），在极端情况下甚至是搞企业的"武化"。第二，"企业价值观"总是和"企业"关联着的，企业或者作为价值对象、或者作为价值主体而出现在价值判断之中。这说明"企业价值观"这个概念的前提，是企业具有自主经营、自负盈亏的独立地位，是企业具备了作为价值主体的资格。

一、把握企业价值观内涵的两种角度

应从两种不同的角度，全面把握企业价值观的内涵。

第一种角度提出来的问题是：哪些对象对于企业来说有价值？从这种角度来看，企业价值观就是全体或多数员工一致赞同的关于"哪些对象对于企业来说有价值"的看法。如果甲企业全体（或多数）员工认为，集体主义对于企业来说有价值，就称甲企业具有"集体主义价值观"；反之，如果乙企业全体（或多数）员工认为，个人主义对于企业来说有价值，就称乙企业具有"个人主义价值观"。类似地，不难理解"利润价值观""服务价值观""为公价值观""为私价值观"之类提法的含义。从这个角度来看，价值的主体是确定的，那就是"企业"；价值对象是不确定的，可以是企业之外的物，允许有不同的选择。对象选定之后，讨论它对于企业来说是否有价值，就是确定对象的各种属性能否满足主体的某种需要，因为所谓"价值"，就是对象所具有的能够满足主体需要的某种属性。在确定对象对于企业是否有价值时，之所以出现不同的看法，往往是由于或者对企业的需要有不同的认识和理解，或者对对象的属性有不同的认识和理解，或者掌握与利用对象的属性各有不同的方式。从这个角度来看建立企业共同价值观的过程，乃是一个成员之间加强信息交流以达成共识的过程。

第二种角度提出来的问题是：企业的价值在于什么？从这种角度来看，企业价值观就是全体（或多数）员工一致赞同的关于"企业的价值在于什么"的看法。例如，有些企业的全体员工赞同"企业的价值在于育人"，另一些企业的员工则赞同"企业的价值在于致富"，还有些企业的员工认为"企业的价值在于创新"，等等。对于这些看法，可以相应简称其为"育人价值观""致富（脱贫）价值观""创新价值观"，等等。在这里，价值的对象是确定的，那就是"企业"；价值主体则不仅是不确定的，而且是隐含着的，即似乎用不着选定价值主体，就能回答"企业的价值在于什么"这个问题，人们回答这个问题时，只是指出作为价值对象的企业所具有的某种属性，并不说明这种属性能够满足哪个主体的需要。如说"企业的价值在于育人"，只是指出了企业的一个属性——育人，并没有说明企业的育人属性能满足哪个主体的需要：是员工、经理、股东，还是企业本身？或是社会？从这个角度来看，企业价值观方面的分歧，往往是价值主体选择上的分歧，如企业股东若不同意"企业的价值在于育人"，是由于其本人并无育人的需要，并不是由于他不认识或不理解企业的某些活动可以满足员工成长的需要，他甚至故意就若干关键性的技术岗位向员工保密，因为他不愿意把员工视作企业价值的主体；同样的，员工们若不赞同"企业的价值在于致富"，是因为企业并没有使他们致富，但他们并不否认企业使企业股东致富了，他们也不情愿就这样只选定企业股东作为企业价值的主体。这个选择价值主体的问题，实际上涉及人们的切身利益和观察问题的立场。从这个角度来看，建立企业共有价值的过程，就是在企业全体人员中调整利益关系并寻求共同立场的过程。

综合以上两种角度，企业价值观的内涵就是：企业全体（或多数）员工赞同的关于"企业的价值在于什么及哪些对象对于企业来说有价值"的看法。企业的价值在于什么？什么对于企业来说有价值？这两者一般来说是统一的。例如，企业的价值在于培育人才，而人才对于企业来说也是很有价值的；企业的价值在于提供优质产品，而优质产品对企业来说也很有价值、等等。但在许多情况下也可以不统一，亦不必统一。例如，原料对于企业来说有价值，但却不能说"企业的价值在于能够获取原料"。

显而易见，任何一个企业总是要把它的价值所在及自己认为最有价值的对象作为本企业努力追求的最高目标、最高理想或最高宗旨；反之，凡被一个企业列为最高目标、最高理想或最高宗旨的东西，也必然是能够体现它的价值观的东西。因此，"企业价值观""共有价值观""企业最高目标""企业理想"等，提法虽然不同，但其实质是一样的，所以在文献中可以相互替换，灵活使用。同样，对于"企业的价值在于什么及什么对于企业来说有价值"这个问题一旦有一致的理解和回答，那么这种理解和回答当然就是该企业的基本理念和信仰。因此，从某种角度来说，价值观就是一个组织的基本理念和信仰。

导入案例

微软公司的价值观

微软公司的价值观既是公司在发展过程中长期积累的精神财富，也是公司根据竞争环境的需要不断调整、不断完善的结果。微软公司的价值观主要包括：诚实和守信；公开交流，尊重他人，与他人共同进步；勇于面对重大挑战；对客户、合作伙伴和技术充满激情；信守对客户、投资人、合作伙伴和雇员的承诺，对结果负责；善于自我批评和自我改进、永不自满等。

微软公司文化突出表现为以下方面。

1. 充满激情，迎接挑战。

微软公司的经营宗旨是随着时代的发展而不断变化的。同样的道理，微软的企业文化也在不断地完善和发展。但是最能体现微软企业文化精髓的，还是比尔·盖茨的一句话，这句话多年后还是那么贴切："每天清晨当你醒来时，都会为技术进步及其为人类生活带来的发展和改进而激动不已。"也就是这样的雄心壮志让微软一次又一次地向最困难的目标发起挑战，一次又一次地推出成功产品，一次又一次改变了人类的生活。这一切都极大鼓舞了公司员工的士气，给他们带来高度的满足感，让每一个员工"为人类生活带来的发展和改进""为帮助人们发挥潜力"而激动不已。

2. 自由平等，以德服人。

微软公司放权给每一个人主导自己的工作。公司没有"打卡"的制度，每个人上下班的时间基本上由自己决定。公司支持人人平等，资深人员基本上没有"特权"，依然要自己回电子邮件，自己倒咖啡，自己找停车位，每个人的办公室基本上都一样大。公司主张施行"开门政策"，也就是说，任何人可以找其他人谈任何话题，当然任何人也都可以发电子邮件给其他人。一个平等的公司可以降低公司内部的信息阻塞，增加所有员工的主人翁精神，还能更早地发现公司在发展中遇到的问题。平等的公司可以说是微软发展的必备平台。

3. 自我批评，追求卓越。

微软文化的一大特色就是自我批评。在科技呈指数趋势飞跃发展的今天，不愿意批评自己，不承认自己的错误，不追求卓越的公司将面临灭亡。自我批评在微软公司早已被系统化。每一个产品推出后，会有一段特别时间空出来给产品团队做"post—mortem"，也就是系统化的"自我批评"。所有小组成员都会被询问什么地方可以做得更好，每一个动作和决定都会被分析，结果将在公司公布，以帮助别的小组避免同样的问题，让公司的项目能越做越好。比尔·盖茨鼓励员工畅所欲言，对公司的发展、存在的问题，甚至上司的缺点，毫无保留地提出批评、建议或提案。他说："如果人人都能提出建议，就说明人人都在关心公司，公司才会有前途。"微软开发了满意度调查软件，每年至少做一次员工满意度调查，让员工以匿名的方式对公司、领导、老板等各方面做回馈。微软倡导除了自我批评，还要有能接受别人批评的胸怀和改变自己的魄力。

4. 责任至上，善始善终。

公司和领导者有了关注的目标之后，还要有足够的责任心，才能把事情做好。微软公司要求每一个部门、每一个员工都要有自己明确的目标，同时，这些目标必须是"SMART"的，也就是：

· S—Specific（特定的、范围明确的，而不是宽泛的）

· M—Measurable（可度量的，不是模糊的）

· A—Attainable（可实现的，不是理想化的）

· R—Result-based（基于结果而非行为或过程）

· T—Time-based（有时间限制，而不是遥遥无期的）

只有每个人都拥有了明确的目标，并可以随时检查自己是否达到了预先设定的目标，公司员工才能在工作中体现出强烈的责任感和工作热情。

微软公司要求部门和员工制定的目标必须是可分享的，即每个人都应当通过某种渠道，如公司的内部网站等将自己的目标公布出来（当然，某些需要保密的工作目标除外）。

这样，当某位员工对领导或其他员工的工作方式不理解的时候，就可以去查看对方的工作目标，以寻求最好的沟通和理解。

除了针对目标、结果的负责，公司更需要在决策方面有负责的框架。微软的"决策制定框架"下，每一项重要决策都有一定的制定流程和人员角色划分。每一个决策流程的推动人很自然地就是决策的责任人。对该决策有支持和认可权利的人是决策的审批者。对该决策进行核查、提出支持或反对意见的人是决策的复核者。在整个决策流程中，虽然复核者可提出反对意见，但审批者仍拥有决策的最终决定权。有了这样的框架，公司的决策流程更加清晰，人员责任更加明确，决策不会被轻易拖延或推翻，决策的效率也大大提高了。

5. 虚怀若谷，服务客户。

微软公司对技术相当重视，对合作伙伴和客户也同样重视。作为软件平台公司，合作伙伴和客户都是公司的命脉。微软公司在价值观中强调，所有员工都要信守对客户和合作伙伴的承诺，而且在产品研发过程中，不仅要考虑到产品的技术特性，还要关注客户和合作伙伴最需要的功能。

二、价值体系和最高价值

对企业有价值的对象，不会只有一个，而是有很多。这类对象不仅可以是物质客体，而且也可以是思想观念。例如，"顾客意识""质量观念""创新思想"等对于企业来说具有极为重要的价值。企业本身的价值也不会只有一种，也有很多。这种价值也不仅是物质价值，同样也可以是精神价值，即企业不仅有创造新产品的价值，也有创造新观念的价值。这许许多多对于企业有价值的对象，以及企业本身所具有的多种多样的价值，集合起来就成为一个企业的价值体系。企业的全体或多数成员，对于价值体系共同一致的看法或认识，就是这个企业全体共享的价值观念体系。

价值体系中的各个价值，有时并不可兼得，于是便发生如何取舍的问题；有时虽可兼得，但各个价值或重要性并不一致，或彼此间有因果之类的关系，于是便发生如何对各个价值进行排序的问题。裴多菲的一首诗："生命诚可贵，爱情价更高，若为自由故，二者皆可抛"，就是对三种价值（生命、爱情、自由）所做的一种排序和取舍。对有限数量的价值排序，一般总能得出一个最重要的价值，这个最重要的价值就是该范围内的最高价值。关于如何对多种价值排序、如何确定最高价值的看法，是价值观的一个不可分割的部分。

企业文化管理的重要内容之一，就是一方面要明确企业的价值体系，另一方面要对其中的各个价值进行排序，找出最高价值。企业价值观的区别，往往不是表现为对于"企业是否有某种价值"有不同的回答，也不是表现为对"某对象对于企业来说是否有价值"有相悖的意见，而是表现为价值排序上的区别，表现为最高价值的选择和判定各不相同。

国外提出的各种企业文化理论，从一定的意义上说，就是对各种价值进行排序定位的理论，具有以下一些值得注意的结论：

①人的价值高于一切。企业的价值就在于关心人、培育人，满足人的物质和精神的需要。同时，对于企业要想获得成功来说，最有价值的因素不是物，不是制度，而是人。

②人的知识不如人的智力，人的智力不如人的素质，人的素质不如人的觉悟。

③"共同的价值观念""经营理念"之类的软管理因素的价值，高于硬管理因素和其

他软管理因素的价值。这典型地表现在如下说法中："我们认为共同的价值观对一切企业都是非常重要的，它可能是大公司最为保密的'秘密武器'。""在企业经营中，技术力量、销售力量、资金力量及人才等，虽然都是重要因素，但是最根本的还是正确的经营理念。"信念的重要性远超过技术、经济资源、组织结构、创新和时效。

④"为社会服务"的价值，高于"利润"的价值。一方面，企业的目的、使命和价值，在于向社会提供物美价廉的产品和优质服务，而利润不应成为企业的最高目的，只应视作社会对企业的报酬；另一方面，调动企业人员积极性的最有效的手段，也不是"利润"指标，而是为社会多做贡献的使命感。

⑤"共同协作"的价值，高于"独立单干"的价值。理由很简单，因为共同协作自然而然地适应现代企业生产的社会性。

⑥"集体"的价值，高于"自我"的价值。企业实际上就是一个集体。如果个人要自我膨胀，在企业中总是会产生失落感。

⑦"普通岗位"的价值，高于"权力"的价值。最清楚事情应该怎么办的是一线员工，"凡人创造生产率"；而权力则只是权力，并不会给人带来知识。

⑧"企业知名度"的价值，高于"利润"的价值。牺牲利润来提高企业知名度，不但可以开始谱写本企业的历史，最终也可以获得更多的利润；牺牲知名度而攫取利润，就永远不会有本企业的历史。

⑨"维持员工队伍稳定"的价值，高于"赚钱"的价值。一个繁荣时"招聘"、萧条时"解雇"员工的企业，不能赢得人心，不能保住人才，不能达成企业共识。萧条时并不解雇员工的企业，牺牲了一些利润，但留住了人才，赢得了人心，形成了共识，钱还可以再赚回来。

⑩"顾客第一，员工第二，本地社区第三，第四也就是最后才轮到股东。"

⑪"用户"的价值，高于"技术"的价值。应该靠用户和市场来驱动，而不是靠技术来驱动。

⑫"保证质量"的价值，高于"推出新品"的价值。因此，就采用未经证实的新技术来说，许多企业都愿意"在市场上以甘居亚军为荣"。

⑬集体路线的价值，高于正确决策的价值。

⑭顾客第一，家庭第二，工作第三。

以上的各种排序，都不是纯理论的推导，而是以某些企业的实际经验为依据。它们不一定对所有的企业都适用，即使适用也不一定就永远适用，但它们的启发意义却是毋庸置疑的。

三、企业核心价值观

（一）企业核心价值观的概念

企业核心价值观是指在企业的价值观体系中处于核心位置的价值观，即少数几条一般的指导原则，这些基本原则在企业中长盛不衰。

IBM 前 CEO 小托马斯·华森曾经谈到核心价值观（他称之为信念）。他在 1963 年写的小册子《企业及其信念》中说："我相信一家公司成败之间真正的差别，经常可以归因于公司激发员工多少精力和才能，在帮这些人找到彼此共同的宗旨方面，公司做了什么？……公司在经历代代相传期间发生的许多变化时，如何维系这种共同的宗旨和方向感？……我认为答案在于我们称之为信念的力量，以及这些信念对员工的吸引力。我坚决相信任何组织想继续生存和获得成功，一定要有健全的信念，作为所有政策和行动的前提。其次，我相信企业成功最重要的唯一因素，是忠实地遵循这些信念……信念必须始终放在政策、做法和目标之前，如果后面这些东西违反根本信念，就必须改变。"

沃尔顿这样说明沃尔玛的第一价值观："我们把顾客放在前面……如果你不为顾客服务，或不支持为顾客服务的人，那么我们不需要你。"詹姆斯·甘布尔是这样简洁陈述宝洁公司注重产品品质和诚实经营的核心价值："如果不能制造足斤足两的纯粹产品，去做别的正事吧，即使是去敲石头也好。"可见，核心价值观可以用不同的方法来陈述，但始终是简单、清楚、直接而有力的。

优秀公司通常只有几个核心价值观，一般介于3~6个。事实上大多数公司的核心价值观都少于6个，因为只有少数价值观才能成为真正的核心价值观，是至为根本、深植在公司内部的东西。如果企业列出的核心价值观超过6个，则很有可能抓不住其中的关键所在。

例如，惠普公司的核心价值观是：我们信任和尊重个人；我们追求卓越的成就与贡献；我们在经营活动中坚持诚实与正直；我们靠团队精神达到我们的共同目标；我们鼓励灵活性和创造性。

（二）设计企业核心价值观应遵循的基本原则

1. 企业核心价值观必须是企业真正信奉的东西

企业的核心价值观并非来自模仿其他公司的价值观，并非来自研读管理书籍，也并非来自纯粹的智力运作，以便"计算"什么价值观最务实、最通俗化或最能获利。制定核心价值观时，关键是要抓住自己真正相信的东西，而不是抓住其他公司定为价值观的东西，也不是外界认为应该是理念的东西。

小华森曾说，IBM的核心价值观"深深铭刻在他父亲的骨子里"，就他父亲而言，这些价值观是其生命的准则——要不惜一切代价保存，要向别的人推荐，要在一个人的事业生涯里一心奉行。帕卡德和休利特并没有预先"规划"惠普风范或惠普的"经营理由"，他们只是深信企业应该以某种方式构建，并且采取实际的步骤宣示和传播这些信念，以便保存并作为行动根据。

2. 企业核心价值观必须与企业最高目标（企业愿景）相协调

企业最高目标与企业核心价值观都是企业文化观念层面的核心内容，二者之间必须保持相互协调的关系。

3. 企业核心价值观必须与社会主导价值观相适应

如果不能与社会主导价值观相适应，则在企业价值观导向下的企业行为难免与周围的环境产生这样那样的冲突，影响企业的发展。

4. 企业核心价值观必须充分反映企业家价值观

由于企业家价值观是企业（群体）价值观的主要来源和影响因素，因此如果不能充分反映企业家的价值观，势必导致企业经营管理的混乱。

5. 企业核心价值观必须与员工的个人价值观相结合

企业价值观不能脱离多数员工的个人价值观，否则难以实现群体化，也就不能成为员工的行动指南。

金蝶国际软件集团的核心价值观

金蝶公司的核心价值观是"客户第一、持续创新、诚信负责"。

1. 客户第一

◆客户是母亲（鼓励爱戴客户、尊重客户、将客户放在第一位的行为）；

◆鼓励客户投诉、抱怨与批评；

◆超越顾客期望，帮助顾客成功。

2. 持续创新

◆制度是父亲（鼓励持续、系统性创新）；

◆超越自我；

◆超越标杆。

3. 诚信负责

◆诚实守信（不欺诈、不造谣、不传谣、不信谣、言必行、行必果）；

◆对岗位负责、对公司负责；

◆对员工的职业发展负责、对社会负责。

四、共享价值观的意义

价值观"共享"，就是说企业全体员工对以下三个问题取得了一致的看法。①本企业的价值是什么？②哪些对象对本企业的发展有价值？③在体现本企业价值的各种结果中，以及在对本企业发展有价值的各种对象中，什么是最有价值的东西？这种一致不可能轻而易举地达到。但是一旦达到，共有价值观一旦建立，其意义或作用的重大却是显而易见的：第一，在每一种具体情况下，企业全体员工的努力都会自然而然地集中到一个方向上来，即指向最高价值，这就是共享价值观的导向作用；第二，在领导面临多种选择时，共享价值观有指导决策的作用，如果把企业所面临的形势告诉全体员工，很容易得到大家的认可和赞同；第三，价值观共享，员工们知道什么行为有价值，什么行为无价值，因而便有了行动的自主权。正因为这样，"出色的公司几乎都只以寥寥几条主要的价值观来作为驱动力，并给员工们以充分施展的余地，使他们得以发挥主动性，为实现这些价值标准而大显身手"。这就是共享价值观激励斗志的作用。

第五节 企业精神

东方国家的企业普遍关注企业精神的培育，但比较而言，中国企业更为重视企业精神的塑造。

一、企业精神的内涵

所谓企业精神，是一个企业全体（或多数）员工共同一致、彼此共鸣的内心态度、意志状况、思想境界和理想追求。

例如，海尔集团很长一段时间的企业精神为：敬业报国，追求卓越。海尔精神的核心思想是中国传统文化中的"忠"，"忠"就是回报。海尔精神表明了海尔人要用最好的产品与服务来回报用户，用最好的效益回报社会、回报国家；"忠"就是真诚，对用户、对社会海尔真诚到永远。追求卓越的核心思想是创新。追求卓越表现了海尔人永不自满、永远进取、永远创新的生生不息的精神境界。

"企业精神"和"企业价值观"既有区别又有联系。区别之处在于："价值"是关系范畴，"价值观"是关于"价值对象的哪些属性能够满足价值主体的什么需要"的看法；价值关系是客观的，先进的价值判断以正确地反映这种客观关系为前提。"企业精神"是状态范畴，是描述一个企业全体（或多数）员工的主观精神状态的；塑造企业精神，主要对思想境界提出要求，强调人的主观能动性。例如，中山洗衣机厂的企业精神"开拓、奋发、腾飞"，原上海第二纺织机械厂的企业精神"奉献、求实、友爱、进取"，是我国极为常见的关于企业精神的一些提法，不难看出它们都是对思想境界提出要求的，是描述人的主观精神状态的，都没有对企业的客观条件做任何价值判断。

"企业精神"和"企业价值观"又是紧密联系在一起的。各企业之所以要塑造企业精神，就因为它对企业的发展有极高的价值，而企业价值观作为一种"看法"，当然也属于精神领域的东西。正因为这样，当对企业精神展开说明时，就不仅会表示为描述性判断，而且会出现一系列价值判断，而当对企业价值观念体系进行说明和塑造时，也会对员工的思想境界提出相应要求。

二、企业精神的意义

企业价值观的作用，主要是指导选择，解决某件事值不值得做、在许多件值得做的事中应选择哪一件先做的问题。企业精神的作用，主要是激发主观能动性，鼓舞士气，造成值得做者必做成、最值得做者必先成的精神氛围。但两者的作用又不可分割。一个精神境界和理想追求很高的企业，其作出的选择也必然是高水平的，能够众志成城地去实现所选择的价值；反之，一个精神萎靡不振的企业，不可能有高水准的价值选择，选择了的价值也往往难于实现，这说明企业精神对于企业价值观的作用有制约性。同样，正确的价值选择，本身就有鼓舞士气、激发斗志的作用，而错误的价值选择则往往会挫伤斗志、降低士气，正确的企业价值观是企业精神发挥作用的前提。

三、企业精神的提炼

关于企业精神的提炼，建议采取以下步骤。

1. 历史讲述

召开一次由 10 名左右企业创业人员参加的座谈会，请大家围绕以下主题讲述发生在他们身边的人和事。

①你认为对企业发展最重要的事情是什么？

②你最难忘的事情是什么？

③你最受感动的一件事是什么？

④你认为对企业贡献最大的三个人是谁？

⑤这些人最宝贵的精神是什么？

⑥你从他们身上得到的最大启发是什么？

会议结束后，找出重复率最高的故事，将其加工整理。

2. 员工听故事

再组织一次同样的由员工组成的会议，把上面的故事加工整理后向他们讲述，然后向他们提问：

①这个故事你听过没有？

②听了以后，你最深的感受是什么？

③哪个情节最让你感动、难忘？

④这个故事体现了一种什么精神？

⑤请用形容词来表达你的感受。

将提问的结果记录下来。

3. 企业精神的提炼

接下来就是企业精神的提炼了。重新将企业家和员工集合在一起，对这些故事进行研究、加工和整理，从中提炼出使用率最高的能代表故事精神的词汇。这些词最后经过加工，就成为企业精神的表述。

4. 企业精神的解释

最后将体现企业精神的词重新进行解释，在尊重历史的前提下，用一个故事或者几个故事对这些企业理念进行解释。

本章小结

1. 企业理念文化体系通常包括核心理念和专项理念。核心理念是指企业所信奉和倡导并用以指导企业行为的全部价值理念中具有中心指导地位、关系企业全局并贯穿企业全部活动的理念，主要包括企业使命、企业愿景、价值观和企业精神等。专项理念就是指企业在各个不同的领域或单个层面问题上所信奉和倡导并用以指导此类问题的价值理念，如人才观、市场观、竞争观、质量观、分配观、成就观、科技观、时间观、安全观、环保观、效益观、法律观、道德观等

2. 企业使命从总体上来说可以划分为经济使命、社会使命和文化使命三个层面。

3. 企业愿景阐述了人们希望达到什么目标，是他们就所能达到的理想的未来状况形成的概念。建立企业愿景应遵循宏伟、振奋、清晰、可实现的原则。

4. 企业价值观就是企业全体（或多数）员工赞同的关于"企业的价值在于什么及哪些对象对于企业来说有价值"的看法。

5. 企业精神，是一个企业全体（或多数）员工共同一致、彼此共鸣的内心态度、意志状况、思想境界和理想追求，正确的企业价值观是企业精神发挥作用的前提。

复习思考题

1. 什么是企业使命？试举例说明。

2. 什么是企业愿景？试举例说明。

3. 什么是企业价值观？试举例说明。

4. 什么是企业核心价值观？试举例说明。

5. 什么是企业精神？试举例说明。

实践训练项目　企业价值观搜集介绍

实训目的：

通过实训，使学生了解企业理念与价值观，体会不同企业的企业理念与价值观的不同。

实训地点： 教室或相关实验室

实训组织：

1. 在教师指导下，学生分为若干模拟公司，每组 7~10 人，设组长 1 人，并扮演企业不同角色。

2. 小组组长带领成员通过网络、图书馆或现场调研搜集、整理和分析企业理念与价值观。

3. 各组将研究成果制作成幻灯片或者视频，并由扮演相应角色的成员进行汇报。

4. 小组自评，小组互评，教师讲评。

实训内容：

在教师指导下，学生以组为单位自主选择熟悉的行业或者企业，对该行业（或企业）的理念和价值观进行搜集，并整理分析，形成 PPT，并提交书面报告。

评价标准：

根据学生对企业理念与价值观整理内容、团队协作能力、PPT 制作水平与汇报人综合素质等方面进行优良中差层次评判。

案例研讨　中色非洲矿业有限公司的理念文化

中色非洲矿业有限公司（简称中色非洲，英文简称 NFCA）是由中国有色矿业集团有限公司与赞比亚联合铜矿投资控股公司于 1998 年 3 月在赞比亚注册成立。作为中色非洲矿业公司主体的谦比希铜矿，是世界著名的赞比亚—刚果铜矿带上一个典型的沉积型铜矿床。经充分调研、物资准备和技术经济分析，谦比希铜矿复产建设工程于 2000 年 7 月 28日正式启动。自投产后中色非洲连年被集团公司评为先进集体，被人事部、国务院国资委评为"中央企业先进单位"。中色非洲矿业有限公司作为海外开发的先行者和中非合作的标志性工程，其取得的成绩与荣誉和中色非洲的企业文化建设实践活动是分不开的。

中色非洲在生产经营过程中，不断加强企业文化建设的步伐和力度。2008 年在公司成立 10 周年之际公司构建了自己的理念文化体系，它包括核心理念和专项理念两个部分。

一、核心理念

中色非洲的使命、愿景、核心价值观、企业精神和企业伦理构成了中色非洲理念文化的核心内容。

1. 中色非洲的使命

投资开发矿产资源，促进经济社会发展。

释义：

我们为了使资源能够造福人类而竭尽全力。

世界经济的迅猛发展，人类社会的不断进步，生活水平的日益提高，都离不开矿产资源的合理有效利用。我们以投资与开发矿产资源为主业，以促进经济社会发展为己任，充分实现资源价值，为社会提供优质的产品和服务。

我们致力于建立客观、公正、有效的人才培养和引进机制，完善绩效管理考核体系和薪酬制度，为员工实现自我价值提供广阔的事业发展空间。

我们坚持合作共赢的原则，与公司的相关利益者携手同行，力争赢得比较优势和竞争优势，并努力获得合理利润，为股东和投资者谋求投资回报。

我们将承担起一名企业公民应尽的经济责任、法律责任和伦理责任，将公司建设成为资源节约型和环境友好型企业，努力实现企业经济、社会、环境的综合价值最大化。

2. 中色非洲的愿景

致力于建设成为具有核心竞争力的国际一流矿业投资与开发公司。

释义：

发展是硬道理，是企业永恒的主体。发展来源于企业持续、独有和不可复制的核心竞争能力。

为此，我们在生产过程中，要不断寻求更为先进稳定的采选工艺，推行先进设备的应用，推广先进生产方法的使用，持续提高生产效率和技术经济指标，力争形成企业的独特技术优势。

在管理过程中，我们要不断摸索新型的矿山管理模式，注重集约化经营、精细化管理和内涵式发展，寻求符合企业特点的跨文化管理方式，加强质量控制和过程控制，提升人力资源管理水平，力争形成企业的独特管理优势。

我们大力推行学习型组织的建设，不断完善各项规章制度，加强制度管理，力争将公司建设成为技术型要素能力与管理型要素能力并重，拥有具备显著增值性、领先性和延展性的核心竞争力的国际一流矿业投资与开发公司。

3. 中色非洲的核心价值观

立信、爱人、敬事、求新。

释义：

立信：我们坚持立信为本，至诚至真。我们提倡员工要忠诚职业，忠诚公司；工作中，要做到言出必行，说到做到；员工之间互相尊重，真心真意待人，踏踏实实做事，塑造出公司诚实守信的良好整体形象。

爱人：我们崇尚和谐，坚持大爱无疆，仁者爱人。我们注重人与人之间的和谐，人与生产工具之间的和谐，人与公司之间的和谐。公司不分国籍、不分种族、不分文化，充分理解、重视、尊重、爱护每一名员工，为员工提供发展空间，使员工能够实现自我价值。切实为员工着想，维护员工切身权益，努力为员工增加收入，使员工能够体面地生活。

公司注重人本管理，不断完善管理措施和服务措施，以满足员工安全、身心健康、受尊重权利和自我价值实现的需要，提高人性化管理水平，真正实现以人为本。

敬事：我们以"敬事"为基本准则，倡导责任意识与服务精神。我们应做到敬业、勤业、精业。敬业，就是要坚持以事业为重，崇尚、热爱、忠于自己的事业，尽职尽责，做到用心工作、用心思考、用心沟通；勤业，就是要积极主动地工作，勤勤恳恳地做事；精业，就是要干一行，精一行，工作中精益求精，不断进步，追求卓越。

求新：创新是公司发展的灵魂。我们要注重强化员工的创新意识，着力培养创新能力。要善于根据新形势、新环境和新要求，与时俱进，适时、有序地调整工作布局、工作重点和工作措施，进行体制创新、机制创新、管理创新、技术创新和文化创新；每一位员工都要注重在本职岗位上求新求变，在继承中发展，在创新中完善，在调整中提高。

4. 中色非洲的企业精神

以"敢为人先，科学发展，和谐共赢"为内涵的旗帜精神。

释义：

中色非洲矿业有限公司的企业精神是：以"敢为人先，科学发展，和谐共赢"为内涵的"旗帜精神"。

"敢为人先"是对我们过去成功实践的高度概括，也是指导我们今后发展的精神力量。无论是过去、现在，还是将来，我们都始终不惮于做"第一个吃螃蟹"的勇士，始终把不甘平庸、勇争第一作为自己的追求。

"科学发展"表明我们一切从实际出发，从赞比亚和非洲的具体情况出发，以科学的精神与创新的意识不断追求进步和发展。发展是解决一切问题的根本，是我们不懈追求的目标。要想使企业发展壮大，不仅要有敢为人先的精神，还要有科学的态度。

"和谐共赢"是企业发展的必然要求。作为中赞合资企业，我们秉持着积极承担责任和共赢的开放理念，兼顾中赞双方利益，妥善处理与社区、合作单位等利益相关方的关系，实现在合作中共赢、在和谐中发展。

"敢为人先"表明了我们的精神气概和追求，是中色非洲的特色和真正价值所在，是对中色非洲精神的诠释；"科学发展"是我们得以敢为人先、永争第一的保证；"和谐共赢"是我们要实现的目标和理想，也是敢为人先、永争第一的保证，是科学发展的重要内容。三者之间有着必然的内在联系，构成了我们前进方向上的鲜明旗帜，引领着我们将中色非洲建设成为支持经贸合作区和兄弟企业的标杆、中赞乃至中非友谊与经济合作的标杆。

5. 中色非洲的企业伦理

以义取利，因利成义。

释义：

"以义取利，因利成义"是我国儒商代代相传的优良传统，也是中国企业一直遵循的经营准则。

以义取利，表明企业获取利润必须建立在道义的基础上。我们在经营过程中坚持真诚守信、公平互利、贵和尚礼；坚持以科学、合理、合法、合规、合乎道德的方式发展，严格遵守公司所在地的法律法规，模范执行员工劳动保护和福利政策，维护相关利益者的权益，以合作共赢的态度进行经营，实现企业与人、社会、环境的和谐共存。因利成义，表明我们将以获得的利益去积极履行社会责任。在以产品为社会服务、促进经济社会发展的同时，我们始终把"发展企业，回馈员工，造福社会"作为公司经营的宗旨，努力实现安全清洁生产和资源的循环永续利用，积极培养本地化人才，热心从事福利事业，保护、改善和建设当地环境。在公司发展的同时，促进当地社会经济的发展，为建设和谐中赞关系作出努力和贡献。

二、专项理念

中色非洲将安全、作风、融合、人才、质量理念作为企业专项理念的构成要素。

1. 安全理念

生命至上，细节为重。

释义：

我们要时刻牢记"生命至上，安全为天"的安全信念，牢固树立安全意识。在生产过程中，必须时刻遵循安全作业标准，人人养成安全行为习惯。不放松一时，不疏忽一次，注重每一处细节，不放过每一个安全漏洞。

我们坚持"安全第一、预防为主、综合治理"的方针，不断完善公司现有的安全生产管理体系，全面落实安全责任制和各项规章措施，积极开展安全监督检查和隐患排查整改，开展丰富多彩的安全宣传活动，使员工的安全意识入脑入心，建立起与国际先进的安全管理模式接轨并具有中色非洲矿业有限公司特色的管理模式，从而确保生产作业安全。

2. 公司作风

积极主动，务实高效。

释义：

积极主动：我们提倡员工以积极的态度来对待工作。提倡员工主动接受任务并自觉完成，主动承担工作责任，主动跟踪与反馈信息，主动提出存在的问题及解决思路，主动加强自身的学习，以更高的标准要求自己，不断进步，实现工作目标和自我价值。

务实高效：我们倡导求真务实的工作作风。要把握实际情况，制定符合实际的工作目标与措施，反对好大喜功的不切实际的行为，实事求是，真抓实干，务求实效。效益源于效率，成功始于行动。为此，我们提倡员工要注重工作效率，迅速行动，以结果为导向，既快又好地完成本职工作。工作中要做到合理规划，全心投入，对上负责，对下监督，日理日清，日结日高。

3. 融合理念

互相尊重，坦诚沟通，兼容并蓄，共同发展。

释义：

我们全力倡导文化的认同与融合。NFCA意味着一个整体，所有的员工都是大家庭的成员。我们提倡员工之间彼此从内心深处相互尊重、相互理解、相互信任、相互关爱、做到勤于沟通、坦诚以待、宽容大度、取长补短、相互借鉴，正视文化的差异和冲突，积极寻求解决方式，通过加强文化的融合，实现中赞员工共同进步、共同发展。

4. 人才理念

搭建一个舞台，创造一片天地。

释义：

人才是企业的第一资源。我们秉承着科学的用人观，坚持创造公平、公正、公开的氛围，广开渠道，多方吸引人才，优化整合跨国人才队伍结构，注重选拔和培养本地化人才，进行切实有效的岗位技能培训，建立起充分发挥个人潜能的激励机制，为人才提供具有竞争力的薪酬，使其获得应有回报，从而鼓励人才干事业，支持人才干成事业，帮助人才干好事业。形成关心人才、爱护人才、信任人才的良好风尚。为每一名员工搭建事业的舞台，提供充分实现自我价值的发展空间。

同时，我们要大力弘扬"我因非矿而成功，非矿因我而发展"的理念，在公司内大力倡导每一名员工都应具备良好的职业道德，忠诚企业，胜任岗位，善于协作，不断创新，加强学习并保持终生学习，始终注重知识与能力的积累与提高，力争成为公司所需的宝贵人才，在自身发展的同时，为公司的发展创造一片天地。

5. 质量理念

注重过程，持续改进。

释义：

质量是公司的生存发展之本。我们尤其注重过程质量管理，加强过程监督，严格执行规章制度，完善对生产中每一个环节的质量控制，实行生产的全面质量管理。

每一个部门、每一项业务流程都应视下道工序的操作者和业务职能部门为内部客户，并以超越客户期望的态度不断提高生产和服务质量，使服务对象满意，做到持续改进。

（选编自黎群 2008 年主持的《中色非洲矿业有限公司企业文化研究》课题研究报告）

讨论题：

1. 请分析说明中色非洲将企业使命定义为"投资开发矿产资源，促进经济社会发展"的背景和原因。

2. 请分析说明中色非洲提出"立信、爱人、敬事、求新"核心价值观的背景和原因，并探讨该核心价值观对企业发展有哪些促进作用。

3. 为什么中色非洲选择安全、作风、融合、人才、质量这五个要素作为其专项文化的重点？

第五章　企业家与企业文化

- 掌握企业家与企业文化的关系。
- 熟悉企业家的含义。
- 了解企业家机制对塑造企业文化的影响。

导入案例

李彦宏与百度公司的"简单可依赖"文化

百度（Nasdaq：BIDU）是全球最大的中文搜索引擎，2000年1月由李彦宏、徐勇两人创立于北京中关村，百度致力于向人们提供"简单，可依赖"的信息获取方式。"百度"二字源于中国宋朝词人辛弃疾的《青玉案》诗句："众里寻他千百度"，象征着百度对中文信息检索技术的执著追求。于2005年8月5日在纳斯达克上市。

李彦宏，1991年毕业于北京大学信息管理专业，随后赴美国完成计算机科学硕士学位。1999年，李彦宏回国和合伙人创建了百度公司，任百度公司董事长兼首席执行官，全面负责公司的战略规划和运营管理。

李彦宏说，"我选择放弃博士学位来进行创业，并不是为了钱，而是真的出于对这个行业的热爱。同时，我也并非完全不考虑钱的因素，但我始终坚信：在今天的社会中，只要你给了社会好的产品，社会一定会给你更多的回报。"

李彦宏解读了百度"简单可依赖"的文化："简单，意味着没有公司政治、说话不绕弯子；意味着愿意被挑战；意味着公司利益大于部门利益；也意味着我们心无旁骛，不被外界噪音所干扰。可依赖意味着什么？意味着自信、意味着开放式沟通、意味着我们只把最好的结果交给下一个环节。"

百度远景："成为最优秀的互联网中文信息检索和传递技术提供商"。

百度使命："使百度在品牌、用户满意度、经营业绩方面成为同行业的领先者"。

百度核心价值观："给人们提供最便捷的信息查询方式、永远保持创业激情、认真听取每一条建议和投诉、每一天都在进步、容忍失败，鼓励创新、充分信任，平等交流，友谊（friend.），感恩（thanksgiving），分享（sharing）；All the way sunshine！"

故事启示：企业文化的60%成分由企业家文化构成，企业家的态度是公司企业文化的基调；他的行为和理念客观上促进企业文化的主要内容的形成。

有人预言：文化就是明天的经济，要进一步推动企业的发展，要真正成为世界上一流的企业，就要借助于企业文化力。目前，文化力给企业带来的有形的和无形的、经济的和社会的双重效益已被理论界和大多数学者认同，它不仅仅是一种管理方法，而且是一种象征企业灵魂的价值导向，反映了一种从事物质生产的精神气质，一种类似于宗教信仰的、精益求精的工作态度和献身事业的生活态度。企业家应当善于塑造这种精神气质和生活态度。从一定意义上说，以企业精神为核心的企业文化，是企业家的人格化。

第一节　企业家的内涵

一、企业家的含义

企业家"entrepreneur"一词16世纪出现在法语中，其原意是指"冒险事业的经营者或组织者"，即指挥军事远征的人。在现在企业中企业家大体分为两类，一类是作为企业所有者的企业家。更多的企业家只指第一种类型，而把第二种类型称作职业经理人。

18世纪法国人用这个词定义其他种类冒险活动的人。1755年，法国经济学家理查德·坎博龙将企业家精神定义为"承担不确定性"；1815年，萨伊认为企业家是冒险家，在《政治经济学概论》中第一次将企业家列入经济发展的要素之一，是与土地、劳动、资本这三个生产要素结合在一起进行活动的第四个生产要素，他承担着可能破产的风险。

1942年"创新主义经济学之父"美籍奥地利经济学家熊彼特在《资本主义、社会主义与民主主义》中，使"企业家"这一独特的生产力要素成为最重要要素。熊彼特指出，所谓创新就是企业家对新产品、新市场、新的生产方式、新组织的开拓以及新的原材料来源的控制调配，企业家被称为"创新的灵魂"。他归纳了实现经济要素组合（也就是创新）的五种情况：（1）采用一种新产品或一种产品的某种新的特性；（2）采用一种新的生产方法，这种生产方式是在经验上尚未通过鉴定的；（3）开辟一个新市场；（4）取得或控制原材料（或半成品）的一种新的供应来源；（5）实现一种新的产业组织。熊彼特所谓的企业家，事实上是一种社会机制的人格化表达。

在美国3M公司有一个很有价值的口号："为了发现王子，你必须和无数个青蛙接吻。""接吻青蛙"常常意味着冒险与失败，但是"如果你不想犯错误，那么什么也别干"。同样，对1939年在美国硅谷成立的惠普、1946年在日本东京成立的索尼、1976年在中国台湾成立的Acer、1984年分别在中国北京和青岛成立的联想和海尔等众多企业而言，虽然这些企业创始人的生长环境、成长背景和创业机缘各不相同，但无一例外都是在条件极不成熟和外部环境极不明晰的情况下，他们敢为人先，第一个跳出来吃螃蟹。

卡森（Casson Mark）认为，企业家就是专为稀缺资源协调作出判断的人。美国经济学家彼得·德鲁克也认为，企业家是革新者，是勇于承担风险、有目的地寻找革新源泉、善于捕捉变化、并把变化作为可供开发利用机会的人。

对于企业家的含义，有不同的研究角度和看法，我们认为企业家就是对生产要素进行有效组织和管理，富有冒险和创新精神，能够让企业合法经营、不断发展，具有社会责任的企业高级管理人才。企业家代表着一种素质，而不是一种职务。

二、企业家素质

企业家素质是指企业家本来的品质、特征、知识素养及在创新活动中表现出来的作风和能力的综合。一位企业家身上拥有的特质能够成为一种企业文化对公司的发展形成重要的决定性影响。企业家应该有创新、冒险、合作、学习、坚持不懈等特质。

1. 创新是企业家的灵魂

熊彼特关于企业家从事"创造性破坏"的创新者观点，凸显了企业家精神的实质和特征。一个优秀的企业拥有创新精神，如果没有创新精神，企业就会停滞不前，甚至消亡。创新是企业家的典型特征，从产品管理创新、生产技术创新、市场创新等，处处都缺少不了创新的灵魂。

2. 冒险是企业家的天性

坎迪隆和奈特两位经济学家，将企业家精神与风险和不确定性联系在一起。没有敢冒风险和承担风险的魄力就不可能成为企业家。具有冒险精神的企业家，敢于第一个吃螃蟹的企业家才可能占领市场先机。

美国企业家埃隆·马斯克与人合伙创办了贝宝（PayPal）———开创先河的网上第三方安全支付平台。仅仅3年，PayPal用户达到1.1亿户。2002年10月，eBay以15亿美元的价格收购了PayPal。之后10年，PayPal为eBay带来了超过200亿美元的收入。马斯克则通过这桩收购获得了约3亿美元的"第一桶金"。这次交易让他有足够的资本去造车、造火箭———这两者都需要巨额资金，足以让他倾家荡产。"回头想想，将所有的未来赌在火箭和电动车上很冒险。但若我不这么投入，才是最大的冒险，因为成功的希望为零。"马斯克说。

导演乔恩·费儒正是以马斯克为原型来制作《钢铁侠》系列电影的，而且他还邀请马斯克在《钢铁侠2》中客串了一个角色。和钢铁侠一样，马斯克也是位发明家、冒险家，多金，也风流。作为企业家，他堪称"跨界天王"，从网络支付，到新能源汽车，再到航天，旁人想要做好其中一个都难，他却在这三个领域都游刃有余。最近，他提出的"超级高铁"的想法再次引爆全球，换一个人，人们都会认为这是"痴人说梦"，而对他却不敢嗤之以鼻，因为他已屡次把看似"天方夜谭"的事情变成了现实。

3. 合作是企业家的精华

企业家必须有团结合作的意识。正如艾伯特·赫希曼所言：企业家在重大决策中实行集体行为而非个人行为。企业家要善于合作，开发员工的潜力，形成企业的合力。比如西门子公司，秉承员工为"企业内部的企业家"的理念，开发员工的潜质。在这个过程中，职业经理人充当教练角色，让员工进行合作，并为其合理的目标定位实施引导，同时给予足够的施展空间，并及时给予奖励，所以西门子公司获得了令人羡慕的产品创新纪录。张瑞敏说："海尔应像海，唯有海，能以博大胸怀纳百川而不嫌其细流；容污浊，且能净化为碧水。正为此，才有滚滚长江，浊浊黄河，涓涓溪流，不惜百折千回，争先恐后投奔而来，汇成碧波浩渺、万世不竭、无与伦比的壮观。"

4. 学习是成就企业家的关键

彼得·圣吉在其名著《第五项修炼》中说道："真正的学习，涉及人之所以为人这一意义的核心。"以系统思考的角度来看，从企业家到整个企业必须持续学习、全员学习、团队学习和终生学习。三星企业的学习精神尤为可贵，不同的部门树立不同的标杆学习，三星电子向索尼公司学习；三星重工向东芝学习；三星库存向联邦快递/苹果公司学习；

客户服务向美国诺斯顿百货学习；生产作业向惠普/菲利普公司学习；行销向微软公司学习；产品开发向 3M 公司学习。

5. 坚持不懈是企业家的本色

古语"锲而不舍，金石可镂；锲而舍之，朽木不折"说的就是只有坚持不懈、持续不断的创新，才可能稳操胜券。就像英特尔总裁葛洛夫所说："只有偏执狂才能生存。"在企业困难时期，普通员工可以离职，可是企业家是唯一不能退出企业的人。

阿里巴巴公司差点因 2003 年"非典"崩溃，因员工去广州参加广交会染上"非典"，这让整个杭州如临大敌，实施了最大规模的隔离：超过 500 人被隔离，杭州市长前一天刚来视察过，结果市长及随从人员也因此被隔离。同楼的其他公司员工纷纷带着电话机、传真机、计算机像逃难一样跑了，隔壁公司有人冲进阿里巴巴砸东西泄愤。那时的阿里巴巴在杭州一举"成名"，但员工上街根本不敢说自己在阿里巴巴上班。一直到隔离结束以后走到街上，仍会遭到不正常的待遇，人们还会指指点点。

但是马云没有放弃，没有退缩，而是坚持不懈，带领员工渡过难关。工作并未停止，员工将工作电话转移到家中，甚至家里的老人都养成习惯，拿起电话第一句话："你好，阿里巴巴。"2003 年 5 月 10 日，淘宝网成功上线，但因为"非典"隔离，场面极为寒酸，甚至凄凉——没有鲜花，没有大餐，没有镁光灯，没有欢快的音乐，没有涌动的人群。"在略显沉寂的卧室里，躺在床上的马云面对着天花板，慢慢地举起了酒杯，虔诚而默默地念叨着：保佑淘宝一路顺风。

马云坚持着、奋斗着，也绝不是孤独者，因为他知道，那一刻，同样的仪式将在散落于杭州市的十余处居民住宅里同时进行。也因此，5 月 10 日被阿里巴巴定为"阿里日"，回顾"非典"的磨难，感恩员工家属一并参与。

导入案例

拼出来的"老干妈"

陶华碧 1947 年出生于贵州省湄潭县一个偏僻的山村。由于家里贫穷，陶华碧从小到大没读过一天书。20 岁那年，她嫁给了 206 地质队的一名队员；但没过几年，丈夫就病逝了，扔下了她和两个孩子。为了生存，她不得不去打工。

1989 年，陶华碧用省吃俭用积攒下来的钱在贵阳市南明区龙洞堡的一条街边，盖了个简陋的"实惠餐厅"，专卖凉粉和冷面。为了赢得顾客，没有读过一天书的她，全凭着朴素的想法琢磨经营之道，她冥思苦想，琢磨出了别人没有的独到的"绝点子"：她特地制作了专门拌凉粉的作料麻辣酱。这个点子一实施，生意果然十分兴隆。偶尔有一天，陶华碧没有备麻辣酱，顾客听说没有麻辣酱，居然都转身走了。她不禁感到十分困惑：难道来我这里的顾客并不是喜欢吃凉粉，而是喜欢吃我做的麻辣酱？

机敏的她一下就看准了麻辣酱的潜力，从此苦苦地潜心研究起来。经过几年的反复试制，她制作的麻辣酱风味更加独特了。很多客人吃完凉粉后，还要掏钱买一点麻辣酱带回去，甚至有人不吃凉粉却专门来买她的麻辣酱。她不禁喜上眉梢：有这么多人爱吃我的麻辣酱，我还卖什么凉粉？不如专卖麻辣酱！

1996 年 7 月，陶华碧借南明区云关村委会的两间房子，招聘了 40 名工人，办起了食品加工厂，专门生产麻辣酱，定名为"老干妈麻辣酱"。她当上老板后，知道管好工厂要靠管理，可她大字不识一个，怎么管呢？一番苦思冥想后，她认准了一个"管理绝招"，那就是：我苦活累活都亲自干，工人们就能跟着干，还怕搞不好？

风风火火的陶华碧这么说，就这么干，什么事情都亲力亲为。当时的生产都是手工操作，其中捣麻椒、切辣椒时溅起的飞沫把人的眼睛辣得不停地流泪，工人们都不愿干这活。陶华碧就亲自动手，她一手挥着一把菜刀，嘴里还不停地说："我把辣椒当成苹果切，就一点也不辣眼睛了。"员工听了，都笑了起来，纷纷拿起了菜刀……那段时间，陶华碧身先士卒地干，结果累得患了肩周炎，10个手指的指甲因搅拌麻辣酱全部钙化了。她当老板的都这么拼命苦干，工人们还会惜力吗？

可是，大批麻辣酱生产出来后，当地的凉粉店根本消化不了。陶华碧又亲自背着麻辣酱，送到各食品商店和单位食堂进行试销。没想到，这种笨办法效果还真不错。不过一周的时间，那些试销商便纷纷打来电话，让她加倍送货……结果，她的"老干妈麻辣酱"很快就在贵阳市稳稳地站住了脚跟。这时，精明的陶华碧心想：水深水浅都试出来了，我"老干妈"还怕什么？老话不是说要"趁热打铁"吗？索性，我扩大规模，把工厂办成公司得了！

1997年8月，"贵阳南明老干妈风味食品有限责任公司"正式挂牌，工人一下子扩大到200多人。小工厂扩大成公司后，一切就必须走上正规，产供销等"五脏六腑"就要俱全，财务、人事各种报表都要她亲自审阅，工商、税务、城管等很多对外事务都要应酬，政府有关部门还经常下达文件要她贯彻执行……所有这些，让大字不识一个的陶华碧最初觉得真是太难了！

但是，她的性格偏偏就是不畏难。财务报表之类的东西完全看不懂，她就苦练起记忆力和心算能力，然后让财务人员念给她听；听得打瞌睡了，她就泡上苦得舌头发麻的浓茶喝……最终，她苦练出了超过一般人的记忆力和心算能力。每次统计表一出来，财务人员念给她听时，她居然听上一两遍就能记住，并分辨出对错。

"拼！苦拼！"这就是陶华碧起家的"绝招"。就是靠着这股拼命劲，她完成了自己的"原始积累"。高中文化的李贵山，帮助她做的第一件事就是处理文件。他读，她听。听到重要处，她会突然站起来，用手指着文件说："这条很重要，用笔画下来，马上去办。"然后，她就在李贵山指点需要她签名的文件右上角画个圆圈。李贵山看着这个圆圈，哭笑不得，他在纸上写下了"陶华碧"三个大字，让母亲没事时练习。哪知，陶华碧对这三个字看了又看，一边摇头，一边为难地感叹说："这三个字，很复杂，很复杂呀！"尽管如此，她还是拿出干活时那样的"力气"，苦练起来。可没上过学的她真的练起字来，竟觉得比当初切辣椒都难。但为了写好自己的名字，她拿出干苦活的劲头整整练了三天！当她终于写好了自己的名字，竟然高兴得请公司全体员工加了一顿餐！

于是，一个靠拼的企业家陶华碧成就了世界著名的品牌"老干妈"！

第二节 企业家与企业文化的形成

新世纪的来临对于企业家来说意味着什么？它意味着技术革新的层出不穷和经济机遇的空前增多；意味着更为包罗万象的、大规模的新市场的崛起；也意味着企业竞争的更加激烈。新世纪的企业家如何在这场角逐中立于不败之地，是一个既现实又严峻的课题。

一、管理企业离不开企业文化

企业家如何打好第一战役？美国《幸福》杂志指出：没有强大的企业文化、没有卓越的企业价值观、企业精神和企业哲学信仰，再高明的企业经营战略也无法成功。

国内外市场的激烈竞争和企业之间的兼并是当代世界经济的主要现象之一。面对这种情况，企业迫切需要提高自己的内部凝聚力和外部竞争力，从而谋求在新形势下的生存和发展。为了实现这一目标，企业就得进行结构性变革，而变革的核心内容就是创建强有力的企业文化。企业文化已成为企业各项改革的基础和协调各种改革（制度组织设计、改变营销策略、更新人员配置）的首要条件。日本企业界提出，企业文化是战略、结构、人员、技巧、作风、制度的核心，企业文化应作为确立进一步变革的思路，理顺各种问题的指导思想，从而推动企业的全面改革。

西方企业界在企业运行中得出的经验是，光靠奖金和物质激励是远远不够的，还要从员工队伍的价值观方面入手，寻求具有号召力、凝聚力的价值体系，以此把千万名员工凝聚为一体，使企业具备巨大的智慧和行动力量。

21世纪的世界企业经营管理的一个新趋势就是跨国公司的蓬勃发展。由此，也就必然产生不同类型、不同民族文化彼此撞击的现象，产生不同文化背景下的企业员工文化价值观念如何协调的问题。这个问题其实在第二次世界大战后已经初露端倪，到1978年，近1万家跨国公司在世界范围内崛起。它们控制着世界各国全部国际储备的一倍半到两倍。它的销售额和营业额已相当于世界出口贸易的总额。一些著名的跨国公司，单独一家的营业额比有的国家一年的国民生产总值还要高。例如，世界上最大的跨国公司埃克森石油公司的销售额，就超过了瑞士的国民生产总值。兴办跨国公司是企业极其重要的经营发展战略。发达国家之间也出现相互融资、此国在彼国建立子公司的浪潮。不同文化背景下的公司，它的企业文化建设也面临着挑战。

我国实行改革开放后，外商投资和我国到海外办企业的发展势头越来越猛，这也将成为跨国文化管理的动因。随着进一步改革开放，各民族之间在文化上存在的差异，要求跨国文化管理要对有关各方的文化加以理解和尊重，需要考虑比单一文化背景下从事管理工作更多的问题和因素，在管理上更加复杂而又更具挑战性。在企业的跨国文化管理中必须考虑文化因素影响的作用，采取同时适合不同文化的管理模式。因此，只有对跨国文化的深入认识和理解，才能确保企业管理的顺利进行。

我们正处在信息革命的时代，社会文化和社会价值观念都在发生急剧的变化。以往的企业经营的最高目标是经济效益，但现在的企业越来越把社会效益、消费者利益放在首位。这种变化不断向企业提出新的要求，企业要在这个变革的时代生存发展，就得随时研究、分析社会文化和社会心理变化的趋势，并步步紧随，否则就会落伍。

日本的企业营销学家称，当今人们对商品的需求心理正由过去的"大家买我也买"的认同化需求，转向"大家都买我就不买"的个性化需求。日本的企业为了适应这种需求变化，努力设计和生产批量少、花样多并不断翻新的产品，而一些坚持大批量十几年一贯制的企业，在新文化思潮的冲击下纷纷倒闭、破产或转向。在社会文化和社会需求不断变化、不断更新的时代，企业必须建立一种和社会息息相关、时时面向社会的开放型的企业文化。

不仅现实社会的文化制约着企业生存和发展，而且未来社会的趋势也左右着企业发展的命运。因此，企业家必须建立顺应未来发展的"战略学"和"运筹学"，否则，企业将难以发展。美国电话电报公司十年前曾收到一份未来学家的报告，预言随着高科技信息工程的发展，具有 75 年历史的美国电话电报公司的垄断地位将面临危机。十年后，美国电话电报公司果真在日益膨胀的高科技通信的冲击下解体，分化为若干小公司，并向高科技通信工程转向。当今世界科技发展日新月异，今天畅销的产品，明天就可能饱和或滞销，仅计算机产品而言，其更新换代的速度令人目不暇接，刚刚研制推出第五代产品不久，第六代超集成电路又悄然上市。这就向企业提出了更新的要求，企业家就要增强企业的应变能力，从多维度、多视角、多层面上思考和组织企业进行变革，而企业的所有变革都离不开首要的变革——企业的观念文化的变革。

企业家迈进 21 世纪，就需要一种创新精神。企业家的创新精神，是指他们的意识、思维活动和心理状态通常保持一种非凡的活力。一位法国学者曾这样描述过具有创新精神的新型企业家：他们很像勇士，能迅速作出决定，具有不寻常的精力和毅力，满怀非凡的勇气和果断的魄力；他们奋不顾身地冲向广阔的经济战场，开辟一片又一片创新的领域；他们以一种广泛、灵活的应变能力和行动准则指导企业运行；他们有青年人的好奇心、发明者的创造欲，初恋者的新鲜感、亚神经质般的敏感性以及建设者和破坏者兼备的变革意识；他们双眼紧盯着国际上、国内外的各种信息，紧盯着市场需求，大脑中急骤地将外界的信息重新组合构造出新的创新决策。

21 世纪的企业家更需要有这种创新的特质和随时捕捉世界经济、国内外经济信息的敏锐洞察力。因为未来世界经济将呈现出经济全球化的趋势。以国际分工为基础的经济生活的国际化，随着世界市场的不断发展得到不断深化。世界各国的经济联系也日益密切，国际相互交往不断扩大，国与国之间在经济上的相互依赖、相互促进日益加强，整个世界经济已成为一个有机的整体。21 世纪初，各国经济之间的相互渗透将会进一步加深，整个世界将变得更加开放，将变成一个真正的"地球村"，世界经济将日益融合。但是，各国都试图追求自身利益的最大化，国际间的经济矛盾、冲突和摩擦将不可避免，尤其是不同文化背景、不同文化价值观念之间的撞击，常常会成为国与国的企业之间，特别是跨国公司内部员工之间关系融洽的障碍。这是企业家们需要认真考虑的问题。国际经济一体化和区域经济集团化的趋势将形成世界文化和区域文化的大交融。企业的运行和发展必须在各国文化相互融合、相互理解的背景下进行，企业家应当洞察经济文化一体化的趋势，以便营造本企业的文化氛围。

二、卓越的企业家与卓越的企业文化

培育卓越的企业家队伍，是 21 世纪各国经济发展的重要依托。中外各国经济发展的历史证明，企业家群体既是现代企业的生命和灵魂，又是国家经济发展的栋梁。企业竞争说到底是人才的竞争，企业家作为企业人才的组织者本身就是一种稀缺的人才。谁拥有高素质的、具有创新意识的企业家群体，谁就会在国际经济竞争大舞台上立于不败之地。

企业是整个社会的一个组成部分。我们每天都在创造社会各个领域的新生事物，每天都在进行包括经济、政治、文化、教育、意识形态等方面的变革。但是，企业是对变革反应最敏感的社会组织。企业不是每几年、每隔一个时期或每个月进行一次评价，而是每天都要面临市场的严峻挑战，顾客不同于一般的选民，他们每天都要对企业的表现投票，促进企业的改革。在传统工业社会，由于作为文明基础的技术相对稳定，与之相适应的价值观、企业所处的环境也相对稳定。而当今社会，新信息技术、计算机技术、通信技术的发展形成了一个庞大综合的新产业网络，铺天盖地把各个学科创造的新成果运用于经济、文化的各个领域，它同时又对个人和社会价值观的各个方面产生了强大的冲击。

新型企业和老式企业在目标和基本假设这两方面都存在差别。在传统的工业经济时代，战略资源是资本，企业的唯一目标就是不断赚钱。在信息时代，战略资源是信息、知识和创造性。过去看重的是实物财富，现在更看重的是知识价值、品牌形象、企业形象、企业文化、人本主义价值取向。在信息社会，人的价值、人力资源是任何组织富有竞争性的利刃。

卓越的企业家善于理解员工价值观的变化。越来越多的人相信，工作是整个生活计划的一个组成部分，工作应当是有趣的。越来越多的人在权衡成功所得到的报酬时，通常较少考虑金钱上的多少而较多考虑个人成就的满足程度。因为现代人的意识中，工作不能仅仅意味着提供一张工资单上的工资，现代人还希望工作能表现出工作者本身及其价值观，表现出社会上的差别，以及同其他的因素——家庭、保健、精神等保持和谐一致。

企业发展到今天，已不仅仅是一个工作场所，而且是一个文化体系，在人们的生活中企业文化对于企业家和员工具有越来越重要的作用。企业如果能在为人们提高收入的同时，充分展示出一种人性化的企业氛围。例如，优雅舒适的工作环境，对人的才能的充分重视，对人的价值的充分尊重，企业就能充满活力。

企业竞争或国家之间的经济竞争，从形式上看似乎是产品的竞争、劳务的竞争、科技的竞争，但实质上却是企业家和企业文化之间的竞争。因为，竞争的具体执行者是企业家，企业经济实力的背后是企业文化力在起着推动作用。成功的企业必然有成功的企业家，必然有卓越的企业文化。

企业家不仅创造了经济奇迹，而且创造了各具特色的企业文化。从这个意义上说，企业家不仅是一种经济现象，而且是一种文化现象。作为一种经济现象，企业家是工业社会的主要产物；作为一种精神文化现象，企业家属于现代社会群体中的一个特殊阶层，拥有一套独特的价值观体系、思维模式和行为方式。企业家的上述精神文化现象直接关系与影响着企业文化的塑造和企业的兴衰。美国经济学家熊彼特多次提醒人们注意企业家精神在工业化进程中的作用。他认为，19世纪末出现的企业家精神是影响经济增长的最重要的非经济因素，并指出企业家为什么会起作用的原因在于他们所奉行的独特的价值观。企业家是有信心、有胆略、有组织能力的创新者，企业家始终要求变革，对变革作出迅速的反应，从变革中寻找发展的契机。

卓越的企业文化是卓越企业家的人格化。企业家精神及企业家的形象，是企业文化的一面镜子，卓越的企业文化是企业家德才、创新精神、事业心、责任感的综合反映。因为优秀的企业文化不是自发产生的，而是企业家在长期实践活动中产生的。企业家深知肩负塑造企业文化责任的重大，在企业文化建设中，企业家从本企业的特点出发，以自己的企业哲学、理想、价值观、伦理观和风格融合成企业的宗旨。企业价值观逐渐被广大员工所认同、遵守、发展和完善。

卓越的企业家在企业中既是卓越的管理者，又是员工的思想领袖，他以自己的新思想、新观念、新思维、新的价值取向来倡导和培植卓越的企业文化。这种企业文化既有时代特色，又是本国传统思想、伦理、价值观念之精神融现代精神而成的精神力量，是先进的、科学的、有生命力的文化与现代企业的完美结合。

企业文化建设需要企业员工长期努力，不断进取，自觉贯彻企业家的经营管理风格。美国著名管理学家劳伦斯·米勒说过，卓越并非一种成就，而是一种永不满足的追求出类拔萃的进取精神。这一精神掌握了一个人或一个企业的生命和灵魂，它就无往而不胜。卓越是一个永无休止的学习过程，这种精神被企业家所接受并以此为追求目标，他就成为卓越的企业家。

国际竞争策略大师密歇根大学教授普拉哈拉德和伦敦商学院教授哈梅尔认为，卓越的企业家是善于利用各种资讯来了解未来的竞争与今天究竟有何不同之处，企业家必须先"忘掉"过去，才能迎向未来，不可沉迷于过去或现有的成功，要不断地重新构思市场范围，重划营运的疆域，建立新的企业价值观和企业文化，检讨本身是对竞争最根本的假设。

卓越的企业家为了挑战未来，必须时时提高警觉，从以下三个方面提高本企业的素质和企业文化的卓越性：

1. 重视员工的参与，提高员工的参与意识

员工的参与需要高层主管有接受挑战和不同意见的雅量，还需要企业家的支持与放手发动，要让员工分享成功的果实，并要提供员工参与所需的资讯和工具。

2. 产业先见之明

策略架构的提出，须基于理性的分析，不可鲁莽从事，也不可只是企业家、高层主管的个人看法；企业家和高层主管必须发掘和利用整个企业的各种意见和合理化建议，借此来建立对未来的共识和认同，借此来形成卓越的企业文化。

3. 重视速度

未来的社会经济，竞争将更为激烈。因此，速度在制胜先机上具有重要的地位，不仅产业先见之明的形成要讲速度，就是连新产品和服务的推出也要讲求速度，不仅要缩短由构想到上市的时间，更应缩短由"构想到全球市场"的时间。这是新世纪卓越企业的理念，应当营造"时不我待"的积极进取的企业价值观和企业文化氛围。

三、管理对企业家提出的挑战

管理企业就需要承担风险，企业家必须具备承担风险的特质，而新世纪的企业管理对企业家又提出了新的挑战，它要求企业家具备一系列的特质。

马歇尔认为，在经济学领域研究企业家特质的最早的是亚当·斯密。他提出，企业家是指那些把企业的风险和管理看作是自己在组织工业工作中应尽的本分的人。马歇尔既把企业家当作商人看待，又把他作为生产组织者，认为企业家既起商人的作用，又起生产组织者的作用。

熊彼特则强调企业家的创新职能和创新特质。他认为，资本主义是一个不断创新的过程，而"创新"活动的倡导者和实行者则是企业家。他说："企业家的职能是通过利用一种新发明，或更一般地利用一种生产新商品或用新方法生产老商品的没有试用过的技术可能性，通过开辟原材料供应的新来源或产品的新销路，通过重组产业等来改革生产模式……这种职能主要不在于发明某些东西或创制出企业得以开发利用的某些条件，而在于把事情付诸实行。"

坎特龙在《一般商业之性质》一书中，把每一个从事经济活动的商人都称为企业家，

而企业家的最大特质就是承担风险的精神。18 世纪后期的重农学派经济学家魁奈和鲍杜把从事农业生产、以经营土地、把土地作为社会产品来源的农业家称为企业家，创新和承担风险是他们的两大特质。

杜尔哥在《关于财富的形成和分配的考察》一书中，把制造业中的企业家定义为承担风险的资本人。

给企业家进行严格定义，对企业家的特质给予较全面分析的是萨伊。他在《政治经济学说》和《政治经济学精义》两书中，把企业家定义为经理人，"'经理人'把他所有的生产手段结合在一起，取得产品的价值……不断重建他的全部资本，他所得的工资、利息和地租，以及属于他自己的利润"。萨伊认为，企业家可以是自有资本的经营者，也可以是靠借来的资本的经营者。并指出，企业家要能够成功，必须有果断的判断力、坚韧的毅力和全面的知识，有监督、管理的才能，务实的特质和能动的特质。

现代社会的企业家的特质是与大生产、商品经济的巨大发展及大股份公司的运营相联系的。美国著名经济学家沃克指出，企业家的特质在于他对企业经营管理的有效性和超前的决断性，他称企业家是工业进步的工程师和生产的主要经营者。豪莱认为，承担风险是企业家的突出贡献和基本特质。制度学派的康蒙斯阐述了承担风险的程度是企业家特质和能力的主要方面。

较全面、系统阐述企业家特质和职能的是熊彼特。他出版的《经济发展理论》和《资本主义、社会主义和民主主义》两书中把企业家的根本特质定义为"革新"，强调"革新"和"创新"是企业家的准则。他认为经理不能都有资格被称为企业家，只有他对经济环境能作出创造性的或创新的反应，推动生产的增长，才能被称为企业家。因此，企业家是促进物质生产增长和企业文化发展的中心人物。

虽然每个企业家具有自己的个性特质，但他们也有一些共同点：

1. 勇于承担风险，善于创新，干实事而不尚空谈

从企业家的内涵看，企业家必须具有风险意识。作为企业生产经营的主要指挥者、决策者，企业家对关系企业兴衰成败的经营决策起决定作用。企业生产什么？企业所生产的产品如何适销对路？企业产品生产能力的扩大或缩小、生产品种的增加或淘汰、产品价格的提高或降低，新技术、新设备、新工艺的选择和应用，市场的开发和占领，企业发展战略的制定和实施等方面的决策，都存在着巨大的、不确定的风险。这是一种"非可保险"的决策。决策的成功与否直接关系企业的命运，直接关系到员工的利益以及企业家本人的声誉、地位和利益。决策失误和经营失败的人将受到降薪、解雇、身价贬值，甚至失去企业家资格等惩罚。而对于那些实行租赁制、资产经营责任制、企业经营责任制、股份制等经济性质的企业家，弄不好还可能倾家荡产以致负法律责任。企业家本身就意味着风险，企业家的事业就是一个充满风险的事业。

企业家作为商品经济社会中企业运行和企业管理的主角，不是纵向从属于行政权力，而是遵循和服从优胜劣汰的市场法则，靠善于经营和精于管理开拓自己的事业。企业家靠自己的知识和才能，独立自主地经营企业，运用创新精神进行企业决策、开发产品和市场，以自己的才智和勇气去进行改革，迎接挑战。

2. 具备想象力、判断力、组织才能和领导才能

企业家必须具备超过常人的、非凡的想象力和开创风险事业的能力。在现有的大公司、大企业中，已有一些企业家和最高领导人利用想象力去重创公司，并吸收他的同事共

同来形成想象力，在重创公司中获得巨大成功。正如马萨诸塞州沃斯特市汉诺威保险公司总经理威廉·奥布赖恩（Willian O'Blrien）所说：我们每个人的行动都受自己思想图景的影响，我把这种思想图景称为想象力。在决定公司的未来时，这种想象力发挥着重要的作用。

想象力的信息迅速传递给企业的各个部门，它是企业哲学、企业文化、企业活力的标志。当计算机还处于昂贵、笨拙、不可靠的初始年代时，史蒂夫·乔布斯就认定，它将在不久的将来成为无所不在的个人工具。想象力会转化为销售额、利润以及投资回收率的增长。想象力在工商业领域，在企业家脑海中发挥着强大的力量，他们利用想象力塑造工商企业的新形象，把想象力转化为现实的成功。微软、英特尔、康柏和比尔·盖茨等高科技产业及其精英都是凭借丰富的想象力使梦想变为现实的。

3. 追求国际经营多样化的企业战略

在传统工业社会，人们消费的同质性较强，因而大规模生产受到推崇和欢迎。随着社会的发展，人们收入水平的提高，消费者价值观念的变化，导致消费方式日益向着讲求精致优雅和多样化方向发展。这种状况使企业传统经营思想受到强烈挑战，迫使众多企业采取多元化经营战略。新的消费形态趋于小批量、多品种和个性化，它使产品的生命周期越来越短，消费市场的变化更加迅速。

在很长一个时期内，商品出口作为获取利润、增加收益的有力手段，一直是各国企业紧紧追逐的对象。在国际市场上，高性能、高科技的产品，一直是卓越企业在国际竞争中维持优势、立于不败之地的强有力的物质保证。但是单纯依靠商品出口的国际经营正在产生越来越多的负面效应，由此而引起的贸易摩擦也越来越多且日趋严重。现在日本企业为了避免摩擦的加剧，正在采取多样化的国际经营战略。由更多的技术出口逐步取代大宗的商品出口，由推销产品逐步转为在当地建厂生产，这种做法代表了今后企业进行多样化国际经营的发展方向，将成为 21 世纪企业发展的重要经营模式。由于国际竞争的激化，在未来更加相对缩小的世界市场上，企业是无法仅仅仰仗产品进行单一经营的，国际经营的多样化是 21 世纪的趋势。

第三节 企业家机制与企业文化

构造企业家的激励机制和约束机制，实施合理的职位消费激励、收入报酬激励、精神激励原则，是完善企业家制度、确保国有资产保值增值和企业经济效益的重要措施。它是建立企业家队伍和推进企业文化建设的基础性工程。

一、企业家的年薪制与"身价"问题

德国戴姆勒—奔驰公司的总裁施莱姆普可谓是举世闻名的企业家，但他对美国一些企业家的经营风格仍赞叹不已，尤其佩服美国通用电气公司老板杰克·威尔希。威尔希的经营绝招是：果断关掉不能盈利的企业，购买新公司，甩掉老的、被实践证明是无效的经营方法；如此循环往复，短短的十五年内，通用电气集团的股票交易额就达到 520 亿美元，

威尔希个人收入也大幅度上升，1994 年威尔希的年薪是 800 万美元。

　　面对威尔希的巨额年薪收入，施莱姆普只能望洋兴叹，尽管他 270 万马克的年薪收入在德国已为数不多。目前，德国许多企业家也像施莱姆普一样，都想按照美国企业的经营模式改造企业，来增加企业收入和个人收入。不久前，戴姆勒—奔驰集团监事会决定，允许董事会成员购买本公司股份。这一决定无疑给公司经营者带来了增加个人附加收入的绝好机会。

　　而在美国，这种对公司股票的购买权是每个企业经营者个人收入的重要组成部分，如果企业的股票交易值连续上升，它就会使经营者的收入达到天文数字。美国 IBM 老板路易斯·戈斯纳的年薪收入达到 2000 万马克，其中，1260 万马克是购买本公司股票所得。

　　美国微软计算机主席盖茨原来已是全球首富，但微软股票大幅上扬，使盖茨所持有的微软股权的市值步向 1000 亿美元。以 1999 年 1 月 26 日收市价 171.56 美元计算，现年 44 岁的盖茨现有微软股权市值达 876 亿美元，稍高于新加坡国内生产总值。如果以 195.81 美元计算，盖茨持有股权市值逾 1000 亿美元。

　　在美国，企业家的年薪在全国收入排行榜上位居榜首。据美国《观察家报》列出的从总统到小工的"身价"显示，佳士拿汽车公司总经理艾柯卡年薪为 1200 万美元，美国总统克林顿年薪为 20 万美元，只相当于艾柯卡的 1/60。在美国社会"身价"排行榜中，企业家当然占绝对优势。

　　与美国企业家相比，德国企业家的报酬低得多，现在他们终于意识到是迎头赶上的时候了。于是一些大企业老板纷纷宣布新的经营目标，并决心按照美国模式来增加企业股东的收入。根据企业监事会的决定，戴姆勒—奔驰集团董事会成员每人可以购买本公司股票 2000 股，股票交易值只要增长 15% 以上，他们就可以大量分红，否则，只能按最低利润率分红。德意志银行步其后尘，200 人的核心领导班子成员将来除了基本工资和应得分红外，还可购买公司股票，购买权利有效期为 10 年，如果股票增值额达 10%，这新的举措本身就具有现金效应，因为股东可以按照老行情购买新股票，况且还可以随时按照较高的交易行情把股票卖掉。这是一桩没有任何风险的买卖。

　　在德国，尤其是一些大企业老板的收入是保密的，企业业务报告中也只提及董事会的总体收入，况且他们的收入不是根据企业经营效益的好坏，而是根据企业规模的大小。在他们的总体收入中，只有 30% 左右是弹性的，而一半以上是固定而有保证的。而在戴姆勒—奔驰集团董事会成员的年薪中，有 46% 是根据股息来确定的。虽然在过去几年中公司的股情并不太好，但在"领导层"一级的个人收入受影响不大。1995 年，戴姆勒集团亏空 59 亿马克，没有红利，但监事会仍决定董事会可以得到 60 万马克的津贴。

　　在西方国家，工人和雇员工资偏低而不动，老板的收入却不断增加。美国《时代》周刊报道说，1995 年，美国企业董事会成员的收入平均增加了 23%，一个企业家的收入相当于一个普通工人收入的 185 倍，并且这个差距还在不断扩大。美国 AT&T 公司的老板罗伯特·阿伦的收入居然成为美国大选中的一个议论话题。1995 年，阿伦的年薪为 1600 万美元，1996 年 1 月他宣布了一项动作颇大的企业改革计划，将继续裁减 4 万名员工。在宣布这项计划的当天，该公司每股股票就增值了 2.625 美元。另外，阿伦还打算把总公司分为 3 个独立的分公司。因为根据以往的经验，在股票交易中，3 个分公司加在一起要比老公司更容易使股票上扬。一时间，专家们对阿伦的决定争论不休，但最终对企业家增加私人财产却无可厚非，因为在美国像阿伦这样的企业家的收入在企业巨头中只算一般。但人们对企业家究竟"值"多少钱表示疑惑。

米歇尔·埃斯纳把几乎处于破产边缘的迪斯尼公司发展成一个世界著名的传媒公司。1993年，埃斯纳的年薪为200万美元，1995年为1500万美元，但还是远远超过了他的德国同事——贝尔特斯曼公司老板沃斯纳550万马克的年薪。股东们认为，埃斯纳拿这么多钱是应当的。如果1984年9月他出任迪斯尼老板时，在他的企业中投1万美元，现今就成了18.43万美元，11年增值17倍多，这是埃斯纳的功劳。

专家们认为，美国模式并不是减少收入结构，而是为出色的企业家提供大幅度收入以形成激励机制。德国有些企业认为这种模式是未来企业发展的方向。戴姆勒公司和德意志银行已开始实行。看来企业家的"身价"还会不断攀升。

在中国，随着社会主义市场经济的快速发展和现代企业制度的逐步建立，唤起了一直沉睡的企业股份化、集团化、企业家职业化等与企业相关的新潮概念。在这些浪潮的冲击下，企业家年薪制、企业家的"身价"又成为近年来舆论的热点。北京某公司经理1995年的年薪是4.6万元，这在过去似乎是不可想象的，而1995年京城部分国有企业实行的经理年薪制却使这种事变成普通的事。

随深圳率先于1994年9月推出《试点企业董事长、总经理年薪制办法》后，江苏、四川、浙江、云南、福建等省市也开始试点企业家年薪制。39岁的上海永生制笔股份有限公司董事长兼总经理郭善淳，被世界著名企业美国犀飞利公司不远万里聘请到美国，担任公司董事长、执行董事总裁；上海申华实业股份有限公司董事长翟建国毫不含糊地为自己开价：年薪200万元，只低不高。

南京紫金城购物中心曾通过南京新闻界公布了一条消息：年薪26万元诚聘一位总经理。浙江天翁集团总公司以年薪50万元聘一位大学刚毕业的学生担任该公司的销售部经理。1994年11月18日，在北京国际会议中心召开的首届全国高级人才竞聘会上，海南中盟集团以年薪45万元聘请总经理。湖北宜昌市已有80%的企业实行了年薪制。在实行年薪制的企业中，随着企业法定代表人和企业、职工的风险紧密相关，也增强了领导的责任心和风险意识，使企业效益大增。

现代企业制度的建立，为职业企业家队伍的形成提供了良好的文化氛围。但在推行年薪制中也出现了一些负面影响：

1. 年薪制的考核缺乏完备的标准

作为年薪制前身的企业厂长承包制早就规定了对企业家的奖励考核办法，凡是完成主管部门下达的各项经济指标，都有一定的奖励；如果超出则按比例发奖。在这一政策的辐射下，一些企业家确实得到了重奖，有的拿几万元、几十万元，甚至几百万元，但由于缺乏完善的规则，企业亏损后，重罚则做不到，亏损企业的企业家可以易地做官，受损失的只是企业和国家。因而企业职工和社会上的普通老百姓怨言甚多，有些人担心，年薪制的推行会不会重走过去承包制的老路——促使企业热衷短期行为，重蹈盈利者年薪照拿，亏损者亏损归国家负担。

2. 年薪制的范围缺乏统一的界限

企业实行年薪制，往往只对厂长或经理一人，但现阶段我国实行股份制或股份合作制的企业都实行董事长决策制，总经理负责制，如果这两个职务是一个人兼职，范围还好确定，要是两人担任，则年薪制应加在谁身上，是董事长还是总经理？再则，我国有很多企业还在实行党委领导下的厂长负责制，党委书记和厂长分别由两人担任，而按行政级别来说，党委书记和厂长是平级。在这种情况下，党委书记享受不享受年薪制？也有人说，按企业改革要求，今后企业都要设立职工持股会，工会主席是当然的持股会法人代表，经营者年薪制的范围包不包括工会主席在内也是一个问题。

3. 年薪制的奖励机制缺乏合理的尺度

年薪制确实拉大了企业家与职工之间的工资收入距离，这里面应以多大为宜，这又成为一个社会和企业职工关注的问题。有人说，中国没有真正的企业家，不能照搬西方国家的企业家年薪制。现在我国的企业厂长（经理）与西方国家的企业家职能相距甚远，权利和义务是不可分割的，没有履行企业家的全面义务而仅享受企业家的待遇（年薪制），这就造成了事实上的不公正。目前，我国一些企业的厂长（经理）的收入已高出职工几十倍，有的甚至高出几百倍，如此反差，厂长（经理）周围的普通职工，甚至政府官员能接受这么大的工资差别吗？不能接受的话，应以多大的差别为宜？如何解决职工对企业家年薪制的心理冲突？说到底，还有一个文化背景的问题。

企业家年薪制的推行矛盾重重，解决问题的关键是：必须建立与年薪制相适应的职业企业家队伍。应当对企业家的内涵、特征以及身份地位给予确认；对他们的选拔应该以市场为主，由企业的董事会、监事会确定，与现行的干部任命、选拔机制分开；至于待遇不应受到行政级别的限制，而应是市场价值的一个反映，要与他们所承担的风险相对应，与他们的责任、权力和业绩相对应；同时，还要建立职业保险，由保险公司对个人能力进行调查测评，一旦因个人失误造成损失，将由保险公司来赔偿。应当成立一个企业家业务素质测评系统，使企业家测评科学化、资格认定社会化和合理化。

企业家年薪制必须与完整的职业企业家制度以及企业的制度文化相符合，不能取其一部分而舍弃其余部分。对职业企业家科学的考评必须建立在投资回报的基础上，在国有企业应看国有资产增值的情况。按照国际惯例建立经理注册制度，即每一个职业企业家整个经营生涯的业绩与成败，都应详细记录在案。这个档案可以供企业在职业企业家市场上查阅，自主决定是否聘用该企业家；同时，企业家也可以自由决定是否接受企业的聘用。

二、委托—代理与激励、约束机制

在企业机制文化中，委托—代理理论和交易成本理论是现代企业理论的两大支柱。前者主要研究企业的产权制度、企业内部的组织结构和企业内成员之间的代理关系。后者主要研究企业的性质、企业的扩张、企业与市场的关系。两者的共同点在于强调企业的契约性、契约的不完备性和由此导致产权制度的重要性。委托—代理关系实质上是反映产权安排的契约关系。

委托—代理关系的必要条件是，委托人和代理人具有理性的行为能力，并能为自身利益积极行动。委托人、代理人都有通过签订契约取得分工效果的动机，并有权衡得失、签订代理契约的能力。例如，股东和总经理的关系就可看作是一种委托—代理关系。

委托—代理关系还有三个背景前提：①委托人和代理人的目标函数不一致。因为两者都是独立的经济人，都追求自身利益目标的最大化。一般地说，股东追求投资回报率最大化，总经理则追求个人效用最大化。②委托人与代理人之间存在着信息不对称性。它来源于委托人对代理人的行为即努力程度的大小、机会主义的有无和条件禀赋即能力强弱、风险大小、对风险的态度两方面的观察和监督存在很大的困难。③委托—代理的结果存在着不确定因素。代理的结果受多种不确定性的环境因素影响，如影响企业盈利的因素除了企业家的努力之外，还有市场、政策、企业自身条件等诸多不确定因素。

由于委托人和代理人的目标函数不一致，且存在着信息的不对称性，故代理人可以利用委托人不了解的私有信息去损害委托人的利益，如企业家可以在他的岗位上不努力工作或假公济私牟取私利。又由于不确定性因素的存在，委托人难以从代理人行为的结果去监督。如果企业经营效益不佳，股东们很难准确判断这一结果在多大程度上是因为企业家的个人因素造成的，在多大程度上是因为其他因素造成的。这样，势必造成委托—代理关系中的"非效率现象"。

非效率现象具体表现在道德风险和逆向选择这两个方面。道德风险，是指代理人利用自己的信息优势，通过减少自己的要素投入或采取机会主义行为来达到自我效用最大化，从而影响组织效率的道德因素。如所有权和经营权相分离时，企业家可能产生减少其才能和精力投入的行为、滥用交际费用的行为、假公济私的行为。

道德风险在经济体制发生剧变的当下显得尤为严重。在较长一段时间内，为促进政企职责分开，使企业走向市场，作为行使社会管理职能的政府取消对国有企业生产经营的干预，和作为所有者代表的政府将企业经营权交给经营者，这两个过程几乎是同时进行的。在缺乏制约的情况下，一些厂长（经理）私欲膨胀，利用国家赋予的权力，以合法或非法的方式转移资产，吃光、分光，侵吞、蚕食国有资产的现象令人触目惊心。据报道，全国大中型饭店70%以上的收入来自公款吃喝。目前又时兴公款消费的高档化，如高尔夫球入场券90%以上是企业集体票，会员卡绝大部分也是公款购买。这些都加剧了社会腐败现象。

逆向选择，是指委托人无法识别潜在的代理人的条件禀赋，越是劣质的潜在代理人越容易成为现实的代理人，最终导致劣者驱逐优者。

委托人可以通过监督来减少非效率，但监督是有成本的。委托人在确定委托—代理关系的前后，分别对代理人的条件进行识别——成立企业家业务素质测评系统，制定科学化的企业家资质测评制度，对企业家行为过程和结果进行监督，可以减少道德风险和逆向选择的可能性。但委托人需要为监督而花费时间、精力和资金，即要付出一定的监督费用。监督费用与道德风险和逆向选择的机会成本之和构成代理成本。只有当代理成本低于非效率带来的损失时，代理监督才具有经济合理性。

目前，我国仍缺乏有效的企业家激励和约束机制，国有大中型企业尤为如此，结果造成了国有企业经营效益滑坡，国有资产严重流失，企业经营行为短期化。国家作为初始委托人对作为最终代理人的企业家，没有实行直接签订契约和控制决策，实际上造成了产权所有者虚位，产权非人格化，初始委托人对代理人的监督难以具体化。结果是代理人享有很大的财产使用权，而国有资产缺乏真正的关心者、维护者和监督者。

在多级国有资产授权代理制下，大量信息逐层递减。其信息传递的时间越长、环节越多，信息量的递减越大，信息的可靠性越差。尤其是当各级代理人有虚报信息和隐报信息的动机时，这种信息传递的困难度和委托人为了解真实性而付出的信息费用是巨大的，这使得代理成本太大而难以实施有效的监督和激励。

目前，国有企业的厂长（经理）基本上是由国家主管部门任命的。任命的因素是多样的，其中许多与企业家的才能无关，但一旦任命，很少撤职，即使企业经营不善，企业家照样留用，甚至调往更大的企业任职。国有企业的企业家其薪金与经营业绩关系甚微，职务消费很大且难以监督，很多企业家认为，中国目前没有什么有效的激励机制和约束机制。

从外部机制看，企业家市场至今尚未真正建立起来。对企业家的选择缺乏有效的市场竞争，对企业家的行为后果也缺乏客观的评判。因此，其经营失败和道德风险也就没有诸如破产、失业等外部压力。

委托人与代理人的目标冲突如何协调，与企业剩余支配权问题上的矛盾和协调有关。究竟是经营者侵犯了股东权益，还是股东应该给予企业家一定的剩余支配权作为其职能收益的补偿？问题的复杂性在于，实践中企业家和出资者的收益只能体现在利润这一共同的范畴之内，往往无法直接通过市场来准确分离。因为现实存在着各种不同产权结构的企业，市场也无法给出各种不同的收益标准，而只能给出最基本的资本报酬率即利息率。所以，承担各种不同产权职能的收益回报一般只能通过谈判、交易和契约来确定。如何能达成较高生产率的剩余支配权的分配契约或产权结构，就成为一个极其重要的问题。一种产权结构是否有效率，取决于这种合同或契约对产权职能的描述和再分配的合理性程度。

在国有资本占统治地位的条件下，指望政府及其机构作为出资者代表来约束企业，实际上又会导致行政干预和政企不分。获得剩余支配权的企业被"内部人控制"实际上成为不可避免。那么，在"内部人控制"无法避免的条件下，如何形成一种有效率的约束机制呢？

由于政府目标和企业目标不可能一致，其经常以偏离企业发展的目标代替企业自身的最优目标，往往给企业带来较低效率，企业家完全可以承担出资者的很多所有权职能来提高效率，不能代替的只是出资者的债权身份。国有出资者仅仅保持债权人的所有权职能是有利于企业提高效率的；在约束方面，政府也应以债权所有者的身份行使其约束职能，将干预保持在其基本债权不受损害的范围内。

一个企业的成功就是对企业家的最大激励。企业家在社会上的地位、作用随企业的发展而不断上升，在此基础上形成的企业文化也更加具有号召力和凝聚力。这些是充分发挥企业家成就感的根本方面。企业家主要依附于某一特定的企业，而退出该企业则存在很大的障碍，意味着他要放弃自己长期经营的企业环境。对于"内部人控制"问题来说，最根本、最有效的约束是企业的自负盈亏，即以自身的资本来承担可能的风险。

企业的可支配剩余主要是用于生产发展和研究开发。此项剩余积累越多，则可用于企业发展的预算越大，企业的可开发潜力也就越大。企业的可支配剩余，也是激励企业家的重要力量。这种资本实际上是一种"长期总附加价值"，一种企业所追求的自身的最大化目标，它与企业家和员工的利益是紧密地联系在一起的。它的主要作用在于进一步保障企业的生产率能不断地持续下去和得到发展，保护企业及其成员的现在利益和未来利益。

不可否认，承包制下企业获得一定的剩余权可产生较大的激励效应，但企业家通常只有三年的承包期。这种剩余权无法成为一种长期推动企业发展的动力。企业家既无法预料承包期后会有什么政策变化，也不知自己能在这个职位上待多久，奉命调动随时可能发生，短期行为就不可避免。

没有财产权的企业，一旦有了点钱总是倾向于分光或是大量用于不必要的"工作消费"。在出资者对企业的信息不可能充分掌握的情况下，这种倾向占了上风。许多"虚报"或"瞒报"的方式层出不穷，形成"代理成本"居高不下，其中包括企业发展动力的丧失和效率的递减，不必要的钱物浪费、挥霍欲禁难止。

企业财产权确立后，对于来自职工分光"剩余"、侵蚀企业积累和企业家滥用交际费用，假公济私，浪费、挥霍和不必要的"工作消费"等现象就会自然地受到市场的有力约束。因为，任何企业一旦没有或者削减企业的发展基金，企业就没有后劲，很快就会处于竞争劣势而陷入困境，从而导致破产，这是企业家和员工们都不愿看到的。

三、激励和约束的制度文化

企业家的激励机制和约束机制是否有效，是企业能否有效运行的重要保证。在此基础上，也衍生出企业文化现象——一种特有的制度文化现象。

（一）激励的文化机制

企业家的目标追求是个人效用最大化。其个人效用一方面来自自我实现的成就感和社会声誉；另一方面来自个人收益的切身利益。针对这两方面的需求，可设计与之相适应的激励的文化机制。企业家的个人收益由货币报酬和职务消费组成，企业家的个人成就感可通过精神激励和社会荣誉感加以满足。总之，激励的文化机制必须针对各部分的效用进行设计，使得总的效用最大。

1. 企业家收入报酬激励机制

在世界范围内，企业家的收入有不断上升的趋势，作为对企业家的激励，这是一项有效的措施。通过给予部分剩余索取权，使企业家更加关注企业的资产增值和长期发展，这对于企业的发展将是有利的。剩余索取权的给予，可采用年薪制和股权分配制形式。年薪制将企业家的工资和一般员工的工资分开来，其中很大一部分企业股份让渡给企业家持有，其收益来源于股票的价格，而股票价格又与企业经营业绩及成长性密切相关。收入报酬激励在于使企业家的个人收益和行为结果紧密结合，产生一定的自我约束机制，从而降低代理成本和组织非效率。

利益激励是企业家激励机制的核心部分。在我国企业中，建立健全企业家的利益机制，应当把企业家看作一个独立的利益主体来对待，把他们的利益和一般员工的利益区别开来，适当拉开收入差距，逐步提高他们的收入；必须改变企业家收入的结构。在股份制企业中，董事长、总经理和董事的工资标准和奖励办法应该由董事会提出方案，由股东大会批准；其他经理人员的工资标准和奖励办法，应该由董事长、总经理提出方案，由董事会批准。国有资产经营公司和其他国有独资公司的董事长、总经理和董事的工资与奖励办法应由有关部门掌握，其他经理人员的工资标准和奖励办法同上。

企业家的收入在形式上除了上述的年薪制和股权分配收入外，也可以采用月薪制、奖金和持有企业一定量的股份或股票的形式。工资要进入成本，奖金要与企业家的经营绩效挂钩。奖金只能从企业的利润中开支，没有利润不能发奖金，企业扩股时企业家可以有优先认股权，可以通过股份或股票的升值获得收入。奖金和股份收入是风险收入，取决于企业经营的好坏。

企业家的职位消费也是一种利益激励。通过界定不同企业规模和经营业绩，可以享受相对称的职位消费层次，明确职位消费的具体标准。成功的企业家将随企业的发展而享受层次更高的职位消费，而经营不善的企业家将失去职位消费。这一机制的目的在于打破国有企业的"铁饭碗"观念和现行职位消费的平均主义，实现企业家职位消费的透明化和标准化。

2. 通过精神激励满足企业家的成就感

在企业取得优异业绩时，对成功的企业家给予相应的荣誉和社会地位，促进他们的创新精神、敬业精神，使其享受经营成功的喜悦，形成积极向上的动力，同时也使他们感到有不进则退的压力和危机感。对一个有理想、有抱负的企业家来说，最大的激励机制是荣誉的激励，是得到社会的理解、信任和肯定。

3. 建立和完善企业家考核晋升制度

对企业家的考核晋升，过去是由主管部门和组织部门承担的。国有企业进行公司化改组后，已变成无主管的企业，但无主管并不意味着没有制约。公司的投资者必然要对经营者进行考核。按公司企业的特征和法规，这种考核工作通常可由控股公司和公司的监事会来承担。控股公司应定期对企业的经理人员的业绩作出评价，并作为确定工资等级、奖惩、任免的重要依据；监事会有责任对经理人员的业绩作出评价，向股东大会或投资机构提出奖励或惩处的建议。

建立健全的、激励的文化机制是发展企业家队伍的重要保证。

（二）约束的文化机制

除建立完善激励的文化机制外，还必须建立规范的法人治理结构，形成健全的权力约束机制；还要建立健全规章制度。企业家的约束机制可从内部机制和外部机制两方面来构造。内部约束机制主要包括契约、审计、构造合理的企业内部组织结构等，外部约束机制侧重于建立竞争性的企业家市场。约束的文化机制建设可从以下几个方面进行：

1. 自我约束

内部约束机制应当强调企业家的自我约束。企业家自我约束的内容应当覆盖学习、工作和生活各个方面。一要自省，即对自己所工作的企业行为经常反省和检查。这是自我约束的基础环节。自我约束的前提是从内心的自觉自愿出发的，缺少自省，自我约束就缺乏内在的动力，没有自省，也就体现不了内心的自觉自愿。企业家在繁忙的工作之余，通过自省，净化心灵，才能真正做到"心底无私天地宽"，从根本上杜绝道德风险、假公济私之类的事情发生。二要自律，即以公司的有关法律准则严格要求自己，处置并规范自己的行为。只有严格的自律，企业家才能以自己的人格力量带领广大员工群众进行企业创新。三要自控与自勉，自控就是要遇事不乱、处变不惊，保持大将风度，不为名利所动，不受外界干扰，能听取不同意见和批评建议，能控制自己的情绪。自勉就是即使在受到表彰、取得成绩的情况下也要告诫和勉励自己，始终保持振作向上、戒骄戒躁的精神状态和工作作风。

2. 采用契约与监督相结合的方法

内部约束机制，一方面可以采用契约的形式明确企业家的权责利，从物质和精神两个层面上提出企业家应对企业作出的贡献指标，并聘请独立的会计师（或审计师）事务所对契约执行结果进行客观评估；另一方面，企业内部可以设计出更合理的组织结构对企业家进行监督。如按现代企业制度的要求，国有企业实行公司制改革，可以通过公司董事会、监事会、职代会等对总经理的行为进行监督，以降低道德风险和逆向选择带来的非效率。

3. 完善法律体系

完善法律体系是对企业家实行外部约束机制的根本保证。公司的组织和活动是高度法治化的。法律要求公司的经营有很高的透明度，特别对上市公司的财务要求高度公开。我国"公司法"规定："上市公司必须按照法律、行政法规的规定，定期公开其财务状况和经营情况，在每个会计年度半年公布一次财务会计报告。"这些规定使企业家的不良行为很容易曝光，受到法律制裁。这样，国家法律机关就成了代表投资者从公司外部监控企业家的重要职能部门和行使外部监督的权威机构。

4. 优胜劣汰

在高度发育的市场经济中，经营者劳务市场（劳动力市场）的激烈竞争，构成对经营者行为的重要约束。经营者与公司资本没有或较少有产权上的联系，其职位和权力的稳定，最终取决于公司的经营业绩。特别是现代大公司的高层经理人员，大多数是沿着企业内部的职务阶梯从底层逐级攀升上来的，成功来之不易也特别值得珍惜。何况大公司高层管理人员的社会和经济地位非同寻常，已远远超出一般工薪阶层，包括绝大多数高科技人员所能够企盼的标准。而要维护这个既得利益，最体面最可靠的方法就是忠于职守、努力工作和检点行为，力争做一个称职而且公众形象好的企业家。现代大公司高层经理人员大多数都有极高的工作热情，这与激烈竞争的市场氛围有关。优胜劣汰，这是一场只能胜不能败的永无休止的竞争，失败者将丢掉企业家这个"金饭碗"。

5. 培育发达的资本市场

发达的资本市场对企业家来说是更为重要的约束机制。股票持有人尽管可以在股东会上利用投票机制来制裁企业家的不忠诚行为和懈怠行为，但更多情况下，他们宁可利用所谓"用脚表决"这一更加方便而有效的"约束机制"。股东们在不满意公司经营时可以抛售公司股票，单个股东或者少数股东这样做对股市当然不会有什么影响，但当多数股东采取这一行为时，这家公司的股票市价就会明显下跌，它影响公司的商誉，影响公司筹资，也影响公司销售，进而影响企业家的职业声誉。更为危险的是，公司股票价格的下滑给资本市场上那些虎视眈眈的"恶意兼并者"提供了机会，使他们能够大量收购公司股票而取得公司控股权，从而实现改组公司董事会，夺取公司控股权的目的。这对企业家来说是性命攸关的，它往往导致原有企业家职业生涯的终结。不难看出，资本市场的这种特殊机制是投资者制约企业家的极其重要的社会化制约机制。

第四节 企业家队伍建设的文化氛围

发展社会主义市场经济，需要有成千上万的善经营懂管理的企业家。企业家队伍的成长需要教育、培养和在经营管理的实践中造就，也需要有企业家市场，以促进企业家的竞争、流动，促进企业家素质的提高，这一切有赖于我们营造一个适合企业家队伍建设的文化氛围。

一、搞活企业要有高素质的企业家队伍

现代企业制度离不开现代企业家，离开现代企业制度，现代企业家队伍也就不可能成长壮大。

现代企业家，是指在现代公司经营管理中居于支配地位的高级经理人员，是先进生产力和生产关系的代表和载体，在经济发展中起中坚作用。他们与传统的企业家不同，传统企业家一般是凭借对财产的所有权而成为企业的最高主管的，他集所有权和经营权、管理权于一身，依据个人对经验的把握实行家长式的集权管理，属于所有者——经验型企业家。而现代企业家主要不是凭借所有权，而是凭借其丰富的经营管理专业知识和卓越的才能，通过竞争而取得经营管理权的新型企业家。他们是具有较高知识素养和经营管理能力的职业经营者。属于经营型和知识型企业家。

我国企业改革的目标是建立现代企业制度，转换企业经营机制，使企业适应市场经济的要求，成为自主经营、自负盈亏、自我发展、自我约束的市场竞争主体，而现代企业制度的建立及其运营的有效性程度，取决于是否有一支高素质的企业家队伍。

现代企业制度优越性的重要表现是其在适应市场配置资源方面呈现出高效率。而这种高效率的优越性能否充分发挥，取决于企业家对市场调节信号和国家宏观调控政策的敏感程度和认识能力，并以此作出决策的能力。建立现代企业制度，转换企业经营机制就是使企业直接接受市场调节，自主决策。企业家作为企业最高决策者，需要其决策的问题很多，但最重要的是战略决策，即对企业的生产方向、产品开发、生产规模、发展速度、技术进步等有关企业全面的、长远的、根本性的问题作出抉择。经营战略已成为现代企业兴衰成败的关键，其正确与否取决于企业家的决策能力。要作出正确的战略抉择，就要求企业家有高瞻远瞩、统筹全局的战略头脑和敏锐的洞察力，善于在纷繁复杂的竞争环境中捕捉能为企业带来长远发展的市场机会和因素。企业家不能为市场短期波动和眼前的得失所迷惑，要有民主作风，要多谋兼听、多方案比较。正确的决策往往不是从众口一词中得出的，必须从正反两方面的意见冲突中才能得到。决策者必须善于听取多方面意见，特别是反对的意见，以便对各种方案的利弊进行权衡，择善而从之；要有决断魄力，只要经过周密的思考和判断，对自己认为是正确的方案，就应当机立断，勇于承担风险。这是企业家必备的条件。

现代企业制度的效率能否发挥的一个重要条件，是能否在企业中形成积极进取的企业文化。企业文化是不断促进企业生产力发展的内在力量，是推动企业发展的精神动力。而企业家在企业文化建设中承担着创造者、培育者、倡导者、组织者、指导者、示范者、激励者的角色。企业家的文化素质类型，决定着企业文化的类型。特别是建立现代企业制度、转换企业经营机制的过程中，必然会遇到传统旧体制下形成的、与社会主义市场经济相抵触的旧观念和价值取向。这些旧观念和价值取向如得不到修正，现代企业制度的建立和经营机制的转换就难以顺利地进行。文化的障碍只能用文化的武器去克服。这就要求企业家必须在企业中倡导和推行符合市场需要的、支持变革的新观念和新的行为方式，形成积极进取、求真务实的企业文化。为此，企业家要使自己具备适合社会主义市场经济要求的文化素质和正确的经营思想，然后才能在企业员工中加以倡导和推行；在倡导和推行新观念和行为方式时，企业家不能单纯凭自己作为企业领导者所拥有的法定权和强制权，主要应依靠自身的影响力，靠自身所具有的人格力量、知识专长、经营能力、优良作风、领导艺术以及对新的企业文化的身体力行、躬身垂范，去持久地影响和带动员工，使员工看到这种新观念和行为方式能给企业带来发展，给员工个人带来更大的利益。

二、培育企业家队伍刻不容缓

企业能否经营管理得好，在很大程度上取决于企业家的素质、事业心和进取精神。市场经济的正常运营同样也与是否有一支高素质的企业家队伍有关。目前，我国企业家还没有成为一个独立的利益主体，企业家的收入构成不合理，名义工资低，灰色收入多；有些企业家独断专行，任人唯亲；有些企业家利用职权损公肥私，甚至贪赃枉法。我国的国有企业正处在体制转换时期，原有的国有企业制度无法形成一整套有效培育企业家队伍的机制。

"企业家"这一称谓，绝不等同于董事长、总经理的地位和职务，它表达着活力和进取精神。只有在市场经济中勇于开拓、敢于冒险、善于经营、勤于管理的企业经营者，才称得上是企业家。随着体制改革，企业自主权的扩大和市场调节范围的拓展，在市场经济大潮中涌现出一批善经营、懂管理的企业家。但从总体上看，我国的企业家队伍还很弱小，很不成熟，素质低，构成上不均衡。这种现状很难适应企业改革和市场经济发展的需要。因此，培育和造就一支宏大的企业家队伍，是当前一项刻不容缓的重要工程。

目前要做的工作是，为企业家队伍建设创造一个良好的社会文化氛围，要提高企业家的社会地位，在全社会形成尊重企业家、尊重他们的创新精神、尊重他们的劳动和价值的社会环境。

要树立市场经济条件下新的企业家评价标准。在社会舆论导向上，要大力宣传企业家在现代市场经济中的重要作用，以便吸引更多的社会精英加入到企业经营者的行列之中。

培育企业家队伍还必须与建立现代企业家制度与现代企业制度结合起来。现代企业家制度即经理制度，是现代企业制度不可分割的有机组成部分。建立现代企业制度必须与构筑现代企业家制度、培育企业家队伍共同进行。

在现代公司制中，由于所有权与经营权的分离，支薪的经理人员掌管公司经营管理大权，在企业中居于支配地位。而经理人员并不像公司的投资者那样追求企业利润的最大化，从而产生经理人员与投资人利益不一致的矛盾。建立起符合我国国情的企业家制度，培育高素质的企业家队伍，使企业家的决策能以企业利润最大化为目标，是目前需要解决的一个重大问题。

在企业家的选择和使用上，应当建立起双重竞争机制，当务之急是把企业家、企业经营管理人员从现行干部管理制度中分离出来，使其脱离行政干部系列。改变经理人员、企业家由政府任命的做法，真正由股东大会选举董事（国有独资公司由国有资产管理机构向企业派出董事），由董事会从企业家队伍中择优选聘经理人员。在经理人员的使用上建立竞争机制，如在职经理人员不善经营即行解聘，改变过去经理人员即使失败也能易地当官的做法，使在职经理人员时刻面对潜在竞争对手的威胁，承担由于经营不善而丧失声誉或失业的风险。这有利于企业家整体素质的提高。

培育企业家队伍的根本点在于培养企业家的创新精神，而创新精神的培育需要作出艰辛的努力和甘冒巨大的风险。企业家在任何企业中都是最珍贵的资源。企业要创新，就必须把它最优秀的经营者解放出来，以对付创新的挑战。

企业家还必须有能力把资金专门用之于创新活动，企业家们必须学会把自己组织起来，不迷恋于过去取得的成就，又能摆脱失败。如果企业家懂得抛弃旧时公司的政策，那么就会有一种动力，驱使他们去寻求新东西，去鼓励创新行为。

三、培育卓越企业家队伍的文化氛围

培育卓越企业家队伍需要有一定的文化氛围，这种文化氛围并非是主观设定的，而是靠企业家敏感地触摸时代脉搏，从这个基点上去营造企业文化和把握未来。企业家人才市场是经营管理领域内最高层次的人才市场，建立企业家市场是发挥企业家才能、合理利用管理才能的重要措施。当前，在企业家市场尚未完善的条件下，首要的任务就是要营造一个有利于企业家与市场双向选择的市场空间和文化氛围。

行政机关的干部和企业家是两种性质不同的职业，需要有不同的知识结构和能力。有的人可以当一名出色的官员，但不能成为一个合格的企业家。长期以来，我国把这两者混淆在一起，实行一种以纵向流动为主的企业管理干部制度。这是一种观念上的误区，纵向提升成了激励厂长、经理搞好工作的一种手段。不少厂长（经理）不是把经营企业当作一种职业，而是当作通向官场的一个跳板。这不仅影响了企业家队伍的形成，也影响了国家和政府官员的素质。今后，企业家不能直接变为政府官员，政府官员也不能直接被委派到企业当经理或董事长。企业家的流动将从以纵向流动为主变为以横向的市场流动为主。

在改革开放以前，我国企业领导者基本上是由政府的行政机构任命的。实行的实际上是终身制，只能上，不能下，加上干部选拔上存在的一些问题，如任人唯亲、重资历而轻才干、重政治而轻业务以及形形色色的不正之风，使一些企业领导者文化素质、业务素质低，缺乏强烈的事业心和高度的责任感，缺乏强烈的进取精神和竞争意识。建立企业家市场，通过竞争择优录用，不仅可以为那些有理想、有才干、各种条件具备的人成为企业家创造一个公平竞争的机会，而且会对现有的企业家产生一种压力和促进机制，促使他们学习现代管理知识、努力钻研业务、不断增长才干；同时，经过竞争还会把那些不合格的企业领导者淘汰下来，促进企业家队伍的新陈代谢，形成一种有利于企业家队伍成长的良好的文化氛围。

建立企业家市场不仅是经济体制改变和市场经济逐步完善的一项重要内容，而且是政治体制改革的一项重要措施，涉及面广，影响面大，要做的工作很多，必须进行全面改革。

要打破人才的地区、部门和单位所有制。目前，企业的人事制度，难以实现企业领导干部的流动。随着企业独立商品生产者地位的确立，国家对企业干部的管理将由直接管理转变为间接管理，即主要是制定合理的流动政策，制定企业家招聘法规和企业家各项标准评价系统，以引导企业干部合理流动，为竞争者创造平等竞争的条件。以往的企业领导干部的选拔、任免、调动、考核、奖惩等直接管理工作将逐步被企业家市场的竞争机制所取代。

以往的企业领导干部和国家干部一样，实行的是终身制，一经任命就端上了"铁饭碗"，坐上了"铁交椅"，既不利于领导干部的更新，又影响工作效率，也不利于贯彻按劳分配的原则。建立企业家市场，就必须打破企业家终身制的观念和制度，谁被招聘为企业的厂长（经理），谁就享受规定的待遇，厂长（经理）被解聘后就不得继续享受这种待遇。

以往实行政企不分的管理体制，用行政办法管理企业，企业成了行政机构的附属物。每个企业都被规定为某一行政级别，如科级、县级、地师级、省军级等。企业的级别又是根据隶属关系和规模来确定的，中央管辖的企业、大企业级别就高；地方管辖的企业、中

小企业级别就低。而企业厂长（经理）的待遇、工资级别又与行政级别挂钩。这就引导企业的厂长（经理）把不少精力放在企业升级上，而不是放在企业提高经济效益上。因为这是与他们的切身利益紧密联系在一起的。这样做也影响了企业家的流动，特别是从高级别的企业向低级别的企业的流动。

企业是独立的商品生产者和经营者，企业对社会所做的贡献并不在于它的级别高低和规模大小，而在于它为社会和消费者创造了多少效益，满足了社会和消费者的需求的程度；企业家的待遇也只能从他们经营企业的好坏来确定，而不应由企业的等级来决定。

日本著名企业家松下幸之助认为，一个企业的兴衰，70%的责任要由该企业的经营者来负。一些现代企业家曾进行过分析，他们指出，对一个企业家的绩效来说，投资占1分，科技占3分，管理则占6分。一个国外的研究机构提供的资料表明：在一个现代化企业里，每增加一名合格的技术人员，可取得1∶2.5的经济效果；而每增加一名"有效的管理者"，可取得1∶6的经济效果。我国有关部门的测算表明，我国工业固定资产每增加1%，生产只增加0.2%；工业劳动力每增加1%，生产只增长0.7%；而每增加1%训练有素、懂得科学管理的管理人员，生产则可增加1.8%。而且，随着企业独立性的增强，市场竞争的激化，企业家还要承担更大的风险。如果企业家的权限太小，报酬太低，不仅会束缚企业家的手脚，影响他们的积极性和承担风险的意愿，而且还会影响别人选择企业家这种职业。

许多国外管理专家指出：欧美企业的经理人绝大多数不是企业的股东，但他们却具有很强的事业心和责任心，主要原因就在于他们有较高的待遇，人们尊重他们。为了促使更多的社会精英成为企业家，就应当赋予他们更大的权限，提高他们的社会地位，使企业家真正成为令人羡慕的职业。

要建立企业家市场，企业家必须有自己的组织，以维护企业家的合法权益。企业家协会可向人才交流中心或招聘单位推荐应聘者，所推荐的可以是现任的厂长（经理），也可以是具备条件但尚未成为厂长（经理）的人。因此，企业家组织的成员，除现有的企业家外，还应包括有希望成为企业家的中高级管理人员，如企业的总经济师、总会计师以及各专业管理部门的负责人等。企业家组织要和各种人才交流中心、各个企业保持密切的联系；协助他们搞好企业家的选拔、培训和招聘工作。近几年来，一些城市已经建立一些企业家俱乐部、企业家协会、企业家联谊会，但这些组织目前仍处于交流情况、联络感情的阶段，与建立企业家市场相配套的许多相关工作尚未开展，而且许多城乡还没有这类组织，还不适应建立企业家市场的要求。要促进企业家组织的完善和交流，至少大中城市都应有企业家协会或联谊会，并把对企业家的选拔、培训、促进自由流动作为其重要的任务。

建立企业家市场的工作还有待于系统化和科学化，有些地方名义上公开招聘，鼓励竞争，但实际上是早已内定，这种做法与完善企业家招聘制度、形成企业家竞争机制、建立企业家市场的目标是背道而驰的。

建立企业家市场不能搞轰动效应，应当有计划、有步骤地进行，要先做文化舆论的宣传普及，造成一定的氛围。由于我国国有企业还未成为完全意义上的独立的商品生产者，人事制度的改革也在进行之中，还不可能让所有的企业厂长（经理）都从市场上招聘，即便是厂长（经理）可以自由招聘的中小企业，也不是由企业自由选择，而是由企业主管部门来选择的，而且，许多方面还要受到现行体制的制约。在这种背景下，建立企业家市场要考虑到实际情况，不能搞"一刀切"，对不同类型、不同性质的企业要采用不同的方法，多数企业可以面向社会公开招标投标；专业性很强的企业也可以采取在企业内招标投标；某些特殊的企业也可以在企业内部招标投标；少数不具备招标投标条件的企业，可采用由专家和职工群众推荐候选人，由其主管部门进行审查考核，与自荐、竞选相结合的方式进行。这些办法有利于营造一个适合企业家队伍成长的环境和空间。

随着企业人事制度的进一步改革，企业的厂长（经理）不再由行政机构任命，而完全由企业从市场上自主招聘。他们的工资也将由企业自主决定。伴随着政治体制改革，政府官员和企业家相脱钩，企业家横向流动的其他条件也日趋完备。这样，就可以从国内自由选聘自己的企业家，也可以从国外招聘企业家，我们的企业家也可以打入国际企业家市场，受聘到国外的企业去。

市场之所以成为企业家的活动舞台，是因为企业家离不开市场，否则，就不能成为企业家。企业与市场赋予企业家以二重性。一方面，企业家的主动创造性把各种生产要素变成适合于社会需求的商品，企业家以市场交易为途径，承担着使自己的商品最终转到消费者手中的商品的使命，由此起着不断推动和进一步扩大、深化市场交易的作用；另一方面，企业家的这种努力也对象化到自身，企业家也要受到市场的检验，企业家既要服从于市场，服务于市场，又要致力于诱发和引导市场，从这个意义上说是创造了商品的市场。企业家自身受到市场的检验，所有企业家都要在市场上确认其能力和价值，从这个意义上说，企业家为自己创造了人才的市场。这两种市场的创造是同一过程。正如一个推销员，他推销商品的过程是他的能力的展示，他推销商品的成功证明了他的推销才能，他的能力和价值得到了社会的认可，他自身的价值也得以实现。

本章小结

1. 企业管理衍生了企业文化，企业文化的发展有赖于企业管理理论与实践的深化。
2. 从一定意义上说，以企业精神为核心的企业文化是企业家的人格化。
3. 企业家激励和约束的制度文化，是企业文化的重要组成部分，从这个意义上说，它是建立企业家队伍、企业家市场和企业文化建设的基础性工程。
4. 提高对培育企业家队伍、搞活企业家市场重要性的认识，是活跃企业家市场的关键，因此，培育企业家市场首先有赖于营造有利于这个市场形成的文化环境。

复习思考题

1. 谈谈企业家与企业文化的关系。
2. 企业家制度建设在企业的制度文化中占有何种地位？
3. 如何营造有利于企业家市场的文化环境？

实践训练项目　企业家介绍

实训目的：

通过实训，使学生了解不同行业的企业家，体会企业家与企业文化氛围形成之间的相互关系。

实训地点：教室或相关实验室

实训组织：

1. 在教师指导下，学生分为若干模拟公司，每组 7~10 人，设组长 1 人，并扮演企业不同角色。

2. 小组组长带领成员通过网络、图书馆或现场调研搜集、整理和分析企业家资料。

3. 各组将研究成果制作成幻灯片，并由扮演相应角色的成员进行汇报。

4. 小组自评，小组互评，教师讲评。

实训内容：

在教师指导下，学生以组为单位自主选择熟悉的行业或者企业，对该行业企业领导人进行搜集，并整理分析，形成 PPT，并提交书面报告。

评价标准：

根据学生对企业家资料整理内容、团队协作能力、PPT 制作水平与汇报人综合素质等方面进行优良中差层次评判。

案例研讨 ## 电商教父马云

一、马云简介

马云（阿里巴巴内部花名：风清扬，1964 年 9 月 10 日生于浙江省杭州市，祖籍浙江省嵊州市（原嵊县）谷来镇。阿里巴巴集团主要创始人，曾担任阿里巴巴集团董事局主席、日本软银董事、大自然保护协会中国理事会主席兼全球董事会成员、华谊兄弟董事、生命科学突破奖基金会董事等。2019 年 9 月 1 日，正式辞去阿里巴巴集团董事局主席等职务，投身教育和慈善事业。

二、马云坎坷的求学之路

二次中考，三次高考。12 岁时，马云买了台袖珍收音机，从此每天听英文广播，对英语开始感兴趣，13 岁起，马云因为打架记过太多，曾被迫转学到杭州八中。之后马云参加中考，考了两年才考上一所极其普通的高中，其中一次数学只得了 31 分。1982 年，马云第一次参加高考，首次落榜，数学只得了 1 分。马云充满了挫败感，之后他跟表弟到一家酒店应聘服务生，结果表弟被录用，自己惨遭拒绝，老板给出的理由是马云又瘦又矮，长相不好。父亲马来法见他意志消沉，让他蹬三轮给杂志社送书。1983 年，马云第二次参加高考，再次落榜，数学提高到了 19 分。马云的父母劝他死了上大学的心，好好学门手艺，之后马云又开始骑着那辆破旧的自行车，穿梭于杭州的大街小巷。1984 年，马云不顾家人的极力反对第三次参加高考，这次数学考了 89 分，但总分离本科线还差 5 分。由于英语专业招生指标未满，部分英语优异者获得升本机会，马云被杭州师范学院破格升入外语本科专业。进入大学后，马云变成了品学兼优的好学生，凭借出色的英语稳坐外语系前五名。之后马云当选学生会主席，后来还担任了两届杭州市学联主席。

三、马云的兴趣爱好

（一）围棋

马云在大学时学下围棋，曾以大排为赌注把外语系所有的男生杀了个遍，并因此喜欢上了战略布局，中盘角逐，收官。

（二）花名

马云热爱武侠文化，也把对金庸武侠小说中武侠英雄的痴迷，延伸到了公司文化层面：要求阿里巴巴每个员工都要有个"花名"，要出自武侠或玄幻小说中的正面角色。马云的办公室叫"桃花岛"，会议室叫"光明顶"，洗手间叫"听雨轩"等。

（三）功夫

马云热衷太极拳，并从太极文化中悟出了许多企业经营思路。马云出席各类重要场合时都很少穿西装，他有不少衣服上都缀着中式传统的盘扣，也不止一次在公开场合表演他的太极功夫。爱好中式生活的马云一向崇尚武侠文化，他的太极情缘由来已久。在大学刚刚毕业的时候，马云就曾在西湖边上学了很长时间的杨氏太极，先后师从过9位师傅。2010年4月，马云远赴太极"圣地"河南焦作的陈家沟。在陈家沟，马云见到了景仰已久的王西安（陈氏太极拳第十九代传人，当代陈氏太极拳代表人物）并拜其为师。

（四）油画

2015年10月4日，马云的第一幅油画作品《桃花源》在香港的苏富比以4220万港币（约3400万人民币）被拍卖。拍卖会现场，经过40多次的加价，最终以高价拍出。《桃花源》是马云与中国艺术家曾梵志携手于2014年创作的，直径为79.6厘米。两人先以涂，再以点，最后以刮擦的方式，在平铺的画布上反复来回，描绘的是行星地球。马云说："我觉得我们画一个地球，保护地球，保护海，保护空气，保护水。"这幅画拍卖所得将捐给桃花源生态保护基金会。

四、教师工作经历

1988年，马云从杭州师范学院外国语系英语专业毕业，获文学学士学位，之后被分配到杭州电子工业学院（现杭州电子科技大学），任英文及国际贸易讲师。之后马云成为杭州市优秀青年教师，发起西湖边上第一个英语角，开始在杭州翻译界有名气。马云也一直没有停止关于教育的思考，而且他多年的创业经历也许也反过来影响了他对教育的理解。他在多个场合说起教师的重要性。在他看来，老师"是用生命影响生命的人"，"一旦老师走进课堂，面对四五十个学生，他们的生命和未来掌握在您的手里。"2016年他在与首届"马云乡村教师奖"获得者交流的时候又一次谈起他对教师角色的理解。他说，老师很重要的一个工作是唤醒孩子身上的智慧，他们要能"发现孩子身上优秀的品质"——这个"优秀的品质"可能之前没有任何人发现，包括孩子自己。

五、马云创业历程

（一）海博翻译社

1994年，海博翻译社诞生，所有员工加起来只有5人，在宋建跃的印象，马云工作之余的很多时间都花在了海博翻译社上，因此平时在校园里"神龙见首不见尾"。当时海博翻译社的发展并不顺利，"生意惨淡"，第一个月收入700元，而房租是2400元。后来只能把翻译社的一半店面出租给别人，靠兼卖鲜花和礼品维持翻译社的运营。马云有时还要趁周末到义乌小商品市场进货，批发鲜花、手电筒、内衣、袜子、工艺品来卖，英语班的学生也帮他到百货大楼门口发传单、拉横幅、做宣传。马云"不放弃"的性格当时已经很明显地体现了出来。好几个合伙人看翻译社"运营情况着实堪忧"，都中途退出了，"但马云一直坚持着"。海博翻译社现在还在网站首页放着马云的题字："永不放弃！"这是马云一直相信的。他曾多次说过，阿里巴巴的成功靠的就是永不放弃的精神，"我们唯一做对的就是永不放弃。"马云可能通过这个过程很早地了解了小商贩和销售的艰辛，对今后创办电商平台准备了经验。

（二）中国黄页

马云的第一家互联网公司——海博网络，产品叫做"中国黄页"。在早期的海外留学生当中，很多人都知道，互联网上最早出现的以中国为主题的商业信息网站，正是"中国黄页"。所以国外媒体称马云为中国的 mr. internet。马云的口才很好。在以后的很长时间里，在杭州街头的大排档里经常有一群人围着一个叫马云的人，听他口沫乱飞地推销自己的"伟大"计划。那时候，很多人还不知互联网为何物，他们称马云为骗子。1995 年他第一次上中央台，有个编导跟记者说，这个人不像好人！其实在很多没有互联网的城市，马云一律被称为"骗子"。但马云仍然像疯子一样不屈不挠，他天天都先这样提醒自己："互联网是影响人类未来生活 30 年的 3000 米长跑，你必须跑得像兔子一样快，又要像乌龟一样耐跑。"然后出门跟人侃互联网，说服客户。业务就这样艰难地开展了起来。1996 年，马云的营业额不可思议地做到了 700 万！也就是这一年，互联网渐渐普及了。这时马云受到了外经贸部的注意。

（三）阿里巴巴

1997 年，马云被邀请到北京，加盟外经贸部的一个由联合国发起的项目——EDI 中心，并参与开发外经贸部的官方站点以及后来的网上中国商品交易市，在这个过程中马云 B2B 思路渐渐成熟：用电子商务为中小企业服务。他研究认为，互联网上商业机构之间的业务量，比商业机构与消费者之间的业务量大得多。

1999 年 9 月 9 日，马云回杭州创办"阿里巴巴"网站，临行前，他对他的伙伴们说："我要回杭州创办一家自己的公司，从零开始。愿意同去的，只有 500 元工资；愿留在北京的，可以介绍去收入很高的雅虎和新浪。"他说用 3 天时间给他们考虑，但不到 5 分钟，伙伴们一致决定："我们回杭州去，一起去！"几个月后阿里巴巴网站在互联网上出现。一传十，十传百，阿里巴巴网站在商业圈中声名鹊起。然后，马云继续挥舞着他那双干柴般的大手，到世界各地演讲："B2B 模式最终将改变全球几千万商人的生意方式，从而改变全球几十亿人的生活！"他在吸引到大量客户的同时也吸引人才和风险投资，越来越多的哈佛大学、斯坦福大学、耶鲁大学的优秀人才正涌向阿里巴巴。

马云认为自己是个擅长创业但不擅长守业的人，"最多干到 40 岁，我会离开'阿里巴巴'，去学校教 MBA。如果成功了，我就去哈佛；如果失败了，我就去北大。"

（四）阿里巴巴企业文化

企业使命：让天下没有难做的生意

核心价值观：客户第一；团队合作；拥抱变化；诚信；激情；敬业

企业愿景：

成为一家持续发展 102 年的公司

成为全球最大电子商务服务提供商

成为全球最佳雇主公司

六、马云的阿里帝国

1. 电商领域

电商领域主要包括：淘宝、天猫、聚划算、阿里巴巴国际站、1688、阿里妈妈、一淘、全球速卖通等等，这些都是阿里巴巴的电商领域，另外还投资了苏宁、卡行天下等等，这也让电商业务得到延伸。

淘宝：创立于 2003 年，中国最大的移动商业平台，在大数据分析的优化下，为消费者提供高度互动的个性化购物体验。

天猫：创立于 2008 年，全球最大的面向品牌与零售商的第三方在线及移动商业平台。致力于服务日益追求更高质量的产品与极致购物体验的消费者。

聚划算：2010 年 3 月，淘宝聚划算平台上线开团，它是阿里巴巴集团旗下的团购网站，已经成为展现天猫商城卖家服务的互联网消费者首选团购平台，确立国内最大团购网站地位。

阿里巴巴国际站：1999 年上线，领先的外贸线上批发交易平台，是阿里巴巴集团最先创立的业务，是中国最大的综合型外贸线上批发交易平台。

1688：创立于 1999 年，中国领先的综合型内贸批发交易市场，促进国内批发买家和卖家在服装、日用品、家装建材、电子产品、包装材料和鞋靴等多个类目下的交易。

阿里妈妈：创立于 2007 年，是阿里巴巴集团的变现平台。阿里妈妈通过数据技术、匹配商家、品牌和零售商的推广需求与阿里巴巴旗下以及第三方媒体资源，使阿里巴巴的核心商业及数字媒体及娱乐业务所提供的价值得以实现。

全球速卖通：创立于 2010 年，是一个全球交易市场，其主要消费者市场包括俄罗斯、美国、巴西、西班牙和法国。世界各地的消费者可以通过全球速卖通，直接从中国乃至全球的制造商和经销商购买商品。除了英文版全球网站，全球速卖通还提供 17 个本地语言移动客户端，语言包括俄语、葡萄牙语、西班牙语和法语等。

2. 金融领域

阿里金融领域主要有阿里银行、阿里金融、支付宝和蚂蚁金服等。

阿里银行：阿里银行，是阿里网商银行，意为"互联网商业银行"，主要满足小微企业和个人消费者的投融资需求，提供 20 万以下的存款产品和 500 万以下的贷款产品。2013 年 9 月，阿里金融正式向相关金融监管 部门提交拟设立阿里网络银行申请；2014 年 9 月 29 日，银监会官网发布，同意小微金服等发起人筹建浙江网商银行。资布局了天弘基金、众安保险、德邦基金等等。

阿里金融：阿里金融亦称阿里小贷，为小微金融服务集团（筹）下的微贷事业部，主要面向小微企业、个人创业者提供小额信贷等业务。目前阿里金融已经搭建了分别面向阿里巴巴 B2B 平台小微企业的阿里贷款业务群体，和面向淘宝、天猫平台上小微企业、个人创业者的淘宝贷款业务群体，并已经推出淘宝（天猫）信用贷款、淘宝（天猫）订单贷款、阿里信用贷款等微贷产品。

支付宝：支付宝（中国）网络技术有限公司是国内领先的第三方支付平台，致力于提供"简单、安全、快速"的支付解决方案。支付宝公司从 2004 年建立开始，始终以"信任"作为产品和服务的核心。旗下有"支付宝"与"支付宝钱包"两个独立品牌。支付宝主要提供支付及理财服务。包括网购担保交易、网络支付、转账、信用卡还款、手机充值、水电煤缴费、个人理财等多个领域。在进入移动支付领域后，为零售百货、电影院线、连锁商超和出租车等多个行业提供服务。还推出了余额宝等理财服务。

蚂蚁金服：为阿里巴巴的非并表关联方，是一家致力于为中国及全球的消费者及小微企业提供普惠金融服务的科技公司。蚂蚁金服主要依靠持续科技创新及与金融机构开展合作，经营数字支付服务及金融科技平台服务，同时在推进全球化的战略。

3. 文化娱乐

阿里巴巴在娱乐领域也有很多的产业，比如优酷、阿里影业、淘宝的阅读等等，在世界杯期间优酷拿到了转播权，增加了很多的用户，除了自有的产业外，阿里巴巴还投资了恒大淘宝俱乐部、华谊兄弟、华数传媒、虾米音乐等等。

4. 物流业务

2009年，马云联合富士康集团的郭台铭投资合建"百世物流"，开始布局物流战略。如今，百世物流已逐渐淡出快递市场，转而开始为淘宝做仓储，为一些大型快消品企业做供应链物流。

2010年，阿里宣布战略投资国内最大物流公司之一的星晨急便速递有限公司。至此，阿里已投资星辰急便、百世物流及新加坡政府投资公司（GIC）旗下的物流部门普洛斯公司等3家物流快递公司。同年6月，正式推出淘宝大物流计划，加速物流战略布局。

2013年5月28日，阿里联合银泰集团、富春控股、复星集团、四通一达（圆通、中通、申通、汇通、韵达）、顺丰集团、宅急送，以及相关金融机构共同组成"中国智能物流骨干网"（简称CSN）项目，一起在深圳注册成立菜鸟网络科技有限公司。

2014年提出涉农电商战略，农村淘宝试点落户浙江省桐庐县，启动"千县万村"的农村战略计划。

2016年3月，菜鸟网络宣布与物流伙伴成立菜鸟联盟，拿出10亿作为菜鸟联盟的启动基金，菜鸟网络联合圆通、中通、申通、韵达、天天、百世等国内六大快递企业，共同推出橙诺达服务。

2016年10月，马云在杭州·云栖大会首次明确提出"新零售"概念，声明纯电商时代将告终结，未来没有电商只有新零售，把线上线下和物流结合才能诞生真正的新零售，线下的企业必须到线上去，线上的企业必须到线下来，线上线下加上现代物流融合在一起，才能真正创造出新的零售。

菜鸟网络：创立于2013年，是物流数据平台运营商，致力于实现集团在物流方面的愿景，全国24小时必达、全球72小时必达。为了实现这一愿景，菜鸟网络协同物流合作伙伴建立并运营全球化的仓配网络，提供国内及国际一站式物流服务及供应链解决方案，以规模化的方式满足广大商家和消费者的多种物流需求。

阿里巴巴的物流业务领域还包括一达通、圆通速递、卡行天下、心怡物流、万象物流、百世物流等。

5. 云计算

阿里云：创立于2009年，是全球第三大、亚太地区最大的IaaS及基础设施公用事业服务提供商，以及中国最大的公有云服务提供商。阿里云向阿里巴巴数字经济体及外部机构提供一整套云服务，包括弹性计算、数据库、存储、网络虚拟化服务、大规模计算、安全、管理和应用服务、大数据分析、机器学习平台及物联网服务。

6. 其他领域

在健康领域阿里巴巴有阿里健康；在教育领域阿里巴巴拥有淘宝同学、淘宝大学和湖畔大学；在物流方面有菜鸟联盟；汽车领域和荣威汽车有合作；在搜索领域有神马搜索；旅游方面有飞猪旅行和阿斯兰等等。

七、马云的荣誉

马云创办的个人拍卖网站淘宝网，成功走出了一条中国本土化的独特道路，从2005年第一季度开始成为亚洲最大的个人拍卖网站。创建的阿里巴巴，淘宝，天猫，促进中国电子商务发展。利用支付宝，促进无纸币经济，促进了各个国家商品到中国贸易，最厉害的是双十一成为全球盛会，钱与钱的世界。马云是中国大陆第一位登上美国权威财经杂志《福布斯》封面的企业家。

2017年12月15日，荣获"影响中国"2017年度教育人物。2018年9月10日，马云发出公开信宣布将于2019年9月10日卸任集团董事局主席，由CEO张勇接任。2018年12月18日，党中央、国务院授予马云同志改革先锋称号，颁授改革先锋奖章。2019年3月，马云以373亿美元财富排名2019年福布斯全球亿万富豪榜第21位。2019年5月10日，马云等17位全球杰出人士被联合国秘书长古特雷斯任命为新一届可持续发展目标倡导者。2019福布斯中国慈善榜排名第3位。2019年10月获得福布斯终身成就奖。2019年10月19日，入选2019福布斯年度商业人物之跨国经营商业领袖名单。

八、马云的社会责任

马云个人的公益之路始于2014年。当时，他成立马云公益基金会。除此以外，马云公益基金会还与支付宝公益基金会、蔡崇信公益基金会一起承诺10年间提供1.43亿美元，用于支持中国女子足球的发展（支付宝公益基金会是蚂蚁金服的一部分，蔡崇信公益基金会则由阿里巴巴集团联合创始人蔡崇信出资）。2016年首届全球XIN公益大会在杭州召开。马云在开幕演讲中说："你捐出去的每一分钱，因为你改变了，世界就会改变，世界不会因为你的钱发生改变，是你的内心发生了变化。这世界的穷，你救不完，这世界的病，你治不光，但是我们可以把这个世界上每个人的善意和善心给唤醒。"曾经当过老师的马云特别关注改善中国农村及贫困地区的教育情况，他的基金会已经承诺至少提供7,500万美元用于培训教师和校长，还有其他教育项目。

除了中国以外，该基金会还对非洲、澳大利亚、中东的事业提供了协助。马云希望，自己的基金会能够把作用最大化。他说："公益也关乎效率。如果你花3元钱就能做到，为什么要花5元？如果你能用2小时做完，为什么要用4小时？我从企业管理中学到的经营之道，正是我引领公益机构的运营之道。"2019年11月，由马云公益基金会赞助的首届马云非洲青年创业基金"创业者大赛"在加纳举行决赛；马云亲自前往，担任大赛评委。比赛过程通过《非洲商业英雄》（Africa's Business Heroes）节目向整个非洲大陆转播，以在非洲激发创业精神。马云说："我有资金，有资源，我想到非洲去，真正赋能当地的创业家。如果我们能够发掘、能够帮助更多非洲的马云们、比尔·盖茨们和沃伦·巴菲特们，非洲将截然不同。"

结束语

马云说："我从来没想过我比别人幸运，我也许比他们更有毅力，在最困难的时候，他们熬不住了，我可以多熬一秒钟、两秒钟。"阿里巴巴成立之初，他每天像野兽一般疯狂工作18个小时，日夜不停地推进工作，困了就席地而卧，这份坚持和毅力是他能够成功的基础。

马云用20年的时间证明了这样一个人也能成功：2次中考才升入高中，3次高考仍距离本科线有5分差距，10次申请哈佛大学均失败，几次创业也都无一成功；马云用20年的时间证明了即便是34岁才开始创业，只要方向对了，加上坚持不懈的努力，总能够成功；马云用20年的时间证明了长得丑不要紧，只要有大胸怀、有大智慧，肯吃苦，培养眼界和能力，也能够成功。从一名教师到商业领袖，我们从马云身上看到了什么叫做努力，什么叫做不放弃。

【马云经典语录】

1. 今天很残酷、明天更残酷，后天很美好。但很多人死在明天晚上、而看不到后天的太阳。

2. "其实，有的时候人的最大问题就在于他说的都是对的"

3. 永远不要跟别人比幸运，我从来没想过我比别人幸运，我也许比他们更有毅力，在最困难的时候，他们熬不住了，我可以多熬一秒钟、两秒钟。

4. 在我看来有三种人，生意人：创造钱；商人：有所为，有所不为。企业家：为社会承担责任。企业家应该为社会创造环境。企业家必须要有创新的精神。

5. 经济学家是对昨天感兴趣，企业家是对明天感兴趣，让一个对昨天感兴趣的人去判断明天，这是悲哀！

6. 琴棋书画；琴是乐，乐是开心，乐是跟天堂相通的；棋是舍得；书是定力；画是想象力。

7. 大势好未必你好，大势不好未必你不好。

8. 所有的创业者应该多花点时间，去学习别人是怎么失败的。

9. 这么多年我们的使命没变，还是让天下没有难做的生意。

10. 人永远不要忘记自己第一天的梦想，你的梦想是世界上最伟大的事情，就是帮助别人成功。

(编者根据阿里巴巴官方网站资料整理)

讨论题：

1. 你通过了解马云的经历学到了什么？
2. 你认为一个企业家应该具备什么素质？
3. 谈谈马云对阿里巴巴企业文化有什么影响？

第六章　品牌文化与企业文化

学习目标

- 掌握品牌文化的内涵。
- 熟悉品牌文化与企业文化塑造。
- 了解不同品牌的企业文化。

导入案例

达芙妮的品牌故事

"达芙妮"品牌名字来源于希腊神话"阿波罗与达芙妮"，描绘的是太阳神阿波罗向河神女儿达芙妮求爱的故事。爱神丘比特为了向阿波罗复仇，将一支使人陷入爱情旋涡的金箭射向了他，使阿波罗疯狂地爱上了达芙妮；同时，又将一支使人拒绝爱情的铅箭射向达芙妮，使姑娘对阿波罗冷若冰霜。当达芙妮回身看到阿波罗在追她时，急忙向父亲呼救。河神听到了女儿的声音，在阿波罗即将追上她时，将她变成了一棵月桂树。

所以达芙妮的 LOGO 设计运用了很多希腊元素，Daphne 的 D 作为基本元件，将编织、河流、桂冠（树）、弓箭、竖琴等一一融合在一起，象征着对爱亘古不变的追逐。希腊女神 Daphne 与太阳神阿波罗的爱情神话是达芙妮空间设计的主题，"我希望每一个踏入达芙妮的女人，都像是谈了一场恋爱，体验一场华丽的戏，甚至找到真正的自己，所以无论今日女孩或是明日女人，自信的女人都会在达芙妮的引领下心生感动。"

达芙妮品牌的企业文化，反映了集团追求优质、卓越、创新的精神。正是因为达芙妮的这种企业品牌文化，无论在外销和内销领域，达芙妮集国际控股有限公司获得了辉煌的成就。1995 年达芙妮集国际控股有限公司整合内地业务，以达芙妮国际集团有限公司成功地在香港的联交所上市。从此，集团规模扩充更加快速，鞋类外销与内销成为集团的两大重心。进入 21 世纪，达芙妮一直以企业文化为引导，以实现成为享誉全球领导企业的长期目标。

故事启示：企业的品牌故事更有助于企业文化的宣传。

自从 Garder（加德尔）和 Levy（利维）于 1955 年在《哈佛商业评论》上发表《产品与品牌》的文章，提出将产品和品牌区分开来之后，品牌受到了来自学术界和企业界各方面的关注。丹麦的品牌专家 Jesper Kunde（昆德）指出，世界正从旧的生产型经济时代进入新价值经济时代，新价值经济时代的企业应以品牌为导向来运作。Diane Crispell（克里斯佩尔）等人认为顾客选择品牌及忠诚品牌的原因由理性、情感和文化价值观三部分组成。除了在产品实际功效上尽可能满足消费者的理性要求之外，品牌管理者的最重要目标是保护品牌的好名声，进而满足消费者情感和文化价值观方面的需求。

第一节 品牌文化概述

一、品牌需要文化支撑

Kunde〔德·（孔德）〕指出，消费者并非机器人，他们不只是简单地购买产品，同时也在选择一种观念和态度。当面临不断增加和日益多样化的选择时，消费者的购买倾向就变得更加受制于其信仰。消费者期望在购买和使用品牌商品的时候获得心理层面上的满足。品牌文化赋予品牌以精神文化内涵，品牌的精神价值是消费者心理满足的重要源泉。消费者价值观念从"物品价值"向物的精神价值、文化价值的转型，引发了商品结构、消费观念、市场发展趋势等一系列的大转变，而品牌大行其道，就因为它具有文化内涵和精神价值。可口可乐作为全球最成功的品牌，在于它把代表美国精神的文化糅进品牌，以至于能够和自由、民主并称美国三大文化；迪斯尼公司卖的产品价格都不便宜，但很受欢迎，就是这些产品融进了米老鼠和唐老鸭的特征：温暖、诚实和亲如一家；西门子这一品牌涉及众多行业，但它始终坚持一种可靠、严谨的品牌文化，让大众认为它代表着德国一丝不苟的民族传统；"红豆"品牌凭借唐代诗人王维"此物最相思"的诗意，使名不见经传的小制衣厂获得了巨大成功。品牌文化构建与消费者互相吻合的价值体系，在心理深层次符合消费者的内在需要，从而吸引和留住消费者。

关于品牌与文化的关系，Davidson 提出了"品牌的冰山"论，认为品牌的标识、符号等是品牌浮在水面的15%的部分，而冰山藏在水下85%的部分是品牌的价值观、智慧和文化，冰山的冲击力来自庞大的水下部分。

Kunde 依据价值和参与度两个维度建立了品牌信仰模型，他把品牌的发展分为产品、概念化品牌、公司理念、品牌（景象）文化和品牌精神五个等级。品牌依此顺序上升到最高境界，这时的品牌是品牌文化和品牌精神的会聚。该模型中五种不同类型品牌之间的区别如下。

①产品：没有任何"附加价值"的一般产品，仅具备一些普遍要求。

②概念化品牌：在情感价值的基础上而非产品资产的基础上得以运行的品牌。

③公司理念：与一个整体运行完全一致的公司相融合的品牌。

④品牌文化：在消费者心目中占有很高的地位，以至于消费者将其等同于其所代表的功能的品牌。

⑤品牌精神：这是品牌的最高境界——对于消费者来讲，这种品牌就是一种必需的选择，就是一种信仰。

二、品牌文化的定义

品牌文化的狭义定义是为品牌赋予的文化内容。其中文化内容通常仅仅指传统的或历史的文化内容，借用了传统或历史上继承下来的意蕴，例如孔府、茅台等酒品牌。这种定义应用比较广泛，但是由于它不包含品牌管理文化的内容，所以从管理学研究的角度来看就显得意义不大。通过借鉴前人的研究成果，我们归纳了如下的定义：品牌文化是企业构建的被目标消费者认可的一系列品牌理念文化、行为文化和物质文化的总和。该定义包含了狭义的方面，同时还包含有品牌导向思想、品牌管理文化的内容。这个定义在以下几个方面综合地反映了品牌文化的实质。

1. 品牌文化同时以目标消费者和企业自身为基本对象

品牌文化是品牌与消费者价值共融的结果。在品牌文化的塑造中，企业的品牌价值观居于主要地位。企业首先将企业的精神理念通过产品、营销和服务传递给消费者，并接纳消费者的反馈意见，加以不断地修正和强化，最终与消费者达成一致。同企业文化定义主要以企业内部为对象不同，品牌文化必须同时兼顾企业内部和外部对象。但是以目标消费者为基本对象之一，并非完全盲目地迎合消费者，因为企业本身受到各方面的限制，同时每个企业都有自己的个性文化特征。企业文化与品牌文化有密切的关系，品牌文化只是把外部目标消费群作为基本对象，并不因此排除企业内部的因素。品牌文化理念依据的是对消费者的深入了解，是基于调查和研究分析的结果而由企业提出来的。

2. 品牌文化的主要构成要素是一系列的品牌理念

与企业文化类似，该要素是品牌文化的核心组成部分，主要包括品牌愿景、品牌使命和品牌价值观三个部分。品牌理念指导企业的品牌行为，同时引导消费者的品牌行为。

3. 品牌行为包括企业品牌行为和消费者品牌行为

企业品牌行为是指企业符合品牌理念的行为方式。消费者品牌行为是有关消费者接触品牌时发生的一切行为。品牌行为对品牌理念起着支撑作用，目的是更好地体现和描述抽象的品牌理念，从而支撑企业期望塑造的品牌形象。

三、品牌文化的特性

每一个企业的品牌文化通常都包含这些特性：间接性、独特性、层次性、关联性和一致性。

1. 间接性

任何企业，不论它有怎样的品牌，或者多么优秀的品牌文化，倘若不能基本符合目标消费群的价值理念，那么该品牌就是没有价值的。没有价值就不被消费者认可，终将被淘汰出市场。这就是说，品牌文化是由企业设计和执行的，但是品牌文化是否被认同，是否能够产生经济效益，需要外部消费者间接作出评价。

2. 独特性

20世纪初的福特公司用一个流程生产了近20年一样的黑色轿车。但是今天，消费者越来越不认同一个模子出来的产品，他们喜欢独特的、个性化的产品。产品在造型上、设计上、营销模式上的差异化只是一种形式表现，文化价值理念上的差异才是深层次的差异，才更符合消费者的心理需求。企业在品牌文化上的独特性一方面源于企业自身的独特性，另一方面源于企业研究消费者的结果和吸引消费者的目的。

3. 层次性

企业品牌文化的价值主张是给予消费者承诺的一种方式，企业要兑现承诺，就必须尽量使消费者期望的价值主张得以实现，并且企业依据承诺实施相应的品牌行为。根据市场细分原理，企业很难满足所有消费者的需求，因此品牌倡导的价值主张有高级和基本的层次之分，以满足不同需求层次的消费者。品牌文化的高层次价值主张满足消费者的情感需求、自我实现需求等；品牌文化的基本层次的价值主张满足消费者对品牌商品的质量、服务、安全、性能等的需求。这就是品牌文化的层次性特性。在后面的章节里将对消费者需要层次与品牌价值主张层次性之间的关系做详细论述。

4. 关联性

品牌文化并非完全独立的体系。它与企业文化、企业战略、品牌定位、营销等有密切联系。其中与企业文化的联系尤其关键，甚至有些品牌文化的理念就是直接来源于企业文化，尽管在具体解释和强调重点上不尽相同。另外，作为一个具有特定国籍属性的企业品牌，无论是站在本国的角度，还是站在世界的角度，其文化价值主张都与其国籍属性密切关联。

5. 一致性

品牌所倡导的理念体系必须很好地与品牌行为相符合，不能够出现违背理念的现象。最终期望塑造的品牌形象也将在很大程度上取决于品牌理念和品牌行为，只有做到表里如一、言行一致，才有利于持久保持良好的品牌形象。

四、品牌文化培养消费者的品牌忠诚度

诸多研究发现，如今的国际知名企业，始终屹立不倒而且还生机勃勃的秘诀在于，它们不是依靠产品本身吸引和留住消费者，因为光靠产品已经不能够紧紧抓住消费者的心了，它们依靠的是品牌及品牌文化的力量。品牌是产品的品质、服务便捷性和产品功能等的代表符号。品牌还可能具有代表成功、权力、高贵等的象征，例如驾驶林肯轿车，是身份、财富、权力的象征。品牌文化正是能给消费者带来除了产品有形价值以外的无形价值的满足，例如万宝路香烟给人一种奔放豪迈的西部牛仔的感受，穿着耐克鞋给人以胜利者的喜悦，这些都是无形价值的体现。

Jesper Kunde 在其著作《公司精神》中认为，品牌文化和品牌精神是品牌的最高目标。只有蕴含在品牌里的文化的东西，才能够让消费者产生品牌忠诚度。因此，创立品牌的同时应该塑造一致的品牌文化。

决定品牌的是消费者，而不是企业，得到多数消费者认同的品牌才有前途。现在的消费者，越来越倾向于购买产品本身之外的东西，产品的功能需要已经趋于弱化。消费者渐渐倾向于追求心理和情感上的需求的满足，而文化既有很表面的特性，例如行为文化、物质文化，都是外在的表现；同时又有很深入的特性，包括价值观、理念、民族文化等，它能够给人提供心理和情感需要上的满足。例如可口可乐给人带来美国文化的体验的感觉，对于向往美国自由民主的人们来说，喝可口可乐是兴奋的事情。奔驰品牌的轿车则给人一种成功、高贵的美妙的感觉，这是多数人所向往的。品牌中蕴含了与消费者相一致的文化价值观才能持久，才有竞争力，才能赢得忠诚度。

品牌文化从另一个角度塑造了品牌产品的差异化特点，是另一种差异化的战略，在文化价值观上区别于其他竞争品牌。虽然产品种类的选择更加多样化，但是并非任何其他的品牌产品都能够代替原先品牌所能够带来的精神、情感体验上的满足，再加上作为品牌

"代理人"的企业越来越注重品牌的培育和维护，更加关心品牌文化的管理，努力使品牌增值的同时关注所有与品牌相关的因素，尤其注重消费者需要，因此消费者的品牌转换变得不易发生，使得品牌更有竞争力。

五、品牌文化与企业文化之间的差异

目前，从许多企业的广告及其他方式的宣传中，不难看到这样一种现象，就是把企业文化当成品牌文化进行宣传，结果是投入巨大、事倍功半、收效甚微，顶多提高了品牌的知名度。导致这种现象的原因是多方面的，但是首先的一点是没有弄清楚品牌文化的真实含义，没有深刻认识到品牌文化与企业文化的差异。从根本上说，是由于人们对品牌文化的研究太少，理论成果跟不上实践的需要。

从定义上看，品牌文化是指企业构建的被目标消费者认可的一系列品牌理念文化、行为文化和物质文化的总和。而企业文化是指现阶段为大多数员工认可的一系列的企业理念和行为方式，包含使命、愿景、价值观、管理模式等组成要素。

品牌文化与企业文化在传播对象上的区别是两者之间最重要的差异，是产生其他差异的最根本的源头。

品牌文化主要是向企业以外传播的，最主要的传播对象是消费者及其他一些相关者。尽管专家学者或者企业人对品牌的认识千差万别，然而有一点认识是相同的：消费者才真正拥有品牌，企业只是品牌的代理管家。可见品牌的消费者观点是很重要的。作为一项企业的品牌战略——品牌文化战略，传播对象也必须直接指向消费者，达到与消费者价值观相一致的程度，才能够最终赢得消费者，赢得市场。消费者真正关心的是花这些钱值不值得，会带来哪些风险，消费这种品牌产品会不会与其个人价值观相冲突，选择这种品牌产品能够给他们带来哪些功能和情感上的利益。

企业文化主要是在企业内部传播的，其主要传播对象是企业的员工。企业文化是现阶段企业大多数员工认同的一系列理念和行为方式。总之，作用对象不同决定了企业文化不能够等同于品牌文化。

品牌文化与企业文化之间的其他差异还包括形成机制差异、功能差异、传播渠道差异、文化冲突反应方式差异，等等。

第二节 品牌文化的结构

一、品牌文化的结构层次

对于品牌文化的结构，已有的研究有两个层次观点（外层和内层）；也有三个层次观点和四个层次（外层、浅层、内层和核心层）观点。我们把品牌文化结构分为三个层次，分别是外层、中层和内层，如图6-1所示。三个层次的分层法，分别对应于品牌文化结构的三个要素。即外层对应品牌物质文化，中层对应品牌行为文化，内层对应品牌理念文化。

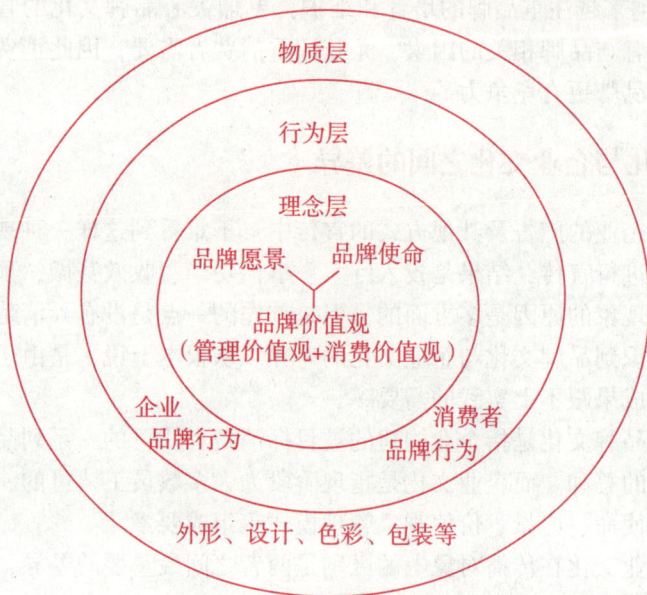

图 6-1 品牌文化的结构层次

物质层

行为层

理念层

品牌愿景　品牌使命

品牌价值观
（管理价值观+消费价值观）

企业
品牌行为

消费者
品牌行为

外形、设计、色彩、包装等

二、品牌文化的结构要素

　　我们认为品牌文化主要包括品牌理念文化、品牌行为文化和品牌物质文化。在整个品牌形象识别系统中，品牌理念是品牌形象的"心"，品牌行为是品牌形象的"手"，品牌物质是品牌形象的"脸"。品牌理念是品牌文化结构的核心要素，它由品牌使命、品牌愿景和品牌价值观三个基本要素组成。其中品牌价值观依据主体的不同，可以分为品牌管理价值观和品牌消费价值观。品牌行为是企业所有关于品牌运营的行为，如品牌策划、品牌管理、品牌危机处理等行为。品牌行为还包括消费者与品牌相关的行为，如品牌选择、品牌忠诚、品牌偏好等行为。品牌理念对企业品牌行为起着指导和制约的作用，对消费者品牌行为起引导作用，引导消费者作出企业期望的品牌决策。品牌理念包含了品牌产品、设计、包装、色彩、品牌名称、吉祥物、商标、品牌宣传标语等内容，加强对品牌理念的视觉和形象表达。

（一）品牌理念文化

　　正如企业文化是建立在其自身经营理念的基础之上一样，品牌文化也是建立在品牌理念的基础之上的。企业的经营理念当然也反映在企业的品牌上，但作为品牌有品牌自身的哲学或理念。从管理文化的角度看，品牌理念就是企业的经营理念或思想，是指企业生产经营的指导思想和方法论。由于企业与品牌之间固有的差别，为了不与企业文化理念混淆，因此有必要界定品牌理念是以品牌为主体的，是品牌运作的所有行为的信念和准则。它存在于建立品牌、培育品牌和消费品牌的人们的内心深处，是品牌差异化的源泉。

　　理念不解答具体的、局部的问题，但是诸如品牌目标、行为等细节却要围绕它而展开。一个既定的品牌理念可向企业间接"提供""暗示"所有关于如何达到目的的路线、方法、内容等。无论是企业品牌，还是一般品牌，最终都要靠品牌理念的性质来决定其品牌的强弱。品牌理念主要包含品牌愿景、品牌使命和品牌价值观三个基本内容，其中品牌价值观又是品牌理念的核心，将在第三节做详细论述。

1. 品牌愿景

作为品牌理念的基本内容之一，愿景是品牌发展的方向。从品牌宣传的角度，愿景与公司存在目的有关，并且在设定单一公司品牌能够被识别的情况下，意味着公司面对的方向。

企业的共同愿景是指组织成员普遍接受和认同的组织的长远目标，而品牌愿景则是指包括企业、股东、消费者在内的所有利益相关者关于品牌未来发展状况的描述。企业自身在品牌愿景建立的过程中扮演着最重要的角色。因为品牌是由企业创建并加以呵护的，所以它是所有企业品牌行为的主导者。企业创建品牌的目的可能有很多种，但有一条是确定的，那就是创建一个长盛不衰的强势品牌，不断提高品牌权益。同时，公众对自己认可的品牌也会有所期待，例如期望被认可的品牌注重环保、善待员工、热心公益事业，等等。那么企业、公众（主体消费者）对品牌的未来会有积极的憧憬和描述，这就形成了品牌愿景。

品牌愿景在企业内部起着重要的作用。它可以唤起员工的希望和工作热情，尤其是当品牌愿景在内部得到共识的时候。品牌愿景还可以改变内部成员与组织之间的关系，它使得互不信任的人能够愉快地一起工作。根据心理学家马斯洛晚年从事的关于杰出团体的研究发现，这些团体最显著的特征是具有共同的愿景和目的。品牌愿景具有巨大的推动力，激发人们在实现愿景的过程中积极努力地发挥自身潜能。在企业外部，品牌愿景对主体消费者也会起到吸引、留住和建立忠诚的作用。

愿景是一颗指路明星，它必须具有现实性和长远性。品牌愿景的建立还必须具备简单易懂、有吸引力和有助于建立一整套用于考核的标准等特征。

2. 品牌使命

品牌使命是指品牌主体肩负的重大责任，它是社会历史和现实生活赋予品牌的责任，从而唤起内部成员、关联单位及市场和社会对企业品牌的识别和认知。品牌使命作为品牌理念的关键要素之一，它回答的是品牌存在的意义。对企业品牌而言，它主要反映了品牌对于包括消费者、股东和公司员工在内的社会全体的存在价值。在消费者看来，使命能够说明公司希望为消费者做些什么，以及为什么这样做。

企业品牌必须拥有自身的品牌使命。缺乏品牌使命将导致消费者认知模糊。有研究表明，如果没有明确的品牌哲学（使命、愿景、价值观等），那么将品牌背后的企业经营理念融入将会有所帮助。由此可见，企业文化的一些结构要素与品牌文化的结构要素之间有密切的关系。

（二）品牌行为文化

正在发生和已经发生的品牌行为对消费者的影响极大，同时对消费者预期即将发生的品牌行为也不能忽视。品牌理念是代表思想的部分，起到统领全局的作用。而品牌行为则代表了说和做，即表达和行动的内容。一个人即使有美妙的思想，倘若不行动起来或者表达出来，都将是没有意义的。同样的，一个品牌有了思想主张以后，必须将之付诸实践和指导行动，传达给目标消费者，这样才能取得效益。理念是抽象的，必须转化为具体的行为。所有的品牌行为都应始终坚持的原则是：品牌行为必须能够提升品牌价值。品牌行为可以从企业和消费者两个角度来分析。

1. 企业品牌行为

年小山认为品牌行为文化系统是品牌的三大要素之一。品牌行为文化系统是在品牌职能定位的基础上，在品牌精神文化系统的指导下，围绕品牌战略目标的各个层次、方面，如在理念贯彻、生产管理、市场推广、公共关系等各环节所展开的，符合该品牌需要与个性特征的一切实践活动。它可以分为：内部行为文化系统（生产、管理等）和外部行为文化系统（公共关系、市场推广等）。品牌行为主要起到沟通管理、强化品牌特征、进行品牌推广等作用。

我们把企业品牌行为定义为企业在创建和维护品牌的过程中表现出来的一系列语言表达和行动。它包括说和做两个部分，但是通常说和做是混合的，并不能严格地加以区别。企业品牌行为的目的是塑造、管理、维护品牌，使之保值增值。从具体的角度来说，企业品牌行为包括品牌管理行为、品牌策划行为、品牌危机处理行为、品牌故事，等等。下面主要就品牌故事和品牌危机处理行为做相应的分析研究。

（1）品牌故事。

宝洁公司品牌建设及品牌故事领域的杰出专家 Larry Huston 在谈及品牌和故事的关系时指出："任何品牌都有相应的故事，这些故事构成了客户寻找并购买所需产品的备用信息。许多品牌还有奇特的故事。例如惠普、苹果、微软、可口可乐等品牌都有奇特的故事。所有故事中的个人差不多都有相应的英雄事迹，其中贯穿着一条从逆境到自暴自弃，再到新生，最终夺取胜利的主线。作为人类文明的完美典型，这些英雄事迹得到了各种文化的认可。"

每个品牌的发展和成功都有其过去的历史和故事。一个品牌从创建到成功是一个历史的过程，在这一过程中总会有许多值得称道的有关品牌的故事发生。这些故事对企业品牌具有重大影响意义的部分被有意或无意地保留下来，即符合品牌价值观的故事，保存在员工和消费者的头脑中，并且在口耳相传中继续流传下去。品牌故事是指过去发生的有关品牌的行为，相对于企业的其他品牌行为，品牌故事是发生在过去的行为，是一些完成时态的事件。品牌故事的源泉主要是创业故事及经营品牌过程中的重大事件。企业在有意识地保留和传播品牌故事的时候应该选择那些能够更好地反映品牌价值观的材料，这将有利于品牌价值观在具体品牌行为上的实现。

品牌故事必须体现品牌价值观。品牌故事的主角可以是企业自身，直接体现管理价值观（如海尔的砸冰箱事件，BODY SHOP 的环保故事）；也可以是消费者与企业沟通、互动的故事。有积极意义的故事首先影响人们对品牌的认识和评价，进而影响他们的品牌行为。员工可以从具有积极意义的故事里得到激励，并产生自豪感；消费者从中认识企业行为，认知、认同甚至忠诚于品牌或者直接否定品牌。

品牌故事的主要传播方式包括口耳相传、文字记载和广告传播，这些传播方式具有以下优点：具体、形象、容易记忆。由品牌故事体现的与消费者互相吻合的价值观念有助于人们的记忆。约翰·格兰特在《反映象》中认为，在以广告设计为依托塑造品牌故事时，客户使用的恰恰是记忆的组成元素：有关品牌的历史故事、有关品牌现存的思想感情、品牌偏好的原因及品牌现有的非市场信息。故事将信息压缩为容易使用的形式，以故事形式来传播信息是非常有效的，也是非常经济的。

另外，由于故事本身的真实性，使得品牌更易于获得消费者信任。品牌故事成功的关键在于感情的真实流露。任何无限制夸大品牌故事的做法都会使人反感。虚伪的故事很难得到消费者的认同。

(2) 品牌事件（危机）及处理行为。

近年来，在我国频频发生品牌事件或品牌危机。品牌事件或危机将对企业造成经济和战略上的双重损失。由于危机发生的可能性和危害性极大，关于企业危机的管理理论研究较多，内容也比较丰富。这些研究先前比较集中于企业公关的课题里，后来随着品牌地位的上升，关于品牌事件（或危机）的专题研究逐渐多了起来。品牌事件研究与企业危机管理研究有许多相通的地方，因此后者的许多研究成果也直接或间接地被前者采用。

品牌事件（危机）研究的目的是预防事件和提出有效的处理事件的方式方法。在品牌危机预防和预警、危机处理等企业品牌行为上，应发挥品牌管理价值观的指导作用。品牌价值观的核心在于，这一价值观应该统领与该品牌有关的一切行为。在品牌危机发生后的处理阶段，违背品牌价值观的做法必然损害品牌的内外部形象。尤其在企业外部，企业没有信用，说一套做一套，是很难被消费者接受的。没有消费者的认可即失去市场，企业生存就是问题了。企业必须本着品牌价值观来指导品牌危机的处理：一方面做到言行一致、表里如一，以免引起消费者的反感；另一方面，这种品牌行为还要有利于内部人员强化品牌价值观，并对外部人员起到更好的宣传作用。因此，即使品牌危机可能导致暂时性的亏损，也要以品牌价值观来指导危机处理行为。

2. 消费者品牌行为

消费者品牌行为指的是消费者接触品牌时发生的一切行为活动，主要包括消费者品牌选择、偏好、使用、心理感受等。Sussman 和 Michael Keith 博士通过实证研究指出，品牌偏好与消费者价值体系是紧密联系的。基于这种密切关系，他们假设如果我们了解个人的价值观，那么就能预测其品牌偏好。Diane Crispell 等人从顾客的角度谈到品牌行为，认为品牌行为是个复杂的过程，并非每个人都有品牌意识，也并非每个具有品牌意识的人都是由品牌驱动的。有关消费者品牌行为的研究在消费者行为学和心理学上已经很多，比较统一的观点是个人价值观极大地影响消费者的品牌偏好，同时品牌价值观也会反过来影响消费者的品牌行为。

（三）品牌物质文化

品牌文化的外层要素——品牌物质文化，是包括品牌产品在内的物质文化要素，包括品牌产品、设计、包装、色彩、品牌名称、吉祥物、商标、品牌宣传标语等内容。

它们是品牌赖以生存的基本条件，没有物质的存在前提，其他一切都无从谈起。品牌产品的设计、颜色的选择及包装等工作最终将体现出品牌外在形象的吸引力。尤其重要的是，它将影响目标消费者对品牌的第一印象。然而，不管是设计，还是颜色的选择，都必须围绕阐释品牌理念这一主题展开。品牌颜色的选择对品牌理念有重要的作用，比如，可口可乐的红色就很好地阐释了该品牌主张"激情"的理念。

第三节　品牌价值观

一、品牌价值观的重要性

品牌价值观对品牌的创建、生存和发展的重要性是不言而喻的。没有一套清晰的品牌价值观，企业的品牌构建基础就岌岌可危，也就很难以令人信服的方式与公司内部或外部的人员进行品牌沟通。

品牌价值观对品牌价值创造进程中的持续性、一致性和可靠性是至关重要的。品牌价值观是品牌信息的基础。只有那些拥有简单、可信、无懈可击的品牌价值观的品牌才能受到消费者的喜爱。品牌价值观又会转化成市场信息。对企业而言，因为企业的任何人都可能作出影响品牌形象的行为，品牌价值观就需要以简单明了的方式向每个员工传播。例如，迪斯尼公司崇尚想象力和重视心理健康的品牌价值观，经历了各种文化体系、几代人的更迭、不同 CEO 的管理和娱乐市场的各种变化而始终如一。

尽管关于品牌文化的观点存在差异，但是对于品牌价值观是品牌文化的核心要素这一点是普遍认同的。大家一致认为，品牌价值观是品牌文化的核心，是品牌文化的 DNA。它决定着品牌存在的意义和发展方向、品牌组织的形态和作用，以及企业内部各种行为和企业利益之间的相互关系。如 Kunde 表示，品牌价值是超越了公司产品实际功能的所有对公司的表述、观念及抽象的态度和理念——准确地说是非物质的和情感化的价值，它赋予了产品其品牌地位。这些观点都是从企业管理价值观的角度出发，充分肯定了品牌价值观的重要地位。

里克·莱兹伯斯等人认为品牌价值观可被描述为"一种对消费者十分重要的心态，可用来决定品牌的使命"，它强烈地影响消费者的态度和行为。苏晓东等人提出了 720 度品牌管理方法，指出品牌核心价值理念是消费者驱动力和企业核心驱动力的互动，是被企业内部认同，同时经过市场洗礼并被市场认同的品牌管理的根本。例如，万宝路最终的品牌核心价值理念锁定为力量和独立，这不仅仅是一个男性专属烟草品牌的心理暗示和价值联想，更是万宝路企业内在精神和价值观的体现。这些观点都在一定程度上强调消费者品牌价值观的重要性。朱立更是明确指出："品牌文化通过综合企业的品牌价值观和消费者的品牌价值观后，寻找双方的共同点，并对双方的行为进行不断的修正、磨合，逐渐达成共同的价值理念，最后形成一致的品牌文化。"

二、品牌价值观的分类

价值观是引起多种学科关注的一个问题，哲学、经济学、伦理学、教育学、人类学、社会学、社会心理学等学科都在这一领域进行过不同角度的探索。例如，哲学关注价值观所反映的主体和客体之间的关系；经济学关注人类经济行为的深层心理原因和类型；社会学关注社会结构及社会变迁对价值观的影响；社会心理学则关注价值观的心理结构、过程、功能及测量。这些研究相互补充和拓展，使价值观的研究不断深入。

对价值观的研究可以追溯到 20 世纪二三十年代。例如，1926 年 Perry 就对价值观进行了分类，将价值观区分为 6 类，即认知的、道德的、经济的、政治的、审美的和宗教的。20 世纪 70 年代 Rokeach 将价值观研究推向了新的发展阶段。他将价值观定义为"一个持久的信念，认为一种具体的行为方式或存在的终极状态，对个人或社会而言，比与之相反的行为方式或存在的终极状态更可取。"Rokeach 认为，价值观可以分为两类：终极价值观（Terminal Values）和工具价值观（Instrumental Values）。前者是个体追求最终存在的目的状态，后者是个体追求的特定行为方式，每一类由 18 项价值信念组成（见表 6-1）。

　　Rokeach 的这种划分体现了他对价值观具有层次性质和有顺序的认识，并且，也真正表达了价值观作为"深层建构"和"信仰体系"与"行为选择"之间相互体现与依存的性质和关系。对一个国家或一个民族，价值观的不同体现是彼此最深层次的区别。同样，品牌价值观也是一个品牌区别于其他品牌的最好体现。品牌价值观回答关于"品牌的价值在于什么，以及哪些对象对于品牌来说有价值"的问题，是在一个经营性组织内部形成的比较一致性的价值体系。品牌价值观为组织成员所普遍接受，是品牌文化构成的主要部分，它具有规范化的特征，它使企业全体成员知道什么是好的或坏的，什么行为是正确的或错误的，什么是积极的或消极的，它决定了全体人员的共同的行为取向。

　　基于 Urde 的观点，从价值观主体及其功能的区别可以将品牌价值观分为消费型品牌价值观和管理型品牌价值观。消费型品牌价值观倾向于终极价值观，管理型品牌价值观倾向于工具价值观。

表 6-1　Rokeach 的价值观分类

18 种终极（目的）价值观	18 种工具（行为）价值观
舒适的生活	有抱负
快乐的生活	心胸宽广
成就感	有能力
和平的世界	乐天
美丽的世界	整洁
平等	勇敢
家庭安全	宽容
自由	乐于助人
幸福	诚实
内心和谐	富有想象
成熟的爱	独立
国家安全	有学问
愉悦	逻辑性强
得救	有爱心
自尊	顺服
社会认可	讲礼貌
真正的友谊	负责任
智慧	自律

资料来源：[荷] 里克·莱兹伯斯. 品牌管理. 李家强，译. 北京：机械工业出版社，2004：153

（一）消费型品牌价值观

站在消费者的角度来看，品牌文化可以是一种消费文化，即品牌文化应尽量满足消费者各种层次的心理和文化认同的需求。此时品牌价值观也是目标消费者群体价值观的体现。最终目的是倡导与目标消费者相吻合的价值观，以期能够有效地引导消费者的品牌行为。根据 Rokeach 有关终极价值观的研究，可以把消费型品牌价值观界定为消费者追求最终存在的目的状态。相吻合的价值观带来的好处不仅是引导消费者，而且能够抓住消费者，赢得消费者的忠诚。例如，迪斯尼倡导"快乐家庭"的亲情价值观，完全符合大多数消费者的价值观，它在深层次的意识里影响着消费者，引导消费者的品牌行为。只有当品牌的理念与消费者的价值观产生共鸣的时候，品牌才能在顾客心中占据牢固的地位。心理层面的满足感往往更能获得人们持久的认同，从而为品牌带来持续不断的经济回报。

消费型品牌价值观能够有效地引导消费者的品牌行为，其根本的原因在于这种价值主张能够大大提升品牌附加值。消费者总是购买他们认为更有价值的商品。依据里克·莱兹伯斯等的研究，品牌附加值可由三方面元素构成：感受功效、社会心理内涵和品牌名称认知度。品牌价值观引起的非物质联想所带来的品牌附加值，体现在消费者能够从品牌中获得的社会心理方面的满足。具有高度社会心理内涵的品牌，能被消费者用来体现自己心目中的形象。某个人会因不同场合而显示不同的自我。里克·莱兹伯斯对此谈道："有时消费者会表达他们希望成为什么样的人，努力成为什么样的人，或相信自己应该成为什么样的人。"品牌有助于人们向别人表现出与这些自我观念有关的某些个性特征。阿克还指出，希望获得社会认可的人，往往对具有丰富社会心理内涵的品牌十分敏感。人们总是选择和购买认为最有价值的东西，从消费者的角度看，品牌价值观提升了品牌附加值，因此更能获得消费者的认可和忠诚。

消费型品牌价值观是满足消费者心理需求的一些价值主张，旨在引导消费者的品牌行为。对比一下可口可乐和百事可乐的品牌价值主张，不难发现，前者更多地主张归属感价值观，后者更强化个性化价值观。不可否认，二者都是国际上很成功的企业，但是倡导的价值观却差异巨大，可见消费者是分群体的，而且有个性偏好。企业倡导相异的品牌价值观需要恰到好处。

喜欢百事可乐的消费者，比较喜欢个性化价值主张的品牌，以此来表示自己独特的个性，与众不同。贝尔克发展了一个称为延伸自我的理论来解释某些产品对消费者具有的丰富的意义这一现象，从而认为在某种意义上说，"我们就是我们所拥有的"。因此，大部分消费者期望通过购买、拥有或者消费某种品牌产品，把自己同周围的其他个体区别开来，达到显示个体独立存在的目的。因此个人的自我概念与其品牌行为有密切的关系，品牌的个性化价值观能在一定程度上满足消费者内心自我概念的需求。

喜欢可口可乐的消费者，认同某品牌是因为该品牌主张归属感价值观，即拥有该品牌表示"我"就成了某一族群的一员，因此就获得该群体的尊重、认同和爱心。

不难看出，品牌的个性化价值观和归属感价值观是一对矛盾体。品牌主张个性化的价值观旨在标榜自己独树一帜，不同于周围其他的人们。这强调的是独立的个体，那么归属于某一群体的意识必然受到弱化，甚至被表面上忽略掉，因为归属是建立在所有个体必须具备的共同点之上的，追求个性化的个体不能容忍这一共同点基础的存在。同样的，强调归属感也必然在很大程度上磨灭了个体的独特个性。因此说二者是矛盾的。

品牌的个性化价值观和归属感价值观又是一对统一体。首先，二者都是人的较高层次的心理需求，这是马斯洛需要层次理论的一个内容。在心理学上对个体的定义有三个问题需要回答，即自己如何看待自己，别人如何看待自己，以及自己应该是什么样子的。两种价值观的统一就是建立在共同的心理需求上的。其次，品牌在某个方面的价值主张并不完全排斥另一方面的价值主张。个性化的价值观在满足消费者的个性化心理需求的同时，也满足他作为所有持有这一价值主张的群体的一员的归属感的心理需求。例如，Benz 汽车的拥有者可以获得诸如尊贵、成功、地位等这样一些个性化的心理需求，同时也能满足作为成功或尊贵一族中的一员的归属感需要，只是前者比后者更强烈一些。因此说二者的存在是个连续体，只是强调的重点不同而已。

（二）管理型品牌价值观

把品牌文化看成是一种管理文化，这是站在企业角度的观点。在企业的层面上，企业名称就是品牌名称，企业可能被等同于品牌，因此很多时候，品牌文化的内容也表现为企业文化。与企业文化的价值观一样，管理型品牌价值观将体现出企业品牌行为的准则，它回答的是关于"对象对于品牌来说是否有价值"的问题，并最终表现为价值观序列。依据 Rokeach 有关工具价值观的研究，可以把管理型品牌价值观界定为组织群体追求的特定行为方式。例如，麦当劳的 QSCV 作为企业的价值观，同时也作为品牌的管理价值观被广泛传播，并得到内部员工和外部消费者的认同。麦当劳的包括品牌定位、品牌战略制定、品牌危机处理等所有品牌行为，都以 QSCV 为核心指导，任何违背这一品牌价值观的行为都不被许可。

品牌的管理价值观不仅对企业职工和管理者的品牌行为有约束和导向功能，而且对品牌的建设、发展及品牌权益提升都有重要的意义。里克·莱兹伯斯等的研究表明，决定品牌权益水平高度的因素有四个，即品牌市场份额的规模、市场份额的稳定性、品牌带给企业的利润空间以及品牌的所有权权利。合理有效的品牌价值观在管理的角度上能够稳定品牌的市场份额，这表明消费者会不断地重复购买该品牌产品。拥有稳定市场份额的品牌，能够给企业带来经济和战略两方面的优势。经济优势体现在品牌为企业未来收入提供保证，以及节省营销传播费用。战略优势体现在品牌具有威慑潜在竞争对手的能力，并迫使零售商选择这一品牌，以减少消费者流失。品牌的市场份额稳定，也代表消费者对该品牌有品牌忠诚度，有了消费者的忠诚，在一定程度上也就表明该品牌能够获得较大的利润空间。因此说品牌管理价值观的作用能够最终体现在提升品牌权益上。

三、消费者需要层次对品牌文化价值主张的影响

随着社会经济不断发展，消费者收入逐渐提高，消费者的物质需求和精神情感需求呈反方向运动，即物质需求在消费者需求中所占比重越来越低，趋于稳定，而精神和情感需求不断增加。M. Mcenally 和 L. de Chernatony 认为，消费者对品牌的追逐，由最初的品牌功能性价值满足开始，逐渐过渡到差异化/一致性/质量、自我表现、自我识别和建立关系，最后上升到自我实现价值阶段。因此，消费者需要层次是影响品牌文化价值主张的一个重要因素。

1. 消费者具有不同的主导需要层次

消费者行为学理论认为，人的消费行为模式通常是：有需要，然后产生动机，为了满

足需要而有了行动，需要得到满足之后，又产生新的需要，如此循环往复。可见消费者需要是推动消费者进行各种消费行为的最普遍的内在原因，是消费行为前的一种心理倾向。在心理学中，需要被解释为"由人们体内不平衡而引起的一种心理倾向"。体内的不平衡引起人们向一定的方向努力，去实施相应的行为并满足自己的需要。美国营销专家菲利普·科特勒说，营销者不是创造需要，消费者的需要在营销活动之前已经存在。意思是说消费者的"需要"是本来就存在的，企业存在是因为满足了消费者的某种需要，因此经营企业首先应当深入研究消费者的需要。

消费者心理学有多种关于消费者需要分类的理论，比如二分法（物质和精神需要，或先天和后天需要），三分法（生存、生活和发展的需要）及麦克高尔的12类需要等，其中最著名的是马斯洛的需要层次理论。美国心理学家马斯洛1943年发表了著作《动机与人格》，提出了著名的需要层次理论，将人的需要分为五个层次，其中生理和安全的需要称为低层次需要；归属和爱、尊重、自我实现的需要称为高层次需要。马斯洛认为，一个人生活在不同的主导需要层次上，他对生活的需要会相应地有所不同。人们对生活的渴望和梦想反映了他所生活的主导需要层次。

主导需要层次较高的消费者，他们不再为生理和安全等基本需要担心，按照马斯洛的观点，这些人在生理上，可以有更好的睡眠，更好的饮食，更少的疾病和更长的寿命；在心理上，可以拥有更加彻底的幸福感，内心可以更加丰富和充实。因此他们有更多的时间和精力去发掘更大的生理潜能和获得更满意的主观体验。主导需要层次较低的消费者，由于他们基本的生活需要得不到充分的满足，因此大部分的时间和精力都用于获得基本需要的满足上。较少或者没有条件考虑那些心灵、感受之类的较高层次需要的满足。

2. 消费者需要层次与品牌文化价值主张层次的普遍关系

品牌文化价值主张具有层次性的特性，具体表现在所倡导的价值主张的不同水平和不同侧面上。它可以分为两个层次——高层次价值主张和基本价值主张。消费者需要层次与品牌文化价值主张层次之间具有一定的对应关系，二者之间的关系可以用图6-2来表示。

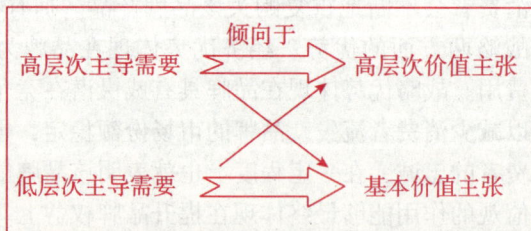

图6-2　消费者需要层次与品牌文化价值主张层次的普遍关系图

（1）主导需要层次较高的消费者倾向于高层次的品牌价值主张。

从消费者需要层次理论中知道，主导需要层次较高的消费者，他们比较关注品牌所具有的个性和内涵，以及能否带来情感、成功、地位、权力等方面的满足。由于是在情感或者价值观层面上得到满足，因此这一类消费者的品牌忠诚度较高。

社会学家 Richard P. Coleman 1983 年关于美国社会层次和不同层次消费者的购买特点的调查研究结果表明，美国上层阶层（较高需要层次占主导）消费者有如下的消费习惯：他们通常光顾各种高级商店或者专卖店，购买对象倾向于高贵的、具有象征意义的产品，如喜欢名贵的品牌，投资于艺术品，喜爱反映高品位的产品、吸引人的家庭装饰及能满足心理情感需要的产品，喜欢流行的东西，等等。

对于这类消费者，品牌的高层次价值主张才能够引起他们的购买欲望。因为品牌基本价值带来的生理需要、安全需要的满足不会使他们得到心灵的享受。而且，这类消费者通常认为高层次需要的追求和满足符合他们追求更伟大、更坚强及更真实的个性，会使一个人更加趋于自我实现。

联合利华董事长 Michael Perryd 在伦敦的广告协会演讲时曾说："品牌代表消费者在其生活中对产品与服务的感受，是由此产生的信任、相关性与意义的总和。"消费者对于品牌通常会达成共识，如他们认为喝百事可乐满足了作为年轻有活力、充满激情、追求时尚族群的需要。购买和驾驶奔驰汽车体现了品位，代表了成功的身份和权力等。而西部牛仔显示的阳刚之美和男子汉气派，给万宝路的消费者某种认同感和社会地位的心理满足，与消费者希望变成堂堂男子汉的欲望是吻合的。所以，露华浓（Revlon）化妆品公司的创始人查尔斯·雷费森说：在工厂里我们生产的是化妆品，而在店里，我们销售的是希望。

需要层次较高的消费者并非完全忽视品牌的基本价值主张，一方面是因为高层次价值主张的品牌必定以基本价值为基础；另一方面，很多时候，该类消费者购买的不只是品牌产品的原始功能（如轿车的代步功能，衣服的御寒功能），他们更加重视能够满足较高层次需要的部分，因此就相对地忽略了品牌的基本价值主张。

需要层次较高的消费者表现出较高的品牌忠诚度，主要是基于以下两方面的因素。首先是社会因素，这一类消费者对社会地位、个人权力和受人尊重等的需要比较强烈，品牌的高层次价值主张正好能够在一定程度上满足这种需要，并且高层次价值主张不是朝夕之间形成的，而是品牌长时期积累而成的，具有较大的差异性和较广泛的社会认同。其次是心理因素，即个人的情感、个性和自尊等的需要。因此，他们一方面从社会舆论的观点出发，另一方面从自己个人的以往经验出发，体验着品牌带来的美好的感觉，绝不轻易放弃，表现出较高的品牌忠诚度。

（2）主导需要层次较低的消费者倾向于品牌基本价值主张。

主导需要层次较低的消费者，他们比较关注品牌代表的安全、功能齐全、价格公道、品质保证及购买方便等方面的基本价值主张，一般认为这类消费者的品牌忠诚度较低。

这类消费者购买的大多数物品主要用于生存需要。由于这类消费者的生理和安全等需要占了主导地位，按照马斯洛的需要层次理论，较低的基本需要尚未得到满足，通常不会产生强烈的高层次需要，因此就决定了他们购买的时候，比较关注品牌对于功能、安全等方面的基本价值主张，他们会说"这是我急需的"。

对于这类的消费者，由于收入水平限制，价格将是决定购买行为的很重要的影响因素，只要哪个品牌的价格更低，就选择哪个品牌。竞争厂家之间努力降低成本，商家进行各种促销或折扣活动，以吸引更多的消费者，消费者就会比较频繁地转换品牌。另外，获取产品是否方便，转换品牌的成本高低，也影响消费者的品牌选择。因此这类消费者表现出比较低的品牌忠诚度，甚至没有品牌忠诚度可言。

随着经济、社会等各方面的发展，将会表现这样的发展趋势，即低层次需要更多地得到满足，人们的高层次需要越来越普遍，关注品牌高层次价值主张的消费者将越来越多。这一点对企业的品牌建设工作提出了更高的要求。同时需要注意的是，品牌的基本价值主张和高层次价值主张必须与企业行为保持一致。如果企业的设计、制造、营销、广告等行为违背品牌文化价值主张，或者未能兑现其价值主张，结果将不仅仅是破坏已建立的品牌价值主张，最终甚至会毁掉整个品牌。企业的每一位员工，包括从董事长到临时工的所有人，都应该理解品牌文化价值主张的本质，并且齐心协力地履行这种价值承诺。

四、国家品牌特性对品牌文化价值主张的影响

当前，越来越多的品牌正积极选择走国际化道路。所谓走国际化道路可以简单地理解为，本土企业希望在全球范围内参与竞争并获得一定的竞争优势，从而把自己的品牌推到广阔的国际市场。作为本土品牌，带有鲜明的国籍属性，而企业将面对的是国际市场的消费者，企业品牌就应当采取相应形式和内容的价值主张，才能更好地赢得消费者的认可并被欣然接受。

1. 国家品牌特性概述

正如每个人都有自己独特的个性一样，一个国家、地区或民族在外人的印象里也具有某些独特的个性。例如，提到法国，人们会联想到浪漫；提起德国，人们会想到严谨、秩序、规则；而提到美国，人们可能想到的是自由和个性张扬。这些个性独特的国家，就好像企业树立起的品牌，也可以用于区别对方而独树一帜，因此可以把这些具有鲜明个性特点的国家称为国家品牌，这些鲜明的个性特点称为国家品牌特性。国家的品牌特性有正面特性和负面特性之分。正面特性是指其他国家的人普遍认同的关于该国家的个性特征中好的、积极的印象和认识，而负面特性是指其他国家的人普遍认同的关于该国家的个性特征中不好的、消极的印象和认识。这些正面特性或负面特性可以用相应的褒义、贬义或中性词语表述出来。

企业品牌的国籍对国际化品牌而言是一个重要的属性，即国家品牌的独特个性对国际化企业品牌有重要的影响作用。一个恰当的例子是汽车品牌常常与消费者脑子中的品牌国籍有密切的联系，宝马和奔驰汽车让人联系到德国，法拉利让人记住意大利，而丰田是来自日本的品牌。这种与国家品牌的关联，能在消费者脑海里激起关于企业品牌的价值观、质量和情感感受，如德国品牌质量过硬，意大利品牌设计独特，而法国品牌属于浪漫和激情。这些例子都表现出国家品牌正面特性对企业品牌的积极影响作用。当然，也不乏国家品牌负面特性对企业品牌的消极影响的例子，像中国和印度，都有不少不利于制造业企业品牌的负面特性存在。也就是说，国家品牌的个性特征对该国企业品牌有重要的影响作用。

面对国家品牌的正面特性或负面特性，企业应当采取相应主张的品牌文化，才能更有利于企业品牌被国际市场消费者认可和接受。

2. 国家品牌特性对企业品牌文化价值主张的影响

企业品牌文化在内容和表现形式上塑造品牌的主张和观点。对于国家品牌正面特性，企业可以主张一致或不一致的品牌文化；而对于国家品牌负面特性，企业就只能够主张不一致的品牌文化。具体分类如图6-3所示。

（1）企业品牌文化主张与国家品牌正面特性相一致的策略。

如果企业品牌文化主张与国家品牌正面特性相一致，即品牌文化主张直接或间接地体现国家品牌正面特性，那么一方面企业品牌可以从国家品牌正面特性中获益，国际消费者认可了国家品牌的正面特性，这种态度会转移到企业品牌上，从而进一步认可企业品牌；另一方面，倘若国际消费者在拥有或使用某品牌产品时获得了相应的利益时，会巩固他们对国家品牌特性的认知和肯定，这一结果无疑对该国其他行业或企业品牌有莫大的帮助。

	一致的品牌文化主张	不一致的品牌文化主张
国家品牌正面特性	深化	双面胶
国家品牌负面特性		改变

图6-3　国家品牌特性对企业品牌文化价值主张的影响

香港李锦记集团倡导"思利及人"的品牌价值观，得到了国际市场消费者的认可。"思利及人"的价值主张与中国固有的深厚文化底蕴是一致的。凡是有中国文化知识的消费者都知道，中国自古以来就是讲究"仁爱"，讲究"善小而为"，讲究"老吾老以及人之老，幼吾幼以及人之幼"，将这一价值主张与中国著名的饮食文化相结合，使得香港李锦记在世界各地颇受欢迎。

NIKE公司提倡"个性、自由"的品牌文化，在世界各地广受年轻人的追捧，其中有一部分功劳来源于它的国籍属性。美国是一个倡导自由、个性和平等的国家，所以美国国家品牌具有自由、个性的特性。NIKE公司正是借用了美国国家品牌的特性因素，对于那些向往美国，追求自由、个性的国际消费者而言，NIKE的吸引力是相当大的。

使企业品牌文化主张同国家品牌正面特性相一致的做法，可以在某种程度上进一步提升品牌在这方面的价值主张，尤其表现在深度上的提升。

（2）企业品牌文化主张与国家品牌正面特性不一致的策略。

不可否认，企业品牌是有它自己的国籍的，因此企业品牌总会带有一定的国家品牌特性的印记。如奔驰品牌总带有德国国家品牌高品质、严谨的特性，产自意大利的服饰总能体现出时尚高超的设计。但是有些国际级大企业认为，品牌所具备的国家品牌正面特性是与生俱来的，不用宣传也会被国际消费者熟知和认可，因此企业应当主张国家品牌正面特性之外的品牌文化，以期能有更多亮点，在更广的范围上吸引国际消费者。这种做法也不乏成功的案例。

维京品牌就是一个典型的例子。维京是一家来自英国的国际大集团，拥有一百多个子公司，涉及行业包括铁路、航空、饮料、服装、金融等，这种多元化战略实施的成功，需要怎样的价值观来引导呢？英国国家品牌特性可以主要概括为讲究传统和经典，倘若维京倡导同国家品牌特性相一致的品牌文化主张，很难想象维京会有今天的成绩。而事实上，维京的成功，在相当大的程度上依赖于创始人理查德·布兰森倡导的"打破常规"的品牌价值观。

再如奔驰是来自德国的品牌，但是奔驰汽车主张给人们带来尊贵、成功、地位等一系列的品牌文化。显然这种品牌文化主张不同于国家品牌特性，但是却使得奔驰更加吸引有这类需要的消费者。

企业主张不同于国家品牌正面特性的品牌文化，从另一个角度进行品牌定位，这种做法的好处犹如双面胶，两边都占到好处。但是这种做法需要相当的投入才能成功，而且品牌文化主张最好不要同正面特性正面冲突。

（3）企业品牌文化主张与国家品牌负面特性不一致的策略。

文化战略专家曹世潮在其著作《文化战略》一书中认为，某一国家或民族的文化特性总可以支持该国家或民族在某些产业达到世界前列的水平。然而在文化特性不支持的其他产业，发展就比较困难，这些产业的产品流通到其他国家，在一定程度上造成和加深了国家品牌的负面特性。这种负面特性将在整体上影响本国企业品牌在国际市场上的形象，给本国企业品牌的国际化设置障碍。

国家为了尽量消除这些负面特性，就需要相应的企业作出相当的努力。作为企业，除了在研发、生产、控制等环节提高水平之外，倡导与负面特性相对应的品牌文化主张，也是企业品牌树立形象、实现品牌国际化的必经之路。

我们知道，中国国家品牌有不少负面特性，像质量差、价格低等，然而海尔品牌今天在国际上的地位，却极大地提升了自己的质量形象。早在 1984 年，海尔创始人张瑞敏就带头用铁锤砸掉了 76 台质量不合格的冰箱，并开始倡导海尔人的质量意识，主张质量第一的品牌文化。海尔人持续的努力终于得到了回报，海尔产品在中国是质量好的象征，在国外也得到了大量消费者的认可。

企业通过倡导相应的品牌文化，并在根本上提高企业实力，从而达到改变企业品牌的国际形象，甚至改变国家品牌负面特性的目的，这样的例子很多，尤其是日本和韩国企业，它们的成功经验值得借鉴。

第四节　品牌文化与企业文化的塑造

一、品牌文化促进消费者心智模式的转变

品牌文化的演进表明消费者对品牌认识的变化，表明品牌在消费者需求中的意义。现代商业社会，品牌由符号演变为具有丰富价值内涵的品牌资产，消费者对品牌的认识和对品牌的需求上升到新的层面，品牌文化影响和改变了消费者的心智模式。

1. 从需求到欲望

马斯洛认为，人是一种需要不断的动物，除短暂的时间外，极少达到完全满足的状况，一个欲望满足后，往往又会迅速被另一个欲望所占领。人几乎整个一生都总是在希望着什么，因而引发了一切。所谓需要是一种促使消费者采取行动来改善状况的不满意的状态，是消费者在获得了为改善其不满意状态所需的条件之后，想要获得更满意感受的一种愿望。

人的需求是有限的，它受个人能力的影响较大，从人的本性看，人的欲望则是无穷的。只要人的本性没有改变，人就会不断产生新的欲望。所有的消费者行为都是受需要驱动的，其目的就是寻求可以满足其需要的东西。

2. 从满足到满意

从消费社会学的角度看，人是以消费为主体的生命，人的一生都是消费的过程。需求是变化的，需求的效用价值也是不断进化的。当社会的发展使生存的价值观发生变化后，消费者对消费的理解也会发生转变，消费由获得物质的满足，转向寻求心理的满意。满意

和满足是消费效用的两个层次，满足是获得物质的功能效用，是较低层次的需求，不注重心理感受；满意是生理和心理的效用统一。吃饱是消费满足，吃好才是消费满意。

从满足到满意，使消费者对商品的效用和价值期望发生转变，使消费者的消费模式发生转变，消费已从只追求结果扩展到消费的全过程体验。

3. 从物质到情感

商品的使用价值是商品交换的前提，是消费者购买的原始动机，当消费者的消费实现由需求到欲望、由满足到满意的价值观变化后，消费效用的构成也在发生变化。商品的功能效用逐步降低，功能成为商品出售的基本条件，商品消费的情感效用需求增大。消费者的消费价值观从对物质的追求上升到对情感的追求。

二、品牌文化对消费者行为的影响

现代社会已经进入重视"情绪价值"胜过"机能价值"的时代，亦即感性消费时代。世界著名的 BBDO 广告公司的研究证实：消费者在选购品牌时不像以前那样偏重理性的考虑，而更注重使用不同品牌能体现不同的自我个性与情感。中国品牌价值研究报告显示，在选择人们生活开支中占有较大比重的电视机、空调、电冰箱、洗衣机等商品时，知名度高的品牌在市场中的主导地位明显。销售居于前 10 位的品牌，占据了行业 80%～90% 的市场，其中最有价值的品牌销售都居于所属行业的前三位，几乎是前两三个品牌就占据了一半的行业市场。这说明，科学技术的发展和市场竞争的日趋激烈为消费市场提供了大量可供选择的商品，产品的功能、性能、可靠性等问题在现代技术条件下都已不成问题，消费者的需求中心已转变为对品牌的个性化、知名度等更高的要求。

这种消费行为的"感性化"转变是以消费文化转型为基础的。今天，当人类迈入 21 世纪的时候，当我们从计划经济走向市场经济的时候，社会文化转型已势不可当地成为历史必然，而人的自我文化意识的改变是文化转型的根本标志。随着人们对自己全新的形象的塑造，人们同时也就给自己提出建构一个全新世界的任务。现实生活中，"以人为本"的消费观念正逐步形成，例如在衣着文化方面，人们就以追求个性化和舒适为主，花钱买美观、买舒适、买个性、买稀少、买新潮；做工考究、式样新颖、材料多样、设计独特、色彩多变已成为购买成衣的要素。可见，在消费者对自我消费文化的意识越来越明确的今天，消费者在选择品牌时会考虑这个品牌是否适合自己的"自我形象"，是否具有能代表"自我形象"的个性文化特征。

因此，品牌的文化内涵，已成为消费者选择品牌的重要依据。在品牌形象的创建过程中，品牌文化是通过其外在具体的表现形式和自身的独特魅力——"符号"，从品牌名称、品牌标志、包装装潢、营销环境、服务规范等方面外显出来的。品牌文化塑造得是否合适，一般有两个标准。一是品牌文化要适合品牌产品的特征，要与产品特性相匹配，才能让消费者觉得亲切自然、易于接受。二是品牌文化要符合目标消费群体的特征。品牌文化要从目标市场消费群体中去寻找，要通过充分考察其思想心态和行为方式来获得。只有这样，这种品牌文化才容易被目标市场消费者认同，才能增强品牌力。

品牌文化塑造对于消费行为的重要性主要体现在以下两方面。

①品牌文化满足了目标消费者物质之外的文化需求，它是品牌在实际使用价值之外给予消费者的一种印象、感觉及附加价值。而消费者在购买某一品牌时，不仅仅是选择了品

牌的质量、功能、售后服务，更多的是选择了这一品牌所象征的文化品位。

②品牌文化所蕴含的社会文化环境、风俗习惯、文化形态等是对消费者所属文化的一种适应与融合，是与消费者的文化心理及价值取向的契合。

三、品牌文化对消费模型的作用

企业通过品牌文化建设来影响消费者的购买决策过程，也就是品牌文化建设的最终目的是促成消费者的购买行为。具体来说，企业根据目标消费者的需求和自身的产品/服务特性来进行品牌文化定位，并将这一定位传播给消费者。消费者根据自己所接收到的信息，形成对该企业品牌文化的感知。当消费者的心理需求和对该企业品牌文化的感知相符时，消费者在消费该品牌的过程中，心理需求得到满足，自我个性得到彰显，就能形成对该品牌的偏好（见图6-4）。

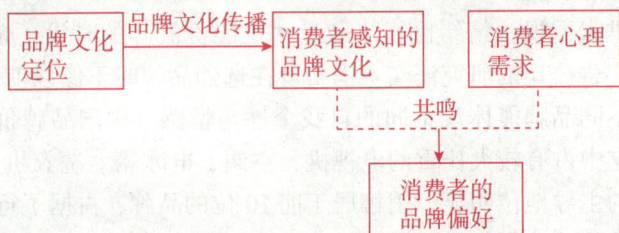

图6-4　品牌文化对消费者心理的作用

一旦消费者形成品牌偏好，就能较为持久地保证消费模型的各个环节顺利进行。品牌偏好对消费者从需求认知到信息寻求，到方案评估，再到购买决策，最后到购买结果都起到促进作用。品牌偏好对消费模型的作用如图6-5所示。品牌文化的力量存在于消费者或顾客的心中，存在于他们以前对该品牌的体验和了解中，消费者的认知才是品牌资产真正的核心。企业对品牌文化的投资，其实质在于促进消费者对品牌产品的了解、感觉、回忆和信念。消费者对公司品牌产品的认知决定该品牌和企业未来发展的方向是否适当，

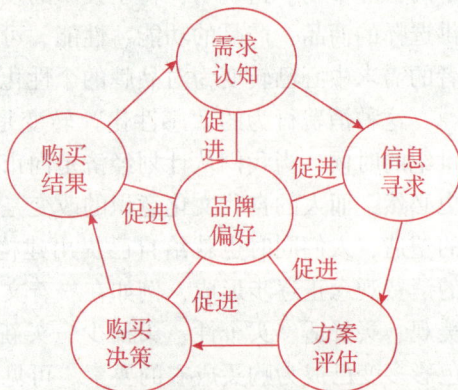

图6-5　品牌偏好对消费模型的作用

因为消费者将根据他们对某一品牌产品的信念和态度来决定是否愿意获得企业的产品和服务，从而决定企业未来的发展潜力。

四、品牌文化与消费者行为的互动关系模式

品牌文化与消费者之间是相互影响的双方。具体地讲，品牌文化与消费者之间的互动包括以下几个环节：企业在消费者需求分析的基础上，进行品牌文化定位，通过传播工具向目标市场消费者传递相关信息，从而形成品牌文化的社会影响力，即知名度；消费者通过品牌文化体验而产生品牌文化联想，最终形成对品牌文化的综合评价，即品牌文化形象；然后企业通过持续的品牌关系管理来保持消费者的品牌忠诚度。这个过程可称为"品牌文化与消费者行为互动关系模式"，如图6-6所示。

1. 消费者需求分析

现代的市场是买方市场，在诸多市场要素组成的复杂关系中，消费者成为中心，企业品牌建设的最终目的就是为了使消费者选择并购买其品牌产品。因此，企业进行品牌文化建设的出发点便是消费者需求分析。一切品牌文化策略的制定都要围绕消费者需求来进行，要充分考虑目标消费群体的特征。只有这样，建立起来的品牌文化才容易被消费者认可。

2. 品牌文化定位

品牌文化定位是指在目标消费者需求分析的基础上，发现或创造出品牌独

图 6-6　品牌文化与消费者行为互动关系模式

特的差异点，并与目标消费者心智模式中的空白点进行匹配择优，从而确定出一个独特的位置。品牌文化定位是联系品牌与目标消费者的无形纽带。"万宝路"香烟在美国被塑造成自由自在、粗犷豪放、满身是劲、纵横驰骋的西部牛仔形象。它迎合了美国男性烟民对不屈不挠、四海为家的男子汉精神的渴求。品牌文化定位是确立品牌个性的必要条件。在产品同质化的时代，消费者渴望在品牌文化定位中找到满足自己情感需求的归宿。品牌文化定位要求品牌能够满足目标消费群体的心理需求，能够给他们提供买的理由。

3. 品牌文化传播

品牌文化传播的目的是要在目标市场消费者心中留下深刻的品牌印象，甚至是美好的回忆。品牌文化传播与营销组合 4P 中的营销有着异曲同工的作用，前者传播的是品牌文化，后者传播的是品牌产品，实践中两个过程经常是同时进行、相互促进的。广告、公关、新闻与赞助社会公益活动等促销工具既是产品传播工具，也是品牌文化传播的工具。企业通过这些传播工具将品牌文化定位信息传递给消费者，同时让消费者认知其品牌价值，从而影响消费者的购买行为。

4. 品牌文化体验

品牌文化体验是消费者对于品牌相关信息的感知过程，如消费者对品牌产品的使用，与企业员工的直接接触，对各种广告的心理感应，周围人对该品牌的评价，以及对竞争品牌差异的感知等，都构成了品牌文化体验的内容。消费者体验到的品牌文化信息，有的是企业作为的结果，如广告信息、产品介绍等，有的是自发的结果，如口碑、他人态度、现场气氛等。对于消费者而言，品牌文化体验实质上是一个期望和亲身感受之间的比较过程。如果最终的体验能够给消费者带来预期的效果，那么体验产生的联想就是正面的；而如果最终的体验没有达到预期的效果，那么品牌文化体验就会产生负面的联想。

5. 品牌文化联想

品牌文化联想是消费者经由品牌文化体验而联想到的与品牌有关的方面。品牌文化联想内容丰富，大致有以下几种：品牌个性的联想、企业价值观的联想、产品/服务特征的联想、竞争者的联想等，有的品牌是根据与另一个品牌相比较的结果来记忆的，如非常可

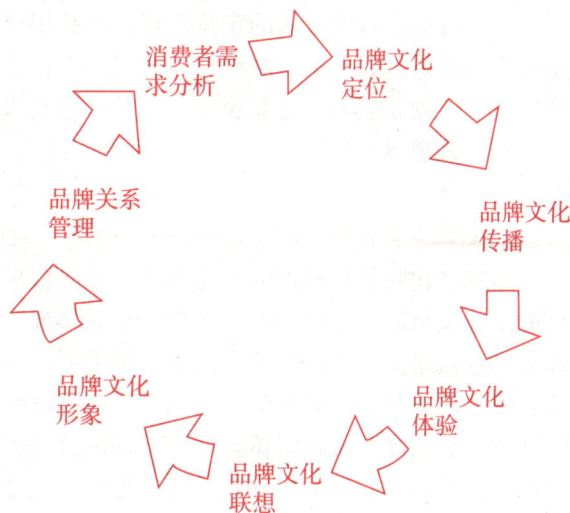

乐与可口可乐、百事可乐的定位联想；产品用途的联想，一定的品牌可使消费者联想到特定的消费群体，如太太口服液使人想到妇女；企业的联想，如由一个产品品牌会想到企业的知名度、创新能力、企业员工、文化、信誉及与企业有关的各种人物等；符号的联想，如海尔让人想起可爱的海尔兄弟；文化个性的联想，如可口可乐让人想到美国人的生活方式。

6. 品牌文化形象

品牌文化联想是感性的、直观的、未经梳理的对品牌文化的认知。消费者会把各种各样的品牌文化联想加以归类、分析，最后形成一个较为系统的、稳定的对品牌文化的综合印象，这就是品牌文化形象。譬如，消费者会认为海尔系列家电是高品质、优质服务的象征，奔驰轿车是豪华舒适的高档汽车，海飞丝去头屑效果显著等。这里值得强调的是，品牌文化形象与品牌文化定位是两个不同的范畴，前者是消费者对品牌文化的理解，而后者是品牌营销者为品牌文化确定的理想形象。正是因为品牌文化定位与品牌文化形象之间存在不同，才要求品牌文化经营者正确处理品牌文化互动过程中各个环节的干扰因素，致力于提高品牌形象至期望水平。

7. 品牌关系管理

使消费者对品牌产生忠诚的，不是单次的购买行为，而是企业持续的品牌关系管理。为了强化品牌与消费者的关系，企业在以消费者为中心，使顾客满意的经营哲学的指导下，建立顾客的信息反馈系统，不断搜集了解消费者需求、偏好的变化，以及对品牌的意见，以便随时发现品牌与消费者之间关系中出现的问题，并及时予以解决。品牌与消费者的关系是长期累积的结果，并非一日之功。许多世界知名的品牌都有相当长的历史。如可口可乐已有100多年的历史，企业要想赢得消费者对品牌的信任和满意，必须做长期的品牌关系管理的努力。

本章小结

1. 品牌文化是指企业构建的被目标消费者认可的一系列品牌理念文化、行为文化和物质文化的总和。而企业文化是指现阶段为大多数员工认可的一系列的企业理念和行为方式，包含使命、愿景、价值观、管理模式等组成要素。品牌文化主要是向企业以外传播的，企业文化主要是在企业内部传播的。

2. 每一个企业的品牌文化通常都包含这些特性：间接性、独特性、层次性、关联性和一致性。

3. 品牌文化结构的三个要素，即外层对应品牌物质文化，中层对应品牌行为文化，内层对应品牌理念文化。

复习思考题

1. 什么是品牌文化？
2. 品牌文化具有什么作用？
3. 请分析品牌文化的结构。
4. 什么是品牌价值观？
5. 请谈谈品牌文化对消费者行为的影响。

实践训练项目　企业品牌故事

实训目的：

通过实训，使学生了解企业的品牌故事，让学生理解企业品牌故事的宣传力量，体会学习企业品牌文化的重要性，理解不同企业品牌故事的内涵不同。

实训地点： 教室或相关实验室

实训组织：

1. 在教师指导下，学生分为若干模拟公司，每组 7~10 人，设组长 1 人，并扮演企业不同角色。

2. 小组组长带领成员通过网络、图书馆或现场调研搜集、整理和分析企业品牌故事资料。

3. 各组将研究成果制作成幻灯片或者视频，并由扮演相应角色的成员进行汇报。

4. 小组自评，小组互评，教师讲评。

实训内容：

在教师指导下，学生以组为单位自主选择熟悉的行业或者企业，对该行业（或企业）的企业品牌故事进行搜集、整理分析，形成 PPT 或者视频，并提交书面报告。

评价标准：

根据学生在企业文化资料整理内容、团队协作能力、PPT 制作水平与汇报人综合素质等方面进行优良中差层次评判。

案例研讨　新希望之道

新希望集团有限公司始创于 1982 年，是由著名民营企业家刘永好先生发起创立，伴随中国改革开放进步和成长的民企先锋。在 30 余年的发展中，新希望集团连续 16 年位列中国企业 500 强前茅，国家级农业空头企业，国家级双创基地，已经成为中国最大的肉、蛋、奶综合供应商之一，全球第二大饲料生产企业，第三家互联网银行"新网银行"，创造了显著的社会价值与商业价值。

新希望集团在全球 30 多个国家和地区拥有分子公司超过 600 家，员工 7 万余人，集团资产规模近 2,000 亿元人民币，年销售收入超 1,300 亿元人民币。集团主体信用等级被中诚信国际信用评级有限公司（"中诚信"）评定为 AAA 信用等级。集团立足农牧行业并不断开拓新领域，先后进入食品快消、农业科技、地产文旅、医疗健康、金融投资等多个产业。目前，新希望集团已成为以现代农业与食品产业为主导，布局银行、证券、金融科技和基金等多种金融业态，持续关注、投资、运营具有创新能力和成长性的新兴行业的多元化综合性企业集团。

新希望集团早在 1997 年便开始海外业务探索，并于 1999 年在越南建成第一家海外工厂。目前，集团在"一带一路"倡议沿线国家投产、建设、筹建、投资的工厂达 40 余家。在 20 余年国际化发展的探索道路中，新希望集团以开放共赢的心态与包括世界银行国际金融公司（IFC）、美国嘉吉公司（Cargill）、日本三井物产（Mitsui& Co）等在内的国际知名企业和机构建立了持续稳固的合作关系，通过构建价值联盟实现了全球优质资源的整合。2018年被评为科技创新企业；2019年1月25日，在深圳上市（股票代码：002946）。

在国家实施乡村振兴战略与"一带一路"倡议的引导下，新希望集团将"人才年轻化、产融一体化、国际化、创新与科技化"作为发展重要引擎，创新合伙人机制、强化科技引领，抢抓市场机遇，在深化改革扩大开放的时代新起点，更好地实现转型升级发展。

经营宗旨：为耕者谋利　为食者造福

"耕者"是指广大的农民朋友，是企业员工，是农牧产业链上下游的关联企业，是新农村建设的主力军。"为耕者谋利"就是帮助农民朋友富起来，提供更多的就业岗位，帮助合作伙伴发展。"食者"就是全国食品消费者。"为食者造福"就是作为肉、蛋、奶食品的制造者和供应商，肩负起历史和社会的责任，让全国人民吃到更多的放心肉、放心奶、放心蛋。作为肉蛋奶的生产和销售企业，新希望所关心的安全，已不仅仅是某个生产环节的安全，而是整个产业链的安全，新希望利用在农业领域发展的产业优势和市场优势，从一开始就整体布局，致力于安全、无公害产品，切实提高产品质量。

企业精神：养育人　创财富

促进社会文明进步利润，是确保企业在市场经济社会中生存、发展和基业长青的基础。但企业财富积累到一定程度的时候，其价值将更多的体现在对社会所承担的责任，体现在振兴民族产业，促进社会进步所起的作用。企业需要赚钱，但不是仅为赚钱而存在，企业要赚的是对民族、对民族产业发展的一颗颗赤诚之心，是一个经得起历史检验的评价。唯有如此，企业才能不断发展、基业长青，我们的社会才能持续进步。

企业价值观：阳光、正向、规范、创新

"阳光、正向、规范、创新"是新希望的基本价值观念，长久以来，新希望集团立足于基业长青，致力于正向、规范、阳光的企业治理架构，努力打造规范、环保、领先的世界级农牧企业，实现高速和可持续发展。

"阳光"

做事先做人，简单真诚、快乐自信，具备积极心态；

甘于奉献，为了组织和集体的利益可以成就他人；

与人为善、充满活力、善于沟通。

"正向"

树正气，正人心；

"凡事往好处想，往好处做，就会有好结果"。

"规范"

专业负责，勤奋敬业；

诚实守信，公道正派；

服务客户，奉献社会。

"创新"

致力于产品、服务创新，以创新提升核心竞争力；

改进管理理念、方法，不断改进工作业绩和效果；

不断创新注重商业模式，提倡和弘扬创新精神，不断成长。

企业形象：像家庭、像军队、像学校

像家庭：温暖常在，与员工共享，构建一个温暖可靠的家庭；

像军队：军事训练，磨练意志铸造铁军。召之即来，来之能战，战之能胜！一支善打硬仗的军队；

像学校：新希望乳业企业大学，一所培养人才的学校——"三新学院"："新蕾学院"、"新光学院"和"新英学院"。其中"新蕾学院"拥有完整成长路径及全套通用力培养的新蕾管培通用力学院新员工入职训练营培养的是从新人到尖兵；"新光学院"多线路的定制化专业线路成长新光职业化学院，营销专业技能培训培养的是从尖兵成长到菁英；打造分层级的新英—管理力学院；"新英学院"培养后备干部人才的摇篮培养的是从菁英成长到雄鹰。

"像家庭、像军队、像学校"是希望集团一直塑造的企业形象。在此基础上和新的环境下，刘永好提出新希望的企业文化三段论：要"像家庭、像军队、像学校。"

新希望之道：新、和、实、谦

"新"是途径，"和"是目标；"实"是做事，"谦"是做人。"新"是新希望人的世界观，也是方法论；"和"，是新希望企业文化主体，是特征，是命脉，是状态，是新希望的本钱，是新希望核心竞争力之主要文化支撑点；"实"和"谦"是路，是源，是进退所依，是赖以生存和发展的工具和燃油。

"新、和、实、谦"的形成，与新希望的企业愿景、所处的行业、企业发展史、民营企业特质、领导风格相关，也与企业环境和时代背景相关，是由经济基础决定的上层建筑。新希望这"四个字"的发扬，需要主管经理人亲践、亲悟、亲守、亲授；需要向行业、合作伙伴、国内外同行吸取营养；需要不断地赋予新的时代意义；同样需要加强制度、流程、规章等管理措施——精神不是万能的，绝不能躺在文化上睡觉。

"新"

"新"，既是经营前提、又蕴藏途径，是新希望人认识世界的态度，也是改造世界的方法论。从"希望"到"新希望"，从"新希望"再到"新和石千"，新希望人一直以"新"为动力，繁衍着新希望的生生不息，推动着新希望事业的上升。

1. 全新

变化是永恒的，稳定是相对的。城市化、全球化、信息化、新技术、新形势，商业世界因此而不确定、全新和混沌，变化、未知和不可测成为了常态。新希望人视变化为健康的标准。

辉煌的人生是一个不断刷新自己的过程。发自内心地欢迎变化，因为机会蕴藏期间；更重要的是保持对变化的敏感，因为危机也蕴藏期间。把危机作为经营条件而非借口，善于从中寻找机会，对其做出反应；提前做好准备，机遇总是垂青有准备的人们。当多变和无常成为常态，"基业长青"就是神话不是现实；不迷信过去的成功，不妄自称第一；不只看到成绩，也看到问题；不只看到今天，还看到未来；不仅看到自己，也看到别人。

生于忧患，死于安乐；居安思危，变于危前；未雨绸缪，防患未然，求生存而后伺机发展。忧患意识是新希望人在"全新"世界中一种清醒的防范和远见。

2. 创新和求新

创新，是在变化中抓住机会，重新有效组织生产要素，创造更多价值。创新超越变化，创新开创未来，创新以万变应万变。创新是新希望人企业家精神的灵魂，是新希望持续增长的驱动力。

技术创新是创新；管理体系、观念、结构、激励机制、人才培养、营运模式、服务方式、发展模式等创新也是创新；组织创新是更大的创新；回归也是创新，回归到产品、成本、研发、服务、培训、客户、文化操守等基本层面上来，不是简单的重复，而是智慧。

创新是可以学习和培养的。走前人没走的路；向前人学习，拿来变为自己的东西也是创新，经过一定检验的就更为成熟；5%的改善与改进也是创新；允许在创新上适度犯错，积极营造创新氛围。

"和"

"和"，是新希望企业文化核心的价值取向和追求目标。新希望人追求"和而不同"，和谐而又不千篇一律，不同而又不相互冲突。和谐以共生共长，不同以相辅相成。在大目标和价值观不冲突的前提下，企业文化、利益格局、个性特点和思维方式上的差异有可能让人费心，只有承认差异，包容差异，乃至尊重差异，才能化解矛盾，共存共荣。

1. 和自己

对上不盲目附和，能提出不同意见，使决策更完善；对下能容纳和听取不同意见，集思广益，谋众断独；向下负责，向上报告。

忠诚，守信，富有激情；快乐、热情、慷慨、自信、富有爱心；保持身心健康，保持良好的工作和生活习惯；不做金钱的俘虏，追求人生价值的实现。

2. 和员工

参差多态乃幸福之源，尊重个性，大圣不拘小节；适应和包容多样的价值观和行为模式，支持和帮助他人发挥潜力；培养和储备接班人。

建立适当的激励机制，探索生产要素分配合理机制，尊重员工的利益与发展，重视员工的报酬、工作生活环境、福利保障、教育培训、安全生产等；公司技工、一线员工和经理人一样，都是公司之根基，决定着公司的竞争力和企业命运。

3. 和客户

情系父老乡亲，耕食报民、实业报国。通过产品、服务、资金担保、协会等方式帮助广大养殖户更新条件，提高能力；通过与食品销售终端企业及食品加工企业的合作为城乡居民提供安全、放心、区域特色风味的肉食品，情系父老乡亲，忠诚于客户利益。把客户团结在周围，永远客户第一。

4. 和行业

不忘行业责任，13亿人口的消费市场有足够的发展空间；致力于行业提升而提升，行业发展我发展；和合寻求发展，汇聚天下力量；不怕做最麻烦的事情，做链上最微利的环节，均衡产业链上的利润分配；为上、下游提供价值，在服务和共事过程中成长自我；联合求发展，以共赢的心态与合作伙伴共同发展，让合作伙伴尝到甜头。

5. 和社会

保障食品安全、带动农民增收是最大的社会和谐；积极践行光彩事业、新农村建设，促进社会文明进步。社会责任不是负担，而是实实在在的竞争力。

"和而不同"，是建立在秩序和规则之上的，否则就成了"同而不和"。首先，秩序。"礼之用，和为贵。"投资人、管理层、执行者授权与分权体系清晰，每个人人性、潜力迸发的时候，在秩序里各安其所、各行其道、各司其职、各谋其政，在其位谋其政，不越俎代庖。

其次，规则。应该容许道德高低的差异，有低才有高。只要规定了底线，高度自然就能被辨别出来。在道德无法约束到的区域，不应该寄希望于每个人都是君子，应先寻求制度的底线，再寻找没有封顶的道德高度。

"实"

实，是新希望人做事的行为准则和出发点。我们务必了解，我们的生存之道是勤奋、俭朴和务实，要以小企业的精神做大企业的事情。要脚踏实地做产业，不要投机取巧，基业才能常青，新希望才能走向健康、长远。

1. 能者千岁

市场不相信眼泪，只相信现金流和利润空间；业绩面前，万人不诤；能者生存发展，懦弱自我淘汰；我们的能力、经验和水准，是在持续的执行中被检验的。

2. 务实俭朴

踏实肯干，忌浮忌躁，"稳步观景"，一步一印是智慧。脚要快一点，下手要慢一点；耳朵、眼睛要勤一点，嘴要慢一点；做事要快一点，心要慢一点。人事宜速，适应市场宜快，认准简易之事宜急，难事、大事、急事宜缓。每竞必胜，与己之争，不轻言夺。

从事后到事前、化被动为主动、化神奇为平凡、从片面到全面、从不确定到可掌握、从混乱到系统；量化、信息化、常规化、书面化、制度化、结构化、标准化；管理得好的企业，总是单调乏味，没有任何激动人心的事件发生。

注重现实、崇尚俭朴、讲究实效；排斥假大空、拒绝华而不实。

3. 敬业实干

敬业使我们忠于所从事的事业；敬业引发我们对工作的兴趣与热情；敬业是我们职业精神的基础；敬业使我们能够战胜恐惧与疲惫，把事情做得精益求精，尽善尽美。

干，是真干实干、埋头苦干，为自己而干；淡化权力，强化能力，少管多理，少说多干（试），先干再说；淡化官位意识，强化责任意识；有人负责我服从，无人负责我负责。

以数据说话，反对主观主义；没有调研就没有发言权，让听得到炮火的人来决策；夸夸其谈、懒懒散散、游游逛逛、指手划脚是新希望人不能接受的。

"谦"

品德常常弥补智慧的缺陷，而智慧填补不了品德的空白。"谦"，是新希望做人的品德修养和处世之道，是心胸，是心气，是志向，是格局，是抱负，是容量，是经理人的人格和自尊。"谦"，素受性格影响，然后天熏陶、拓阔、历练是关键所在。

1. 对己

谦逊内省。人无完人，实事求是地对待自己，深刻地认识自己，看到自己的不足，不夸大自己的能力或价值；管理好自己的欲望，超出能力的不盲目扩张；在顺利和逆境之时都保持清醒的头脑，从容不迫、平常心、驭人先驭己。

自律和慎独。自觉地严于律己，谨慎地对待自己的所思所行；将自己置于被监督之中，廉洁、规范、保持道德水准；牢固地保持自我的道德本性和本心，不被外物所左右而保持道德自觉。

学以致其道。勤学增加知识，知识提高能力，能力创造价值；实干使能人优秀，学习使优秀者卓越。向书本学，向社会学，向国外学，向标杆学，向身边的人学，与实践相结合地学。

2. 对人

感恩的。人的成长与发展离不开社会、组织和家庭，要时刻牢记父母的养育之恩，老师的培育之恩，公司的录用和培养之恩，用户的合作和信赖之恩；要感谢上司、同事、下属和家人的指导、帮助、协作和支持之恩；怀着一种感激之情来工作，来生活。

包容的。海纳百川，有容乃大，在一个开放的时代要有开放的事业心态；容多少人，同多少伍，做多少事；胸襟多大，视野多大，格局多大，事业场多大；开放、包容、淡泊名利是大智慧。

向善的。帮人帮己，先人而己；站在他人利益角度，为他人利益着想，做人做事以为别人创造价值、带来利益为出发点；诚心交友，简单关系，理性管理；热心、感恩心、平常心既是先智，也是后慧。

（资料根据新希望集团官网整理）

讨论题：

1. 试分析新希望集团的品牌文化。
2. 请谈谈新希望之道的内涵。
3. 新希望集团的企业文化有什么启示？

第七章　企业文化变革

学习目标

- 掌握企业文化变革的内容。
- 掌握企业文化变革的一般模式。
- 熟悉企业文化变革的原因。
- 熟悉企业文化变革的原则。
- 了解企业价值观管理。

导入案例

海尔吃"休克鱼"

从 20 世纪 90 年代初开始的近 10 年间，海尔先后兼并了 18 家企业，并且都扭亏为盈。在这些兼并中，海尔兼并的对象都不是什么优质资产，但海尔看中的不是兼并对象现有的资产，而是潜在的市场、潜在的活力、潜在的效益，如同在资本市场上买期权而不是买股票。海尔 18 件兼并案中有 14 家被兼并企业的亏损总额达到 5.5 亿元，而最终盘活的资产为 14.2 亿元，成功地实现了低成本扩张的目标。人们习惯上将企业间的兼并比做"鱼吃鱼"，或者是大鱼吃小鱼，或者是小鱼吃大鱼。而海尔吃的是什么鱼呢？海尔人认为：他们吃的不是小鱼，也不是慢鱼，更不是鲨鱼，而是"休克鱼"。什么叫"休克鱼"？海尔的解释是：鱼的肌体没有腐烂，比喻企业硬件很好；而鱼处于休克状态，比喻企业的思想、观念有问题，导致企业停滞不前。这种企业一旦注入新的管理思想，有一套行之有效的管理办法，很快就能够被激活起来。

故事启示：国情决定了中国企业搞兼并重组不可能照搬国外模式。由于体制的原因，小鱼不觉其小，慢鱼不觉其慢，各有所倚，自得其乐，缺乏兼并重组的积极性、主动性。所以活鱼不会让你吃，吃死鱼你会闹肚子，因此只有吃"休克鱼"。

企业文化变革，也可以称为企业文化重塑，是指企业为了适应环境和战略的变化，对原有的企业文化所进行的整体性（大范围）的革新。当企业原有的文化体系难以适应企业新的战略发展的需要而陷入困境时，就必然要通过文化变革来创建新的企业文化。就我国企业的情况而言，从总体上来看，当前正是新旧体制转换、经济增长方式转变、产业结构大调整和大改组的时期，也是企业制度创新、资产重组、管理变革和产品更新换代的加速期，还是传统价值观、道德观等文化要素受到新形势、新观念的巨大影响和冲击的时期。

可以说，在这样一个大变革的时期，外部环境的变化必然会对各企业的战略和文化传统提出变革的要求。

企业文化变革的根源在于企业赖以生存和发展的客观条件发生了根本性的变化。一方面，它是社会文化变革在企业内的反映；另一方面，它又是企业生存发展的必然要求。企业文化变革是企业文化发生飞跃的重要契机，企业文化变革通常可对企业文化的发展起到促进作用。

企业文化变革有渐进性变革和突发性变革之分。渐进性变革是一种缓慢的变革，是企业文化要素在不知不觉之中发生量变的积蓄过程，新的企业文化要素在缓慢的进程中逐步取代旧有的企业文化要素。这种变革潜移默化地渗透在企业及其成员的常规行为之中。企业文化渐变到一定程度便难以控制，产生出意外的结果，从而改变企业文化的整体结构。在这种企业文化的变革中，企业成员感受不到文化革新所带来的强烈冲击。突发性变革是企业文化非常态的文化要素的飞跃。它常常使企业文化在较短的时间内改变文化结构、文化风格和文化模式。突发性变革是在企业文化渐变的基础上出现的，当企业文化渐变积蓄到一定程度时，便会发生巨大突破，从而引起企业文化全局性的变化。这种变化必然是企业文化深层结构的变化，即构成企业文化核心部分价值观体系的改变，而不仅仅是人们生活方式、习惯及工作作风的表层变化。企业文化的突发性变革常常对企业成员的思想感情产生强烈的震撼和深刻的影响，迫使人们进行痛苦的选择。

从本质上讲，企业文化变革就是一场在企业内部开展的"新文化运动"，也可以说是现代新思想对传统旧思想的"文化革命"。只有在成功的"文化革命"的基础上，才能有效地开展企业新文化的"建设"。

第一节 企业文化变革概述

企业文化变革是企业随着所处外部环境的变化和内部条件的改变，根据自身发展的需要，自觉改变企业文化中不利于企业发展的因素，增添有利于企业发展的文化成分，形成新的企业文化特质的过程。企业文化变革时需要根据企业发展战略等因素决定变革的内容，并遵循一定的原则进行规划与推进。

一、企业文化变革的原因

企业文化变革有很多具体原因，但总括起来还是外部环境变化与企业自身发展这一对矛盾所引起的，因此通常可分为外部环境的变化和内部环境的变化两大动因。

（一）外部环境的变化

1. 政策和法律环境的变化

国家的一些关于经济发展政策的转变、法律的调整，都可能引发企业的管理变革与相应的文化变革。例如，我国市场化方向的经济改革政策、在科学发展观指导下转变经济发展方式的政策、国有企业股权多元化的改制政策、《公司法》《消费者保护法》《劳动法》

《环境保护法》等一系列以市场为导向的政策和法律出台，成为企业文化变革的重要推动力量。

2. 经济环境的变化

经济迅速增长可能给企业带来不断扩张的市场机遇，而整个经济的萧条则可能降低对企业产品的购买能力。国家税率、利率和汇率等方面的改变也可能通过市场对企业的管理变革和文化变革施加影响。当今时代，经济全球化和区域经济一体化的趋势日益突出，我国现已加入世界贸易组织，我国企业将越来越深入地融入世界经济大舞台，这都将推动我国企业的管理变革与文化变革。

3. 技术环境的变化

社会技术的进步，深刻地影响着企业生产设备和技术的改进及企业的发展，使企业的生产率明显提高，并进而影响着人们的工作方式和生活方式。例如，随着生产自动化和办公自动化技术的发展，特别是当前以网络技术为代表的高新技术的迅猛发展，使企业的经营理念和管理思想都发生了深刻变化。由于信息技术的迅速发展和普及运用，企业管理的信息化程度迅速提高，将会给传统的企业组织模式和企业的人际交往带来深刻的变革。

4. 人口环境的变化

未来的劳动力市场将呈现多元化的趋势。企业员工在年龄、教育程度、民族、技能水平、出生地等方面的差异越来越大，给企业文化的管理带来了新的挑战。用传统的"熔炉"（假设不同的人会在某种程度上自动地同化）方法来处理企业的文化差异已经不合时宜，企业不得不改变他们的管理哲学，从同样对待每个人转向承认差别和适应差别。例如，针对合资企业和跨国公司管理中的文化冲突，跨文化管理的热潮正在兴起。

5. 商业生态系统的变化

商业生态系统是一些结构松散的网络，由供应商、分销商、外包公司、相关产品的生产商或服务商、技术提供商及许许多多的其他组织所构成。这些网络影响着企业产品的制造和交付，同时后者也反过来影响前者。与自然生态系统中的物种一样，商业生态系统中的每一家企业最终都要与整个商业生态系统共命运。因此，整个商业生态系统的发展状况，必将影响企业在系统中扮演的角色和业务运作，进而可能引发企业的文化变革。

（二）内部环境的变化

1. 企业面临经营危机

企业文化往往成为企业经营危机的重要根源。当企业陷入重大危机时，除少数情形的不可抗力或偶然的重大决策失误外，通常可归因于企业的旧有文化。经营危机使企业的管理者和员工经受心灵的震撼，而危机的后果使企业全体成员意识到文化变革与企业和个人的命运休戚相关，这就为新文化的形成奠定了心理基础。

2. 企业战略的转型

企业战略的制定本身就需要考虑新战略与已有文化的匹配程度，要考虑是否能成功变革与新战略不匹配的文化。但是战略确定之后，围绕战略进行文化变革便成为当务之急。兰德在论述战略与文化的匹配关系时指出，一旦战略制定，变革文化阻碍战略实施的部分就成为战略实施者的责任。随着中国经济的快速发展和经济全球化步伐的加快，我们已经进入一个新的发展机遇期，许多中国企业也进入了一个新的战略转型期。做好战略转型期的文化变革，使之协同企业的变革，发挥文化的促进作用，是决定企业最终能否战略转型成功的关键。

3. 企业领导人的更替

企业遭遇重大挫折主要是企业领导人的无能或决策失误造成的，而挽救陷入困境的企业的主要方法就是更换企业的主要负责人。企业领导人往往是企业文化的缔造者和管理者，而不同类型的领导人通常会创造不同风格的企业文化。企业领导人的更替，往往预示着一场重大的文化变革将要发生。

4. 企业出现病态文化

具有病态文化的企业，没有清晰的关于如何在它们的经营中取得成功的价值观或信念。或者企业有许多这样的信念，但企业自身对于其中哪些是重要的不能前后一致，在什么是重要的问题上没有建立任何共同的认识，或企业的不同部门有根本不同的信念。日常工作和生活的仪式或是无组织的，各人自行其是，或是存在极明显的矛盾。具有这些特征的企业明显是出了毛病，这些企业自身已表现出某种文化的病态，这些文化病态的症状通常表现为以下几点：

（1）只注重内部。

当企业不注意外部环境的变化，特别是当企业内部开始盛行讨好上级，或经常摆谱装门面，或一味贬低其他企业的地位时，企业将难免陷入困境。这些目光短浅的行为可能表现为过分强调内部预算、财务分析、销售定额，而不顾及顾客和竞争对手的新动向。当一种文化只注重于内部时，这家公司在市场上就处于巨大的危险之中，公司的经济业绩滑坡通常只不过是时间迟早的问题。

（2）只注重短期。

由于体制、产权等方面的原因，我国许多企业过分重视短期效益，而忽视长期发展。表现为对企业发展的定位模糊，不清楚本行业的发展趋势和本企业的未来走向，只把注意力放在眼前利益上。当一家企业把时间和注意力全都用来适应短期目标，则持久性的经营就会得不到支持。

（3）企业理念模糊。

表现为对企业理念口号背得很熟，而对具体内涵却模糊不清，导致员工对企业理念认知的差异，无法用理念来规范自己的行为，使建立起来的企业理念流于形式。

（4）企业信用缺失。

表现为说的是一套，做的却是另一套，不讲信用或者说是没有履行承诺的意识，视契约与合同为儿戏，导致企业行为混乱，甚至粗制滥造、仿制假冒、偷税漏税、拖欠债款，扰乱了正常的市场秩序，最终造成企业的信用危机。

（5）企业士气不振。

当企业员工长期不愉快时，此种文化就是陷入了困境。不久之后，感到不愉快的人会离开。因此，在公司内应进行密切观察的指标之一就是人员流动率。一定的人员流动率是合乎情理的。但如果人员流动率很高或趋于上升，那么在这一文化中就是出了某种差错。这可能发生在一个分公司内，或贯穿整个公司。它也可能发生在某类职务或某种场所。由于文化不适症而滋长的士气低落问题就常常首先表现出此等微妙的信号。

（6）观念和行为混乱。

当来自不同文化的人聚在一起时，每个人听见的都是陌生的音调，他们对所需讨论和解决的事情看法不能取得一致，从而导致混乱和挫折。而挫折又压抑激励，影响绩效。当一个分公司对"总部"的工作发泄不满，或不断地讨论那里发生的笑话时，可能企业文化没有凝聚为一个整体的强有力的标志。在这些作风迥异的企业中，在误解和挫折方面不知要花去多少精力，以至于对事情居然能够办成也要感到奇怪了。

(7) 企业内部文化冲突不断。

企业文化的病症如不能及时治愈，就将使企业逐步陷入文化困境，企业内部就会发生文化冲突。

在任何企业，企业不同部门的行为都会有较大的差异。例如，基于各部门为主要经营方面取得成功的不同需要，不同的部门在某种程度上会具有不同的文化。而且，不同的职能会有不同的亚文化。同样，由于在成长的年代中所经历的社会和其他方面的影响不同，公司中不同年龄组的人是有差异的。较老的员工观察事物较之年轻人会有所不同，类似地，较老的经营部门可能设立与最新的部门不同的准则。

这些自然的文化差异何时对于较大公司的文化成为问题？下面是一些需要密切注意的处于困境中的文化的标志：第一，亚文化的冲突表面化。亚文化变得太强的一个明显信号，是它们公开地企图相互损害，在会议上财务企图揭销售的"老底"。一群年轻的捣蛋工程师发起侵犯他们较年长的上司们的权力的运动。第二，亚文化变得排外。发生问题的一个明确的信号是当亚文化呈现出某种排他性俱乐部的特权时，限定成员资格，专横排斥其他人，成员内部另搞规矩。只有当全体员工通力协作，而不是由某些人把自己集团的利益置于其他人之上时，公司才能最佳地运营。第三，亚文化的价值观与共享的公司价值观争先。在任何具有强烈文化的公司中，任何员工在任何时间都能告诉你这家公司主张什么和信仰什么。当亚文化开始超越公司整体的信念而兜售它们的信念时，就很容易形成一种上下颠倒的局面。

二、企业文化变革的内容

企业文化的变革是企业所有变革中最深层次的变革，涉及对企业成员从观念到行为两个层面的改变。企业文化变革的内容主要包括以下三个方面。

1. 企业价值观的变革

这种变革既涉及对企业环境的重新认识，也涉及对企业整体的深层把握。在企业价值观中，管理哲学和管理思想往往随着企业的成长和对外部环境的不断适应发生变化。以海尔为例，在海尔全面推行其国际化战略后，在海尔的价值观中，创新或者说持续不断创新成为最主要的经营哲学。在海尔的宣传中，也可以看到，过去突出"真诚到永远"，现在更加强调 HAIER AND HIGHER（海尔永创新高）。

2. 企业制度和行为的变革

企业制度和行为的变革包括企业一些特定制度和风俗的设立与取消、员工和管理者行为规范的调整。例如，有些企业为加强领导者与普通员工的沟通，建立起相应的沟通制度；有些企业在创建学习型组织过程中，制定了从管理层到员工的学习制度。这些变革都是为了体现价值观的变化，是企业新价值观的制度与行为载体。

3. 企业标志等物质层面的变革

企业标志等物质层面的变化大多是为了体现企业新的理念，并树立个性鲜明的企业形象和品牌形象而进行的。如 2003 年春，联想对沿用多年的标志 "LEGEND" 进行了调整，改为 "lenovo"，以强调创新的内涵。

综上所述，企业文化变革的核心是理念层面的变革，制度行为层面和物质层面的变化是支撑配合理念层的改变的，是理念层面变革的外在表现。

三、企业文化变革的原则

在计划和实施企业文化变革过程中，需考虑以下重要原则。

1. 审慎原则

企业文化不同于一般的管理制度，可以采取摸着石头过河或实验的方式来进行调整。企业文化反映了企业多数成员的思维方式，发挥着行为指南的导向作用。企业文化总是在相对较长的时间内保持稳定，因此企业文化的变革必须审慎地进行。对哪些内容要变，如何变化，都要进行充分的思考，并要具有一定的前瞻性，这样才不会出现改来改去，让人无所适从的现象。反复频繁地对企业文化的内容进行改变，只能说明企业没能形成统一的思想体系，领导层的思路尚未清晰。这将使企业文化的作用大为减弱，并使企业的经营受到影响。

2. 持久原则

企业文化的变革不会轻易迅速地产生，在大企业中所需的时间更长。即使是具有非凡领导能力的管理者，也需要其他人的配合来实施变革。

因此企业管理者不要期望企业文化的变革可以很快完成，要有打持久战的思想准备，这样才不至于低估企业文化变革的难度，避免在实施过程中因为缺乏毅力半途而废。正是因为企业文化变革的持久性，新的企业文化才能真正改变企业成员的认知和行为。表 7-1 为一些著名公司文化变革所用的时间。

表 7-1　一些著名公司文化变革所用的时间

公司名称	企业规模	变革经历的时间
通用电气公司	超大型	10 年
帝国化学工业公司	超大型	6 年
尼桑公司	超大型	6 年
施乐公司	超大型	7 年
银行信托投资公司	大型	8 年
芝加哥第一银行	大型	10 年
英国航空公司	大型	4 年
康纳格拉公司	中型	4 年

3. 系统原则

任何组织的变革都是一个系统的过程，企业文化的变革也不例外。在进行企业文化变革的时候，一定要注意其他相关制度的相应调整与配合，特别是用人制度和薪酬考核制度。它们是最直接反映企业的价值导向的制度，因此必须作出调整。如果一面强调创新，一面又不愿提拔任用勇于开拓的干部，不愿意改变原来强调资历的工资制度，而且决策原则仍然要强调规避风险，那么这种价值观的改变是很难实现的。因此企业的管理者在进行企业文化变革时，一定要对整个企业管理和经营的系统进行重新的审视，并用新的价值观决定取舍，才能保证企业文化变革的最终成功。

第二节　企业文化变革的一般模式

心理学家勒温（Lewin，1951）提出一个包含解冻、变革、再冻结三个步骤的有计划组织变革模型，用以解释和指导如何发动、管理和稳定组织变革过程。

勒温认为组织的行为改变应经过解冻、变革和再冻结三个阶段，并针对这三个阶段提出了一系列的态度和行为改变的方法。

解冻期——使员工改变旧的态度和行为。解冻的做法：把个体从他的习惯动作、知识来源和社会关系中隔离，破坏个体的社会支持力量，贬低其经验，激发其变革，奖赏改变、惩罚保守。

变革期——使员工产生新的态度和行为。变革的做法：通过领导人、顾问和楷模的示范，使员工产生模仿行为，把员工放到需要变革的环境中去，使员工受到环境的同化。

冻结期——使员工新的态度和行为持久化。冻结的做法：检验和奖励单个员工正确的态度与行为，并通过群体来强化员工的态度和行为。

杰克琳·谢瑞顿、詹姆斯·斯特恩认为，企业文化变革一般包括六个必不可少的组成部分。

一、需求评估

大部分企业都不能描述出他们现存的企业文化或他们渴望具有的企业文化。有时高层管理者们认为现存的企业文化是有利于团队工作的，而员工们的感觉恰恰相反。然而，双方中的哪一方也难以明确地述说目前企业文化的现状或它应该发生如何的变化。因而企业文化变革必须从事的第一项工作便是收集数据、分析测定文化的现状和向往的状态之间的距离。需求评估是用来鉴定：

①企业员工对新文化构建带来的变化的感受；
②企业目前存在的各种运作过程和制度；
③这些制度对于新的企业文化可能产生的有利或不利影响；
④目前并不具备，然而为有利于企业文化变革必须具备的运作过程和制度；
⑤新文化实施存在的障碍；
⑥目前文化中应加以保留的积极方面。

在测定员工们对新文化构建这一变化的感受时，很重要的一点是要明白他们是否经常把这看作"本月实施的项目"而并不把它认真对待。鉴定现存的运行进程和体制的重要性是由于在许多情形中，工作评估制度主要着眼于个人的贡献而不是团队的协作，而这样一种制度很显然需要加以改变。正如很难与企业文化共融的电子邮件式管理指令表现出的对跨越企业界限的信息交流的阻止，现存的信息流通制度经常可能妨碍团队运行的方式。

在需求评估阶段收集到的数据是由管理人员与企业高层管理集团在外出召开行政指导会议期间被加以分析和运用的。

二、行政指导

大部分企业需要注意的是对企业在新的文化条件下走向何方，以及为何要做此选择的问题。缺乏明确的目标经常会被企业员工所抱怨："我们并不明白要往哪儿去，也不明白在干什么。"

管理者必须采取确切的步骤向员工们说明一个明确一致的努力方向。当管理者对这一新方向表现一致时，这就会成为企业实施文化变革，使之有利于团队协作的原动力。

行政指导会议的文件通常是执行层的管理者们在外出进行了两三天研究后得出的结果。这一外出的目的是为了使他们对企业的发展方向取得一致的看法，为企业文化变革制定工作重点。这次外出研究可用来组成一个变革执行小组，这样小组的成员就能成为变革中的行动楷模。在这次外出期间，他们将产生一系列文件，包括一份有关团队和团队协作的观点说明，而这又会成为界定对企业的新要求的依据。执行小组成员还要制定成功标准，它会反映出他们希望通过文化改革取得的成果。这些都是可衡量的结果，团队将把它们当作监控和评估成功的标准。这些标准会成为按照行动规划而表现在行为和运作过程方面的变化的动力，而这些行为和运作过程的变化将会导致企业贯彻实施有利于团队构建的文化变革。其他的文件可根据企业的实际需要来制定。这些文件将在以后被用于调整基础结构，提供培训内容和对模式的实施进行评估。

三、基础结构

基础结构是由任何导致企业工作正常运转（或出现偏差）的运作过程和制度构成的，如选拔制度、工作管理制度和工作成果认同制度。所有这一切制度都必须为了有利于新的文化而加以改变和调整。例如，那些表示拥护团队协作而又雇用或提升那些出众完美的人员的企业便会送出错误的信息。对个人的而不是对团队的奖励和注目也会如此，因为这样做会使那些以正常的团队结构开展工作的员工们感到不可理解。

四、变革实施机构

实施机构即那些有时运用于过渡时期的临时性组织结构。这些临时性组织结构有着具体的任务，他们是通过着手处理那些需要特别关注的基础结构部分中的问题来帮助实施文化变革的。变革实施机构中的成员还担当着企业内部文化变革的使者的重要职责。

五、培训问题

任何规模的改变通常都需要进行培训。

以团队工作培训为例，培训可以有多种方法，可是最成功的方法是对每个参与培训的小组进行有限的干预。与其对每一个人进行普通的团队工作的训练，倒不如将人们真正组织成完整的团队进行培训。这会使这些团队学到必需的技能，而与此同时又能给予他们成功的动力。以团队结构接受训练牵涉到的是整个团队及其所有围绕这一团队的方方面面的问题，而不是仅仅对团队领导者的培训。通常，从需求评估阶段获得的数据和高层管理集团的工作结果——决定、文件、决议及计划都会反馈回受训者。这些信息就能成为他们自身发生变化的动力。当员工们学会了在团队环境中所需的技能之后，整个培训过程就圆满地结束了。大体上，管理者和团队的领导者与员工们分开进行一段较长时间的培训，内容包括学会在新的环境中有效地管理团队的技能等。

六、评价

值得注意的是，企业往往会忽略在变革过程中测定和衡量预期的成果。他们经常等待结果的发生，或者他们运用一些笼统的话语，如"增长了效率""改善了质量"，而不是明确地说明具体的成果。具体的预期效果应该能反映出实施变革的内在原因。

评价和衡量对文化变革是十分重要的。我们认为评价不仅是用作衡量成果的手段，而且它本身也是一种干预手段。衡量手段和连续传达内部进程结果可用以明确需要特别下大力气的领域。它们同样提供了反馈，使人们了解企业在通往成功的过程中取得的进步，以及企业如何不断取得进步。

在行政指导阶段制定的"成功标准"界定了特定的预期效果和衡量规则以用来检查进步和成功的程度。这些衡量规则是以发展趋向体现的，它们应被定期向与变革有关的所有利益相关者公布。

导入案例

中国港湾基于战略转型的文化变革

中国港湾工程有限责任公司（以下简称中国港湾）是中国交通建设股份有限公司（以下简称，中交股份）的全资子公司，代表中交股份在国际工程市场开展业务，业务范围主要集中在交通基础设施建设方面，包括海事工程、疏浚吹填、公路桥梁、轨道交通、航空枢纽及相关的成套设备供应与安装。

中国港湾的前身是交通部在1980年成立的中国港湾工程公司，主要负责国家对外经济援助项目的建设。从20世纪80年代末到90年代末，中国港湾工程公司先后与交通部一航局、交通部水运工程设计咨询中心、水规院、航务设计院等17个单位合并重组，并改制为中国港湾（集团）总公司。2005年中国港湾集团与中国路桥集团合并成立中国交通建设集团，原中国港湾集团改制为中国交通建设集团的全资子公司——中国港湾工程有限责任公司，成为负责中交股份海外业务的主体。

中国港湾近年来加速拓展国际市场，致力于整合产业链上的相关资源，积极从过去一个单纯的施工企业向能够提供BOT、EPC、MPC等多种服务模式的经营管理型工程公司进行战略转型。

一、中国港湾的战略转型

中国港湾的战略转型源于国际建筑市场需求的变化、建筑施工行业市场竞争规则的变化及中国港湾自身能力的提高。

随着经济全球化步伐的加快，国际建筑市场价值链正在经历重新整合，一些大的建筑商由于拥有技术、资金、管理等方面的优势，能够为客户提供超值的一体化服务，深受客户的青睐。同时，带资承包方式日益成为国际大型工程项目中广为采用的模式。除少数国家的政府项目不需要承包商带资外，多数项目需要承包商以不同形式带资承包。在市场竞争方面，全方位嵌入价值链正成为新条件下行业内企业竞争力的核心基础。这种价值链创新模式的实质是将企业放置于一个远超出竞争对手范围的大环境，将企业的客户、供应商、金融机构，以至客户的客户都纳入企业的一个框架，通过企业自身价值链与这些密切关联的外部群体的价值链更有效地耦合，创造新的价值。这样一来，拥有一体化服务资源的大型企业在建筑行业领域就占有绝对优势。同时，由于管理科学、信息技术的蓬勃发展，行业中的一些企业依靠科学管理来降低成本并获取竞争优势。不断提高企业的管理水平成为行业内每个企业的共识。

几经改制后，目前中国港湾依托中交股份平台，资源整合能力大为增强，产业链逐步前伸，具备了提供一体化服务的能力。

因此，综观市场环境的变化、行业发展趋势及中国港湾自身的发展状况，只有实施一体化战略转型，逐步由一个单一的工程施工型企业向着提供一体化服务的经营管理型工程公司转型，才是中国港湾的正确发展方向，于是中国港湾制定了"成为国际海事工程及相关建筑领域一体化服务的组织者和领导者"的发展战略。其中一体化服务就是企业利用自身专业或技术的核心优势整合资源，为客户提供相关的系列服务，从而在方便客户、为客户提供超值服务的同时，企业自身也可因业务增加而提高利润。遵循新的战略，中国港湾将整合产业链上的各种资源，为客户提供全方位的一体化服务。中国港湾通过一体化服务，把产品和服务的组合镶嵌到客户的价值链中，最大限度地满足客户的需求，最终实现客户对企业的依赖与忠诚。

二、中国港湾促进战略转型的文化变革

面对战略转型的要求，中国港湾原有的企业文化和管理水平明显滞后。中国港湾由于改制后人员构成变化较小，员工中长期形成的传统思维模式、价值观念、行为规范并不能适应中国港湾战略转型的需要。首先，中国港湾的员工危机意识和竞争意识较弱，更缺乏品牌意识，要想成为国际建筑施工领域中的优势企业，高度的竞争意识、强烈的危机意识及前瞻的品牌意识是其员工尤其是管理人员的必备素质。其次，中国港湾的技术创新能力、市场开拓能力、融资能力、管理能力等与"组织者"的要求还存在着较大的差距。再次，从集团到独立公司的转制使得中国港湾的经营模式发生了很大的变化，但是公司员工的思维习惯、价值观和行为方式等还大多停留在原有的模式之上。这一切都不利于中国港湾新战略的实施，为此中国港湾开始着手推动基于公司战略转型的企业文化变革。

中国港湾首先从企业生存发展的实际出发确定了企业的基本理念及使命、愿景和价值观，然后根据一体化战略转型的需要进行了一系列意识形态的假设。具体而言，其意识形态假设主要表现在学习意识、服务意识、沟通意识、合作意识等方面，在这些方面要形成与过去不同的文化（如表7-2所示），这些文化因素的变革都是顺利实施一体化服务模式的保证，也为企业战略的转型起到支撑与促进作用。

表7-2 意识形态的比较

	过去	现在
学习意识	没有学习的意识，只满足于工作需要	主动创造环境，提高自身工作技能、知识水平
服务意识	只注重结果，忽略客户的真正需要	注重顾客价值创新，追求为顾客提供完善的问题解决方案
主动意识	把企业当作经济收入来源的场所，没有过多的情感投入	主动关心和了解企业发展状况，把自己当作企业大家庭的一员

	过去	现在
沟通意识	信息传递过程中丢失现象严重	部门之间，上下级之间、同级之间形成健全的信息传递网络
合作意识	部门之间割据现象严重，利益小团体数量众多	部门之间能够团结一致，上级与下级之间形成教练式的领导风格，同级之间能够互补协作
成本意识	只注重数量，造成质量上的缺失，最后导致成本上升	讲究工作方法与效率，节约与效率意识不断增强

中国港湾还根据企业现状针对各个层级做了关于思维模式、价值观念和行为规范的一系列假设，至此中国港湾依据一体化服务模式建立起了自己的企业文化假设体系。有了这些基本假设之后，中国港湾开始采用多种方式来变革公司的企业文化。公司首先编写印发了《中国港湾企业文化建设纲要及解读》《中国港湾企业文化手册》，解读公司战略转型，宣传公司战略和文化。同时，中国港湾充分利用公司内部网络，通过向员工展示世界的发展变化不断增强员工的危机感和变革的急迫感，提高员工适应变化的心理能力。公司企业文化职能部门还制作了系列 PPT、视频资料向员工展示正确的思维模式和行为方式，以逐步培养员工正确的心智模式。此外，中国港湾还策划运用篮球、乒乓球、围棋、钓鱼等大家喜闻乐见的文体活动，有意识地加强不同部门之间的沟通，培养员工的大局观，不断熏陶与渗透新的文化要素。

中国港湾企业文化变革的实施，有效促进了公司一体化战略的转型。公司实现了跨越式的发展，新签合同额和实现营业额连年翻番，利润快速增长，海外合同额从 2005 年底不到 5 亿美元，快速增长到 2009 年的 40 亿美元，从而成为行业内具有较强竞争力的企业。中国港湾获得"2009 年度中国建筑 100 强"，并荣获"2009 年中国对外承包工程企业社会责任金奖"。

三、中国港湾基于一体化战略转型文化变革的经验与启示

1. 围绕战略进行企业文化变革

中国港湾的企业文化变革是围绕新的一体化服务的战略来进行的，公司围绕一体化服务战略进行企业意识形态假设并变革与假设不相符的企业文化，为一体化服务战略提供支持是其文化变革的目的和方向。基于战略转型的企业文化变革并不是要全盘否定原来的文化，更不是根据领导的风格爱好来变革，变革的唯一依据是战略，变革的对象是阻碍新战略执行的文化因素。

随着中国经济的快速发展和经济全球化步伐的加快，我们已经进入一个新的发展机遇期，许多中国企业也进入了一个新的战略转型期。做好战略转型期的文化变革，使之协同企业的变革，发挥文化的促进作用，将是决定企业最终能否战略转型成功的关键。

2. 树立危机意识和形成适应变化的心态

中国港湾在文化变革过程中通过多种方式向其员工展示科技的飞速发展、市场竞争的激烈残酷、外界环境的动荡多变，从而使其员工树立危机意识，逐步认同企业"变是唯一不变的法则"的理念，以适应不断变化的外部环境。

在当今科学技术快速发展和动态竞争的市场环境中要想脱颖而出，企业员工尤其是管理者必须树立危机意识和拥有适应变化的心态，而处于战略转型时期的企业更是要注重唤

醒员工的危机意识和形成适应变化的心态。人都是有惰性和惯性的，对于变化有着本能的抵抗，有时候明知道一个习惯不好却还是不愿意改变。一般来说企业文化的刚性很大，因此企业文化变革是一个较为长期的过程。危机意识的树立和适应变化心态的形成可以帮助员工克服惰性、支持文化变革，从而缩短文化变革的周期。危机意识是员工变革的动力，犹如变革车轮的润滑剂甚至是加速器。形成适应变化的心态则可以减少变革给员工带来的焦虑感，从而帮助清扫变革道路上的思想障碍。

3. 培育服务和沟通合作意识

中国港湾实施一体化战略转型之前业务范围侧重于施工领域，一体化战略转型之后公司业务范围扩展到项目谈判、融资、工程设计、施工、运营等建筑领域多个产业价值链环节，这就要求公司树立全新的服务意识，注重顾客价值创新，追求为顾客提供完善的问题解决方案，因此公司的沟通合作网络相比过去就变得复杂多了，网络中不仅涉及公司内部各职能部门，同时还大量涉及产业链上下游的各相关机构。为此中国港湾通过多种方式培育员工的服务意识，运用适宜的文体活动增加员工之间直接交往互动的机会，加强相互间的合作交流，从而逐步提高员工的沟通合作意识。

基于一体化战略的转型，使得企业的业务链条变长，企业边界变得模糊，企业往往需要着眼于整个产业业务链来考虑问题，才能充分发挥纵向一体化战略的优势。企业对客户需求的关注也不能仅仅停留于原来专业化战略时的少数环节，一体化战略要求企业关注客户的本质需求，注重客户价值创新，着眼客户未来的发展。因此推进一体化战略的转型必然要求大力培育服务意识和合作沟通意识。

4. 根据公司实际采取由局部逐渐扩散到整体的有效变革方式

中国港湾考虑到如果开始就整体推进企业文化变革，极易造成组织防卫，即集体抵制或集体消极抵制变革，阻碍企业文化转型，进而影响公司的正常生产经营运作。公司有30多个驻外机构，60%的员工在境外工作，这些直接接触国际建筑市场一线的员工更容易体悟公司的战略转型，理解公司文化变革的必要性和紧迫性。因此中国港湾决定首先在驻外机构配合公司战略转型进行相应的文化变革，然后通过驻外机构将文化变革的信息传递回公司总部，从而实现由外而内递进的企业文化变革方式。

从本质上讲，企业文化变革就是一场在企业内部开展的"新文化运动"，也可以说是现代新思想对传统旧思想的"文化革命"。企业的文化是由广大成员的习惯积累而成的，而习惯则是多年的观察、尝试与奖励所造成的，往往是根深蒂固的。因此，企业文化大师沙因教授曾经指出，文化变革要从最容易成功的地方入手，使大家能够看到变革的成果，从而增强员工对变革的信心和动力。

（选编自黎群，李卫东.中央企业企业文化建设报告（2010）.北京：中国经济出版社.2010）

第三节　企业文化变革方向

企业文化的发展变化受许多因素的影响，其中与企业所处的生命周期阶段紧密相关。企业文化能否与不同生命周期阶段的特点相匹配，关系到企业的健康成长和发展。因此，下面运用爱迪思的企业生命周期理论，结合竞争性文化价值模型，来分析企业文化变革的方向。

一、企业生命周期

（一）企业存在生命周期性

众所周知，生物都有着被称为"生命周期"的现象。生物体都会经历一个从出生、成长到老化、死亡的生命历程，而生物体的行为模式是可以随着生命周期的变化而预知的。

伊查克·爱迪思指出，生命周期的概念不只适用于生命体，而且也适用于企业这样的经济组织。企业实际上就像生物体一样，也有生命周期性。在企业生命周期的每一个阶段，企业会呈现不同的文化特征。

企业生命周期的第一个阶段是孕育期。此时企业尚未诞生，孕育期强调的是创业的意图和未来能否实现的可能性。

当风险已经真正产生并有人承担时，企业开始进入被称为婴儿期的发展阶段。企业诞生后，注意力由构想与可能性转到了所构想的结果的生产上，现在企业要满足顾客的需求。在婴儿期企业的个性行为呈现以下特征：机会驱动，行动导向，注重短期效果；缺乏规章制度和经营方针；易受挫折，表现不稳定；不存在授权，创业者在管理上往往唱的是独角戏。

企业生命周期的第三个阶段是学步期。此时创业的构想开始真正体现出价值，企业不但已经克服了现金入不敷出的困难局面，而且销售额节节上升。学步期的企业就像孩子刚学会到处乱爬时一样，对什么都感兴趣，什么都想碰一下。因此学步期的企业常常会因同时涉足太多的事业领域而陷入被动。

企业生命周期的第四个阶段是青春期。企业得以脱离创业者的影响而再生，从许多方面看，此时的企业就像一个正在想方设法摆脱家庭而独立的小伙子。青春期企业最为显著的行为特征是矛盾与缺乏连续性。比如，存在旧人与新人合不来的一种"我们如何如何，他们又如何如何"的情结；企业的目标缺乏连续性；工资与激励机制缺乏连续性。在这一阶段，需要强调的内容转向了制度、政策及行政管理。如果管理制度化的过程获得成功，领导职能也制度化了，企业便迈向了下一个发展阶段，进入了盛年期。

盛年期是企业生命曲线中最为理想的时期，在这一时期企业的自控力和灵活性达到了平衡。盛年期的企业通常有如下一些特征：企业的制度和组织结构能够充分发挥作用；视野的开拓与创造力的发挥已制度化；企业能够满足顾客的需求，且注重成果；企业能够制定并贯彻落实计划；无论从销售还是从盈利能力来讲，企业都能承受增长所带来的压力；企业分化出新的婴儿期企业，衍生出新的事业。盛年期的企业很清楚自己在做什么，将向什么方向发展，如何发展。它具有学步期企业的远见和进取精神，同时又具备在青春期阶段所获得的对实施过程的控制力与预见力。

稳定期是企业生命周期中的第一个衰老阶段。此时企业依然强健，但开始丧失其灵活性。这是增长停止、衰退开始的转折点。整个企业开始丧失创造力、创新精神及鼓励变革的氛围。稳定期企业一般呈现以下行为特征：对成长的期望值不高；对占领新的市场、获取新的技术的期望值也越来越少；开始沉醉于昔日的辉煌，而对构筑发展愿景失去了兴趣；对变革产生了疑虑；工作中肯听话的人受到表扬；对人际关系的兴趣超过了对冒险创新的兴趣。如果创造力沉睡的时间太长，就会影响到企业满足顾客需要的能力。企业将会在不知不觉中滑入下一个生命阶段——贵族期。

贵族期企业具有以下特征：钱主要花在控制系统、福利措施和一般设备上；强调的是做事的方式，而不问所做的内容和原因；在衣着和称谓方面越来越注重形式，并拘泥于传统；作为个人来讲是关心企业活力的，但就整体而言，处事的信条却是"别兴风作浪，少惹麻烦"，这成了企业中司空见惯的现象；企业内部缺乏创新。企业把兼并其他企业作为获取新的产品和市场的手段，甚至试图以这种兼并方式"买到"创新精神。随着市场占有率的持续下降，以及收益和利润的急速下滑，企业进入了官僚化早期阶段。

在官僚化早期阶段，以下一些特点是企业最为典型的行为特征：强调是谁造成了问题，而不去关注该采取什么补救措施；各种冲突、背后中伤层出不穷；偏执狂束缚着企业，许多人都撂挑子不干了；注意力都集中到内部的地盘之争上去了，外部的顾客反倒受到忽视。

在官僚化阶段，企业根本无法自力更生。能够证明其存在的不是企业运营良好的事实，而是它还活着这一事实。企业成了为活着而活着，只是靠人为的支持救护手段在苟延残喘。官僚化企业通常有如下特征：制度繁多，行之无效；与世隔绝，只关心自己；没有把握变化的意识；要想与企业行之有效地打交道，顾客必须想好各种方法绕过或打通层层关节。

企业生命周期各阶段如图7-1所示。

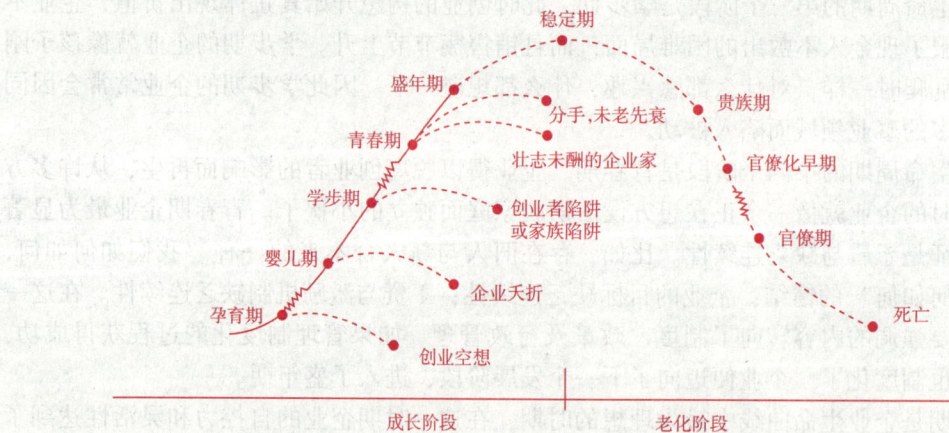

图7-1 企业生命周期

生物体的生命周期不可逆转，区别于生物体，企业通过有效的管理，可以解决特定生命周期阶段的问题，从而使老化的过程发生逆转。成功管理的目的就是使企业平衡成长或返老还童，步入盛年并永葆青春。

（二）企业成长与老化的本质

企业的成长与老化同生物体一样，主要都是通过灵活性与可控性这两大因素之间的关系来表现的，如图7-2所示。企业年轻时充满了灵活性，但控制力却不一定总是很强。企业老化时，关系变了：可控性增加了，但灵活性却减少了。这一情形就像婴儿和老年人之间存在的差别一样。婴儿灵活到可以把自己的脚趾头伸到嘴里去，但他的动作和行为却是非常不可控的。成年人没有婴儿那么灵活，但可控力要比婴儿强很多。不过，人一旦老化以后最终会连控制力也一并丧失。

年轻的企业富有灵活性。南加州一家大型高科技公司洛矶柯（Logican）公司的一位创办人曾经这样形象地描述："过去，我们80%的业务都是大家坐在商店的楼梯上，边吃早饭边定下来的；现在我们确实成长起来了，但哪怕是一项很小的投资都得花几个月的时间，汇集了连篇累牍的方案之后才能通过。"

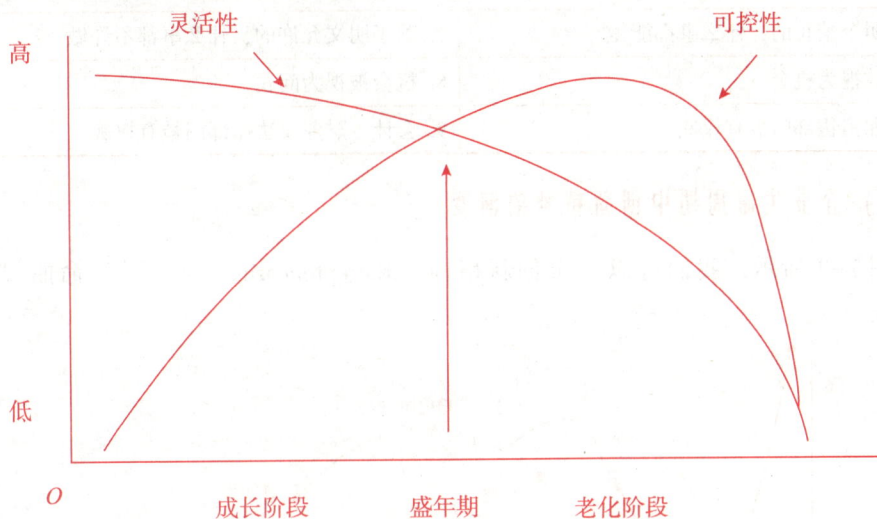

图 7-2 成长和老化的实质

值得注意的是，企业规模和企业年龄都不是引起成长和老化的原因。不要以为一家有传统的大公司就老，一家没有传统的小公司就年轻。促使企业成长与老化的既不是规模，也不是时间。"年轻"说明企业作出变革调整相对容易。但由于控制水平比较低，其行为一般难以预测。"老"则意味着企业对行为的控制力比较强，但缺乏灵活性，缺乏变革的意向。

一个企业既有灵活性又有可控性，也就是说既不过于幼稚又非老态龙钟，这个企业就同时具备了年轻和成熟的优势，表现得既具活力又具控制力，这一阶段可称为盛年期。盛年期的企业可以根据管理者的意愿进行改革，也有能力把握自己的未来方向。

企业生命周期曲线的成长部分与老化部分存在着显著的不同。一直到盛年期阶段的后期，这些差异还是含而不露的，但到了被称为稳定期的企业老化的第一个阶段，它们就开始显露，并逐渐增长，直至左右了整个企业文化的内容。表7-3对这些微妙的变化进行了比较。

表7-3 成长阶段与老化阶段变化比较

成长阶段	老化阶段
1. 个人的成功源于承担了风险	1. 个人的成功是由于避免了风险
2. 期望大于成果	2. 成果大于期望
3. 资金缺乏	3. 资金丰富

续表

成长阶段	老化阶段
4. 强调功能重于形式	4. 强调形式重于功能
5. 重视做事的原因和所做的内容	5. 重视做事的方式和谁曾做过此事
6. 不管员工的个性，只要对企业有贡献就加以重用	6. 不管员工对企业的贡献多大，得到重用是由于其个性
7. 除去明令禁止的，什么事都能做	7. 除了明文允许的，什么事都不许做
8. 问题被视为机会	8. 机会被视为问题
9. 营销和销售部门最有权威	9. 会计、财务及法律部门最有权威

（三）企业生命周期中创新精神的演变

如图 7-3 所示，我们可以分析创新精神（Entreprenearing，E）沿生命曲线演变的行为。

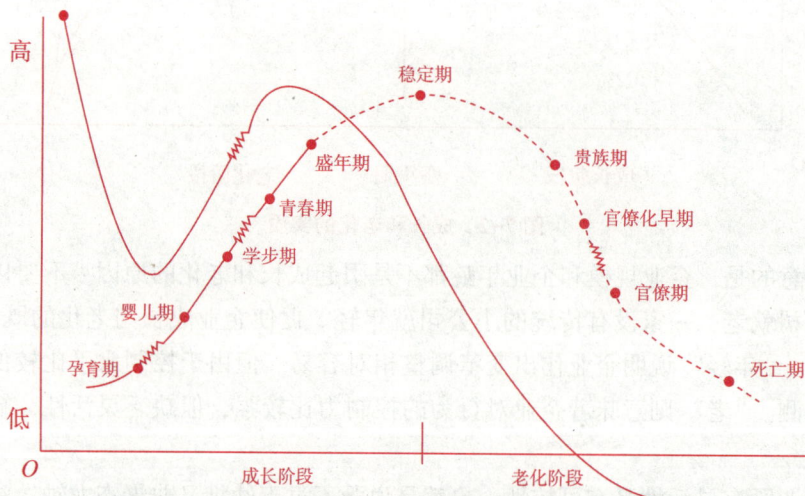

图 7-3　生命周期中的 E（创造力）

首先应该注意到的事情是，在孕育期非常高。此时伴随着创办企业的可能性，到处都充斥着兴奋、承担风险的愿望、创造力、想象力及诱惑力。这种行为是能够发挥作用的，因为它促使企业进入了未来。如果没有创业的热情，第一个遇到的困难将是企业降生所需要的、所承担的义务不见了，创业的构想将不得不被放弃。

当企业降生、风险已经产生以后，会出现什么样的情况？只要没有风险，热情就会高涨。当风险产生时，创新精神下降得很快，因为没有时间来考虑，也没有时间去创造。现在是干事的时候。这一转折让大家变得清醒了。人们开始问到底出了什么事情："自从我们创立了这个企业之后，就不再有时间去思考、去兴奋、去跟大家聚一聚。天天就只有拼命工作。"这种现象是正常的，因为企业必须克服所面临的风险。企业必须要满足某种需求，以完成企业向市场承担的义务，这也是创业者对自己所作出的承诺。现在是承担义务的时候了。

然而，如果（E）沉睡的时间太长，企业就有可能死亡。管理人员要有维持（E）的眼光，这样才能使企业安然度过婴儿期的困境。不断保持创新精神（E），至少是潜在地保持，是必不可少的，这样当企业终于摆脱了资金方面的压力，也不用再为必须满足顾客、供应商和银行迫在眉睫的要求和压力等不断增长的需要而头疼时，大家就有一定的时间去思考了，这时创新的梦想就又会从企业意识中重新浮现出来。人们开始重新有梦想的时候，也就是企业进入学步期文化的时候。在这一阶段，企业的创新精神（E）又会上升，而企业也有时间去做一些新的尝试了。这时事实已经证明，企业能够克服婴儿期的困难生存下去。

下一步会发生什么事情？当企业规模越来越大时，所犯的错误也会更大，对行政功能（Administer，A）的需要就提到议事日程上来了。当A角色的地位提高时，企业中的专家统治、官僚化、系统化及制度化，也就是决定"谁来做什么，什么时候做，怎么做"的企业结构，就开始冲击到创新精神了。到了这一点后创新精神不是在引导能量，而是被行政功能所引导。人们会发觉，所有关于由"谁来决定什么，跟谁一起来决定，怎么决定"的新的规章、程序和形式都是一种束缚。这也是创新精神曲线在学步期和青春期之间，以及进入盛年期之前的整个青春期都是曲折拐弯、忽上忽下、飘忽不定的原因所在。这时在企业和创业者之间会存在地盘之争。创业者是既想自己做决策，又想着分权。最后所形成的就是鱼与熊掌兼得症。

在青春期的企业中，行政功能与创新精神之间会产生冲突。是以系统化、秩序和效率为导向，还是以成长、不断变革和市场为导向？这两种观念产生了冲突。这实际上是数量与质量、灵活性与可预测性，功能与形式之争。行政功能所提供的是以形式、可预测性及质量为导向，而创新精神所提供的则是以数量、灵活性及功能为导向。导向之争在企业的权力结构层十分明显。创业者确实想重建企业结构，使得企业达到一定程度的系统化，一切井井有条。与此同时，他又把有关制定财务、市场营销及产品发展政策的关键因素牢牢地抓在手里。

把这些决定性的权力从创业者手中拿过来，使之制度化为专业的管理决策而不是创新型的管理决策，会使创新精神和行政功能之间的冲突更加剧烈。创业者也许会说自己是在分权和授权，但实际上他做不到这一点。所以企业里的其他人往往弄不清楚他所讲的话的真实意图。

如果创新精神和行政功能的角色是分别由两个合伙人代表的，这种情况就很可能导致合伙人分手。这种情形之下，常常是行政功能型个性的人留了下来，而创新精神型个性的人则离开了企业。企业的创新精神在这一时刻会受到严重威胁。

盛年期会出现什么情况呢？如果企业在青春期存活下来了，那么在青春期和盛年期之间创新精神还会继续增长。在青春期创新精神制度化之后，到了盛年期，创新精神会融入企业的制度当中，而不再为某个人所垄断。

创新精神的制度化意味着将以专业的方式作出创新性的决策。信息被汇集在一起，按照相关的政策、方针和战略加以讨论，而决策的执行不会依赖于任何个人和其特有的风格偏好。盛年期之后会出现什么情况呢？创新精神会逐渐丧失。

在官僚化早期阶段，当创新精神所剩无几时，每个人都开始为自己寻找出路。即便是存在什么创新精神，那也不会用于给企业带来好处，而只会用于给个人谋利益，有时甚至是以牺牲企业的利益为代价的。在官僚化早期阶段，创新精神开始被排挤出企业，创新精神型个性的人开始遭到解雇。

二、企业生命周期各阶段的文化特征

要建立新的适应企业发展要求的企业文化，首先要对企业文化现状进行测评，从而为企业文化的变革提供依据。

奎因和卡梅隆在竞争价值观框架（Competing Values Framework，CVF）的基础上构建了OCAI量表（Organizational Culture Assessment Instrument）。OCAI量表提炼出6个判据来评价组织文化，分别为主导特征（Dominant Characteristics）、领导风格（Organizational Leadership）、员工管理类型（Management of Employees）、组织的凝聚力（Organizational Glue）、战略重点（Strategic Emphases）和成功的标准（Criteria of Success），每个判据下有四个陈述句，分别对应着四种类型的组织文化，即竞争性文化价值模型中四种导向的文化。

竞争性文化价值模型和它所构建的OCAI量表，具有直观、便捷的特点，它的实用性、可操作性、有效性已经被大量的企业所证实，尤其是在组织文化变革方面有较大的使用价值。由于灵活性和控制性决定了企业在生命周期中所处的位置，竞争性文化价值模型恰好可以测评出企业是追求稳定性还是鼓励灵活性，所以运用竞争性文化价值模型可以提高判断企业所处生命周期阶段的准确性。因此，下面采用奎因和卡梅隆的竞争性文化价值模型来判断企业现有的文化特征。根据企业生命周期各阶段的管理特征，按照竞争性文化价值模型OCAI量表六要素，总结归纳出企业在不同生命周期阶段具有的六个方面的文化特征，如表7-4所示。

表7-4 企业不同生命周期阶段的文化特征

	主要特征	领导风格	员工管理类型	组织的凝聚力	战略重点	成功的标准
孕育期	具有高度的灵活性，每个人都敢于冒险，承担责任	具有创业、创新精神	个人敢于冒险、创新、具有灵活性和独特性	缺乏必要的规章制度和方针，以创新、发展为导向	强调获取新的资源，抓住新的机会，尝试新鲜事物	创业者是否勇于承担，以避免创业空想
婴儿期	以产品为导向，注重短期结果	比较独断专权，不授权	同上	同上	基本同上，并注重危机管理	是否开发出最新产品，是否是产品的领导者和创新者
学步期	以销售为导向，不过比较极端，认为更多即是更好	不擅长倾听，仍独断专权	同上	同上	基本同上，并着重更多即是更好，广泛尝试新领域	是否开始逐渐注重市场份额和市场渗透

续表

	主要特征	领导风格	员工管理类型	组织的凝聚力	战略重点	成功的标准
青春期	企业脱离创业者的影响	希望授权却又害怕失去权力	缺少责任和义务，员工士气低落	制定了一些政策，但还不完善	加强制度和政策的建立	制度是否逐渐健全
盛年期	企业内部达到高度整合，销售额和边际利润双增长	充分授权，有较好的管理	员工之间相互信任	规章制度有序化，组织结构更加健全、完善	具有较高的信任和参与度，强调稳定性，注重业绩和绩效	灵活性与稳定性是否达到相对平衡
稳定期	企业依然强健，但逐渐失去灵活性	同上	同上	规章制度趋向烦琐化	拒绝变革，沉醉于昔日的辉煌	灵活性降低
贵族期	对占领新市场、新领域、新技术没有兴趣	厌恶变革，奖励那些遵命行事的人	注重表面，统一着装、称谓	制度较多，有较强的人际关系要求	关注于做事的方法而不是内容和原因	可控性增强
官僚化早期	基本没有创新，与外部隔绝	管理人员内部矛盾重重	行政人员逐渐增多	制度烦琐，行之无效，人际冲突烦琐	内部地盘之争吸引了每一个人	同上
官僚期	企业无法良好地运营	没有把握变化的意识	同上	同上	无法自力更生，靠人为支持苟延残喘	极强的控制性

　　"控制性"与"灵活性"、"外部导向"与"内部导向"对于企业来说都是必要的，它们之间的关系都是对立统一和相辅相成的，每个企业的文化在同一时期存在以上4种导向，但是在不同历史条件和阶段下企业呈现的各文化导向的强弱程度是不同的。

　　根据竞争性文化价值模型对文化维度的划分和定义，以及表7-4中企业在不同生命周期阶段的文化特征，将成长阶段、盛年期、老化阶段所具有的主导文化特征进行归纳总结，从而得到不同时期的文化导向，如图7-4所示。

三、企业文化变革方向分析

　　在明确了企业所处的生命周期阶段后，下面将重点分析企业处于成长阶段和老化阶段的企业文化变革方向。

　　进入盛年期以后，企业具有完善的企业制度和组织结构，并能充分发挥作用。企业的活动都有章可循，无论从销售还是从盈利能力来讲，企业都能承受增长所带来的压力，企业的控制性和灵活性达到了平衡。盛年期的企业很清楚自己在做什么，将向什么方向发展，如何发展。企业既关注内部员工的需要，又关注外部顾客的需要和市场变化，此时企业发展平稳。因此盛年期是所有企业追求的理想状态，而企业文化变革正是旨在使企业平衡成长或返老还童，步入盛年并永葆青春。

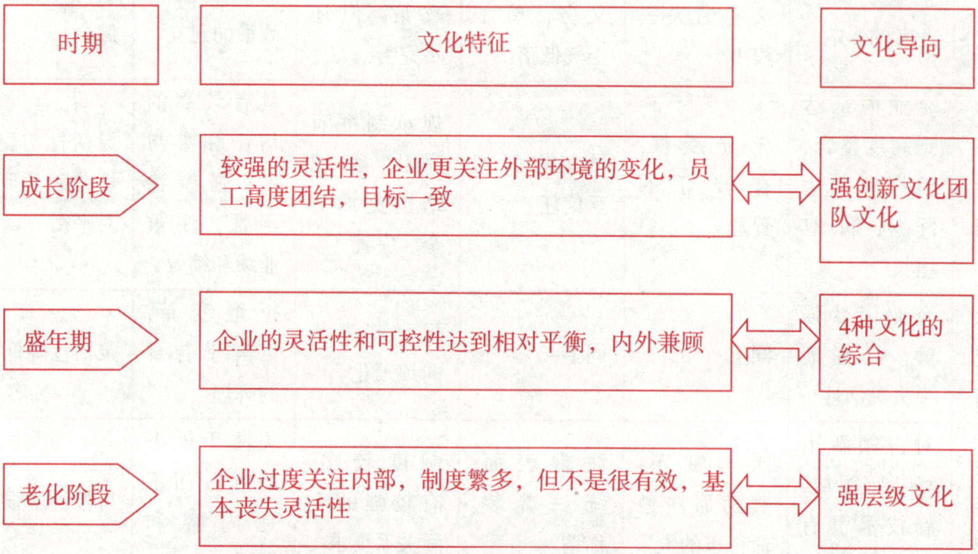

时期	文化特征	文化导向
成长阶段	较强的灵活性，企业更关注外部环境的变化，员工高度团结，目标一致	强创新文化团队文化
盛年期	企业的灵活性和可控性达到相对平衡，内外兼顾	4种文化的综合
老化阶段	企业过度关注内部，制度繁多，但不是很有效，基本丧失灵活性	强层级文化

图7-4 企业不同发展时期的文化特征和文化导向

（一）企业处于成长阶段的文化变革方向

1. 领导风格

在企业创业初期，企业的领导者由于其所具有的创造力和敢于承担风险的能力，使企业得到良好的发展，企业的领导者能够勾画出未来的变化需求，并且积极为企业找到正确的定位，会对满足企业未来的需求做好准备。

随着企业的发展，领导者的注意力应该转向能够形成产出的投入上面，企业此时要想保持良好的发展状态，取得较好的效益，必须从外部确定自己是为谁而存在，谁是自己的客户，企业将会满足哪些人的需求。企业的领导者此时应注重明确企业的目标，也就是说，要细分市场，为客户提供他们想要的需求，而不再是像创业时期那样，根据自己的设想去经营企业。

盛年期的领导角色要起的作用是知人善任，是整合在结构完善的企业中出现的合理的冲突，把握企业的发展方向。这就是所谓的结构合理、人尽其才。现在企业需要的是一个能够整合这一切的领导。

2. 组织结构

企业在初创阶段具有极强的灵活性和生产力，由于此时企业的资源有限，企业无暇顾及过多，比如规划未来的现金流需求，对销售、生产和人员需求作出预测。但是，随着企业的成长，企业应逐步建立自己详尽的目标和方针，认清哪些事情是企业该做的，哪些是企业不能去干的，从而使企业变得更加有效率，这就需要企业花时间去加强企业的组织建设，定义企业的组织结构图，同时企业还需要形成培训计划、工资管理制度和激励体系。如果这一切都能够做好的话，这样就能够避免将来出现在工资管理和招募聘用方面随意性很大这一类问题。企业要形成相互信任和尊重的气氛，使企业成员有较强的团队意识。这样，企业就将初创阶段的创新能力职能化，此时企业就可以在明确企业使命、相互信任和相互尊重的团队工作氛围中，不失创新性。

3. 企业战略

当企业刚刚成立时，企业的创始人更多的是关注于对未来的构想，此时企业最佳的战略选择是用现实去调整愿景，以避免创业空想。企业为了生存，采取的战略是生产一流的产品或服务，使客户满意，从而可以使产品的市场份额持续增长，使企业有效地在市场上竞争。随着企业的发展，企业不仅仅要关注追求利润，而且应当注意构建企业的使命和愿景，明确企业的业务边界，真正考虑到顾客的需要。

4. 人员配备

初创时期的企业，往往喜欢那些精力旺盛和积极性高的员工，而不会雇用那些需要正式计划或战略去工作的人，随着企业的发展，企业应开始雇用或从内部提拔、培养行政管理类员工。企业的人员配备逐渐多样化，每个人员都应该适合其所在岗位的需求。

5. 报酬系统

在创业早期，创业者主要是用奖金和佣金来激励员工，通过对可以衡量的目标进行考核，奖励计划与个人生产率挂钩，能够促进销售增长、生产改进、产品开发，其他一切能建立强有力的市场地位和生存能力的行为和活动都会受到一定的奖励。随着企业的发展，报酬系统也逐渐多样化，例如，不同的管理者获取不同类型的奖励。对一线监督者和管理者应该根据个人业绩发放基本薪金和奖金。对中层管理者应该相应降低基本薪金，提高利润分成和股票期权的比例。对高级管理者应该用更多的利润分成来取代保守的薪水。通过把员工的前途与公司的未来联系在一起，使公司顺利进入盛年期。

综上所述，企业在成长阶段中，为了生存，企业把精力主要放在抓建设质量和生产的准备工作上，包括产品的设计、流动资金的筹措、原材料的准备、人员的培训及管理组织模式的选择，等等。在这一阶段，创业者满怀抱负，组织系统虽然不完善，但具有活力，创造性和冒险精神充足，创业者之间能够团结一致，凝聚力强。尽管企业资本实力弱、产品品种少、生产规模小、盈利水平低，企业形象尚未树立，但是企业具有极高的灵活性，企业员工普遍具有创新精神，而且成长阶段的企业有良好的内部员工关系。但是此时企业对生产经营活动和外部环境缺乏了解，知识和经验也不足，为了能够迅速找到适合于企业自身特点的业务方向，准确进行市场定位，企业的重心是放在外部的，更多关注顾客的需求。企业的一切活动都要求以顾客为导向，强调企业应不断地开发新产品以满足顾客的需求。

但是，由于企业过度关注外部而忽视了内部的管理，企业的组织结构较为松散，缺乏控制力。许多企业在由小到大，实力逐步增强的过程中，由于内部管理不完善，企业急于扩张容易陷入多元化陷阱中而不能自拔。此时企业要逐渐开始建立和完善自身的组织结构，在控制权上，要求企业培养战略眼光，适当放权，在组织中形成一种民主决策的氛围，激励员工积极参与决策。其目的就是在企业中建立可以真正发挥作用的规章制度，使得企业的活动有章可循，企业的创造力和开拓精神得到制度化的保证。因此，处于成长阶段的企业要继续健康发展，达到企业的盛年期，就应该加强对内部的关注度，增强内部控制性，朝着这个方向变革自身的企业文化。

（二）企业处于老化阶段的文化变革方向

1. 领导风格

企业进入老化阶段的重要标志是其逐渐丧失灵活性。对人际关系的兴趣超过了对冒险创新的兴趣。企业的注意力主要放在内部地盘之争上而忽视外部的顾客，制度繁多但无效力，对成长的期望值不高。对变革产生疑虑，企业逐渐把钱更多地花在控制系统、福利措施和一般设备上，强调形式而忽视内容和原因，拘泥于传统，缺乏创新动力。

此时企业需要的是能够阻止企业继续老化的领导人，他们应该具有很强的创新精神，必须擅长决策，而且要有眼光，企业需要明确自己处于什么行业、自己对于客户的价值是什么。企业领导者应该更多地关注做事情的原因和内容，而不应该仅仅把注意力放在做事情的方法上。领导者被要求放权，制定更好的授权制度，使员工有更大的自由发挥主观能动性。老化阶段的企业需要的是事业型的领导，他们更关心的是企业如何可以发展得更好而不是如何可以连任。

2. 组织结构

企业的结构往往约束着企业家的创新精神，处于老化阶段的企业必须重新安排组织结构以加强创新性和灵活性，企业应该分权到新的利润中心，并且对单位的人员结构进行正确的安排，明确企业的使命是个关键点。组织结构可能发展为矩阵管理结构，更强调相互信任。而作为现代企业，日益强调团队精神，精力集中在任务和解决问题上。此时企业通过对新的外部环境和企业内部成长阶段的分析，确立企业新的有生命力的企业文化。

3. 企业战略

处于老化阶段的公司已经逐渐失去了它的战略重点和驱动力，因此，企业应该重新定义业务，将全部精力和注意力放在生存和发展上，通过分析判断哪一块业务是合理的，撤出不合理的业务。关注企业资源的配置，不断提升组织的灵活性。

4. 人员配备

处于老化阶段的企业需要减少员工，但是也必须明确哪些人能对企业的成长有贡献。应把行政管理领域内的人员压缩到最少，扩充销售、生产和客户服务的力量，可以通过外部招聘或从组织内部寻找少数关键的创新者，他们要相信公司未来的前景是乐观的，要激发他们的热情，共同挽救垂死的企业。

5. 报酬系统

老化阶段的企业，基本上没有什么薪水和奖金的说法，对企业的雇员来说，最大的报酬便是保住工作。因此，此时企业应该重视企业的销售力量，为了激励销售，销售力量应该拿到佣金。而对于管理者来说，减少管理者的基本薪金，尽可能地将报酬与业绩挂钩。

总之，当企业处于老化阶段时，企业过度关注内部的控制。此时企业有大量的制度和程序，管理机构极其庞大，他们不愿承担风险，以企业安全为导向，极端讲究形式，如衣着、称呼等。公司内部完全变得依赖于传统的能力，而无法作出适应性的调整。企业人员坐享其成，不关心企业的发展，企业的灵活性和创新性丧失，企业的稳定性是以牺牲激发灵活性和创新性的因素为代价的，企业内部弥漫着官僚式的组织文化。因此，处于老化阶段的企业要继续发展，而不是走向死亡，实现文化的变革是当务之急。此时，企业必须首先对管理理念进行变革，摒弃旧的理念，鼓励创新，尽可能调动员工的积极性，根据企业的实际情况采取有效方式，比如建立跨部门的团队，加强企业内部的信息化建设等，来迅速增强企业的灵活性，更好地适应外部环境的变化，只有这样，才有可能使企业重新拥有活力。综上所述，企业文化变革方向的选择如图7-5所示。

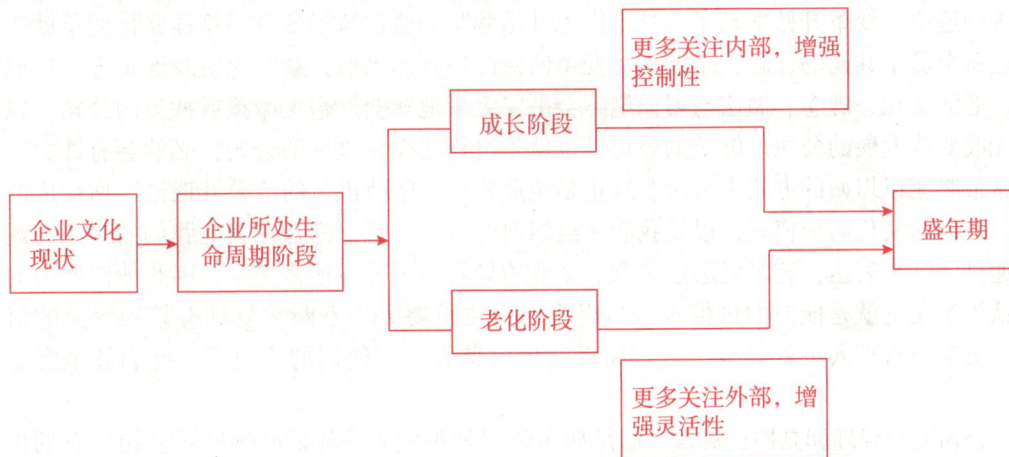

图7-5 企业文化变革方向的选择

第四节 企业文化变革的推进

要推进企业文化变革，首先要进行思想发动，使员工对未来的企业文化形成共同的认识。为了发展新的文化，必须动员一切力量。其次要善于强化行动。为了变革企业文化，必须有指导和激励，以及对新文化予以支持的制度。

一、思想发动

1. 规划变革

当企业领导者或是一个管理团队认为必须变革公司的文化时，规划过程就开始了。最初可以采取非正式方式，企业领导可以先研究其他公司的情形，找出公司内对文化变革有专门知识或经验的人，也可以约请外界的专家顾问来协助。

许多公司在进行文化变革时，花很长时间才订出具有建设性的行动方案。这种拖延常会使最初推动此事的企业领导意兴阑珊。造成延误的原因常常是因为企业领导者想要达成毫无异议的共识，或是希望所有的管理人员都接受。其实这是徒劳之举，因为如果坚守全体无异议的原则，根本无法进行变革。企业领导者应该设法使下级的主管参与决定，对努力的方向或变革的性质达成协议，并对行动计划进行审核。可是，他个人必须对公司的策略目标负起责任。公司的最高领导应负责促使这项变革在合理的期间完成。

2. 让变革成为公开话题

当企业领导者开始实施企业文化变革时，他必须使变革成为企业中公开的话题。他应该与全体管理人员谈话，陈述变革的意义，解说公司的责任、个人的价值及管理人员负有的责任。并非每一个人都能体会他的用心良苦，可能会有人认为他不过5分钟热度，过一阵子就没有事了。但他必须坚持下去，他必须采取各种行动，把他的观念具体实践下去。管理人员会逐渐把他的想法当作一回事，并在做法上符合他的变革思想。

当每一位管理人员都觉得需要用自己的方式来说明这场变革时，就是出现可贵的团队精神的迹象，变革开始发动了。员工们也开始倾听和谈论这场变革，这样文化变革就成为企业每个员工共同的课题，企业文化变革便由此展开。当然，新观念触及老观念会造成冲突，老的文化、观念、做法与习惯绝不会平安无事地转变。毫无摩擦或冲突的公司，也是毫无改变或发展的公司。健全的公司，也就是进行建设性改变的公司，必然会有冲突，但通常最终能以坦诚的方式来解决。这正是企业领导者坚持进行的"公开谈论"所促成的。

我们的文化与价值观，以及我们在组织内的行为方式，都是在表达我们的观念。观念要通过谈话来表达，有时候通过文章。企业领导者不可能写很多文章，因此他们所说的话被认为实质上就是他们的价值观。当组织内某位重要人物不断重复具有某种意义的信息时，员工与管理人员就会有反应。如果这项信息表达了他们的价值观，他们甚至会反应强烈。

公司的总经理和高层负责人，都是居于领导地位的人，他们必须阐明公司应有的价值观。对公司做的任何重大的变革，高层管理者和部门负责人都必须对整个公司促销其对应的价值观。如果他们没有这么做，这项努力就会被视为只有 5 分钟热度，最后必然无果而终。

3. 开展有效的变革训练

"训练"是在推动变革的过程中非做不可的事。要采用新管理作风，就必须培养新的技能。可是，绝不能在实施"训练"之后，就认为大功告成。"训练"只是有助于完成任务的准备步骤。以下各步骤有助于提高训练的成效。

（1）必须先明确定出应该有的做法，然后再实施训练。

管理人员受过训练之后，应该采取哪些做法？他们知道应该做哪些事吗？如果不知道，是为什么？如果管理人员在受训时，清楚地知道回到工作场所后必须采取团队方式解决问题，必须设定目标，或是以某种方式进行成效评定，他们受训的态度就会截然不同，甚至连训练方式也会不同。将来要化为行动的训练，应该是具体实在的。训练者要为将来执行的成效负责，而非只是讲得漂亮就可以了。

（2）管理人员应以团队方式接受训练。

工厂、办公室或某一地区的管理人员，应集体受训。人们的普遍心理一般趋向于抵制采用课堂上学到的东西。如果派出个别管理人员受训，则其在回到工作场所实际应用新技能时，常会遭到团体的抵制。如果他们不顾一切地采用新技能，就会成为"文化偏离分子"，因而在内心产生不安全感。如果整个团队接受训练，从众心理便会支持新的做法。在这种情况下，可以要求所有的管理人员对同事及新的做法作出承诺。如果大家共同努力推动变革，就不容易失败。

（3）训练应该包括受训者实际的案例和经验。

当同一组织内的管理人员集体受训时，训练的内容与实际的工作无关，是管理人员普遍抱怨的。训练者有责任了解受训者的工作实况，然后准备相应的教材。

（4）训练之后应有行动。

讲习过后，管理人员应采取何种行动？训练员应替每一期训练班设计出"训练规划"过程。每位管理人员都应订出他要改进的目标，并订出具体的改进步骤。受训者走出课堂后，如果不正式承诺采取行动，行动就不可能出现。

4. 实施强有力的领导

没有一家公司在缺乏强有力领导者的领导下，能成功变革其文化。变革需要有人领导。遵循以往的做法，是一种很正常的行为形态。由于人的惰性作怪，人们常会抗拒变革，除非背后有坚强的领导者在鞭策。

特纳在接管弗吉尼亚人寿保险公司时，坚信谋求变革是当务之急。这家保险公司当时并没有陷入困境，它顺利地经营了 112 年，在美国南部声誉卓著，共有 1100 家保险代理公司。该公司的文化可以称作"太平的文化"。如果特纳认为外在的环境允许该公司太太平平地过日子，他会采取渐进的改进方式。然而根据他的分析，人寿保险业即将出现革命——将出现新的非传统保险方式及新的竞争者。弗吉尼亚人寿保险公司可以成为这项变革的牺牲者，也可以从中得利，他选择了后者。

如果该公司的高级主管最初能接受特纳的看法，变革的过程将容易得多，但他们的看法不同。特纳认为应该由他强力推动变革。他开始推出当时革命性的"全险保单"；他创造新的分销渠道；他发动广告攻势；他采取新的内部作业制度，使主要业务的公文往返时间从几周减到 48 小时；他不时向员工灌输新观念，使他们对新的方向产生热诚；他不时采用新的名词，如"紧急意识""承诺"及"夺标"等；他不时地到处走动来认识表现优异的员工。求新求变的热潮开始制造出英雄。有一位女职员属于负责制定新制度的专案小组，她在工作进入紧锣密鼓阶段时住进医院，可是她不经医生的核准就擅自办理出院，深更半夜驾车到办公室加班，使专案小组如期完成任务。特纳每次谈话时，都会提到这类企业英雄人物所做的贡献。

在三年内，企业文化变革使弗吉尼亚人寿保险公司突飞猛进，在该行业取得领导地位。它发展出全国性业务网，仅 1983 年前六个月的个人保额，就比 1982 年的全年保额增加了一倍。从此以后该企业士气高昂，虽然变革的热潮已渐退，但特纳开始扩大各阶层员工的参与。他一直坚信，为了迅速进行变革，绝对有必要采取强有力的领导方式。

5. 打破旧习惯

企业的文化是由广大成员的习惯积累而成的，而习惯则是多年的观察、尝试与奖赏所造成的。它是根深蒂固的，任何曾尝试改变习惯的人，都知道难如登天。节食、戒烟或戒酒都是严酷的挑战。改变管理的习惯，亦绝非易事。

大多数企业变革企业文化的努力最后都失败了，失败的原因在于不能勇敢面对改变习惯的困难和挑战。一个公司如果不全力扭转其根深蒂固的习性，就无法培养出新的价值观。"共识"不是靠训练计划、指示、呼吁，或是其他形式的介入就可培养出来的。只有经过多年循序渐进、前后一致和百折不挠的努力，"共识"才能产生。

二、强化行动

一个企业若要变革企业文化，管理人员必须表现出新的行为。行为经过强化后才能形成习惯，而变成正常文化的一部分。实行强化手段也就成为极重要的管理技能。人们可能在训练中学会这些新行为，但必须实际应用并加以强化，才能形成新的习惯。

1. 具体指导

训练之后的指导，以及根据行动计划所进行的指导，才能使行为产生真正的和持久的改变。举例来说，一位 20 年来都采取消极的、控制的及个人主义管理作风的管理人员，绝非轻易就能改为新作风，他需要别人的协助：必须有人参加他的团队会议并告诉他如何应付喋喋不休的下属；必须有人提醒他去对一位创下新质量纪录的员工说几句赞美的话；当行动计划未达到预期的成效时，必须有人协助他解决问题；当他努力改变自己的管理作风时，必须有人在旁边给他加油，告诉他干得不错。

在推动变革的过程中，最可能被忽视的就是企业领导（总经理、副总经理、行政、财务、生产技术、营销部门主管）。从事员工训练的专家不便要求企业领导参加训练，或要求其改变管理作风。可是，最需要别人帮助进行文化变革的就是企业领导。原因不是他们最糟，而是因为他们的行为对整个企业造成的影响最大。企业领导的行为形态最难改变，因为这种形态是经过多年强化的结果。至少在潜意识上，他们认为自己的管理作风带来了今天的地位，因此也就没有理由加以改变。毫无疑问，他们以往的作风如果毫无效能，就不可能步步高升。然而随着文化的变革，他们根深蒂固的管理作风可能已经落伍了。

管理人员应承担起教练的角色，每位管理人员都有责任协助下属成功。当一个互有关联的团队制度开始从上至下发生作用时，各个团队就要逐渐担负起教练的角色。每位管理人员都要向团队报告他的成效，说明他改进成效的行动计划，以及听取团队分子的意见。

2. 及时奖赏与激励

新的行为经过实行和不断强化之后，才能变成习惯。强化是对获得成效的行为予以加强或维持。若要改变一个企业的文化，就必须改变其强化的形态。传统文化是因为以往的强化而得到维持，新的文化则需要靠新的强化形态来建立。

新的企业文化强调必须对企业内优良行为的成效给予更多的赞赏。企业领导应定期"挑出"下属做得很好的事，使他们成为企业内其他管理人员的模范，这是因为企业组织内的人有见贤思齐的倾向。传统的企业文化管理习惯使得许多管理人员认为不需要对下属进行赞扬。

能成功建立起新文化的公司，都是乐于给予大量赞赏的。最好的强化就是由管理人员和同事对杰出的工作成效真诚地表示赞赏。

管理人员有责任确保优良的成效不被忽视，可以在每周、每月、每季及每年挑出表现良好的人；要运用各种奖励方式——奖金、礼物、奖牌，或是其他别出心裁的方式。举例来说，有一家制造工厂利用提案制度来鼓励员工提出建议案。这家工厂的财务状况并不好，因此动脑筋想出花钱不多的奖励方式。每月提案得第一名的员工，颁发一件T恤衫。这件T恤衫的前面写着："我提出最好的创意"；背面印着厂长的照片。员工认为穿上这件T恤衫是极大的光荣，因此大家都努力争取。外界的人绝对想不到这种奖赏会有这种效果。员工所要求的奖赏可以用少花钱的赞赏方式加以满足，但能发挥强大的力量。

同样重要的是，企业所提供的最重要的赞赏方式，必须用来强化新的文化。晋升是最重要的方式。在变革文化的过程中应塑造英雄人物：这种人坚忍不拔，采用新的管理方式，并发挥了实效。能主动做到这一点的人，最具领导潜力，这些人率先进行变革，整个企业会注意他是否能因为这种冒险而得到奖赏。大家还会注意符合新文化的人是否能得到晋升，如果晋升轮不到这种人，所做的变革努力也就得不到合法的地位。

3. 支持变革的组织与制度

企业内的行为是因为以往的学习训练、目前的人际影响、组织的影响，以及公司内的制度所造成的。如果企业文化变革要形成新的竞争精神，组织与制度就必须加以支持。我国许多企业甚至是大型国有企业目前的制度和组织结构，有许多方面都与这一精神背道而驰。信息系统如果使管理人员看不到自己的成效数字，奖励制度如果不能区分成效高与成效低的人，人事制度如果不能使优者上劣者下，组织的结构如果使人觉得不属于团队中的一分子，这些弊病如果不改正过来，势必影响企业文化变革。实施企业文化变革必须有与之相适应的组织和制度。如果没有就必须改造或重建。

导入案例

福特公司如何进行文化变革

提起福特公司，那真是一家充满光荣历史的企业。福特汽车确有独到的经营之处，但也有包袱存在。在开创初期，福特汽车的代表产物是 T 形车。这部全世界卖得最好的车子虽然写下了历史，却也因此注定了福特汽车以生产为导向的企业文化。此后，福特汽车面临来自日本汽车公司"低价高质"的大举入侵，市场占有率节节败退，于是，福特汽车公司展开了第一波的改造，除了用裁员来降低成本外，还陆续引进了多项产品质量改革计划。

经过 20 世纪八九十年代的改革阵痛，福特公司重新站了起来，成为一家注重品质、提供合理价格的汽车公司，而且也逐渐重拾良好的经营业绩。但是，这一切还不够完美。对福特公司来说，降低成本、提高质量只是技术性的改革。只要公司能雇用好的管理人员，运用好的管理工具并且持续追踪成本与质量，改革就会成功。但是，对于一家拥有 96 年历史、34 万名员工、在全球 200 个国家运营，并且是发明全世界第一辆汽车的公司，该如何进行企业转型呢？福特公司的管理者认识到企业若要长期拥有良好的表现，必须在观念和文化上进行改革。换言之，就是所有的福特员工都必须具有顾客导向的心态，整个公司都必须真正相互合作。

面对"文化改革"的新挑战，1998 年，董事会决定任命在澳大利亚长大，并曾经在欧洲担任过总经理的纲瑟担任首席执行官。对这位已在福特工作 31 年，但大多数经历都在海外的最高主管来说，董事会所赋予的使命是：打破各分公司、各事业单位、各功能部门各自为政的心态，使福特成为一家真正注重顾客需求，并且真正紧密整合的全球企业。

于是，福特公司描绘出了新的企业文化四要素：具有全球化想法、注重顾客需求、持续追求成长及深信"领导者是老师"。随后，福特公司发展出一套改革教学计划（The Teachable Point of View），通过教导、传授或对话的过程，协助组织进行改革。对福特公司如此庞大的组织而言，这的确是按部就班也是具有效率的方式。

按照计划，福特公司的高层管理人员从听课与教课开始，逐步进行企业文化的改革。这主要由如下四个部分组成。

第一部分：巅峰（Capstone）课程

这是一个为期半年的学习过程，对象是企业内较高层的管理人员。首先学员必须参加一个五天的密集训练。在这五天当中，由高层主管团队担任讲师，与这些学员经历团队建立的过程，讨论福特公司所面对的挑战，并且分配未来六个月所需进行的项目任务。

随后的六个月，学员必须花费三分之一的时间，通过电子邮件、视频会议甚至面对面的方式，讨论、分析并完成所指派的任务。在这个过程中，学员会一起与讲师，也就是高层主管团队再见一次面，讨论项目的困难和进度。

最后，学员会再参加一个密集训练，提出改革的想法，并与高层主管团队再进行分享、讨论与学习。在这次的密集训练中，会立刻决定改革计划，并且在一周之内执行。这项计划在1996年纲瑟刚接手福特时就开展了，不仅让福特一百多位高层主管成为企业内的种子讲师，也实际推动了福特的全球改革计划。

第二部分：领导者工作间（Business Leader Initiative）

这类似于巅峰课程，但所教育的对象扩展到了中层与基层主管，执行时间大约是一百天。方式还是从三天的密集课程开始，之后分配专项任务，运用一百天的时间进行学员间的讨论、分享与发展改革计划。最后，再通过密集训练，讨论与确定改革计划。

在整个领导工作间中，有两个地方相当特别：首先，所有的学员都必须在一百天之内，参加半天的社区服务。这项做法的主要目的，除了可以让这些未来领导者了解福特所强调的"企业公民"精神以外，也让他们感受到生活中有这么多更需要帮助的人，进而不再有抱怨或不满的心态。其次，所有的学员要以拍摄影带的方式，呈现"新福特"与"旧福特"，以突出新旧文化的差异性。

第三部分：伙伴课程（Executive Partnering）

伙伴课程则是专为培养年轻却深具潜力的经理人成为真正的领导者而设立的。基本上，每次都是三位学员组成一个实习小组，这个实习小组必须花费八周的时间，与七位福特公司的高层主管每天一起工作、开会、讨论或拜访客户。针对一些企业问题或挑战，高层主管甚至会请实习小组提出可行的解决方案。对于实习小组而言，这是一个绝佳的观察和学习的机会。通过八周实际的工作，这些年轻主管不仅可以学习高层主管的思考观点，更可以了解公司的资源分配、长短期目标及策略挑战与问题。

第四部分：交谈时间（Let Us Chat about the Business）

交谈时间由纲瑟自己进行。每周五的傍晚，他会寄一封电子邮件给全世界大约十万名福特员工，分享自己经营事业的看法。同时，他也会鼓励所有的员工，回寄任何的想法、观点或是建议。

纲瑟认为，福特要转变为顾客导向的文化，必须培养每一位员工了解如何经营一家企业。因此，在每周一次的电子邮件中，他会谈全球的发展趋势，谈克莱斯勒与奔驰的合并，谈福特的亚洲市场发展等主题，让员工了解高层主管的经营观点，进而让他们也能有类似的思考角度。

纲瑟的电子邮件广受员工的好评。他运用最新的科技拉近了与员工的距离，获得了许多员工宝贵的意见与反馈。

自从福特的改革教学计划实行以后，福特公司的文化逐渐发生了一些化学变化，不仅有更多的员工参与了公司的改革，还有更多的主管承诺了自己曾经传授的观念。虽然对福特这样一家大型公司而言，改革的确是漫长艰巨的历程。但是，运用上述模式，福特公司正逐步完成改革计划，为成为顾客导向的企业而努力。

(选编自全国工商联民营企业文化研究会筹委会. 文化是金. 北京：中华工商联合出版社, 2002)

第五节　企业价值观管理

20世纪工作环境中不断增加的复杂性、不确定性和迅速的变化推动了组织管理的演变。传统的指令管理（MBI）理论盛行于 20 世纪初期，在 20 世纪 60 年代让位于现在仍然流行的目标管理（MBO）。目前，一种新型的管理理论正浮出水面，即价值观管理（MBV）。价值观管理同时也是一种有效的企业文化变革的方式。

一、价值观管理的趋势

企业的外部环境已经发生了巨大的变化，因此管理者必须改变管理实践，以满足时代发展的需要。20 世纪初，人们认为指令管理是管理组织的恰当方式，因为当时的社会发展速度缓慢。过去行之有效的方法可以传授给其他人。20 世纪 60 年代，变化的步伐加快，管理者因而需要有更多的行动灵活性。目标管理的引入使管理者可以就发展方向达成一致，并选择自己的战略。但随着环境变化的加速（如全球性竞争、科技的冲击等），目标管理已不足以应付这个相互联系和快速发展的世界。

依赖目标管理的组织经常发现，他们的管理者无法实现目标。在很多情况下，并不是目标太高或不现实，而仅仅是由于出现了很多没有预见或无法预测的变化。经过多年的研究，人们发现理解这种系统行为的关键就是理解伴随这一动态系统的价值观。价值观体系是推动个人、组织和社会行为的动力，也是导致价值观管理诞生的原因。

从指令管理到目标管理再到价值观管理（Management by Values）的演变，是最近几十年出现的四种组织变化趋势的共同结果，这四种相互联系的趋势反过来又增加了组织的复杂性和不确定性。这四种趋势如下。

1. 质量和客户导向的要求

公司要想在日益严峻的市场上生存和竞争，必须认识到 20 世纪初期形成的现代工业管理模式已不再适用。今天的竞争要求，在生产过程中不断增加附加值，以确保客户对价格与质量的百分百满意。个性化，作为新经济时代的一个关键竞争动态，就是这种趋势的缩影。

2. 自主权和职业责任的要求

从机器人到操作过程自动化，到数据通信和最新的管理信息系统，这一系列的技术变革都使高质量与客户化服务变得越来越重要。因而，也就对员工的专业知识和技能提出了更高的要求。

企业需要员工提高专业性和创造性，随之而来的是高技能员工对企业有更高期望，即他们期望企业把他们看作有自己绩效标准的成熟个体。这些员工能够清楚地表述自己的价值观，并将其融入工作计划和创造活动中。他们是有自主权、灵活性和高承诺的员工。

3. 由"老板"转变为领导者/促进者的要求

员工自主权的提高反过来催生了对促进型领导的需求。在价值观管理模式下，"老板"应当是员工成功的促进者。老板的管理工具是命令，管理者的工具是目标，而领导者则需要运用价值观来进行管理。

4. 更加扁平化和灵活的组织结构的要求

全球化市场经济的形成推动了对新型组织结构的需求，这种组织结构要求能够对变化作出更迅速的反应；这种组织结构应该超越标准的分散化模式，以网络、项目团队或战略经营单位为基础，并逐渐取代自工业化发展初期就出现的等级官僚结构。

要使组织结构更灵活和扁平化，实施这样的转变是非常具有挑战性的。与金字塔式的官僚化组织结构相比，扁平化的组织结构会产生很多模糊和不确定性。但如果一个组织真正拥有了清晰的、公认的和共享的价值观，就会有效地激发创造性和消除复杂性及不确定性。

指令管理、目标管理和价值观管理这三种管理方式的区别体现在 14 个方面，如表 7-5 所示。

表 7-5　指令管理、目标管理和价值观管理的区别

	指令管理	目标管理	价值观管理
最佳适应环境	程序化工作，或紧急情况	复杂生活中，相对标准化的生产	需要创造性地解决复杂问题
组织成员的平均专业水平	生产线人员管理	员工管理	专业人员管理
领导类型	传统型	偏重于资源分配	变革型（使变革合法化）
客户形象	购买者	消费者	根据自由选择来区分的客户
产品市场类型	垄断，标准化	细分化	高度多元化，动态
组织结构类型	多层次金字塔形	较少层级的金字塔形	网络型、智能联合型和项目团队
对不确定性的容忍程度	低	中等	高
对自主权和责任的要求	低	中等	高
市场类型	稳定	变化适中	不可预测，动态
社会组织	资本主义工业化	资本主义后工业化	后资本主义
控制哲学	由上到下的控制、监督	根据绩效来控制和激励	自我监督和鼓励
组织目标	保持生产力	结果最佳化	持续改进
战略愿景的时期	短期	中期	长期
核心价值观	量化生产 忠诚、服从、纪律	衡量结果 理性、激励、效率	员工参与和持续学习 创造性、互信、承诺

管理者和员工拥有和谐的理念和价值观，已经成为企业获取竞争优势的重要源泉之一。价值观管理（MBV）正在迅速变为企业建立可持续、有竞争力和更人性化文化的主要动力。价值观管理既可以视为一种管理哲学，也可以视为一种管理实践。其主要作用体现在能维持一个组织的核心价值观，并使其与组织的战略目标结合起来。

二、价值观管理的含义

价值观管理认为，领导力的真正本质是关注人的价值观。领导者的工作就是在企业的发展过程中，使组织的战略方向与核心价值观协调一致。具体来说，就是创建一种共享价值观的文化，明确或隐含地指导各层次或各部门员工的日常工作。

价值观管理就是管理将影响人类行为的组织价值观体系的三个要素（或维度）：①经济—实用价值观；②伦理—社会价值观；③情感—发展价值观。价值观管理对价值观的分

类适用于绝大多数组织，相关的描述如下。

（1）经济—实用价值观对保持和集成组织的各个子系统来说是必需的，包括与效率、绩效标准和纪律相关的价值观，主要用于指导计划、质量保证和财务会计等活动。

（2）伦理—社会价值观指导人们在团队/群体中的行为。伦理—社会价值观是关于人们在公共场合、工作和人际关系中应当如何立身行事的一些理念，它与社会价值观，诸如诚实、和谐、尊重和忠诚紧密联系在一起。在个体按照经济—实用价值观和情感—发展价值观行事时，伦理—社会价值观会对其行为产生很大的影响。

（3）情感—发展价值观是创造新机会所必需的，它与信任、自由和幸福联系在一起，包括创造性/思想性、生活/自我实现、自我评价/自我指导、适应性/灵活性等。

通用电气公司就是一个价值观管理的典范。该公司把共享价值观看得非常重要，所以它将共享价值观印在一张钱包大小的卡片上，让每个员工随身携带。"携带这一卡片不仅是荣誉的象征，更是对价值观的拥护。"正如公司前 CEO 杰克·韦尔奇所说："在公司中所有人的手提包和钱包里都有公司的价值观指南。它是我们生存的根本，有着非常重要的作用。与这些价值观不符合的人，即使工作业绩再好，公司也不需要。"

三、价值观管理的实施

价值观管理作为一种文化变革过程，需要周密的计划。有计划的文化变革这一核心架构依赖于两大支柱：一是变革的实施过程（即将变革付诸实践）；二是通过评估不断地推进变革。因此，Simon L. Dolan 将价值观管理的实施划分为以下五个阶段。

（一）阶段零：变革的前奏

企业实施价值观管理的初始阶段的命运取决于对以下问题的回答：

——我们是真的想进行文化变革吗？

——我们能否长期坚持变革？我们如何定义长期？

——我们是否有合适的领导者来发起和维持变革？

——我们是否有所需的资源？我们需要哪些资源？

变革成功的关键在于是否有一个或几个这样的领导者：他们有强烈的变革意愿，并承诺愿意调动一切可以调动的资源来使价值观管理合法化。

1. 变革管理团队的职能

任何组织（特别是大型企业）都有一些根深蒂固的传统思维和成功方式，为了能让公司在现状和未来之间顺利过渡，领导者需要建立其支持团队，即变革管理团队，该团队的基本目的是为变革提供动力，指导和监控整个过程。其具体工作如下：

（1）帮助控制变革计划中的特定预算分配。

（2）在变革过程中，强化和协调各种不同的角色，确保所有组织成员最大限度地参与变革。

（3）设计并跟进变革培训计划。

（4）设计和监督沟通计划的实施。在采用新价值观体系和变革实施期间，促进组织内部和外部的不同利益相关者之间进行有效的沟通，并协调项目团队完成具体工作。

（5）在人力资源实务与内部价值观审计方面，设计和协调第三阶段和第四阶段的工作。

2. 为整个变革项目分配预算

文化变革项目的预算主要包括两部分：

（1）直接预算。如对新知识、新价值观和新技能进行培训；有关变革的内外传播（书面材料、录像片、演讲材料等）；外部咨询等。

（2）间接预算。如参加相关活动，收集有关变革信息等。

3. 制定必要的变革日程表

文化变革需要较长的时间，不能急于求成，需要制定必要的变革日程表，循序渐进，分阶段地逐步推进。

（二）第一阶段：提炼价值观

一旦决定进行变革，资源分配也已经到位，价值观管理第一阶段的工作就可以开始了。这一阶段的主要任务是通过各层次员工的共同参与，重新提炼核心价值观。这一阶段包括三项连续的基本活动。

（1）把大家所渴望的美好未来形象化，用文字描述和表达出来，并与组织的愿景和使命融合在一起。

（2）采用参与的方式，诊断并分析组织当前价值观体系的优缺点，以及它们是如何应对组织面临的机会和威胁的。

（3）就变革路径（构成组织主导文化的新的经营价值观）达成共识。

这三项活动都离不开组织成员的热情参与，所以可以看作是组织成员之间大范围内的对话与交流，通过这种交流，就价值观和共享前景等方面达成共识。

经营价值观界定了组织文化及日常工作中的思维和行为方式，是实现终极价值观使命、愿景的最关键的手段。表7-6列举了优秀经营价值观的12个特点。

表7-6　优秀经营价值观的12个特点

1	简单、数量少和易记忆
2	定义简单
3	具有重要的战略意义
4	大家参与讨论的结果
5	所有员工真正需要的重要价值观
6	通过特定沟通和培训传播价值观
7	大家认为值得投入
8	参加价值观的庆祝仪式时，大家感到很舒服
9	在各层级上，理论与实践能一致
10	能够转化成可衡量的行动目标
11	定期审查执行情况，并与报酬体系挂钩
12	随环境变化而定期进行问题回顾和修正

（三）第二阶段：项目团队的工作

当组织拥有了鼓舞人心的愿景、富有意义的使命和一套相应的价值观时，就可以认真思考长期、中期和短期的目标，并明确相应的行动原则。这项工作通常由项目团队来执行。

1. 将核心价值观转化为行动目标

在构建使命、愿景和新文化中的经营价值观的过程中，要确保每个员工能够通过目标与它们联系起来。价值观管理从理论上明确了由价值观到行动目标的逻辑过程。这一阶段为对话、学习、提高效率的动力及组织所希望进行的许多其他活动提供了宝贵的机会，而这些必将推动形成更好的文化。

表7-7列举了一些将核心价值观中的关键成功要素转化为具体行动目标的例子。

表7-7　核心价值观的转化

核心价值观	标杆和标准	现状	最低目标	最高目标
销售领先	年销售额	排名第四	第三	第一
盈利	固定成本低于竞争者	固定成本高出计划20%	低于竞争者10%	低于竞争者20%
团队合作	通过具体问卷了解基本情况	在某一领域的团队开发改善50%	75%	90%
创造性	提出应用的新观点数	不知道	每季度1个	每月1个
享受工作	庆祝重要目标的实现	从未有或几乎没有	偶尔	总是
诚信	评价意见（具体问卷）	目标的50%	75%	100%
客户导向	每季度的客户投诉率	5%	3%	1%
灵活性	开发一种新产品的反应时间	1年	6个月	3个月
工作生活质量	问卷调查	工作自主性低，缺乏上级和同事的支持	6个月内改善20%	6个月内改善50%

第一步是确定衡量指标，以衡量当前核心价值观的构建情况。如果没有合适的，就必须创造几个出来。例如，"团队合作"是一种价值观，它只能通过监控团队成员的行为来衡量，而团队成员只有遵守某种规则才能被看作一个有效的集体。可以采用调查或问卷的形式，让每位成员记录他们相互倾听意见的程度、负面批评中建设性意见的比重，以及人际沟通中的其他关键要素。

寻找最适合的标准，通常可以创造很多对话与学习的机会。假设一家公司将"灵活性"作为核心价值观，那么应该用哪些可靠的指标来衡量公司内不同职能领域的灵活性程度呢？显然，首先要弄清楚"我们所说的灵活性到底是指什么"和"灵活性对于哪些工作领域而言最重要"。可能得到的答案是他们的灵活性是指缩短从识别市场需求到开发新产品之间的时间，关键职能领域是市场营销和研发。经过重新界定，指标的确定或许就集中在市场调研的绩效、实验室程序或试销等。

2. 组建和准备好项目团队

在短期和中期内，实施复杂目标，将共享价值观付诸实践，项目团队是一种理想的工作结构。对特定职能领域的结构、流程和政策进行真正的变革，需要许多团队的共同推动。每一个团队都应该有自己的特定使命，承担实现行动目标（由新的核心价值观转化而来）的责任。实际上，每一个团队都要根据具体的环境和实际需要，将某一个特定价值观转化为目标和行动计划。比如，应该有一个团队来负责在整个组织经营中，改善"以客户需求为导向"这一价值观的所有行动。

（四）第三阶段：基于价值观设计人力资源政策

绝大多数公司的人力资源政策（如招聘、培训、晋升、激励、评估等）普遍具有以下两个基本特点。

（1）与高层管理者正式确定的战略没有充分的内在联系。

（2）既没有恰当的表述，各职能也没有整合为一体，形成一种模式或强有力的主导观念，结果这些内部政策各不相干，因而也就丧失了彼此之间相互强化的能力。价值观管理恰好有助于克服人力资源政策中的这些缺陷。

1. 基于价值观的招聘和选拔

不管是职业道德方面还是工作能力方面（如诚实、创造性、尊重他人、智力等），通常很难说服他人信奉某些价值观，除非人们已经具备这种品质。根据价值观进行员工选拔，就是在实践价值观管理，通过评估应聘者的个人价值观与公司价值观是否匹配，它可以使公司在文化上保持强大，并处于良好状态。

招聘人员找不到"完美"人选时，还需要作出下面的决策：一旦应聘者融入组织及组织文化后，他在多大程度上有能力学习或接受新的价值观、能力和技巧？这时，可以评估他们的个人能力，如灵活性、适应性、创新性、团队合作和其他组织需要的能力。关键事件访谈及道德伦理的案例分析都可以反映出一个人的价值观。

2. 基于价值观的培训和开发

将培训及开发与价值观管理所确定的价值观结合起来，这是通过培训提高效率、凝聚力和公司利润的一种创新性方法。

在设计"培训与开发价值观"计划时，必须回答下面两个关键问题（见表7-8）：

（1）为了维持和开发公司的每一项价值观，必须学习哪些新理念和忘记哪些旧理念？

（2）必须开发哪些知识和技能，才会产生与公司价值观一致的行为？

表7-8　价值观开发过程可使用的目标

核心价值观	需要学习和忘记的理念	需要开发的技能和知识
创造性	创造力可以通过传授和鼓励获得	理解创造、创新和变革之间的区别；开发创造力的技术（头脑风暴、自由思考、形象思维等）
团队合作	团队开发可以提高绩效和改善工作及生活质量；只有通过初始阶段的努力和大量沟通，团队合作才会产生好的结果	沟通和人际关系技巧；能够理解和诊断高效的、凝聚力强的团队的基本特点

续表

核心价值观	需要学习和忘记的理念	需要开发的技能和知识
保护环境	积极的环保形象可以带来利润回报	实施副产品的运作系统和技术； 公开宣传公司对安全清洁环境的承诺
真诚	真诚为企业带来巨大的经济效益	了解其他以真诚闻名并因此获得经济成功的案例（企业）； 公司的基本伦理观； 明确工作环境中真诚的定义

总之，公司构建的核心价值观应该通过相应的培训计划来强化。

3. 基于价值观的绩效评价和绩效奖励

为了鼓励员工认真对待核心价值观，企业需要对员工将价值观转化为实际行动所付出的努力给予公平的奖励。

企业还应当努力制定能促进团队合作的人力资源政策。如为强化团队合作的文化实行个人奖励和团队奖励相结合，以认同团队与个人所作出的贡献。团队成员可以接受个人奖励，但应当由团队的其他成员来给予。团队成员可以提名那些对团队工作作出了杰出贡献或努力的同伴。这种提名过程不会破坏团队的凝聚力和协同效应。此外，还要有针对杰出团队工作的奖励机制，奖励对象是团队所有成员。

（五）第四阶段：通过文化审计监控经营价值观

在价值观管理中，当公司领导者认为他们成功地重建了公司的使命、愿景和经营价值观，并准备采用引人注目的方式公布于众时，往往就会出现最常犯也是最令人后悔的错误——根本没有采取任何措施来对员工吸收、同化、遵守新文化的情况进行评估和奖励。第四阶段的审计就是指对目标的衡量。

除了成功采纳一种新文化，价值观管理还可以通过下列方式来保持企业文化的活力：让所有员工致力于持续学习、不断改进、定期检查价值观和使新员工融入这种文化。这是一个动态的过程，需要一个审计流程来监控进展，确保每个员工都各司其职。这种审计流程的实现条件和企业文化变革流程基本相同。只有当你进行了衡量，而且结果与目标一致时，价值观管理才算真正完成。

文化审计的目的是：通过与愿景、使命和价值观陈述中的理想标准对比，客观地衡量某些特定的关键领域中的实际行为和当前的实践。从实践角度来讲，审计不可避免地会主要集中在承担管理职责的成员实际履行职责的方式上。管理者的多数决策制定和职责履行都是"无声"的，不会像财务决策那样有正式的记录或表述。所以，必须从他们的行为和结果、反应和主观意见中推导出决策背后的价值观。

本章小结

1. 企业文化变革，也可以称为企业文化重塑，是指企业为了适应环境和战略的变化，对原有的企业文化所进行的整体性（大范围）的革新。

2. 企业文化变革有很多具体原因，但总括起来还是外部环境变化与企业自身发展这一对矛盾所引起的，因此通常可分为外部环境的变化和内部环境的变化两大动因。外部环境变化包括政策和法律环境变化、经济环境变化、技术环境变化、人口环境变化、商业生态系统变化；内部环境变化包括企业经营危机、企业战略转型、企业领导人更替、企业病态文化出现等等。

3. 企业文化变革主要包括：企业价值观的变革、企业制度和行为的变革、企业物质层面的变革。

4. 企业文化变革的原则有审慎原则、持久原则、系统原则。

5. 企业文化变革的一般模式是解冻、变革、再冻结。包括需求评估、行政指导、基础结构、变革实施结构、培训问题和评价六个方面。

复习思考题

1. 什么是企业文化变革？
2. 企业进行文化变革的原因主要有哪些？
3. 企业文化变革的一般模式是什么？
4. 试从企业生命周期的角度分析企业文化变革的趋势和方向。
5. 如何有效推进企业文化变革？
6. 如何实施价值观管理？

实践训练项目　企业文化的变革与创新

实训目的： 使学生了解企业变革中遇到的文化阻力，并通过分析，体会企业文化变革的重要性，理解文化创新对企业管理的意义。

实训地点： 教室、实验室或者相关企业

实训组织：

1. 在教师指导下，学生分为若干模拟公司，每组 7-10 人，设组长一人，并扮演企业不同角色。

2. 小组组长带领成员通过网络、图书馆或者到企业现场进行文化变革资料的搜集、整理。

3. 各组将研究成果制作成幻灯片，并由扮演相应角色的成员进行汇报。

4. 小组自评，小组互评，教师讲评。

实训内容：

在教师指导下，学生以组为单位选择进行有企业变革经历的企业作为案例，对其变革中的文化变革与创新进行相关分析，并讨论整理，形成 PPT，班级汇报分享学习，课后提交书面报告。

评价标准：

根据各组对企业文化变革资料整理内容、团队协作能力、ppt 制作水平与汇报人综合素质等方面进行优良中差层次评判。

案例研讨　IBM 公司的文化变革

一、公司背景

20 世纪早期，老托马斯·沃森接管了 IBM 的前身——计算机制表记录公司，在他经营公司的 30 年中，公司的销售额不断上升，公司发展状况一直都很稳定，于是，沃森于 1924 年将公司更名为 IBM（国际商用机器公司）。

在美国经济大萧条时期，很多公司的销售额都急剧下降，而 IBM 由于在大萧条中继续制造产品，所以它处于新工业的优势地位，并且从那时起，IBM 主宰了市场，始终是它制定标准，总是高居榜首。在 20 世纪 50 年代初，IBM 走出了美国商业历史上重要的一步，它生产了改变人们生活方式的计算机，并且在很多年中，IBM 就是计算机工业的代名词。

第二次世界大战以后，IBM 的力量日益增强。先是占领了几乎 95% 的打卡机市场，随着 IBM 进入计算机市场后，IBM 的强大的实力进一步得到体现，它制造了一台远胜于竞争对手的计算机，由于计算机的性能优越，使得 IBM 的年收益和利润迅速增长，这一点充分证明了 IBM 对市场的把握。之后 IBM 推出一台真正的万用大型计算机，即大型机，奠定了它在计算机业的领先地位。到 20 世纪 70 年代，IBM 的年收益已经增长到 940000 万美元，IBM 毫无疑问成了行业的领导者。

IBM 的成功持续了整个 20 世纪 70 年代，直到 20 世纪 70 年代末期，IBM 仍旧是出租大型机而并非直接销售，但是随后它也跟随行业内多数公司的做法，开始直接销售计算机给顾客，这一转变激发了史无前例的大型机销售，IBM 好像想出了最佳的获取利润的方法，他们认为靠大型机推动的业务足够令公司不断发展，公司的目标就是如何可以通过大型机的销售一步一步提高销售收入。然而，当时个人计算机方兴未艾，IBM 却熟视无睹。原因在于，IBM 的商务战略如此深地扎根于大型机，它的巨额利润如此丰厚，公司为了保证大型机的销售不受影响，以至于采取任何措施始终一贯地在其上投入可用资源的绝大部分，而不管这种战略决策是否错误。

在很长一段时期，公司不重视新技术的研发，公司某些研发人员想用新的低成本微型芯片来取代传统的大型机处理器，却被 IBM 的管理层否定，他们不现实地充满自信，认为竞争对手不会采纳这一新技术，即使他们明白新技术意味着简化和更快速的计算，可以更加适应新出现的广泛运用的微型机和个人计算机。但是考虑到大型机，别的任何事情都变得无关紧要了。即使当个人计算机已成为 20 世纪 80 年代的热门新产品，在灾难的迹象隐约可见时，IBM 还是固执地坚持过去的做法。由于 IBM 狭隘地专注于大型机，所以它最终失去了增长的机遇。

二、IBM 在衰退时期的文化特征

IBM 早期所形成的企业文化是根植于其大型机战略的，是由当时企业所处的发展阶段的特点决定的，由于它适应了企业的发展，所以使企业取得了较好的成绩。但是正是由于巨大的成功，令公司为了保证大型机的销售不受影响，以至于会采取任何措施始终一贯地在其上投入可用资源的绝大部分，而不管这种战略决策是否错误。这种决策模式充分反映了其企业文化僵化和保守的一面。这种企业文化直接导致了 IBM 对于与这一文化的存在条件（大型机战略）不相符的客观现实（个人计算机的兴起与网络计算机时代的到来）作出战略反应的保守性和盲目性，我们也进一步看到，IBM 固有的企业文化产生了极大阻

力，使企业实施新的、不同的经营策略（包括削减成本、战略重组等）难度加大或者根本无济于事。

1. 僵化和千篇一律的风格

IBM 总在追求建立员工忠诚，它是给雇员提供团体人寿保险（1934 年）、遗属抚恤金（1935 年）和带薪休假的首批公司之一。IBM 认为绝对的忠诚是 IBM 成功秘诀的一个重要组成部分。这一以员工的绝对忠诚为目标的文化将优越置于一切之上。实际上，IBM 的意图是让员工感到他们在 IBM 有一个永远的家，但前提是要努力工作，遵循烦琐的规章制度，并且保持对 IBM 忠贞不渝。反过来，作为对员工努力工作的回报，也是为了强化他们对 IBM 的忠诚，IBM 的雇员被许诺了在今天的商务环境里不可思议的东西：终身雇用。那些被发现有欠缺的人会得到更多的培训，或被分配去干要求不那么高的工作。他们要求员工穿正式服装。而在 IBM，着装准则被事无巨细地规定好了；每件衣服都要符合 IBM 关于职业商人的形象。该准则坚持要穿黑西服、戴黑领带、穿白衬衫。IBM 的文化制约着雇员生活的几乎所有方面，从着装方式到思考方式无一遗漏。为了鼓励员工花更多时间考虑最好的商务战术，沃森在办公室的墙上贴着"勤思"的标语。作为"IBM 真伟大主题的一部分"，任何行为方式即使与商务没有丝毫关系，也都在制约的范围内。IBM 甚至鼓励员工引吭高歌，使他们变成清晨的祈祷者。员工不仅要学会爱 IBM，而且要过着 IBM 所规定的一尘不染的个人生活：公司不赞成离婚，办公时间不许饮酒……总之，会引起公司尴尬的任何事情都要避免。此时的 IBM 创造的是一种僵化和千篇一律风格的企业文化。

2. 客户是次要的

在其他企业逐渐认识到客户的重要性时，在 IBM 公司里几乎没有关于客户和竞争的信息，也没有专业化的营销知识，市场份额数据分析也很有问题。正如郭士纳在其自传中所说："可以毫不夸张地说，IBM 主要是根据自己的想象来界定市场的。"

公司员工在对顾客缺乏足够认识的同时，却对他们自己内部的团体花费了很大的精力来关注。在此时的 IBM 文化中，组织及一个人该如何适应组织，被认为是一个最重要的问题。在他们早期的一些公开出场活动中，IBM 的组织结构图中的第一部分肯定是要描述 IBM 的内部组织等级结构，而且，在公开场合中发言人的讲座位置也显示了发言者在组织结构图中的位置（大多数时间都是和 CEO 非常靠近）。组织内部有员工得到提升时，必须举行新闻发布会，在电子公告栏上张贴一份书面的内部宣布。可见，此时公司的员工很少关注客户和市场。

3. "不"文化

在 IBM 文化中，公司中任何人、任何团队及任何事业单位都喜欢说"不"。"尊重个人"在这里已经演化成一种对不合作行为的制度性支持。IBM 公司的这种"不"文化的一个最突出的表现就是它的不赞成制度。当 IBM 的员工不同意同事的观点时，他们就会宣布他们将"不赞同"。通常情况下，不合作态度的表现就是保持沉默，这种沉默会在做决策的时候出现，但是，等到决策会议一结束，这些已经习惯于使用不合作哲学的事业部就会回到自己的实验室或者办公室继续做自己愿意做的事情，仿佛刚刚做过的决策根本就不存在。这种体制内足以停止体制运转的不赞同游戏，也会在事业部层面得到体现，公司内各个事业部之间的争斗，似乎要比整个公司和外部竞争对手之间的竞争还要激烈和重要。在这样一种文化中，IBM 的各个部门之间充满了各种各样的矛盾，互相倾轧、互相隐瞒及互相争夺地盘等，他们不是去帮助各个部门实现协调，而是操纵着各个部门的纷争和保护各自的势力范围。

4. 有害的官僚机构

IBM 此时的问题主要是出现在官僚结构的规模和人们对它的利用上。有许多管理层的工作人员将时间大量地花在了无休止的争论和公司各个单位之间的讨价还价问题上，而不是用在为客户提供高品质的产品上。公司的每个部门中的各个层级都有自己的管理班子，因为没有一个管理者会相信任何一个跨部门的管理班子会把工作做好，在决定跨部门问题的会议上，会有一大群人来参加，因为每个部门都需要派代表来保护其势力范围。所有这些谋权行为的直接后果就是 IBM 各个层级的官僚主义工作作风盛行，数万人都在试图保护自己的特权、资源及各自单位的利益；还有数千人则更加努力地在人群中发布命令和标准。

总之，IBM 的企业文化已经不能促进企业的进一步发展，反而导致企业逐步走向老化，在公司的核心价值观念上，表现为大多数员工侧重于自己所属工作单位与之相关的产品（技术）的发展，并不注意激发创意型领导才能。在内部员工的共同行为方式上，表现为传统、守旧，行为显得谨小慎微，作风表现为武断官僚，这些都是企业处于老化阶段所表现出来的文化产生特征。其结果是直接造成公司业绩滑坡、濒临崩溃。

三、IBM 成功的企业文化变革

郭士纳在 1992 年接任 IBM 公司的 CEO 时，这个巨大的公司已成为一头步履蹒跚的大象，面临灭绝。但在不到 10 年的时间内，它却又焕发了青春，重振雄风，在商界跳了一场绝佳的舞蹈。其中很重要的一个原因就在于郭士纳充分认识到了企业文化对企业发展的重要性，认识到当时充斥着 IBM 的官僚文化，通过一系列措施改变了公司内部那种保守、封闭、呆板的文化传统。

1. 变革终身雇佣制度

IBM 公司一贯奉行的终身雇佣制是自负、保守、僵化的文化的缘由。尽管在企业发展早期，终身雇佣制度的积极作用不容忽视，然而，随着企业不断发展，企业已经不再是处于发展的早期阶段，已经是拥有一定实力的行业领导者，处于企业的鼎盛时期，终身雇佣制度会导致机构越来越庞大，官僚政治丛生。因此，企业通过打破终身雇佣制度，使 IBM 的企业用人制度发生了重大变化，人才流动有了正常的、规范的渠道，公司不断发展壮大，同时也能留住和吸纳不断创新进取的优秀人才，企业具备了一定的灵活性和不断发展的能力。

2. 废除固定着装制度

IBM 的固定着装制度比较突出地代表着其旧有的企业文化的僵化和千篇一律的风格。废除固定着装制度是变革保守企业文化、营造一种创新导向的企业文化的象征性行为。象征性行为寓意深远，这些象征性行为隐含了公司过去文化的经验和精华，以及当前在公司内的个人和团体正统的行为类型与外部人员对公司的态度，进一步折射出"我们这儿做事的方法"。这种象征性行为对企业文化的创新和变革有较强的潜移默化的作用。得力的领导必须能够巧妙地利用象征性行为埋葬旧文化，强调、塑造新文化。类似废除固定着装制度这样的象征性行为能够帮助 IBM 的员工深入了解公司将要塑造的精神文化，即不拘一格、灵活适应、不断创新。

3. 改变传统习惯，实行有秩序授权与分权

根据新的领导体制和地区子公司的改组情况，分层次有秩序地扩大授权范围和推进分

级管理。①给总公司事业运营委员会以较大的自主权，使它能根据市场需要能动地发展风险事业。②允许某些事业部门组扩大销售职能，如新建的信息系统增设了地区销售部。③对新编成的地区事业部门采取分散化管理原则，使他们在开发、生产和销售等方面，比原公司具有更大的经营自主权，以利于提高竞争能力。④对亚太集团的战略核心"日本IBM"，在组织上和经营上给予完全自主权，由总公司派得力的副总裁直接担任最高领导者，以便发挥亚太集团特别是日本IBM在实现公司战略中的重要作用。

4. 改善支持系统，提高领导体制的适应性

健全咨询会议和董事会下的各种委员会，聘请社会名流参加咨询，担任董事，组成有威望的咨询班子、工作班子和监督班子；严格执行业务报告制度，建立评价与指导系统，一切职员必须向直属上司报告工作。上级和下级要通过定期检查和总结评价方法改进工作；实行门户开放政策，建立直言制度；强调要始终坚持IBM的"三信条"，即为职工利益、竭诚服务、一流主义。

经过上述一系列的变革措施，IBM公司最终成功地实现了从保守僵化的官僚文化到一种创新导向的、灵活适应的新的企业文化的转变。新型的IBM公司文化在企业核心价值观念上表现为：十分关注顾客、股东、员工等企业构成要素，重视对企业发展有益的改革人才和改革过程；公司员工普遍密切关注公司构成要素的变化，特别是顾客要素的变化。

四、21世纪IBM的战略转型与文化演进

当郭士纳1992年临危受命来拯救IBM时，IBM公司有一年的损失达到了80亿美元。郭士纳来IBM之初，他把公司的古训锁起来，不想听什么IBM企业文化，也不过问公司的历史，甚至连公司的档案室也懒得去。后来，郭士纳渐渐领会到了企业文化的价值，因为它在IBM内部是一种如此强大的力量（无论好坏）。他在后来的著作《谁说大象不会跳舞?》中写道："我明白了，在我上任IBM的日子里，企业文化不只是游戏的一个方面——它就是游戏本身。"经过这一教训，郭士纳于是特意挑选了一名深受IBM文化影响的人作为他的接班人。

2002年，彭明盛接替郭士纳执掌IBM。当时正处在整个产业变革的时候，IBM的传统强项业务已经逐渐失去增长的潜力。彭明盛意识到，要想让IBM重振雄风，"就必须回归到我们的根本要素当中，我们的DNA当中去。"他接任首席执行官以后，做的第一件事就是重新审视IBM的核心价值观。为此，彭明盛首先展开了在线的全球的72小时的活动，称之为"JAM"，也就是思想大讨论，或者说社交网络活动。在那个时候，可以看到活动有些零乱，充满激情，还有不断的争议。但是最终，IBM员工接受了一套全新的价值观，因为这些价值观正是他们自己塑造的。

面对传统强项业务的增长乏力，彭明盛毅然作出抉择，在继承中创新。首先从公司内部整改开始，为老牌帝国寻找新商机。正如彭明盛于2011年5月在清华大学发表演讲时所言："创新是IBM发展的生命之源，转型是公司长久适应不断变化的社会经济需求的关键。从1911年公司成立到2011年，IBM诞生已经整整一百年了，创新是IBM这家百年老店保持不败的成功经验。"

彭明盛掌舵下的IBM形成了"随需应变"的战略。2004年底IBM决定将个人计算机业务剥离出去，很多人都觉得不可思议。但是彭明盛很清楚，新兴的计算机模式只会加速PC产业的商品化，这并不是IBM的发展方向，IBM要做的是不断走向未来，朝着价值更大的方向走，朝着利润更高的方向走，并能够实现差异化，战略的转型促使IBM确立了新

的价值观：成就客户、创新为要、诚信负责。

（1）**成就客户**。IBM 认为仅仅达到客户满意只能在市场上生存，不能在市场上领先。成就客户就是不仅让他们满意，而且帮他们成功。IBM 应当变成客户的委托人。

（2）**创新为要**。当 IBM 的大部分利润都是靠软件和服务得来时，创新已不只是研发人员的责任，而是公司每一个人的责任。研发固然很重要，但更重要的是与客户接触的人是否有创新能力，有没有新的方法帮助客户。

（3）**诚信负责**。客户把很重要的事情委托给 IBM 来做，IBM 的员工就一定要用诚信负责的精神让客户信任。另外，在 IBM 这样庞大的公司，随需应变战略需要部门之间的协同，也需要员工之间互相信任。

经过彭明盛一系列大刀阔斧的改革后，2006 年成为彭明盛执掌 IBM 以来业绩突出的一年，公司盈利高达 95 亿美元，股价上涨了 18%，公司市值增长了 170 亿美元。随后，从重新设计 IBM 产品和服务组合，到全球业务整合，甚至到全球衰退低谷推出"智慧地球"计划，一系列清晰的战略为 IBM 注入了蓬勃的生机。

回顾 IBM 的百余年发展历史，企业每一次战略转型与跃升，都伴随着企业文化的嬗变与革新。IBM 百余年发展历史告诉正在转型的中国企业，要追求价值链的高端，大胆决策推动转型，并把文化视为应对未来的竞争性武器。

（资料来源：作者改编）

讨论题：

1. IBM 在衰退时期出现上述文化特征的原因是什么？
2. 请分析与评价 20 世纪 90 年代郭士纳领导的 IBM 企业文化变革所采取的主要措施。
3. 请分析与评价 21 世纪 IBM 的战略转型与文化演进。

第八章　学习型组织

学习目标

- 掌握学习型组织的内涵。
- 掌握学习型组织的特征。
- 了解行动学习的重要作用。

导入案例

地狱和天堂

一名教徒很想知道天堂是什么样子。他问先知伊里亚："地狱在哪里？天堂又在哪里？"伊里亚没有回答他，而是拉着他的手领着他穿过了一个黑暗的过道，来到一个殿堂，他们走过了一个铁门，走进了一间挤满了人的大屋，这里有穷人也有富人，有的人衣不蔽体，有的人穿金戴银。在屋子的中间，有一个熊熊燃烧的火堆，火堆上面吊着一个大汤锅，锅里的汤沸腾着，飘散着令人垂涎的香味，汤锅的周围，挤满了面黄肌瘦的人。他们每个人手里都拿着一个勺柄有好几尺长的大汤勺。这些饥饿的人们围着汤锅贪婪地舀着，由于汤勺的柄非常长，汤勺也非常重，即使是非常强壮的人也不可能把汤喝进自己嘴里，而不得要领的那些人不仅烫了自己的胳膊和脸，还把身边的人也烫伤了，于是，他们相互责骂，进而用汤勺大打出手。先知伊里亚对那个教徒说："这就是地狱！"然后，他们离开了这屋子，通过另一条幽暗的过道走了好一阵子来到另一间屋子。同前面一样，屋子中间有一个热汤锅，许多人围坐在旁边，手里也拿着长柄汤勺。除了舀汤声外，只听到静静地满意的喝汤声，锅旁边总保持两个人，一个舀汤给另一个喝。如果舀汤的人累了，另一个就会拿着汤勺来帮忙。先知伊里亚对教徒说："这就是天堂。"

故事启示：个人的力量有时是很有限的，而要解决这些问题需要团队的分工合作。

当今世界政治、经济形势不断变化，科学技术发展日新月异，市场竞争日趋激烈，企业该如何应对呢？这是一个值得管理学家、经济学家和企业家们深思的问题。20世纪90年代初，美国麻省理工学院斯隆管理学院教授彼得·圣吉（Peter M. Senge）出版了《第五项修炼》一书，提出"应变的根本之道是学习，这乃是竞争求生存的基本法则"；在其后出版的《变革之舞》中，圣吉又强调"21世纪企业间的竞争，实质上是企业学习能力的竞争。而竞争中唯一的优势是来自比竞争对手更快的学习能力"。学习型组织理论问世以后，立即风靡全球，引起了理论界和企业界的极大关注，成为企业组织模式的一个研究方向。

　　国内外，大批优秀的企业纷纷掀起了创建学习型组织，按照学习型组织模式改造自己的热潮。美国许多著名的公司提出用"学习型组织"改进自身，并取得了明显成效，如美国的福特汽车（Ford）、通用电气（General Electronic）、摩托罗拉（Motorola）、科宁（Corning）、AT&T、联邦快递（Federal Express）等。日本大企业对学习型组织的理论与实践也相当重视，麻省理工学院学习中心培训的人员中有三分之一来自日本企业界。在我国，"海尔""联想""宝钢"等著名企业也在按照学习型组织模式，加强企业的全面建设，打造企业的核心竞争力。

第一节　学习型组织的含义

一、学习型组织理论的产生

　　学习型组织理论是在 20 世纪末逐步发展起来的。对于学习型组织的模式，西方众多的管理学家做了积极的探索，特别是美国麻省理工学院教授佛睿思特（Forrester）创立"系统动力学"，为学习型组织理论的提出奠定了良好的基础。1956 年佛睿思特创立了用于工业企业管理的工业动力学理论，后来超越了工业管理的范畴，形成了"系统动力学"。佛睿思特于 1965 年提出了组织学习的概念。从 20 世纪 70 年代开始，哈佛大学教授阿吉里斯（Chris Argyris）对组织群体学习进行了研究，哈佛大学教授萧恩（Donald Schon）对专家如何从实践中学习和如何在实践中把职工培养成称职的专业人员进行了研究，他们提出了心智模式的概念。麻省理工学院的威廉·埃萨克斯（W. Isaacs）对团队如何进行有效的沟通和决策进行了深入的研究。物理学家戴维·鲍姆（David Bohm）也认为，许多社会问题是因为人们没有进行有效的沟通造成的。

　　佛睿思特的学生彼得·圣吉继承了系统动力学的理论，吸收了阿吉里斯和萧恩关于"心智模式"的概念及埃萨克斯和鲍姆关于"团队学习"的研究成果，形成了学习型组织"五项修炼"的基本架构。1990 年 9 月他出版了《第五项修炼》一书。这位被推崇为当代杰出的顶尖管理大师的美国麻省理工学院教授，对学习型组织进行了全面深刻的分析和论述，提出了学习型组织的"圣吉模型"。在彼得·圣吉看来，一个公司或一个企业善于学习、善于从整体看待问题，这体现了东方文化的特色；同时，组织的学习愿望与能力又植根于个体之上，这又体现了西方文化的特色。因此，学习型组织理论可说是东方文化与西方文化相互融合的思想结晶。

　　学习型组织以建立共同愿景为基础、以团队学习为特征，具有持续学习的能力，具有高于个人绩效总和的综合绩效。"五项修炼"包括自我超越、改善心智模式、建立共同愿景、团队学习和系统思考，其精髓是以个体学习为基础，强调学用结合、知行统一、共同奋斗。学习是人的生存手段，也是企业的生存手段。尤其是在知识经济时代，学习将越来越成为企业生命力的源泉。学习型组织的"学习"，主要是指工作学习化、学习工作化和在所有层次上学习，以及产生变革的学习。

　　学习型组织理论作为一种全新的管理理论，与传统的管理理论有着本质的八大区别。

在管理思想上，由过去的"制度+控制"（能使人更勤奋地工作，但是创造性却受到抑制），转变为今天的"学习+激励"（使人更聪明地工作，不断创新，自我超越）；在管理组织上，由过去的以等级为基础、以权力为特征转变为以共同愿景为基础、以团队学习为特征；在管理内容上，由以人的行动和生产工作标准化，转变为以增强学习力为主，使员工注意到工作的生命意义；在管理策略上，由以技术与奖励为驱动，采用量多质好的刚性策略，转变为以市场与学习为驱动，采用快变取胜的柔性策略；在管理职能上，由以职能分工论和部门制为基础，以分工和"管"为主，转变为以信息化、网络化为基础，以综合和"理"为主，强调沟通与协作；在管理者与被管理者的关系上，由过去管理者与被管理者的单向服从关系，转变为上下互动关系；在管理手段上，由应用计算机技术放大人的技能，转变为应用计算机放大人的智能；在管理对象上，由过去大量的重复简单劳动的体力型的劳动者，转变为今天大量具有创造能力的智力型劳动者。

二、学习型组织的概念

人们关于学习型组织的定义众说纷纭，各有侧重。

彼得·圣吉教授认为学习型组织是这么一种组织，"在其中，大家得以不断突破自己的能力上限，创造真心向往的结果，培养全新、前瞻而开阔的思考方式，全力实现共同的抱负，以及不断一起学习如何共同学习"。

马恰德在他的组织学习系统理论中指出："系统地看，学习型组织是能够有力地进行集体学习，不断改善自身收集、管理与运用知识的能力，以获得成功的一种组织。"

鲍尔·沃尔纳对学习型组织所下的定义是："学习型组织就是把学习者与工作系统地、持续地结合起来，以支持组织个人、工作团队及整个组织系统这三个不同层次上的发展。"

国内学者对学习型组织的定义中，比较典型的是郭成纲的定义：学习型组织，是指通过培养弥漫于整个组织的学习气氛，充分发挥员工的创造性思维能力而建立起来的一种有机的、高度柔性的、扁平的、符合人性的、能持续发展的组织。这种组织具有持续学习的能力，具有高于个人绩效总和的综合绩效。曹世潮的定义也比较有特色，他认为，所谓学习型组织，即这种组织具有学习的欲望、机制、环境和全体一致的学习自觉。

综合以上观点，我们认为，学习型组织是指在由组织共同愿景所统领的一系列不同层次的愿景的引导和激励下，不断学习新知识和新技能，并在学习的基础上持续创新，以实现组织的可持续发展和个人的全面发展的组织形式，它由个人、团队和组织三个学习层次构成。

导入案例 ◀

通用电气创建学习型组织的实践

通用电气公司也许是美国纽约道琼斯工业指数自 1896 年创设以来唯一一家至今仍榜上有名的企业，目前在 26 个国家拥有 250 多个生产经营基地，美国以外的收入已占其总收入的 40%，成为全球最具盈利能力的企业之一。在过去 20 年中，通用电气给予股东的平均回报率超过 23%。通用电气公司的成功，源于一个强有力的学习型组织的创建及由此产生的独特的学习文化。

一、创建学习型组织的由来

对于美国通用电气公司来说，组织结构、经营理念、管理模式等已经有几十年没有什么根本的变化了，在僵化的等级森严的组织体制中，员工的作用就是确保巨大的商业机器准时开动和顺利运转。韦尔奇敏锐地看到了这种装配线心理正在毁掉美国的企业，他就任公司 CEO 后下决心构建一个思想和智慧超越传统和层级的学习型文化，以期重塑这家"百年老店"。正是基于这样的思考，韦尔奇及其同人坚定地发起了一场以创造出世界上最具竞争力的组织为核心的运动——创建学习型企业。他说："一个企业变成一个学习型的组织，对于企业来说，要有这么一个核心理念，就是必须具备不断学习的欲望和能力；而且还要有以最快的速度将所学的一切转化为行为的能力，竞争力就是如此提升的。"此后，通用电气公司努力培植员工一种永不满足的学习愿望、拓展愿望，每天都要去寻找更好的主意、更好的办法。

二、创建学习型组织的主要措施

措施一：塑造共同愿景。1980 年韦尔奇接手通用电气时，通用电气已是全球排名第十位的大企业，不过，韦尔奇并不因此忽略共同愿景的塑造。他认为，要保持通用电气的地位并得到新的发展，就必须让公司及全体员工朝共同的目标努力，始终保持高昂的斗志和创新的冲动，CEO 的主要职责就是要为公司勾勒愿景，并在公司内部不断制造工作压力。因此他一上任就在股东大会上表明自己的愿望和决心——"把通用电气建设成为一个独一无二、充满活力、具有开创性的企业，一个无比卓越的公司，一个世界上利润最丰厚、产品最多样化且每条产品线都成为全球质量领导者的公司。"

措施二：转换领导者的角色。韦尔奇认为领导者应该"同时作为教练、启蒙者及问题解决者来为企业增加价值，因为成败而接受奖励或承担责任，而且必须持续地评价并强化本身的领导角色"。为此通用电气在克罗顿维尔建立了领导才能开发研究所，每年有 5000 名各级管理者在这里定期研修，听取企业生产、经营和管理等方面的课程。参加学习者之间没有职务的束缚，可以不拘形式地自由讨论。《财富》杂志称其为"美国企业的哈佛大学"。在韦尔奇的领导下，通用电气领导层变成了一个不断创新、富有成效的领导团体。他们能进一步推动工作，倾听周围人们的意见，信赖别人的同时也能够得到别人的信任，能够承担最终的责任。

措施三：学习和工作的整合。在通用电气，学习和工作没有矛盾，不能分离，学习就是工作，工作就是学习。通用电气职员在学习比较中发现新西兰的家电生产商实行了缩短商品周期的"快速反应"方法，并迅速应用到了加拿大的家电业务中去。这就是通用电气自信、简捷、速度原则的体现。

措施四：开展"无边界运动"，使管理层与员工互相交流学习。所谓"无边界运动"即拆除传统上挡在经理与雇员、市场营销与产品制造、员工与消费者之间的墙，打破公司内部等级森严、部门之间壁垒重重、一切按照制度和惯例办事的组织行为和氛围，使员工能够跨越其本身的思维和视野的制度，容纳各种观点，使企业成为一个"无边界运动"的组织。韦尔奇提出，任何新的想法或方案，应该因该想法或方案本身的优缺点，而不是提出想法的人的地位而得到重视或忽视。他进一步强调，那些不能共享这种价值观的人必须走人。为了推动"无边界运动"，通用电气定期发起"群策群力"活动（一般持续 3 天），在活动期间，工人们可以向经理们提出改进生产过程等重要工作流程的建议，经理们必须说"是""不是"或"我将在某某时间去找你"。当然，经理们 80% 以上会说"是"。"速度、灵活性、创新"是无边界组织的三大特征，如果管理团队成员没有使用这些词语来描绘公司，那就说明通用电气公司在无边界的道路上还有距离。

措施五：让点子动起来，实现公司范围内知识共享。通用电气认为建立学习型文化的三个关键要素是：组建优秀团队，跨业务分享点子，提供把点子付诸实践所需的资源。为了实践这一思想，公司每个季度都会召开一个为期两天、有30名左右的经理参加的会议，在会议上，不同业务部门的经理轮流发言，提出新观点。这种交流会比其他公司同部门的会议有益得多，因为讨论的不是垂直业务，而是互补方案，大家获得的是普遍经验。公司让经理要求员工们多向联盟伙伴和竞争对手学习。公司规定，仅"有"一个好点子不能得到奖赏，只有有效地与大家分享才能得到奖赏。

这种学习型文化使通用电气各部门之间知识获得了最大共享。有一个例子是这样的：通用电气的医疗设备部门设计了可以遥控操作的CT扫描仪，这种扫描仪让使用者可以在线检查并修补可能出现的障碍，甚至在客户发现问题之前，就能解决这些已经存在的问题。医疗设备部门将这一技术与通用电气其他部门分享，如喷气发动机、机车、马达和工业系统部门、电力系统部门等。通过引进这种技术，这些部门也可以监测喷气发动机、机车、马达和发电厂的运行情况了。

措施六：向竞争对手学习，"合理地剽窃"。韦尔奇鼓励经理们向竞争对手仔细搜索优秀的点子并据为己有，这就是"合理的剽窃"（Legitimate Plagiarism），他说，借鉴是最好的学习。通用电气在向竞争对手学习方面卓有成效，他们改良克莱斯勒和佳能公司产品上市的技巧，从通用汽车和丰田学到了高效的采购技巧，从摩托罗拉和福特公司学到了品质改进体系。

三、通用电气公司学习型组织的特点

美国通用电气公司学习型文化有这样一些特点：①信息分享的开放性。信息不是被储藏或毁灭，而是可分享和获取的，取消界限，对来自任何地方的思想进行开放。②强调学习以及对未来的投资。学习被置于企业的中心，从不停止谈论学习及新思想的重要性。通过投资与学习，也兑现了对组织学习和员工学习的承诺。③不惩罚错误或者失败。错误及失败被认为是不可避免的，是可以接受的，关键在于从前车之鉴中学习，将教训融入整个组织中。④期望人们不断地学习。学习必须有韧性和毅力，而不是一时的事件，公司鼓励每个人学习，学习被视为是公司的血液，必须每时每刻顺畅地流动。⑤通过变革举措来驱动学习。公司不断推出变革举措革新组织，提升组织获得知识的能力，增进学习；利用整个营运系统使公司的智慧"全球化"。

韦尔奇曾说："学习并迅速把学到的东西付诸实施的能力，才是企业最大的竞争优势。"无疑，他成功地贯彻了自己的思想，将通用电气打造成了一个典型的学习型组织，而这已成为通用电气最大的竞争优势。通用电气公司在创建学习型组织方面的成功使得创建学习型组织的热潮遍及全世界。

（选编自刘永中，金才兵.管理的故事.广州：南方日报出版社，2005）

第二节 学习型组织的特点

组织学习本身就是一个系统，它几乎包括了企业管理中所有重要的因素，如人、组

织、决策、沟通、技术等。企业通过周密筹划的组织学习过程，不仅可以提高内部资源、知识的利用率，不断创造出新知识，而且可以从各方面学习，不断提高自身的能力，弥补缺陷与不足，构建自己的核心能力和竞争优势。相对于传统组织，学习型组织有以下几个方面的特点。

一是组织成员拥有一个共同的愿景。组织的共同愿景来源于员工个人的愿景而又高于个人的愿景。它是组织中所有员工共同愿望的景象，是他们的共同理想。它能使不同个性的人凝聚在一起，朝着组织共同的目标前进。

二是组织由多个创造性个体组成。在学习型组织中，团体是最基本的学习单位，组织的所有目标都是直接或间接地通过团体的努力来达到的。

三是善于不断学习。这是学习型组织的本质特征。主要有四点含义：第一，强调"终身学习"。即组织中的成员均应养成终身学习的习惯，这样才能形成组织良好的学习气氛，促使其成员在工作中不断学习。第二，强调"全员学习"。即企业组织的决策层、管理层、操作层都要全心投入学习，尤其是经营管理决策层，他们是决定企业发展方向和命运的重要阶层，因而更需要学习。第三，强调"全过程学习"。即学习必须贯彻于组织系统运行的整个过程之中。不能把学习与工作分开，应边学习边准备、边学习边计划、边学习边推行。第四，强调"团体学习"。即不但重视个人学习和个人智力的开发，更强调组织成员的合作学习和群体智力（组织智力）的开发。

四是扁平式组织结构。传统的企业组织通常是金字塔式的结构，学习型组织的组织结构则是扁平的，即从最上面的决策层到最下面的操作层，中间相隔层次极少。它尽最大可能将决策权向组织结构的下层移动，让最下层的单位拥有充分的自主权，并对产生的结果负责，从而形成扁平化组织结构，保证上下级不断沟通，在企业内部形成互相理解、互相学习、整体互动思考、协调合作的群体，产生巨大的、持久的创造力。

五是自主管理。团队成员在"自主管理"的过程中，能形成共同愿景，能以开放求实的心态互相切磋，不断学习新知识，不断进行创新，从而增加组织快速应变、创造未来的能力。

六是组织的边界被重新界定。学习型组织边界的界定，建立在组织要素与外部环境要素互动关系的基础上，超越了传统的根据职能或部门划分的"法定"边界。

七是员工家庭与事业的平衡。学习型组织对员工承诺支持每位员工充分的自我发展，而员工也以承诺对组织的发展尽心尽力作为回报。这样个人与组织的界限将变得模糊，工作与家庭之间的界限也将逐渐消失，两者之间的冲突也必将大为减少。

八是领导者的新角色。在学习型组织中，领导者是设计师、仆人和教师。领导者不仅要设计组织的结构和组织政策、策略，还要设计组织发展的基本理念；领导者的仆人角色表现为他对实现愿景的使命感，能自觉地接受愿景的召唤；领导者作为教师的首要任务是界定真实情况，协助人们对真实情况进行正确的把握，提高他们对组织系统的了解，促进每个人的学习。

导入案例

红星家具集团的领导者角色

红星家具集团的董事长、首席执行官车建新，以600元的借资起家，引领红星企业从家具生产小作坊发展成为中国同行业第一位。18岁那年，他确定了自己人生的第一个目标——三年内学精木工手艺。三年后,他的这一目标变成了现实。由此,他走上了创办家具企业、创建中国名牌、打造世界品牌的三次创业之路。在此过程中,他越发认识到学习的重要性和必要性。把红星创建成学习型企业,就是他积极倡导并亲手抓的一项重点工作。他带头学习并研究战略规划,通过学习 GE、海尔等世界名企,引领红星成为中国家居流通业的领头羊,成为中国家居市场第一品牌。

在红星建设学习型企业的过程中,车建新及他带领的领导群体扮演的是什么样的角色呢?

一、红星企业精神和共同愿景的设计师

红星企业精神的铸造,随着红星的发展经历了前后两个阶段,呈现出不尽相同的内涵。在 1999 年之前,车建新把"不断追求完美,永远开拓争先"作为自己企业的精神。当时,红星正处于企业大发展的上升期,车建新把创建中国名牌、打造中国家居市场第一品牌作为自己的目标。随着红星全国连锁品牌大卖场的成功兴建,红星也跃升为国家级家具企业集团,成为中国家居流通业的领头羊。此时的车建新,毅然走上了打造世界品牌、建设国际化企业集团的第三次创业之路。与此相应,红星的企业精神,也升华为"一丝不苟,视信誉为生命;勤奋务实,视今天为落后"。此时的红星,强调诚信经营、规范管理、以德治企、以法治企。

一丝不苟——追求完美,把每一件事都当作作品来做,精雕细琢;

信誉——待人以诚,执事以信,是红星人的生命;

勤奋——今天事今天毕,明天一定比今天进步 5‰;

务实——能做好千万件小事必能做大事。

红星的这一企业精神,既凝聚了人心,又预示着红星"成为什么样的企业"这一本质问题,这对于"红星"品牌的铸造,起到举足轻重的作用。

红星的共同愿景是一系列由远及近的愿景,清晰地勾勒出红星的发展蓝图。

2001 年底——实现中国家居市场第一品牌;

2006 年底——实现年规模销售 200 亿元;

2008 年底——建成 40 个连锁市场,成为国际化的企业集团;

2020 年底——建成 200 家品牌连锁大卖场,成为中华民族的世界商业品牌;

2004—2020 年——加速全国连锁门店,打造世界商业品牌。

二、追随红星共同愿景的仆人

有一件事对车建新的刺激很大。那是 2001 年 10 月,世界 500 强第一位的美国沃尔玛总裁李斯阁先生考察中国的市场,他只看了法国的家乐福和德国的麦德龙,而中国的商场和卖场,他一家也没看!据统计,2001 年沃尔玛在全球就有 4000 多家连锁店,总营业额达 2200 亿美元,而同年中国百强商业连锁企业的销售总额,加起来只有 1620 亿元人民币,只是人家的一个零头。这件事让车建新下定了决心,要把红星美凯龙品牌连锁大卖场建设得更快、更出色,让李斯阁先生下次再来中国时,不得不来红星,看看中华民族的新卖场是怎样的规模和气派。

车建新认为,中国的商业若不发达,不仅将制约工业经济的发展,也会影响整个国民经济的发展。他出国考察时,经常看到中国的许多质量上乘的产品,出口到国外只能在地摊上销售,即便打入人家的大商场,利润也被压到了最低点。而国内的情况也不容乐观,车建新在参加广交会时就看到,同样的一条牛仔裤,在广交会上被外商压到 10 美元的价

格，而到了美国的市场上却能卖到 100 美元，这 90 美元就进了外国商人的腰包，连成本加利润都只有 10 美元，哪还可能再去请高级设计师，哪还谈得上开发新产品呢？他认为，中国的企业和企业家有时自己不争气，只会采取竞相压价的方式搞窝里斗，反而被外国商业巨头所利用，以最低价大批量收购中国产品，把中国的工厂当成了他们的廉价加工厂。车建新对此十分担忧，他一直呼吁要振兴中国的商业，将振兴民族商业视为己任，最大的理想就是把红星集团打造成像沃尔玛那样闻名世界的国际企业巨头，把红星美凯龙连锁卖场品牌打造成世界级的中华民族品牌。这正是他第三次创业的内在动力和追求的人生目标。

三、培养红星员工学习习惯的教师

2010 年 12 月 1 日，由《21 世纪经济报道》、凤凰网、中央人民广播电台经济之声联合主办的"2010 年度华人经济领袖盛典"在北京隆重举行，红星美凯龙董事长兼 CEO 车建新获选"2010 年度十大华人经济领袖"。车建新在"2010 年度十大华人经济领袖"颁奖晚会上表示，学习和思考促成了红星美凯龙在 20 世纪 90 年代中期的成功转型。也正是从那时起，红星美凯龙开始创建起一种学习型的企业文化。在车建新看来，做企业首先要做战略。战略赢了，战术就事半功倍，"所以我觉得首先要学习，通过学习才能把战略做得更好，才能更强有力地加以执行"。学习的"静"和执行的"动"相辅相成，推进红星美凯龙不断实现更好的发展。

在红星集团，把红星创建成为学习型企业，是红星集团董事长车建新最先倡议并亲手抓的一项重点工作。起初，他本人的学习主要是出于自身的需要，而后在企业学习的导入和推进阶段，他发现各级领导对学习的重视程度和投入程度对企业整体学习氛围的形成起着重要作用。于是，他以身作则身先士卒，不但自己每年要读约 70 本书，听 60 位左右专家讲课，而且要参加各类高层次的培训班，如总裁班、新形势讨论班、企业高层战略研讨班、人力资源学习班、金融学习班等。同时他还在中国人民大学系统地进修 MBA。

车建新认为，学习力的提升需要一定的物质条件和社会条件，因此他坚持给红星的全体员工提供最好的学习条件，创造最佳的学习氛围。起初，公司的一些高层管理人员和财务管理人员有些不理解，认为他在这方面花钱太大方，为此还产生过一些小矛盾，但车建新不为所动。他采取了一系列鼓励和支持员工读书、学习的举措。比如他在红星集团总部和各大市场都设立阅览室，每年拨款数十万元购买各类岗位专业技能和经营管理书籍；每年邀请一批专家学者来红星讲课，组织员工赴知名企业参观、考察、学习，等等。他还对凡是通过自学考试获得了学历升级的员工，一律报销一半的学习费用，并有针对性地派管理人员赴中国人民大学等院校深造。

车建新还意识到，如果要真正地把创建学习型组织引向深入，就一定要占领家庭这个学习阵地，因为家庭是人生学习的起点，也是终身学习的场所。人在家庭中生活的时间几乎是在企业工作时间的 2 倍。基于此，车建新做了很多鼓励员工在家学习的措施：给 365 位管理人员的家庭各送上一个书柜；每年为每位员工报销 200 元书费；由公司出资，统一为 100 多名中层以上管理人员的家庭聘请保姆，让他们能有更多的时间用于学习；有条件的员工家庭，要求配备计算机，要有书房等。

《红星人守则》中规定："每位员工家中的书柜至少要藏书 30 本以上。每位管理人员包里每时每刻要有一本书、一个记事本、一支笔，每人每年要写 5~10 份 1000~2000 字的读书心得""每位管理人员每天至少读书学习一小时"……看着这一连串的数字，可能会觉得有点"小儿科"，可红星人认为，在学习道路上的一次次的"质变"都来自这些看似枯燥的"量变"。

车建新说，他小时候吃过没有好好学习的亏，他现在已经尝到了学习的甜头，他很清楚学习对员工、对红星意味着什么，为此他不惜一切代价为红星的员工创造一个良好的学习环境，好让他们尽快成长成才。在他的影响和带动下，公司全体员工都积极投身学习，形成了自我学习、自我开发、自主管理的良好氛围。

红星的发展需要人才，人才成长要靠培养，而培育人才的最好途径就是组织企业培训和员工读书活动。

第一，红星集团把红星员工的文化学习和思想道德品质教育放在首位。每年都要求人力资源部门做好计划，明确培训目标，通过职前培训、在职培训和远程培训的结合，全面提高红星员工的个人素养。在思想道德教育方面，红星集团除组织员工进行每天的升旗仪式外，还倡导员工进行"第六项修炼"，即以爱国为核心的集体主义教育。

第二，根据企业面临的新情况，由人力资源部门组织外部专家来企业做各种有针对性的高水平讲座，使学习内容能与时俱进，并组织员工讨论消化，使新的理念、新的方法能在工作中有所运用。此外，集团还多次组织中高层管理人员参加 MBA 研究生班培训和赴美、法、德等国学习。集团每年培训费用都在 100 万元以上。请进来和走出去相结合的方式，大大提高了学习的效果。

第三，红星集团在组织全员读书学习活动时，十分注重按公司不同层次和部门的特点，组织不同的学习内容和采用不同的读书方式，使读书活动尽可能与各部门的工作结合起来。公司不定期组织读书活动成果交流会，由学有成效的员工宣讲自己的学习体会和收获，实现成果共享。例如，举办了"怎样当领导""如何培养下属""人才开发管理""争当职业经理人"等的大讨论，分享读书学习成果，并在此基础上总结出了"培养下属 60条、人才开发 60 条""人本管理精要 12 条"等，成为红星集团各级管理人员的工作指南。

第四，红星集团着眼于员工全面素质的提高，提出和加强了对员工的"八小时以外的管理"。提倡员工在业余时间自学，与比自己水平高的人交朋友，并提倡家庭读书活动。为此，红星集团给每位员工报销书刊费用每年 200 元，员工的学历升级可以报销学费，为每个家庭赠送书柜，要求书柜藏书达到 30 本以上，为中层管理人员送家务钟点工，积极为家庭开展读书活动创造条件和氛围。通过读书活动的有效开展，并辅以适当的奖惩措施，公司全体员工现已进入较为自觉的读书学习阶段，绝大多数员工都能将"要我学"变为"我要学"，大大提高了读书活动的自觉性，并取得了很好的学习效果。员工的思想品德和业务能力不断得到提高，实现了自我超越的目标，使员工与企业实现了同步增长，为红星集团的快速发展提供了人力支持。

四、培养红星人才的教练

出主意、用人才、当教练，这是红星"领导"的定义。在车建新看来。没有资金，可以融资；没有设备，可以选购；没有技术，可以引进；但如果没有人才，企业最终将失去一切。

早在 1999 年红星打造全新的"红星美凯龙"新市场品牌前夕，车建新就适时提出，红星领导层要加速转变观念，既要提高经营水平，更要提高管理水平。2001 年，车建新更进一步明确了红星各级领导的职责——"出主意、用人才、当教练"，要把工作兴趣从具体业务转到管理上来，以"用好人才，培养下属"作为自己的首要任务。正是在这种角色的转变中，培养下属、授权赋能、岗位轮换……大批有潜质的员工得到了多样化锻炼，快速走上了岗位创业、岗位成才之路，红星的"造人"运动取得了丰硕成果。

南京红星总经理彭晓鸣就是一个很好的"教练"。对于具体工作，他总是十分信任员工，放手让他们去干；而对于团队建设，他则是事无巨细，亲自过问，从严要求。他十分重视员工每年的成长性培训与学习，仅 2002 年，南京红星从部门主管到基层员工的各类岗位技能培训总人数就达到了 1376 人次，管理人员的人均培训时间超过了 110 小时。彭晓鸣还以传、帮、带的形式毫无保留地与大家一起分享他的经营管理经验，并通过组织演讲会、辩论赛、读书征文活动，为大家创造表演的舞台。

"有多大能耐就提供多大舞台"，这是红星的人事方针。但在人才培养上是先等员工有能耐再给舞台呢，还是先给舞台锻炼能耐呢？彭晓鸣在 2001 年底做了大胆尝试：先给舞台！2002 年 1 月 1 日加入南京红星的查金宝，在不到 10 个月的时间里轮换了 3 个岗位，现在他已经是南京红星客户服务中心的副经理。有着丰富实践经验的刘超只当了 3 个月的楼层主管，即通过竞聘当上了长沙红星美凯龙总经理，成为红星集团提升最快的总经理。刚担任市场部副理不到半年的裴伟，在 2002—2003 年度南京红星两大商场共计 10 万平方米的升级改造中，和同事们一起不仅完成了上百家厂商的临时撤场、工程配合、招商谈判、装修协调、营业员培训上岗等一系列艰巨任务，还编撰了红星集团第一本内容完善的营业员手册，开发了一套完备的营业员上岗培训课程。近年来，南京红星共向集团公司和各地商场培养、输送了 20 名商场总经理、常务副总经理、财务经理和其他中层管理干部。

（选编自吴之洪，钱旭东．红星模式——中国民营企业创建学习型组织典型解析．南京：江苏人民出版社，2003）

第三节　行动学习的兴起

一、国外行动学习理论的起源与发展

"行动学习"理论的创始人是英国瑞文斯（Reg Revans）教授。早在 1938 年，他就撰文提到行动学习，但并未引起重视。后来在担任国家煤炭理事会教育与培训董事长期间，他与煤矿经理们发展了早期的行动学习形式。1965 年，他在与比利时领导的一个大学与企业合作项目中第一次完整地运用了行动学习方法。在学习过程中，每个参与者都带着所在机构面临的棘手问题，每个小组所研究的问题都不同于他们日常工作的领域或专业。这些具有不同专业特长的人，组成学习团队，群策群力，互相支持，分享经验，反思质疑原有做法，形成新的行动对策。这次尝试获得了成功。

1971 年，瑞文斯出版了《发展高效管理者》一书，正式提出了行动学习理论与方法。1975 年，瑞文斯返回英国，运用同样的方法为英国电力公司开办管理发展培训课程，再一次验证了行动学习的神奇效果。

瑞文斯教授关于行动学习的观点包括：投入行动是任何学习的基础；管理者最有效的学习是通过社会交换实现的。他的观点可用公式"$L = P + Q$"来说明。其中，"P"表示"传授结构化知识"（Programmed Knowledge），是现代教育或培训的主要形式。我们通过

接受指导，学习那些已经"成型"的思路和方法，从而帮助我们更好地理解所面对的事物，更有效地应对所在的环境，更聪明地解决所遇到的问题。但是在这个快速变革的时代，仅仅靠这种方式学习是不够的。因为我们必须学习那些"在今天看上去不必要，但明天却很有用；那些在上个星期无关紧要，但现在却很重要的"知识或技能。为此，我们需要"主动自觉地探索我们所不熟悉的领域，在未知的、冒险的和混乱的条件下提出有用的、有洞察力的问题"。瑞文斯用"Q"（Questioning Insight）表示这种以"询问"为主的学习方式。瑞文斯认为，只有将"指导"与"询问"结合起来，才是更完整、更有效的学习。

瑞文斯认为，传统教育背后的理论假设是，我们面临的任何问题都有一个正确答案，尽管有时寻找这一答案很困难，甚至需要专家技能。指导式学习希望帮助人们提高寻找正确答案的技能。但行动学习背后的理论假设是，没有一个现成的行动课程能够帮助所有人解决他所面对的问题或是确认可能的机会。每一个管理者的价值信念、个性、经历、意愿、思维方式等都不同，这一切都会影响思考和判断问题的倾向，以及解决问题的方式。仅仅靠主要由专家开发的"P"并不能帮助管理者解决他们在现实情境中所遇到的大量问题与挑战。而在"不确定环境下提出有洞察力的问题"的能力（Q）才是更有用的学习方法。

除此以外，以询问"Q"为主的学习方式还具有以下特征：①学习主题直接针对现实环境和任务；②反思"做的结果"及"事情是怎样做的"；③学习是在小组或团队中进行的。在团队中，"每个参与者会一次又一次地发现自己陷入山谷……其他人会通过不同视角的询问、分享激发一个人更清晰地认识他所面对的"。同时，通过分享做的过程及做的原因，通过体验作为管理者的尴尬和苦恼，通过提供相互的心理支持，他们会产生瞬间的顿悟，以及正在增加的自信。在瑞文斯看来，获取新知识对改变行为的贡献是微不足道的，持续的行为改变更多是来自人们对自己过去经历的重新认识或重新建构。④一个人行为的改变来自个人希望改变的意愿和决心。

自此以后，行动学习逐渐受到理论界，尤其是学习理论研究者、教育专家的重视。各国关于行动学习理论的研究活动频频开展，相关研究成果越来越多。例如，英国部分大学及国际管理中心纷纷以行动学习为基础。随着更多人的研究与实践的深入，行动学习的内容与方法也变得逐渐丰富和多样化。

1991年，麦克·佩德勒（Mike Pedler）出版了《实践中的行动学习》一书，对行动学习理论进行了拓展。他认为，行动学习意味着自我发展与组织发展的双赢结果，基于问题的行动既解决问题，又改变解决问题的人。行动学习的成功主要依靠询问，而不是想当然的知识或指导。

1997年，爱伦·毛姆福特（Alarl Mumford）根据他与同事在IMC（International Management Centers）对行动学习的实践研究成果，对瑞文斯的学习公式进行了修正，将原来的"L=P+Q"变成"$L=Q_1+P+Q_2$"。他指出：最有效的学习来自迫切需要解决某个管理问题的驱动力，所以学习是以对相关问题、困惑或机会的发问开始的（Q_1）。针对特定问题，会有一些已经成型的相关知识，知晓这些知识有利于问题的解决。所以学习的第二步是获得这类知识，这时往往以"P"的方式（指导或讲授）进行学习。最初的提问引发的思考与相关知识的学习结合在一起，会引发对问题的重新定义、对过去经验的重新解释，激发出更为多样化或更具深度的见解。这一过程由团队成员共同促进（Q_2）。这一新学习公式对实施者具有更强的指导作用，初期参加行动学习的人往往还停留在传统学习模式中，他们等待着先以"P"的方式学习相关知识，然后再进行提问与反思。新公式能让参加者明确意识到，学习首先从询问开始。另外，新公式强调，学习是一个循环往复的过程，而不是线性地从"P"到"Q"的单一路径。

在这期间，行动学习开始在一些组织，尤其是企业中得到尝试和发展。其中，美国GE公司是最早运用行动学习的企业之一。GE公司前任CEO韦尔奇在总结行动学习在GE发展中所发挥的作用时曾经指出："行动学习是使GE变成全球性公司、快速转型组织的主要策略。没有引入行动学习之前，GE的国际性业务占18%，实施行动学习后，这个数字是40%，并且很快要达到50%。"另外，西门子公司也是较早引入行动学习的企业之一。西门子公司很快就通过行动学习收获了实效。公司宣称行动学习"在最初的18个月里已经为其自身提供了资金，产生的经济效益超过了项目准备期间和操作期间的费用总和"。

除此以外，美国花旗银行、壳牌石油公司、霍尼韦尔公司、AT&T、IBM、强生公司、日本丰田公司等都在积极实践行动学习法。大多数尝试过行动学习的企业管理者都承认行动学习是提高组织效率的强有力手段。

二、国内引入和探索行动学习的实践

国内对行动学习的探索大约始于1998年。1998年，在当时任中组部培训中心主任的陈伟兰的领导下，首次将行动学习应用于甘肃省贫困地区的中高级公务员的培训与发展项目。这是我国时间最早、规模最大的行动学习项目。该项目直接在中国香港和英国专家的支持和指导下进行，项目时间是3年，集中研究3个专题：第一，政府如何扶持中小企业发展；第二，生态环境保护与规划；第三，人力资源开发。

第一，在国外专家的帮助下，国内一部分专业人员接受了相关培训，以了解行动学习法的原理、项目设计及促进师促进技巧。

其次，甘肃省成立了由省委主要领导参加的项目领导小组，直接指导项目运作，并从省直机关和各地区中心城市选拔24名学员参加培训。这些学员承担着各自领域的政策制定和政策执行的责任，其中有14名高级公务员、6名中级公务员、2名研究人员和2名国有中型企业总裁。

第二，在每一年的行动学习项目设计中，首先提出要达到的主要目标：①向省委省政府提交一份政策建议报告；②结合学员所在机构转变政府工作职能的需要，开发出适用的工作工具；③在专题研究中在参与者之间建立紧密合作、互相支持的关系。

项目活动以学习小组为主，每组8名成员，他们大都是有丰富工作经验的中高级管理人员，每组设一名组长和一名顾问。在筹建小组时，尽量安排有相同工作专业背景但来自不同机构的学员组合在一起。在项目开始之前，每个学员都与自己的上级有一次深入的谈话。根据个人所在机构的需要，探讨并确定自己在项目中的研究方向。

学员经过10个月的小组研讨、回单位的实际操作和赴欧洲的调查学习后，提交第一阶段个人学习研究报告和各小组子项目的研究报告，最后两个月完成向省委提交的政策建议报告。

第四，在项目完成以后，对项目实施和学习培训情况进行评估。评估方式包括聚焦小组座谈、结构式访谈、书面资料收集和实地现场考察等。评估过程在甘肃省领导、组织者、学员和国内外协作者4个层面展开，保证了评估结果的客观性和全面性。

此次行动学习取得了较大成功，项目质量评估专家瑞士 St. Gallen 大学的杜姆斯（Rolf Dims）教授与中国科学院心理学研究所管理学专家陈龙教授对该项目进行评估后给出了很高的评价。这证明，行动学习具有独特的效果，是适合我国国情的有效方法。此外，行动学习项目的确帮助甘肃省解决了一些关键性实际问题，并建立了跨机构之间的更密切的协作。

从此以后，国内大量企业纷纷展开行动学习的探索和实践，以华润集团和中粮集团最为典型。其中，华润集团是国内最早运用行动学习的企业之一。华润集团的董事长陈新华这样评价行动学习在华润发展中所起的作用："在华润的变革过程中，培训是重要的一环。主要办法是'行动学习'，具体说就是结合企业实际情况，从找问题、找差距入手，在行动中学习，在学习中行动，不断循环往复，促使个人和企业共同发展。行动学习是我们这样的大型国企的名副其实的组织发展技术，它使企业变得富有生机和活力，这是我们做实、做强、做大、做持久的重要基础（文化、思想、工作技能、管理）。"还有部分企业在创建学习型组织的过程中，运用了近似于行动学习的团体学习方式来解决企业存在的问题，比如安彩集团、江淮汽车股份有限公司等。

除此以外，国内部分学者研究了行动学习法在教师教育技术培训中的应用。研究结果表明，行动学习是对目前国际上的教师培训"反思模式"的一种深化和发展，能够有效地将理论与教育实践结合起来，并能够培养教师独立提出问题、解决问题的能力。

经过多年的研究和探索，行动学习已成功引入我国组织，在国内组织中取得了一定程度的发展。但总体而言，行动学习在我国组织中的应用还处于萌芽阶段。

三、行动学习的作用

行动学习是一种十分有效的学习方式，对提高组织绩效具有重要的作用。行动学习主要在以下几方面起作用：

1. 帮助组织解决所面临的现实问题

行动学习不是简单的培训工具，而是一种具有培训与管理双重功能的工具。行动学习尤其适合解决组织面临的重要问题。可以说，问题的性质越是复杂，涉及的部门越多，越适合采用行动学的方法来解决。

华润集团董事长陈新华曾经指出：实践证明，行动学习是破解难题的一个有力工具。尽管它不是唯一的，但我们发现只要行动学习搞得好，其结果都是有力地推动了领导干部管理水平的提高和组织的进步。行动学习能够较好地解决又快又好发展的难题。

2. 促进团队建设

传统的组织结构，是金字塔形的官僚结构。这样的结构，更适合执行定义好的重复性的工作，而不适合进行创新。我国的绝大多数企业都是采用这种结构，这也是我国企业普遍创新能力较弱的原因之一。行动学习从一开始就要求采用团队的形式，这就在僵化的官僚结构中注入了沟通与协作的空气。随着行动学习在组织内部的深入，团队型组织的活力因子也将同步成长起来。

关于行动学习在促进团队建设中的作用，华润公司董事长陈新华深有感触地指出："行动学习依靠集体力量，凝聚集体智慧，使个人和组织共同成长。参加行动学习的人员，有领导也有下级，有一线员工也有职能部室。通过行动学习，把团队成员拉到同一个平面想问题，使大家心往一处想，劲往一处使，团队的执行力和推动力必然不断增强。"

3. 提升组织领导力

行动学习所贯彻的是一种新的领导方法。与以往的领导方法不同的是，它并不是由领导思考和决策，由群众执行，而是要求群策群力，大家一起动脑子。领导的作用主要是提出问题、引导思考和最后拍板。对于习惯了以往"独断专行"的领导方式的领导者来说，这无疑是一种挑战，行动学习中一把手的心态应该是：欢迎别人超过你，鼓励别人超过你，发现别人超过你，你欣喜若狂——因为你终于可以放心地把一部分事交给超过你的人去干，你自己终于可以干那些新产生的更需要你干的事了。一把手的这种心态，就是行动学习搞好、搞深、搞出结果的最重要的一个基础。

4. 促进个人专业成长及职业发展

在行动学习过程中，每个人都能够贡献自己的聪明才智，分享他人的聪明才智，并找到自己的不足。更重要的是，行动学习为组织成员提供了参与决策的机会，使组织成员焕发出对组织的责任心和热情。这些无疑都将促进个人专业的成长和职业的发展。

5. 凝练以学习、进取、协作、共赢等为核心理念的企业文化

解决问题，提升业绩，仅仅是行动学习的低层次成果，促进个人的成长、组织的发展、团队的融合、领导力的提升，是中间层次的成果，行动学习最高层次的产品是树立优秀的企业文化和价值观。行动学习过程体现了学习、进取、协作、共赢的价值观，通过长期的行动学习，这些价值观必然会在企业成员的思想深层沉淀下来，从而成为企业文化的构成要素。

第四节 行动学习的过程

一、行动学习的假设

在对行动学习流程、工具等进行研究之前，首先需要特别说明的是，行动学习提出了一系列的具体操作方法，这些操作方法的提出并非空穴来风，而是建立在对学习过程，尤其是组织学习过程的假设的基础上的。

①学习的目的是提高行动的效果和效率，围绕行动中遇到的问题进行的学习才是最有利于提高组织效率和效果的学习。

②组织所面临的大量问题和挑战具有鲜明的个性特点，不能完全依靠书本上的现成知识来解决，必须在吸收已有知识的基础上，结合组织实际情况，创造性设计解决问题的方法。

③大部分组织都具备设计解决组织问题所需的大部分知识，但这些知识分散在组织内的不同部门和岗位。通过沟通和共享，将分散的知识和智慧整合在一起，是发明解决问题的方法的必要手段。

④只有将学习所形成的方案投入到行动中，并对其效果进行反思，才能检验学习的成效如何，才能持续地改进。

二、行动学习的流程

行动学习项目是一项复杂的系统工程，它的成功实施需要由结构化方式来保证，即行动学习活动必须遵循一定的流程，流程中的任何环节都将对学习效果产生重要影响。

根据行动学习的基本原理，我们提炼出的行动学习流程如图 8-1 所示。

从图 8-1 可以看出，行动学习过程主要包括以下几个环节：

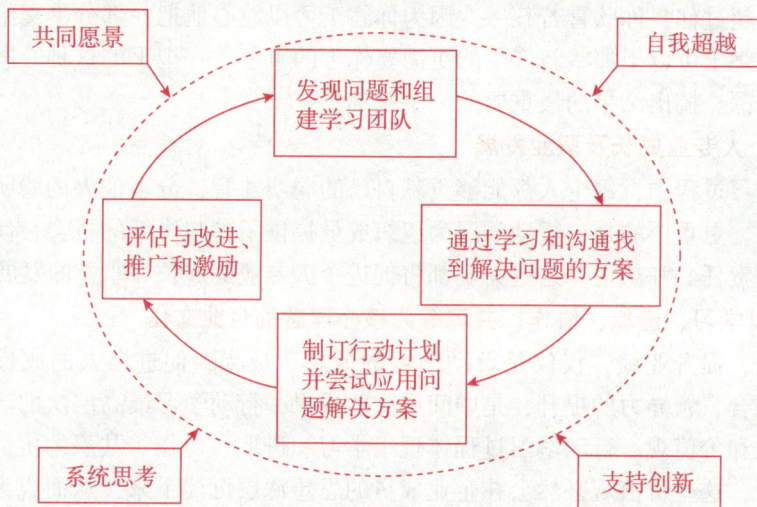

图 8-1　行动学习流程图

1. 发现问题和组建学习团队

这是行动学习的第一步。在开展行动学习之前，必须首先通过反思，定义要解决的问题是什么。所谓问题，就是企业在实现其发展目标的道路上遇到的各种障碍。问题分为两类，一类是希望弥补不足，以达到一般标准；另一类是追求卓越，以达到最佳。两类问题的共同特点是，一方面要在想达成的状态上达成共识，即"理想状态"；另一方面是在现状上形成明确意见。

组织遇到的问题，与学生在课堂上遇到的问题是不同的。其最大的区别是：课堂上的问题是结构性的，即问题被定义得很清楚。而组织遇到的问题，经常是非结构性的，即虽然我们能够感觉到有问题存在，但是对于问题到底是什么，却很难一下子说清楚。我们经常说：提出问题比解决问题更加重要，这在组织学习过程中是非常贴切的。如果一个企业不能清晰定义自己所要解决的问题，行动学习也就无从谈起。提出问题对于组建学习团队也非常重要。学习团队应该由具备解决问题所需要的各种知识的组织成员组成，这就要求我们根据需要解决的问题，判断谁具备相关知识，然后组建由这些人构成的学习团队。

这一环节可细分为如下几个细节：摆现象—找原因—逻辑化—定问题—组团队。与图 9-1 所示的行动学习各环节一样，这些细节不可或缺，对保障行动学习有效实施非常重要。其中，摆现象是指穷尽组织中所有让人头疼的现象，并最终聚焦于主要或生死攸关的现象。这一环节运用较多的工具是头脑风暴法，其原理将在后面介绍。找原因与摆现象类似，是指以头脑风暴的方式，将所能想到的原因如数列出，然后通过比照逐渐排除影响不大的原因，对一些有分歧的原因，进一步追溯相关事实，必要时，大家需分头搜集进一步的数据，最终在主要原因方面达成共识。在原因分析中，促进师一方面重点关注用来归因的事实依据是否真实、是否充分；另一方面重点关注分析的深度，引导相关者挖掘深层的、根本性的原因。逻辑化是指对所列现象和原因进行逻辑化，从而判断组织目前存在的问题，这一环节较为有效的工具是团队列名法。在确定问题之后，便需要根据问题及成员的知识、业务背景来组建学习团队。

2. 通过学习和沟通找到解决问题的方案

这是行动学习的第二步。学习团队具备解决问题所需要的大部分知识，但是，这些知识分散在不同成员的大脑里，除非经过深入的沟通，完成这些知识的整合，并与专家提供的"程序化知识"结合，否则很难获得解决问题的方案。这一步的重点是营造一个完全放松的氛围，鼓励大家将所能想到的点子、办法都拿出来。一个大家经常用的方法是头脑风暴法。头脑风暴法成功的关键是遵守"悬挂判断"原则，这也是促进师格外注意并随时纠正和引导的内容。这一环节具体又包括三个细节：观察反思—转换定式—制订计划。其中，"观察"有两方面的含义，其一是"反观"，在头脑中审视自己做过的事，并尽可能客观地描述过去的做法、思路和效果；其二是观察别人的经历、做法。社会学习理论指出，观察别人的行为是重要的学习途径。反思更多地集中在"什么导致了行动选择？想法来源于怎样的心智模式（思维定式）？它正确吗？面对未来挑战，什么是更好的心智模式？"而转换定式阶段的关键是形成一种新的"理论"。无论当事人是否意识到，每个人的想法和行动总是来自已经形成的特定理论，这就是心智模式或思维定式。真正的改变意味着原有定式的转换，它不是一种连续变化，而是一种"突变"、一种顿悟。这种深层转变让当事人能够以全新视角关注、接受、理解事物，从而形成全新的、更具效能的思路与对策。定式转换意味着创新。它的最佳发生时机是"混沌的边缘"，一种可控的"混乱状态"。行动学习制造了这样的状态，一旦对话开始，无人能够预测到对话会怎样发展，有哪些思想会被激发出来。但正因如此，才更可能产生出人意料的发现和灵感。紧接着，在新的思维模式指导下，形成和选择行动方案。在这一阶段，促进师主要做两件事：其一，引导大家讨论"一个好方案需要具备的硬性条件是什么？""一个好方案需要具备的软性条件是什么？每个软性条件的重要程度如何？"其二，将原始方案合并或整合成几个典型方案，将不符合硬性条件的方案去除，或将其中好的因素整合到其他方案中；引导大家比较剩余的符合硬性条件的方案，重点放在和软性标准的吻合程度及可能的风险评估上。

3. 制订行动计划并尝试应用问题解决方案

这是行动学习的第三步。学习团队找到的问题解决方案，经领导批准，在组织内进行小范围的实施，以检验其效果，并反思方案的正确有效性。尝试应用的关键是组织的执行力。此外，学习团队在尝试应用过程中不能解散，而是要继续跟踪尝试应用中发现的问题，并提出改进措施。促进师可通过远程方式与学习者建立联系，其中的重点是提醒当事人坚持做工作日志。

4. 评估与改进、推广和激励

评估与改进、推广和激励是行动学习流程的第四步。尝试应用的解决方案如果获得成功，就要在组织范围内加以推广。对于找到解决方案的学习团队，要进行激励。对于没有获得成功的方案，或方案中存在不足，返回第一步，进入下一个行动学习循环。

由此可见，行动学习是一个周而复始的过程，在这个过程中组织持续改进，永不休止。行动学习过程，与辩证唯物主义所提出的"实践—认识—再实践—再认识"不谋而合。行动学习的优势，则在于没有停留在理论思辨上，而是结合组织需要，提出了一系列的具体工具。

第五节　行动学习的方法

一、行动学习的影响因素

行动学习流程是行动学习效果的重要保证，然而行动学习的流程要良好地运转，必须要企业深层因素的支撑。这主要包括如下方面：

1. 共同愿景

共同愿景是指组织成员对整体目标的认可程度，即发展方向是否一致。共同愿景保证了行动学习的方向的正确性。没有共同愿景，大家各怀心事，团队内的沟通就会变成基于部门和个人利益的争吵，或者相互设防、虚与委蛇，而不是贡献对解决问题所需要的知识与见解。这样，行动学习就一定会彻底失败。

2. 自我超越

自我超越是指组织成员是否有超越现状的渴望。自我超越为整个行动学习过程提供动力。如果组织成员没有自我超越的愿望，也就不会提出问题，不会真诚地投入到沟通过程中，不会将行动方案付诸实践，也不会推动方案的推广。

3. 系统思考

系统思考是指将组织中存在的问题，当作是一个因果关系体系，而不是相互独立的局部。通过对问题进行整体性思考，得到解决问题的"杠杆解"，而不是"头痛医头，脚痛医脚"，治标不治本。

4. 支持创新

支持创新主要是指管理层对创新的态度。行动学习是一个整体创新过程。提出问题、组建团队、方案实施和方案推广，都需要领导层的大力支持。

二、行动学习的方法

在行动学习过程中准确、灵活地运用一些辅助工具，对于提高行动学习效率是至关重要的。经常被使用的工具主要包括六顶帽子法、头脑风暴法、团队列名法、深度会谈法、思维导图法和智慧墙法等。本节主要对这些工具的操作要点进行归纳和总结。

（一）六顶帽子法

六顶帽子法是一种在行动学习的各个阶段都可以使用的方法，旨在帮助学习者展开反思、总结、计划等工作。该方法是由著名的思维专家德·波诺发明的，是一种促进行动学习过程的有力工具。德·波诺分别用六顶不同的帽子代表六种不同的思维状态。其中，白色思考帽代表中性和客观，即让当事者描述客观事实和数据，尽力将主观推测、感情或判断排除在外；红色思考帽代表情绪、直觉和感情，即让当事人表达对一件事、一个问题的感性的、情绪化的看法；黑色思考帽代表冷静和严肃，即让当事人专注地分析某个观点或决策可能的风险或负面成分所在；黄色思考帽代表阳光和价值，即让当事人以乐观、充满希望的视角，积极思考事物可能带来的美好的或正面的结果；绿色思考帽代表丰富、肥沃和生机，即让当事人以不同于以往的、创新的视角思考问题；而蓝色思考帽能够让当事人关注整体思考过程，让其他思考帽能够充分发挥作用。

需要说明的是，六顶帽子法的使用是以角色扮演为核心，主要以三种形式进行：①针对一个主题，每个人自由选择帽子并发言；②针对一个主题，在每个阶段要求所有人都用同一种帽子发表看法，然后统一改变帽子颜色，转入下一讨论阶段；③每个人提出要求，请其他人或某个人以特定颜色的帽子发表看法。

一般而言，六顶帽子法的使用流程如图 8-2 所示。

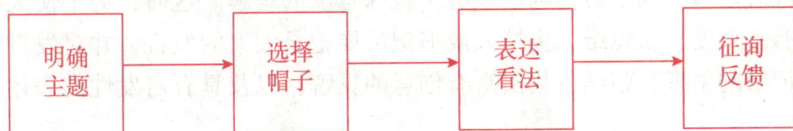

明确主题 → 选择帽子 → 表达看法 → 征询反馈

图 8-2　六顶帽子法的使用流程

众所周知，反思是行动学习的关键要素，反思让人改变看问题的视角，看到原来没有看到的事物及事物之间的联系。但改变思维视角并不是一件容易的事，六顶帽子法为我们提供了一个可操作的工具，使得转换视角变得容易和自然。六顶帽子法能够较容易地让一个人换个平时用得很少的帽子，由此产生新的顿悟。可以缓解人们改变自己或暴露自己的恐惧感，同时使参与者容易理解和接受。

但六顶帽子法在使用中要注意几方面的问题。六顶帽子法代表的是思考的方向而不是对已经发生事件的补述。同时帽子是用来指引思考方向的，而绝不能作为"分类标签"。说"某人是用黑色思考帽的人"，或者说"某人属于绿色思考帽类型"都是错误的。使用六顶思考帽的主旨是要每个人都客观看各个方向。另外，平行思考要求任一时刻每个人都看着同一方向，但是这个方向是可以改变的。因此，在同一时间大家都应戴上某一种颜色的思考帽思考，在另一时间大家再都戴上另一种颜色的思考帽，指定某个人用这种思考帽，另一个人用那种思考帽的方法是不正确的。

（二）头脑风暴法

头脑风暴法（Brain Storming），又称智力激励法、BS 法。它是由美国创造学家 A. F. 奥斯本于 1939 年首次提出、1953 年正式发表的一种激发创造性思维的方法。它是一种通过小型会议的组织形式，让所有参加者在自由愉快、畅所欲言的气氛中，自由交换想法或点子，并以此激发与会者创意及灵感，使各种设想在相互碰撞中激起脑海的创造性"风暴"。它适合于解决那些比较简单、严格确定的问题，比如研究产品名称、广告口号、销售方法、产品的多样化研究等，以及需要大量的构思、创意的行业。

头脑风暴法在行动学习的摆现象、找原因阶段经常被使用，其基本操作步骤如下：

1. 准备阶段

应事先对所议问题进行一定的研究，弄清问题的实质，找到问题的关键，设定解决问题所要达到的目标。同时选定参加会议的人员。然后将会议的时间、地点、所要解决的问题、可供参考的资料和设想、需要达到的目标等事宜一并提前通知与会人员，让大家做好充分的准备。

2. 热身阶段

这个阶段的目的是创造一种自由、宽松、祥和的氛围，使大家得以放松，进入一种无拘无束的状态。主持人宣布开会后，先说明会议的规则，然后随便谈点有趣的话题或问题，让大家的思维处于轻松和活跃的境界。

3. 明确问题

主持人简明扼要地介绍有待解决的问题。介绍时须简洁、明确，不可过分周全，否则，过多的信息会限制人的思维，干扰思维创新的想象力。

4. 重新表述问题

经过一段讨论后，大家对问题已经有了较深程度的理解。这时，为了使大家对问题的表述能够具有新角度、新思维，主持人或书记员要记录大家的发言，并对发言记录进行整理。通过对记录的整理和归纳，找出富有创意的见解，以及具有启发性的表述，供下一步畅谈时参考。

5. 畅谈阶段

畅谈是头脑风暴法的创意阶段。为了使大家能够畅所欲言，需要制定的规则是：第一，不要私下交谈，以免分散注意力；第二，不妨碍及评论他人发言，每人只谈自己的想法；第三，发表见解时要简单明了，一次发言只谈一种见解。主持人首先要向大家宣布这些规则，随后导引大家自由发言，自由想象，自由发挥，使彼此相互启发，相互补充，真正做到知无不言、言无不尽，然后对会议发言记录进行整理。

6. 筛选阶段

会议结束后的一两天内，主持人应向与会者了解大家会后的新想法和新思路，以此补充会议记录。然后将大家的想法整理成若干方案，再根据一般标准，诸如可识别性、创新性、可实施性等进行筛选。经过多次反复比较和优中择优，最后形成一致意见。这些意见往往是多种创意的优势组合，是大家的集体智慧综合作用的结果。

在使用头脑风暴法的过程中，为了能够取得满意的效果，需要注意以下几方面的问题：

①问题要明确。这是基本前提，只有明确的问题才会收到明确的效果。

②自由畅谈。参加者不应该受任何条条框框限制，放松思想，让思维自由驰骋。从不同角度，不同层次，不同方位，大胆地展开想象，尽可能地提出独创性的想法。

③延迟评判。头脑风暴法的使用必须坚持当场不对任何设想作出评价的原则，既不能肯定某个设想，又不能否定某个设想，也不能对某个设想发表评论性的意见。一切评价和判断都要延迟到会议结束以后才能进行。这样做一方面是为了防止评判约束与会者的积极思维，破坏自由畅谈的有利气氛；另一方面是为了集中精力先开发设想，避免把应该在后阶段做的工作提前进行，影响创造性设想的大量产生。

④禁止批评。绝对禁止批评是头脑风暴法应该遵循的一条重要原则。参加头脑风暴会议的每个人都不得对别人的设想提出批评意见，因为批评对创造性思维无疑会产生抑制作用。同时，发言人的自我批评也在禁止之列。有些人习惯于用一些自谦之辞，这些自我批评性质的说法同样会破坏会场气氛，影响自由畅想。

⑤追求数量。头脑风暴会议的目标是获得尽可能多的设想，追求数量是它的首要任务。参加会议的每个人都要抓紧时间多思考，多提设想。至于设想的质量问题，自可留到

会后的设想处理阶段去解决。在某种意义上，设想的质量和数量密切相关，产生的设想越多，其中的创造性设想就可能越多。

（三）团队列名法

团队列名法是行动学习过程中经常使用的方法，特别是在摆现象、问题逻辑化阶段。这是一种最大限度收集所有成员意见，防止小组被少数人控制的较好方法。其基本操作步骤如下：

①主持人发言。小组围坐，主持人说明议题，鼓励大家积极思考，贡献思想。

②个人准备阶段。在限定的时间里，小组成员独自把自己的意见顺序排列，写在纸上，其间不允许相互讨论。

③小组发言。主持人指定一人开始发言，仅讲自己的第一条意见，然后转到下一人，也讲其意见的第一条，如自己的意见别人已讲过，不重复，只讲别人未讲过的意见。其后有人专门负责将大家的意见逐条编号写在白纸上。一轮一轮进行下去，如果某一成员没有新的意见就被越过，直到所有成员的所有意见都贡献出来为止。要特别注意的是，任何人在发言时不允许对提出的意见进行评论。

④小组讨论。小组成员对每一条意见进行讨论，如有不清楚的可以提问。请提出意见的人进一步澄清解释，说明含义。如有重复意见可以删并，如有新的意见可以加进去。

⑤小组决策。所有成员根据自己认为的重要程度和准确程度从全组所列意见中选出若干条（如5条），并排列打分（如排列第一的给5分，排列第五的给1分），全组把分数相加，得分最多的前几项即为集体的意见。

⑥公布小组决策的结果。

（四）深度会谈法

美国量子物理学家戴维·伯姆（D. Bohm）在他的《论对话》一书中提出"深度会谈"（即英语中"dialogue"一词，《第五项修炼》中引用了"dialogue"的理念并将它翻译成"深度会谈"以区别于我们日常的"对话"）的理念。

深度会谈是通过在所有对话者参与的同时，分享所有对话者的意义，从而在群体和个体中获得新的理解和共识的交流活动过程。深度会谈并不是去分析解剖事物，也不是去赢得争论，或者去交换意见，而是一种集体参与和分享。伯姆认为，我们是通过"共享知识库"来感知和认识世界的，"共享知识库"是指人类经过长期进化和积累而形成的，其中包括内隐知识和外显知识，我们通过共享来感知和认识世界，并对自身的活动赋予相应意义，乃至形成我们自身的个性。深度会谈在团队学习中的价值在于它作用于我们内在的精神思维过程，通过内隐知识层次的交流来实现思维方式的改变。我们将自己的和他人的观念搁置，审视这些观念的产生根源，探究这些观念的真正意义所在。观念本身并不重要，因为它们只不过是一些思维假定，但是通过对所有人观念的意义进行识别和共享，真理就会在不知不觉中诞生。

伯姆在他的《论对话》一书中提到，深度会谈有如下三个必要的基本条件：

①所有参与者必须将他们的思维假定悬挂在面前，也就是要说出自己对该问题的真实的内心想法，以便不断地接受询问和观察。我们的知识都是对现实的映射，是一些主观的思维假定，而不是事物的真实本质。悬挂假设并不是抛弃、压制和避免表达我们的意见，

而是觉察和检验我们的假设。如果一味地为自己的意见辩护而未觉察自己的假设，或未觉察出我们的看法是以假设而非事实为依据的，就无从悬挂自己的假设。悬挂假设可以让其他成员更清楚地看见自己的假设，因此可以把自己的假设跟别人的假设对照，从中看出不同人的思维方式和看问题的角度，更加真实地向事物的本质靠近。

②参与者必须视彼此为学习伙伴。也就是说不管身份背景如何，学术面前人人平等，大家都是学习过程中的伙伴，都将为完成某一个学习任务而共同努力。当然，学习伙伴关系并不是说要赞成和持有相同的看法，视彼此为伙伴要能真正发挥力量反而是在看法有差异的时候。视彼此为学习伙伴，要消除因地位高而可能占优势的情况，同时也要避免因地位低而害怕陈述自己看法的情况。所有的参与者必须相互信任，以平等的姿态进行平等、开放的交流，没有任何压力（比如职位、身份、权威、个人关系等），也不受其他人观点的影响。只有这样才能建立一种成员彼此间关系良好的气氛，消除所谓学术权威带来的障碍，共同深入思考问题和进行深度会谈。

③对话的早期阶段必须有一位"辅导者"来掌握深度会谈的精义与架构。"辅导者"可以说是深度会谈的"主持人"，其作用是保持对话顺畅进行且有效率，如果有人在不该讨论时开始把过程转向讨论，辅导者要能及时识别并给予引导，使之转向深度会谈而不是讨论。当小组掌握了深度会谈的经验与技能后，辅导者的角色就渐渐变得不那么重要了。

深度会谈是行动学习过程中的重要反思工具，是团队学习最有效的方式。

（五）思维导图法

思维导图最初是由 20 世纪 60 年代英国人托尼·巴赞（Tony Buzan）创造的一种笔记方法。和传统的直线记录方法完全不同，它根据人脑活动的自然结构，以直观形象的图示建立起各个概念之间的联系，利用图示的方法来表达人们头脑中的概念、思想、理论等，是把人脑中的隐性知识显性化、可视化，便于人们思考、交流和表达，以提高学习和工作效率的工具。思维导图是组织大脑思维的有力工具，这一工具的功能主要表现为显著增强使用者的记忆能力、立体思维能力和规划能力三个方面。

思维导图之所以有效，是因为它可以使知识外显，促进交流。人们在进行交流时外化知识的抽象程度不同，外化知识的情景也不尽相同，有时候使用不同的言语描述同样一个实例，有时候又以同样的词句指代不同的事物，从而导致人们交流时的困难不仅仅在于如何表达自己的思想，而更多在于如何让别人理解自己表达的思想，因此就需要一种可视化的工具将知识外化，以更直观的方式表示出来，从而加速群体的信息共享和知识建构，这种工具就是思维导图。

一般而言，思维导图法包括以下几个步骤：

①开始就把主题摆在中央。在纸中央写出或画出主题，要注意清晰及有强烈视觉效果。

②向外扩张分支。想象用树形格式排列题目的要点，从主题的中心向外扩张。从中心出发将有关联的要点用分支表示出来，主要的分支最好维持在 5~7 个。近中央的分支较粗，相关的主题可以用箭号连接。

③使用"关键词"表达各分支的内容。画思维导图的目的是要把握事实的精粹，方便记忆。不要把完整的句子写在分支上，多使用关键的动词和名词。

④使用符号、颜色、文字、图画或其他形象来表达内容。用不同颜色、图案、符号、

数字或字形大小表示类型、次序等；图像越生动活泼越好；尽量用容易辨识的符号。

⑤用箭头把相关的分支连起来。以立体方式思考，将彼此间的关系显示出来。如在某项目未有新要点，可在其他分支上再继续。只要将意念写下来，保持文字的简要，不用决定对错。

⑥建立自己的风格。思维导图并不是艺术品，所画的东西能帮助你记忆，才是最有意义的事。

⑦重画能使思维导图更简洁，有助于长期记忆——同一主题可多画几次，不会花很多时间，但你很快会把这个主题牢牢记住。

⑧尽量发挥视觉上的想象力，利用自己的创意来制作自己的思维导图。

（六）智慧墙法

"智慧墙"又称"大墙"，是《第五项修炼》中提到的一种系统思考工具。20 世纪 70 年代后期，系统动力学的前辈米多斯主持一个三小时的研讨会，主题为第三世界的营养不良问题。与会者以白纸贴满一面大墙，然后大家就某项正在思考解决的问题，一起绘出所有的因果回馈关系，从而实现系统思考，发现问题的开放性。现在，我们把"智慧墙"作为开展团队学习的工具，首先针对一定的议题，与会者分别匿名地、独立地写下个人的意见，然后由主持人收集、整理贴到墙上，最后大家交流讨论并由主持人做点评。它是进行信息交流共享的一种新形式，是开展团队学习的一种新方法。

一般而言，"智慧墙"的使用程序如下：

①会议一开始首先由主持人公布讨论议题。会议规模以 20 人左右为宜。

②给与会人员发一支较粗的彩色水笔和多张白纸条。

③每张纸条上只提一条具体意见，写一句话。

④收集纸条，分类，筛除个别讲空话、大话、套话的纸条后将同类意见按一列粘贴在一面洁白的大墙上。

⑤大家在墙边巡回阅读，并将自己的新想法写在纸上并贴到墙上。

⑥由会议主持人点评。必要时可请提案人自己做解说，别人也可提问题和发表评论，引发会场热烈、轻松、互动的学习气氛。

影响"智慧墙"成功的关键因素有两个：①讨论议题的确定。讨论的议题不宜过多，最好一次一个；议题要有意义，可探讨。②会议主持人。主持人在会议中起着非常重要的作用，所以对主持人的要求也比较高。主持人的点评是即席进行的，这就要求主持人有广博的知识和丰富的管理实践经验，通晓全局，做到厚积薄发，详略得体，深浅有度，画龙点睛，击中要害。

本章小结

1. 学习型组织是指在由组织共同愿景所统领的一系列不同层次的愿景的引导和激励下，不断学习新知识和新技能，并在学习的基础上持续创新，以实现组织的可持续发展和个人的全面发展的组织形式，它由个人、团队和组织三个学习层次构成。

2. 学习型组织具有共同的愿景、创造性的个体、善于不断学习、扁平式组织结构、自主管理、组织边界的超越、家庭与事业的平衡等特征。

复习思考题

1. 什么是学习型组织？
2. 学习型组织有哪些特点？
3. 学习型组织中领导者的新角色是什么？
4. 什么是行动学习？
5. 行动学习具有哪些重要作用？

实践训练项目　行动学习法训练

实训目的：使学生通过训练了解行动学习的重要性，并体会行动学习中团队成员的群策群力，分享与支持，学会如何处理复杂的问题，掌握行动学习的培训方法，产生有创意的解决方案，真正掌握学习型组织的创建。

实训地点：教室或相关实验室

实训组织：

1. 由教师发起行动学习项目，提出需解决的问题，并制定行动计划方案。

2. 在教师指导下，学生分为若干模拟公司，组建行动学习团队，每队 7-10 人，设组长一人，并扮演发起人、召集人、催化师、小组成员、组长和专家等角色。

3. 小组成员质疑和反思问题，并重新定位、澄清问题，制定解决方案，最后执行行动学习方案。

4. 组长将行动学习过程进行总结，进行汇报分享。

5. 小组自评，小组互评，教师讲评。

实训内容：

在教师指导下，设定需要解决问题，比如：企业员工激励问题、企业文化传播问题、企业品牌塑造问题等，分配给每个小组相应任务，由小组成员学生进行质疑、反思，提出解决方案，并整理总结，班级汇报分享学习，课后提交书面报告。

评价标准：

根据各组对行动学习资料整理内容、团队协作能力、汇报内容综合水平与汇报人综合素质等方面进行优良中差层次评判。

案例研讨　华润置地（北京）股份有限公司的行动学习实践

华润置地（北京）股份有限公司的行动学习活动较为频繁，是国内贯彻行动学习较有代表性的企业。

一、企业状况描述

1994 年 12 月，香港华润集团通过坚实发展有限公司正式入股北京市华远房地产股份有限公司后，公司改组为当时北京市第一家中外合资股份制、具有建设部一级资质的大型综合性房地产开发公司。1996 年 11 月，公司以"华润北京置地"名义在香港联交所上市（股票代码：1109），被列为香港恒生指数 100 种成分股和恒生中企指数成分股。2001 年 9

月，华润集团及其关联公司通过协议方式收购北京市华远集团公司及其下属公司和其他部分法人股东所持有的股权，公司亦正式更名为"华润置地（北京）股份有限公司"。从2010年3月8日起香港恒生指数有限公司把华润置地纳入恒生指数成分股，华润置地成为香港蓝筹股之一。

自2001年并购完成开始，公司面对日趋激烈的市场竞争，提出了"固本以图强"的方针，在总结已有项目成功运作经验的基础上，进一步对市场战略和业务流程进行总结，对客户需求、产品类型进行细分。华润集团的地产业务包括商业地产、住宅开发、建筑工程和室内装修等，主要分布在中国内地、中国香港和泰国，华润置地是中国内地最具实力的综合地产开发商之一，在全国多个大中城市拥有地产项目，已形成以翡翠城为代表的近郊产品、以凤凰城和上海滩花园为代表的市区产品，以及以万象城为代表的都市综合体产品系列。同时，通过产品线的固化和不断完善，公司把握了不同客户群体需求，精准了产品定位方向，为公司赢得了市场竞争力。

华润置地在王印董事长、陈鹰总经理的带领下，以具有雄厚实力的大股东华润集团为依托，有着国际化的视野和与国际资本市场接轨的融资能力，具有良好的企业品牌与项目品牌。公司秉承诚信、务实、专业、团队、积极、创新的企业精神，一切以人为本，力求通过坚定不移的改革和发展，成为中国地产行业中规模最大、盈利能力最强的公司之一，努力实现股东价值和员工价值的最大化，从而承担起在中国快速建设时期的社会责任，为中国市场提供创新的产品和高质量的服务，使人们的生活变得更加美好，实现"与您携手，改变生活"的企业经营理念。

二、华润置地的行动学习

华润置地前董事长和总经理在北京地产行业具有很广泛的影响力，一个被媒体称为"房地产行业的巨头"，另一个曾被称为"中国地产界第一CEO"。二人离开后，新成立的华润置地管理团队面临着巨大挑战。

首先是业绩压力——股东期望华润置地（北京）公司的管理团队能够通过优化管理，提升业绩，成为业界有影响力的企业。

其次是市场压力——2003年4月华润置地公布2002年业绩，纯利与营业额分别大幅下滑。2003年4月，华润置地的股票市价创2000年6月以来的新低。

再次是团队凝聚力——华润置地（北京）公司的团队成员中有香港专业人士、海归人员，也有在北京多年从事房地产行业的资深人士，如何把这些有能力的人有效地组织起来，充分发挥每一个人的长处，这也是华润置地（北京）公司面临的挑战之一。

最后还有文化冲突——前两任明星企业家所倡导的个人英雄主义管理文化与华润集团所倡导的注重团队学习共同进步的文化有着明显的冲突。面对业绩压力、团队建设、文化冲突等诸多问题，华润置地（北京）公司的管理团队开始积极寻找更加具有创造性的解决方法，推动公司的专业化发展。

面对诸多挑战，华润置地（北京）公司管理团队决定运用能够创造性解决复杂问题、提升业绩的行动学习法来破解公司面临的难题。在行动学习专家的帮助下，确定了以提高公司项目运作效率为主要载体，促进华润置地（北京）公司实现业绩突破的行动学习项目（当时，华润置地从土地签约到具备销售条件，比同业较高水平慢10个月左右，到交房比同业较高水平总计慢1年左右）。

华润置地自2003年以来进行了十几次行动学习集中研讨会，对企业竞争力、员工认同度有了较大的促进作用。正如华润公司董事长陈新华所讲："行动学习依靠集体力量，凝聚集体智慧，使个人和组织共同成长。参加行动学习的人员，有领导也有下级，有一线员工也有职能部室。通过行动学习，把团队成员拉到同一个平面想问题，使大家心往一处想、劲往一处使，团队的执行力和推动力必然不断增强。"

华润置地（北京）公司围绕"项目开发周期低于要求的30%"的核心问题，运用PROW模型，按照从现象到原因再到解决方案的群策群力研讨思路，在催化师的催化下，行动学习参与成员通过深入思考，找到了影响项目开发周期的深层结构性原因，并最终聚焦在四个关键原因之上，分别是定位、设计周期、产品标准确定和销售。然后又将学员组成四个行动学习小组，分别研究这四个关键问题，各小组根据研究课题制订了全年行动学习计划并组织实施。华润置地的行动学习，呈现出以下特点：

1. 领导高度重视

在2003年11月上旬华润置地（北京）公司的项目管理研讨会上，陈新华董事长亲自为培训做导入，他鼓励大家"千难万难，再难也要干"，然后要求大家要有解决问题的决心和正确方法，尤其是通过这次培训能够掌握这些方法，提高团队整体解决问题的能力和水平。陈新华董事长自始至终关注研讨会的进展，倾听每个小组的讨论、发言，也会按捺不住思想的火花即兴发言。董事长的关注和期待，给了参加研讨会的每个人极大的鼓励和动力。

事隔一个月，2003年12月中旬，继项目管理研讨会之后，华润置地举行了项目定位专题研讨会，陈新华董事长再次莅临研讨会现场并做导入，发表了《正视问题、开阔胸襟，为华润拼一个美好前程》的讲话。他要求大家继续寻找自身的问题，既要站在高处考虑问题，也要从下面脚踏实地去思考解决方案，还要搞好分工和协作；除了要求大家练好这些内功外，董事长还希望大家找出华润置地（北京）公司的好标杆，要善于学习不同标杆地产公司的长处。

华润集团副总、华润置地（北京）公司董事长王印不仅全程参加了前两次研讨会，还参加了华润置地（北京）公司2004年2月初在深圳举行的战略研讨会。

2. 注重分享

行动学习是一种不断学习和反思的过程，为了把事情做好，每一个成员都应该互相支持、互相帮助。"分享"是行动学习成功与否的重要影响因素。通过行动学习，参与者在解决真实的困难问题时，研究自己和别人的经验，与小组成员一起学习，互相学习。

在华润置地的行动学习中，大家学习并运用了科学的研讨方法，如群策群力法、六顶帽子法等；还学到了管理的理念，如关于沟通、团队、组织架构等理论。大家还掌握了关于市场竞争分析的理论和方法及客户研究的理论和方法，并运用这些理论结合公司实际案例进行深入分析。每次理论的导出都是围绕大家在研讨中遇到的问题及感兴趣的点确定的，充分体现了辅导老师在培训、研讨时以学员为中心的导向和意识。

3. 行动是行动学习的精髓

学习理论只是行动学习的一部分，行动学习的精髓就在于边学习边实践，边实践边学习，实践是必不可少的。

在华润置地的行动学习中，每次研讨会结束时要制定行动方案，会后行动学习小组成员要带着行动任务回到工作中，继续思考、讨论、参观、交流，将任务落实到实际行动中。在华润置地的行动学习中，王印董事长、陈鹰总经理也被分配了任务，将第一次研讨会的内容及精神传达到每一名员工。华润置地（北京）公司因此召开了一次隆重的员工大会。而负责市场研究的小组则忙着去跟其他地产公司座谈，搜集资料，出具调研报告。随着各行动学习小组活动的展开，各小组的活动纪要被放在公用文件夹中供所有行动学习小组成员分享和浏览。在这样的背景下，看着别人高质量的讨论成果，活动开展少的小组感到很大的压力，促使他们立即投入行动之中。尤其是2003年底的那段时间，本身到年底工作就忙，忙于制订计划、制定预算等，与此同时，行动学习小组成员仍带着行动的任务，投入紧张忙碌的工作之中，最后累得眼圈发黑，脸色发黄。频繁行动的结果是在第二次及第三次研讨会上各小组阶段活动成果的精彩汇报，大家从汇报题目上可见一斑，如《他们在想什么，他们在做什么，他们如何做》《北京十大热销楼盘分析》《公司产品市场分析》等。

4. 真正的共识来自分享差异

行动学习鼓励大家分享差异，认为分享差异是进步的重要条件。

中国的传统文化并不鼓励大家分享差异，而是靠"压"的强制方法、靠"隐"的计谋手段来解决差异。但无数极聪明的人最终都未能如愿：他们无法以此得到人们发自内心深处的"忠诚"与"信服"。共识无法靠强制得到。相反，当我们终于让人们畅所欲言的时候，当我们准备好承受来自人们的反对之声的时候，更多的共识却开始形成，更多的团结开始显露。华润置地的行动学习经历正是如此。

华润置地行动学习小组的成员彼此都认识，而且平时都有过不少次沟通，但全是就事论事。这种沟通彬彬有礼，是工作中必不可少的，但也没给大家内心深处带来多大的反省和冲击。

行动学习全然不同，沟通和讨论中允许脑力激荡，允许没大没小，允许畅所欲言，还要戴帽子，戴了黑帽子不说"不"都不行。于是，在小组讨论中，争论是常有的事，即使两个人是直接的上下级，对同一问题有不同看法也很常见。在小组间交流时，被其他小组否定和质疑也是家常便饭。奇怪的是，没有人对反对意见耿耿于怀，也没有人"死守阵地，不肯悔改"，反而在被质疑和否定中，安静下来，从多角度、多层面去审视同一问题。在这种一次次的探讨和争执中，大家的相同语言反而多了，出发点渐渐一致，对问题的看法渐渐趋同，价值观得到了统一。

三、行动学习效果

行动学习给华润置地带来了直接收益。

1. 缩短项目周期：从拿地到开盘，从以往的18个月缩短到了11个月。

2. 提高项目利润：华润置地利润增幅达到了90%。

3. 提升市场影响：媒体评论"中线吸纳"，"减持"评级调高至"增持"评级。

4. 明确产品定位：华润置地（北京）公司开始形成清晰的产品线——城区高密度住宅、城市边缘低密度住宅及创新商务楼盘三条产品线。

行动学习给华润置地带来了间接收益。

1. 打造高效团队：经过行动学习，管理团队熟悉了彼此的工作风格，团队凝聚力加强。

2. 重塑企业文化：公司倡导的团队、学习、创新的文化得到高度认同，并成为公司上下共同的行为准则。

3. 改善市场形象：2004年度，华润置地（北京）公司获得了8项市场和业界荣誉。

4. 转变经营理念：由产品导向转为市场导向。

5. 塑造学习文化：公司管理人员领导力提升，团队凝聚力提高，工作学习化、学习工作化的学习型文化在华润置地逐渐形成。

员工普遍认为行动学习为华润置地带来了意想不到的效果，有代表的评价如下：

● 让我感触最深的是，通过行动学习法的推广，华润置地（北京）公司团队的凝聚力空前加强。究其原因很简单，目标明确、利益相同，自然团结一心。凝聚力有了，大家都展示出自己最大限度的能力和专业水平，分析、解决问题的思维水平也都有相应的提高；整个组织内部的关系也有了极大的改善，工作面前，被动等待的少了，主动执行的多了；推诿的少了，协作的多了；对待学习，不学无术的少了，吸收充电的多了；自大的少了，包容的多了。一个组织一旦形成自身的学习发展的良性循环系统，它只会变得越来越强大。

首先，管理人员对于如何实现公司的发展战略及公司的发展方向有了更为明晰的认识和把握。就像舵手，知道如何驾驭着航船穿越暗礁和旋涡，抵达彼岸。借鉴行动学习研讨的成果，我们对 2003 年 1 月制定的公司战略做了进一步细化和补充，我们强调循着时空的变化主动地对内外部环境进行重新认识，我们确定以找差距为切入点，聚焦关键问题，分解关键问题，保障战略的总体实现。

其次，员工对公司的发展战略、计划和前景有了更深、更详细的了解和认可。全体员工大会的召开、研讨会与会者的宣讲、定位小组成员的艰苦工作，都直接或间接地起到了作用。员工们从中感受到了华润置地的信心和决心，意识到了公司的发展和自己的发展息息相关，愿意为公司的发展尽自己的力量。行动学习在华润置地（北京）公司广泛地开展，子公司和各个项目部、职能部门都把行动学习运用到工作的各个环节当中，找出问题寻求解决方案。可以说，行动学习的精神和方法已经深入人心。

· 集中研讨取得了很好的效果，原因是多方面的。参加集中研讨会的多是公司中层以上管理人员，平时没有时间，就利用周末，静下心来，集中精力，深入研讨。关闭手机、不得迟到……这些细节表明一点：我们不想做行动学习的表面文章。行动学习教会了我们科学的方法，"头脑风暴""六顶帽子""标杆管理"……指导我们科学地观察、科学地分析、科学地实践，形成了良好的研讨风气。针对企业管理运作的现状，找标杆、找问题、找差距，成为与会者的共识。"以人为鉴，可以明得失"，从主观上找原因，正确看待企业发展过程中产生的阻碍和暴露的不足，不自大，不自卑。正是因为拥有科学的态度和方法，使得行动学习的成果得以和实践紧密地结合，各个环节的工作也真正做到了有计划、有落实、有成果。无论是产品研发、销售，还是策划宣传、人才培养，在 2004 年都取得了一定的进步。

● 行动学习提升了我们对公司的认同感，树立了我们的主人翁形象。以前，在公司都是等待上级的指示，否则没有任何行动。长期以来，自身变得懒散，不爱动脑子，对别的部门，或者"与己无关"的事情不感兴趣，也从不发生兴趣。但自从公司推行行动学习以来，情况就变了。让我觉得公司跟自己息息相关，自己得到了公司的尊重和重视，从而工作积极性被调动，觉得公司的事就是自己的事。

● 行动学习让我学会了从不同角度看问题，学会听取别人的意见。我现在听得更多，对团队其他成员有了更多的信任，更容易接受别人，接受反对意见。

● 行动学习让我养成了对自身工作方法、工作思路、工作效果的反思。

● 行动学习使我成为更有效的管理者，使我的管理工作变得轻松、高效。因为我得到了下属的智力支持，也得到其他部门的帮助。我现在遇到任何管理问题，都会倡导用行动学习的方式来解决。下一步，我们准备花更大气力去推行行动学习。

● 行动学习拉近了我们跟领导之间的距离，改变了我们对领导层的偏见和不满，真正能够体会他们的难处，现在觉得工作环境更加和谐、舒适，比以往更喜爱公司了。

● 在开展行动学习后，公司的信息与沟通有了很大改进，大家对问题不再表现得那么敏感，讨论问题也不再小心翼翼、只说成绩不说问题了。现在我们讨论问题对事不对人，所有公司员工都深刻理解这一点，很难能可贵。

● 我们现在更喜欢学习了，觉得有一种莫大的压力在推动我们，我们私下会积极学习先进管理理论和方法，希望能对公司事务派上用场。

● 现在，我会细心倾听别人的心声，而不是像以前那样将别人的附和想当然地理解成真心的赞同。当你是个领导时，很容易掉入这种陷阱中，你会常常觉得下属没有什么真知灼见，所有决策只能靠你自己。但在行动学习过程中，我的看法彻底改变了，我被下属所表现出的敏锐和创新意见所折服。

（资料来源：作者改编）

讨论题：
1. 请分析华润置地进行行动学习的动因。
2. 华润置地行动学习的经验与启示有哪些?

第九章　跨文化管理

学习目标

- 掌握跨文化整合的含义。
- 掌握跨文化整合的内容。
- 熟悉不同国家的企业文化特征及管理模式。
- 了解跨文化冲突的原因。

导入案例 ◀

中国企业海外并购案例

　　近年中国企业海外并购成功的案例不多，但中国化工成功的海外并购显示了其"和而不同"跨文化管理对并购结果的重要影响。2006年在中国化工集团总经理任建新的主导下，中国化工收购了法国安迪苏、澳大利亚凯诺斯和法国罗地亚，这三起惊人的海外并购，将中国化工集团带到了全球化工新材料主导者的强势位置。中国化工的海外并购之所以如此成功，离不开中国化工高水平的跨文化管理。任建新在公司内部刊物上所说："国际并购不仅仅是商业行为，而且是人的沟通，文化的融合。"他表示，双方整合的成功"主要是靠文化融合，学习、尊重企业所在国的文化。并购不能有占领军的心态，而要站在被并购企业管理人员和职工的角度来考虑问题、安排工作，让他们感到是受尊重的，是相互平等的，从而赢得对方的理解和尊重，确保并购后的人员稳定、业务稳定"。因此，中国化工的文化融合不仅体现在并购过程中和并购后，其在并购前就为此做好了战略准备。一是组织机构设置层面的战略人才准备。跨国并购最大的瓶颈是人才问题，这对知识密集型产业尤为重要。任建新在担任蓝星集团总经理时，就成立了国际部，国际部汇集了蓝星集团从事国际化经营的优秀人才，这些人后来大多数成为跨国并购团队的主要成员，这为中国化工集团日后的跨国并购做好了战略人才方面的准备，有利于并购双方的沟通交流。二是关于目标公司及相关人员的战略心理准备。中国化工集团并购的多家目标公司，都是与中国化工集团打过三年以上交道的外国企业。在业务往来过程当中，双方高层人员的频繁接触，不仅增进了相互的了解和认同，而且可以直接获得关于对方的准确信息。这无疑为日后的并购奠定了良好的心理基础。这在很大程度上缓和了文化冲突。此外，中国化工还通过很多方式向海外员工展示中国传统文化的博大精深和公司的亲和力。其效果是海外企业员工对其企业文化高度认同，增强了企业的凝聚力和向心力。

　　故事启示： 国际并购不仅仅是商业行为，而且是人的沟通，文化的融合。

随着我国加入 WTO，伴随与世界经济交往的增多，特别是中外跨国公司在地域上的相互交叉与渗透，公司的跨文化管理也将带来许多亟待解决的文化建设新课题。

所谓跨文化管理（Transculture Management）又称为交叉文化管理（Cross-cultural Management），是指涉及不同文化背景的人、物、事的管理。跨文化管理学研究的是在跨文化条件下如何克服异质文化的冲突，进行卓有成效的管理。其目的在于如何在不同形态的文化氛围中，设计出切实可行的组织机构和管理机制，最合理地配置企业资源，特别是最大限度地挖掘和利用企业的潜力、价值，从而最大化地提高企业的综合效益。

第一节　文化差异与冲突

一、文化差异

荷兰学者吉尔特·霍夫斯坦德（Geert Hofstede），用 20 种语言从态度和价值观方面，在搜集了 40 个国家，包括工人、博士和高层管理人员在内的 116 000 个问卷调查数据的基础上，撰写了著名的《文化的结局》一书。他认为，文化差异的六个维度：权力距离；个人主义和集体主义；男性主义和女性主义；不确定性规避；长期取向和短期取向；放纵和克制。影响管理活动或管理决策模式的文化层面主要有以下四个维度：

1. 权力距离（Power Distance）

权力距离即在一个组织当中，权力的集中程度和领导的独裁程度，以及一个社会在多大的程度上可以接受组织当中这种权力分配的不平等，在企业当中可以理解为员工和管理者之间的社会距离。一种文化究竟是大的权力距离还是小的权力距离，必然会从该社会内权力大小不等的成员的价值观中反映出来。因此研究社会成员的价值观，就可以判定一个社会对权力差距的接受程度。

例如，美国是权力距离相对较小的国家，美国员工倾向于不接受管理特权的观念，下级通常认为上级是"和我一样的人"。所以在美国，员工与管理者之间更平等，关系也更融洽，员工也更善于学习、进步和超越自我，实现个人价值。中国相对而言，是权力距离较大的国家，在这里地位象征非常重要，上级所拥有的特权被认为是理所应当的，这种特权大大地有助于上级对下属权力的实施。这些特点显然不利于员工与管理者之间和谐关系的创造与员工在企业中不断地学习和进步。因而要在中国的企业当中采纳"构建员工与管理者之间和谐的关系"以及"为员工在工作当中提供学习的机会，使他们不断进步"这两项人本主义政策，管理者有必要在实践当中有意识地减小企业内部权力之间的距离，才会更好地实现管理目标。

2. 不确定性避免（Uncertainty Avoidance Index）

在任何一个社会中，人们对于不确定的、含糊的、前途未卜的情境，都会感到面对的是一种威胁，从而总是试图加以防止。防止的方法很多，例如提供更大的职业稳定性，订立更多的正规条令，不允许出现越轨的思想和行为，追求绝对真实的东西，努力获得专门的知识等等。不同民族、国家或地区，防止不确定性的迫切程度是不一样的。相对而言，在不确定性避免程度低的社会当中，人们普遍有一种安全感，倾向于放松的生活态度和鼓励冒险的倾向。而在不确定性避免程度高的社会当中，人们则普遍有一种高度的紧迫感和进取心，因而易形成一种努力工作的内心冲动。

例如，日本是不确定性避免程度较高的社会，因而在日本，"全面质量管理"这一员工广泛参与的管理形式取得了极大的成功，"终身雇佣制"也得到了很好的推行。与此相反，美国是不确定性避免程度低的社会，同样的人本主义政策在美国企业中则不一定行得通，比如在日本推行良好的"全面质量管理"，在美国却几乎没有成效。中国与日本相似，也属于不确定性避免程度较高的社会，因而在中国推行员工参与管理和增加职业稳定性的人本主义政策，应该是适合的并且是有效的。此外，不确定性避免程度低的社会，人们较容易接受生活中固有的不确定性，能够接受更多的意见，上级对下属的授权被执行得更为彻底，员工倾向于自主管理和独立的工作。而在不确定性避免程度高的社会，上级倾向于对下属进行严格的控制和清晰的指示。

3. 个人主义与集体主义（Individualism Versus Collectivism）

"个人主义"是指一种结合松散的社会组织结构，其中每个人重视自身的价值与需要，依靠个人的努力来为自己谋取利益。"集体主义"则指一种结合紧密的社会组织，其中的人往往以"在群体之内"和"在群体之外"来区分，他们期望得到"群体之内"的人员的照顾，但同时也以对该群体保持绝对的忠诚作为回报。美国是崇尚个人主义的社会，强调个性自由及个人的成就，因而开展员工之间个人竞争，并对个人表现进行奖励，是有效的人本主义激励政策。中国和日本都是崇尚集体主义的社会，员工对组织有一种感情依赖，应该容易构建员工和管理者之间和谐的关系。

4. 男性主义与女性主义（Masculine Versus Feminality）

男性度与女性度即社会上居于统治地位的价值标准。对于男性社会而言，居于统治地位的是男性气概，如自信武断，进取好胜，对于金钱的索取，执着而坦然；而女性社会则完全与之相反。有趣的是，一个社会对"男子气概"的评价越高，其男子与女子之间的价值观差异也就越大。美国是男性度较强的国家，企业当中重大决策通常由高层作出，员工由于频繁地变换工作，对企业缺乏认同感，因而员工通常不会积极地参与管理。中国是一个女性度的社会，注重和谐和道德伦理，崇尚积极入世的精神。正如我们上面的叙述，让员工积极参与管理的人本主义政策是可行的。

通过对上述文化四个维度调查数据的分析，霍夫斯坦特证实了不同民族的文化之间确实存在着很大的差异性，而且这种差异性是根植在人们的头脑中的，很难轻易被改变。文化差异是由各国的历史传统以及不同的社会发展进程所产生的，表现在社会文化的各个方面。从霍氏的各文化维度指标值中，可得出东西方的文化差异是十分明显的，就是在同为东方文化圈的中国内地、日本、中国香港、新加坡等也是较明显的。就如中日两国文化都是一种集体主义导向，但两种集体主义却有较大的不同。此外，除了民族、地域文化差异之外，不可否认，还有投资合作伙伴"公司文化"的风格差异。可以说，公司内文化差距越大，产生文化冲突与困惑的可能性与强度就会越来越大。

当然，文化差异的指标不会只有四个。但即使只考虑这四个文化差异指标，且认为每个指标也都只有两种情况，按照排列组合来分析，也可能有 68 种不同的民族文化类型。霍夫斯坦特的研究方法，和企业文化类型的多样性相兼容。

二、跨文化问题

不同国籍、不同民族的成员聚集于同一家企业共同工作，文化的冲突无疑会导致企业文化管理的错综复杂。

文化具有移动性、传递性和变迁性。文化移动导致文化交遇。当两种或更多的文化交遇时，相交文化间即会呈现一种独特的文化现象和状态，这种现象和状态即为跨文化（Cross Culture）。跨文化暗含了不同文化交织和混合的寓意，其涵盖面是全方位的，既涉及跨国界的不同文化交遇时的状态和现象，又涵盖了同一国度不同民族文化交遇时的状态和现象。一般而言，跨文化是指不同国家的文化交遇时的状态和现象，是跨国界的文化。

当相异文化处于交遇状态时，文化差异便会集中地表现出来。例如，在德国，除非获得允许，否则什么事情都不准做；在英国，除非受到禁止，否则什么事都准做。试想：如果一个遵纪守法的德国人来到英国（反之亦然），德英两种文化会出现怎样的碰撞？再假设：英国人、德国人和美国人同时进入中国，几种文化交遇又会出现怎样的局面和结果？这个例子说明的就是跨文化问题。当两种或多种不同文化交遇时，各国不同的政治体制、不同的经济发展现况和不同文化的总和所引起的文化偏差和排斥被称为跨文化问题。

跨文化问题通常呈现以下特点：1. 跨文化问题必须是在两种或多种文化交遇时，才会产生；2. 跨文化问题必须有文化参照方。当人们以主国文化为准绳对客国文化进行要求时，跨文化问题便暴露无遗。不同文化交遇时，文化的个人载体会面对各种相异的和陌生的价值观、社会规范、行为准则、物质和精神、生活方式等，群体则会面对因不同文化结构造成的来自另一种群体的压力和差距。文化作用的结果使主客国文化特质中可融的部分相互吸收和融合，不相融部分产生相互排斥和碰撞，跨文化问题便由此产生了。

美国联合航空公司在亚洲开展业务时，就曾遇到东方文化的冲突。白色花朵在西方是圣洁的象征，在中国却被用来悼念死者。可以想象当美国联合航空公司航班在中国香港首航时，乘坐该航班的中国贵宾在看到机上空姐胸前佩戴的白色康乃馨时的恐惧和不祥之感，也可联想到美联航由于其文化失误所遭受经济损失的情形。

三、跨文化冲突的原因分析

跨文化对企业管理的影响是多方面的。它常常在无形中发生作用，当人们还没意识到它时，后果已经形成。很多公司在经营管理过程中因忽视文化因素的影响和作用，导致管理困难，甚至出现经营失败。文化的多国要素和多层次的差别，使跨文化冲突不可避免，通常表现为：

1. 忽视文化传统所塑造的不同民族性格会直接导致跨文化冲突

传统文化是民族文化的深层积淀，它融入民族性格之中，使各民族表现出不同的个性。民族的责任，个性与人性的冲突，往往构成跨文化沟通的困难。民族性格是各民族文化态度不同的根源，不了解一个民族的性格，要和这个民族进行沟通必然障碍重重。

2. 不同民族的不同思维模式是导致跨文化冲突的重要原因

思维模式是民族文化的具体表征。美国人的实证主义思维模式与中国人的演绎式思维模式，常常是企业跨文化沟通中构成冲突的原因。思维方式的不同，造成了企业运作方式的差异，也造成了经营中的跨文化冲突。

3. 民族文化形成的处理问题的不同行为模式使跨文化冲突时有发生

行为模式是民族文化的外显形式。它以固定的结构，在相同或相似的场合为人们长期固定采用，成为群体表达认同的直接沟通方式。不同民族文化造成不同的行为模式。在相同的环境中，这种不同的行为模式会表现出很大的冲突。充分认识不同民族的行为模式，有助于调和并避免跨文化的矛盾。

4. 对文化意义符号系统的不同理解常常造成跨文化管理冲突

符号是人的意义世界的一部分，它具有功能性的价值。不同的文化采用不同的符号表达不同的意义；或者符号虽然相同，表达的意义却都迥然不同。成都的名小吃"麻婆豆腐"，中国人一想到它，就联系到又麻又烫又嫩的豆腐形象，使人产生食欲。英国人则把它译成"麻脸的老祖母做的豆腐"或者干脆译为"Maps Tofu"，使人一想到它就大倒胃口。这便是对符号意义的不同理解所造成的文化冲突。在跨文化中意义符号没有感情和信息，但是我们最终依赖的信息是他人头脑中创造的信息，而不是我们传递的信息。所以如何解决跨文化中的意义共享乃是一个大的问题。

5. 语境的不同理解造成的跨文化沟通障碍

不仅文化意义符号成为跨文化沟通中的障碍，作为文化意义符号之一部分的语境，也会成为跨文化沟通的障碍，从而引起企业跨文化管理中的种种冲突。语境即言语环境，包括语言因素，也包括非语言因素。语境是文化意义符号得以理解的环境。语境是意义符号所包含的信息的一部分，它使意义符号赋予同一语境而加以理解。由于语境的不同，企业在跨文化的沟通中，采用同样的语言指令，不同国别和民族的员工会把它放到不同的语境中去理解，从而会对不同国别和民族的员工产生不同的效果，给企业管理带来不少麻烦。

6. 政治文化的不同导向会使跨文化冲突变得十分复杂

不同国家的政治体系有其特殊性质，信奉特殊的价值观。企业产品优势会无意中冒犯某种政治价值观而受到抨击和抵制。欧洲的某软饮料公司，在制作商标时将六角形图案作为外形，与以色列国旗图案相似，这就大大激怒了一部分阿拉伯消费者。尽管公司解释说，这些六角星不过是一种简单的装饰，但这些阿拉伯人却认为，它反映了这家公司支持以色列的情感，最后这家公司不得不收回所有产品，重新制造包装。可见跨文化中政治文化的不同导向，是引起冲突的一个原因。

7. 不同的宗教信仰经常成为跨文化冲突发生的重要原因

最著名的例子，莫过于东印度公司在 18 世纪时，把涂有猪油和牛油混合成的润滑油的子弹发给印度士兵，而发射这些子弹前必须先咬掉子弹上的包装。印度士兵大多数是印度教徒和伊斯兰教徒，由于印度教视牛为神灵忌食牛肉，而伊斯兰教禁食猪肉，他们认为英国政府发这种子弹给他们，是对他们宗教的严重侮辱，因而奋起反抗，掀起了印度独立斗争的序幕。而东印度公司也因为这个小小的失误，失去了在印度实行垄断贸易的权利。

8. 特定的环境文化也制约着跨文化的沟通

文化环境制约着跨文化沟通，例如美国人的交际方式放在美国环境中，会如鱼得水、运用自如，双方都会接受。但放在英国环境中，就不可理解，很不适用。在通常情况下，文化环境以环境条件而不是以内容的方式，参与了跨文化的沟通。这样的情况，在企业进行跨文化活动时，也会屡屡遇到。

9. 对关系的重要性的不同理解会导致跨文化冲突

对于亚洲人来说，建立和维护"关系"是非常重要的。亚洲人会把建立关系放在商业目的之前，认为有了关系才能达到商业的目的；甚至暂时没有商业目的也必须建立和维护关系，因为这种关系神通广大，凭借它可以创造出若干商业机会来。西方大多数企业对亚洲人及公司如此重视关系甚为不解。他们认为关系和人员是次要的，公司的商业目的和完成商业的计划才是主要的。许多西方合资的董事长，对中方总经理每月报销大量餐饮娱乐费用大为不满，认为是花公家的钱办私人的事，是不正当的行为。中方总经理则叫苦连天，声称这是业务的重要的内容，没有这项开支，公司的业务就要停止运行。在这种事情上，中西方经营者冲突频起，很难达到认同。

10. 对待生活的态度不同会导致跨文化的冲突

中国人长期生活很艰苦，因而特别钟情喜庆。生活中沉重的时候很多，因而特别向往欢笑。喜庆欢笑被中国人视为吉祥开心。相声所以受到欢迎，就是它能逗笑，不能逗笑的相声就是没有水平，这是中国人对待生活的态度。电视连续剧《济公传》曾经风靡全国，就是因为济公是一个搞笑的好手，他使中国人笑破了肚皮。但是，这部中国人看好的电视剧拿到德国去交流，人家却把它放在儿童节目频道中去放映，这使中国人大为不解。其实，这是生活方式不同所导致的文化冲突。德国人生活方式严谨，做事理性，讲求规律，对不合规律的乱开玩笑不感兴趣。《济公传》所以不为德国人欣赏，就是因为它太缺乏理性，只是一些缺乏逻辑的人为搞笑而已。

四、跨文化整合

企业文化不是各种文化特质的简单堆积，在同一文化共同体内，各种文化特质是趋于整合和统一的。企业并购后的文化整合，就是要以原有的优势文化为基础，通过两种异质文化之间的相互接触、交流、吸收、渗透及对其过程的管理，既吸收异质文化中的某些优质成分，同时又去掉自身和异质文化中的一些落后的特质，从而建立一种更加具有生命力和市场竞争力的新的文化体系。整合不是联合，更不是混合，而是摒弃自己文化的弱点，汲取其他文化的优点。对并购整合而言，文化整合相对于其他方面的整合更具软性化，能否成功直接关系着企业并购的成功和今后的发展。

所谓跨文化整合，就是在两个文化背景完全不同的企业之间进行文化整合，除了企业的个性特色，跨文化整合往往要触动不同文化在地区层面、民族层面和国别层面上的内容，这些往往是企业核心价值观的根基，因此跨文化整合要面对价值观的巨大差异是不可避免的。跨文化整合的重点在于通过文化整合过程，建立双方相互信任、相互尊重的关系，拓展并购双方经理人能接受不同思维方式，能和不同文化背景下的人共事的跨文化能力，使双方能在未来企业的价值观、管理模式、制度等方面达成共识，以帮助并购企业更好地实现其他方面的整合，为同一目标而努力。比如联想对 IBM 的文化整合，TCL 对汤姆逊的文化整合，都属于典型的跨文化整合。

美国人类学家爱德华·赫尔把文化分为正式规范、非正式规范和技术规范三个层次。他认为企业文化在不同结构层次上引起的冲突大小、强弱及易变程度不同，即不同层次的文化规范引起的文化冲突强弱不同。正式规范是人的基本价值观和判断是非的标准，它能抵抗来自外部企图改变它的强制力量，因此，正式规范引起的文化冲突不易改变；非正式规范主要是人们的风俗习惯，所引起的文化冲突可以通过较长时间的文化沟通和交流加以克服；技术规范是可以通过技术知识的学习获得，其所引起的文化冲突容易解决。

根据以上分析，企业跨文化整合的内容可划分为四个部分：

一是价值观念的整合。企业的价值观是企业文化的核心，也是企业在长期而独特的经营过程中形成的对生产经营行为的选择标准、判别标准和评价标准，属于正式规范层。要把原来不同文化背景下员工的不同价值取向、处世哲理统一在一个价值观念体系中，并给员工以心理上的约束和行为上的规范，是企业跨文化整合的最难点。

二是制度文化的整合。企业的制度规范，是一种约束企业及员工行为的规范性文化，包括领导体制、组织结构、企业管理制度三个方面。它属于文化的非正式规范，是企业文化的介质层，相对较易改变。在企业整合中，需要对原来各自的经营管理制度和规范，根据新企业的特点进行调整或重新制定，形成新的制度文化。

三是行为文化的整合。行为文化是指企业员工在生产经营、宣传教育、学习娱乐中产生的活动文化，它是企业精神、企业价值观的动态反映，是企业文化的外显层，所引发的冲突比较容易改变。行为文化所包括的诸如员工的着装打扮和言谈举止、习俗和利益、工作风格和工作技巧等都是可以通过学习、教育、训练加以改变的。

四是物质文化的整合。它是由企业员工所创造的产品和各种物质设施等构成的器物文化，处于企业文化的最表层，是企业文化最直接的外在体现，能引起的冲突内容较少，也最容易协调和整合。

第二节 企业并购重组的文化整合

一、六大价值取向理论

价值取向（Value Orientation）是价值哲学的重要范畴，它指的是一定主体基于自己的价值观在面对或处理各种矛盾、冲突、关系时所持的基本价值立场和价值态度，以及所表现出来的基本价值倾向。价值取向具有实践品格，它的突出作用是决定、支配主体的价值选择，因而对主体自身、主体间关系、其他主体均有重大的影响。

较早提出跨文化理论的是两位美国人类学家——克拉克洪与斯多特贝克（Kluckhohn and Strodtbeck，1961）。克拉克洪是哈佛大学的已故教授，曾参与太平洋战争时美国战争情报处组建的一个约30人的专家队伍，研究不同民族文化的价值、民心和士气。该研究小组通过对日本民族的心理和价值观的分析，向美国政府提出了不要打击和废除日本天皇的建议，并依此建议修改要求日本无条件投降的宣言。这项有关国策的建议曾遭到罗斯福总统三次严词拒绝，但是美国的学者们不折不挠地继续上书，直到获得罗斯福去世后接任的杜鲁门总统的批准。第二次世界大战后不久，哈佛大学加强了对文化价值研究的支持力度，并与洛克菲勒基金会一起资助克拉克洪等人在美国的得克萨斯州一片有5个不同的文化和种族的社区共存的方圆40英里的土地上展开了一项大规模的研究。六大价值取向理论就是研究成果之一，发表在1961年出版的《价值取向的变奏》（Variations in Value Orientations）一书中。在该书中克拉克洪沿用了她的丈夫克莱德·克拉克洪（Clyde Kluckhohn）提出的有关价值取向的定义。所谓价值取向指的是"复杂但确定的模式化原则，与解决普通的人类问题相联系，对人类行为和思想起着指示与导向作用"。

克拉克洪与斯多特贝克的价值取向理论基于以下三个基本的假设：

（1）任何时代的任何民族都必须为某些人类的共同问题提供解决的方法；

（2）这些问题的解决方法不是无限的或任意的，而是在一系列的选择或价值取向中变化；

（3）每种价值取向都存在于所有的社会和个体中，但每个社会和个体对价值取向的偏好不同。

他们认为，人类共同面对六大问题，而不同文化中的人群对这六大问题的观念、价值取向和解决方法都不尽相同。正是这种不同体现出这些群体的文化特征，从而可以描绘出各个文化群体的文化轮廓图，从而将不同的文化区分开来。他们提出的这六大问题是：

（1）人性取向——人性本善（Good）、人性本恶（Evil）或善恶兼而有之（Mixed）；

（2）人与自然的关系取向——征服（Mastery）、服从（Submissive）或和谐（Harmonious）；

（3）人与他人的关系取向——个体主义的（Individualistic）、附属的（Collateral）或等级的（Hierarchical）；

（4）人类活动取向——存在（Being）、成为（Being-in-Becoming）或做（Doing）；

（5）人的空间观念；

（6）时间取向——过去（Past）、现在（Present）或将来（Future）。

克拉克洪与斯多特贝克从自己的研究出发，指出不同民族和国家的人在这六大问题上有相当不同的观念，而在这六大问题上的不同观念则显著地影响了他们对待生活和工作的态度和行为。

（一）不同文化中的人对人性的看法有很大差异

人性取向涉及人类本质的内在特征。克拉克洪和斯多特贝克（1961）认为在回答人性取向的问题时要考虑两个方面，首先是人性是善、是恶或是善恶的混合体；其次还要考虑到人性是否可变。此外，他们进一步提出"混合"既可以指善恶兼而有之，也可指无恶无善。因此，在回答人类的本性这个问题时，我们可以有八种解决问题的方法：①人性本恶但可变；②人性本恶且不可变；③人性善恶兼而有之但可变（或变好或变坏）；④人性善恶兼而有之且不可变；⑤人性无恶无善但可变；⑥人性无恶无善且不可变；⑦人性本善但可变；⑧人性本善且不可变。

不同文化中的人们对人性的看法差别很大，西方人受基督教影响崇尚"原罪说"，认为"人性本恶"，而中国人受儒家学说影响，认为"人性本善"。美国文化对人性的看法比较复杂，不单纯地认为人生来善良或生性险恶，而认为人性可善可恶，是善恶混合体。他们同时认为人性的善恶有可能在出生以后发生变化。基督教的原罪说反映的是人性本恶的理念；通过忏悔和行善可以洗脱罪孽、升上天堂，反映的则是人性可变的信念。相反，有的社会对人性采取较单一的看法，比如，在中国，儒家思想占主导地位，而儒家思想最基本的理论基础就是"性善论"。孟子认为人与其他动物的根本差别，就是人的本性是善良的。人的性善就如水向下流一样，是绝无例外的。中国古代流行的教子歌《三字经》当中的第一句话也是"人之初，性本善。性相近，习相远"。也就是说，人的本性（天性）是向善的，是好的。而且这种本性是相同相近的，带有普遍性的。只因为后天生活习惯和环境的变化，才造成了各种行为的差异，导致背离"善"的现象。因此，尽管在春秋战国时代，有人性本善与人性本恶之争，但当今的中国主流文化还是持人性本善的观点的。在分析具体的文化时，不能武断地将某种取向强加于该文化中的每一个人。

(二) 在人们对自身与外部自然环境关系的看法上，不同文化之间也有很大的差异

根据克拉克洪与斯多特贝克的价值取向理论，人与自然之间存在着三种潜在的关系，即征服自然、与自然和谐相处及服从自然。

儒家人性观从天人一体的角度阐释人与自然的关系，认为人与自然合一既是人性的必然，也是人应该追求的目的，显示出人与自然统一的思想。孟子将天与人的心性联系起来，认为尽心即能知性，知性就能知天。《孟子·离娄上》主张"诚者，天之道也；思诚者，人之道也"，指出人应顺从于天，顺天道而行，真实而无妄。人类要达到与天道的合一，将天所给予人类的东西保存、扩充，并且最终要发扬光大。

然而，西方的人本主义提倡在生活中用理性和意志来改造环境，鼓励人们去征服自然，享受现世的物质生活。这种取向所持有的观点是所有的自然力都能并应该被征服和利用。比如，美国人愿意每年花费上亿美元经费从事癌症研究，因为他们相信可以找到癌症的病因，发现癌症的治疗办法，最终消除这种疾病。这种通过药物对疾病进行控制的行为就是人类改造自然的表现。

除了以上两种取向之外，有些文化认为人与自然的关系是服从自然。比如，对于东南亚海啸事件，大部分的东南亚人将此事归结于命运，认为赶上了海啸是上天的安排，虽然悲痛，但没什么可以抱怨的。也有的东南亚人认为此天灾的降临是人类冒犯自然的结果，是人类应受的报应。而美国人对此的反应则完全不同。他们认为，这是人类预测不精准，对可能的灾难准备不够的结果，如果人类能设计出更精确的科学仪器，或对可能发生的灾难提前做好防御准备，灾难就完全可以避免。

(三) 不同文化中的人对自身与他人之间关系的看法也很不相同

克拉克洪和斯多特贝克（1961）提出人类在处理人与人之间的关系时也存在三种取向，即个体主义取向、等级制取向与附属性取向。个体主义取向以个人自治为特征，个人被认为是独一无二的独立个体。在这种取向下，个人的目标与目的优于群体的目标与目的。等级制取向注重群体，群体的目标优于个人的目标。在等级制取向的国家中，群体被分成不同的层次等级，每个群体的地位保持稳定，不随时间的改变而改变。等级社会倾向于实行贵族统治。很多欧洲国家中的贵族就是这一取向的例子。附属性取向也注重群体，但并不是具有时间延续性的群体而是在时空中与个人关系最密切的群体成员。事实上，这一取向考虑的只是人们的群体成员身份而不是具体的人。例如，中国人习惯把自己看成是群体的一员，认为个人不应特立独行，而应尽量合群，与群体保持和谐的关系。当个人利益与群体利益发生冲突时，个人应牺牲自己的利益保全群体的利益。而美国人则恰好相反。他们认为每个人都是独立的个体，都应为自己负责，强调个人的独立性。所以，美国青年18岁就离家生活，即使自己的学校或工作地点离父母家很近，也一定会自己另找房子，独立生活。

(四) 人的活动取向是指一个文化中的个体是否倾向于不断行动

人类的活动取向有三种，即做、存在和成为。美国社会是一个强调行动（"做"）的

社会，人们必须不断地做事，不断地处在动之中才有意义，才会创造价值。美国人工作勤奋，并希望因为自己的成就而获得晋升、加薪及其他方式的认可。他们同时还注重活动的类型，活动通常要具有外在形式，必须是可以量化的活动类型，能够看得见、摸得着。在评估一个人时，美国人总是问"他/她做过什么"和"他/她有什么成就"。如果一个人坐着思考，他就什么也没做，因为思考不能量化，不能测量。

"存在"取向与"做"取向刚好相反。安然耐心被视为美德之一，而非无所事事的表现。中国文化便是"存在"取向，提倡"以静制动""以不变应万变"。此外，在中国，当人们想了解一个人时，总是先打听他的背景，如家庭出身、教育程度、工作单位、社会关系等，而不管这个人曾做过什么、有什么个人成就。

"成为"取向强调的是"我们是谁"，而不是我们做了什么。人类活动的中心是在自我发展的过程中努力成为更完整的自我。如禅宗的和尚，就是一个最好的例子，为了圆满自己，他们花费一生的时间进行沉思与冥想。

（五）人在关于空间的理念上表现出来的文化差异也非常显著

中国人倾向于把空间看成公共的东西，没有太多隐私可言；而美国人、德国人却倾向于把空间看成是个人的私密之处，他人不能轻易走进。中国家庭中的房间常常没有单独的门锁，家里任何人都可随意进出，包括父母的房间，孩子的房间就更不用说了。父母进入孩子的房间无须敲门，有的父母甚至擅自拆读子女的信件、翻阅子女的日记而不以为然。美国家庭的房子每一个睡房都有门锁，有的孩子还在门上贴上一个大大的交通管理标志"STOP"（停），以幽默的方式提醒别人尊重自己的隐私。在德国，办公室的门都是紧紧关着，居民区的房屋更是大门紧闭、窗户严实，连窗帘都一丝不苟地拉下。相反，日本人的工作空间是公共的，他们设计的办公室巨大，办公桌之间并无隔板，每一个人都能看见另一个人在做什么，或者另一个团队的人在聚会与否。曾经有一个案例讲的就是日本公司在美国遇到的问题，他们的办公室设计方案遭到美国员工的强烈反对，甚至引起了法律纠纷。

（六）身处不同文化中的个体对时间的看法更加表现出文化差异

对时间的看法主要涉及两个层面。一个是关于时间的导向，即一个民族和国家是注重过去、现在还是未来。另一个层面是针对时间的利用，即时间是线性的，应在一段时间里做一件事，按计划和时间表行事；还是时间是非线性，在同一时间里可以做多件事，不应该绝对按照时间表行事，应该灵活机动。

关于时间的导向，可以分为三种：一是过去取向（Past-orientation），强调传统和尊重历史；二是现在取向（Present-oriented），通常注重短期和眼前；三是未来取向（Future-oriented），这种取向强调长期和变化。

过去取向主要存在于高度重视传统的文化里。这种时间取向的文化中的人们通常假定生命是遵从由传统或上帝的意志预先注定的轨道，他们崇拜祖先，强调密切的家庭关系。中国人非常重视"过去"，他们崇拜祖先，尊敬老人，尊重老师，重视年龄和经验，因为这些方面都与"过去"有关，过去取向一直影响着中国人的行为和思维方式。在中国社会，人们对未来不太感兴趣，除非是很遥远的或理想的未来。人们做事情通常要考虑这个事情过去有没有人做过，有什么成功的经验可以借鉴，有什么失败的教训应当吸取，因此循规蹈矩已成为一种社会规范。

现在取向的人们不太关注过去已经发生的事和将来可能发生的事。人们认为只有现在才是最重要的，倾向于只争朝夕的生活，几乎不做明天的打算。现在取向的人们通常只注重短期和眼前。传统的伊斯兰文化就属于现在取向的文化。他们认为将来的事是属于真主的，不为凡人所掌控。任何妄图预测未来的人都有些精神不正常，因为只有真主才知道未来的事情，凡人即使只是谈论未来的事也是过于放肆。因此，阿拉伯人在时间观念上是现在取向，不愿意对未来的事进行预测。菲律宾、拉丁美洲一些国家及美国亚利桑那州北部印第安人的文化也是属于现在取向。这些文化与其他文化相比在对时间的态度上有更多的随意性和随机性。这种对时间有些满不在乎的作风常使西方人产生误解，把它当作是懒惰、效率不高的表现。

未来取向的文化很注重变化。在这种时间取向的社会里，变化通常被认为是必要和有益的，而过去则是过时的，应当被抛弃。克拉克洪和斯多特贝克（1961）与霍尔（Hall，1959）都认为这种时间取向存在于美国社会。在美国，新产品的种类和包装层出不穷，因为他们认为只有这样才能吸引顾客。而在过去取向的中国社会里，人们通常更相信老品牌和老字号。这种时间取向的另一个表现反映在做事的计划性上。比如，在管理中，美国人很讲究计划性。如果你去看任何一个美国经理人的日历本，或者是电子日历，上面通常都已写下了未来几个月的安排：商务会议、谈判、出差计划、休假日期，以及与别人的午餐约会、晚餐约会等。远程的商业活动更是提前半年甚至一年就开始做安排了。

此外，将时间看成线性与否也是区分文化的重要方面。

美国人、德国人倾向于把时间看成是线性的，一段时间内做一件事，做完一件事后再做另一件事，一个约会完了之后紧跟下一个约会，每一个约会在事先规定的时间内完成。比如在美国看病，一定要提前预约。如果预约的时候病人说觉得胃不舒服，可是到那天去看病时突然觉得嗓子也不舒服，要医生帮忙看一下嗓子，美国医生就会要求再约一个时间过来看嗓子，因为下一个病人在等他，他得按时间表做事。相反，意大利人、中东人等其他一些国家的人则把时间看成是非线性的，一段时间内可以做多件事，不必按部就班有板有眼地按时间表行动，而必须随机应变，根据当时的情况及时调整时间安排，不让自己成为时间表的奴隶。因此，在谈生意的过程中，如果突然有朋友自远方来访，他们会让谈判停下来招待老友，或干脆让朋友坐在谈判的房间里一起参加。他们认为，有朋自远方来当然得热情接待，哪里有为了公务而放弃招待老友的道理。而且朋友也不是外人，让他/她了解自己的工作也没什么不妥。然而，这种随机应变却会让美国人目瞪口呆，觉得对方太不专业，难以信任。

二、文化架构理论

荷兰管理学者强皮纳斯（Trompenaars，1993，1998）在总结了很多人的研究基础上提出文化构架理论，认为国家与民族文化的差异主要体现在七大维度上：①普遍主义对特殊主义，前者倾向规则的制订，后者强调灵活性，不会让规则影响自己的行动；②个人主义对共有主义；③关系特定与关系散漫；④中性对感性；⑤个人成就对社会等级，个人成就型文化强调人们通过自身的表现来获得地位，而社会等级文化强调个体的地位取决于其年龄、性别、社会关系等；⑥内在导向对外在导向；⑦连续时间对同步时间。

（一）普遍主义对特殊主义

实际上普遍主义与特殊主义这个概念最早不是强皮纳斯提出的，而是由社会学家帕森斯（1951）提出的。普遍主义者强调用法律和规章指导行为，而且这些指导原则不应因人而异。"法律面前人人平等"就是普遍主义者的响亮口号。此外，普遍主义者认为对所有事务都应采取客观的态度，而且世界上只存在一个真理，只存在一种正确解决问题的方法。相反，特殊主义者却强调"具体问题具体分析"，不用同一杆秤、同一尺度去解决不同情况下的问题，而应因人而异、因地而异。另外，特殊主义者认为一切都是相对的，世间没有绝对真理，也不存在唯一正确的方法，而是有多条路可走，殊途同归。

普遍主义社会与特殊主义社会在企业管理方面表现出来的区别异常显著。在普遍主义社会中，管理强调建立制度和系统，同时制度和系统应该是能为大多数人服务并满足大多数人要求的。制度一旦建立，人人都须遵守，对所有人都一视同仁，没有人可以凌驾于制度之上。比如美国是强调普遍主义的国家，几乎所有企业都有详细的规章制度和各种内部管理系统。当个案发生时，马上就会想到如果今后类似的情况出现应该怎么应对，怎样的解决方案才有普遍的意义，怎么处理才是对所有人都公平的，等等。这成为管理者的一种思维方式。而特殊主义社会的管理特点则是"人制"。制度虽有，却大都停留在书面上。遇到问题的时候，企业中的管理人员也好，员工也好，常常想到的是怎么通过关系或熟人把问题解决，而不是通过公司正规的渠道。因此，建立个人关系网就成为很多人孜孜不倦的工作。与从个案走向普遍的思维逻辑相反，特殊主义者的思维方式更倾向如何从普遍中找出特殊，将自己的问题作为特殊情况处理。特殊待遇成为大众追求的东西。"上有政策，下有对策"就是从制度中找漏洞将自己特殊化的典型例子。

（二）个人主义对共有主义

个人主义文化的核心是"自我取向"的价值观。这种价值观将自我视为一个独立的个体，追求个体目标。共有主义文化的核心则是"群体取向"的价值观。这种价值观将自己视为群体的一部分，追求的是共同目标。

（三）关系特定与关系散漫

关系特定与关系散漫是指人们涉入别人的生活有多广。关系特定是指个体具有较大的公共空间，他们愿意与其他人分享这种公共空间，但自己的私人空间却严格限制他人进入。个人常常是开放的、外向的，并且更直接。组织中的管理者通常将工作与私人生活严格区分开来。关系散漫是指个体的公共空间与私人空间是重叠的，进入了个体的公共空间也就进入了他/她的私人空间，工作与私人生活常常是无法分开的。

（四）中性对感性

中性对感性主要指人际交往中情绪外露的程度。情绪表露含蓄微弱的文化被称为中性文化，而情绪表露鲜明夸张的文化被称为感性文化。最典型的中性文化国家为日本、中国和其他亚洲国家；最典型的感性文化国家为意大利、西班牙和其他南美国家。美国处在两者之间。在中性文化里，人与人之间很少身体的接触，人与人之间的沟通和交流也比较微妙，因为情绪表露很少，需要用心领会才行。相反。在感性文化里，人与人之间身体的接触比较公开自然，沟通交流时表情丰富，用词夸张，充满肢体语言。

（五）个人成就对社会等级

注重个人成就的文化是指在这种文化中，一个人的社会地位和他人对该人的评价是按照其最近取得的成就和业绩记录进行的。注重社会等级的文化则意味着一个人的社会地位和他人的评价是由该人的出生、血缘关系、性别或年龄决定的，或者是由该人的人际关系和教育背景决定的。这个维度的定义总体比较混乱，但是有一点是清楚的，一个人的社会地位是否应该完全由这个人的个人成就决定是区分不同国家在这个维度上看法异同的关键所在。我们知道，在有些国家，出身于贵族的人生来就具有一定的社会地位，不管该人的个人能力如何，为国家和社会做过什么贡献。而在有的国家即使你是总统的子女，也不意味着你自然就能赢得人们的尊敬，就具有一定的社会地位。

（六）内在导向对外在导向

内在导向对外在导向表明人们相信自己控制环境还是环境控制自己的两种不同的价值取向。控制环境的价值取向或称为"内在导向"的价值取向；适应不同环境的价值取向或称为"外在导向"的价值取向。这两种价值取向对人们如何控制日常社会及管理具有直接的影响。

（七）连续时间对同步时间

与前面克拉克洪的时间取向一致，主要是针对顺次完成任务还是同时完成多个任务及对过去、现在和未来的理解。

第三节 不同国家的企业文化特征及管理模式

所谓文化差异，是指不同地域、民族和国家间文化的差别。文化差异主要体现在三个层次：第一，物质文化差异。它通过人们制作的各种实物、产品表现出来。例如，中国的传统建筑与欧洲的建筑风格迥然不同。第二，社会制度与习俗文化差异。它通过人们共同遵守的社会规范和行为准则表现出来，包括制度、法规和风俗习惯等。例如，以农垦为主的民族与游牧民族之间的习俗就存在很大差别。第三，精神文化差异。它通过人们思维活动及其形成的行为方式表现出来，包括价值观念、宗教信仰、管理理念、审美情趣等。这也是文化差异最微妙、最难以把握的一个层次。

一、典型国家的文化特征

下面选取一些典型国家介绍其主要文化特征。

（一）美国的文化特征

"大熔炉"（The Melting Pot）是关于美国的一个比喻，指美国可以融合世界各种不同的文化。美国是一个移民国家，美国的移民来自世界的各个角落：欧洲、南美洲、非洲、亚洲，等等，每个移民族群本来都有自己的文化，美国社会不排斥这些文化，不同的文化在美国开放、自由、民主、法制的环境里融合形成多元的美国文化。这就像一个大熔炉把不同文化融合在一起。

1. 强调独立、个性而又不排斥他人

作为一个从原野里创造出来的国家，美国在资源丰富亟待开发的早期，机会虽多，可是蛮荒未辟，必须奖励个人独立创造的性格，凡是围灭个性发展的各种因素都视作当时拓殖精神的阻碍，加以贬责。同时，在艰苦开拓的过程中，每个民族都必须发挥本民族的长处，尊重并吸取其他民族的优秀品质，坚信自我、尊重他人的文化取舍态度成为他们共同的准则。正是在这一点上，也只能是在这一点上，各国移民找到了共同之处，这就是个性容于团队的价值体系，它深入民心，以各种形式得到充分发展，由此形成了美利坚民族的特殊性格：对自己深信不疑，对自己的命运深信不疑，把依靠自己作为哲学信条。

2. 冒险、开拓、富有创新精神

美国人的格言是"不冒险就不会有大的成功，胆小鬼永远不会有大作为"。从首批英国移民踏上北美大陆，到美利坚合众国成立这一个半世纪里，北美险恶的自然条件，培育了美国人顽强拼搏、艰苦奋斗的性格。北美丰富的资源等待着开发利用，培育了美国人开拓进取、敢于冒险的精神。从文化学的角度考察，北美在一定程度上曾经是一片文化真空，闯入这片真空的，不是有组织的文化单位，而是一批对于传统制度已失去好感的亡命者。他们的头脑为叛逆精神所主宰，身上绝少传统思想的保守性，再说即便有，也没有发挥的土壤，因为险峻的环境迫使他们只能确立与传统不同的生活方式，这种冒险精神成了美国人民的传统。他们把冒险探求新大陆看作寻求生活的机遇。这种冒险精神一直渗透到美国人民生活的各个方面。在硝烟弥漫的商战中，美国人勇敢地开拓创新，从各个方面体现了这种民族冒险精神。基于此，美国人特别强调创新精神，他们认为机会到处都有，主要在于主动发现和利用。除法律外，美国人认为一切传统和先例都是创新的障碍，他们乐于向传统和先例挑战。由于美国不像中国、印度、英国等有着悠久而灿烂的文明，所以美国人在接受新思想、新技术时很少先去考察这些东西是否符合某位专家、权威的理论，然后再引经据典加以注释和考证，以决定是否采用。

美国人认为，他们的国家虽没有灿烂的过去，但由于具有创新精神，因而他们拥有光明的未来。所以美国人勇于向传统和权威挑战，勇于向已有的一切挑战，"我与专家、权威、传统平等"，这是美国人的性格。

3. 自由、平等精神

美国是一个崇尚自由的国家。北美殖民地历史的一个重要的特征就是封建秩序从来没有在那里存在过，在美利坚民族的形成过程中，许多从欧洲大陆来的移民把资产阶级自由思想带到了美洲。新大陆的自由空气及大自然的艰苦环境陶冶了美利坚民族的民族性：热爱自由、珍惜自由、崇尚自由。在美国，对人的自由，除法律可以明文规定加以限制，并由执法机关及其人员执行限制外，任何机关或个人不得非法剥夺或限制他人的自由。民主自由的环境为才能和幸运开辟了道路，因此出身对美国人不起任何作用。美国人相信这样的格言："一个人富裕到什么程度，就表明他的才能实现到了什么程度。"因为在机会均等的条件下，人的才能决定富裕的程度。所以美国人一般不羡慕他人的财富，而喜欢赞美富翁的才能。

4. 实用主义

实用主义在美国不仅仅是职业哲学家的哲学，而且是美国人的哲学。由于美国没有悠久灿烂的古老文化，因此文化的创造只有在北美大陆的开发过程中才能出现。而要开发这片富庶的处女地，就必须打破一切的条条框框，服从于实际问题的解决，在这种历史背景下，美利坚民族形成了实用主义的哲学观。他们坚信，"有用、有效、有利就是真理"。在实用主义哲学观念影响下的美国人不喜欢正规的、哲学抽象的、概念游戏的思辨哲学，不喜欢形而上学的哲学思考。在美国人眼里，有用就是真理，成功就是真理。他们立足于现实生活和经验，把确定信念当作出发点，把采取行动当作主要手段，把获得效果当作最高目的，一切为了效益和成功。

5. 物质主义

美国文化是物质性的，他们认为生活舒适是理所当然的人生追求，并且怀着优越感看待那些生活水准不如他们的人。当美国人谈论一个人的价值时，主要指物质价值，而且除了这个通常标准外，他不管什么别的标准。由于基督新教价值观的影响，美利坚民族至今仍以赚钱多少作为评价一个人社会地位高低的重要依据，仍然以赚钱聚财为荣。在美国社会里，人们向上进取的精神是炽热的。许多人都在拼命工作，不惜付出自己的一切辛苦与智慧来谋求事业上的发展。通过个人奋斗取得成功，从低贱者变成大富翁几乎成了美国式的信条。在这一价值观念支配下的美国社会，企业家普遍受到尊敬；人人都想办企业发家致富，人人都想个人创业。

（二）日本的文化特征

1. 集团意识

所谓集团意识，就是以无比强烈的归属感为基础，个人对所属集团竭尽忠诚、无私奉献，并作为该集团的成员与他人保持行动上的一致。美国学者埃德温·赖肖尔曾对日本人的集团意识做了个形象的比喻"日本人就像水中的一群小鱼，秩序井然地朝着一个方向游动，如有一块石子投入水中，搅乱了这个队列，它们就转变方向朝相反的方向游，但仍然队列整齐，成群游动"。

日本人很喜欢集体活动。在日本社会，参与人数最多的集体活动就是观赏樱花。樱花作为日本的国花，每年一月到三月樱花开放的季节，整个日本都会沉浸在欢乐的氛围下。这时很多公司、团体都会组织全体员工参加观赏樱花的出游活动。在出游时，大家没有了等级的约束，领导和员工之间可以一起开怀畅饮，一起唱歌、跳舞。

日本人之所以极其喜爱集体活动，是由于特殊地理条件造成的。在农耕社会，由于生产力水平低下，水稻种植必须依靠集体的努力才能完成，集体劳动的生产方式逐渐形成了日本社会的集团意识。把个人融入到集体中，利用群体的力量来维护个人的利益。

日本人自古就把合群视为重要的人生规范，即独来独往是不行的，要生存要发展都必须合群，既然置于群体之中，群体的事也就责无旁贷。到了现代社会，由于有终身雇佣制的保障，在就业问题上企业解决了员工的后顾之忧，一旦一个员工从属于某个企业，就会把自己看成是企业的利益共同体，把自己的一切完全融入企业，对工作尽职尽责，全心全意为这个企业效忠，企业几乎成为员工的终身劳动场所。而企业也会尽力解决员工的需求和困难，即使是在企业经营困难和经营内容发生变化的情况下，也不轻易裁员，尽量通过调整企业内部的劳动力来解决。

在当今日本社会，集团意识主要表现在以下三个方面：

（1）集团内部强调"和"，不突出个性。

日本人"和"的精神是日本人集团意识的黏合剂。在一个集团内部，成员之间在打交道时，总会先考虑对方的立场、观点，并且很在意对方的看法，即使意见相悖，也不会公开反对，而是采取拐弯抹角、模棱两可的方式，这样做可以避免双方的尴尬或公开对抗的情况发生。在一个企业内部，领导的决策不是独立决定的，而是通过与每个员工的权力分享来达成的。领导的任何决策都必须通知企业里的每个员工，等达成一致的意见之后，才采取行动。

（2）集团内外差别对待。

在日本社会，每个人都从属于特定的集团。由于个人利益和集体利益紧紧相连，为了达到集团的利益，成员间必须通力合作来履行各自对集团承担的义务和责任，而集团也为其内部成员提供保护。对于集团以外的人，日本人往往表现出冷漠、不关心、有意疏离的态度。在外国人和日本人打交道时，总会觉得日本人很有修养，让人会有一种宾至如归的感觉，但如果外国人想要真正进入日本人生活内部，不管作出多大努力，还是会被看作外人来对待，很难融入当地社会。

（3）等级观念。

日本社会的纵向社会关系表现为在集团内部，不仅成员对集团有强烈的归属感，而且成员之间也有明确的尊卑观念。在集团内部每个成员都会有相对应的位置，只有成员之间保持相对稳定的序列和位次，才能维持集团的平衡，才能起到稳定集团的作用。

日本企业普遍实行的年功序列制就是等级观念的有效例证。所谓年功序列制，就是把员工的工龄和工作表现结合起来的一种劳动报酬制度。一旦员工就职后，随着工龄的累积和经验的增加，相应的职位就会提升，工资也随之上涨。这样做的好处是避免了集团内成员间因为"酸葡萄"心理而引起的内耗，让员工相信不用去嫉妒高工资的同事，只要自身努力，假以时日自己也会受到同等的待遇。年功序列制激发了员工不断进取的精神，增强了集团内部的凝聚力，也提高了整个集团的对外竞争力。

在日本社会中，等级观念也表现在对不同大学和企业的看法上，每个日本人心中都会对不同的大学和企业有个明确的排名。有实力的大公司在挑选大学毕业生时，不是看所挑选学生的成绩，而是看所挑选学生的毕业院校。在商务交往中，如果听到对方来自有实力的大企业，不管对方的职位怎样，也会对对方格外尊重。从某种程度上来说，一个人所属集团在社会上的地位就是这个人身份地位的象征。

2. 耻感文化

在第二次世界大战期间，美国著名文化人类学家鲁思·本尼迪克特完成了其经典代表著作《菊与刀》，这本书被后人认为深刻影响了此后的日本文化研究，是研究日本人和日本文化的必读之作。本尼迪克特从文化的角度，认为西方基督教文化是"罪感文化"，而日本文化是"耻感文化"。她解释道："真正的耻感文化依靠外部的强制力来做善行。真正的罪感文化则依靠罪恶感在内心的反映来做善行。羞耻是对别人批评的反应。一个人感到羞耻，是因为他或者被公开讥笑、排斥，或者他自己感觉被讥笑，不管是哪一种，羞耻感都是一种有效的强制力。但是，羞耻感要求有外人在场，至少要感觉到有外人在场。罪恶感则不是这样。"

日本人的羞耻感在儿童时代就被灌输到大脑中。由于在婴幼儿时期受到母亲的过分宠爱，导致日本人在心理上产生很大程度的依赖性，甚至长大成人后还想从别人那里得到宠爱。为了能持续得到母亲的宠爱，孩子会在行动上讨母亲的欢心。母亲宠爱孩子，但也要管教、约束孩子。当孩子到了六七岁以后，只要遇到孩子不听话的情况，母亲就会故意嘲弄他，吓唬说要遗弃他等类似的话。这些嘲弄能够抑制孩子幼儿时期无拘无束的行为，使其转而接受严格的约束，以免被人耻笑。母亲的这种做法，使日本人从孩提时的放任自由逐渐过渡到接受家长管教，进而发展到接受所属集团乃至整个社会的约束。

根据本尼迪克特的观点，和西方的"罪感文化"相比，日本的"耻感文化"有三个特征：第一，缺乏恒定的是非标准。"罪感文化"是靠人的良心来判断是非，而"耻感文化"没有绝对的是非标准，人的行为随外部环境的改变而改变，给人一种反复无常的印象。第二，他律性道德。"罪感文化"下的道德是自主的、自律性的，而"耻感文化"下的道德不受良心约束，是靠旁人对自身行为的看法和评价来规范自身的行为。第三，名誉感。在"罪感文化"中，伦理的最高标准是"内心纯洁，行为端正"，而在"耻感文化"中，最高德行就是名誉，名誉被看得比生命、正义更重要，"为了名誉，可以不顾事实、不分善恶"。

3. 武士道

19 世纪末，日本学者新渡户道造为了让西洋人转变对日本武士道的错误看法，用通俗优美的英语写成了《武士道》一书，"武士道"一词得以推而广之。新渡户道造在《武士道》一书中，把武士道的核心价值观念分为义、勇、仁、礼、诚、名誉、忠义七个核心价值观念。

4. 岛国文化

日本特殊的地理特点，造成了日本独特的岛国文化，这种岛国文化包含以下两个特点。

(1) 岛国根性。

按照《广辞苑》的解释，岛国根性是指海岛国家因缺乏与别国交流而造成的视野狭窄，以及由此形成的小家子气的闭锁性格。

(2) 危机意识。

所谓危机意识，是指"人类在主观上有注视或警惕不利于自己或危及自己生存事态发生的自觉，以便及早采取相应的措施或作出反应，以此来避免这种事态的发生；即使是无力阻止事态的发生，也要尽量避免或减轻由此造成的损失与伤害的精神活动。"

(三) 德国的文化特征

有学者将德国的文化概括为四个特点：以人性"善""恶"相间为基础的人性观、以新教伦理为核心的工作价值观、以个人主义为特征的人文主义思想传统和以"纯粹理想"和"实践理性"为根本的理性主义行为取向。

还有人给去德国发展的企业就德国文化给出的建议如下：

1. 时间观念

与德国人打交道，守时绝对重要，迟到是无法让人接受的（除非真有特殊情况），但提前则被认为是侵犯了对方的时间。

德国的商业交易规范非常严谨。商务人士的工作日程一般都安排较满，因此如果只提前很短时间约见对方，一般很难成功。德国人一般不会通过电话安排会见。德国人希望很有把握地了解要发生的事情，以此有序地安排自己的工作日程。

德国人认为，守时也是可靠、讲信誉的表现。工作必须在一定时间内完成，一旦确定了截止日期，只有在由于环境因素而使工作无法按时完成的情况下才可更改。

2. 语言特点

准确是德语的特点之一。德语结构严谨，有很多规定句子结构的语法规则，这很自然地在德语的表达模式上反映出来。

德国人经常用"不得不""必须"等词汇，容易给人留下发号施令的印象，实际上这正是德国人认真、严谨的表现。

德语中还有更多的词汇，需要外国人详细了解其使用环境和习惯用法，才能够准确地理解对方的真实意图。

3. 交流障碍

人们经常会觉得德国人冷漠疏远，难以交往，实际上并非如此。外国投资者需要较长的时间来了解德国人。德国人重视个人空间，工作和生活界限分明。对于进入他们生活的陌生人，要花一定的时间去接触和了解，然后才慢慢寻找各种方式接近对方。如果陌生人想尽快地和他们建立较紧密的关系，他们会感觉受到威胁，因此避而不理。德国人发展人际关系的方式可以比喻为菠萝，即像菠萝一样有着坚硬的外壳，要进到里面需要花一定时间，但却有着友好而丰富的内心。

幽默在德国商业中经常被视为不合时宜，对待生意一定要严肃，会议一定要正式。但工作之余，德国人和其他国家的人一样喜欢享受欢声笑语。

承认个人空间关系到礼仪和地位。办公室的门经常是关着的，这并不是说任何人不得进去，而只是表示希望自己的工作不被打扰。他人进门前要敲门。管理人员一般会让来访的客人在秘书的办公室等候。一个人在管理层的重要性可以从办公室的大小和位置来判断。

4. 身份标志

德国人对自己取得的成就引以为豪，不以展示成功为耻。最能表明身份的标志就是汽车，德国人也常用汽车来评判商业伙伴的成功程度。奔驰、宝马、奥迪是大多数成功人士首选的驾驶之车。住房的大小和所处的位置也能显示一个人的社会地位，而度假的去处就不是那么重要的标志了。

5. 服饰礼仪

德国人不喜欢服装的花哨，但都很注重衣冠的整洁，穿西装一定要系领带。在赴宴或到剧院看文艺演出时，男士经常穿深色礼服，女士则穿长裙，并略施粉黛。在东部地区，已婚者都戴上金戒指。

6. 相见礼仪

德国人比较注重礼节形式。在社交场合与客人见面时，一般行握手礼。与熟人朋友和亲人相见时，一般行拥抱礼。在与客人打交道时，总乐于对方称呼他们的头衔，但他们并不喜欢听恭维话。对刚相识者不宜直呼其名。

7. 主要禁忌

德国有50%的人信奉基督教，有45%的人信奉天主教，另有少数人信奉东正教和犹太教，他们忌讳13和星期五。他们忌讳在公共场合窃窃私语，不喜欢他人过问自己的私事。

8. 饮食文化

德国一日三餐冷食居多。日常饮食颇为简单,但重大宴会时则非常注重礼仪。德国人吃饭是讲究坐有坐相、吃有吃相。坐的时候身不靠椅背,不往前倾,胳膊不能放在桌子上撑得太开,以免碰到别人。德国人尤其不喜欢劝别人吃或者夹菜给别人。受宗教影响德国人不吃动物血液,不吃不洁之物,不吃无鳞的鱼类等。

9. 餐饮礼仪

德国人在宴会上和用餐时,注重以右为上的传统和女士优先的原则。德国人举办大型宴会时,一般是在两周前发出请帖,并注明宴会的目的、时间和地点。一般宴会则是在8~10天前发出。他们用餐讲究餐具的质量和齐备。宴请宾客时,桌上摆满酒杯盘子等。他们有个习俗,那就是吃鱼的刀叉不能用来吃别的。

二、中外文化的冲突

有学者将中国的文化概括为四个方面:第一,富有特色的人文精神。与西方世俗人文精神不同,中国的人文精神侧重于伦理教化,强调"以仁化人,以道教人,以德立人"。第二,与西方人的分析思维方式相对照的整体思维方式。一般而言,西方人的思维方式重在分析。首先是把自然界不断地分析为各种尽可能小的部分,然后仔细地加以考察,直到一目了然。与此相反,中国人正好是一种整合的整体思维方式,研究和观察自然界时,将客观事物的整体形态作为考察的基本层面,根据事物之间的联系来把握对象,从而得出一种总体的认识。第三,强调人际关系的重要性。认为人与人之间应保持和谐的人际关系,以和为贵。第四,强调天人协调,认为人是自然的一部分,是自然的衍化产物,要服从自然界的普遍规律,但又具有超越万物的卓越地位,追求天人合一的境界。

如上所述,欧美人讲"法制",日本人重"国策",而中国人谈"人情"。不同的文化背景和处世哲学淋漓尽致地反映在跨文化管理中。外资企业要求员工严格遵守制度和法规,一丝不苟地执行规定和程序,却忽视了企业员工的主观能动性。法治观念薄弱的中方员工则常会以人的随意性干扰组织行为的有序性。跨文化问题使外资企业管理举步维艰。文化相异造成了企业人力资源的思维方式、价值观、社会准则及行为的大相径庭,也造成企业经营管理、组织机构、市场营销方针、财务管理方式的差异和员工行为准则及方式的差异。表9-1通过概括中外社会准则和行为差异,描绘出中外文化之间的一些显著差异。

表9-1 中西方国家行为准则比较

西方国家	中国	西方国家	中国
直接表达、外露	含蓄、不外露	重视庆贺生日	重视纪念死者
以自我为中心	以家庭集体为单位	正面冲突	"曲线救国"
以任务为中心	以从业人员为中心	注重短期业绩考核	注重长期考核
自我实现	掩饰个人愿望	自由主义	社会规范
为个人幸福参加劳动	为建设国家而劳动	客观事情优先	人际关系为先
以法律为准	以道德为准	社会角色职业化	社会角色个人化
优先使用权限	优先使用协调	突出才能	平均主义
职务规定明确	职务规定暧昧	强调竞争	突出和谐

续表

西方国家	中国	西方国家	中国
个人利益高于一切	以集体利益为准	极端、情绪波动	平和、中庸之道
重视显露出的专长	重视潜力	强国意识	文化自恋
依赖契约、规章	重视相互信赖	明确的控制	含蓄的控制
金钱万能	金钱并非最重要	拼命工作、拼命玩	工作娱乐无界限

中外文化冲突的突出表现如下：

1. 民族性问题

中国和投资国各有自己璀璨的历史和文化。中国人在相当长的历史时期内一直认为中国文化是世界的中心文化，外国被称为"夷狄""异邦""夷邦"。但中国自古以来以自我为中心的文化意识却因欧美大陆的崛起面临着严峻的挑战。近代史上的衰败和鸦片战争后外侮的屡次入侵，使中国文化从过去自大的"天朝心态"沦为自卑的弱国意识和心理。中国人虽自知要学习西洋、摆脱困境，但又放不下天朝的架子。洋务运动提出的"师夷长技以制夷""中学为体，西学为用"的策略就足以表露出中国人的上述心态。

不了解中国文化的外国投资者们很难理解中国民族意识中自大和自卑的双重心态。改革开放以来，来自经济发达国家的外商们，自诩是发展中国家的救世主，所流露出的民族优越感使得持"世界大国"理念的中国雇员不甚买账，外国投资者所期待的中国雇员的感激涕零也没有在现实中出现。因此，其文化优越感受到了文化自尊、自恋感的强烈冲击。

2. 文化认同

尊重实则是对文化的认同。投资国在对东道国文化缺乏了解，并对文化差异皆无思想准备的状态下进行经营和投资，就会不自觉地陷入"文化休克"的境地。投资国人员若无法超越种族、信仰、感情和行为习惯的羁绊，总以母国文化尺度来衡量东道国文化，便会产生文化不认同感，进而发展为对其文化成员人格的不尊重。例如，某些外资人员在管理中，时常对东道国员工出口不逊，自然会引起东道国员工的对立情绪。

3. 制度观念

外国投资者多来自经济发达的、有较为完善法制体系的国家。母国企业建立了规范的经营管理制度，那些从小就具有法律意识的外籍管理者自然用契约来要求中方员工。法律意识淡漠的中国雇员则对企业的法律、法规阳奉阴违。以纳税为例，中方员工常常嘲笑外籍人员依法纳税且强行替他们报税的行为；中国雇员认可的诸多"正常行为"，在外籍人员眼中却是绝对的违法。

中国文化中的"社会即家庭"的模糊观念使雇员们在工作中常常"公私不分"，不少员工利用公司的设备干私活，诸如，为私事打国际长途，私下复印文件，公车私用，请客、打车时多开发票金额，办公期间接打私人电话，将公司的办公用品拿回家自用等。如此这般，他们便很快失去了外籍管理者的信任，而资方在加强监督管理时，也常常遭到中方雇员的抵制和反抗。

4. 沟通障碍

外资企业在聘用中方雇员时要求其通晓英语或投资国语言，但资方，尤其是欧美企业派来的管理者由于不通中文和不愿意学习中文，造成沟通障碍，妨碍了外国投资方对中国文化的了解与中外方人员的信息和工作交流。

5. 交际障碍

中外双方在相互交际时遇到的交际障碍远大于语言障碍。发达国家以法律为准绳的原则与东方文化的"礼"强烈冲突。中方雇员在与外籍经理对话时，总是回避与其目光对视。此举在中国是礼，在西方却是心虚。周例会上，私下抱怨甚多的中国雇员却只在不得罪人的问题上蜻蜓点水，而在关键议题上缄默不语，中国的礼在西方人看来却是不坦诚。中国文化强调榜样力量和社群团体的作用，而西方人却崇尚个性自由和我行我素。中方雇员认为外籍人士不通人情，盲目遵循规则和法则，而中国"朝中有人好办事"的关系学理论也令外籍管理者头痛不已。

6. 工作态度

中国文化中道家、儒家、佛学思想对整个中华民族思想的形成起着举足轻重的作用。清静无为，中庸之道，不敢为天下先，退一步而求生，这些思想深深影响着中国员工的工作态度。中国人谦虚、含蓄、忍耐，有 10 分能力却显露 8 分，老庄的"曲则全、枉则直、洼则盈、敝则新、少则多、多则惑"的辩证法使中方雇员谨小慎微，畏首畏尾。他们工作随大流，竞争意识不强。西方人有 8 分能力却显露出 12 分。

7. 时间观念

外方人员的时间观念强，时间就是金钱，他们对时间的比喻和计算简洁而直率；而吟诵着"寸金难买寸光阴"的中国人的时间观念却不是很强，不少雇员上班不准时，工作磨洋工，并且总是在找相应的借口。

第四节　跨文化管理的主要模式

跨国并购文化整合必须根据跨国并购双方的不同文化特征，选择相应的文化整合模式。在跨国并购文化整合模式的选择过程中，不仅要考虑文化差异的影响和并购企业的管理能力，还要考虑并购双方企业文化的类型、优劣、强弱程度、文化引力及母公司对多元文化的容忍度等因素。全球经济已经经历了五次企业并购的浪潮，跨国并购也如火如荼地进行着，文化整合是每个并购企业都要面对的课题。在充分借鉴西方理论中四种文化整合模式的基础上，当今跨国并购企业根据自身情况分别选取了自己的文化整合模式，采取的主要模式有以下几种：

一、移植模式

移植模式是将并购企业文化体系的主体移植到被并购的企业中去，而较少考虑被并购企业所在地的本土文化和原有的组织文化，也称文化替代模式。这种策略适用于双方社会文化背景差异较小的跨国并购，如果并购企业文化是强势文化，而被并购企业的地域文化或原有组织文化是弱势文化，并购企业就可以通过适当的方式和手段，将本企业的精神文化、制度文化等导入目标企业，使被并购企业的弱文化受到优势文化的冲击而被替代。这种文化整合模式的优点是整合过程中有一个强力型的核心文化起主导和推动作用，整合速度较快，效果明显。思科、可口可乐和通用电气公司在跨国并购文化整合中，一般都采用这种模式。但由于此模式是一种自上而下的文化整合，常常带有强制性，容易受到被并购企业员工的抵制，愤怒、敌对、失望的情绪会导致很多问题的出现，有一定的文化风险。例如，松下公司为了发挥技术优势进入娱乐行业，就收买了 MCA 公司，在整合时，松下公司想把 MCA 公司注重娱乐而又无拘无束的好莱坞式文化观念归化为其本身沉稳庄重、强调实际的日本式文化观念，两者发生了强烈的文化冲突，松下公司后来只好把 MCA 公司卖给了西格拉姆公司（Seagram）。在选择这种整合模式时需要慎重，尤其是在强强联合及并购双方的民族文化差异很大时，要尽量避免完全的强制式移植模式。

二、隔离模式

随着跨国并购越来越普遍，文化冲突也随之增加了一个层次，并进一步凸显出沟通和彼此尊重文化禁忌的重要性。采取这种模式，第一种情况是因为双方文化背景和企业文化风格迥然不同，甚至相互排斥或对立，在文化整合上的难度和代价较大的情况下，如果能保持彼此的文化独立，避免冲突，反而更有利于企业发展。如美国通用电气公司控股日本五十铃公司时，由于美日国家文化及双方企业文化都有很大的差异，通用公司并没有向五十铃公司输入自己的文化模式，而是采用了文化隔离的方式。第二种情况是因为一般并购方和被并购方不是在同一行业，并购只是母公司多元化战略的行为，这样的并购，一般不需要做任何的整合。例如美国 USX 钢铁公司并购 Marathon 石油公司，并购后两家公司没有做任何文化上的整合。这种整合方式从短期来看，可以避免文化冲突所带来的风险，但从长期来看，很多情况是行不通的。从被并购企业角度讲，由于被并购企业总是受制于并购企业的，如果两家企业文化迥然相异，被并购企业的管理层尤其是中高层管理者肯定会产生抵触感、危机感，所以他们一旦找到合适的发展机会就会离开公司，造成人才的流失。此外，从并购企业来看，在并购的过程中肯定会产生一定的剩余人力资源，对这些人员的安置与对待，两种企业文化肯定会产生矛盾。而且，并购是为了带来规模经济，如果存在文化差异，文化冲突便会抵消一部分规模经济，甚至会产生"规模负经济"的效果。

三、引进模式

在跨国并购中，并购企业虽然在经营权和所有权上具有优势地位，但其企业文化可能只处于低级阶段的水平，相反，被并购企业虽然在经营权上和所有权上的争夺中处于下风，但其文化可能已处于高阶段的水平。在这种情况下，根据利益最大化的经济原则，并购企业就应当弃"王者"思想和"家长"作风，从整个企业的大局着眼，对被并购企业的优势资源予以充分的肯定与尊重，要予以足够的重视，力争把握其文化的精髓。此外，还要将这些从被并购企业文化中抽象出来的精华部分进行一番雕琢使之系统化、理论化，然后再将其纳入自己的文化中，使之成为并购企业的文化金字塔中一个不可或缺的组成部分。通过这种方式，并购企业可以充分利用被并购企业先进的文化资源，成功实现两种企业资源的优势互补，为企业的全面整合乃至并购动机的实现迈出坚实的一步。这种整合方式的特点是虽然并购企业在并购大战中取得了决定性的胜利，但它非常尊重对方，能够放下架子，"不耻下问"，虚心向对方学习其文化的合理内核，这种做法必然也会赢得被并购企业员工普遍的尊重与好感，为企业文化的全面整合奠定坚实的情感基础。这种整合方式的最大优点是不仅能博采两家之所长，实现并购企业的并购目标，同时其挑起的文化冲突与纠纷也最小，从而使企业文化的整合风险实现软着陆。当然，这种整合模式也存在着不足，若被并购文化的精华部分虽然在被并购企业中能发挥出色的作用，但不适应并购企业的文化，这样反而会阻碍并购企业的文化发展，造成优势资源的极大浪费。这种文化整合模式在以弱胜强型并购中较为常见。

四、反向整合模式

如果当并购方在行业内的地位或某领域不如被并购方，或者被并购方对并购方的战略文化调整有促进作用时，需要采取这种文化整合模式。这种模式的主要特点是并购方不整合被并购方，而是让被并购方的文化影响并购方的文化转变。

五、融合模式

企业跨国并购组成新企业后，平等地进行交流，选择各自精华的部分紧密融合；成员企业有目的地吸纳对方企业的优良文化成果或文化经验，达成文化共识，在此基础上构造新企业的文化体系。融合式文化整合模式的优点在于，以求同存异为原则，进行文化互补，容易得到并购双方的认同与欢迎，可减少文化整合的阻力，降低文化风险，形成兼容性强的文化合金。例如，上海贝尔公司是由中国邮电工业总公司、比利时阿尔卡特公司和比利时王国政府基金会合资建立的。在公司建立之初，各方就本着互惠互利的原则，加强沟通，精诚团结，逐步形成了全新的"团结、奋进、为大家"的贝尔文化。

六、创新模式

创新模式是一种新型的管理文化模式，是指在企业团体共同利益的基础上，在并购双方共同经营管理过程中，经过双方相互了解、协调而达成共识的管理文化模式。并购双方在对企业文化差异的相互了解和理解的基础上重建一个对企业团体的生存、发展有利的崭新文化。它超越了个别成员的文化模式，产生于并购双方为达到共同目标而联合努力的过程中。当并购双方都比较优秀，又属于同一个行业，这种战略模式有助于新企业真正整合双方最好的方面而形成新文化。

第五节 跨文化管理实践

一、跨文化差异识别

研究发现，进行文化维度分析，识别不同文化的差异是跨文化管理的首要条件。

首先，跨国经营企业应充分了解本国、本民族、本企业的文化特征及精髓，并通过文化识别对东道国的文化如价值观、民族、宗教信仰、社会制度、行为方式、经营理念等进行深入细致的调查了解。

其次，跨国经营企业要将母国文化与东道国文化采用之前所陈述的一些跨文化管理的相关理论进行对比分析，抽取两种文化特征及文化精髓。

最后，跨国经营企业要在尊重文化差异、求同存异的基础上对文化差异的表现成因及可能引起的文化冲突类型或对企业的影响等进行详尽分析。

二、跨文化培训

不论是来自母国的管理人员还是东道国的经理人员在面对跨文化的工作时难免有不足之处，来自母国的管理人员不熟悉当地语言文化、做事方式，而当地的经理人员一开始也往往很难在母公司和子公司之间起桥梁作用。因此，进行文化适应性培训变得十分必要。

如同人在接受教育的过程中自然会积累知识和文化，跨文化管理的理论及技巧也是可以通过训练和学习而得到增强的。跨文化管理的培训可以通过以下几种方式进行：

（一）认知的方式（给予信息）

（1）**影视/文字效果**。跨文化经营企业应当在人员外派之前安排一段时间让他们接触即将进入的新的文化环境，并且尽可能多地提供一些直观的资料如电影、电视录像、图片文章，也可以请专家以授课的方式介绍东道国文化的内涵与特征，指导学员阅读有关东道国文化的书籍，为他们对新的文化环境做具体的可感知的介绍。

（2）**训练新的习惯**。文化的吸收是多种形式的，公司安排的训练可以包括参与表演或行为体验，比如接人待物的方式、饮食起居的习惯等，以此逐步吸收新的文化素养。

（3）**案例分析**。这是一种极好的理论训练。也许外派人员在分析这些他们今后可能碰到的相似的案例时仅仅把它当作一项作业来完成，也许外派人员因为时间太紧而仅仅浏览了这些案例，但它们实际已经在外派人员的头脑中留下了不可磨灭的印象。在今后的工作中，一旦碰到与案例相似的情形，头脑中深藏的印象就会如闪电般出现，给他们以有效的启迪。

（4）**从全球化视角分析本公司的商务机遇**。这是训练中一节最有价值的课，这门课不仅训练外派人员以宽阔的胸襟来分析、认识跨文化商务活动，而且可以增强外派人员对公司的忠诚度，对本公司事业发展的信心。当外派人员在临行之前与公司高层人员或董事会成员一起讨论本公司发展规划，寻找新的商机时，他们心中就会充满自豪感："总裁是这样信任我，我一定要作出个样子来让他们看看。"他们就会竭尽全力为公司的发展寻找最佳战略机遇，也会在今后的管理工作中保持着从全公司发展的宏观角度思考自己所负责的工作。

（5）**对异源文化的期盼和假设**。通过培训，培养外派人员对接触新的文化类型的渴望，并鼓励他们对异源文化环境中人的价值观念进行假设，不论这种假设正确与否，它总是有用的，外派人员会在海外的工作实践中自觉地检验这些假设是否正确。

（二）体验的方式（情绪适应）

（1）**心理适应与情绪调整训练**。在感知的基础上，公司可以对外派人员增加体验训练，以加强外派人员的心理承受能力。指导者可以用受训者从未接受过的行为方式来对其加以训练。在这种工作方式下，他的心理承受能力必然会从不适应而变得有所增强。

（2）**敏感性及反应能力训练**。敏感性训练的目的是加强人们对不同文化环境的反应和适应能力。敏感性训练也叫作"T小组训练法"，是由美国著名心理学家勒温于1964年创建的一种改善人际关系和消除文化障碍的方法，其主要目的是让受训者能够学会有效地进行交流，细心地倾听以了解自己和别人的感情，从而加强人们的自我认知和对不同文化环境的适应能力，并促使来自不同文化背景的人之间进行有效沟通和理解。通常做法是把10~15名小组成员集中到实验室，由心理学家主持训练，训练者不再按照通常的商务逻辑与受训人员讨论问题，而是模仿所去国家的人的思维方式对受训者进行近乎不讲道理的咨询和否定。随着交谈的深入，人们开始更多地注意原来自己没有发现的文化和行为差距。实践证明，敏感性训练确实是一种能够有效改善多元文化团体人际关系的好方法。经过一段时间训练后，一般可以达到这样三个目的：一是受训者发现了平时不易察觉到的或不愿意承认的不安和愤怒的情绪，从而深入了解自己的内心世界；二是受训者能够设身处地地体察别人、理解别人，进行角色互换和换位思考；三是可有效地打破每个人心中的文化障碍，加强不同文化之间的合作意识和联系。

（3）**工作与生活环境的模拟**。从这种实际生活模拟的过程中外派人员可以感受到那种从未感受过的异域生活氛围，并且尽快熟悉东道国的习惯。可以对外派者进行当地语言的培训，增强语言交流和沟通能力是提高对不同文化的适应能力的一条有效途径。语言的掌握不仅仅要说这种语言，还要熟悉东道国文化中特有的表达和交流方式，如手势、符号、礼节和习俗等。

（三）行动的方式（模拟与实验）

（1）**与来自多种文化背景的人一起工作**。在这种实践性的训练中，把不同文化环境中工作和生活可能面对的情况和困难展现在学员面前，让学员学会处理这些困难的方法，并有意识地按东道国文化特点思考和行动，以提高自己的适应能力。可以学习如何与其他文化背景下的人交流沟通甚至结为朋友，也可以通过预先接触异域文化并逐步适应在这种背景下开拓业务。

（2）**训练对商务世界复杂环境与突变情况的反应**。当世界经济环境有一个突然的变化时试着从所要去的市场的商人的角度去思考这个事件，以及他们应付这个事件可能采取的方式。比如出现突然的股市崩盘、外汇贬值、银行信用危机等。

（3）**频繁的旅行与处理商务的实践**。一个成熟的商务人员必然会经历频繁的商务旅行和处理不同业务事件的商务实践。如果有心让自己成为一个合格的跨文化管理者，应当在日常的商务活动中细心揣摩、积累与各种背景下企业打交道的经验。

（4）**案例模拟**。可以对即将承担的工作预先设计出一个相仿的案例，思考用什么样不同的方式来处理这个案例才能达到最佳效果。

以上谈到的跨文化管理的培训方式可以归纳为表9-2。

表9-2　多元文化培训的途径

认知的（给予信息）	感情表达的（情绪）	行为（渗透的）
东道国历史背景	文化吸收与体验	与外国同事共同工作
东道国文化简介	心理感受	模拟案例分析
影片/图片	敏感性训练	出差与接待不同背景的人
东道国商务环境描述	情绪感受	对海外商务环境的分析
语言学习	生活模仿	制定海外工作指南
事件阅读	语言的初步使用	强化的语言应用

系统的跨文化培训虽然可以提高跨文化管理者对东道国文化的敏感性和适应能力，但

并不能保证他们能够在东道国有效应付不同文化的各种冲击。外派管理者必须学会以尊重和接受的态度对待异国文化，切忌用本国的文化标准随便批评异国文化，更不能把本国文化标准强加于东道国公民。而且，在遇到挫折时要善于忍耐和克制自己，把自己当作东道国文化的承受者，灵活地处理因文化差异产生的各种摩擦和冲突，在建立良好工作关系和生活关系的过程中增强对不同文化的适应能力。

三、跨文化沟通

19世纪以来，许多文化人类学家对跨文化沟通进行过论述，但作为一门独立学科却是在20世纪70年代末形成的。它以具有不同文化背景的个人、组织、国家进行信息交流与沟通的社会现象为研究对象，在近二三十年来发展十分迅速。

沟通过程是信号编码、解码的过程，包括言语信号和非言语信号，非言语信号如行为（手势）、物体等，构成沟通中非语言交际行为，一些同样的肢体语言和物体，在不同文化中有着不同的含义。沟通是把数据、信息、想法和念头从一个人传递到另一个人的过程。沟通过程中，主动去沟通的一方称为"发送方"，接受沟通的一方称为"接受方"。信息通过所谓的"媒介"传递给接受方，这种"媒介"可以是比如面对面的会晤，抑或是通过电话、电子邮件，甚至可以是电视电话会议。接受方接收信息，将其翻译并理解。反馈过程与上述过程相似，只是此时接受方的角色变成了发送方而已。沟通的有效性是指接受方对发送方所传递信息的理解程度。在沟通过程中，一般把影响有效沟通的因素叫"噪声"，包括真正的有声噪声。但是，妨碍正常有效沟通的真正"噪声"，往往是无声的，比如各种偏见、态度、知识、沟通习惯等。在跨文化沟通中，这些"噪声"的影响尤其严重。

跨文化沟通（Cross-cultural Communication）是指两个具有不同文化背景的人或群体之间表达思想、传递信息、交流感情、形成互动的行为过程。跨文化沟通的实质，是不同文化双方对彼此的尊重和理解。

在存在文化差异的前提下，跨文化沟通的目的在于避免或减少跨文化风险，求同存异，树立发展双方的文化包容观，将由于文化上的差异带来的冲突降到最低程度，并产生文化协同效应，进而在组织中营造出相互尊重、和谐友好的氛围，建立多层次、制度化、正式及非正式沟通形式，实现组织内无缝沟通。

跨文化沟通的有效策略如下：

（一）实地文化适应

从国际化经营企业的发展历程来看，大多数跨国公司尤其是欧美等国的公司在国际市场成功经营的经验告诉我们，利用跨文化人才管理海外企业，实施企业经营当地化，是国际企业跨文化管理的必然选择，也是国际企业进入海外市场的策略之一。IBM中国有限公司人力资源部经理徐振芳说："人才本地化是公司目前的政策和方向，并不是虚伪的假话而已。"1992年IBM中国公司成立时不到200人，现在已增加到1 500人，发展速度相当快。处在异域文化中的国际企业，经营当地化是最能适应异域文化、最能避免激烈文化冲突的跨文化管理模式。因为经营当地化能避免与东道国间贸易和投资摩擦，增加东道国的就业机会，繁荣东道国的经济，在通过生产要素当地供给降低公司风险的同时，能够使公司更加亲近当地文化，融入当地社会，也容易被当地人所接受。

（二）跨文化培训

研究发现，若想有效地进行跨文化沟通首先应进行文化维度分析，识别不同文化的差异。跨国经营企业应对本国、本民族、本企业的文化特征及精髓与其他文化特征进行比较研究，并通过文化识别对东道国的文化，如价值观、民族宗教信仰、社会制度、行为方式、经营理念等进行深入和细致的调查了解。针对文化差异，尤其是矛盾性的差异开展敏感性训练，培养跨文化认同就是一种站在其他文化的立场上，去体会和感受其他文化的价值观、思维方式、行为规范的非语言文化沟通策略。文化敏感性训练主要是训练企业员工对当地文化特征的分析能力，促进不同文化之间的沟通和理解；或让企业员工与来自不同文化背景的人相处，通过交流获取应对其他文化的技能。跨文化培训是构建跨文化沟通平台不可或缺的一步，培训内容包括：文化认识、语言学习、处理跨文化冲突的技巧、区环境模拟等。跨文化培训的地点可选择企业内部，也可通过外部培训机构如大学、咨询公司等。

（三）建立开放的双向沟通渠道

建立公平的工作环境，信息要求透明公开，已成为跨国经营管理中有效沟通的重要前提。跨国企业的管理模式在多种文化共存的前提下，不能简单地模仿和沿袭原有单文化的管理模式，而应建立一种有利于不同管理文化双向沟通的跨文化管理模式。不同文化背景的员工应有相同的权利和机会参与企业管理，同时为不同文化背景的员工建立正式和非正式的交流平台，有益于构建良好的工作氛围、相互沟通学习，尽力消除文化差异造成的沟通不畅和误解。消除文化差异的影响，树立包容多元文化的观念，培育全球经营的观念，实现不同文化成员的真正融合。同时，在沟通方式上应尽量减少沟通层级，通过越级沟通（Leapfrog Communication）来降低信息失真度，减少跨文化沟通成本。建立组织内的非正式沟通（Informal Communication）有助于跨文化冲突的缓解，建立以加强成员关系为目的的跨文化沟通。

总之，进行跨文化沟通，是促进相互理解与合作，使企业成功跨国运营的战略选择。一个跨国经营企业，必须尊重文化差异，回避文化冲突，融入当地文化，才能建立合适的跨文化管理模式，巩固和强化自己的竞争优势，确保企业战略目标的最终实现。

导入案例

华立的跨文化管理

一、并购引发的碰撞

2001年9月，华立集团（以下简称华立）成功收购了飞利浦CDMA业务部门，此举在国内外引起了强烈的反响，华立也由一家名不见经传的企业一跃成为媒体追踪的焦点，鲜为人知的是，华立的收购过程险些在企业文化这个环节上终结。当华立收购的消息传出之后，飞利浦CDMA温哥华分部出现了很大的骚乱，由于对中国企业的实力和管理能力认识不足，加上文化传统的差异，很多人开始做跳槽的打算，可是对于华立来说，如果不能留住掌握了尖端技术的人才，就算收购成功，得到的也只是一个毫无意义的空壳。

如何力挽狂澜、稳住军心，成为华立董事长汪力成不得不立即着手解决的头等难题。于是在同飞利浦签订意向书的时候，汪力成给温哥华分部的每位员工用E-mail发了一封热情洋溢的欢迎信。与此同时，汪力成根据自己多年的管理经验和美国顾问的建议，制定了一套稳定员工情绪的方案，并指示华立在美的全权代表李先生当面向员工宣布和解释。由于时间紧迫，李先生的签证没有办好，无法飞赴温哥华。情急之下，李先生陪同汪力成飞到美加边界上一个叫柏林根的小城，并通知温哥华员工开车到这里会面。于是2001年7月27日早上，柏林根街上出现了一列庞大的车队——这是温哥华分部的全体员工赶来参加与新东家的首次会面，这种特殊的会面方式让每个人都十分感动。汪力成在会上告诉大家，新公司的总部将设在美国硅谷，完全按照硅谷高科技公司的模式运作；待遇保持和原飞利浦一致，且新公司还将拿出20%的股份作为员工的期权奖励。这次会面取得了意想不到的效果，不但现有员工全部留了下来，就连已经离开的几位员工也重新回到了工作岗位。

二、磨合期的困惑

收购成功并不表示万事大吉，真正的问题还在后头。一晃数月后，在一次媒体见面会上，汪力成颇有感触地对记者说起了一件事情：他很关心新收购的CDMA部门的情况，但此部门的总部位于美国加州圣何塞，他无法亲眼看到此部门的工作状况和进展，于是他给一位负责此部门的外籍经理每天发一封E-mail询问工作进展。一个星期之后，汪力成却收到了这位外籍经理的辞职信！信中说他觉得自己受到了怀疑，并表示不愿再为华立服务了，汪力成感到极其震惊和不解：在他的观念里，或者说在一般中国人的观念里，董事长这样关注一个部门是因为重视，作为部门经理应该感到自豪才对呀，为什么这个外国人还要辞职？

这件看似很小的事情，反映出中方与西方在企业文化方面的差异。尤其在中国加入WTO之后，很多中国企业冲出了国门，国内企业的跨国并购行为也在不断增长，越来越多的企业里出现了外籍员工甚至空降的外籍职业经理人，截然不同的文化背景，必然导致一场对原有企业文化的冲击。

汪力成遇到的问题就是一个很好的例子。因为在IT行业里所谓的收购其实就是收购人才，如果人才选择离开，那么收购也就丧失了核心价值。而部门经理则是这个人才团队的核心。俗语说"树倒猢狲散"。他一旦离开，只怕华立为那场轰轰烈烈的跨国收购所花费的精力和金钱也要付之东流了。于是汪力成赶紧通过电话、E-mail与其沟通，数次之后，终于明白了外籍经理辞职的原因：这位外籍经理认为每天一封E-mail是对他工作的干涉和对他能力的不信任，而他的一贯作风是事情有了进展才会主动向上级报告。弄清楚缘由后汪力成发现事情并没有想象中那样复杂可怕，再经过几次沟通，双方找到了问题的解决办法：汪力成尊重对方的作风，不再每天给外籍经理写E-mail，外籍经理发现自己误解了上司的意图，于是收回了辞职信并定期向汪力成报告。这个皆大欢喜的结局让汪力成心上的石头终于落了地。

三、建立平等宽容的用人观念

管理是一种社会功能，它根植于文化、社会、传统、风俗、信念及种种制度中，所以，管理的本质是一种文化。由于文化背景的差异，决定了中西方完全不同的管理观：中方的民本观与西方的物本观。在这两种迥然不同的理念支配下，中西方企业文化各自发展延续。但在越来越开放的当今世界中，中西方企业文化已经出现了相互借鉴的态势，倡导"以人为本"是现代中西方优秀企业文化中的一个核心内容，只是具体到每一家企业，其做法又各不相同，每一家企业的文化都是通过点滴的积累逐步培养起来的，不同的企业文化相互融合比人们想象的要困难得多。就好比说，牛仔裤和燕尾服都很潇洒，但是穿在同一个人身上会怎样呢？

四、在沟通中融合企业文化

一年多以来，汪力成都在积极促进中西方文化的整合，以增强华立国际化团队的竞争力。通过实际操作，汪力成总结的经验是：建立一个平等的平台，尊重外籍员工的工作方式和作风，多多沟通、善于沟通，坚持推行"信誉+融洽"，使两种文化尽快融合。以前美国员工不管是谁，出差坐飞机都是公务舱，价格和经济舱相差一半，而华立一进来就要求改坐经济舱，理所当然地引起强烈不满。最后汪力成以现身说法告诉他们："我自己每次乘飞机也是经济舱"，洋雇员们顿时面面相觑，再没有人为坐经济舱而不快了。

汪力成还利用华立的自身条件，让外籍员工与本土员工互换环境。华立在杭州也有个研发中心，汪力成便把加拿大的员工、美国的员工和杭州的员工互换，让他们在每个地方都待上几个月，让他们身上的本土文化和异域文化进行交融，并且把西方人强调的"个人价值"和中国人强调的"团队和谐"有机融合，确保企业决策者放心、经营者安心。

2002年12月，华立仪表分公司聘请的以色列籍副总裁 Avi Lugassi 走马上任了，他成为国内电能表产业的第一位外籍职业经理人，也是华立在国内聘请的第五位外籍职业经理人。2003年1月，在一年一度的华立论坛上出现了外籍员工的身影，由此看来，华立已经尝到聘用洋打工的甜头了！

［选编自李修．从碰撞到融合：洋打工对企业文化的冲击．新浪潮，2003（4）］

❓ 本章小结

1. 不同的民族、政治经济文化环境、宗教信仰、不同的语言等都可能会产生跨文化沟通障碍。

2. 所谓跨文化整合，就是在两个文化背景完全不同的企业之间进行文化整合。除了企业的个性特色，跨文化整合往往要触动不同文化在地区层面、民族层面和国别层面上的内容，这些往往是企业核心价值观的根基，因此跨文化整合要面对价值观的巨大差异是不可避免的。

3. 跨文化整合的内容包括价值观的整合、制度文化的整合、行为文化的整合和物质文化的整合四个方面。

❓ 复习思考题

1. 试举例说明什么是跨文化问题。
2. 跨文化冲突的原因主要有哪些？
3. 中外文化的差异主要有哪些？
4. 跨文化整合的模式有哪些？

实践训练项目　不同国家的文化特征及企业管理模式

实训目的：

通过实训，熟悉不同国家的文化特征及企业管理模式，提高学生对国家文化与企业文化管理的理解。

实训地点：教室或相关实验室

实训组织：

1. 在教师指导下，学生分为若干模拟公司，每组 7～10 人，设组长 1 人，并扮演企业不同角色。

2. 小组组长带领成员通过网络、图书馆或现场调研搜集、整理和分析不同国家的文化特征及企业管理模式相关资料。

3. 各组将研究成果制作成幻灯片，并由扮演相应角色的成员进行汇报。

4. 小组自评，小组互评，教师讲评。

实训内容：

在教师指导下，学生以组为单位自主选择国家，对该国家的文化特征及管理模式进行搜集、整理分析，形成 PPT，并提交书面报告。

评价标准：

根据学生在企业文化资料整理内容、团队协作能力、PPT 制作水平与汇报人综合素质等方面进行优良中差层次评判。

案例研讨 ## 联想集团的跨文化管理

1984 年 11 月，11 个科技人员响应中科院科技体制改革的号召，靠中科院计算所 20 万元投资起家，创办了联想集团的前身——计算所新技术发展公司。1994 年联想在香港上市，从 1996 年以来联想连续位居国内 PC 市场销量第一位。如今，联想集团总部位于纽约的 Purchase，同时在中国北京和美国北卡罗来纳州的罗利设立两个主要运营中心，联想集团与神州数码、联想投资、弘毅投资、融科智地共同组成联想控股。2008 年度全球财富 500 强，联想排名第 499 位。

一、联想集团的成长与发展

联想集团的成长与发展经历了五个阶段，各个阶段体现出了不同的文化。

1. 联想的初创阶段（1984—1987 年）

这个阶段起始于 1984 年，主要是利用技术服务积累资金，通过拳头产品打开市场。在这一阶段形成的是"生存文化"，也是"创业文化"，它的主基调是严谨、高效、务实、集体主义和目标导向。

这一期间的企业文化的特征主要是敬业和危机感，创业者们通过研究员站柜台和制定联想天条等方式，探索企业管理。其间，联想提出过"不看过程看结果，看功劳不看苦劳"的效益观，"质量是生命，用户是上帝"的市场观及"信誉比金子还贵"的道德观。

2. 联想的起步阶段（1988—1993 年）

1988 年 4 月 16 日，联想在人民大会堂召开"开创外向型高科技产业誓师大会"，吹响了联想向海外进军的号角，并于当年成立了联想香港电脑有限公司。这一阶段以国际化带动产业化，形成技—工—贸的产业体系，并开始实施其以集权为主的大船结构管理模式，并在 1990 年通过了《联想集团管理大纲》，开始实行规范化管理，倡导以求实进取精神为核心的大船文化。1992—1993 年，联想开始尝试和实行事业部体制，逐渐形成集权和分权相结合的舰队模式。

3. 联想的助跑阶段（1994—1996 年）

这个阶段始于 1994 年 3 月 19 日，联想集团成立微机事业部，年仅 29 岁的杨元庆担任微机事业部总经理。同年，联想提出扛起民族微机工业大旗的口号，开始奋起反击国际竞争对手。同时，提出走贸—工—技的产业发展道路。1996 年，联想总结出管理三要素（建班子、定战略、带队伍）的管理理念。

联想在做业务、做事的时候，特别注意"带队伍"——事业要作出来，人也要培养出来。这逐渐形成了一种文化，被称为"发动机文化"。柳传志是这么形容的：我作为联想的第一把手，是一个大的发动机，我希望把我的副手们（各个子公司和主要部门的负责人）都培养成同步的小发动机，而不是齿轮——齿轮是没有动力的，无论我的发动机再强大，齿轮本身再润滑，合在一起的系统所能提供的总能量也是有限的；如果他们是同步运行的小发动机的话，我们联动的力量将非常强大。在"发动机文化"中，联想强调"三心"——责任心、上进心、事业心。

4. 联想的起跳阶段（1997—2000 年）

1997 年 11 月，香港和北京联想进行资产重组和业务整合，自此，联想开始进入起跳阶段。这一时期，联想以规模效应占领市场，以市场推广树立品牌。同年 8 月，联想电脑公司提出建设"认真、严格、主动、高效"的严格文化。严格文化作为一种管理风格在此时出现，有利于整体管理水平的提升。

当联想发展得越来越大，部门也越来越多的时候，联想发现单纯强调严格文化不利于公司内部的协作，于是这一时期联想讲得更多的是团队意识，告诉大家小公司做事、大公司做人的道理。1999 年，联想集团提出把个人追求融入企业长远发展之中，并积极开展"称谓无总"活动。2000 年 5 月联想又提出建设"平等、信任、欣赏、亲情"的亲情文化。

5. 联想的转型阶段（2001 年至今）

这是联想目前所处的阶段，这个阶段起始于 2001 年 4 月 20 日联想的誓师大会，杨元庆等联想新一代领导团队从柳总等老一代创业者手中接过联想未来的旗帜。这标志着联想向高科技和服务转变，积极备战多元化和国际化。

2001 年，联想提出"服务顾客、精准求实、诚信共享、创业创新"的核心价值观，也就是"服务文化"。2003 年联想宣布使用新标志"lenovo"，为进军海外市场做准备；2004 年联想成为国际奥委会全球合作伙伴；同年联想收购了 IBM 全球个人计算机业务，新联想成为全球个人计算机行业的第三大供应商，联想和 IBM 的企业文化正在融合形成"新联想文化"。

二、新世纪初联想的核心理念

联想的使命、远景和核心价值观构成了联想文化的核心内容。

1. 联想的使命

企业的使命告诉人们："企业为什么存在"，企业存在的理由或价值是什么？员工在这里工作的意义又是什么？使命宣言是非常有力的工具，能把所有员工聚集到一起，并激发他们向使命前进。从成立之初联想就有着非常明确的使命感，是一个使命驱动型的公司，并且随着联想的发展，联想的使命得到了逐渐提升。

联想的使命可以概括为"四为"：为客户、为社会、为股东、为员工。

为客户——提供信息技术、工具和服务，使人们的生活和工作更加简便、高效、丰富多彩。概括来说就是，让科技走进大众，走进我们每一个人的生活和工作。

为社会——服务社会文明进步。联想将一如既往地严格遵守中国的和其他已开展业务的国家和地区的法律，做当地的好公民，为社会贡献越来越多的税收，积极参与科技、教育、环保、赈灾、体育等各种公益事业，提供先进科技产品，为社会的进步作出自己的贡献。

为股东——回报股东长远利益。联想将要成为百年老店，为股东创造长远的价值，不为一时短期利益而损害长期发展。

为员工——创造发展空间，提升员工价值，提高工作生活质量。联想的未来就是大家共同的未来，联想的宗旨是与员工共同发展。

2. 联想的远景

远景告诉人们"企业是什么"，告诉人们企业将做成什么样子，是对企业未来发展的一种期望和描述。只有清晰地描述企业的远景，员工、社会、投资者和合作伙伴才能对企业有更为清晰的认识。一个美好的远景能够激发人们发自内心的感召力量，激发人们强大的凝聚力和向心力。

未来的联想应该是高科技的联想、服务的联想、国际化的联想。

"高科技的联想"

● 在研究开发的投入上逐年增加；

● 研发人员在公司人员的比重逐渐提高；

● 产品中自己创新技术的含量不断提升；

● 研发领域不断加宽、加深，尤其是要逐渐从产品技术、应用技术向核心技术领域渗透；

● 技术将不仅仅为公司产品增值，使其更有特色，同时也将成为公司利润的直接来源，使公司成为全球领先的高科技公司之一。

"服务的联想"

● 服务是DNA——服务成为融入联想每名员工血液的DNA，服务客户的文化根深蒂固；

● 服务是竞争力——服务要成为产品业务的核心竞争力，成为带动营业额、利润增长的重要因素；

● 服务是新业务——服务业务包括服务外包、运营服务、系统集成、管理咨询等，服务业务将成为联想业务（尤其利润）支柱之一。

"国际化的联想"

● 10年以后，公司20%以上的收入来自国际市场；公司具有国际化发展的视野和与之相对应的人才、文化等；

● 公司的管理水准达到国际一流。

3. 联想的核心价值观

联想的核心价值观告诉员工"我们应该怎么做"或者"什么对我们是最重要的"。联想的核心价值观经历了长期的积累和演变，现在已经得到进一步明确和丰富。联想集团经过系统整理和反复论证，现在确立了四条联想核心价值观。

联想的核心价值观：服务客户、精准求实、诚信共享、创业创新。

服务客户：服务客户是联想的首要价值观，因为联想最重要的使命是为客户创造价值，联想将要成为一个服务型公司。联想和联想人的价值在于拥有客户，为客户提供全方位的服务，让客户获得超出期望的满意。联想人把技术、产品和方案作为服务客户的手段，在全体员工中树立一种"客户至上"的意识。"我们的存在取决于我们能否找到自己的客户，我们的价值取决于我们能否满足客户的需求"。

为了服务客户，联想人注重客户体验，走近客户，倾听客户的声音，认清客户的真正需求。联想人提出"客户的问题是我们工作最重要的出发点"，"谁贴近客户，谁就是指挥棒"。联想人以客户的需求为设立目标的依据，完全从客户的角度来提升能力和素质，提升服务质量。

精准求实：联想能够取得今天的成就，从管理和做事的方法来看，主要得益于联想人能够"以事实为依据，用数据来说话""乐于发现问题，勇于面对现实"。

企业经营管理既是艺术的，更是科学的。联想人以科学的态度对待每一项工作，"注重目标可衡量性和计划的可操作性"；联想人以求实的精神对待每一件事，"尊重规范和标准，纪律严明"，养成"认真、严格、主动、高效"的做事风格。

国际上的企业竞争，本质是文化的竞争。与国际企业相比，中国企业最短的那块板就是缺乏基于细分和量化的"精准"文化。联想人为了与国际公司进行竞争，精益求精，努力探求做事规律；不断总结做事方法，努力夯实自己的管理基础。

诚信共享：在客户心目中，在合作伙伴的眼里，联想集团是一个以诚信著称的公司。"诚实做人，注重信誉；坦诚相待，开诚布公"是联想人最基本的道德准则；"取信于用户，取信于员工，取信于合作伙伴"是联想人的待人之道。

作为一家"以人为本"的公司，联想集团在企业设计和目标设立时充分考虑到了所有员工的发展和员工的主人地位，努力做到"把员工的个人追求融入到企业的长远发展之中"。今天，联想正在进一步塑造"平等、信任、欣赏、亲情"的亲情文化，有效地降低企业管理中的尊重成本和信任成本，激发了联想人的工作激情和工作效率。

诚信为企业经营之本，共享为企业经营之魂。通过公司内外的利益相关者之间"分享远景，相互协作，共享资源，共同发展"，把"以人为本"的企业经营理念在联想变为鲜活的现实。

创业创新：曾经，老一代联想创业者创造了"把5%的希望变成100%的现实"的拼搏精神，也把"每一年，每一天，我们都在进步"的进取信念融入了新一代联想人的血液之中。今天，创业精神已经在新一代联想人身上得到了继承和发扬。虽然公司做大了，联想人意识到"创业永无止境"，还要"开源节流，创新奋斗"，还要保持危机意识，放下以前的成就，要充满激情和拼劲，永不满足，勇于拼搏，不断超越自我。联想把员工看作联想主人，不希望员工成为"螺丝钉"，希望以主人的心态对待自己的工作，像"发动机"一样主动工作，并坚持学习与开拓，灵活应对各种挑战和变化。过去，联想人常把联想看成一个"没有天花板的舞台"，今天联想人则把联想当作了一个"创业者的乐园"。

三、联想集团并购 IBM 公司的 PC 业务

1. 并购背景

2004 年 12 月 8 日，联想集团有限公司和 IBM 签署了一项重要协议。根据此项协议，联想集团将收购 IBM 个人电脑事业部（PCD），所收购的资产包括 IBM 所有笔记本、台式计算机业务及相关业务，包括客户、分销、经销和直销渠道；"Think"品牌及相关专利、IBM 深圳合资公司（不包括其 X 系列生产线），以及位于大和（日本）和罗利（美国北卡罗来纳州）研发中心。交易总额为 12.5 亿美元。联想将向 IBM 支付 6.5 亿美元现金，以及价值 6 亿美元的联想集团普通股，锁定期为三年。IBM 将持有联想集团约 19% 的股份，联想集团和 IBM 将在全球 PC 销售、服务和客户融资领域结成长期战略联盟。新联想集团将拥有约 19000 名员工（约 9500 人来自 IBM，约 10000 人来自联想集团），成为一家拥有强大品牌、丰富产品组合和领先研发能力的国际化大型企业。

2. 新联想面临的文化整合问题

对于这次收购，联想高层认为最大的风险在于运营风险，主要有三点："一是 IBM 以前客户的流失；二是 IBM PC 部门员工的流失；三是企业文化的磨合。"

在本书中主要分析新联想在文化整合方面的相关问题。

（1）联想与 IBM 的文化差异大。

虽然并购双方都认为两家公司的企业文化内核存在某些共性，比如创新、客户至上、讲究诚信等，但双方毕竟是两个背景完全不同的企业，联想是东方文化的代表，IBM 是西方文化的代表，在具体的执行和操作层面上，在具体的流程设置和组织结构上，以及在具体考核方法上，两家公司存在着很大的差异。联想雷厉风行的执行力与 IBM 制度化、标准化的行事风格客观上存在差异，是沿用其中一种风格还是融合创立新的风格，是必须要考虑的。

（2）IBM 员工对联想企业文化认同度低。

目前，中国发生的跨国并购，比如 TCL 对汤姆逊彩电业务的并购、对阿尔卡特手机业务的并购，联想对 IBM PC 业务的并购，基本上都属于弱势企业（中方）对强势企业（外方）的并购。无论 TCL 还是联想，在全球的影响力与它们并购的企业相比，都要弱得多。强势文化对弱势文化具有侵略性，让 IBM 的人接受联想的文化就比较困难。

3. 新联想的文化整合措施

从并购开始到目前为止，新联想整合工作一直进展比较顺利，在文化整合方面也采取了一些比较有效的措施，推动了整合的进程。

（1）并购前探索阶段进行尽职调查。

从 2003 年 12 月起，联想开始着手对该项并购进行调查，聘请麦肯锡为顾问全面评估并购的可行性，其中包括了调查并购双方的文化差异和潜在风险，为并购后文化整合策略的制定和实施打下了良好基础。

（2）文化整合初期组建了过渡时期领导团队和文化融合团队。

在文化整合开始，新联想首先从企业理念文化方面入手寻求突破。公司组成了过渡时期领导团队，通过不断沟通与互相了解，学习对方的优势，理解不同国家民族的文化特点。虽然两种文化之间也时常会发生碰撞，但是员工之间达成了共同而强烈的愿景，那就是顺利实现新公司的整合，把新联想做成业界的领袖。在整合过程中，杨元庆与公司 CEO

Steve 先生共同提出，要遵循三个原则，即"坦诚、尊重、妥协"。

2005 年 1 月，由来自原联想和原 IBM 两家公司不同部门的专家组成了一支专门的文化融合团队，负责收集、整理和分析来自公司各部门员工的意见，对现有的公司文化、员工渴望的公司文化及两者之间的差距进行评估分析，并在此基础上对新联想的文化进行新的诠释。在请员工选择他们认为新公司最重要的十项文化观念中，原联想和原 IBM 的员工选择的结果，有五项是相同的，他们分别是：客户至上、诚信、创新、更有竞争力、生活与工作的平衡。最终，确定新联想的核心价值观为：成就客户、创业创新、精准求实、诚信正直。

(3) 碰撞阶段积极开展跨文化培训，建立有效沟通机制。

新联想对中外员工实行跨文化培训，并将英语定为全球统一的工作语言，开展中方员工"英语学习运动"，鼓励两企业员工进行文化交流。在宣布并购后 6 天，新联想聘请在 IBM 内部德高望重的原 IBM 高管 Steve 担任新联想的 CEO，Steve 为稳定人心、消除疑虑，亲自到 IBM 各个部门与员工进行沟通，探讨并购后的薪酬体系和未来公司的发展方向。在整合期间，HR 部门定期进行员工心态调查，掌握员工心态变化；让员工和高层直接面对面沟通，如圆桌会、午餐会议等；建立了专门的员工意见反馈通道和网上信息沟通平台。

(4) 融合阶段制定了稳定的人力资源和薪酬政策。

为了加速融合，新联想还启动了一个人才交流计划"Knowledge Exchange"，分布在全球的员工被互派到对方工作。在人事政策方面，维持"一企两薪制"，原 IBM 员工的薪酬在 3 年内（至 2008 年）不变，留住企业关键人才。同时新联想还在全球招聘高级人才作为高管助理，他们具备的国际经验和视野对于变革管理和文化融合将起到极大的促进作用。

(5) 选择了合适的文化整合模式。

文化整合包含三个层面：一是行业文化整合；二是企业个性整合；三是民族文化整合。在行业文化整合方面，由于是同一行业的兼并，联想与 IBM 的文化整合基本上没有什么阻力；在个性文化方面，联想可能偏向于严格和服从，而 IBM 则偏向于宽松和自由，但本质上这两种文化个性也并非水火不容，例如 IBM 的宽松和自由，更多表现在对员工个性的尊重，而不是制度不严明，因此与联想的严格没有本质上的冲突；在民族文化的整合上，尽管联想集团是兼并方，但并没有将自己的"中国模式"强力推行给 IBM 员工。在选择文化整合模式上，"相互坦诚、相互尊重、相互妥协"成为联想整合的指导方针，双方的高层对未来的新公司定位为："它既不是一家美国公司，也不是一家中国公司，而是一家国际化的公司，新公司文化应该是继承双方优点的具有全球化特色的新联想文化。"事实上，由于 IBM 文化的强势，联想采取的渐进模式，在引进和融合的基础上进行企业文化的创新。在引进阶段，联想更多地作出了适应 IBM 的举措，而不是简单地用一种作为主导。这样，原 IBM 员工逐渐从一种惊恐、失落的心态中平复下来，通过联想的沟通工作，并没有出现大规模的离职现象。采用引进模式后，新联想将进一步加强文化融合工作，进而建立和形成继承双方优点的具有全球化特色的新联想文化。由此可见，新联想采取的整合模式初见成效，成功帮助新联想渡过了并购初期的动荡与不安。

四、新联想企业文化的国际化

2007 年 8 月，联想发布了全球新文化，包括三大方面的内容：

一是核心价值观：成就客户、创业创新、诚信正直、多元共赢。

二是我们的行为：追求绩效、赢的态度、拥抱变革、坦诚沟通。

　　三是要达到的成就：优秀可靠的产品；国际及业内领先的地位；不断成长的业务、不断增长的市场份额；"赢"的全球团队与文化。

　　2009 年柳传志重新担任董事长之后，他针对联想的文化提出了新的要求，经过项目组的努力，最终确定联想之道。

　　我们的基础：战略+核心价值观。

　　我们的原则：说到做到（想清楚再承诺、承诺就要兑现）、尽心尽力（公司利益至上、每一年每一天我们都在进步）。

　　我们的结果：卓越地执行（速度纪律效率）；成就目标（持续增长—超越界限基业常青个人的成功）。

讨论题：

1. 请梳理联想文化的演变。
2. 并购 IBM 公司 PC 业务时老联想文化和 IBM 文化的异同点主要有哪些？
3. 联想并购 IBM 公司 PC 业务后文化融合的具体措施和启示主要有哪些？

第十章　企业文化调研

学习目标

- 掌握企业文化调研的内容和方法。
- 熟悉企业文化调研的原则。
- 了解企业文化测评的分析方法。

导入案例

可口可乐：跌入调研陷阱，百事以口味取胜

20世纪70年代中期以前，可口可乐一直是美国饮料市场的霸主，市场占有率一度达到80%。然而，70年代中后期，它的老对手百事可乐迅速崛起，1975年，可口可乐的市场份额仅比百事可乐多7%；9年后，这个差距更缩小到3%，微乎其微。

对手的步步紧逼让可口可乐感到了极大的威胁，它试图尽快摆脱这种尴尬的境地。1982年，为找出可口可乐衰退的真正原因，可口可乐决定在全国10个主要城市进行一次深入的消费者调查。

可口可乐设计了"你认为可口可乐的口味如何？""你想试一试新饮料吗？""可口可乐的口味变得更柔和一些，您是否满意？"等问题，希望了解消费者对可口可乐口味的评价并征询对新可乐口味的意见。调查结果显示，大多数消费者愿意尝试新口味可乐。

可口可乐的决策层以此为依据，决定结束可口可乐传统配方的历史使命，同时开发新口味可乐。没过多久，比老可乐口感更柔和、口味更甜的新可口可乐样品便出现在世人面前。

为确保万无一失，在新可口可乐正式推向市场之前，可口可乐公司又花费数百万美元在13个城市中进行了口味测试，邀请了近20万人品尝无标签的新/老可口可乐。结果让决策者们更加放心，六成的消费者回答说新可口可乐味道比老可口可乐要好，认为新可口可乐味道胜过百事可乐的也超过半数。至此，推出新可乐似乎是顺理成章的事了。但让可口可乐的决策者们始料未及的是，噩梦正向他们逼近——很快，越来越多的老可口可乐的忠实消费者开始抵制新可乐。

对于这些消费者来说，传统配方的可口可乐意味着一种传统的美国精神，放弃传统配方就等于背叛美国精神，"只有老可口可乐才是真正的可乐"。有的顾客甚至扬言将再也不买可口可乐。每天，可口可乐公司都会收到来自愤怒的消费者的成袋信件和上千个批评电话。尽管可口可乐竭尽全力平息消费者的不满，但他们的愤怒情绪犹如火山爆发般难以控制。迫于巨大的压力，决策者们不得不作出让步，在保留新可乐生产线的同时，再次启用有近100年历史的传统配方，生产让美国人视为骄傲的"老可口可乐"。

可口可乐公司推广新可乐，一味地重视它的口味，而忽视了国家文化精神，从而失去了消费者的强大支持，以失败告终。

故事启示：企业调研过程中不能只关注消费者的需求，还要重视文化调研。

要有效地进行企业文化建设，就需要深入了解企业的文化现状、管理层与员工的文化期望和企业未来的发展趋势，因此需要全面开展企业文化的调研工作。

第一节　企业文化调研的目的和主要内容

为有效开展企业文化调研工作，企业必须认清调研工作的目的，掌握好调研工作的基本原则，科学组成调研工作组，界定好调研对象，把握住调研工作的重点内容。

一、调研工作的目的

一般来说，进行企业文化调研的目的就是了解公司的企业文化现状和未来发展趋势，为以后对既有文化的梳理与新文化要素的提出提供依据。

二、调研工作的基本原则

1. 目标性原则

在进行企业文化调研时，一定要把握好目标性原则。弄清调研工作的总体目标、各个层面的分目标、对一线员工调研的目标、问卷调研的目标、深度访谈的目标，等等。只有牢牢把握住目标，才有利于得出真实结果。同时，目标性与应用性是紧密联系的，调研的出发点是为了更好地诊断问题，更为重要的是，今后要将调研中暴露出来的问题用于对公司文化建设情况的分析之中，以便找出有针对性的解决方案。

2. 全员参与性原则

企业文化是广大员工普遍认同的文化，因此，企业文化的调研工作也一定要注意到这一特点。当然，全员性并不苛求对全员进行调研，而是要注意调研对象的代表性、典型性和全面性。这样，才能更为有效地把握企业文化建设的基本方向。

3. 系统性原则

相对而言，任何一家企业都是一个相对独立的系统，因此，进行企业文化调研工作时，一定要注意到这一特点，要注意企业中一种文化现象与另一种文化现象的区别及联系，注意企业整体文化现象的系统性，注意企业优秀文化和病态文化的共生性和同步性，以系统的方法进行调研、归纳、分析，以便得出更为科学并符合实际的结论。

4. 动态性原则

企业文化的调研活动是动态的，因为文化的导入、传播、内生化和提升是一个不断循环的过程。在这一过程中，企业战略环境的变化、战略方案的实施、业务的调整、人员的变动等都将影响企业文化的建设。因此，企业文化的调研工作并不是一蹴而就的，而是一个持续性、程序化和制度化的过程。任何一个企业，如果要保持企业文化的历久弥新，就必须掌握这一点。

三、调研工作组的组成

由于企业文化调研是一项专业性较强的工作，因此调研工作组通常可由企业文化部的人员和管理顾问共同组成，以管理顾问为主，这样有利于体现调研工作的客观性和规范性。

管理顾问作为独立的社会中介机构人员，其职业要求他保持公正的态度，用第三者的眼光进行观察，因此常常可以在企业人员习以为常的现象中发现许多潜在问题。相对而言，由管理顾问得出的结论比较客观。另外，管理顾问具有调研的知识、技巧和经验，能够运用规范科学的调研分析方法。

四、调研工作的对象

调研通常涉及公司股东、各个层面的公司领导、管理人员和普通员工，具体调研对象和样本及人数可由管理顾问和公司企业文化部门共同商定。

五、调研工作的主要内容

1. 企业的经营领域和发展战略

由于企业的经营领域不同，带来企业的经营特点、技术、市场风险及劳动特点和管理方法等方面的差别，这些差别往往决定着企业文化的行业特点，即决定着企业的经营个性。因此，明确企业的经营领域及由此引发的企业经营管理上的差别，就能够使企业文化建设具有针对性和可行性。明确企业未来的发展战略，就能够使企业文化建设具有前瞻性，并为既有文化的梳理和提出新文化要素提供参照系。

2. 企业高层领导的个人修养和风范

企业高层领导，尤其是企业的创业者和最高决策者，他们是企业文化的倡导者、培育者，也是身体力行者，他们个人的品德、知识修养、思想作风、工作作风、生活作风对企业文化有直接的重大影响。因此，建设企业文化必须体现企业领导者的高尚思想境界和道德风范，尤其是要体现领导者的企业家精神。

3. 企业员工的素质及需求特点

员工是企业文化的创造者，也是载体，员工素质的高低直接影响着企业文化的建立和发展。例如，员工所受传统文化影响的状况、社会经历状况就直接影响他们对改革的态度。员工的需求特点将影响他们的心理期望、满意度及行为方式。只有正确把握员工的素质状况及需求特点，才能使企业文化的设计与其相适应，才能使员工对企业文化产生自觉认同。

4. 企业的优良传统及成功经验

企业的优良传统及成功经验是企业历史上形成的文化精华和闪光点，包括企业在长期的经营管理实践中形成的好做法、好传统、好风俗、好习惯及模范人物的先进事迹等。这些优良传统和成功经验往往体现出企业文化的特色，是建设未来企业文化的最好思想文化材料。企业文化中最闪光最有魅力的部分一般源于企业的优良传统。

5. 企业现有文化理念及其适应性

通过了解企业员工的基本价值取向、情感、期望和需要，如员工对企业的满意度、对自己工作的认识、工作动机、士气、人际关系倾向、变革意识和参与管理的愿望等，明确在企业中占主导地位的基本价值观和伦理道德观，以及这些基本价值观、伦理道德观所体现出来的经营思想、行为准则等是否与企业发展目标相适应，是否与外部环境相适应等。

企业对现有文化的适应程度，决定企业文化梳理时对现有文化的取舍。

6. 企业面临的主要矛盾

企业面临的主要矛盾往往是变革现有文化、建设新文化的突破口，如有些企业产品质量不高、竞争能力差；有些企业管理混乱、浪费惊人；有些企业士气低落、人心涣散等。企业从这些主要矛盾入手建设企业文化，能够引起员工的共鸣，促使企业文化建设与生产经营的结合，增强企业文化的实用价值。

7. 企业所处地区环境

企业所处地区不同、市场不同、人文氛围不同，直接影响企业的经营思想和经营方式，也影响员工的价值观念和追求。如地处沿海开放地域的企业就有较为典型的"海派文化"特征，而内地企业往往有明显的"内陆文化"特征。

第二节　企业文化调研的基本方法

为了清楚地了解企业文化现状，企业文化调研一般可采用多种办法，如文案调查法、观察法、专题研讨法、访谈法、问卷调查法等。

一、文案调查法

文案调查法指综合利用企业现有的大量文字材料所进行的调研活动。在全面搜集资料的情况下，找出与企业文化建设联系比较紧密的人物、制度、激励机制等方面的资料，对所需要的相关资料进行认真研究。进行文案调查时通常可查阅以下资料：

企业历史沿革资料，如企业志、企业史等；

企业当年及上年工作总结报告；

企业报刊及近年来的内部简报；

企业人力资源及组织架构资料；

企业高层领导近年的重要讲话和文章；

各种媒体近年对企业的宣传报道；

行业态势、主要竞争伙伴、重点客户资料；

以涉及员工行为为主的日常规章制度；

思想政治工作及精神文明建设相关文件；

曾经或现在使用的理念用语及广告文案；

企业现有的经营战略规划或设想；

资料查阅，是一项十分重要的基础工作，如查阅企业历史沿革，可了解企业发展历程和企业传统文化；查阅工作总结报告，可了解企业现实的基本经营状况和制度安排；查阅企业报刊，就是巡视企业文化园地，可了解企业近年的各种活动，理出文化思想的脉络；查阅领导的重要讲话，可了解企业家的价值取向；查阅企业的经营规划，可了解企业的愿景及目标等。

二、观察法

深入企业的生产环境、办公环境、生活环境实地观察，也是企业文化调研不可缺少的方法。通过这种方法对企业的文化要素进行直接观察，往往能给"第三者"留下深刻的印象。如对车间布局、生产秩序、产品包装、物料存放、设备设施、现场管理等方面的观察，可了解企业当前的经营状况、生产安全文明的状况及员工对企业的态度等；对员工服饰、厂区绿化、宿舍安排、食堂卫生等的观察，可了解企业员工的生活状况及精神风貌；从办公室的面积大小和陈设，可以判断企业的权力意识和等级观念；从厂区环境设施及"三废"处理，可以判断企业的环保意识及对社会公益的态度等。

三、专题研讨法

在调研中举办各种专题研讨会，也是十分必要的，如基层员工代表研讨会、中层管理人员研讨会、技术业务骨干研讨会、高层经营者研讨会等。

举行专题研讨会要注意两个问题，一是要设定好专题，二是要善于引导。

专题设置要有针对性。例如，对于高层经营者，可就企业的体制改革、战略发展和企业文化的主体定位进行研讨；对于中层管理人员，可就企业的制度安排、企业的优势和劣势、团队精神等专题进行研讨；对于业务技术骨干，可就企业的主导产品、营销文化等专题进行研讨；对于基层员工代表，可就员工行为准则、职业道德、对企业文化的期望等专题进行研讨。

作为会议的主持者要善于把握和引导，要防止下面几种情况的出现：转移主题，所研讨的内容不是企业文化建设所需要的；借此机会发牢骚，发泄对领导层的不满，以致影响企业稳定；有顾虑不说话，会议出现冷场。主持者要对所讨论的专题结合企业实际进行阐释，还要善于从发言中捕捉核心要素，抓住大家感兴趣的话题，引导大家集中议论。

四、访谈法

访谈法又称为面谈法，是企业文化调研过程中最为常用的方法之一。要对企业作出正确客观的诊断评估，就必须得到企业各层次人员的真实想法。要得到真实想法，就必须向那些当事人直接提问，包括企业的决策人员、中层骨干、基层员工。访谈法的优点是获取资料迅捷、明确，访问双方直接面对，可以产生互动效果，有利于问题的具体化和深度化。同时，由于进行适时沟通，避免了调查中的信息不对称问题。其不足是时间成本和工作成本较高，对参与主持访谈者的技术要求较高，员工的信息由于具体场景的变化有夸大或缩小的可能等。访谈法的形式不一，可以是标准化的，即按照事前设计的问题进行提问和回答，也可以是非标准化的，即主持人比较随意地问一些相关的问题，然后随着被访人的回答相机行事，但这一点对主持人的素质要求相对较高。

个人访谈必须注意以下两个问题。

1. 写好访谈提纲

在进行个人访谈之前，要事先做好准备。可能你有 30 分钟或 60 分钟的时间跟一个你过去从不认识、今后或许也不会再见的人谈话，因此要清楚对你提出的问题，希望得到什么回答。在开始个人访谈前，要针对不同阶层的人士，拟定出访谈提纲。访谈提纲所涉及的内容，可以包括企业的历史传统、现在的优势和劣势、面临的挑战与机遇、管理的难点与不足、个人欣赏的价值理念、企业的上下沟通与团队精神、个人期望的企业文化特征和目标、企业发展的方向与前途等。受访者可就访谈内容中的一个或多个问题接受访谈，不要求面面俱到。

2. 注意聆听和引导

大多数人都喜欢谈，尤其是当你让他们知道你对他们所谈的内容很感兴趣时更是如此。你要认真聆听记录，不时对要点加以复述。

当然也会有少数不喜欢谈的人，那就要认真引导启发，让他开口。若对方有顾虑，不敢说真话，那么你要让他相信，你会为他的谈话保密；若对方没兴趣，那么你就要设法找到一个他感兴趣而你又需要的话题。

另外，在个人访谈中，既要表现出你的综合水平和专业能力，但也不要指导别人，不要随意评议。对各层次的人员，都要诚恳交流，平等沟通。

五、问卷调查法

在企业文化调研中，问卷调查也是搜集信息的重要方法。它可以用来收集有关参与者的主观性情况，也同样适用于客观数据的分析。在考察企业文化时，用问卷调查的形式可了解企业群体的主流意识、主体精神、价值理念的认同度和行为准则的一致性等，是一种行之有效的调研方法。问卷调查法的长处在于调查范围比较广泛、费用相对较低、速度比较快、调研的资料可以进行量化统计等。

用于调查的问卷可以分为很多种，例如，在范围上可以分为通用型和专职型（针对某一层次的员工）；在结构方面可以分为以客观题为主、以主观题为主、客观题与主观题相结合等；从有效性方面分，可以是非标准化的问卷，也可以是可信度较高的标准化问卷；等等。

第三节　企业文化测评

一、企业文化测评的意义和范畴

对企业文化的测评是诊断、创新和变革企业文化的基础工作。

首先，企业文化建设的基础是准确地诊断自己已有的企业文化，文化测评为企业文化诊断提供了工具。

其次，企业文化测评为企业文化创新和变革提供了依据。文化创新和变革需要分析现有的企业文化，弄清需要创新或变革的方面，然后制定并实施相关策略。因此，对企业文化进行测评，全面调研企业成员的价值观，可以帮助企业更好地了解现有的企业文化及其期望的企业文化特征，能有效地发现企业的不足，从而为企业文化创新和变革提供依据。

企业文化测评的范畴界定为企业的理念文化层面，目前大多数的测量表都是以企业价值观与基本假设作为测量对象。

二、企业文化的定性分析

目前国内外对于企业文化测评的研究主要分为定性分析和定量分析两个流派。

对于企业文化测评，一些学者强调采用定性分析的方法。例如，沙因（Schein）将企业文化分为三个层面（见图10-1），认为要想考察企业文化，更好的方式是认识到文化存在于各个不同的"层次"，必须理解和应对深层的文化。

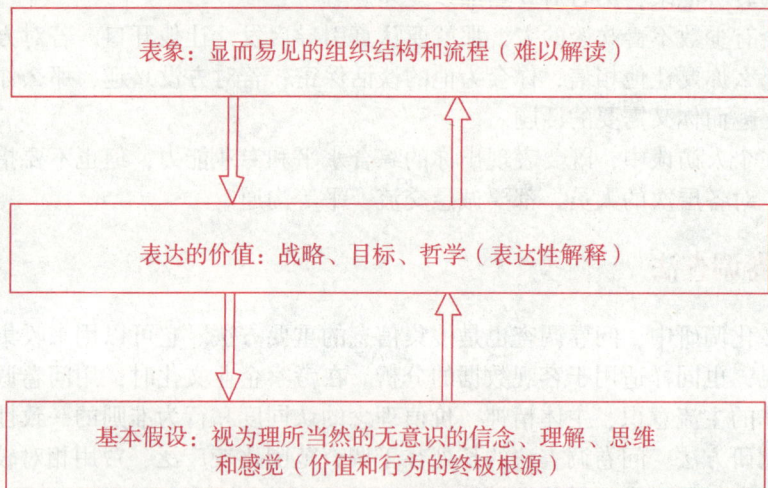

```
┌─────────────────────────────────────────────────┐
│  表象：显而易见的组织结构和流程（难以解读）           │
└─────────────────────────────────────────────────┘
              ↓                        ↑
┌─────────────────────────────────────────────────┐
│  表达的价值：战略、目标、哲学（表达性解释）           │
└─────────────────────────────────────────────────┘
              ↓                        ↑
┌─────────────────────────────────────────────────┐
│  基本假设：视为理所当然的无意识的信念、理解、思维      │
│           和感觉（价值和行为的终极根源）             │
└─────────────────────────────────────────────────┘
```

图 10-1　沙因对于企业文化的分层

第一层：表象，代表显而易见的组织结构和流程。

第二层：表达的价值，代表战略、目标和哲学，描绘了公司的价值观、原则、伦理和愿景。

第三层：基本假设，即视为理所当然的无意识的信念、理解、思维和感觉。这个层次的文化决定了特定文化环境中人们判断事物的标准、习惯了的方式，决定了企业中什么是可以接受的，什么是不可以接受的，属于企业文化的核心。

沙因提出文化本质的概念，对于文化的构成因素进行了分析，在此基础上，他把组织文化的本质分成了如下五个方面：

①自然和人的关系：指组织中人们如何看待组织和环境之间的关系，包括认为是可支配关系还是从属关系，或者是协调关系等。

②现实和真实的本质：指组织中对于什么是真实的，什么是现实的，判断它们的标准是什么，如何论证真实和现实，以及真实是否可以被发现等一系列假定。

③人性的本质：包含哪些行为是人性的，哪些行为是非人性的，什么属性是内在的、人的天性是好的、坏的还是中性的，是否可以完善等假定。

④人类活动的本质：包含哪些人类行为是正确的，人的行为是主动的还是被动的，人是由自由意志所支配的还是被命运所支配的，什么是工作，什么是娱乐等一系列假定。

⑤人际关系的本质：包含什么是权威的基础，权力的正确分配方法是什么，人与人之间关系的应有态势等假定。

沙因认为，理解以上五大本质有助于解决企业的两大问题：内部管理整合和外部环境适应。

沙因认为，文化是深层次的，对文化的认识不能仅仅停留在表面现象，必须了解是哪些起作用的文化因素发展出了脱离意识而存在的信念和假设，形成了怎样做事、怎样思维和怎样感知的默认规则。组织文化实际上在更深层次上应该是一个组织所坚持的基本假设和信条。这些基本的假设和信条是一个组织的成员所共有的，他们在运用时，可能是无意识的。这些基本的假设和信条被组织成员记住，以便遇到外部环境中的生存问题和内部的整合问题时作出反应。假设和信条之所以都被看成是理所当然的，是因为运用它们能有效地解决问题。沙因认为，企业文化调查问卷不会也不可能揭示出文化假设。主要原因有以下两点：①测量者在设计调查问卷时必然会受到自身主观倾向的影响。调查问卷主要还是处理与工作关系模式相关的表达价值，任何组织都会有独特的关于文化假定的侧面不可避免地被任何一种问卷所遗漏。例如，如果一家公司一直是无债经营，而且一直很成功，它就会认为保持低负债和高度的现金平衡是正确的财务管理途径。这一关于财务管理的假定就成为其文化的关键部分，因而规定了各种类型的战略和经营决策。但是通常没有办法预先知道是否应该把财务类型的问题设计进文化调查。②向组织成员询问关于组织的基本假设是什么通常是无意义和无效的，因为让任何一个人评价一些共同默认的假设都是不容易的。既然文化是一种集体现象，询问一些关于组织的不同业务领域的广泛问题，看一看集体成员在哪里存在一些明显的共识，诱使他们谈出一些集体内部的信息，相对来说要容易得多。因此沙因主张利用群体面谈和群体讨论的方法，对企业的表象和价值观进行识别，最终在此基础上得到组织的共同假设。他进一步提出如何评价和解读企业文化。具体步骤如图 10-2 所示。

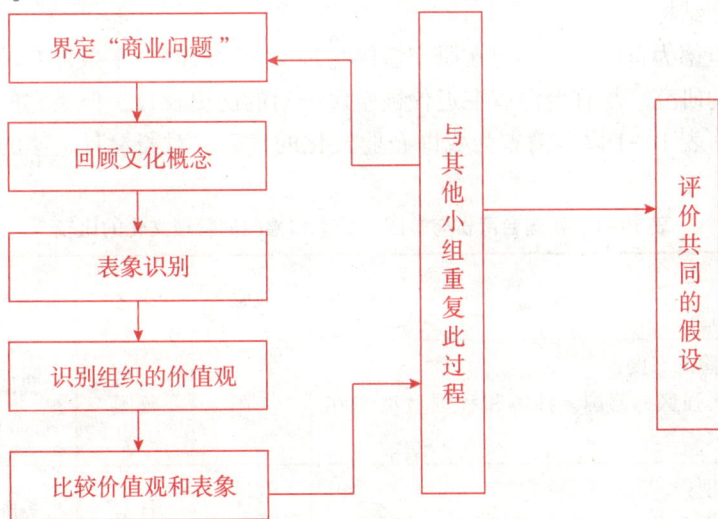

图 10-2　沙因评价和解读企业文化的步骤

在图 10-2 中，"商业问题"是指企业需要确定的问题或是需要改进的实际领域，包括战略等各方面的内容。沙因建议利用群体面谈和群体讨论的方法，对企业的表象和价值观进行识别，最终在此基础上得到组织的共同假设。例如，如果价值观表达了顾客核心，那么看一看作为表象的报酬和责任系统，它们是否支持了顾客核心。如果不是，你所识别的领域里就存在着深层次的默认假设，推动着这些系统。现在你必须追寻这些深层次的假设。再举一个例子，企业可能提出了鼓励与上司进行开放式交流与提出问题和建议的政策，然而你可能发现耳边私语和传播坏消息的员工会受到处罚。那你可能探查到了，除非员工脑子里有了解决的办法，否则公司并不希望他们提出这些问题。这些不一致的地方告诉你，在共同默认假设的层面上，你们的文化实际上是封闭的，只有正面的沟通受到鼓励，如果你没有得出解决的办法，你最好保持缄默。

沙因对于企业文化的评估重视对企业文化的深层假设，深入企业内部，充分挖掘企业的一些共同假设，因此得到了许多企业和学者的赞同。但是沙因的理论对于企业外部环境等因素却未能更为形象地评价出来。同时，沙因所评价出来的文化更注重企业当前文化的状况，对企业期望的文化状况还未能像一些定量模型一样非常明确地表达出来。

三、企业文化的定量测评

关于企业文化定量测评的方法呈现出多元化的格局，其中组织层面研究中常用的方法有如下几种：

（一）霍夫斯坦德的五维管理文化测量模型

在分析各民族文化的异同上，影响最大的是荷兰学者吉尔特·霍夫斯坦德（Geert Hofstede）的五维管理文化测量模型。霍夫斯坦德的研究大大推进了管理文化测量的发展，成为后来许多学者研究的规范。许多学者从不同的层面拓展了他的研究，验证了他的研究的有效性。五维管理文化测量方式对人们认识与管理文化相关的企业管理规律，以及建立有利于企业发展、吻合一定的文化环境的管理模式，特别是跨文化管理模式，提供了有力的理论基础与依据。该模型从企业文化本身的内容和结构出发，清晰地勾勒出价值观和实践两方面的维度结构。

以霍夫斯坦德为首的研究小组在研究多国管理文化比较时由于条件有限仅对我国台湾省进行了相应的研究。尽管台湾省在近代被殖民统治的历史较长，但是它的基本中华文化特征并没有变。表 10-1 以台湾省为我国企业文化的代表，对美、日、德的管理文化进行了比较。

表 10-1　我国台湾省与美国、日本和德国的管理文化的比较

管理文化向量　　　　　强度	较强	次之	一般	最弱
冒险精神或对风险的态度； 美国冒险精神在强区，德国、日本和我国台湾省在弱区	美国	德国	我国台湾省	日本
权力距离等级差别； 我国台湾省、日本在强区，德国、美国在弱区	我国台湾省	日本	美国	德国
个人主义与集体主义倾向； 美国、德国个人主义在强区靠中，我国台湾省具有极强的集体主义倾向	美国	德国	日本	我国台湾省
男性主义与女性主义（也称作强度特性）； 日本、德国、美国都在强区，美国、德国差距较小，日本男性倾向极强，我国台湾省在弱区	日本	德国	美国	我国台湾省

（资料来源：百度文库）

通过表 10-1 可以发现以下结果：

第一，除权力等级向量外，美、日、德的管理文化特征是顺序排列的。即除去权力等

级这一因素，美国的管理文化代表一个极端，日本的管理文化代表另一个极端。这种现象可以看成是美、日、德管理文化的简单性或一致性。而这种简单性、一致性可能是其管理文化矛盾少的重要原因，对于减少其沟通成本也有着重要影响。

第二，在强度特性（即男性倾向和女性倾向）向量上，美国、日本、德国都在强区。这就是说，三者都有很强的竞争倾向。这种强竞争倾向有利于克服困难，在相对不利的条件下，在经济上脱颖而出。美、日、德三国的经济崛起与这一因素的强势有着一定的联系。

第三，把我国台湾省的管理文化与美、日、德的管理文化进行比较，可以清楚地看出我国台湾省的管理文化与美、日、德管理文化的异同。在权力等级和强度特性（或男性倾向）这两个因素上，我国台湾省的管理文化与美、日、德管理文化形成近似简单序列，但我国台湾省的柔软性或女性倾向强，与美、日、德管理文化形成对照。在个人主义与集体主义倾向方面，日本与我国台湾省的管理文化都趋向集体主义，但我国台湾省具有极强的集体主义倾向，这一点正好与其柔软性或女性倾向强相对应，即通过"弱者"的集体合作，增强力量，抵御风险。

第四，我国台湾省管理文化在冒险精神方面与美国相反，同德国、日本一样在弱区，冒险精神略强于日本。这也正好与女性倾向强、集体主义倾向强相适应。

通过以上分析，可以发现霍夫斯坦德的测评模型主要适用于以国家为基本分析单位的跨文化研究。

20世纪80年代以后，霍夫斯坦德与东方学者一起，对贯穿于西方和东方的文化进行了研究，发现还存在着第五个维度：时间维度，即短期取向与长期取向。它所包含的内容是：某些民族关注短期目标的实现，另一些民族关注长期目标的制定。关注短期目标的社会更关注眼前的利益，对当前的状态更感兴趣，他们的时间观念较强，讲求效率，信奉"真理"（Truth）；关注长期目标的社会放眼于未来，认同个人间的不平等，时间观念淡漠，做事从长计议，信奉"美德"（Virtue）。

这五个文化维度与一个国家的经济、社会、管理各方面的实践及其外在表现都有联系。霍夫斯坦德将文化分为五组，即：盎格鲁文化（以英国为代表）、日耳曼文化（以德国为代表）、拉丁文化（以法国为代表）、中国及华人文化（以中国为代表）、混合型文化（以美国为代表）。

应用该模型发现价值观在组织之间的差异较小，这可能是由于价值观的测量条目基本上来源于霍夫斯坦德以往对国家文化的研究。由于国家文化的层面高于组织文化，因此造成价值观问卷难以判断组织价值观之间的差异。

霍夫斯坦德对文化进行研究时，实际上假设文化是静态的、连续的。他认为国家文化和职业文化是永恒的，并且是早期社会化的结果。事实上，由于影响文化的因素如地理、历史和共同经历等都会发生变化，文化也会发生变化。瓦尔森等人对中国新时代的经理和老一代的经理进行的实证比较研究表明，新时代的中国经理更个人主义，行动更为独立，更愿意为追求利益而冒险。他们虽然没有放弃儒家思想，但受儒家思想影响的倾向减弱。

另外霍夫斯坦德在考察组织文化时偏重于考察组织内部，忽略了组织文化对外部环境适应的方面，因此在维度分析中，也没有出现像客户导向、社会责任之类反映外部适应能力的具体维度。

（二）奎因和卡梅隆的竞争性文化价值模型

奎因（Quinn）和卡梅隆（Cameron）等人通过大量的文献回顾和实证研究发现，组织中的主导文化、领导风格、管理角色、人力资源管理、质量管理及对成功的判断准则都对组织的绩效表现有显著影响。他们在前人的研究基础上提出竞争性文化价值模型，认为组织弹性—稳定性、外部导向—内部导向这两个维度能够有效地衡量企业文化的差异对企业效率的影响。他们在竞争性文化价值模型的基础上构建了 OCAI 量表，提炼出六个判据（主导特征、领导风格、员工管理、组织凝聚力、战略重点和成功准则）来评价组织文化。

竞争性文化价值模型（Competing Values Framework，CVF）可以说是当今企业文化测评中运用得较多的模型之一。建立在竞争性文化价值模型上的"组织文化评估模型"（OCAI）的开发源于对高效率组织的主要经济指标的研究。

奎因和卡梅隆主要从两个维度对组织文化进行了定义，形成了一个两维矩阵。横轴代表企业是关注内部整合还是关注外部环境。企业在横轴上的位置表示企业内部凝聚力和企业局部独立性之间的关系。纵轴则代表企业是追求企业的稳定性、秩序性，采取集权控制的管理模式，还是追求灵活性、分散性和局部创新性。具体如图 10-3 所示。

图 10-3 竞争性文化价值模型

竞争性文化价值模型的突出优点在于能为企业的管理者提供一个直观、便捷的测量工具。和其他组织层面上的测量工具相比，它在组织文化变革方面有较大的实用价值。在所有的企业里，这四种文化都有相应的要素存在，但是主要由一种或两种文化起主导作用。当一个企业需要从一种处世方式转变到另一种处世方式时，企业文化随之发生改变。应用该模型，可以描述企业的现有文化，将企业现有的文化图与过去的文化图进行比较，发现两者的差异；可以将现有的文化图与期望的文化图进行比较，分析出大致的改变方向，从而能清楚地解释企业文化的改变需要什么，意味着什么。

竞争性文化价值模型还可以对企业的文化进行一致性分析。这是通过各个不同的统计单元之间的比较，分析组织的文化倾向、文化冲突、亚文化类型及文化发展趋势，为文化执行情况的测评提供数据支持，为文化的变革及管理者角色定位提供理论支撑。文化一致性分析通常有两个维度：横向一致性分析主要是了解因业务性质不同而造成的亚文化冲突；纵向一致性分析主要是了解因权力角色不同而造成的亚文化冲突。文化一致性分析可以很好地审计企业文化的强势程度，还可以了解企业内部沟通状况。

采用竞争性文化价值模型的组织文化测评一般分为四大步骤：首先是根据组织的特性设计调查问卷，然后发放问卷、回收问卷，接着是计算和分析各统计指标，最后是分析问卷、得出测评的结论。

测评的具体步骤如下：

①选择企业中将要进行评估的部门（或者是企业本身）。

②要求参与者将得分填入"目前"栏里。

根据卡梅隆和奎因改进过的基于竞争性文化价值模型的组织文化测评方法，一般问卷包括六个问题，每个问题有四个选项，分别描述四个不同的场景，每个场景对应一个占主导地位的组织文化类型。接受问卷调查者按照他所认为的最接近的程度对四个选项分别打分，四个选项总分为100分，如表10-2所示。

表10-2　企业文化类型问卷

编号	指标	现状	期望
1A	本单位非常人性化，就像是一个大家庭，大家彼此非常了解		
1B	本单位充满活力，富有开拓精神。人们愿意表现自己并承担风险		
1C	本单位以目标导向为主，主要关注工作完成的状况。同事之间工作方面竞争压力颇大，并以获得的成就感为导向		
总分		100	190
2A	本单位领导喜欢知道、培养下属，并鼓励、支持员工的发展		
2B	本单位领导倡导开拓、创新和大胆尝试的冒险精神		
2C	本单位领导强调拼搏、实效，关注结果		
2D	本单位领导擅长制订计划，并进行组织、协调和监督，注重稳定		
总分		100	100
3A	本单位在管理风格上的特点是团队合作，强调观念一致性和员工参与		

编号	指标	现状	期望
3B	本单位在管理风格上的特点是敢冒风险，强调创新、自由和独特性		
3C	本单位在管理风格上的特点是强调努力竞争、高标准、高成就		
3D	本单位在管理风格上的特点是雇佣保障，强调一致、共性和稳定		
总分		100	100
4A	本单位的凝聚力来源是忠诚和相互信任，对组织的忠诚是非常重要的		
4B	本单位的凝聚力来源是对革新和发展的追求，强调凡事领先		
4C	本单位的凝聚力来源于大家强调完成任务、积极进取和追求获胜的共同的精神面貌		
总分		100	100
5A	本单位强调员工发展，坚持信任、开放和参与式的氛围		
5B	本单位重视获取新资源和创造新的挑战，崇尚尝试新事物和探索新机遇		
5C	本单位强调竞争行为和成就，重视不断达到更高的目标及在市场中获胜		
5D	本单位强调持久性和稳定性，重视效率、控制和良好的运营		
总分		100	100
6A	本单位判断成功的标准基于人力资源发展、团队合作、员工忠诚和对人的关心程度		
6B	本单位判断成功的标准基于对最新、最独特产品的拥有程度，强调产品领先和革新		
6C	本单位判断成功的标准基于在市场和竞争中获胜，强调有竞争力的市场领导地位		
6D	本单位判断成功的标准基于效率，强调可靠的产出、良好的规划和低成本的生产		
总分		100	100

注：本问卷采用百分制计分法，每一类的 ABCD 的四个选项的分值的总和必须等于 100。

③所有参与者的 A 项得分相加。

将相加后的得分除以参与打分的人数。这一结果就是该团队给团队文化打的平均分，对 B 项、C 项、D 项进行相同的处理。

④在文化图上标注四种文化中每种文化的平均得分。

将这四点相连，就可以得到一个四边形，此四边形就代表企业目前的企业文化状况。

在就一个企业想要得到怎样的企业文化达成共识时（例如，企业战略或者目标），就可以创建最佳的文化轮廓。即可以重复以上的步骤，将分数填到表 10-3 的"目标"栏中。

　　该模型的不足之处在于竞争性文化价值模型是否会随着对组织有效性的深入研究而发生变化。这可能有两种情况：一种情况是随着现代组织的发展，已有的两个成对维度可能不再适用，会被新的成对维度替代；另一种情况是能否在已有的基础上再加入新的成对维度，例如，关注长期目标—关注短期目标。但新加入维度后，对组织文化的分类就成为立体的象限而非现在的平面象限。假设仅仅新加入一个维度，分类就变成 3×3 的立体象限，这就大大增加了度量的难度，其可行性还需要进一步研究。

表 10-3　分数汇总表

	A 项得分		B 项得分		C 项得分		D 项得分	
	目前	目标	目前	目标	目前	目标	目前	目标
问题 1								
问题 2								
问题 3								
问题 4								
问题 5								
问题 6								
总分								
除以 6								
文化类型	团队文化		创新文化		市场文化		层级文化	

　　另外，竞争性文化价值模型起源于度量"有效"组织的文化，奎因等研究人员未将一些导致组织失败的文化内容纳入度量模型。但这一处理方法是否适当，未纳入的文化内容对于其他组织是否起作用，起什么作用这也需要进一步进行探讨。

（三）德尼森的文化特质模型

　　瑞士洛桑国际管理学院（IMD）教授德尼森（Denison）构建了一个能够描述有效组织的文化特质模型。该模型认为有四种文化特质即适应性（Adaptability）、使命（Mission）、一致性（Consistency）、投入（Involvement）和组织有效性显著相关，每种文化特质对应着三个子维度。其中，适应性包括创造改变（Greating Change）、关注客户（Customer Focus）、组织学习（Organizational Learning）；使命包括战略方向与目的（Strategic Direction 和 Intent）、目标（Goals 和 Objectives）、愿景（Vision）；一致性包括协调与整合（Coordination 和 Integration）、同意（Agreement）、核心价值观（Core Values）；投入包括能力发展（Capability Development）、团队导向（Team Orientation）和授权（Empowerment）。他在此基础上设计出 OCQ 量表，该量表包括 60 个测量项目。

　　德尼森的文化特质模型是较新开发的模型，也可以看作是建立在奎因等人的竞争性文化价值模型之上。该模型中的四个文化特质与企业的经营管理有着密切的关系。德尼森的研究表明：企业的经营业绩具体体现在企业的稳定性、灵活性、企业的内部和外部四个方面，而这四个方面的业绩恰恰是四个文化特性的外在表现。

　　研究表明，某一方面的经营业绩是由四个文化特性中的两个方面决定的（见图 10-4）。"使命"和"参与性"决定企业的稳定性。这两个文化特性主要影响财务方面的性能指标，如资产收益率、投资收益率和销售收益率。"参与性"和"一致性"关注的是企业内部，这两个特性主要影响产品和服务的质量、员工满意度和投资收益率。"一致性"和"适应性"决定了企业的灵活性，这两个特性主要影响产品更新和升级。"适应性"和"使命"关注的是企业外部，这两个特性主要影响企业的收入、销售额和市场份额。

图 10-4　德尼森文化特质模型

[资料来源：张慧玲. 德尼森企业文化调查模型. 中外企业文化，2004（1）]

　　德尼森的测度模型通过利用统计学的百分位数和四分位数，在原始调查数据的基础上，与基准数据进行比较，可以得出被调查企业的文化状况。德尼森通过多年的研究，组成了一个由 888 家企业及组织的调查结果构成的数据库。数据库由 60 个项目的标准平均值和 12 个指标的标准值组成。通过将被调查企业或组织的调查结果与这套标准数值（也称为常模）进行比较得到的百分位数可以看出，被调查企业的文化状况处在什么样的水平，优势与劣势各是什么。

　　通过运用该模型，可以把某一企业的文化分别与较好和较差经营业绩的企业的文化进行对比，以明确该企业在文化建设方面的优势与不足；可以测量企业现存的文化；考察该企业文化如何在提高经营业绩方面发挥更好的作用。

　　但是德尼森的模型也有其不足之处。该模型共有 12 个子维度和 60 个测量项目，表 10-4 为对照原量表做的翻译。在翻译的过程中，很多项目都难以找到准确的中文释义，这是因为该量表与西方社会文化环境有高度的文化相关性。在我国直接应用时参与者未必能完全理解其含义，是否能合理地反映我国企业目前的企业文化状况还未得到论证。

表 10-4　德尼森的文化特质模型

文化特质	维度	细节
参与性	授权	1. 大多数员工积极投入自己的工作。 2. 通常在可获得最佳信息的层面作出决策。 3. 信息共享：使所有人都能获得需要的信息。 4. 每个人都相信自己能够产生积极影响。 5. 企业规划具有持续性，在一定程度上使所有员工参与其中。
	团队导向	6. 企业鼓励组织中不同部门之间的合作。 7. 把员工凝聚成团队进行工作。 8. 利用团队结构而不是等级结构来完成工作。 9. 团队是企业最重要的形式。 10. 有组织地安排工作，使每个人明确他们自身的工作与组织目标的关系。
	能力发展	11. 授权给员工以使员工充分表现。 12. 员工的能力不断得到提高。 13. 持续投资员工的技能。 14. 员工能力被视作竞争优势的重要源泉。 *15. 问题常常出现的原因在于我们没有足够的能力完成工作。
一致性	核心价值观	16. 领导者和管理者"做他们说的"。 17. 存在一种显著的管理风格和一套显著的管理策略。 18. 存在一套一致的、清晰的价值观指导我们的工作。 19. 忽视核心价值观将使你陷入麻烦。 20. 存在伦理道德指导我们的行为，并告诉我们对与错。
	意见	21. 意见不同时，我们努力达到"双赢"解决方案。 22. 存在强势文化。 23. 即使遇到难题，我们也总能达成一致意见。 *24. 在关键问题上我们经常不能达成一致。 25. 员工们对正确和错误的行为方式有着明确一致的看法。
	协调与整合	26. 我们的经营管理方法是十分一致与可断定的。 27. 组织中不同成员共享一个共同的愿景。 28. 组织中不同部门很容易协调计划。 *29. 与组织中其他部门的员工共同合作就像与另一个组织中的员工共同工作一样困难。 30. 组织内各层级的目标协调一致。

文化特质	维度	细节
适应性	创造改变	31. 我们工作的方式灵活，容易改变。 32. 对于竞争者和外界经营环境中的其他改变，我们有着良好回应。 33. 工作中新的改进的方法持续被采用。 *34. 改革的尝试常常遇到阻力。 35. 组织中不同部门经常共同合作，推动改革。
	关注客户	36. 客户的意见和建议经常促使我们变革。 37. 客户的意见直接影响我们的决策。 38. 每个成员对于客户的需求都有深刻理解。 *39. 我们的决策经常忽略客户的利益。 40. 我们鼓励员工直接与客户联系。
	组织学习	41. 我们将失败作为学习与改进的机会。 42. 我们鼓励和奖赏创新并敢于承担风险。 43. 许多事情都可能失败。 44. 我们每天要在工作中学习，这是一个重要的目标。 45. 我们确信部门之间互通信息。
使命	战略方向与目的	46. 存在长远的目标与方向。 47. 我们的战略使得其他组织改变他们在本行业的竞争方式。 48. 存在明确的使命指引我们工作的方法与方向。 49. 对未来有明确的战略。 *50. 对于员工，组织战略发展方向并不明确。
	目标	51. 对于目标，组织内形成了广泛的认同。 52. 领导者设置既有雄心又实际的目标。 53. 领导者公开表明我们尝试达到的目标。 54. 我们对于预期的目标，持续追踪我们的进展。 55. 员工明白我们要长期发展、追求成功需要做些什么。
	愿景	56. 我们共享组织未来会是什么样的愿景。 57. 领导者有长远的眼光。 *58. 短期的见解经常会影响远期的愿景的实现。 59. 我们的愿景使我们的员工有动力。 60. 我们能达到短期目标而又不会影响长期目标的实现。

注：*表示该问题对企业文化起到负面的作用。

资料来源：根据 Daniel R. Denison. Corporate Culture and Organizational Effectiveness：Is there a similar pattern around the world？翻译整理

德尼森的文化特质模型虽然来源于竞争性文化价值模型，但基本上是通过对西方国家的 5 家企业进行深入的个案研究来构建理论模型的，因此，随着应用环境的不同和改变是否还会产生新的文化特质，还未得到进一步的论证。Fey 和德尼森以 179 家设在俄罗斯的外资企业为对象进行研究，该研究的结果表明德尼森的文化特质模型适合用来研究俄罗斯企业文化。该模型用来作为基准的数据库也是由国外的企业组成，照搬来研究具有东方文化的中国企业的情况就需要进一步的验证。并且，德尼森的文化特质模型的 12 个维度有交叉的情况，例如，使命的三个子维度表述的概念就十分接近。

（四）查特曼的组织价值观量表（OCP）

在西方国家，组织价值观量表（Organizational Culture Profile，OCP）是最常用的价值观量表之一，主要用于测量个人与组织的契合度。

奥莱利和查特曼等人（1991）为了从契合度的角度研究个人与组织契合和个体结果变量（如组织承诺和离职）之间的关系，构建了组织价值观量表。因素分析表明，OCP 量表由 7 个维度构成，分别是创新、稳定性、尊重员工、结果导向、注重细节、进取性和团队导向。完整的 OCP 量表有 54 个测量项目。表 10-5 显示了这些测量项目的关键词。

表 10-5　OCP 量表项目设置的关键词

1. 灵活性（flexibility）	27. 决策果断（decisveness）
2. 适应性（adaptability）	28. 行动导向（action orientation）
3. 稳定性（stability）	29. 采取主动（taking initiative）
4. 可预见性（predictability）	30. 反思（being reflective）
5. 创新（being innovative）	31. 成就导向（achievement orientation）
6. 能迅速地把握机会（being quick to take advantage of opportunities）	32. 被要求（being demanding）
	33. 负责尽职（taking individual responsibility）
7. 愿意实验（a willingness to experiment）	34. 期待高绩效（having high expectations for performance）
8. 冒险（risk taking）	35. 职业成长的机会（opportunities for professional growth）
9. 小心（being careful）	36. 回报高绩效（high pay for good performance）
10. 自治（autonomy）	37. 就业保障（security of employment）
11. 规则导向（being rule oriented）	38. 表彰好业绩（offers praise for good performance）
12. 注重分析（being analytical）	39. 冲突少（10w level of conflict）
13. 注重细节（paying attention to detail）	40. 直面冲突（confronting conflict directly）
14. 精确（being precise）	41. 同事关系融洽（developing friends at work）
15. 团队导向（being team oriented）	42. 契合（fitting in）
16. 信息共享（sharing information freely）	43. 工作中与他人合作（working in collaboration with others）
17. 在整个组织中强调单一文化（emphasizing a single culture throughout the organization）	44. 工作充满激情（enthusiasm for the job）
	45. 长时间工作（working long hours）
18. 以人为本（being people oriented）	46. 不受规则限制（not being constrained by many rules）
19. 公平（fairness）	47. 强调质量（an emphasis on quality）
20. 尊重个人的权利（respect for the individual's right）	48. 与众不同（being distinctive—different from others）
	49. 良好声誉（having a good reputation）
21. 宽容（tolerance）	50. 社会责任（being socially responsible）
22. 不拘泥于形式（informality）	51. 结果导向（being results oriented）
23. 轻松（being easy going）	52. 有一个明确的指导思想（having a clear guiding philosophy）
24. 平静（being calm）	
25. 支持（being supportive）	53. 富有竞争力（being competitive）
26. 积极有冲劲（being aggressive）	54. 高度组织化（being highly organized）

资料来源：REILLY C A O, CHATMAN J, CALDWELL D. People and Organization Culture：A Profile Comparison Approach to Assessing Person-organization Fit. Academy of Management Journal, 1991, 34（3）

OCP 量表的测量项目是通过对学术和实务型文献的广泛回顾获得的，经过细致的筛选最终确定下 54 条关于价值观的陈述句。和多数个体层面上的研究采用 Likert 的计分方式不同，OCP 量表采用 Q-sorts 的计分方式。被试者被要求将测量条目按最期望到最不期望或最符合到最不符合的尺度分成 9 类，每类包括的条目数按 2—4—6—9—12—9—6—4—2 分布，实际上是一种自比式（ipative）的分类方法。回答者分两次对 54 个题项分等级，一次是描述感知到的组织文化，一次是描述期望的组织文化。经过这样的测量，就能较直观地了解组织成员对文化的偏好程度。

四、企业文化总体测评的框架

（一）企业文化总体测评框架的提出

综上所述，目前对企业文化测评的研究无论是定量分析模型还是定性分析方法都只注重从单一的方面对企业文化进行测评。主张定量分析的学者认为定性分析的方法时间长，收效慢，在探讨企业文化与组织行为和组织效益的关系时，难以提出量化的数据进行论证研究；而主张定性研究的学者则认为定量研究的结果只能反映企业文化的表象，不能反映企业文化的深层含义。

沙因将企业文化划分为三个层次，由外及里依次为表象、表达的价值和基本假设。我们认为由于表象、表达的价值都是企业文化的显性表现形式，是清晰明确的文化现象，易于了解和测评，因此我们将这两个层次的文化统称为"显性的企业文化"，而沙因提出的第三个层次的文化，即"基本假设"，反映的是指导组织成员的重要的、共同的经验和价值观。这些经验和价值观潜移默化地影响组织成员的行为处世。这些共同享有的观念起作用的时间很长，以至于被看作是理所当然的，并且变成不知不觉的。因此我们将"基本假设"称作"隐性的企业文化"。隐性的企业文化需要测评人员深入挖掘，去粗取精，去伪存真。

由于影响企业文化的因素较多，同时文化作为一种组织集体现象也极为复杂，我们认为，单从定量或是定性一个方面对其进行测评是不够完整的。定量分析与定性分析各有其长处，因此为更全面地反映企业文化的状况，我们在前人研究的基础上，将定量分析与定性分析有机地结合起来，构建了一个企业文化总体测评的框架，如图 10-5 所示。

我们提出的总体测评框架强调从定量、定性两个方面对企业文化进行系统测评。定量分析侧重测量显性的企业文化所反映的企业价值观，定性分析充分挖掘深层次的企业文化，即"隐性的企业文化"，发现企业文化中的哪些价值观对企业员工思维、做事等能起到潜移默化的作用，分析把握企业内部潜在的信念和假设是如何指导企业运作和发展的。

在定量、定性分析的基础上，测评者可将所得到的隐性的企业文化与显性的企业文化进行对比分析，从而得到企业文化真实的状况，避免出现隐性、显性文化"两张皮"的现象。最终企业可根据测评结果有效地进行文化管理，从而更好地指导企业推进文化的创新与变革。

（二）定量测评中对竞争性文化价值模型的修正

竞争性文化价值模型是当今企业进行文化定量测评经常使用的模型，它能为企业提供一个直观便捷的测量工具。和其他组织层面上的测量工具相比，它在组织文化变革方面有

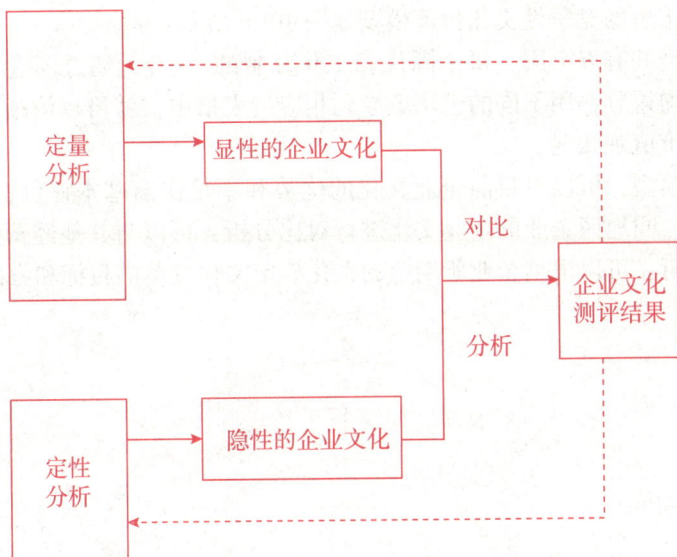

图 10-5 企业文化总体测评框架

较大的实用价值。应用该模型，可以将现有的文化图与期望的文化图进行比较，分析出文化的变革方向。竞争性文化价值模型还可以对企业的文化进行内部一致性分析。该模型的不足之处在于其维度过于简单，企业一些具体的文化内容往往不能在模型中被评价表述出来。

与竞争性文化价值模型的 OCAI 量表相比，德尼森的 OCQ 量表包含更多的子维度，因此在揭示组织文化内容方面显得更为细致，但 OCQ 量表也存在一定的问题。在心理测量学中，维度是指某一概念在同一结构层面上相互独立的部分，它们共同构成此概念的整体。从 OCQ 的四种文化特质内容和子维度的结构来看，文化特质之间很难称得上是维度关系。例如，子维度中的关注客户、团队导向等更像是核心价值观下的内容，它们并不属于同一结构层面上能够相互独立的内容。

综上所述，我们结合文化特质模型的方法，对竞争性文化价值模型进行修正。德尼森的文化特质模型中包含了 12 个子维度，但其中有些子维度存在重复问题，因此我们在其基础上，去除一些重复的维度，对某些维度进行整合。例如，使命下的三个子维度在问卷中就互有交叉，我们将其归纳成战略愿景一个维度；一致性下的"同意""协调与整合"，其量表中的问题主要反映的是企业文化的认同，因此我们将其归纳成文化认同这一维度。通过归纳总结，我们提出定量测评企业文化的八个维度：变革创新、关注客户、团队协作、员工发展、制度规范、文化认同、社会责任、战略愿景。我们将这八个维度按照以下标准进一步归类。

①外部适应：企业有其自身的规划和愿景，有明确清晰的经营理念，战略出发点是企业的成长和提高核心竞争能力，重视企业形象，注重企业与外部环境的协调，社会责任感强，关注客户关系，积极推动变革创新。

②内部整合：强调团队精神和协作意识，注重企业内部的管理规范。

③变革导向：注重企业的生存和短期绩效，或注重企业的快速成长。注重技术创新和技术领先，强调降低成本，提高质量，不断超越自我。

④稳定导向：注重企业的可持续发展，强调制度规范；强调传统意识和文化认同；强

调合作态度。修正后的竞争性文化价值模型如图10-6所示：

修正后的模型共有五个圈，每个圈代表100分制的20分，通过问卷调查，可计算出每一个维度的平均得分，用不同的色块填涂到相应的表格中，就可以清晰地反映出被调查企业的组织文化价值观状况。

应用该修正模型，可以对目前企业文化的优势和不足作出基本评价；可以与同行业、同类型、同规模、同地区企业的企业文化进行对比分析；可以与其他经营业绩好的企业的文化进行比较分析；可以根据企业所期望的文化确定文化变革的目标和方向。

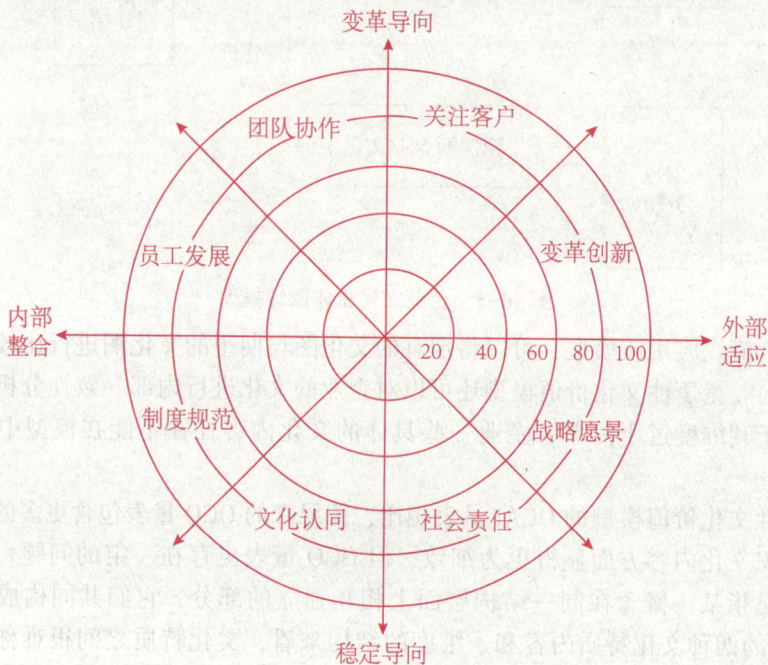

图10-6　修正后的竞争性文化价值模型

（三）对定性测评方法的扩展

借鉴人类学的田野观察的方法，可以帮助测评者更好地了解企业的文化，我们认为可以采取田野观察法及与其配套的访谈法深入观察企业文化的深层假设。

田野观察法的一个重要原则是参与性观察，要求研究者投身于他所要研究的企业人群之中，参与他们的工作生活，观察周围正在发生的事情，进而分析企业的规范与价值观。

田野观察法获取资料的基本途径是"参与观察"和"深度访谈"。通过与研究对象建立起和睦信任的关系，从而与研究对象产生感情渗透与共鸣，以保证收集到的材料的独特性。参与观察需要掌握一定的技巧，如能在熟悉的事件和环境中发现值得研究的案例，学习企业成员的语言等。研究者观察后应详细地写下现场看到和听到的有关人物、事件、活动和谈话，并且记下自己的想法和感受等。这种参与观察式的实地调查，既能增加收集资料的深度，又能借助亲身实地的观察与深入谈话，使研究者摆脱自己先入为主的偏见，能更好地融入企业来评价其文化。具体测评程序如下：

①与企业建立关系，准备进入企业。

②进入企业系统地观察，并进行详细的记录。测评者积极参与企业的实际工作，仔细观察企业成员间的关系与工作方式，随时记录下观察到的事情。

③挑选适当的接触对象或受访者，建立和谐信任的关系。

④初次访谈。在与内部人员建立起坦诚互信的关系之后，测评者可以开始利用正式或非正式的访谈机会，和被访问的企业员工分享自己的所见所闻，向其提出关于该组织的有疑问的事件。

⑤二次访谈。寻求企业成员对企业文化现象的解释。经过一段时间的接触与工作，测评人员已经收集了一定数量的企业文化现象的资料，加以整理。在此基础上，对前一步骤的受访者进行第二次访谈。可以邀请受访者说明所观察到的一些行为表象的真正意义，也可以提出自己的观点，与受访者共同讨论、解释、修正。

⑥资料的整理和解读。在累积了大量的田野记录及访谈资料后，测评者可以在沙因定性分析模型的基础上整理并解读文化的三个层次。在此阶段，测评人员可以渐渐发现一些企业的基本假设，这些价值观可能与企业中发生的具体情况不相符合，从而产生疑问。测评者可以将产生的问题与企业成员不断讨论，反复思考和修正。

⑦整理归纳企业文化。田野资料本身大多是关于事实的叙述，通过对这些资料进行整理和解读的过程，测评者可以从事实性的资料中总结提炼出抽象层次较高的文化含义，从而可以具体说明企业文化的基本假设和潜在的价值观念，以及由各种假设所衍生出来的外显价值及具体事例。

⑧组织成员参与确认。测评人员将以其总结的企业文化描述带回企业，与企业内部成员进一步讨论确认。

⑨总结出企业文化的基本假设。测评者根据上述步骤讨论的结果，修正步骤⑦的企业文化结论，得出对公司企业文化的基本假设。

本章小结

1. 企业文化调研的基本原则有目标性原则、全员参与性原则、系统性原则、动态性原则。

2. 企业文化调研的内容主要有企业的经营领域和发展战略、企业高层领导的个人修养和风范、企业员工的素质及需求特点、企业的优良传统及成功经验、企业现有文化理念及其适应性、企业面临的主要矛盾、企业所处地区环境。

3. 企业文化调研的基本方法有文案调查法、观察法、专题研讨法、访谈法、问卷调查法等。

复习思考题

1. 企业文化调研的目的是什么？

2. 企业文化调研的主要方法有哪些？

3. 为什么沙因主张对企业文化进行定性分析？

4. 根据竞争性文化价值模型分别找出其四种主导文化类型的代表性企业。

实践训练项目　不同行业企业文化调研

实训目的：使学生了解企业文化调研的步骤，熟悉调研方法，掌握企业文化调研问卷的设计，理解企业文化测评的意义。

实训地点：调研企业和教室或者相关实验室

实训组织：

1. 在教师指导下，学生分为若干模拟公司，每组 7-10 人，设组长一人，并扮演企业不同角色。

2. 小组组长带领成员选择调研企业，设计调研问卷，联系沟通调研企业，并开展实地调研。

3. 各组整理调研数据和调研佐证材料，将调研结果制作成幻灯片，并由小组成员进行集体汇报。

4. 小组自评，小组互评，教师讲评。

实训内容：

在教师指导下，学生以组为单位选择调研企业，进行企业文化调研，调研公司的企业文化进行相关分析，并讨论整理，形成 PPT，班级汇报分享学习，课后提交调研报告。

评价标准：

根据各组对企业文化问卷的设计、调研报告的整理内容、团队协作能力、ppt 制作水平与汇报人综合素质等方面进行优良中差层次评判。

案例研讨　对某培训中心的企业文化测评

下面对某培训中心进行企业文化测评。

1. 访谈调研

参与访谈人员共计52人，涉及培训中心各个部门及相关的利益群体。其中高层领导5人（含退休1人），中层干部22人，基层员工21人，培训学员2人，兼职教师1人，客户代表1人。

2. 问卷调研

共发放问卷100份，收回问卷80份，回收率80%，其中有效问卷80份，总有效率80%，具体如表10-6所示。

表10-6　问卷调研情况

	发放问卷	回收问卷	有效问卷	有效率
高层	3	3	3	100%
中层	22	22	22	100%
员工	75	55	55	100%
合计100	80	80	80%	

3. 文化类型分析说明

对该企业的测评结果如图10-7所示。从关注的工作内容来看，该企业关注内部运营（52.42）较多，属于内部取向型文化；从采取的工作方式来看，该企业注重灵活变通（66.52），属于强灵活变通型文化。综合以上两个方面，该企业的现状文化以团队支持和灵活变革导向为主，具有典型的教育行业文化特点，说明该培训中心40多年的学历教育历史已经形成了强势的文化特征。由此可见，该培训中心的现状文化为组织内部取向的团队支持文化。

值得注意的是，在4个导向值中，市场绩效导向值最低（14.5），次之为层级规范导向（18.98），表明该企业的市场意识和绩效意识仍较淡薄，在实际的工作中尚未形成市场化运营的文化氛围，日常管理中的规范化运作比较欠缺。

员工期望的文化与现状文化之间存在较大差异，从关注的工作内容来看，员工关注的是外部发展（52.19），属于外部取向型文化；从采取的工作方式来看，员工注重的是规范控制（55.20）。综合上述两个方面，该企业期望文化以市场绩效（29.25）为主，层级规范（25.95）次之。综上，该企业期望文化类型为组织外部取向的市场绩效文化。这符合培训行业市场化运营的文化要求。

值得注意的是，该企业的期望文化类型间存在较大差异，差值最大的为市场绩效导向（14.75），期望文化类型意味着培训中心将面临文化和管理上的变革，这种新的市场绩效导向文化，使得原有的管理模式已经出现了不适，强调规范控制正是对组织变革的强烈呼声。

依据竞争性文化价值模型还可以对该企业进行文化的一致性分析。下面仅纵向比较（即该企业的高层、中层、员工）该企业的文化一致性，如图10-8、图10-9、图10-10所示。

综合比较图10-7、图10-8、图10-9和图10-10可以发现，该企业的现状文化清晰一致，定量结果未表现出亚文化冲突。高层领导与中层干部和员工在期望文化类型上存在较大差异，中层干部与员工期望以市场绩效、层级规范导向为主，而高层领导强调以灵活变革导向为主，团队支持和层级规范并重，符合市场环境对高层领导的文化要求。期望文化类型的差异符合文化变革对不同管理层级的要求，这是该企业文化建设的一大优势，也为文化变革的方向提供了参考和依据。

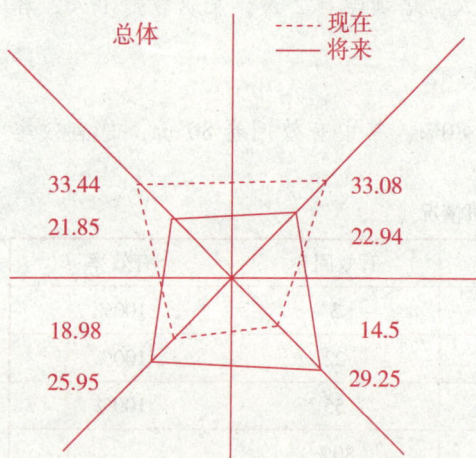

图 10-7　某培训中心企业文化测评结果

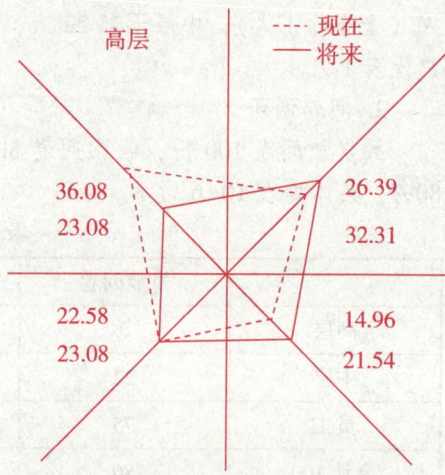

图 10-8　该企业高层文化测评结果

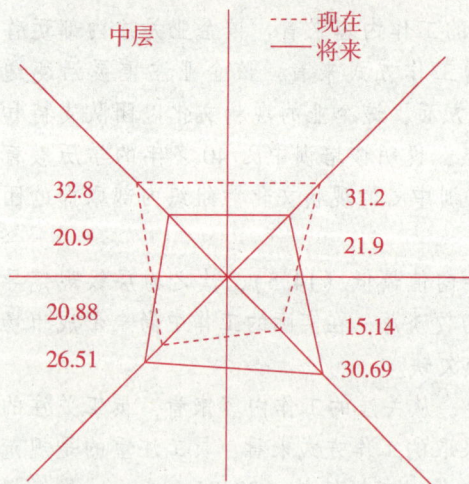

图 10-9　该企业中层文化测评结果

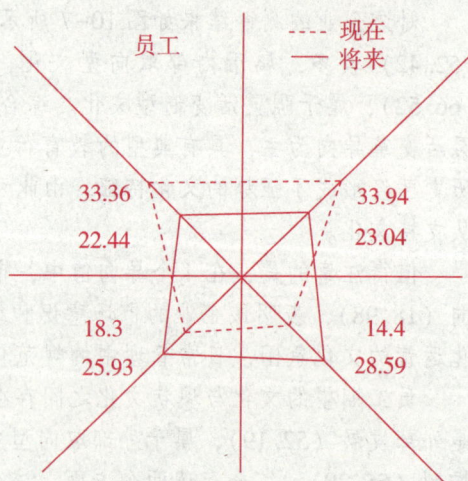

图 10-10　该企业员工文化测评结果

讨论题：

1. 试分析该培训中心企业文化现状和未来期望测评的结果。

2. 试分析该培训中心高层领导与中层干部和员工在期望文化类型上存在较大差异的原因。

第十一章　企业文化的实施与管理创新

学习目标

- 掌握企业文化实施的内容。
- 熟悉人本管理的管理模式。
- 了解企业文化管理模式。

导入案例

不拉马的士兵

一位年轻有为的炮兵军官上任伊始，到下属部队视察操练情况。他在几个部队发现一个相同的情况：在一个部队操练中，总有一名士兵自始至终站在大炮的炮管下面，纹丝不动。军官不解，询问原因，得到的答案是：操练条例就是这样要求的。军官回去后反复查阅军事文献，终于发现，长期以来，炮兵的操练条例仍遵循非机械化时代的规则。在过去，大炮是马车运载到前线的，站在炮管下的士兵的任务是负责拉住马的缰绳，以便调整在大炮发射后由于后坐力产生的距离偏差，减少再次瞄准所需要的时间。现在大炮的自动化和机械化程度很高，已经不再需要这样一个角色了，而用马车拉炮的时代也早就不存在了，但操练条例却一直没有作出及时调整，因此才出现了"不拉马的士兵"。军官的发现使他获得了国防部的嘉奖。

故事启示：在工作中，我们要以追求成效为目标，尽量去发现影响我们工作成效的因素，并加以改进。

在企业管理的实践中，衍生出丰富的管理文化现象，其中有管理经验形态的企业文化学，这大多是企业家本人的经验之谈，如松下电器公司创始人松下幸之助写的《实践经营哲学》、索尼公司创始人之一盛田昭夫写的《日本造》、玫琳凯化妆品公司创始人玫琳凯写的《用人之道》、IBM公司创始人小托玛斯·沃森写的《一个企业和它的信念》等。在对典型企业管理实践的基础上产生的经验和教训进行总结和提炼，形成了系统化的管理文化，它构成了企业文化的重要内容。随后，一些专门研究企业管理理论和企业文化学的学者也参加进来，进一步对管理学和企业文化学进行理论研究，创立了管理理论形态的学说，出版了诸如《成功之路》《日本企业管理》之类的著作，它标志着管理学和企业文化在不断推向深入。

第一节　企业文化的实施

一、企业文化有效实施的条件

企业要将精神文化、行为文化、制度文化和物质文化有效实施需要具备以下主观和客观条件：

第一，主观条件。

企业在企业文化实施中往往需要形成良好的文化传播氛围，从领导重视到员工参与都在推动企业文化的实施。实施中会有传播者说服与接受者被说服的关系，这就要求企业文化传播者具有较强的说服力。

首先，高层领导对企业文化的核心理念理解到位是保障企业文化有效实施的关键因素。企业文化实施过程中文化传播者的权威、影响力、能力、知识构成、个人魅力都会影响实施效果。

其次，参与成员对信息的正确理解与传递是实现良好实施效果不可或缺的因素。在信息传递和人际传播过程中有少数具有影响力、活动力、既非选举又无名位的人，他们会成为意见领袖或舆论领袖，他们对信息的加工、解释和信息的扩散都有水平。这就要求企业的传播文化网络要紧紧地围绕企业文化的核心进行宣传，否则会在实施中偏离主题。例如，在美国西南航空公司，企业专门成立了一个维系企业精神的文化委员会。这个文化委员会并非由所谓的大人物组成，相反，它是由一群乐于维持并发扬西南航空公司特有的使命感、价值观、处世原则的领导人共同组成。他们来自各个工作岗位和阶层，在工作以外的空闲时间从事委员会的工作。他们定期出现在各地的航空站，准备在必要的时候向同人伸出援手。文化委员会的力量和影响力来自每个成员身上的"西南精神"。入选的成员不会急于争取别人的认同，他们的出发点只是"爱"，最好的报酬则是其他同人和他们建立的新关系，以及因为自认为有助于维系并发扬"西南精神"而油然产生的满足感和成就感。

最后，企业各个部门的积极参与是保障企业文化取得良好实施效果的重要因素。企业需要成立一个专门的企业文化实施部门，通过各种形式多样的活动提供学习企业文化的机会和平台，推动企业内部各个部门对公司企业文化的贯彻和落实，这样才能有效地将企业文化的理念有秩序、有计划地传播和实施。

第二，客观条件。

企业文化实施的效果客观上要求本公司的企业文化是符合市场环境需求、本行业特点和具有本企业特色的企业文化。企业在发展过程中经历了经营环境的变迁，企业经营发展面临问题也不断改变，这时，企业成立之初的企业文化会受到现实的冲击和挑战，此时经过变革、重塑并固化下来的企业文化将成为实施的基础。另外，在企业进行跨国经营时，企业还要进行跨文化管理和跨国文化的实施，这时对企业文化本身的适应性要求会更高，优势企业文化成为传播的重中之重。

综上所述，企业在进行企业文化实施时，领导要抓住企业的核心精神和理念，并树立有形的象征，便于广大员工学习、领会、认同，形成员工的正确理解，并通过企业文化实施部门借助各种生动活泼的传播手段和措施将企业文化融在企业日常经营和管理中，这样，员工在实践中自觉遵守行为规范，使企业文化在员工的日常工作和生活中内化为心中的信念，并外化为实际的行动。

二、企业文化实施的内容

企业文化有精神文化、行为文化、制度文化和物质文化四个层面，如果没有企业文化的实施和传播，企业文化就无法建立和发展。企业文化传播也是通过理念传播、制度传播、行为传播和物质传播等本体形式进行。

1. 企业文化的理念实施

企业文化的理念实施就是将企业精神、企业价值观、企业使命、企业愿景等理念层面的企业文化进行实施和传播。一般，一个企业的经营理念往往是创始人或者创业团队经过长期实践和思考而在企业成立之初就拥有的，它具有创始人的特质，在企业后来的发展中会根据环境调整企业文化，并不断总结出理念性结论，进行调整、修正、变革与完善，最终形成某个阶段成熟性的企业文化。

理念实施的方式主要有两种：一是直接传播，即直接以理念的本来形态进行传播，而传播的形式可以是组织正式书面的，也可以是领导与员工口头的宣传；二是间接传播，即理念潜移默化地影响着受传者，理念融进企业的各项制度与行为、视觉、听觉识别体系等当中而影响被传播者。

1995年青岛红星电器厂"克隆海尔鱼"而盘活了一个濒临崩溃的企业，这个"海尔文化激活休克鱼"的案例在1998年3月25日正式被纳入哈佛教材案例库。"休克鱼"的理念指的是休克鱼的肌体没有腐烂，比喻企业的硬件很好；而鱼正处于休克状态，比喻企业的思想、观念有问题，导致企业停滞不前。这个理念就通过正式的书面形式作为教学案例而传播到世界各地。

2. 企业文化的制度实施

企业制度文化包括企业生产管理制度、人力资源管理制度、领导制度、员工行为规范等企业各种规章制度，尽管这些规章制度更多地包含专业技术操作的成分。企业的制度实施实质上也贯彻实施了企业的理念文化，因为制度的制定和执行中已经融进企业理念，这就间接地实施了企业的理念文化，属于企业理念文化的固化层，是企业文化的中介和传递层。一个企业的规章制度是否完整，是否符合经营的实际，是否符合行业发展的潮流，是否富于创新性，直接受制于企业的价值理念的内在规定性。也就是说，理念传播的结果制约并指导着制度的产生与传播。理念指明了行动的方向，制度铺就了行动的道路。

制度实施的方式有三种：一是人内传播，即将企业制度强化在员工内心，在员工工作岗位上或者有相应行为时，内心的制度就会被唤醒而产生员工自我管理与约束作用。企业构建学习型组织，就是强调员工自主管理，比如海尔的"OEC"管理，要求员工日事日毕，日清日高。二是人际传播，即由公司领导、上级或师傅将有关规章制度告知员工或下级，让其遵守相应的制度规范，比如同仁堂。三是组织传播，企业的企业文化实施部门组织员工学习企业文化，并用规章制度进行检查与考核，奖励优秀、惩罚违规或不合格者。

同仁堂对职工进行传统的质量教育、对产品进行严格标准的监督控制，同仁堂人本着

"修合无人见，存心有天知"的信条严格自律，恪守诚实敬业的药德，形成"安全有效方剂，地道洁净药材，依法科学工艺，对证合理用药"的制药规范，并将质量规范渗透于企业制药和管理的各项工作之中。

3. 企业文化的行为实施

企业行为包括礼仪行为、管理行为、岗位操作行为等。言行的根本指导在于价值理念，言行的规范约束在于规章制度。企业员工个人的行为往往是所在团队、部门与企业整体行为的折射与反映，企业通常以树立楷模、劳动模范、先进标兵的形式，让大家注意规范与先进的行为，接受它的影响；某个员工不良的行为习惯可能会产生恶劣的传播效果，企业应适当采取惩罚等负激励手段来告知大家以及不良行为产生者，什么样的行为应该予以纠正乃至杜绝。

4. 企业文化的物质实施

企业文化的物质实施往往有视觉、听觉实施。

这里所说的视觉主要指视觉识别体系，同时也包括企业文化中整个物质层器物。比如企业商标、企业环境、企业建筑物都是实施物质文化的途径。一个企业的商标本身就是企业理念的物质表示，其色彩和图案的选择直接体现了企业的精神内涵；企业环境与建筑物也体现了企业的文化风格。如果环境恶劣，会使受传者情绪低落，严重影响其积极性与创造性，甚至会使其心理不健康。

这里所说的听觉形象主要指企业文化听觉识别体系所创造与设计的声音形象，如企业之歌或企业在宣传中常用的其他歌曲和音乐。该体系的声音形象不像视觉影像固定下来后，只要有一定光线，受传者一般都能产生传播作用，它需要播放才能出现，所以一般以较为固定的时间与场合周期性出现，例如，企业的升旗仪式上和周年庆典中企业播放企业之歌。

听觉形象一般包括两部分，一部分为言语，即表达了企业精神文化的语言，这些歌词表达的内容主要有企业精神、企业目标、企业作风等；另一部分为音乐旋律，直接以音乐符号表达相应的企业文化内涵，所以，这种表达是间接的，需要听者在认知歌词的同时调动审美意识予以感知。音乐旋律是朝气蓬勃、自豪、激情、雄壮有力、豪放的风格，还是亲切、优美、婉约的风格，反映出企业文化的特点。不同的企业，其歌曲的风格会有所不同，另外同一企业在不同的时期也会选择不同的音乐旋律，比如企业面临困难时一般选择励志的词语和旋律，在企业业绩较好时一般选择朝气蓬勃、自豪、激情的歌词和旋律。

另外，不少企业也重视实施企业文化过程中传播情感。在许多有着优良传统的企业中往往都有人文关怀体系，形成较为细致的规章制度，进而增强广大员工的凝聚力、向心力。例如，员工生日、生病、结婚，或者遇到什么特别的困难时，都要给予相应级别与程度的关怀和照顾。所以，情感传播也是建设企业文化的有效实施的重要手段。

三、企业文化传播的途径

企业文化传播的途径有很多，如会议、日常管理、培训、各种媒介、各种活动等，都是有效的载体传播途径。

1. 会议传播

企业一般都会通过会议传播企业文化，这是一条有效传播途径。企业的任何重大问题、事件、决定都必须通过会议讨论，或者给予裁决，或者给予定论。在会议的进行过程中，企业文化的核心价值理念时刻起着指导与约束作用。企业的规章制度对于会议也起着指导与约束作用，尤其是基本的规章制度。会议的过程既是工作的过程，也是学习的过程，通过会议不仅传播企业理念和价值观，也能加深对公司规章制度的认识和理解，传播企业行为规范，也传播对物质规范与精神文化的判断。企业会议的类型有很多，比如企业会议按照参会的层次不同会有领导班子会议和员工大会；按照会议性质不同有党务工作会议、行政工作会议、工会工作会议；按照会议的参与组织不同有企业工作会议、部门与车间工作会议、班组会议；按照会议的内容不同有技术攻关会议、设备管理会议、新产品开发会议等；按照会议形式不同有室内会议、现场会议、电视电话会议，还有网络会议等。

会议是折射企业面貌的一个重要窗口，一个企业的会风能够反映出企业管理制度和企业理念、企业行为的实施和传播程度，尤其是企业领导班子的会风对整个企业的风气起着决定性作用。但是，决定会风的最根本的因素是企业精神文化，有什么样的企业精神与作风，就有什么样的会风。

2. 日常管理传播

日常管理覆盖了企业方方面面的工作，例如，生产、销售、党务、后勤、财务、技术等，日常管理的过程就是企业文化传播的过程。在日常管理中，企业文化的行为层、物质层也参与到管理传播中来，并起到十分重要的作用。企业员工在学习企业经营管理制度中理解企业文化的规范，通过企业视觉和听觉内化企业文化内涵，提醒自己要符合企业文化要求，增强自主管理意识。

3. 培训传播

从培训内容来看，培训传播主要有两种类型，一类是企业文化培训；另一类是员工专业技能培训。

培训传播不仅在于培训的内容，还在于培训的组织、培训的讲师、培训的环境、培训的质量，综合进行直接或间接的企业文化传播。

企业的培训针对不同的员工培训内容有所不同：对于新员工，企业一般会进行系统的企业文化培训，比如企业的成立与发展、企业产品、企业精神理念、企业的各种规章制度等；对于老员工，企业一般会分期分批地进行企业文化培训，比如专业技能培训、职称培训、业务知识培训、素质拓展培训等。

对企业员工进行企业文化培训时，要注重培训式的多样化，并将培训内容与工作实际紧密相结合起来。

4. 通过媒介传播

运用媒介传播企业文化是重要的方式或渠道，主要分为对内传播媒介与对外传播媒介。对内传播媒介主要包括企业内部刊物、企业内部网络、企业广播、企业简报、企业墙板等；对外传播媒介主要包括电视、广播、网络、交通工具、建筑物、户外广告、楼宇广告等。

对内传播媒介主要是企业员工，另外也包括企业生活区的居民，也就是员工的家属，要注意内容丰富，形式多样，提高员工主动传播的积极性。

使用对外传播媒介，企业一般采取支付广告费的方式购买时段与板块，企业要注意考虑媒介的特点与受众目标及传达效果而进行事件策划，这样可以吸引媒介。如果觉得企业有关新闻事件符合报道方针与策划要求，媒体也会主动予以报道。另外企业也要积极主动进行公关，与媒体保持良好的合作关系。

5. 通过多种活动传播

企业会通过多种活动进行企业文化的传播，比如评比与表彰、愿景上墙、安全演练、拓展训练、征文活动、运动会、文艺晚会等多种活动都是良好的传播载体，应该统筹安排，发挥出各自的传播效能。

企业在绩效考核的基础上，对表现突出、贡献突出者予以表彰是有效的企业文化传播载体。一般来说，企业至少应该以月为单位及时表彰先进个人与团队，尤其要表彰先进个人，树立公司内部的英雄模范人物，激励公司员工的积极上进心。表彰的方式可以是口头的，也可以是正式的，也可以通过宣传板、公司内网、公司简报等载体让整个企业或者整个部门都知道被表彰者及其事迹。

企业所举办的活动很多，有的活动可以结合工作进行，有的活动可以与培训相结合，有的活动则和娱乐紧密结合。这些活动对于企业文化的传播都有具体过程与特点，在此就不一一赘述。

导入案例

联合利华的商标设计

1929 年，英国 Lever 公司与荷兰 Margarine Unite 公司签订协议，组建了联合利华（Unilever）公司。经过 80 年的发展，如今的联合利华公司已经成为一家拥有多个世界知名的食品、饮料、清洁剂和个人护理等产品的上市公司，是世界上最大的日用消费品公司之一，在全球拥有超过 172 000 名雇员。2012 财政年度，公司全球全年销售额约 700 亿欧元。

联合利华有着悠久的历史，经历了 20 世纪的经济繁荣和萧条，也受到了新世纪的科技冲击，但联合利华的发展并没有停，它依然不断地开发新产品，致力于让大众过上更舒适的生活。

蓬勃的生命力正是联合利华企业文化的最佳诠释，同时也是联合利华企业精神的最佳体现。由此可见，联合利华的成功来自它孜孜不倦地对产品的研发，也来自它对消费大众的关爱与体贴。

联合利华的原始标志是以联合利华的英文名的首字母为原型的蓝色大"U"形标志，棱角分明的设计体现了品牌硬朗、稳健的企业文化。而蓝色又给人以轻快、干净的感觉，与其日化用品的品牌类型相吻合。

但是由于社会环境的不断改变和企业自身产品多样性急需统一等问题让联合利华也不得不着手改变自己的企业标志，以迎合新的市场需求。

进入 21 世纪，企业标志的设计理念已与企业的营销战略重合，重视品牌、重视发展前景已经成了企业标志在设计方面的新立意。联合利华（中国）对外关系董事曾锡文先生说过："旧标志传达了一种力量和稳健的含义，但它并不足以体现公司的抱负，它与联合利华的品牌放在一起不够协调。我们认为如果公司品牌要在其他领域变得形象更清晰、意义更深远，我们就需要一个新的标志来支持公司品牌的新战略。"可见就联合利华企业标志的更换上，不只局限于对社会环境的最新应对，公司的战略发展才真正地起到决定性作用。

　　联合利华的新标志是由著名品牌咨询机构 Wolff Loins 公司设计的。它最初是由近百个小图案组成的联合利华公司标志性的"U"形标志，由于图形过于纷繁，所以即便在标志的创意上广受好评，但在使用上却不甚理想。于是，经过几个月的重新修改，诞生了今天这个样式的联合利华新标志。新标志由 25 个小图案组成，每个图案又有自己独特的含义，比如一片 ，象征着植物精华如茶叶，也代表耕耘和成长；一只 ，象征着从繁重的家务中解脱出来享受自由。除了代表着让人们更健康、长寿，更具活力的价值观外，这些小图案又都可以自由地拆分运用在各种新媒介上。比如图案中的一朵花代表芳香，当它和一只手的图案结合时，可以被用来代表生产滋润乳霜的部门；再如 ，既可以表示清新与活力，也可以代表个人清洁用品，当和衣物图案结合时还可表示洗衣粉生产部门。

　　该标志于 2004 年 7 月 1 日正式启用，新标志很好地传递出联合利华的使命：让您感受更具活力的生活；让我们的产品为您提供更好的服务；让您心情愉悦、精神焕发，享受完美的生活。

　　联合利华公司就是运用了标志这一视觉媒介，在消费者心中留下了对品牌和企业有益而深刻的印象。而且联合利华多元素的标志设计，在立意上和品牌标志上都有可分可合的使用优势。如浪花标志本身代表干净、整洁和舒适。而跟衣物图标相组合就象征着干净洗涤的寓意。由此可见，这 25 个小图标不仅可以分别代表各自的品牌特征又可以互相组合体现本企业的综合特色，凸显联合利华对生命力的追求。

　　联合利华是一家集合多种日用产品的综合性企业。立顿、奥妙、力士、多芬、和路雪等品牌都是联合利华深入人心的品牌，这些产品分属于其不同的产品类型，就如企业标志中的多种图标一样，象征活力、向上等寓意的 25 个小图标林林总总地涵盖了整个企业的所以产品类型，而这 25 个小图标又同时组成了一个蓝色的大"U"形图标，寓意温馨与洁净的同时，也展现了企业的产品理念和企业文化。

　　联合利华的品牌大多提倡旺盛的生命力，而联合利华的企业文化也提倡这种对消费者自然的呵护，而且蓝色的大"U"标志设计给人以温馨与洁净的印象，与其企业形象相吻合。正如联合利华的 CEO 帕特里克·塞斯克所说："如果联合利华真的代表着生命力，如果联合利华的员工也信奉这种使命，那么这个观念就会走进联合利华所做的每件事情中，包括人们所做的决定，他们创造的新观念，以及他们所承担起的对未来的义务。"

　　所以，一个好的企业标志承载着企业的文化及理念，还有企业高层对于企业员工的期许，由此可见，好的企业标志设计也对企业的发展起着重大的作用。

第二节 企业文化管理创新

一、企业文化管理创新的含义

（一）创新的含义

创新是指以现有的思维模式提出有别于常规或常人思路的见解为导向，利用现有的知识和物质，在特定的环境中，本着理想化需要或为满足社会需求，而改进或创造新的事物、方法、元素、路径、环境，并能获得一定有益效果的行为。

创新是以新思维、新发明和新描述为特征的一种概念化过程。它原意有三层含义，第一，更新；第二，创造新的东西；第三，改变。创新是人类特有的认识能力和实践能力，是人类主观能动性的高级表现形式，是推动民族进步和社会发展的不竭动力。

（二）创新的作用

（1）创新是一个民族进步的灵魂，是一个国家兴旺发达的不竭动力。

（2）对一个企业而言，创新包括很多方面：技术创新，体制创新，思想创新……简单来说，技术创新可以提高生产效率，降低生产成本；体制创新可以使企业的日常运作更有秩序，便于管理，同时也可以摆脱一些旧的体制的弊端，如科层制带来的信息传递不畅通。

（3）思想创新是一个比较重要的方面，领导者思想创新可以使企业保持正确的前进方向。

（4）员工的创新可以给企业带来更大的效益。

（三）企业文化管理创新的含义

企业作为一种以人与人的组合为基础的经营活动主体，其经营行为必然最终都要人格化，也就是说，企业是人格化的企业，企业的所有活动最终都要靠人来执行。正是因为如此，企业的制度创新，企业的经营战略的创新，最终都必然会体现在人的价值理念中，也就是以企业文化的形式表现出来。这里所讲的企业文化，就其形式来讲，它属于人的思想范畴，是指人的价值理念；而就其内容来讲，则是企业制度和企业经营战略等与企业相关的活动在人的理念上的反映。因此，企业文化也是企业高效发展的一个极其重要的问题。

二、企业文化管理创新的内容

1. 管理理念创新

管理理念是企业从事经营管理活动的指导思想，体现为企业的思维方式，是企业进行管理创新的灵魂，企业要想在复杂多变的市场竞争中生存和发展，就必须首先在管理理念上不断创新。而要更新理念，管理者必须打破现有的心智模式的束缚，有针对性地进行系统思维、逆向思维、开放式和发散式思维的训练，并通过综合现有的知识、管理技术等，改进与突破原有的管理理论和方法。管理者只有勇于创新，敢于追求新事物，乐于解决新问题，才能使管理活动成为一种乐趣，其产生的社会经济效益也是难以用价值衡量的。而这一局面的创造，其最根本的在于管理者和管理组织的观念创新。

2. 管理制度创新

制度创新（Institutional Innovation）是指在人们现有的生产和生活环境条件下，通过创设新的、更能有效激励人们行为的制度、规范体系来实现社会的持续发展和变革的创新。

3. 技术创新

以现有的知识和物质，在特定的环境中，改进或创造新的事物（包括但不限于各种方法、元素、路径、环境等），并能获得一定有益效果的行为。创新包括工作方法创新、学习创新、教育创新、科技创新等，科技创新只是众多创新中的一种，科技创新通常包括产品创新和工艺方法等技术创新，因此技术创新是科技创新中的一种表现方式。

三、企业文化管理创新的方法

企业文化管理创新有头脑风暴法、类比创新法、信息交合法等多种方法。

1. 头脑风暴法

头脑风暴法进行组织群体决策时，要集中有关专家召开专题会议，主持者以明确的方式向所有参与者阐明问题，说明会议的规则，尽力创造融洽轻松的会议气氛。一般不发表意见，以免影响会议的自由气氛。由专家们"自由"提出尽可能多的方案。

其实施方式是：

（1）召集有关人员。

参加的人员可以是团队成员，可以是同行业的专家，也可以是不同行业的人员，甚至可以是毫不相干的人员，参加人员以想要去实现的创新目标而定。人数在 6～12 人为好，如果人数太多，建议分成若干个小组。

（2）选择一个合格的召集人。

具备下列条件：

◇了解召集的目的；

◇掌握头脑风暴法的原则；

◇善于引导大家思考和发表观点；

◇自己不发表倾向性观点；

◇善于阻止相互间的评价和批评。

（3）选择一个舒适的地点。

选择的地点应该具备下列条件：

◇一间安静、温度适宜、光线柔和的会议室，也可以是户外，如草地上、树阴下；

◇严禁电话或来人干扰；

◇最好有一台性能良好的录音机，能够把全过程录下来，或者快速记录；

◇有一块白板以及相应的书写工具。

（4）会议的操作。

◇召集人在会议开始时要清楚会议的目的、需解决的问题、头脑风暴法的游戏规则等，头脑风暴法一次一般只讨论一个问题，如问题过多，可分为几个独立的"头脑风暴"；

◇如果时间允许，可以让参与者每人先就所需解决的问题独立思考10分钟左右；

◇要求每个人对自己的方案简单说明，切忌过多解释，让人明白你在说什么就行；

◇鼓励由他人的方案引出新的方案；

◇指定一位至两位写字速度快的记录员，把每一种方案写在白板上，使每个人都能看见，以利于激发出新的方案；

◇时间一般不要超过90分钟。有时十几分钟、半个小时也可以。结束时表示感谢。

2. 类比创新法

类比创新法，可以以企业外部事物或已有的发明成果为媒介，比如其他公司的企业文化，并将它们分成若干要素，对其中的元素（企业精神、企业目标等）进行讨论研究，综合利用激发出来的灵感，来建设公司企业文化或解决问题的方法。

具体操作步骤：

（1）准备阶段。

1）确定会议室和会议时间；

2）确定参加人员约十名，参加者可以为不同专业的研究人员，但须是内行；

3）指导员应具备使用本方法的一切常识及细节问题，如两大思考原则、四种模拟技巧、实施要点等。

（2）实施阶段。

1）主持人向与会者介绍本方法的大意及实施概要以及四种模拟技巧、两大思考方式等；

2）主持人先不公开议题，而介绍与研究课题有关的更广泛的资料，引导与会者进行讨论，启发他们的灵感；

3）当讨论涉及解决问题时，主持人再明确提出来，并要求参加者按两条原则和四种模拟法积极构思解决问题的方案；

4）整理综合各种方案，寻找出最佳方案。

当人们按照常规思考问题时，常常受到经验的支配，不能全面地、正确地分析事物。而倒过来想一下，采用全新的观点看事物，却往往有所发现。这种发明技术法叫作逆向思考法。

3. 信息交合法

信息交合法，又称"信息反应场法"，是一种在信息交合中进行创新的思维技巧，即把物体的总体信息分解成若干个要素，然后把这种物体与人类各种实践活动相关的用途进行要素分解，把两种信息要素用坐标法连成信息标 X 轴与 Y 轴，两轴垂直相交，构成"信息反应场"，每个轴上各点的信息可以依次与另一轴上的信息交合，从而产生新的信息。

第三节 企业文化与管理文化模式

现代知名企业在实行国际化经营与竞争中，创立了各具特色的管理文化模式。这些管理文化模式对塑造现代企业文化和企业形象具有深远的意义。

一、矢志称强：一种风险经营管理的文化模式

现代世界知名企业的成长和发展，始终贯穿着一种企业文化和企业精神，它的思想精髓就是"称强"和"风险经营"。这些企业善于将这种思想精髓演化成自己企业的一种管理文化模式，贯彻于企业运营的全过程。例如，第二次世界大战后日本涌现出的松下、索尼、丰田等一大批称雄于世的公司，都矢志赶超世界一流企业，立志在全国乃至全世界的市场上争夺"霸主"地位，力争自己的产品"称雄"于国内外市场。

"称强称霸"的意识同样也表现在 20 世纪 80 年代以来的华人企业家中。被日本人称为三大世界性金融势力（即华人金融势力、犹太人金融势力和伊斯兰人金融势力）之一的华人金融势力，形成了不断加速的大规模资本运动和投资狂潮。新加坡的郭芳枫，印度尼西亚的林绍良、李正文，马来西亚的郭鹤年，泰国的陈有汉，以及中国香港特区的李嘉诚、邵逸夫、郑裕彤，中国台湾地区的王永庆、辜振甫等世界瞩目的企业家，都是以自己矢志称强的气概称雄于世。没有立志称强的意识和大胆的风险经营作风，就不会有事业的成功，不可能成为国际化经营的强者。

日本索尼电器公司涉入电子行业时，就立志成为全球高技术产品的代表，先后将美国贝尔实验室科学家威廉·肖克利等发明的半导体晶体管开发研制成世界上第一台半导体收音机，把美国人金斯伯格发明的录像机技术变成录像机产品，开创了家电微电子化的先河，使企业跃居世界之冠。

美国通用电气公司在刚进行跨国经营之时，面对各地政治、经济与地区风俗习惯不同的挑战，前景变幻莫测，公司总裁认为，风险与机遇同在，没有风险经营胆识，就不可能拓展国际市场。现在它成了国际经营最优秀的企业之一，年销售额达 64 亿美元。

风险经营的管理文化模式，使全体员工同心同德、化风险为战胜困难的具体措施和力量，最终化险为夷。

彼得·德鲁克认为，在富有开拓精神的管理中，最关键的问题就是风险经营。在风险经营中需要做到以下几点：

1. 把注意力集中在市场上

对于一家新风险企业未能达到它期望要达到的目标，或者根本无法生存下去的一个通常的解释是：在别人出来夺走我们的市场之前，我们干得不错。但那些人开始向我们从未听说过的顾客出售产品，突然间，他们便夺走了市场。凡是真正的新东西都能创造出人们以前从未想到过的市场。在施乐公司的第一台办公室复印机于 1960 年左右问世之前，谁也不知道是否需要一台复印机。五年以后，任何一家公司都离不开复印机。当第一批喷气式飞机开始飞行时，最好的市场调查机构指出，甚至没有足够的乘客来乘坐当时已经在飞行或正在制造的飞越大西洋班机。五年以后，飞越大西洋的喷气式飞机每年的客运量为以前越洋客运量的 100 倍。实际上，创新者的眼光是有限的，患有视野狭窄症，他只看到他所熟悉的领域，其他领域都排除在外。

计算机的情况就是这样。第一家销售计算机的公司通用自动计算机公司知道，它的这种了不起的机器是为科学工作设计的。所以，当一家商业公司对这种机器表示感兴趣时，它甚至不派推销员去看个究竟。国际商用机器公司同样认为，计算机是从事科学工作的工

具，它们自己的计算机是专门为天文计算设计的。但是，国际商用机器公司愿意接受商业公司的订货和为它们服务。十年以后，即 1960 年，通用自动计算机公司仍然拥有最先进和最好的机器，但是，国际商用机器公司则占有了计算机市场。

对尚未上市的东西是无法进行市场研究的。1950 年前后，通用自动计算机公司的市场研究报告得出的结论是：到 2000 年，将销售 1000 台计算机；1984 年的实际销售量却为 100 万台。但这却是以前从未进行过的最"科学"、最仔细和最有力的市场研究。研究只错在一个地方：它一开始就像当时人人都认为的那样假定，计算机是用于高级科研工作的。如果只用于这一用途，销售量确实是很有限的。同样，拒绝施乐公司的专利权的几家公司之所以这样做，也是以详尽的市场研究为依据的。

由此看来，新的风险企业必须一开始就假定，它的产品或服务可能在设计这种产品或服务时根本就没有想到在市场上找顾客，用于根本没有设想到的地方，并由新风险企业没有想到的甚至根本不知道的顾客来购买。

如果新的风险企业不从一开始就这样把眼光盯着市场，它就可能为竞争者创造市场。几年以后，"这些人"就会出来夺走"我们的市场"，或者突然开始"向我们从未听说过的顾客出售产品"的"另外一些人"确实就会先于我们抢占市场。

创办新风险企业的人必须把时间花在外面，花在市场上，同顾客和自己的推销人员待在一起，研究情况和听取意见。新的风险企业必须制定一些日常条例来不断提醒自己，一种"产品"或"服务"要由顾客而不是生产者来确定。在产品或服务给顾客带来的用途和价值方面，它必须不断地向自己提出挑战。

对新的风险企业来说，最大的危险就在于自以为是地认为自己比顾客更了解产品或服务是什么样的或应该是什么样的，应该怎样去购置和有什么用途。新的风险企业必须愿意把出乎意料的成功看作是机会，而不把它看成是对自己的专业知识的冒犯。它必须接受营销术的一个基本原理，即企业的任务不是去改造顾客，而是使顾客得到满足。

2. 金融上的远见

不把注意力集中在市场上是刚创业的新风险企业的通病。这是新风险企业初创时期的最严重的病症，即使对那些生存下来的新风险企业来说，这种病症也可能成为妨碍企业发展的长期因素。

在新风险企业发展的下一阶段，最大的威胁则是对金融方面注意不够和缺乏正确的金融政策。这首先是对迅速发展的新风险企业的威胁。新风险企业取得的成功越大，缺乏金融上的远见带来的危险也就越大。假定一家新风险企业成功地推出了产品或劳务，并取得了迅速的发展，它报告说"利润迅速增加"并作出乐观的预测。于是股票市场"发现了"这家新风险企业，特别是如果这是一家高技术企业或是其他目前时兴的企业的话，许多预测认为，这家新风险企业的销售额将在五年内达到 10 亿美元。18 个月以后，这家企业垮了。它可能并没有消失或破产，但突然出现了大量亏损，在 275 名雇员中解雇了 180 人，辞退了总经理，或是这家企业以低廉的价格卖给了一家大公司。原因经常是同样的，即缺乏现金；无力筹集为进行扩充所必要的资金；由于开支、存货和应收账款等一片混乱而失去控制。这三种金融上的毛病通常同时并发。但是，每一种毛病本身都能危及新风险企业的健康，即使不是危及生命。

一旦发生了这种金融危机，克服起来极为困难，要付出很大的代价，但是，这种危险显然是可以防止的。创办新风险企业的企业家是很少不考虑金钱的；恰恰相反，他们往往非常贪婪。因此，他们把注意力集中在利润上。但是对新风险企业来说，这样做是不对的，或者应该最后，而不是最先考虑利润问题。在早得多的时间里应该考虑的是现金流量、资金和控制问题。没有这些，利润数字只是虚数，也许 12~18 个月内利润不少，但随后会烟消云散。

发展必须加以培育。在金融上，新风险企业的发展需要增加资金投入，而不是抽走资金。发展需要增加现金和增加资本。如果发展中的新风险企业出现"盈利"，那是虚的，账本记上这笔账只是为了平衡账目。由于在大多数国家中对这种虚账是要征税的，它造成了负债，导致现金枯竭，而不是"盈余"。一家新风险企业越健全，发展越快，需要投入的资金就越多。

3. 建立一个高级管理班子

企业营业额上不去，盈利、质量或其他任何重要的方面都不起作用，其原因是缺乏一个高级管理班子。企业的发展已经超出由一两个人管理的规模。它现在需要一个高级管理班子。如果那时它还没有一个已经建立起来的班子，那就为时已晚——实际上常常是太晚了。那时，所能抱的最好希望是，企业不要垮台。但是，它很可能永远瘫痪或遭受多年流血的创伤。军心受挫，整个公司的雇员失去了希望，变得玩世不恭。那些创建企业的人最后几乎是被迫离开这家企业，痛苦而懊恼。

应立即建立一个高级管理班子，班子要建立在互相信任、互相理解的基础上。这种关系需要几年时间才能建立起来。

二、"先予后取"的经营模式

一个企业要成功，就要付出某种经营代价来换企业的效益。"先予之，后取之"是一种成功的经营之道。

日本企业的公益经营就是"先予后取"的典型经营模式。它们跳出了纯商业思维定式，在公益服务中求得新的生机。20 世纪 80 年代中期，日本企业家研究中东市场，发现埃及政府拨出一批专款治理沙丘、改造生态环境。为此，日本企业拨出巨额研究经费，推出树脂植物生长盘产品，这种产品能大量吸收和保持水分，适应植物生长对水的需要，他们主动到埃及去免费试验推广，获得了成功。由此，使埃及改造沙漠的计划得以实施，日本企业从中得到大量产品市场。

公益经营是在提供公众服务过程中扩大企业影响、吸引消费者的，比单纯产品宣传与推销的效果更佳。企业能把服务扩大化，把为公众服务作为己任，从而会带来更佳的经营效益。

日本富士胶片公司在 20 世纪 80 年代初把夺得美国市场、击败柯达胶片公司作为内定的企业目标，为此积极开发生产适合美国消费者的新产品，同时，花巨资取得了洛杉矶奥运会赞助权。采取了一系列"先予之"的营销策略之后，把富士推上了与柯达同名的企业地位。法国轩尼诗 XO 白兰地酒在进入中国市场之时，精心策划了由一艘古代四桅杆帆船历经 8 个月海上航行，到达上海码头时，组织有爵士乐队和中国传统舞狮开道的大型宣传活动。这家企业在中国一瓶酒未售的情况下先支付宣传费 1200 万美元。现在这种酒在敲开中国大门之后，年销量达 800 万瓶。

从投入产出的规律看，没有投入就不会有产出，"支付""给予"是"收入""取之"

的必然代价。不过，在许多情况下，支付与投入、给予和取之有着时间上的距离，更有一定比例的内在联系，一般支付与收入成正比。我国"马家军"在破万米长跑世界纪录的当天，日本、美国的4家企业立即发来电报，甚至来人，要求成为中国田径队的赞助商，可见，这些企业经营决策者的支付观念和经营灵感十分强烈。企业必须从战略高度来看待"先予后取"的经营思想。

予之和取之是企业经营的辩证法。有人认为，企业除了为社会提供有价值的产品外，最基本的和最重要的是谋取最大利润。为此，不少企业采取多种方法，唯利是图，结果效益不佳。而成功的企业采用"利益循环"的辩证经营模式，有效地指导了企业的经营活动。

日本吉田公司创办时只有3个人，现已发展到年销售25亿美元，业务活动涉及五大洲的跨国公司。该公司的成功秘诀是始终坚持"利益循环"原则，它们将所获利润分成三部分：一部分通过低廉价格销售优质产品转移到消费者身上，这是"予之"的第一环节；一部分交给销售产品的经营商和代理商，这是"予之"的第二环节；一部分用来改良工厂自身。公司总裁吉田忠雄的信条是：只要在经营中坚持把利益给予别人，那么就会回归给自己；若不施惠于人，自己就不会成功。

从市场大系统看，把消费者、经销商和企业生产者看成是一个整体，建立起相互依存与发展的动态关系，使企业发展及利益良性循环，不仅源源不断地产生效益，还使企业利益真正最大化。

三、三种有效的管理模式

日本的"走动式"、欧美的"合拢式"、东南亚的"抽屉式"是20世纪80年代风靡世界的三种管理模式，它们对今天的企业管理来说仍然是值得借鉴的。

"走动式"，是指企业家身先士卒，深入到企业员工之中，体察民意，了解真情，沟通意见，与部属打成一片，共创业绩。这种模式在东方文化背景中更显其卓越性，并有突出成功之例。如主管动、部属也跟着动。日本经济团体联合会名誉会长土光敏夫正是以"身先士卒"的做法，一举成为日本享有盛名的企业家。早在他接管东芝电器业之前，东芝已不再享有电器业摇篮的美称，工厂经营成效低落，生产每况愈下。土光敏夫走马上任后，采取了与前任会长不同的做法，每天巡视工厂，遍访了东芝设在日本的30多个工厂，他多是利用上班的余暇出访，与工人一起吃饭、喝酒、闲话家常。清晨，他总比别人早半个小时站在厂门口，向工人问好，率先垂范。员工受此气氛感染，促进了相互间的沟通，这样做有利于针对问题，找出各种对策，现场解决问题，员工士气大振。不久，东芝的生产效果又恢复正常。

"走动式"是一种看得见的管理模式。企业主管经常走动于生产第一线，与员工见面、交谈，希望员工能够对他提意见，能够认识他，甚至与他争辩是非，是一种现场的管理。日本企业的主管及其幕僚们每天要洗三四次手，原因是他们的手是现场东摸摸、西碰碰弄脏的，主管每天都马不停蹄地在现场走动，处理问题。优秀的企业家总是深入员工之中，了解真情，多听一些"不对"，而不是听一些"好"话，不仅关心员工的工作，叫得出他们的名字，而且关心他们的衣食住行。员工们就觉得企业主管重视他们，工作自然十分卖力。一个企业有了员工同心同德的努力和支持，自然就会兴旺发达。

"合拢式"是欧美盛行的管理模式。"合拢"是希腊语"整体"和"个体"合成的词，用来表示一种新观念，即管理必须强调个人和整体的配合，创造整体和个体的高度和谐性。它的具体特征是：既有整体性，又有个体性。企业的每个员工对企业有"使命感"，"我就是企业"是合拢管理中一句响亮的口号。这种管理模式孕育了企业员工的自我组织性。企业是由每个人支撑着的，而那些具有创新精神的人作用更大。因此，放手让下属做决策，自己管理自己，尽情为企业贡献力量。每个人的生活经历、学识水平各不相同，会产生不同的看法和做法，要促使不同的看法、做法相互补充交流，使一种情况下的缺点变成另一种情况下的优点。

"合拢式"发挥个体分散与整体协调相统一的优势。按合拢管理的特点，一个组织中的单位、小组、个人都是整体中的个体，个体都有分散性、独创性，通过协调性树立整体的形象。合拢管理促使整个企业与个人之间形成一种融洽和谐、充满活力的气氛，激发人们的内驱力和自豪感。

"抽屉式"管理模式流行了东南亚，它形容在每个管理人员办公室的抽屉里，都有一个明确的职务工作规范，与他们每个人的职、责、权、利相统一。在管理中，既不能有职无权，更不能有权无责，必须职、责、权、利相互结合。

四、人本管理文化模式（一）

日本传统文化中的许多东西，是直接从中国移植过去的。儒家、释家（佛家）和道家的思想，特别是儒家的伦理文化，至今是日本文化传统中的重要构成要素，它形成了日本企业的一种管理模式，它不同于西方个人至上而强调群体意识，强调把人本作为企业管理的出发点。

日本的管理类书籍把人事的管理列为企业管理分类之首，它们从"企业即人"出发，认定"人事管理是极为重要的项目"。在日本企业管理学家近藤次郎看来，人本管理就是一种依靠互相交心的方法，使每个人正确认识他在组织中应完成的任务和担负的责任，同时必须使他们能最大地发挥他们的能力，使在组织中劳动的个人感到满意，体会到生活的意义。管理的目的主要是发挥所有人的干动。人管理人取得成功的状态是引导组织中所有的人都鼓起干劲，这方能说是高明的管理；被管理者不觉得自己是被人管理，每人都向自己喜爱的方面奋发努力，这时自然能达到集体或组织的目标。

人本管理需要把对人的管理分成两个层次来理解：

（一）自我管理

自我管理，是指应重视企业中的每个员工的个人自尊心，它可分为"健康的自我管理"和"作业（工作）的自我管理"。

"健康的自我管理"，是指自我管理身体健康和自我管理精神健康，可通过读书以学习前人的教诲，或接受信仰（宗教）以改变心境，求得精神的宁静。它要求既把自己作为对象，又把自己当作管理者。

"工作的自我管理"主要指在企业中推行的"质量管理小组"等活动。它系车间的作业集体，为提高作业效率，防止次品和提高质量，自己用特性因果分析图等方法，通过讨论，自己进行改进的活动。这样就超越了组织和职务上的等级差别，通过自己的努力，自行控制全体成员的集体行为。

（二） 集体管理

集体管理，即以集体为对象的管理。这里强调等级职务和服从，资本主义社会通常是给管理者以高薪，组织中的成员也就为有朝一日升为管理者而刻苦努力，这样做，在某种意义上说，可依靠竞争和上进心来维系这个组织以达到目标。在集体管理模式中，采取的方法首先是提高成员的自觉性，其次是自我批评。在集体管理中，如果害怕一部分成员管理其他成员的做法会恶化关系，那么，进行自我批评就不用担心这种情况。

人本管理相当强调集体管理中的自我管理，而且被越来越多的企业所接受和应用。事实上，这是集体管理的一种巧妙的方法。日本的有些企业废除了部、科长制，分成不同的功能集团，作为小组逐渐推行自我管理，还有因采用了这种模式参与经营活动而实现了劳资关系的协调，取得了成功。这种理想的人与人的关系，不急于求成，平时进行充分的教育和思想交流，最终实现这种关系。

五、人本管理文化模式 （二）

日本企业管理的成功很大程度上得益于人本管理，在人力调配最优化、工作效能最优化、产品和销售最优化、人的积极性激励、参与管理最优化这五个方面贯穿人本管理和以人为中心的管理。

（一） 人力调配的最优化

日本的大企业近年来为获得富有新思想、具有开拓性的人才，以便进可"抢人"，退可"留人"，对原来刻板的人事制度进行了大幅度的改革，以职位的平等竞争来推动企业的发展。

利用竞争机制促使企业内部管理人才选拔的创新。日本许多大公司对于内部的职缺，或开拓新事业所需的人才，除照常录用大学生外，开始尝试内部公开招考制，层次从中层干部一直到新事业的负责人。例如，富士金录公司从十年前实施一项每年一次的"向新事业挑战"的计划，以"你是总经理"为广告标题，在公司内公开征求新事业企业规划方案，经过审核被认可的方案，即由新事业开发部门筹划实施；同时，以公司出资90%，原提案人出资10%的方式建立新公司，提案人即成为新公司的总经理。目前，富士系统顾问公司和机械模型制作公司就是通过这项计划成立的。经实践及事后的评估，按这种方式成立的新公司，可获得广大员工的信任，有效地调动了他们的工作积极性，对企业来说，将有助于新事业的开发。

为防止业务分类过于繁杂、组织机构过于庞大的"大企业病"，许多大企业相继撤除了组织间的壁垒，以使人员流动更为灵活，这可使每个人的个性和创造性得到充分的发挥。如日本第五大商社三菱商事即是先公布各部门的职缺，在每年12月至第二年1月接受申请，2—3月审核确定，4月即上任。此项制度的特点是，想换工作的人可以不通过直属上司，直接向人事部经理提出申请。多年的实践表明，由于这些员工是自动请调，他们的能力和热情都得到了充分的肯定和发挥，新部门也由于得到这支生力军的加入，竞争力大大提高。其中拥有最多转入者的三菱财务部，也因此而成为三菱商事中最强的部门，年收益已达300亿日元。

（二）工作效能最优化

随着新技术革命的发展和智能科学的运用，为适应员工劳动结构及工作机能的重大变化，企业劳动工作制度正在发生变革。劳动工作管理正向着灵活机动、宽松宜人的管理模式转变。

人本管理文化模式认为，人的个性机能决定了人在不同的时间有不同的工作效率，如果规定统一的工作时间，就不能最大限度地发挥人的最佳工作效能。因此，许多企业家都着手在企业内部开发部门试行自由时间制和弹性工作时间制。智能型的管理部门及其岗位上的一部分员工，可根据工作需要和生活习惯，完全自由地安排工作时间，使一部分"宝贵人才"有一个宽松的工作环境，在最佳时间内发挥最佳创造效能和工作效能。日本 TDK 公司首批实行自由时间制的 50 名千叶技术中心的研究人员，只规定在上午 6 时至晚上 10 时之间有一个小时以上的工作记录便可。现在，日本已有近 400 家公司 5000 多名研究人员在这种自由宽松的环境中创造了比过去更为理想的工作业绩。

20 世纪 80 年代后期，在日本和亚洲"四小龙"等国家和地区，兼职教授、技师、工程师、设计师、建筑师、机械师等逐渐成为普遍现象。日本和欧美的大企业集团过去严格禁止专业人员兼职服务，职员只能效忠于一家公司。近年来，一些企业接受了文明管理思想的影响，逐渐开放了，取消了一些限制，一专多能的技术人员可以同时受雇于多家公司。当然，前提是服务好主公司的本职工作。

这种模式有利于发挥人的主观能动性，最大限度地挖掘人的创造潜能。心理学家认为，人的创造潜能永无止境，高智能的技术人才更是如此。主观能动作用的发挥可分为两种，即主动性发挥和被动性发挥。前者是自觉自愿的，后者是被动的，受外部意志支配驱动的，非自觉的。显然，改革工作制度能使人们主动地发挥自己的创造潜能，尤其是当自己的权益、义务与其所从事的职业的变化、兼顾等途径相联系，并获得理想效果时，这种发挥往往能达到最佳境地和最大限度。

人本管理文化模式认为，生命的意义在于时间的充分、合理地利用及其人生价值的实现。实行这种管理制度，可给劳动者适当的空间调节，既可使劳动者科学安排劳动时间，提高岗位劳动效率，又可适量增加社会劳动时间，根据需要协调劳动过程，以提高综合劳动效能，也有益于劳动者心理和生理的保护。它有利于推动社会各种产业的发展，多方位地实现人的价值。人的才能是多方面的，价值是无限量的。人的才能只有在多方位的施展中才能得以释放。而传统的固守一岗一位，老死于一家单位一个岗位的工作制度，只能禁锢人的思维，抑制人的才能。许多才华横溢、足智多谋的人才便是这种传统工作制度禁锢下的牺牲者。改革工作制度，允许人们兼职服务、交叉任职等，不仅有利于人才发挥多种智能优势，施展多方面的才华，而且也有利于推动企业的发展，多方位实现人的价值。

（三）产品和销售最优化

为了适应国际和国内市场的需求，世界上许多大公司采取满足各种人需求的产品和销售最优化策略，以反映各种人的需求。日本松下公司是在高度的生产技术和庞大的销售网络的基础上建立起来的。公司创建人松下幸之助以前提出"水道哲学"，即提倡大量生产、大量销售的经营策略，这在产品供不应求的年代是有意义的，但在市场趋于成熟、商品充裕的情况下，就得改变经营策略，用 MTM 取代"水道哲学"。所谓 MTM，是指敏感地反映各种人的需求，使产销一体化，促进生产销售渠道的畅通。他们为了及时掌握商情，还建立了庞大的情报网络系统，这一措施也大大加快了商品流通的效率。

自从晶片问世后，只要在消费科技产品中加上一片晶片，便可使产品多一种功能，于是各类产品功能越来越多，结构越复杂，操作也越来越专业化，这反而给人们带来不便。理光公司曾做过一项调查，在使用多功能键的传真机的人中，从来没有使用过 3 个功能的人占 95%，原因是他们不懂得怎么用。许多企业家、博士、艺术家每天都瞪着具有几十个按钮的电话或影印机发愣。家中操作复杂的录像机、激光唱盘、数位电子钟等也同样复杂，当他们看不懂某种复杂的新产品的使用手册时，宁可放弃购买这种产品的打算。因此，许多企业不再将复杂当作产品成熟的标准，转而采用"傻瓜化"产品的研制。

(四) 人的积极性激励

世界许多大企业十分强调对企业员工的积极性激励。第二次世界大战后数十年来，日本经济高速增长，两次顺利度过"石油危机""日元升值危机"，成为世界第二经济大国。避开东南亚金融危机而不论，在此前它成功的奥秘究竟何在？经世界许多经济学家分析，重视经营权、淡化所有权是其重要原因。这也是日本股份制企业与欧美企业最大的差别。第二次世界大战后日本取消了严重干涉企业经营的财阀控股公司，随之使股份高度分散化。有的企业股东多达几万人，甚至十几万人，一般大企业的法人股东持股率最多不超过10%，私人股东持股率更低。例如，松下集团创始人松下幸之助所持股份也仅有 2.3%。正因为如此，企业所有权的概念淡化，股份高度分散使股东大会变得有名无实，企业的实权掌握在以总经理为首的经营者手中。

法人持股大于私人持股是日本股份制企业区别于欧美企业的另一特点。企业的股票在法人手里，就是说，日本大部分股份制企业是企业间相互持股的，对此，日本采取了限制私人持股率、提高法人持股率的做法。这样可以提高企业的经营自主权。因为法人持股的目的不是买卖股票以获利或分享高额的股息及红利，而是为了加强企业间的利益联系。因此，法人股东虽也参与和监督企业决策，但一般不干预企业的决策和经营。此外，法人持股还能促进企业集团和系列企业的合作关系。相互持股使企业集团和系列企业达到松散的联合，既能将企业之间的利益"捆"在一起，又不至于削弱某一企业的经营自主权。

淡化所有权后，企业的命运掌握在经营者手中，而企业经营者又通过诸如从员工中提拔经营管理人员等方法，让员工参与企业管理，共同分担经营风险；在员工中宣传"企业是大家"的思想，这样就形成了经营者、员工和企业的"命运共同体"。

(五) 参与管理最优化

人本管理文化模式强调让员工共同参与管理，强调企业发展与员工的关系，以命运共同体的形式调动员工参加管理的积极性。

企业鼓励员工参与生产经营活动，全员参加管理，不是简单的运动，而是要发挥每个人的积极性，尊重每个人的个性与特长，从而形成企业既有共性，又有各自特点的个性。这种"全员参加的管理"采用的是多种形式。质量管理小组的选题也是广泛多样的，如效率、安全、质量、设备、节能等。重要的是企业家要从实际出发，不搞形式主义，讲求实效。目标规定要十分明确具体，措施也要得力，这样才会有成效。

人本管理文化模式代表了现代企业管理的趋势，它不仅在西方，而且在改革开放以来的我国企业界也受到普遍的重视。

六、企业文化模式的选择

为了研究分析不同社会制度下、不同企业文化的共性和个性，有必要对不同形态的企业文化模式进行分析和选择。

(一) 选择企业文化模式的依据

社会生产关系决定企业性质，企业性质又决定企业文化的性质，而企业文化模式则是社会和企业生产关系的具体形式。社会经济文化生活和企业经营活动的一切方面、一切环节都会直接或间接地通过企业文化反映出来。在通常情况下，企业选择文化模式的一般依据是生产力发展水平、生产关系的性质、国情和企业个性。

生产力发展水平是决定企业文化模式的基本依据。劳动密集型企业与技术密集型企业或知识密集型企业，其文化模式各不相同。生产关系的性质规定了企业文化模式的社会经济性质，我国目前仍处于社会主义初级阶段，选择适合这个阶段的企业文化模式，有利于促进企业良好的人际关系，有利于满足员工不断增长的物质和文化生活的需要。

(二) 现阶段中国企业文化模式

现阶段，我国企业文化模式可分为单一型和混合型两大类。单一型包括经营目标类、团结创新类、质量技术开发类、市场竞争类、文明服务类。经营目标类就是浓缩了企业的经营宗旨，"概括地反映出企业追求的精神境界或经营战略目标"。团结创新类就是凝结了企业团结奋斗等传统价值观和拼搏创新的群体意识。质量技术开发类就是立足于某一优质名牌，不断开发新产品，不断开发新技术。市场竞争类就是注重企业外部市场环境，强调拓宽市场销路，争创一流效益。文明服务类就是优化为顾客、用户和社会服务的意识，做到服务上乘、一丝不苟、精益求精。

更多的企业采用的是混合型的企业文化模式，即把经营宗旨、经营战略、价值取向融合在一起。

有人把中国企业文化模式归纳为风险型、竞争型、稳妥型、保护型四种。风险型文化模式所关注的不只是企业眼前的利益，而是关心企业的未来，它们为未来发展的拼搏精神和投资意识都是不同凡响的。这些企业的领导决策果断，态度坚决。由于风险型存在着成功和失败两种可能，能够减少风险、战胜风险，往往会取得比其他企业更大的回报。竞争型文化模式既重视同其他企业的竞争，也重视企业内部部门之间和个人之间的竞争，善于通过各种竞争去解决问题、提高企业效率。稳妥型文化模式较多地看到已经取得的企业业绩，多有戒备的心理和守业的心态，一切求稳渐进。由于它们行动迟缓而往往失去经营的良机。保护型文化模式重视已有的管理规范的程序化，习惯一切照章办事，不思创新，对如何随环境变化创企业新路缺乏动力。四种文化模式各有利弊，如何扬长避短，去迎接企业未来的竞争和挑战，是企业管理的一个重大课题。

第四节　人才开发与人文管理

在企业管理中，重视人才开发，实施人本管理，是企业管理科学化的重要内容，也是管理文化的重要组成部分。

一、人力资源开发和尊重人才

有人把原子能、空间技术和人工智能列为新世纪的三大技术，而这三大技术的开发，离不开人力资源的开发。人才和人力资源开发，是指通过一定的手段，充分挖掘劳动者的潜力，提高劳动者的智力，改变劳动力的结构，改善劳动力的组织和管理，使劳动者和生产资料的结合处于最佳状态，从而取得最大的经济效益。

开发人力资源和实施人本管理，就是要尊重人才，要从战略高度认识培养高素质的劳动力后备军的重大意义。

人才、人力资源的开发，与人的情绪智力开发有很大的关系。情绪智力是一个正在心理学界流行的新概念。它是美国耶鲁大学心理学家彼得·萨罗维和约翰·梅耶首先提出来的。《纽约时报》科学专栏作家丹尼尔·戈尔曼系统地阐述了情绪智力理论。

情绪智力包含五种能力：①了解自己情绪的能力；②控制自己情绪的能力；③自我激励的能力；④了解他人情绪的能力；⑤维系良好人际关系的能力。

情绪智力也称为情绪商（Emotional Quotient），简称"情商"（EQ）。由于情商与智商（IQ）在字面上有较直观的联系，因而逐渐成为流行术语，但 EQ 不像 IQ 一样有一个具体的算术商数。对 EQ 的探讨正在深入并迅速影响了美国企业界。人们认为，IQ 决定录用，EQ 决定提升。这一说法在某种程度上反映了企业组织中的人力资源管理事实。人们用 EQ 来解释企业人员的绩效时，已举出众多的实例，如：EQ 影响产品推销员的成功、经理的业绩，甚至科研开发人员的成果等。

EQ 理论认为，一个人的情绪智力跟智商一样，有高低之分。情绪智力可以解释为什么同样智商的人会有不同的成就。因为它可以影响其他能力（包括智力）的发挥极限。这一理论给我们提出了人才开发、人才培训、职业测验的新思路。人才选拔在西方职业心理学中占有重要地位。研究者已提出多种职业测验量表。这些量表的核心是能力测验，辅以人格测验和兴趣测验，但都缺少情绪测验。而在职业测验中没有情绪智力的测量是不完善的。同样，在员工培训、人才开发中如果忽视了情绪智力的开发，也是不全面、不完善的。

EQ 理论指出，EQ 是习得的。它可通过学习和训练得以提高。这就指出了 EQ 训练的可行性。在实践中，经理培训课程一般分为两大类：一是基础管理知识和技能课程，二是直接与各项业务有关的岗位技能课程，但这种传统意义上的培训很明显是不足的，因为它缺少对情绪智力的培训。而低下的情绪智力将会阻碍能力的发挥而最终影响绩效。一个人的能力再高，若受情绪智力低的限制，他也将难有作为。为了提高人的情绪智力，必须学会聆听的技巧。此项课程能训练经理人员去掉那种与下属交谈时漫不经心、自我炫耀、敷衍了事等不良习惯，从而使他们对下属的情绪感受更加敏感，更能体谅他人的想法和期望。同时使下属时刻感到自己正在受重视。总之，应当把 EQ 培训作为人力资源开发的重要方面进行贯彻。

二、人文管理

人文管理力图塑造协调的人际关系，从而创造出极大的群体合力。任何一个企业成员，在他行使自己的职权和完成各种责任时，都不可能独立，总要和其他成员发生各种各样的关系。协调的人际关系可以增强企业成员之间的亲和力，促进他们的集体主义合作精神，从而有效地消除企业内耗。

在企业内部，适当地强调个人竞争的作用是必要的，因为它可以在一定程度上刺激个人的工作热情。但是，过分强调个人的刺激机制则可能引起群体内部个人之间的过度竞争，使部门之间和个人之间的协作精神丧失殆尽。现代企业分工精细，没有广泛的协作，任何产品的制造都是难以完成的，一个企业要实行人文管理，就必须发扬协作精神，鼓励所有的成员彼此合作。

人是管理的资源，而且是通过文化积淀、显现、发挥、开发的。人文资源与人力资源不同，它更加突显人的资源的文化意义与文化价值，因而往往体现为人的潜能，具有很强的再生性，是最丰富、最重要的资源。

在传统的管理方式中，一般是根据不同的管理对象来选择不同的管理手段。各种管理手段可能有关联，也可能毫不相关。而人文管理，由于强调集体的整合放大功能，因而各种管理手段之间必须保持相互协调、相互兼容的关系，以便使管理对象有机地结合起来，达到优化效应。

三、人才测评

人才测评是运用现代心理学、管理学及相关学科的研究成果，通过心理测验、情境模拟等手段，对人的能力水平、个性特征等因素进行测量，并根据岗位需要及企业组织特征进行评价，以求对人有客观、全面、深入的了解，从而有利于将最合适的人放到最适合的岗位，并在人与人之间获得完满的工作组合。

人才测评作为一种科学有效的人员评价手段，首先应用于战争中对军官和士兵的选拔，收到了良好的效果。目前大多数国家在选拔飞行员时都要对其进行测评。据估计，培养一名飞行员的合格率不到 1/3，有的甚至不到 1/5，即训练 5 个人，最后只有 1 个人能够飞行。而在测评选拔之后，合格率可以达到 1/2 或更高。这就是说在进行人才测评以后，每培养 4~5 名合格的飞行员就可以节省 1 吨黄金（每培养 1 名飞行员的费用相当于 1 个人的体重差不多的黄金）。

第二次世界大战后，人才测评开始广泛应用到各个领域，尤其是在企业管理中得到迅速的发展，企业广泛采用这一科学手段来招聘和选拔人员。在美国，1/3 的小企业和 2/3 的大企业都采用人才测评，如制造业的通用汽车、通用电气，食品业的卡夫，信息产业的 IBM 等。某些大型跨国集团甚至建立了本公司整套的人员评价体系。哈佛商学院 MBA 新生入学考试采用的 GMAT，实际上就是基本能力倾向测验，MBA 新生入学后，还要接受坎贝尔职业兴趣测验，为日后择业提供参考信息。

人才测评，发挥了其他评价手段难以企及的成效。20 世纪 50 年代，美国 AT&T 公司曾经对一批经理候选人进行测评，八年后，把测评结果与实际情况进行核对，发现在测评结果中预测会获得提升的人员中，已有 64% 升职为中高级管理人员。在美国，人才评价产业一年的营业额竟高达几十亿美元。

几十年来，测评技术不断发展，大体上可分为两个大类：一类是标准化心理测验，通过测验来了解人的基本能力素质和个性特征，它的特点是深入了解人本身的特质，具有较佳的普遍性和通用性，能够发现很多其他方法难以考察的信息。尤其重要的是，心理测验可以进行大规模团体施测，效率高，费用也较低。另一类统称为评价中心技术，包括文件筐测验、小组讨论、工作模拟以及结构化面谈，等等。评价中心技术以工作分析为前提，以对现实工作情境的模拟为核心思想，针对具体的工作岗位，通过规范的程序设计、测试和评价过程，考察与工作岗位直接相关的人员因素。相对于心理测验而言，评价中心技术具有更高的精度和针对性。

近年来，国外一些跨国公司已把自己的评价中心改造为发展中心，更加强调人的发展与提高，不仅仅满足于对现实状况的评价，还要努力从培训与训练入手，全面提升员工的素质。

人才测评，国外已流行了几十年，人员评价的方法和手段也不断得到丰富、发展。随着改革开放和社会主义市场经济的深入发展，人才测评在中国，首先在国有大中型企业得到较快发展。

从宏观角度看，市场经济正在改变过去的分配制度，一切资源，包括人力资源，主要通过市场来获取。从微观角度看，企业获取人才，不再单纯依赖主管部门的任命或调配，更多地需要通过市场途径来选择。这是企业需要人才测评的根本原因。

浙江人本集团是在改革开放后成长起来的，当初几位国有企业停薪留职的年轻职工办起的一个小小的加工厂，现在已发展为产值上亿元的企业集团。集团的总经理认为，当初他们凭借的是一股热情；现在不同了，企业发展的战略问题、经营策略问题、管理问题都冒出来了，只有通过人才测评，才能将厂内的经营管理人才挖掘出来，把社会上的经营管理人才招进来。

正像华远房地产公司人事部经理所说：中国缺的不是人才，而是一种有关"人才"的观念。事业兴衰，关键在人。如何发现人才，选拔人才，使用人才，这家公司正在犯愁之际，发现了世纪人才系统有限责任公司和它们的《企业管理人才测评系统》，华远因此而迈上了一个高层次。

现在，企业管理科学化已成为众多企业追求的目标，我国一家著名的计算机公司，耗资 2000 万元，从国外引进管理系统；国外一些著名的管理公司，也成为国内一些大公司的座上宾，而人事管理科学化更是企业决策人正在追求的目标。

正是看到这一历史性变化，一批有志之士正着眼于中国整体人力资源的开发，并以人才测评为突破口，着手人才测评工具的开发工作。而要进行人才评价，必须有相应的评价工具和评价手段。从一定意义上讲，评价工具是否科学，评价手段是否先进，决定了评价结果是否准确。国内的人才测评工具发展大致经历了三个阶段：

（1）直接引进国外的评价工具。国外的心理测验经过数十年锤炼，在国外已成精品；在我国还没有比较成熟的测评工具的情况下，"拿来主义"也可解一时之需。

（2）对国外的工具进行改造引用后，人们很快发现，国外的工具在国外是好工具，但它不一定适合我国国情。中国人有中国人的价值观念、文化背景和经济环境，正因为如此，国外的人才公司没有一家把它们的工具正式拿到中国来运用，而我国的人才评价机构受技术力量和其他条件的制约，这种改造又只能是局部的、不系统的。

（3）独立开发适合中国国情和企业实际情况的人才评价工具。在这方面，开发较早、最为成功的人才测评工具是由人事部主持开发的《企业管理人才测评系统》。据专家鉴定，该系统的总体设计思想先进、结构合理、理论依据坚实、具有系统性；测评工具符合测评原理，编制程序符合测量学要求，其性能指标达到实用和设计标准，具有很大的现实使用价值、较坚实的实证研究基础。一些企业也对它作出了高度评价。

人才测评之所以受到企业的青睐，是因为它能够为企业解决实际问题。人才测评使企业了解了整体人力资源状况和水平，对企业员工的素质、结构、兴趣等方面有了一个比较客观的认识，为如何挖掘人才，培养人才，组建干部队伍积累了很有价值的参考依据。

一般的招聘成功率不高的原因是只注重被招聘者的表面信息。如果中高级管理职位招聘失误，损失的就不仅是几个月的工资和企业资源，还可能是稍纵即逝的发展良机，从而影响企业的发展速度和经济效益。人才测评在对招聘岗位进行深入分析后，可对应聘者的能力、个性进行深入了解，对与招聘岗位之间的匹配程度作出评价，并提出将来的使用和调配建议，不仅大大提高了招聘的成功率，还使日后对其管理变得有据可循。

"世界上不存在完美的人，但可能存在完美的团队。"这是管理学界普遍承认的一个观点。日本经济之所以能在第二次世界大战后迅速发展，其中十分重要的原因，就是日本的企业非常重视团队建设，强调合作与和谐。团队分析，是针对企业或部门的领导班子进行的。它主要考察三个方面的问题：①在这个领导班子中的每一个人都具有什么样的管理角色特征；②这些人目前所承担的工作是否与其自身的管理角色特征相匹配；③这些人的管理风格与方式是否协调。曾有一位职业经理深有感触地说，如果一个企业的一名总经理和几名副总全是当总经理的材料，这个企业一定搞不好，这说明在一个团队中，需要各种各样的人来扮演各种各样的角色。一个完美的团队的特点是人尽其才、各司其职、各显其能、全力配合。

四、人才策略

中外成功企业虽然有不同的管理招术，但其重视人才、尊重人才的策略是共同的。

（一）李·艾柯卡使克莱斯勒起死回生

美国第三大汽车公司——克莱斯勒公司，曾由于经营管理不善出现了严重亏损，1978年至1981年共亏损35亿美元，一度濒临破产。但自1982年起，该公司绝处逢生，营业情况开始好转，1982年全年盈利1.7亿美元，1983年盈利9亿多美元，1984年第一至第三季度盈利17.7亿美元。现在，该公司的产品再度对通用、福特汽车公司构成威胁。克莱斯勒公司之所以能摆脱危机，并以新的姿态向前发展，主要应归结为新任董事长李·艾柯卡所实行的一系列"起死回生"术。

艾柯卡接任克莱斯勒公司董事长和业务主管时，正是该公司危难之际，他先从人才管理入手，请来了一批有管理才能的理财专家和管理人员，艾柯卡随身携带的记事本上记载着几百名福特公司经理人员的材料，对这些人才的情况十分了解，艾柯卡聘用了其中他所熟悉的有出色才能的管理人员到公司主要部门担任领导，并进行在职训练。他认为，克莱斯勒公司现在急需的是一流的理财专家和管理能手，只有他们才能解决公司的"燃眉之急"。他确信，只要这些管理人才一旦到齐，克莱斯勒公司的复兴只是时间问题。

艾柯卡是一个有雄心和能力的企业家，无论是处在顺境还是逆境，无论是在资本雄厚的福特公司，还是在濒临破产的克莱斯勒公司，他始终勇于奋斗，追求创新，坚持"行动至上、不断尝试"，实行"到处走动的管理"。1982 年后，公司情况好转，汽车的销售量逐年增加，盈利大幅度增长，艾柯卡成了美国传奇式的企业家。他的成功和他的用人之道是分不开的。

（二）土光敏夫的"借脑"术

土光敏夫是日本企业界的元老、德高望重的企业家，曾任日本大企业"石川岛重工业"公司的社长，在"石川岛"与"播磨造船厂"合并后，又出任"石川岛播磨重工业"社长及日本最有实力的经济集团"经团联"会长。被美国企业界誉为"日本第一企业家"。

土光敏夫的用人之道是"借脑"，即聘请优秀的大学教授，主持技术研究所，并委托日本能率协会招考技术师，增派中坚力量，成立生产效率调查班，分赴各工作现场做调查研究分析，使生产管理得到很大改善。

土光敏夫还特别强调企业主管、董事们的自我牺牲精神，强调充分发挥企业经营者和董事们的智力和潜能。他出任东芝社长时，东芝的规模无论是资本额还是员工人数，均为石川岛播磨的 3 倍，可是由于组织庞大，管理不善，经营甚差。针对这种情况，土光敏夫提出，一般员工要有以往 3 倍的头脑，董事则要有 10 倍的头脑，我本人则要比别人有过之而无不及，充分调动每个人的智力和潜能来改变企业现状。为了做到以身作则，他上班时间总比别人提前半小时。他要求部属十分严格，每周社务会议是准八点半召开，时间一到，会议室大门就上锁，迟到的人自觉尴尬。他还对当选董事的人说，当选了董事，就得全面牺牲家庭生活，没有这种决心就搞不好企业。他认为，被企业当局委以重任的人，一定要有献身精神。

土光敏夫认为，企业家有责任提供环境以使员工发挥所长。这种环境主要将企业人员做"适才适所"的安排，尽可能做到人尽其才。可是这种做法在日本企业盛行年功序列的年资制度中很难推行。于是他在东芝中采用了"自己申报"与"内部招募"相配合的办法。自己申报指员工自己认为在哪个职位上最能发挥所长，可以自动申报；内部招募指企业里某一个部门需要某一类专门人才时，先行在企业内部原有的员工中进行招募，以鼓励人才在公司内部充分地流动。这个制度的实施使东芝有 1600 名员工调动了职位，使企业人才流动更充分地发挥出员工的才能。

（三）林绍良的人才观

原籍为福建福清县的印度尼西亚华商巨富林绍良家族的资产总数达 70 亿美元，享有"世界第六巨富"的美称。据印度尼西亚的一家经济报纸报道：林氏集团拥有 192 家公司，涉及金融和贸易两大业务的各行各业：银行、建筑、机械、汽车、交通、电子、矿产、水泥、木材、种植、药品、纺织、保险、航运、旅馆、酒店，可谓五花八门。每年的营业总额超过 10 亿美元。

林绍良的成功秘诀在于其人才观。他认为，一个企业的资源可以分为有形和无形两块。许多人偏重于企业外在的资产，如机器、工厂等有形资源，而忽视无形资源的重要性。一个企业经营的成败，其中人的因素最大。属于人的才能、经验、管理、智慧、品质、观念、勤劳等无形资源，比有形的更为重要。因为任何事业都是以人为主体，至于设备、机器、工厂、车间等，无非是应用工具，只要处理得当，就能有效地工作。在他看来，企业经营虽然以盈利为判断胜败的标准，但只要有人才，暂时的资金亏损可以通过采取措施弥补，真正可怕的危险是企业没有人才、职工素质不高、人员士气低落、做事敷衍塞责、工作互相拆台、粗枝大叶的工作态度。这种无形的损失，远非金钱所能估计和弥补。人才是影响企业生存和发展的头等大事。

正是由于他的这种认识，林氏家族的企业，均严格要求员工养成务实、勤奋、用心、进取的工作伦理。为了激励员工的务实、勤奋和进取精神，他在企业内部率先实行超龄员工（工龄在 25 年以上者）薪金退休制。他对员工奖罚分明，福利待遇优厚，这使林氏集团人才济济，各方人员竭尽全力工作。

林绍良一直把培养人才和使用人才视为第一要务，他提供良好的环境条件，让每个人都能发挥所长，尽力避免人才浪费。他认为，工作人员要具有正确的观念，努力去发挥自己的聪明才智，才能使企业兴旺发达和造福人类社会。工作本身没有贵贱之分，只要是有益于社会的，就是神圣的事业。所以，每个员工都应该自尊自爱，让自己的才能充分发挥出来。

林绍良用人有两条原则：一是量才任职，不必求全；二是用人不疑，疑人不用。他常说：人的聪明才智不同，所担负的工作各异，大才可大用，小才不能大使。他非常欣赏"无欲"的人才。所谓"无欲"，就是没有权力欲，不争逐权力，不搞自己的"小圈子"，这是品德方面。德能兼备最好，有德无能而勤奋者可用，无德有能而自私自利者不可用。对于能人，他总是不惜重金聘用，招贤纳士，想方设法将各行各业的专业人才汇集一堂。他和印度尼西亚银行家李文正的合作正是体现了这种思想。1972 年，林绍良飞往香港，在飞机上与刚辞去泛印银行总裁职务的李文正相遇。林绍良当即邀请这位鼎鼎有名的银行家加盟他的中央亚西亚银行，并给他 17.5% 的股份，李文正欣然接受。当时中央亚西亚银行只是一家小型银行，由于林绍良聘用了李文正这样的能人，只几年时间，不仅使中央亚西亚银行得到了极大发展，一跃成为印度尼西亚最大的私人银行，而且还发展了其他金融业，创立了力宝公司，它拥有印度尼西亚商业银行，资产额高达 700 亿印尼盾；组织了默尔迪科公司，合伙人包括日本长期信用银行、香港怡和公司、英国苏格兰皇家银行和一家美国银行。所有这些金融事业的发展，都说明林绍良的用人决策是完全正确的。

林绍良在介绍自己办企业的成功经验时说，自己所学不多，本无力经营如此庞大的企业，之所以有成就，主要得益于用人之道。

本章小结

1. 经验形态的企业管理学说和理论形态的企业管理学说形成了当代管理文化的两大流派，它标志着管理学和企业文化在不断推向深入。

2. 风险管理、企业创新、先予后取、走动式、合拢式、抽屉式、人本管理代表了当今管理文化模式的主要潮流。人本管理是一种以人为中心的管理，其中涉及情感管理、民主管理、自主管理、人才管理和文化管理。

3. 人力资源的开发和利用，决定其他一切资源的开发和利用的程度，人力资源开发利用越高、越进步，其他一切资源的开发和利用也就越充分和进步。

复习思考题

结合实际，谈谈我国企业管理中实施人本管理的重要意义。

实践训练项目　企业文化传播

实训目的：

通过实训，使学生了解企业文化传播的途径。

实训地点： 教室或相关实验室

实训组织：

1. 在教师指导下，学生分为若干模拟公司，每组 7~10 人，设组长 1 人，并扮演企业不同角色。

2. 小组组长带领成员通过网络、电视或现场调研搜集、整理和分析企业文化传播的资料。

3. 各组将研究成果形成报告，并由扮演相应角色的成员进行汇报。

4. 小组自评，小组互评，教师讲评。

实训内容：

在教师指导下，学生以组为单位自主选择熟悉的行业或者企业，对该公司进行企业传播分析，并整理分析，形成书面报告。

评价标准：

根据学生企业文化设计报告内容、团队协作能力与汇报人综合素质等方面，进行优良中差层次评判。

案例研讨 Google 以人为本的企业文化

Google（中文名：谷歌）是一家美国的跨国科技企业，致力于互联网搜索、云计算、广告技术等领域，开发并提供大量基于互联网的产品与服务，其主要利润来自 AdWords 等广告服务。Google 由当时在斯坦福大学攻读理工博士的拉里·佩奇和谢尔盖·布卢姆共同创建，因此两人也被称为 "Google Guys"。1998 年 9 月 4 日，Google 以私营公司的形式创立，设计并管理一个互联网搜索引擎 "Google 搜索"。Google 网站则于 1999 年下半年启用。Google 的使命是整合全球信息，使人人皆可访问并从中受益。Google 是第一个被公认为全球最大的搜索引擎，在全球范围内拥有无数的用户。

Googole 是由美国数学家 Edward Kasner 9 岁的侄子 Milton Sirotta 发明的，后来在数学家 Edward Kasner 和 James Newman 的著作《Mathematics and the Imagination》中被引用。Google 词义的另一种解释：G 意义为手，OO 为多个范围，L 意为长，E 意为出，把它们合在一起，意义为：Google 无论在哪里都能为您搜寻出海量您所需要的资料。"Google" 该词也可以用作动词，意思类似于百度一下。谷歌 "是 Google 针对海外市场而起的唯一一个名字，是为了进入中国市场而选定的。谷歌在发音上与 Google 相似，同时也融合了中国传统文化的含义。谷歌的意思就是以谷为歌，是播种与期待之歌，亦是收获与欢愉之歌。

　　Google 的使命是整合全球信息，使人人皆可访问并从中受益。Google 允许以多种语言进行搜索，在操作界面中提供多达 30 余种语言选择。除此之外，谷歌还多次入围《财富》历年 100 家最佳雇主榜单，并荣获 2013 年"最佳雇主"。

　　Google 做事的行为准则是拒绝邪恶的事物（No evil），他们的站点时常包括富有幽默感的特征，如他们的图标有选择的在特定时机内风趣的变化。

　　秉承着"工作要有挑战，挑战带来快乐"的理念创立了 Google。Google 相信，恰当的企业文化更容易孵化出绝妙的、富有创意的产品。这样的企业文化绝不是熔岩灯和橡胶球就能营造出来的。Google 重视团队成绩，也推崇个人成就，因为这都是公司全面成功的基础。员工是企业的宝贵资产。他们背景不同，但都热情洋溢、活力四射。无论是工作、娱乐还是生活，他们总是充满创意。Google 的工作氛围可能非常随意，但就是在排队等咖啡的过程中、在小组会议上或在健身房中，新的想法不断涌现，并以令人目眩的速度在彼此之间交流、经过测试，然后投入实际应用。这些新想法往往会催生出在全世界范围内广泛使用的新项目。谷歌的创始人谢尔盖·布林曾经说过："我们公司的创造力就是我们的员工。我们以后如果遇到瓶颈，那一定是我们没能以足够快的速度雇到最聪明、最能干的员工。所以，我们必须要对员工负责，让他们长期留在公司，为公司服务。"

　　到过谷歌中国办公室的人，都会对它不拘一格的"自由式"办公区留下很深印象。办公区沙发随处可见，员工可以随意喝咖啡聊天，甚至分不清哪里是办公区，哪里是休闲区。"我们的每间办公室都有独特的名字，比如'立秋''秋分'，这都是我们员工自己的创意。谷歌的工作模式就是平等和倾听每一位员工的声音，我喜欢这样无为而治的文化。"李开复说。

　　谷歌有着较为完善的福利制度，包括免费三餐、免费医疗、滑雪旅游以及洗衣服务等，同时还为员工个人培训提供补贴。此外，谷歌还允许工程师们将 20% 的工作时间用于自己喜欢的项目，此举是为了鼓励员工开发新产品，以减少公司对互联网搜索广告业务的过度依赖。

　　比如，谷歌给员工提供了种类丰富的免费餐饮，在公司里随处可见的是各种体育器材和休闲设施，还有专门的洗衣房和按摩室。除此之外，公司还提供免费的班车和渡轮服务接载雇员上班，这些交通工具都有无线互联网服务，方便员工在上下班时也可以工作。

　　在谷歌，工作就是生活，轻松愉快的工作环境成为创新意识的孵化器，造就了无穷的创造力。

　　公司如何保证员工能把握好这 20% 的自由时间？"其实，自由时间比例多少并不重要。谷歌 20% 自由时间制度的背后，有一个更重要的原则，我们信任员工。我们放权给员工，并不会真的去衡量这个 20%，我们觉得员工会自行调整。打个比方，如果员工觉得自己正在做的某个程序非常重要，那么，这个月他可以只做这个程序；如果员工觉得公司交给他的任务更重要，那么，他可能花三个月来做，而根本不会去碰这个 20%。"李开复说，"我们不能用数字来进行衡量，这个制度所代表的，是公司的一种自由的风气，这种风气也是吸引人的一种途径。"

　　正是这样，除了公司布置工作之外，很多员工还能拿出额外的、让公司意想不到的新产品。其中，大部分小创意都出自那 20% 的自由时间，比如 Gmail、谷歌 NEWS 等产品。

　　Google 总部的工作环境处处体现以人为本的管理理念。人性化的工作环境、小团队的工作方式、20/80 法则的运用，以及每年 1 000 万美元的创业大奖，在这些政策的激励下，谷歌团队不断创新，产品已经从当初单纯的搜索服务扩展到新闻、地图、图书等多个领域，并且开始全球化运营。诞生了一系列如 Gmail 邮箱、orkut 等这些对谷歌未来发展有重大意义的产品和项目。另外，灵活高效的工作方式成为谷歌持续高速发展的秘诀之一。创新的意识还源自灵活的小团队工作方式。"将有智慧有激情的员工针对关键问题，分成 3~5 人的小团队，扁平化的组织，以海量的计算资源和数据作为支持，同时允许工程师抽出 20% 的时间，根据兴趣自己确定研究方向。"这是谷歌组织结构的基本原则。

(资料来源：http://www.google.com/ncr 官网资料整理)

讨论题：

1. 你对 Google 企业文化是怎样理解的？
2. Google 员工 20% 的自由时间与工作是如何协调的？

第十二章 企业文化建设评价

导入案例 ◀

学习目标

- 掌握企业文化建设评价的内容。
- 熟悉企业文化建设评价的方法。
- 了解企业文化建设评价的意义。

共鸣的力量

一次海难中生还的 5 个人漂流到了一个小岛上，他们为了生存，必须建造一栋房屋，以抵御野兽与即将到来的寒冬。幸好，这个小岛曾经有人居住过，留有很多残存的建筑物，有大量的石料可以使用。但是，这些石料都非常巨大且沉重，每块都需要 4 个人各抬一角，才能移动，想把这些石料搬运到适合盖房子的地方实在是一件很辛苦的事。漂流到小岛上的一共有 5 个人，大家都相互推诿，不愿意去抬石料，即使是去抬石料，也不愿意出力气，眼看寒冬将至，盖房子的工作却没有一点进展。

这时候，又有一个人遭遇海难漂流到这个小岛，当知道大家在为严冬将至却依然没有盖起房子而苦恼时，这个人先是在小岛上转了一圈，而后把大家召集起来，对大家说："我已经调查并估算过了，我们盖房子大约需要 480 块石料，每块石料要 4 个人抬，那么就是要 1920 人次，我们是 6 个人，每人抬 320 次，每天每人抬 32 次石料，1 天就可以抬 48 块，10 天全部抬完。用不了一个月，我们的房子就能盖起来，那时候刚好是这里的冬天，我们在屋子里温暖地过冬，也不用担心野兽的袭击，来年春天就会有船经过，我们就都能得救。"

听到这里，大家都非常兴奋。这个人接着说："大家的劳动付出是一样的，不计先后，每天完成这个工作量就可以休息，但是，有一点必须强调，每个人都必须全力以赴，因为，搬石料时，四个人中如果有一个人偷懒，石料就很可能落地，砸伤其他人的脚，这样一来虽然自己没有受伤，但是却打破了这个劳动分工的平衡，如果受伤的人超过两个，我们将无法再完成房子的建造，只能眼睁睁地冻死，或是被野兽吃掉，所以，为了自己，大家也要全力以赴。"大家都由衷地点头表示赞同。"好，既然是我的提议，那么我就第一个去搬石头。"说罢，这个人甩掉上衣走向巨石。因为已经有了明确的分工，大家也就不再推诿，也都抢着去搬运，同时都很卖力气，生怕同伴受伤，因为谁都不希望这个计划失败。

果然，10 天时间石料就全部如期搬运完了，这个人用同样的方法解决了后面建造中的团队分工合作问题。不到一个月，一栋温暖、结实的房子便建了起来，他们顺利挨过冬季，第二年有航船经过，他们都顺利获救。

故事启示：企业文化建设需要全体员工的共同努力才能成功。

作为对事物发展过程和结果的有效控制与反馈，评价属于管理基本流程中不可缺少的关键一环。同样，企业文化建设评价工作也是贯穿于企业文化建设全过程的一项基本工作，对整个企业文化建设工作有着重要的意义。

第一节 企业文化建设评价的意义与目的

评价是评价主体按照预定的评价目的对特定评价客体进行评价性认识与事实性认识的过程，它通常需要针对评价方案确定评价内容，选择评价指标并按照一定评价标准进行评价。评价活动还包括确定指标权重，并选用恰当的评价方法，运用评价准则进行综合分析等内容。

评价体系一般包括以下几部分：

①评价目的：直接决定评价方向。

②评价主体：参与评价的群体。

③评价客体：分析、判断、评价的对象。

④评价原则：反映评价决策者的偏好。

⑤评价标准：衡量评价结果的尺度。

⑥评价指标：评价具体实施的关键，每项评价指标都是从不同的侧面刻画系统所具有的某种特征度量。

⑦指标权重：决定了评价指标之间的相对重要性。

⑧评分标准：确定评价结果的等级状况。

企业文化建设评价是指根据一定的原理和标准，对企业文化建设的内容、过程、结果等进行综合比较、分析，发现优点，查找不足，从而使企业能够及时对企业文化建设的方向、内容和对象进行相应的调整和改进，以促进企业文化建设工作有效开展。

一、企业文化建设评价的意义

一般而言，企业文化建设评价的意义主要体现在以下三个方面。

（1）科学高效的企业文化建设评价工作有助于解决企业文化建设中遇到的难点问题。

企业文化建设评价的缺失，一方面，容易导致部分管理者对企业文化价值、企业文化建设的重要性的理解和认识不到位；另一方面，也将直接造成企业文化建设过程难以监控、效果不理想。

（2）企业文化建设评价工作直接关系到企业文化建设的目的能否顺利实现。

企业文化建设是一个长期、复杂的过程，需要持续改进，而改进的前提和基础是对企业文化建设情况进行科学的分析、评估，找出差距和不足。没有分析、评价和反馈，也就无从谈起改进和调整，最终也就无法实现企业文化建设的预期目的。

（3）企业文化建设评价有利于系统提升企业文化建设工作的水平。

企业文化建设工作本身也是一种管理行为，遵循着管理的基本规律。从企业文化诊断分析开始，到企业文化规划，文化体系的设计和建设，经过企业文化实施，最后通过企业文化建设的评价产生反馈和调整，形成持续改进的管理闭环。缺少评价，既谈不上文化管理，也提升不了工作水平。

二、企业文化建设评价的目的

企业文化建设评价的目的，主要包括如下三点：

①企业文化建设评价的终极目的是促进企业长远发展，这是企业文化建设评价中始终要把握的基本方向。

②企业文化建设评价的根本目的是为了促进和改进企业文化建设工作。为此，需要我们坚持评价的全面性、有效性、针对性，以免拘泥于细枝末节。

③企业文化建设评价的直接目的是发现企业文化建设中可能出现的关键问题和不足。既不是为评价而评价，也不是为问题而问题，要避免陷入各种形式的指标、数据之中，规避形式主义的误区。

导入案例

胜利发电厂文化建设

中国石油化工股份有限公司胜利油田分公司（以下简称胜利油田）是中国第二大石油生产基地，其原油产量占新中国成立后全国原油产量的五分之一，为我国石油石化工业的发展和国民经济建设作出了重要贡献。在创造巨大物质财富的同时，胜利油田也创造了宝贵的精神财富，凝练形成了富有活力、催人奋进的"胜利文化"。在推进胜利文化建设的过程中，胜利油田总结归纳了"四个要素"的创建理念，即"百年创新，百年胜利"的共同愿景目标，"从创业走向创新，从胜利走向胜利"和"共创百年胜利，共建和谐油田，共享美好生活"的共同价值追求，以岗位责任制为中心的共同制度规范，以《员工守则》为主要内容的共同行为习惯。2003年10月，"胜利文化"荣获第二届全国企业文化优秀奖。2005年8月，胜利油田被中国企业联合会、中国企业家协会授予"全国企业文化示范基地"称号。2008年10月，胜利油田首家通过了全国企业文化示范基地复审。

胜利油田行业众多、门类齐全，各行业各单位的情况千差万别，这就决定了胜利文化具有多层次和多样性的特点。各行业与分公司在"胜利文化"的目标指向下，结合自身业务特点开展多种形式的企业文化建设活动，逐渐形成企业文化的立体建设体系。

胜利油田所属胜利发电厂经国家考核，被命名为全国一流火力发电厂，并成为全国首家跨入国家一流电厂行列的企业自备电厂。胜利发电厂以胜利油田文化为指针，结合自身生产经营实际，形成了深入人心的"全胜文化"。"全胜文化"的核心理念包括"以电兴油，强企报国"的企业使命，"绿色电厂，国际一流"的企业愿景和"以人为本，创新为魂，坚持发展，追求卓越"的企业精神。胜利发电厂在"全胜文化"的宣传贯彻中上下联动、逐层推进，逐步在全厂形成了班班有特色、人人争做明星的良好局面，促进了电厂各项工作的顺利开展。

一、开展企业文化建设对标，让全胜文化"枝繁叶茂"

在开展企业文化建设过程中，胜利发电厂将指标对标的成熟经验应用到企业文化建设过程之中。为了提高企业文化对标的可操作性，胜利发电厂将企业文化建设划分成层层指标，并对每项指标明确了标杆值、责任单位和完成时间，从而实现企业文化理论体系建设和企业文化落地生根。企业文化对标体系运行以来，收到了良好的效果，他们对照"基层文化管理"的三级指标标杆值，为每个班组量身定做了班组故事、班组形象等11项班组文化攻关课题，引导班组根据自身特点提炼总结班组文化，逐步形成了"配餐"文化、"沙漏"文化等各具特色的团队文化。

二、推行特色管理模式，让基层文化"百花齐放"

胜利发电厂积极培育具有自身特色的全胜文化，持续推进企业文化落地，基层文化得到蓬勃发展，涌现出了"炉火文化""磁场文化"等具有鲜明专业特色的基层文化，但依然存在着发展不平衡现象。为了让基层文化由"一枝独秀"变为"百花齐放"，胜利发电厂结合电厂基层文化实际，推行了"三加一"管理模式。"三"就是要求基层文化要有基层特色、专业特色和文化特色，"一"就是基层文化必须和胜利文化一脉相承的准则。

三、加强新文化导入过程控制，让班组文化"开花结果"

企业文化最终的渗透点是在基层班组。只有让企业文化根植于班组、表现于岗位，才能实现文化与管理的有效融合。为此，胜利发电厂不断加强班组文化建设的过程控制，努力提高班组文化建设整体质量。针对个别班组对班组文化理解不深、工作进展停留在理念层的情况，胜利发电厂提出了班组文化"四要四不要"，即：要做法不要说法、要故事不要理事、要案例不要条例、要典型不要模型，并与星级班组评比一道进行定期验收。

同时，胜利发电厂在100多个基层班组中推出了包括亲情、安全、创新、学习、精细、其他六大类别，总计57个"品种"的"文化套餐"，用鲜活的事例、做法、典型和案例，引导基层班组有针对性地实施班组文化建设，提高了电厂基层班组文化建设的整体水平。

（摘编自潘云良. 管理的理论与实践. 北京：中共中央党校出版社，2010）

第二节 企业文化建设评价的内容

我们将企业文化建设评价的内容划分为如下三个部分。

一、对企业文化建设工作的评价

从企业文化与企业发展的角度而言，企业文化建设工作评价，实质是对企业文化管理过程、手段、方法的评价，属于过程评价，是企业文化建设的重要组成部分。主要包括以下内容：

1. 对组织保障建设的评价

如建立企业文化建设领导机构，明确企业文化主管部门与人员，制定企业文化建设规划，进行企业文化建设经费投入等工作的评价。

2. 对活动载体建设的评价

如企业文化工作人员进行业务培训；开展员工企业文化培训、专题教育；开展企业文化主题活动；充分利用企业媒体（包括报刊、电视、网络）传播企业文化；开展专项文化与子文化建设等工作的评价。

3. 对考核评价与激励工作的评价

如进行考核评比、形成奖励机制；开展企业文化建设评优表彰活动；进行经验典型推广活动等工作的评价。

4. 对企业文化建设工作队伍的评价

企业文化建设队伍是关系到企业文化建设成效的基础，没有一支高素质的专业队伍，企业文化建设的目的就难以实现。对企业文化建设队伍的评价主要包括对队伍的专业水平、工作制度、资源投入等的评价。

二、对企业文化建设主体内容的评价

一般而言，企业文化可以划分为四个层次，包括企业理念文化体系、制度文化体系、行为文化体系和物质文化体系。一方面，需要对企业文化整体结构的完善程度、系统性和一致性等进行全面评价；另一方面也需要对各个层次进行分项评价。

1. 对理念文化进行评价

首先要重点评价理念的科学性，即理念的理论和实践的基础及其科学合理程度；其次要评价理念的功能性，即理念体系的针对性和实效性；再次要评价理念体系结构的系统性，即理念内容是否有缺失或重复。

2. 对制度文化进行评价

一方面要评价制度对理念的承接程度；另一方面要评价制度与理念文化的一致性和协调性。重点包括企业产权制度、组织结构、人力资源制度、财务制度、生产管理制度、质量管理制度、行政管理制度等。

3. 对行为文化进行评价

重点评价企业中的个人行为和法人行为体现文化理念的程度，以及行为文化与理念文化及制度文化的一致性。企业法人行为主要包括决策行为、投资行为、广告行为等。个人行为包括个人岗位行为和公共行为等。

4. 对物质文化进行评价

主要包括企业 VI 手册、企业工作环境、建筑物、厂房、车间或办公区域、设备、产品造型包装、标牌、着装等。

三、对企业文化建设的成效进行评价

对企业文化建设的成效进行评价主要应包括：对企业新文化宣传贯彻的效果进行评价；对企业经营管理水平提升和业绩提升的评价。

（一）对企业新文化宣传贯彻的效果进行评价

1. 企业文化形成的心理过程

文化形成是"这样的观念和规则"为企业员工普遍领悟并最终产生自觉行为的过程。这一过程大致可分为三步走，即熟悉、认知与认同。文化是一个逐渐觉悟的过程，是循序渐进的。

（1）熟悉"这样的"一种文化。

企业可通过一整套文化信息传播网络，如企业内刊、电视台、内部网、BBS、标语、制度文本、培训等多种方式，让员工接触到这些新文化的信息，感受到文化是"这样的"，从而逐步了解与熟悉企业的文化语言、符号、方式、过程、观念和规则。

（2）认知"这样的"一种文化。

熟悉是认知的基础和前提。认知"这样的"一种文化，即让员工了解为什么必须有这样的一种文化，是对"这样的"一种文化的领悟。领悟不仅意味着对信息的大量记忆、了解，而且意味着对文化理念和价值观的理解与深刻把握，员工从接触的大量信息中真正悟出了文化的真谛。

（3）认同"这样的"一种文化。

认知是认同的基础和前提。认同"这样的"一种文化，即员工已经对这样的文化有了自觉，这样的文化已内化为自我的一部分。员工不但认识到文化的意义和重要作用，领悟到文化的精髓，而且对文化有了情感体验，对它形成了积极的态度，愿意按照文化的指引行动。当文化成为普遍自觉，企业文化的导入就真正完成了。

综上所述，企业文化的形成首先要使员工达成普遍共识，即熟悉企业所倡导的文化，并能够认知新文化的意义所在；其次，在达成共识的基础上，还要进一步认同企业的文化主张，自觉按照新文化的要求行事。为此，下面我们提出测度文化形成过程中认知性与认同性的指标。

2. 企业文化认知度

（1）企业文化要素认知度：

企业文化要素，是指企业中某一项重要的理念、价值观、目标，或某一项制度、某一种行为方式、某一种物质文化现象。

企业文化要素认知度=（企业中认知该文化要素的员工数/企业员工总数）×100%

（2）企业文化体系认知度：

企业文化体系，是指企业的整个文化系统，通常包括企业的理念文化体系、制度文化体系、行为文化体系和物质文化体系。

企业文化体系认知度=（企业中认知该文化体系的员工数/企业员工总数）×100%

虽然在一个企业中存在广大员工共有的文化，但由于企业中各个部门的人员和具体工作内容各不相同，这样，各种工作群体就会在各自的环境中形成自己的一些独特的文化。Jones G. 曾经最早用交易成本分析方法在理论上区分了三种理想型的企业文化：渗透在一企业具体生产过程中的"生产文化"，在管理层体现的"官僚文化"，以及技术领域反映出的"专家文化"。后来霍夫斯坦德（Hofstede）通过研究一家大型保险公司分布在 131个工作群体中的 3 400 名雇员，最终通过多层次聚类分析发现了三个亚文化群体：专家亚文化、管理亚文化、顾客服务界面亚文化，从而很好地印证了 Jones G. 的观点。沙因（Schein）也根据企业成员不同的基本假定，将企业文化分为：操作者文化、工程师文化和管理者文化，他认为企业内部这三个亚文化群体之间存在差异。如管理人员通常会关注秩序、信息和利润；工程师通常会关注机制、知识和生产力；而操作人员通常只是关注那些有助于顺利运作的价值，如参与、团队精神和协作等，也就是与完成工作和增强企业凝聚力有关的价值。可见，文化总是相对于一定范围而言。我们所指的企业文化通常是企业员工所普遍认同的部分。如果只是企业领导层认同，那么它只能称为领导文化；如果只是企业中某个部门的员工普遍认同，那么它只能称为该部门的文化。依据认同的范围不同，企业中的文化通常可以分为领导文化、中层管理者文化、基层管理者文化，或部门文化、分公司文化、子公司文化等。基于企业文化在企业的不同群体之间存在的差异性，下面我们提出分群体的企业文化认知度。

（3）分群体企业文化要素认知度：

分群体企业文化要素认知度 =（群体中认知该文化要素的员工数/该群体员工总数）×100%

（4）分群体企业文化体系认知度：

分群体企业文化体系认知度 =（群体中认知该文化体系的员工数/该群体员工总数）×100%

认知度的数值范围通常在 1%~100%，1% 代表新文化是由企业家个人或某一先进人物首先独自提出。

3. 企业文化认同度

依此类推，下面我们提出四个测度企业及其不同群体文化认同度的指标。

（1）企业文化要素认同度：

企业文化要素认同度 =（企业中认同该文化要素的员工数/企业员工总数）×100%

（2）企业文化体系认同度：

企业文化体系认同度 =（企业中认同该文化体系的员工数/企业员工总数）×100%

（3）分群体企业文化要素认同度：

分群体企业文化要素认同度 =（群体中认同该文化要素的员工数/该群体员工总数）×100%

（4）分群体企业文化体系认同度：

分群体企业文化体系认同度 =（群体中认同该文化体系的员工数/该群体员工总数）×100%

认同度的数值范围也通常在 1%~100%，1% 代表新文化是由企业家个人或某一先进人物首先独自提出。

（二）对企业经营管理水平提升和业绩提升的评价

企业文化无时无刻不在影响着企业的发展，因此需要将企业文化对企业价值创造促进或阻碍的影响纳入评价内容。具体如企业文化对技术研发、生产制造、市场营销、售后服务，对企业决策、执行、监督、反馈等管理流程的干预和影响效果等。

对企业文化建设成效的评价应该是整个评价体系中的重要内容，这是由企业文化建设和企业文化建设评价的最终目的所决定的。

第三节　企业文化建设评价举例

下面以中央企业企业文化建设评价为例说明对企业文化建设的整体评价，以铁路安全文化建设评估体系的构建为例说明对专项文化建设的评价。

一、中央企业企业文化建设评价体系及应用

（一）中央企业企业文化建设评价体系建立的目的

2003 年以来，国务院国有资产监督管理委员会（以下简称国资委）采取一系列有效措施，大力推动中央企业加强企业文化建设，取得了很大的进展和成绩。2005 年 3 月国资委发布《关于加强中央企业企业文化建设的指导意见》（国资发宣传〔2005〕62 号）（以下简称《指导意见》），标志着中央企业的企业文化建设已进入有统一组织领导、明确目标导向和具体工作要求的发展阶段。为进一步加强对企业文化建设的管理，2007 年 4 月国资委立项《中央企业企业文化建设评价体系研究》软课题。该课题研究旨在通过学习国内外有关研究成果，吸收借鉴中央企业进行企业文化建设评价的实践经验，在进一步明确中央企业企业文化建设的基本内容和工作要求的基础上，提出具有中央企业特色的企业文化建设评价指标体系，为在中央企业开展企业文化建设评价提供科学依据。该课题研究于2007 年 10 月全面启动，由国资委宣传工作局具体组织实施，中国石油天然气集团公司、国家电网公司及所属山东电力集团公司、中国电信集团公司、中国海洋石油总公司、中国南方电网有限公司、中国铁路工程总公司、东方电气集团公司、中国航空工业第一集团公司、中国远洋运输（集团）总公司、东风汽车公司、北京有色研究总院等企业参与了课题研究工作。经过半年多的深入调查研究，课题研究工作基本完成。2008 年 6 月，国资委宣传工作局召开《中央企业企业文化建设评价体系研究》课题评审会，邀请 10 余名国内企业文化专家和有关领导组成专家评审组对课题报告进行了评审。专家评审组对这项课题研究给予充分肯定和高度评价，认为该课题研究从深入贯彻落实科学发展观、增强中央企业文化软实力的战略高度，在落实国资委《关于加强中央企业企业文化建设的指导意见》、推动中央企业企业文化建设上，定位于企业文化建设工作评价，既具有一般性指导意义，又有具体工作要求，具有开创意义。课题研究报告"体系完备，逻辑严谨""评价方法科学""内容明确清晰，可操作性强""具有较高的理论水平和实践指导价值""该研究成果具有原创性，在企业文化研究和实践上在国内处于领先水平"。

建立中央企业企业文化建设评价体系的目的在于：

①通过评价，进一步深刻把握企业文化建设的基本规律，正确理解和把握企业文化建设的基本内容和要求；

②通过评价，检查贯彻落实《指导意见》的情况，看看各项工作要求是否得到落实，措施是否到位，企业文化体系是否完善，取得的效果如何；

③通过评价，及时查找工作中存在的问题和不足，认真分析原因，有针对性地采取切实有效措施，进一步改进工作，以取得更好的效果。

（二）中央企业企业文化建设评价体系的构成与操作要求

1. 评价指标体系

企业文化建设评价指标体系由企业文化建设工作评价、企业文化建设状况评价和企业文化建设效果评价三部分构成。每部分均包括评价指标、分值、计分方法和评价方法等内容。

2. 评价方法

企业文化建设评价依据企业文化建设评价体系，实行定量评价与定性评价相结合，对指标进行评价打分。

①企业文化建设评价总分为1 000分，其中：企业文化建设工作评价部分300分，企业文化建设状况评价部分300分，企业文化建设效果评价部分400分。

②对可以直接量化打分的指标，通过查阅资料和实地考察的方法，直接进行评判打分。

③对不能直接量化打分的指标，通过问卷调查的方法，进行定性评价，再将定性评价结果转化为量化分值。评价结果分为四个等级如"好、较好、一般、差"，与之对应的是四个等级分值。问卷调查中评价"好"占90%及以上的记一等级分值，80%~89%的记二等级分值，60%~79%的记三等级分值，60%以下的记四等级分值。

3. 问卷调查的要求

①合理确定调查样本数量。员工问卷调查，1万人以下的企业调查样本不少于员工总数的2%，其他企业按员工总数的1%确定，调查样本的选取由企业根据员工构成比例合理确定。客户问卷调查样本数量由企业根据实际情况确定。调查采用无记名方式。

②问卷调查按照统一设计的调查问卷进行。各企业也可在确保获得相关指标评价信息的前提下，根据自身实际进行适当调整。

4. 计分方法

企业文化建设评价最终得分为企业文化建设工作评价、企业文化建设状况评价、企业文化建设效果评价三部分实际得分之和。

《中央企业企业文化建设评价体系》有关具体内容如表12-1、表12-2、表12-3所示。

表12-1　企业文化建设工作评价体系（总分300分）

一级指标	二级指标	分值	计分方法	评价方法	评价得分	备注
组织保障（100）	1. 明确企业文化建设领导体制	20	有＝20分 无＝0分	查阅资料		
	2. 企业领导定期听取工作汇报、研究解决有关重大问题	20	定期听取工作汇报记10分，及时研究解决重大问题记10分	查阅资料		
	3. 明确企业文化主管部门与人员	20	有＝20分 无＝0分	查阅资料		
	4. 相关部门企业文化建设职责分工明确	20	有＝20分 无＝0分	查阅资料		
	5. 对本系统企业文化工作人员进行业务培训	10	脱产培训人数占总人数每增加10%记1分	查阅资料		
	6. 广泛发动员工参与企业文化建设	10	有＝10分 无＝0分	查阅资料		

一级指标	二级指标	分值	计分方法	评价方法	评价得分	备注
工作指导与载体支撑（150）	7. 企业文化建设纳入企业发展战略	20	有＝20分 无＝0分	查阅资料		
	8. 制定企业文化建设规划（纲要）	15	有＝15分 无＝0分	查阅资料		
	9. 年度工作有计划、有落实、有检查	15	有计划＝5分 有落实＝5分 有检查＝5分	在阅资料		
	10. 组织开展课题研究和专题研讨	10	有课题研究＝5分 有专题研讨＝5分	查阅资料		
	11. 开展企业文化主题活动	15	每开展一项记5分，总分不超过15分。	查阅资料		
	12. 开展员工企业文化培训、专题教育	20	集中培训教育员工人数占员工总数每增加10%记2分	查阅资料		
	13. 充分利用企业媒体（包括报刊、电视、网络）传播企业文化	15	一等级15分 二等级10分 三等绒5分 四等级0分	员工问卷调查（第11题）		
	14. 完善企业史化设施（如：传统教育基地、企业文化展室、职工文体活动场所等）	10	一等级10分 二等级6分 三等级3分 四等级0分	员工问卷调查（第12题）		
	15. 开展子文化建设（如：廉洁文化、服务文化、质量文化、安全文化等）	20	每开展一项记5分，总分不超过20分	查阅资料		
	16. 经费有保障并纳入预算管理	10	有保障记5分，纳入预算管理记5分	查阅资料		
考核评价与激励措施（50）	17. 对企业文化建设工作的考核	15	有＝15分 无＝0分	查阅资料		
	18. 总结推广企业文化典型经验	15	有＝15分 无＝0分	查阅资料		
	19. 开展企业文化建设评优表彰活动	20	有＝20分 无＝0分	查阅资料		
本部分评价得分合计						

表 12-2　企业文化建设状况评价体系（总分 300 分）

一级指标	二级指标	分值	计分方法	评价方法	评价得分	备注
精神文化（100）	1. 确立企业使命（或企业宗旨）	25	有 = 25 分 无 = 0 分	查阅资料		
	2. 确立企业愿景（或企业战略目标）	25	有 = 25 分 无 = 0 分	查阅资料		
	3. 确立企业价值观（或核心价值观、经营理念）	20	有 = 20 分 无 = 0 分	查阅资料		
	4. 确立企业精神	25	有 = 25 分 无 = 0 分	查阅资料		
制度文化（100）	5. 企业规章制度健全	20	一等级 20 分 二等级 15 分 三等级 10 分 四等级 0 分	员工问卷调查（第 3 题）		
	6. 企业文化理念融入企业规章制度	20	一等级 20 分 二等级 15 分 三等级 10 分 四等级 0 分	员工问卷调查（第 4 题）		
	7. 建立员工岗位责任制	20	有 = 20 分 无 = 0 分	查阅资料		
	8. 印发员工手册（或企业文化手册）	20	有 = 20 分 无 = 0 分	查阅资料		
	9. 制定新闻危机处理应急预案	10	有 = 10 分 无 = 0 分	查阅资料		
	10. 建立新闻发布制度	10	有 = 10 分 无 = 0 分	查阅资料		
物质文化（100）	11. 建立视觉识别系统（企业标志、标准色、标准字、司旗和司歌）	20	有一项记 4 分。总分不超过 20 分。	查阅资料		
	12. 制定视觉识别系统的使用规定	15	有 = 15 分 无 = 0 分	查阅资料		
	13. 全系统企业标志使用规范	20	有 = 20 分 无 = 0 分	实地考察		
	14. 制定员工行为规范	15	有 = 15 分 无 = 0 分	查阅资料		
	15. 在本系统开展文明单位创建活动	20	有 = 20 分 无 = 0 分	查阅资料		
	16. 发布企业社会责任报告	10	有 = 10 分 无 = 0 分	查阅资料		
本部分评价得分合计						

表 12-3 企业文化建设效果评价体系（总分 400 分）

一级指标	二级指标	分值	计分方法	评价方法	评价得分	备注
企业凝聚力（100）	1. 员工对企业价值理念的认同度	20	一等级 20 分 二等级 15 分 三等级 10 分 四等级 0 分	员工问卷调查（第 1 题）		
	2. 员工对企业发展战略的认知度	20	一等级 20 分 二等级 15 分 三等级 10 四等级 0 分	员工问卷调查（第 2 题）		
	3. 员工对与本职工作相关的企业规章制度的认同度	20	一等级 20 分 二等级 15 三等级 10 分 四等级 0 分	员工问卷调查（第 5 题）		
	4. 企业维护员工合法权益情况	15	一等级 15 分 二等级 10 分 三等级 5 分 四等级 0 分	员工问卷调查（第 6 题）		
	5. 员工对在企业中实现自身价值的满意度	15	一等级 15 分 二等级 10 分 三等级 5 分 四等级 0 分	员工问卷调查（第 7 题）		
	6. 近三年企业职工到上级机关上访等群体性事件情况	20	未发生的得 20 分。发生 5~49 人的群体性事件一次扣 5 分；发生 50~99 人的群体性事件并造成较大影响一次扣 20 分；发生 100~499 人的群体性事件并造成重大社会影响一次扣 15 分；发生 500 人以上的群体性事件并造成特别重大社会影响一次扣 20 分，扣分累计不超过 20 分	查阅资料		

一级指标	二级指标	分值	计分方法	评价方法	评价得分	备注
企业执行力（90）	7. 员工遵守企业规章制度情况	20	一等级20分 二等级15分 三等级10分 四等级0分	员工问卷调查（第8题）		
	8. 员工在工作中形成良好的行为习惯	20	一等级20分 二等级15分 三等级10分 四等级0分	员工问卷调查（第9题）		
	9. 员工爱岗敬业的精神状态	20	一等级20分 二等级15分 三等级10分 四等级0分	员工问卷调查（第10题）		
	10. 近三年企业领导班子成员中违规违纪情况	30	未发生违规违纪的得30分。受党内或行政严重警告处分的每人次扣5分；受撤销党内职务或行政职务处分的每人次扣10分；受开除党籍或公职处分的每人次扣15分；受刑事处分的每人次扣20分，扣分累计不超过30分	查阅资料		
企业形象（95）	11. 客户对企业产品或服务的满意度	30	一等级30分 二等级20分 三等级10分 四等级0分	客户问卷调查		
	12. 近三年企业和"四好班子"建设、党的建设、思想政治工作、企业文化和精神文明建设方面获得党政机关授予的全国或省部级荣誉称号	35	国家级荣誉一项记10分；省部级荣誉一项记5分。同一类荣誉不重复计算，累计不超过35分	查阅资料		
	13. 近三年企业先进典型情况（包括集体和个人先进典型）	30	全国先进典型每个记15分；省部级先进典型每个记10分；企业选树典型每个5分。同一典型不重复计算，累计不超过30分	查阅资料		

续表

一级指标	二级指标	分值	计分方法	评价方法	评价得分	备注
生产经营（105）	14. 近三年企业守法、诚信经营情况	30	经营未发生违法、失信事件记30分；发生违法、失信事件每次扣10分，扣分累计不超过30分	查阅资料		
	15. 近三年企业经营业绩情况	75	国资委对企业经营业绩年度考核等级： A级＝25分 B级＝20分 C级＝15分 D级＝0分 该项得分为三个年度实际得分之和。	查阅资料		
本部分评价得分合计						

（三）2010年中央企业企业文化建设评价概况

为总结中央企业贯彻国资委《关于加强中央企业企业文化建设的指导意见》推进企业文化建设的情况，进一步推动中央企业企业文化建设，国资委宣传工作局发布《关于开展企业文化建设评价工作的通知》（宣传函［2010］9号），决定开展企业文化建设评价工作，对评价工作的目的、范围、依据及方式进行了说明，并提出了相关工作要求。

首先，此次评价的目的在于总结企业文化建设的成绩与经验，查找差距与不足，为进一步研究部署企业文化建设工作，推动企业文化建设深入发展提供重要依据。此次评价不是评优，其结果也不作为今后评优的根据。其次，此次评价工作在中央企业集团公司（总公司）进行，评价的依据是《中央企业企业文化建设评价体系》，评价的方式是企业自查自评。各企业的企业文化主管部门负责自查自评工作的组织实施，根据《中央企业企业文化建设评价体系》及有关要求，开展评价工作，逐项对指标进行评价打分，撰写自查自评报告，报送有关资料。

通知要求，第一，各企业要高度重视，加强组织领导。此次评价工作是贯彻国资委《指导意见》，推进企业文化建设的重要举措，重在企业自我检查、自我评价。各企业要加强领导，精心组织，抓好落实。第二，严格要求，做好评价工作。要认真按照此次评价工作的要求，本着实事求是的原则，开展评价工作，做到信息资料真实可靠、评价客观公正。第三，以评促改，务求实效。要把评价与加强改进工作结合起来，在总结成绩和经验的同时，着力查找和分析存在的问题与不足，明确努力方向，提出改进措施，确保取得好的效果。

根据国资委对中央企业企业文化建设评价工作的通知要求，共有70家中央企业在规定的时间内提交了自评自查报告，并有68家中央企业提交了调查数据。以下部分的分析就是以上述68家中央企业的问卷调查结果为基础进行的。根据通知要求，各企业于2010年6月底完成本次问卷调查，因此，分析所依据的数据截止时间为2010年6月，数据反映的状况也只是这个时间之前的。

　　根据中央企业企业文化建设评价体系，按照各企业的评价得分情况，以下将68家企业分为两类：高得分企业和一般得分企业。分类标准是平均分，高于平均分的企业为高得分企业，低于平均分的企业为一般得分企业。结合调查数据，按照总体情况、一级指标和二级指标分别对中央企业企业文化建设情况进行相应评价。需要说明的是，在以下各指标折线图中，纵轴代表各指标的评价得分情况，横轴代表68家提交调查数据中央企业的序号。

1. 2010 年中央企业企业文化建设评价总体情况

　　通过对68家中央企业的企业文化建设评价体系调查数据的统计分析，得到了表12-4和图12-1。

表12-4　2010年中央企业企业文化建设评价总体情况（总分值1 000分）

企业	最高得分	最低得分	平均分	方差	标准差	高得分企业比例	一般得分企业比例
中央企业	985	577	871.25	7 680.61	87.64	64.71%	35.29%

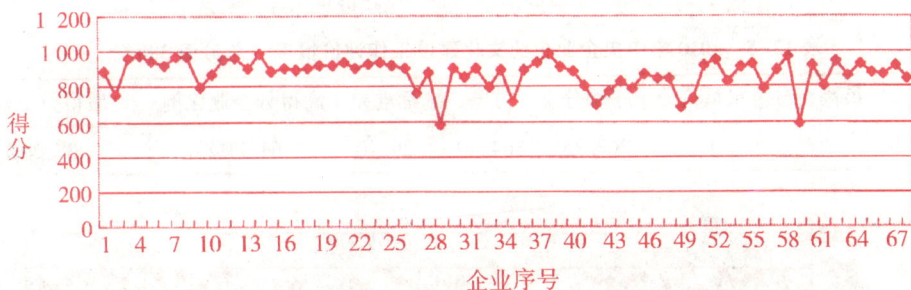

图12-1　2010年各中央企业企业文化建设评价总体情况折线图

　　通过上述表12-4和图12-1可以看出，中央企业企业文化建设评价体系最高得分为985分，最低得分为577分，平均分为871.25分。按照企业分类标准，高得分企业的比例为64.71%，一般得分企业的比例为35.29%，标准差为87.64。结果表明，中央企业企业文化建设情况总体不错，评价得分相对集中在均值附近，部分中央企业的企业文化建设情况还有提升的空间。

　　从雷达图（图12-2）中可以看出，高得分企业在文化建设工作评价、状况评价、效果评价三方面的平均得分均高于一般得分企业。一般得分企业与高得分企业在企业文化效果评价方面的差距最大，其次是在工作评价方面，最后是在建设状况评价方面。这表明高得分企业在企业文化建设方面取得了一定成效，对企业的发展起到了良好的推动作用，一般得分企业在企业文化建设方面还有较大的发展空间。部分中央企业在一些评价指标上尚存在较为明显的差距，今后需要进一步加强企业文化建设工作。

2. 中央企业企业文化建设工作评价情况

　　中央企业企业文化建设工作评价体系具体分为组织保障、工作指导与载体支撑、考核评价与激励措施三个一级指标。通过对68家中央企业的企业文化建设工作评价体系得分进行分析，得到表12-5和图12-3。

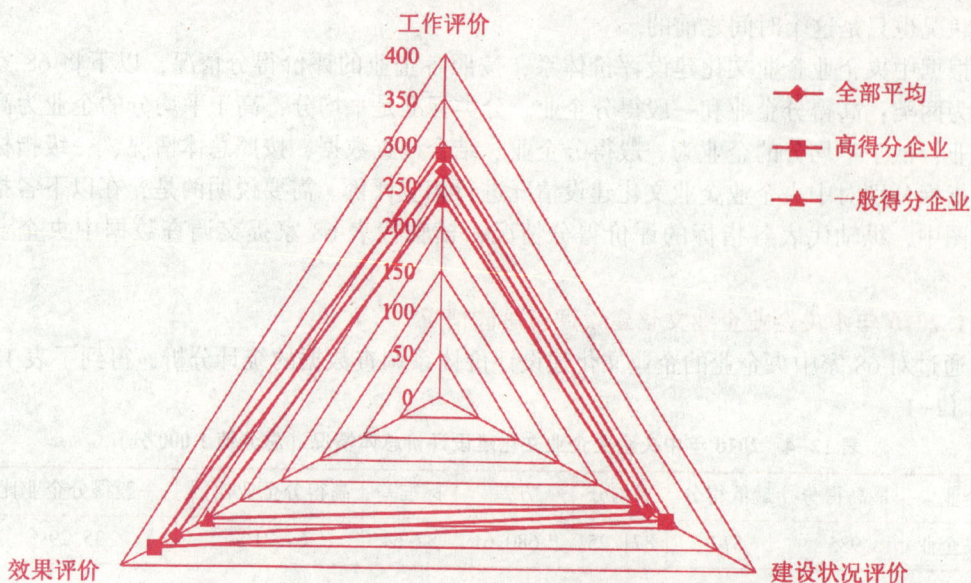

图 12-2　2010 年中央企业企业文化建设总体评价雷达图

表 12-5　2010 年中央企业企业文化建设工作评价情况（总分值 300 分）

企业	最高得分	最低得分	平均分	方差	标准差	高得分企业比例	一般得分企业比例
中央企业	300	178	267.75	864.40	29.40	64.71%	35.29%

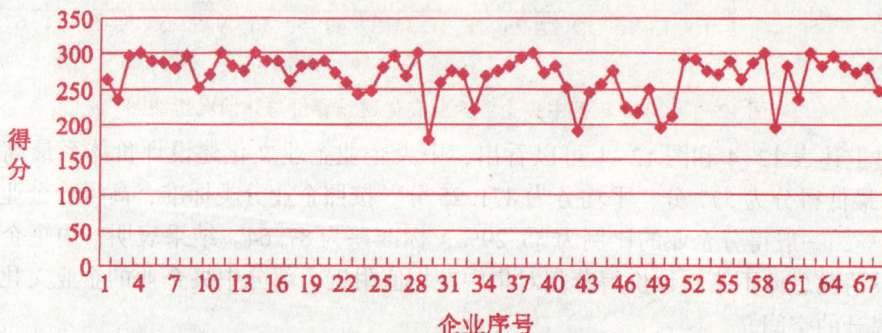

图 12-3　2010 年中央企业企业文化建设工作评价折线图

由表 12-5 和图 12-3 可以得出，企业文化建设工作评价最高得分为 300 分，最低得分为 178 分，平均分为 267.75 分。按照企业分类标准，高得分企业的比例为 64.71%，一般得分企业的比例为 35.29%，标准差为 29.40。由数据和折线图可以看出，有些企业的文化建设工作评价体系得了满分 300 分，并且平均分为 267.75 分是比较高的，说明总体上中央企业企业文化建设工作比较到位，各中央企业重视自身企业文化建设工作的开展和实施。

3. 中央企业企业文化建设状况评价情况

企业文化建设状况评价主要是对企业精神文化、制度文化和物质文化进行评价，所以中央企业企业文化建设状况评价体系也分为精神文化、制度文化和物质文化评价三个一级指标。通过对 68 家中央企业的企业文化建设状况评价体系得分进行分析，得到表 12-6 和图 12-4。

表 12-6 2010 年中央企业企业文化建设工作评价情况（总分值 300 分）

企业	最高得分	最低得分	平均分	方差	标准差	高得分企业比例	一般得分企业比例
中央企业	300	164	268.11	885.66	29.76	63.24%	36.76%

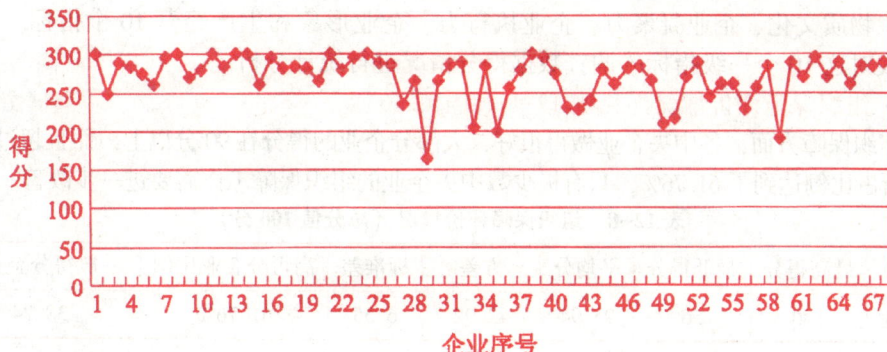

图 12-4 2010 年中央企业企业文化建设状况评价折线图

由表 12-6 和图 12-4 可以得出，企业文化建设状况评价最高得分为 300 分，最低得分为 164 分，平均分为 268.11 分。按照企业分类标准，高得分企业的比例为 63.24%，一般得分企业的比例为 36.76%，标准差为 29.76。由调查数据和折线图可以看出，有些企业的文化建设状况评价体系得了满分 300 分，并且平均分为 268.11 分，得分较高，说明中央企业基本都有自己一套比较完整的企业文化体系，且重视对自身企业精神文化、制度文化、物质文化的提炼和宣传贯彻工作的开展。

4. 中央企业企业文化建设效果评价情况

中央企业企业文化建设效果评价体系从企业凝聚力、企业执行力、企业形象和生产经营这四个方面对企业文化建设效果进行评价，结果如表 12-7 和图 12-5 所示。

表 12-7 2010 年中央企业企业文化建设效果评价情况（总分值 400 分）

企业	最高得分	最低得分	平均分	方差	标准差	高得分企业比例	一般得分企业比例
中央企业	395	205	333.99	1 846.76	42.97	58.82%	41.18%

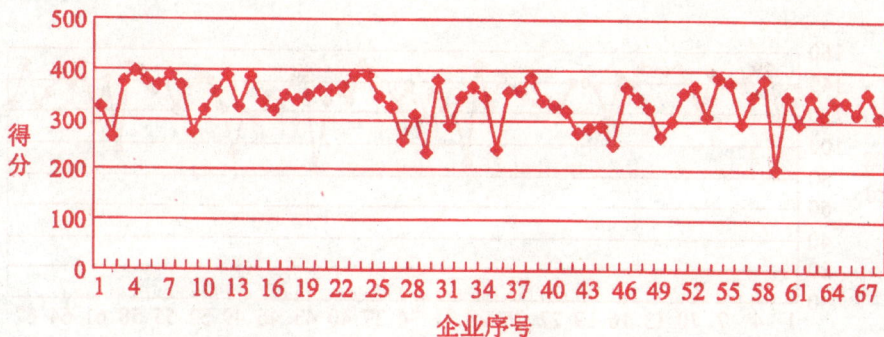

图 12-5 2010 年中央企业企业文化建设效果评价折线图

由表 12-7 和图 12-5 可以得出，企业文化建设效果评价最高得分为 395 分，最低得分为 205 分，平均分为 333.99 分。按照企业分类标准，高得分企业的比例为 58.82%，一般得分企业的比例为 41.18%，标准差为 42.97。由数据和折线图可以看出，多数企业的效果评价体系得分较高，说明多数中央企业的企业文化建设效果不错，多数中央企业十分重视对企业文化的宣传贯彻工作，企业文化得到了公司员工的高度认知和认同。

5. 一级指标得分情况分析

一级指标包括组织保障、工作指导与载体支撑、考核评价与激励措施、精神文化、制度文化、物质文化、企业凝聚力、企业执行力、企业形象和生产经营 10 个指标。下面分别用图表对这 10 个一级指标的调查数据得分情况进行统计分析。

（1）组织保障评价情况（见表 12-8 和图 12-6）。

在组织保障方面，各中央企业做得很好，大部分企业的得分在 90 分以上，而且超过平均分的企业所占比例达到了 61.76%，只有极少数中央企业的组织保障工作需要进一步改善。

表 12-8　组织保障评价情况（总分值 100 分）

企业	最高得分	最低得分	平均分	方差	标准差	高得分企业比例	一般得分企业比例
中央企业	100	56	95.94	42.92	6.55	61.76%	38.24%

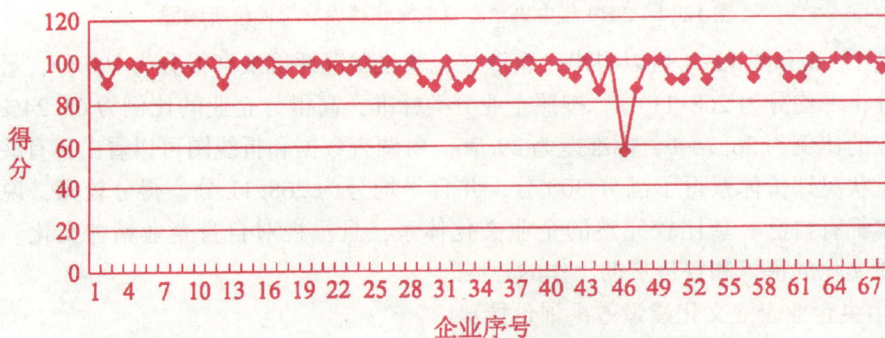

图 12-6　组织保障折线图

（2）工作指导与载体支撑评价情况（见表 12-9 和图 12-7）。

表 12-9　工作指导与载体支撑评价情况（总分值 150 分）

企业	最高得分	最低得分	平均分	方差	标准差	高得分企业比例	一般得分企业比例
中央企业	150	83	132.44	228.49	15.12	57.35%	42.65%

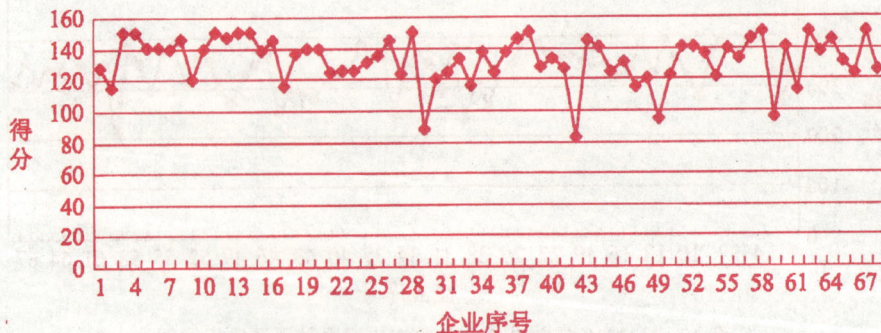

图 12-7　工作指导与载体支撑折线图

在工作指导与载体支撑方面，大部分中央企业做得不错，但是还有少数中央企业需要进一步改善。

（3）考核评价与激励措施评价情况（见表12-10和图12-8）。

表 12-10　考核评价与激励措施评价情况（总分值50分）

企业	最高得分	最低得分	平均分	方差	标准差	高得分企业比例	一般得分企业比例
中央企业	50	0	39.66	243.15	15.59	64.71%	35.29%

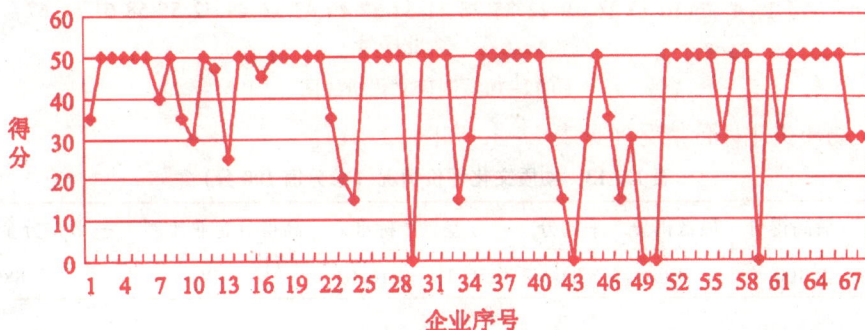

图 12-8　考核评价与激励措施折线图

在考核评价与激励方面，大部分中央企业能够对工作情况进行有效的考核，并且能很好地激励员工，少数中央企业在这方面需要进一步改善。

（4）精神文化评价情况（见表12-11和图12-9）。

表 12-11　精神文化评价情况（总分值100分）

企业	最高得分	最低得分	平均分	方差	标准差	高得分企业比例	一般得分企业比例
中央企业	100	50	7.72	69.73	8.35	91.18%	8.82%

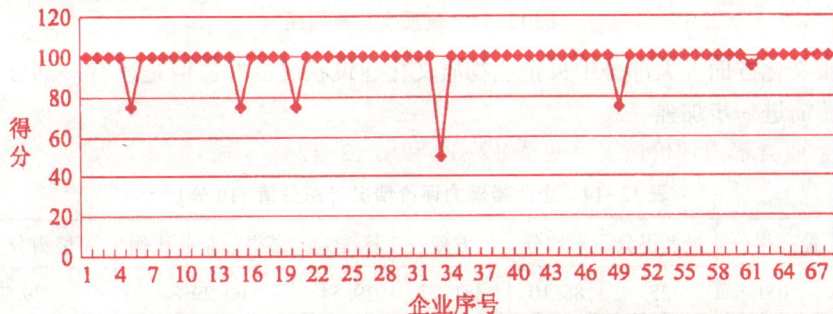

图 12-9　精神文化折线图

绝大多数中央企业确定了自己的精神文化，只有极少数中央企业在这方面还需加强，需要尽快提炼和确立自己的精神文化。

（5）制度文化评价情况（见表12-12和图12-10）。

表 12-12　制度文化评价情况（总分值100分）

企业	最高得分	最低得分	平均分	方差	标准差	高得分企业比例	一般得分企业比例
中央企业	100	20	83.97	279.52	16.72	63.24%	36.76%

在制度文化方面，多数中央企业做得比较好，确立了自己的制度文化，但也有少数中央企业在这方面还有欠缺，制度文化建设尚有差距。

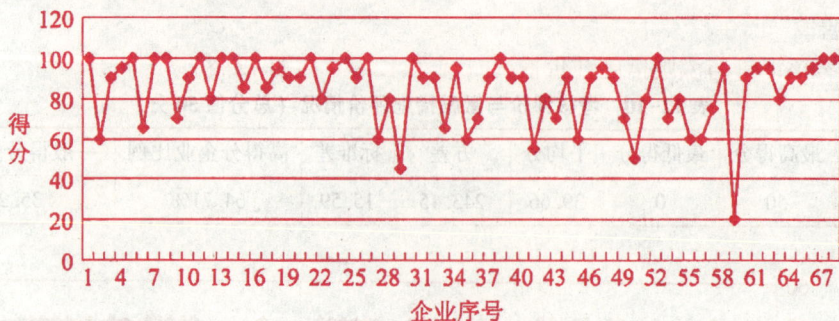

图 12-10 制度文化折线图

（6）物质文化评价情况（见表 12-13 和图 12-11）。

表 12-13 物质文化评价情况（总分值 100 分）

企业	最高得分	最低得分	平均分	方差	标准差	高得分企业比例	一般得分企业比例
中央企业	100	19	87.60	256.18	16.01	69.12%	30.88%

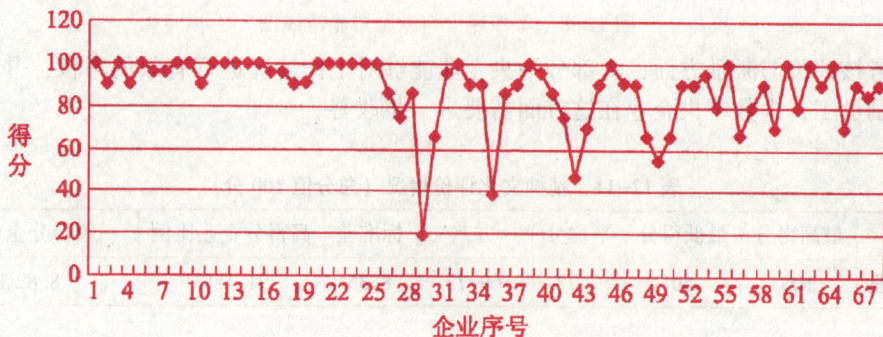

图 12-11 物质文化折线图

在物质文化方面，大部分中央企业物质文化建设状况良好，但是还有一部分中央企业在这方面还需进一步加强。

（7）企业凝聚力评价情况（见表 12-14 和图 12-12）。

表 12-14 企业凝聚力评价情况（总分值 110 分）

企业	最高得分	最低得分	平均分	方差	标准差	高得分企业比例	一般得分企业比例
中央企业	100	25	88.10	381.77	19.54	60.29%	39.71%

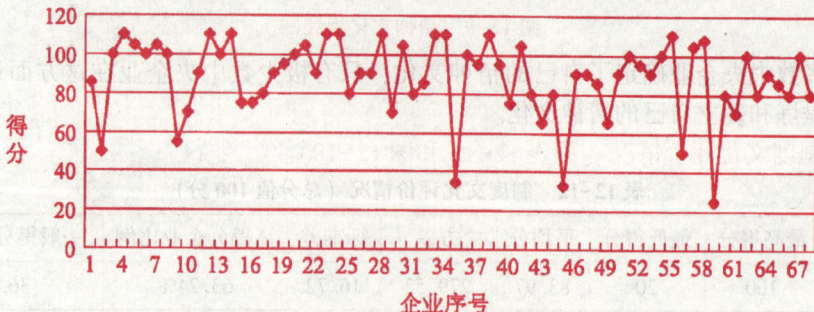

图 12-12 企业凝聚力折线图

大多数中央企业的企业凝聚力强，能够很好地把员工凝聚在一起，为企业的发展努力，但是还有一部分中央企业的凝聚力不够，需要进一步提高。

（8）企业执行力评价情况（见表12-15和图12-13）。

表12-15　企业执行力评价情况（总分值90分）

企业	最高得分	最低得分	平均分	方差	标准差	高得分企业比例	一般得分企业比例
中央企业	90	20	76.47	239.60	15.48	54.41%	45.59%

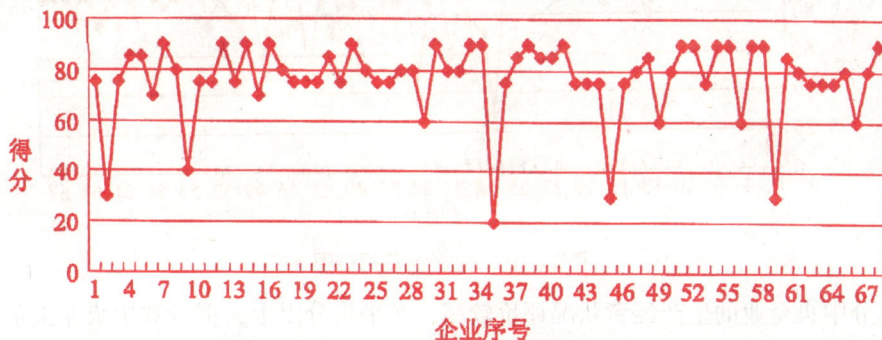

图12-13　企业执行力折线图

多数中央企业的企业执行力很好，制订的计划能够很好地得到实施和执行，但是还有少数中央企业的企业执行力不够强，需要进一步加强。

（9）企业形象评价情况（见表12-16和图12-14）。

表12-16　企业形象评价情况（总分值95分）

企业	最高得分	最低得分	平均分	方差	标准差	高得分企业比例	一般得分企业比例
中央企业	95	30	80.96	235.27	5.34	66.18%	33.82%

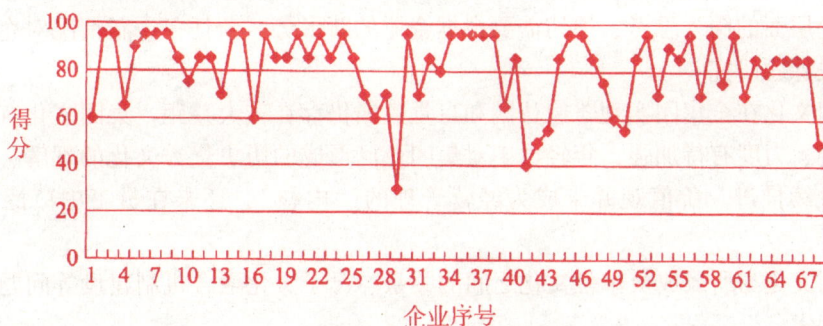

图12-14　企业形象折线图

大部分中央企业在外界都树立了良好的企业形象，在树立企业形象方面做了很多工作和努力，但是还有少部分中央企业在此方面存在差距。

（10）生产经营评价情况（见表12-17和图12-15）。

表 12-17　生产经营评价情况（总分值 105 分）

企业	最高得分	最低得分	平均分	方差	标准差	高得分企业比例	一般得分企业比例
中央企业	105	30	88.01	219.51	14.82	66.18%	33.82

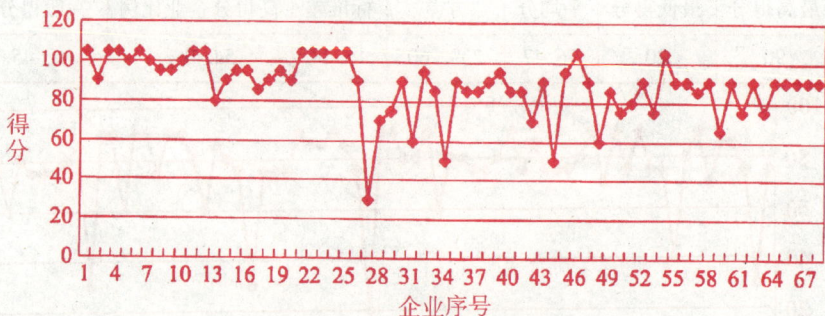

图 12-15　生产经营折线图

大部分中央企业的生产经营状况评价较高，在平均分以上，但少数中央企业的生产经营状况需要进一步改善。

（四）中央企业在企业文化建设工作推进中面临的一些难题

中央企业的企业文化建设工作取得了显著成效。但是，我们也应该清醒地看到，当前中央企业的企业文化建设工作发展尚不平衡，一部分企业进展相对缓慢，对企业文化建设的理论研究和实践推进相对滞后。

根据中央企业企业文化建设评价工作的自评自查报告反映的情况，一些中央企业在企业文化建设工作推进中面临如下一些难题：

①企业文化体系建设有待丰富和发展，集团理念文化体系还有待健全。由于缺乏对企业文化理论层面的深入思考，迫切需要根据企业的新形势、新任务、新情况对企业文化建设进行相关课题研究。

②集团文化在全集团实现普遍认同和自觉遵循仍存在较大差距。集团文化宣传贯彻的深度、广度、力度有待加强，年轻员工对集团业已形成的历史优秀文化的理解、继承与发扬还需要继续推进。价值观并未成为经营管理的"内核"，还未在员工中广泛形成"自觉"。

③集团文化与所属成员单位文化之间的关系、母子文化融合机制建设等问题迫切需要加以研究探索。

④集团所属各成员单位企业文化建设发展程度不平衡。有的集团公司所属单位主业各不相同，成立时间长短不一，领导认识程度不一，重视程度有高有低，造成工作开展不平衡，工作成效差别大；一些集团公司成员单位在集团文化共性之下挖掘本单位个性文化不够，对如何通过针对自身特点开展企业文化建设缺少分析研究，工作针对性不强，载体建设缺位，企业文化如何融入生产经营实践问题没有很好解决，工作流于表面和形式。

⑤理念文化与制度文化的融合不够。企业文化建设在实际操作中尚未与人力资源管理紧密结合，未从人力资源管理的角度对文化的激励和约束机制进行落实。

⑥企业文化专职人员队伍建设仍需加强。一些单位的文化建设没有具体的部门和人

员，"专家"型人才稀缺，文化建设力量薄弱。基层文化建设专业人才更为匮乏，不可避免地造成一些企业企业文化建设"止步不前"的被动局面。

⑦企业文化建设的体制、机制、组织保证措施还需进一步完善。有些集团公司虽然已经成立了企业文化部门，但各成员单位企业的企业文化建设工作分设在宣传部，专职性不强，人员日常性工作以宣传为主，兼顾企业文化建设，工作力度不够。

⑧多元文化融合与跨文化管理问题日益突出。基于中央企业重组并购后的文化建设，文化整合的方式方法有待进一步改进。实施"走出去"战略后的企业，与海外公司的文化融合尚缺乏足够的经验。

⑨一些集团公司对于企业文化建设专题调研的广度、深度不够，对于企业文化典型经验的挖掘力度不够。

⑩许多集团公司针对企业文化建设工作始终未建立起较为完善、系统的考核体系与相应激励机制，削弱了企业文化建设工作的执行力。企业文化建设的考核评价与激励机制有待尽快建立。

二、铁路安全文化建设评估体系的构建

我国铁路管理部门逐步认识到安全文化建设对促进铁路安全的重要性，对安全文化建设日益重视，2005 年 9 月，铁道部政治部召开了全国铁路安全文化建设座谈会。会议指出，铁路安全文化建设是巩固安全基础的一项长期性、战略性任务。构建社会主义和谐社会，推进铁路跨越式发展，迫切需要我们大力加强铁路安全文化建设。为了进一步推动我国铁路的安全文化建设工作，2006 年铁道部专门为此立项进行研究，在广泛调查和深入研究的基础上，课题组提出了"铁路安全文化建设评估体系"。

（一）建立铁路安全文化建设评估体系的重要意义

建立铁路安全文化建设评估体系，是确保铁路运输长治久安，强化铁路运输安全基础的重要举措。铁路安全文化是铁路企业文化的一个子系统，是指现阶段为铁路运输企业广大职工所普遍认同并自觉遵循的安全理念和安全行为方式的总和，是企业在长期安全生产和经营活动中，逐步形成并有意识塑造的，包括安全理念文化、安全制度文化、安全行为文化和安全物质文化四个层次。其中安全理念文化是核心，起着支配和决定其他层次文化的作用，而安全制度文化、安全行为文化和安全物质文化的建设也将促进和推动安全理念文化的形成，四个层次有机统一、相辅相成、不可分割，渗透于企业的各个层面、各个角落。建立铁路安全文化建设评估体系，可以很好地将铁路安全文化建设的目标和要求转化成可操作的具体指标，使铁路安全文化建设落到实处。建立铁路安全文化评估体系就是要探索把安全文化建设的内容尽可能具体化，并将目标和要求尽可能量化，使铁路安全文化建设评估具有较为客观的标准和依据。

铁路安全文化建设评估体系的建立和完善，将在以下几个方面发挥其积极的作用：

1. 价值导向

通过建立铁路安全文化建设评估体系，倡导全体铁路员工树立正确的安全理念，增强"安全第一、预防为主、综合治理"的意识，从而有效防止"违章、违纪、违规"现象的发生，正确处理安全与生产、安全与效益的关系，有利于铁路运输安全的持续稳定。

2. 实践引导

铁路安全文化建设评估体系是在铁路安全文化建设实践总结和理论研究的基础上制定出来的，因此对于实践工作有较强的针对性和引导作用。在研究制定铁路安全文化建设评估体系的过程中，除对济南铁路局、北京铁路局及呼和浩特铁路局等一些有代表性的铁路局进行实地调查外，课题组还对全路18个铁路局及部分站段进行问卷调查，并经过多次研讨，反复修改，征求意见，使铁路安全文化建设评估体系具有较强的可操作性，对开展安全文化建设有指导作用。

3. 规范工作

在铁路安全文化建设评估体系中，设立了一些对安全文化建设工作的具体要求和指标，如一级指标中"组织管理"和"物质文化"等指标，这些指标具有很好的规范安全文化建设工作的作用。

4. 评估激励

评估体系的一个重要功能，就是对铁路安全文化建设工作进行科学、全面的评估，以总结经验，发现问题，表彰激励先进，促进职工间的比学赶超，使铁路安全文化建设工作不断迈上新的台阶。

（二）建立铁路安全文化建设评估体系的基本原则

1. 科学性原则

评估体系既要符合铁路安全文化建设的要求，又要符合安全文化发展的一般规律和铁路安全文化建设的实际。评估体系所涵盖的指标力求具有代表性，权重关系合理，能有效地促进铁路安全文化建设的推进。

2. 系统性原则

评估体系的指标之间要互相联系，互为补充，互相结合，互相作用，能从不同的关键层面和角度揭示铁路安全文化建设的水平。

3. 规范性原则

评估体系中各指标的概念与定义要规范，不同级别的指标之间的逻辑关系要规范。

4. 可操作性原则

评估体系要体现出铁路运输行业的特点，使各路局及站段以此为依据加强安全文化建设时便于把握，铁道部运用评估体系对路局进行安全文化建设评估时便于操作。评估指标以可直接获得的客观数据为主，同时由于安全文化建设内容的多样性和动态性，少量指标的数据通过评估组评估获得。

5. 引导性原则

评估体系在落实铁路安全文化建设目标与要求的同时，还要进一步通过科学的指标体系的设立，引导各铁路局及站段的安全文化建设。

6. 阶段性原则

安全文化建设是一个长期、渐进的过程，因此，在建立铁路安全文化建设评估体系时，应该符合当前铁路安全文化建设的水平现状，不应该一蹴而就，而是要循序渐进，这样才有利于铁路安全文化建设分阶段逐步深入和推进。

（三）铁路安全文化建设评估体系的主体思路和结构

铁路安全文化建设评估体系共设立了6个一级指标，11个二级指标，27个三级指标。

1. 制定评估指标体系时对几个关系的思考

（1）安全文化与安全管理。

安全管理是针对人们生产过程中的安全问题，运用有效的资源所进行的有关决策、计划、组织和控制等实践活动，以实现生产过程中人、机、物、环境的和谐，达到安全生产的目标。安全管理是安全文化的一种表现形式，是安全文化在安全生产中的某些经验、理性不断发展和优化的体现，科学的安全管理也属于安全文化建设的范畴。安全文化的氛围或特定的安全文化人文环境也会促进形成企业特定的安全管理模式。企业的决策层、管理层、执行（操作）层的安全价值观和他们自身的安全意识与态度，他们所处的安全物质环境及各自具有的安全知识和操作技能都是企业安全管理的基础。企业安全文化不仅在安全的物质领域，还在人对安全的心理、道德、观念等无形的精神领域为现代企业安全管理提供了思想保障。因此，安全文化也直接影响到安全管理的机制和方法。

安全管理既与安全文化息息相关，又与安全文化有所区别。企业安全管理是企业管理全过程中的子系统，而安全文化是企业文化的一个子系统，铁路安全文化是指现阶段为铁路运输企业职工所普遍认同并自觉遵循的安全理念和安全行为方式的总和。安全文化与安全管理相互促进，是不可互相取代的。

（2）安全认知与安全行为。

人的认知影响人的行为，因此，在评估指标体系中检查对安全的认知是非常重要的。但是，考虑到实践中安全认知与安全行为可能出现不一致或不完全一致，因此在铁路安全文化建设评估体系中既有"理念文化的认知度""制度文化的认知度"等对铁路干部职工关于安全文化认知的评估，也包括"安全作业行为养成"等对铁路干部职工安全行为的评估。

2. 设立一级指标的依据

铁路安全文化建设评估体系的6个一级指标为："一、组织管理；二、理念文化；三、制度文化；四、行为文化；五、物质文化；六、安全绩效。"

铁路安全文化建设是一项系统工程，组织管理是其中非常重要的一个关键环节。因此，铁路安全文化建设评估体系设立了一级指标——"组织管理"。

安全理念文化、安全制度文化、安全行为文化、安全物质文化是铁路安全文化的主体内容，因此，铁路安全文化建设评估体系将其列为4个一级指标。

铁路安全文化建设的目的就是为铁路快速发展提供安全保障，因此铁路安全文化建设评估体系除了在安全文化建设的过程方面考核铁路局的建设情况外，还注重对铁路安全生产的结果进行考核。因此，铁路安全文化建设评估体系设立了一级指标——"安全绩效"。

3. 二级指标与三级指标的选择

一级指标的确定决定了二级指标和三级指标的选取范围。在评估指标体系中，最重要的是三级指标。在三级指标中，课题组注意选取那些对于安全文化建设工作必不可少、代表性强，而且能够取得数据的指标。

（1）组织管理：领导工作、跟踪推进。

"组织管理"由"领导工作"和"跟踪推进"两部分组成。

"领导工作"需要建立"安全文化建设领导机构"，制定"安全文化建设规划"，需要"安全文化建设经费投入"。铁路的安全文化建设需要各级领导的重视和参与，这就需要设立相应的领导机构来开展安全文化建设活动，制定符合实际的安全文化建设规划，并保证适当的经费投入。

铁路安全文化建设是一个较为长期的过程，因此需要建立长效机制来"跟踪推进"。"跟踪推进"由"考核评比""奖励机制"和"经验典型推广活动"3项三级指标来体现。

（2）**安全理念文化：理念体系构建、理念文化宣传。**

铁路安全理念文化是铁路在长期的生产经营过程中形成的安全文化观念和精神成果，是一种深层次的安全文化现象，在铁路的整个安全文化系统中处于核心地位。"安全理念文化"建设最重要的是"理念体系构建"和"理念文化宣传"。

"理念体系构建"包括"安全理念征集"与"安全理念提炼"。"安全理念征集"有利于发动广大职工参与；"安全理念提炼"有利于集中智慧，达成共识。

"理念体系构建"完成后，就需要对其进行广泛宣传。采用多种"理念文化宣传活动"，最终达到提高干部职工的"理念文化的认知度"的目标。

（3）**安全制度文化：安全管理制度修订、安全管理制度宣传。**

铁路安全制度文化是指得到广大铁路职工认同并自觉遵循的由企业的安全领导机制、组织形态和安全管理形态构成的外显文化。"安全制度文化"下设"安全管理制度修订"和"安全管理制度宣传"两个二级指标。

安全管理制度要与时俱进，随着科技的进步和环境的变化要进行相应的完善与修订，因此评估体系设立了"安全管理制度修订"这项二级指标，它包括"规章、标准、纪律的修订"和"奖惩制度修订"两个三级指标。当然，"安全制度文化"同样需要宣传，因此评估体系设立了"安全管理制度宣传"这项二级指标，其三级指标包括"制度文化宣传活动"和"制度文化的认知度"。

（4）**安全行为文化：人员安全素质、安全作业行为养成。**

铁路安全行为文化是指铁路干部职工在安全生产过程中产生的活动文化，它是铁路安全作风、安全氛围的动态体现，也是铁路安全理念的折射。评估安全行为文化的二级指标包括"人员安全素质"和"安全作业行为养成"。

"人员安全素质"是"安全行为文化"建设的重中之重。"人员安全素质"的高低反映了一个企业安全文化建设的好坏，是检验安全文化建设成果的重要指标。可通过"学习教育"达到提高干部职工人员安全素质的要求，包括学习职业道德、安全科学文化、规章制度、安全技术业务等知识。

"安全行为文化"建设的成果就是员工"安全作业行为养成"。"安全作业行为养成"由"安全行为宣传教育"和"'违章、违纪、违标'率"两个三级指标构成。先进典型的示范、警示教育等都是"安全行为宣传教育"的良好方式，"'违章、违纪、违标'率"从反面可测量安全行为文化建设的最终效果。

（5）**安全物质文化：环境建设、载体建设。**

安全文化建设最明显的效果就是"安全物质文化"建设。安全物质文化是安全文化系统的表层文化，是由安全物质设施和安全生产氛围等构成的安全文化现象。"安全物质文化"建设最重要的就是"环境建设"和"载体建设"。

"环境建设"是基础，它包括"生产环境""教育设施"和"宣传手段"。"生产环境"是保障安全生产的外在条件；"教育设施"为干部职工接受安全教育提供了设施保障；"宣传手段"是利用丰富多彩、形式多样的宣传形式来营造一个安全文化氛围。

"载体建设"包括"安全文化手册制定"和"职场安全文化的展示"两项三级指标。

(6) 安全绩效：安全指标。

安全文化建设评估既要注重过程导向，也要注重安全生产的结果。"安全绩效"可用"安全指标"来衡量，"安全指标"下设"安全事故苗子的减少率""设备故障率""事故率""人身安全率"及"安全天数"5个三级指标。

铁路安全文化建设评估指标体系如表 12-18 所示。

表 12-18　铁路安全建设评估指标体系

一级指标	二级指标	三级指标
一、组织管理	（一）领导工作	1. 安全文化建设领导机构
		2. 安全文化建设规划
		3. 安全文化建设经费投入
	（二）跟踪推进	4. 考核评比
		5. 奖励机制
		6. 经验典型推广活动
二、理念文化	（三）理念体系构建	7. 安全理念征集
		8. 安全理念提炼
	（四）理念文化宣传	9. 理念文化宣传活动
		10. 理念文化的认知度
三、制度文化	（五）安全管理制度修订	11. 规章、标准、纪律的修订
		12. 奖惩制度修订
	（六）安全管理制度宣传	13. 制度文化宣传活动
		14. 制度文化的认知度
四、行为文化	（七）人员安全素质	15. 学习教育
	（八）安全作业行为养成	16. 安全行为宣传教育
		17. "违章、违纪、违标"率
五、物质文化	（九）环境建设	18. 生产环境
		19. 教育设施
		20. 宣传手段
	（十）载体建设	21. 安全文化手册制定
		22. 职场安全文化的展示
六、安全绩效	（十一）安全指标	23. 安全事故苗子的减少率
		24. 设备故障率
		25. 事故率
		26. 人身安全率
		27. 安全天数

（四）铁路安全文化建设评估体系的指标及计算说明

1. 组织管理

1）领导工作

（1）安全文化建设领导机构。

定义：铁路局设有主要行政领导参与的负责安全文化建设的委员会或其他类似工作机构，配备有分管领导及工作人员，职责明确。

说明：安全文化建设委员会或其他类似工作机构负责制定铁路局安全文化建设的规划，指导铁路局安全文化建设的工作，同时监督检查各站段安全文化建设的工作，推动铁路局安全文化建设的顺利进行。

得分计算方法：检查相关资料。安全文化建设委员会或其他类似工作机构机构健全（设有相应的职能部门并配备有相关的工作人员）、职责明确、主要行政领导参与其中的，满分。机构不健全的扣30%分值；职责不明确的扣30%分值；主要行政领导未参与的扣40%分值。

资料来源：调查表、实地调查。

（2）安全文化建设规划。

定义：铁路局制定安全文化建设规划及实施计划。

得分计算方法：检查规划及实施计划。有规划及实施计划的，满分。无规划的扣50%分值；无实施计划的扣50%分值。

资料来源：调查表。

（3）安全文化建设经费投入。

定义：铁路局在安全文化建设方面的人均经费投入量。安全文化建设经费包括安全文化宣传费、安全生产及沿线环境改善费、安全文化学习教育设施费、安全文化活动费、安全文化奖励费等与安全文化建设相关的费用。

得分计算方法：参评铁路局排序。1~3名，满分；4~12名，扣25%分值；13~18名，扣50%分值。

资料来源：调查表。

2）跟踪推进

（1）考核评比。

定义：铁路局开展安全文化建设考核评比工作的情况。

得分计算方法：检查铁路局工作纪要。有安全文化建设考核评比制度并遵照实施的，满分。有安全文化建设考核评比制度但未遵照实施的，扣50%分值；无安全文化建设考核评比制度的，零分。

资料来源：调查表。

（2）激励机制。

定义：铁路局建立安全文化建设激励制度并付诸实施。

得分计算方法：检查相关激励制度。有相关激励制度并遵照实施的，满分。有相关激励制度但未遵照实施的，扣50%分值；无相关激励制度的，零分。

资料来源：调查表。

（3）经验典型推广活动。

定义：铁路局开展安全文化建设经验典型推广活动的次数。经验典型推广活动包括安全文化建设现场会、安全文化建设推进会、安全标兵表彰会、安全管理经验交流会等。

得分计算方法：参评铁路局排序。1~3 名，满分；4~12 名，扣 25%分值；13~18 名，扣 50%分值。

资料来源：调查表。

2. 理念文化

1）理念体系构建

（1）安全理念征集。

定义：铁路局对其安全理念进行征集的情况。

得分计算方法：检查相关材料。在全铁路局范围内开展安全理念征集活动的，满分。无安全理念征集活动的，零分。

资料来源：调查表。

（2）安全理念提炼。

定义：铁路局对安全理念提炼和设计的情况。

得分计算方法：检查相关材料。有安全文化理念体系提炼与设计的，满分。无安全文化理念体系提炼与设计的，零分。

资料来源：调查表。

2）理念文化宣传

（1）理念文化宣传活动。

定义：理念文化宣传活动的多样性、经常性、创新性。

得分计算方法：检查相关资料。评估人员根据参评铁路局开展理念文化宣传活动的情况，参照全国铁路局总体状况酌情评分，其中多样性占分值的 30%，经常性占分值的 30%，创新性占分值的 40%。

资料来源：调查表。

（2）理念文化的认知度。

定义：员工知晓铁路局安全理念的比率。

得分计算方法：抽样调查（抽样方式：对参评的路局随机抽 3 个站段，再从每个站段中随机抽 1%的人员）。参评铁路局排序。1~3 名，满分；4~12 名，扣 25%分值；13~18 名，扣 50%分值。

资料来源：调查问卷。

3. 制度文化

1）安全管理制度修订

（1）规章、标准、纪律的修订。

定义：铁路局根据需要对安全管理的相关规章、标准、纪律进行审查和修订。

得分计算方法：检查铁路局对安全管理的相关规章、标准、纪律进行审查和修订的相关材料。根据安全理念和安全科技进步对规章、标准、纪律都进行审查修订的，满分。只对其中两项进行审查修订的扣 30%分值；只对其中一项进行审查修订的扣 70%分值；无审查修订的，零分。

资料来源：调查表。

（2）奖惩制度修订。

定义：铁路局对奖惩制度进行审查修订，奖惩制度中体现了安全行为与安全绩效在晋升和薪酬分配中的作用。

得分计算方法：检查铁路局奖惩制度资料。对奖惩制度进行审查修订，并体现了安全行为与安全绩效在晋升和薪酬分配中的作用的，满分。对奖惩制度进行审查修订，但未体现安全行为与安全绩效在晋升和薪酬分配中的作用的，扣50%；对奖惩制度无审查修订，且未体现安全行为与安全绩效在晋升和薪酬分配中的作用的，零分。

资料来源：调查表。

2）安全管理制度宣传

（1）制度文化宣传活动。

定义：制度文化宣传活动的多样性、经常性、创新性。

得分计算方法：检查工作纪要。评估人员根据参评铁路局开展制度文化宣传活动的状况，参照全国铁路局总体状况酌情打分，其中多样性占分值的30%，经常性占分值的30%，创新性占分值的40%。

资料来源：调查表。

（2）制度文化的认知度。

定义：员工知晓安全管理制度的比率。

得分计算方法：抽样调查（抽样方式：对参评的铁路局随机抽3个站段，再从每个站段中随机抽取1%的人员）。参评铁路局排序。1~3名，满分；4~12名，扣25%分值；13~18名，扣50%分值。

资料来源：调查问卷。

4. 行为文化

1）人员安全素质学习教育

定义：铁路局对员工开展职业道德、安全科学文化、安全技术业务等知识学习的状况。

得分计算方法：检查工作纪要。评估人员根据参评铁路局人员开展职业道德、安全科学文化、安全技术业务学习的状况，参照全路总体状况酌情评分，其中职业道德教育占分值的30%，安全科学文化教育占分值的30%，安全技术业务教育占分值的40%。

资料来源：调查表。

2）安全作业行为养成

（1）安全行为宣传教育。

定义：铁路局对员工安全行为的宣传教育活动，包括先进典型示范、警示教育、参观学习等。

得分计算方法：检查相关材料，参照全国铁路局总体状况酌情评分。经常开展安全行为宣传教育的，满分。开展过安全行为的宣传教育活动，但针对性或普及性不高的，扣50%分值；未曾开展过安全行为的宣传教育活动的，零分。

资料来源：调查表。

（2）"违章、违纪、违标"率。

定义：员工"违章、违纪、违标"的比率。

得分计算方法：检查相关资料。参评铁路局排序。1~3名，满分；4~12名，扣25%分值；13~18名，扣50%分值。

资料来源：调查表。

5. 物质文化

1）环境建设

（1）生产环境。

定义：员工工作环境的建设情况，包括生产及沿线环境卫生、岗位安全提示、职场生活条件改善、科技设备运用等。

得分计算方法：评估人员对参评铁路局随机抽取 3 个站段进行实地考察、召开座谈会，参考相关评估结果，酌情评分。

资料来源：实地调查。

（2）教育设施。

定义：具有安全文化建设相应的教育设施，如安全警示室、图书室等。

得分计算方法：评估人员对参评铁路局随机抽取 3 个站段进行实地考察，酌情评分。

资料来源：实地调查。

（3）宣传手段。

定义：宣传手段的多样性、经常性、创新性，如采用宣传栏、电视、刊物、局域网等媒体宣传。

得分计算方法：评估人员对参评铁路局随机抽取 3 个站段，根据参评铁路局开展宣传活动的总体状况酌情评分，其中多样性占分值的 30%，经常性占分值的 30%，创新性占分值的 40%。

资料来源：实地调查。

2）载体建设

（1）安全文化手册制定。

定义：制定了安全文化手册。

得分计算方法：从参评铁路局中随机抽取 3 个站段，检查其安全文化手册。3 个站段均有安全文化手册的，满分。只有两个站段有安全文化手册的，扣 25% 分值；只有一个站段有安全文化手册的，扣 50% 分值；3 个站段都无安全文化手册的，零分。

资料来源：实地调查。

（2）职场安全文化的展示。

定义：有职场安全文化的展示，如安全理念或标语张贴布置、安全雕塑、利用石碑进行安全文化理念现场布置等。

得分计算方法：评估人员对参评铁路局随机抽取 3 个站段进行实地考察，酌情评分。

资料来源：实地调查。

6. 安全绩效

安全指标的设计。

（1）安全事故苗子的减少率。

定义：铁路局安全事故苗子的减少比率。

得分计算方法：参评铁路局排序。1~3 名，满分；4~12 名，扣 25% 分值；13~18 名，扣 50% 分值。

资料来源：调查表。

（2）设备故障率。

定义：由于设备质量引发故障的比率。

得分计算方法：参评铁路局排序。1~3 名，满分；4~12 名，扣 25% 分值；13~18 名，扣50%分值。

资料来源：调查表。

（3）事故率。

定义：安全事故发生的比率。

得分计算方法：参评铁路局排序。1~3名，满分；4~12名，扣25%分值；13~18名，扣50%分值。

$$事故加权计算总件数=特大事故件数×4+重大事故件数×3+$$
$$大事故件数×2+一般事故件数×1$$
$$事故率=事故加权计算总件数/铁路局换算吨公里$$

资料来源：调查表。

（4）人身安全率。

定义：员工受伤、死亡的比率。

得分计算方法：参评铁路局排序。1~3名，满分；4~12名，扣25%分值；13~18名，扣50%分值。

$$人身伤亡加权计算总人数=死亡人数×3+重伤人数×2+轻伤人数×1$$
$$人身安全率=人身伤亡加权计算总人数/铁路局换算吨公里$$

资料来源：调查表。

（5）安全天数。

定义：距离最近一次发生重大事故或特大事故的天数。

得分计算方法：参评铁路局排序。1~3名，满分；4~12名，扣25%分值；13~18名，扣50%分值。

资料来源：调查表。

（五）评估体系指标权重的确定

权重是指在指标体系中某一指标相对于其他指标的重要程度。对于安全文化评价指标体系，可以证明指标间的关系是存在且较稳定的，这样就可以采用适当的方法按指标的重要程度进行评价，进而界定各指标在指标体系中的权重。在确定指标权重的过程中应用最广泛的是层次分析法（Analytical Hierarchy Process，AHP）。课题组采用层次分析法来确定指标权重。

层次分析法是美国运筹学家 T. L. Saaty 于 20 世纪 70 年代中期提出的，该方法是对非定量事件做定量分析的一种有效方法。特别是在目标因素结构复杂且缺少必要数据的情况下，需要将决策者的经验判断定量化时，该方法非常实用。层次分析法的主要特点是分析思路清晰，可将系统人员的思维过程系统化、数字化、模型化；分析中所需的定量数据不多，但要求问题所包含的因素及其相互关系具体而明确。这种方法适用于多准则、多目标的复杂问题的决策分析。

1. 层次分析法的原理

层次分析法是一种把定性分析与定量分析相结合的多目标决策方法，它把决策问题按总目标、各层子目标、评价准则直至具体的备选方案的顺序分解为不同的层次结构，然后利用求判断矩阵特征向量的方法，求得每一层次的各元素对上一层次某元素的优先权重，最后再用加权求和的方法逐阶归并出各备选方案对总目标的最终权重，此最终权重值最大者即为最优方案。课题组采用的层次分析法，是由若干名专家根据铁路安全文化建设的特性分别进行评判，并对专家评判产生的若干组指标权重进行整理，最终得出安全文化各指标在各层次的权重。要对安全文化进行综合评价，就要确定最底层中各指标在整个体系中的权重，对此通过上述方法求出各指标在各自层面的权重后，只要将最底层的指标权重同对应的上层指标权重累积相乘，即可求得最底层指标相对总目标的权重。

2. 层次分析法的步骤

1）建立递阶层次结构模型，即评价的指标体系

在对目标问题进行系统分析的基础上将问题划分为不同的层次，若某一层次包含的因素较多，可进一步细分为若干个子层次。通常的模型最简单的结构有顶、中、底三层，顶层通常是决策的目标和目的，是唯一的，底层是可供选择的不同方案，中层是分析评价影响方案好坏的因素。

2）构造两两比较判断矩阵

判断矩阵元素的值反映了人们对各元素相对重要程度（或优劣、偏好、强度等）的认识，课题组采用数字 1~9 的标度方法（见表 12-19）。

表 12-19　判断基准

标度	定义	说明
1	同等重要	两要素对某个性质重要程度相同
3	稍微重要	从经验判断，要素 B_i 稍微重要于 B_j
5	比较重要	从经验判断，要素 B_i 比较重要于 B_j
7	明显重要	从经验判断，要素 B_i 明显重要于 B_j
9	极其重要	从经验判断，要素 B_i 极其重要于 B_j

标度 2，4，6，8 为上述两判断级的中间值。

判断矩阵的一般形式为：

$$\begin{bmatrix} A_k & B_1 \cdots B_j \cdots B_n \\ B_1 & b_{11} \cdots b_{1j} \cdots b_{1n} \\ \vdots & \vdots \quad \vdots \quad \vdots \\ B_j & b_{j1} \cdots b_{jj} \cdots b_{jn} \\ \vdots & \vdots \quad \vdots \quad \vdots \\ B_n & b_{n1} \cdots b_{nj} \cdots b_{nn} \end{bmatrix}$$

式中，A_k 表示 A 层次中第 k 个因素，B_1，B_2，…，B_n 表示与 A_k 因素有关的下一个层次 B 中的因素，b_{ij} 表示 B 层因素 i 与因素 j 两两比较对于 A_k 因素的重要性程度的标度值，n 表示判断矩阵的阶数。

3）计算权重

权重计算方法可采用平均数法、方根法或特征根法等，课题组采用方根法的计算公式：

$$\overline{W_i} = \prod_{i=1}^{n} b_{ji}$$

再将 $\overline{W_i}$ 归一化：

$$W_i = \frac{\overline{W_i}}{\sum_{i=1}^{n} \overline{W_i}}$$

则 W_i（$i=1$，2，$\cdots$，n）就是相应因素的权重向量。

4）一致性检验

（1）计算一致性指标 $C.I.$。

$$C.I. = \frac{\lambda_{max} - n}{n - 1}$$

式中，λ_{max} 为判断矩阵的最大特征根，可用下面公式计算：

$$\lambda_{max} = \frac{1}{n} \sum_{i=1}^{n} \left(\frac{(AW)_i}{W_i} \right)$$

$$(AW)_i = \sum_{i=1}^{n} b_{ij} W_j$$

（2）查找相应的平均随机一致性指标 $R.I.$（见表 12-20）。

表 12-20　$R.I.$ 阶数对照表

阶数	1	2	3	4	5	6	7	8	9	10	11
$R.I.$	0.00	0.00	0.58	0.90	1.12	1.24	1.32	1.41	1.45	1.49	1.51

（3）计算一致性比例 $C.R.$

$$C.R. = \frac{C.I.}{R.I.}$$

当 $C.R. < 0.1$ 时，认为判断矩阵的一致性可以接受，否则应调整矩阵中的元素，直到具有满意的一致性为止。

3. 层次总排序

利用同一层次中所有单排序的结果，就可以计算出对上层次而言的本层次所有元素相对重要性的权值，这就是层次总排序。层次总排序需要从上到下逐层按顺序计算，对于最高层下面的第二层，其层次单排序即为总排序。

假定上一层所有元素 A_1，A_2，$\cdots$，A_m 的总排序已完成，得到的权值 a_1，a_2，$\cdots$，a_m 与 A_i 对应的本层次元素 B_1，B_2，$\cdots$，B_m，单排序的结果为 b_{i1}，b_{i2}，$\cdots$，b_{im}，若 B_j 与 A_i 无关，即 $b_{ij}=0$，则总排序计算结果如表 12-21 所示。

表 12-21　总排序计算表

层次 B	层次 A				B 层次总排序
	A_1	A_2	$\cdots$	A_m	
	a_1	a_2	$\cdots$	a_m	
B_1	b_{11}	b_{21}	$\cdots$	b_{m1}	$\sum a_i b_{1i}$
B_2	b_{12}	b_{22}	$\cdots$	b_{m2}	$\sum a_i b_{2i}$
$\vdots$	$\vdots$	$\vdots$	$\vdots$	$\vdots$	$\vdots$
B_m	b_{1m}	b_{2m}	$\cdots$	b_{mn}	$\sum a_i b_{mi}$

显然，$\sum_{i=1}^{m} \sum_{j=1}^{m} a_i b_n = 1$ 即层次总排序仍然是归一化正规向量。

层次分析法具有系统、简明、实用的特点，有效地把定量分析与定性分析结合起来，从而将人的主观经验判断用数量形式加以表达和处理。

遵循上述方法，课题组邀请了铁路行业内外安全文化建设领域内的 15 位专家（其中铁路内部专家 12 人，企业文化或安全文化专家 3 人），通过专家调查表请他们运用层次分析法，结合铁路安全文化的特点对指标间的重要程度进行评判，再对评判结果进行数据处理，最终得到安全文化各层次指标间的权重，如表 12-22 所示。

表 12-22　铁路安全文化建设评估指标权重

一级指标	二级指标	三级指标
一、组织管理（0.14）	（一）领导工作 0.67	1. 安全文化建设领导机构　0.46
		2. 安全文化建设规划　0.40
		3. 安全文化建设经费投入　0.14
	（二）跟踪推进 0.33	4. 考核评比　0.57
		5. 奖励机制　0.29
		6. 经验典型推广活动　0.14
二、理念文化（0.29）	（三）理念体系构建 0.69	7. 安全理念征集　0.28
		8. 安全理念提炼　0.72
	（四）理念文化宣传 0.31	9. 理念文化宣传活动　0.28
		10. 理念文化认知度　0.72
三、制度文化（0.18）	（五）安全管理制度修订 0.69	11. 规章、标准、纪律的修订　0.61
		12. 奖惩制度修订　0.39
	（六）安全管理制度宣传 0.31	13. 制度文化宣传活动　0.28
		14. 制度文化的认知度　0.72
四、行为文化（0.11）	（七）人员安全素质 0.39	15. 学习教育　1.00
	（八）安全作业行为养成 0.61	16. 安全行为宣传教育　0.66
		17. "违章、违纪、违标"率　0.34
五、物质文化（0.13）	（九）环境建设 0.65	18. 生产环境　0.61
		19. 教育设施　0.22
		20. 宣传手段　0.17
	（十）载体建设 0.35	21. 安全文化手册制定　0.44
		22. 职场安全文化的展示　0.56
六、安全绩效（0.15）	（十一）安全指标 1.00	23. 安全事故苗子的减少率　0.15
		24. 设备故障率　0.49
		25. 事故率　0.08
		26. 人身安全率　0.16
		27. 安全天数　0.12

（六）铁路安全文化建设评估工作的组织实施

铁道部主持对全国各铁路局安全文化建设工作进行评估，各铁路局根据铁道部的总体安排，协助铁道部成立安全文化建设评估组，并配合评估进程完成相应的资料准备和其他相关准备工作。评估对象为各铁路局，评估组采用的评估方式包括听取汇报、用调查表（见附表1）采集数据、实地调查、问卷调查。各铁路局及所属部分抽样站段负责提供相关材料和数据。具体实施过程如下：

1. 铁道部的组织工作

①组织成立安全文化评估组。铁道部从部分铁路局抽调相关人员组成安全文化评估组。

②确定待评估的铁路局和时间安排。每个铁路局现场评估时间一般控制在3~4天。

③将评估调查表、评估组拟定的调查问卷及抽取的站段名称（每个铁路局抽取3个站段）发送到参评铁路局。参评铁路局按要求做相应的准备和安排。

④评估组进驻参评铁路局，听取参评铁路局汇报，并获取相关资料。

⑤评估组查阅、核实相关资料，实地考察，并参照相关标准评分。

⑥评估组向参评铁路局反馈评估意见。

⑦评估组将各参评铁路局数据汇总至铁道部，并形成安全文化建设评估汇总表（见附表2）。

⑧根据各参评铁路局的总体状况，铁道部和评估组最终确定各参评铁路局的评估结果。

2. 铁路局的配合工作

①根据本铁路局评估时间安排，做好相应的资料准备和其他相关准备工作。

②铁路局从铁道部抽取的3个站段员工中随机抽取1%的员工，由站段组织这些员工填写调查问卷。

③铁路局回收并统计调查问卷。

④铁路局向评估组提交评估材料，进行工作汇报，并积极配合评估组工作。

⑤听取评估组的反馈意见。

⑥根据评估组反馈意见和自身实际，进一步改善和加强自身的安全文化建设工作。见表12-23、表12-24。

表12-23　《铁路安全文化建设评估》调查表

铁路局名称：_____　填表人：_____　电话：_____　日期：_____年___月___日

序号	指标名称	调查内容	调查内容	单位	数量	统计结果
1	安全文化建设领导机构	检查相关材料				
2	安全规划	检查规划和实施计划				
3	安全文化建设经费投入	安全文化建设经费投入总额	路局员工总人数	人		人均：
4	考核评比	检查工作纪要				
5	奖励机制	检查相关激励制度				

序号	指标名称	调查内容	调查内容	单位	数量	统计结果
6	经验典型推广活动	检查相关材料				
7	安全理念征集	检查相关材料				
8	安全理念提炼	检查相关材料				
9	理念文化宣传活动	检查相关材料				
10	理念文化认知度	调查问卷	调查合格的总人数	人		%
11	规章、标准、纪律的修订	检查相关材料				
12	奖惩制度修订	检查相关材料				
13	制度文化宣传活动	检查相关材料				
14	制度文化的认知度	调查问卷	调查合格总人数	人		%
15	学习教育	检查相关材料				
16	安全行为宣传教育	检查相关材料				
17	"违章、违纪、违标"率	违反相关规章制度的总人次数	路局员工总人数	人		%
18	生产及沿线环境	实地考察				
19	教育设施	实地考察				
20	宣传手段	实地考察				
21	手册制定	检查相关手册				
22	职场安全文化的展示	实地考察				
23	安全事故苗子的减少率	检查相关材料				%
24	设备质量故障率	检查相关材料				%
25	事故率	事故加权计算总件数	路局换算吨公里	吨公里		%
26	人身安全率	人身伤亡加权计算总人数	路局换算吨公里	吨公里		%
27	安全天数	检查相关材料				

附表2　安全文化建设评估汇总表

安全文化建设评估汇总表

填表日期：　　　年　　月　　日

编号	铁路局名称	组织管理（权重：）	理念文化（权重：）	制度文化（权重：）	行为文化（权重：）	物质文化（权重：）	安全绩效（权重：）	加权总分
1	哈尔滨铁路局							
2	沈阳铁路局							
3	北京铁路局							
4	太原铁路局							
5	呼和浩特铁路局							
6	郑州铁路局							
7	武汉铁路局							
8	西安铁路局							
9	济南铁路局							
10	上海铁路局							
11	南昌铁路局							
12	广铁集团							
13	南宁铁路局							
14	成都铁路局							
15	昆明铁路局							
16	兰州铁路局							
17	乌鲁木齐铁路川队							
18	青藏公司							
	平均分							

本章小结

1. 企业文化建设评价是指根据一定的原理和标准，对企业文化建设的内容、过程、结果等进行综合比较、分析，发现优点，查找不足，从而使企业能够及时对企业文化建设的方向、内容和对象进行相应的调整和改进，以促进企业文化建设工作有效开展。

2. 企业文化建设评价的内容包括对企业文化建设工作的评价、对企业文化建设主体内容的评价和对企业文化建设成效进行的评价。

复习思考题

1. 企业文化建设评价的意义是什么？

2. 企业文化建设评价的目的有哪些？

3. 请谈谈企业文化建设评价主要包括哪些内容。

实践训练项目 企业文化设计

实训目的：

通过实训，使学生进行企业文化全方面的综合设计。

实训地点： 教室或相关实验室

实训组织：

1. 在教师指导下，学生分为若干模拟公司，每组 7~10 人，设组长 1 人，并扮演企业不同角色。

2. 小组组长带领成员通过网络、图书馆或现场调研搜集、整理和分析企业文化资料。

3. 各组将研究成果形成设计报告，并由扮演相应角色的成员进行汇报。

4. 小组自评，小组互评，教师讲评。

实训内容：

在教师指导下，学生以组为单位自主选择熟悉的行业或者企业，或者自己准备创业的项目，对该公司进行企业文化综合设计，并整理分析，形成书面报告。

评价标准：

根据学生企业文化设计报告内容、团队协作能力与汇报人综合素质等方面，进行优良中差层次评判。

案例研讨 瑞福油脂公司的企业文化

一、瑞福油脂公司简介

瑞福油脂股份有限公司，成立于 1984 年，为农业产业化省重点企业，致力于芝麻产业的经营和发展。公司主导产品崔字牌小磨香油，承袭 600 多年历史的传统小磨香油生产工艺，在业界享有盛誉，为小磨香油品牌，是中华老字号、绿色食品、山东省非物质文化遗产。中华老字号崔宇牌小磨香油，以其正宗的技艺、精良的品质、醇香的风味、可靠的信誉，走过了六个多世纪的历史沧桑，经崔字香油第二代传人崔瑞福的传承发展，终将积淀丰厚的崔家香油生产技艺和崔家泽厚众人的家风升华为影响中外的崔氏文化。

二、神工六百载 飘香千万家------崔字牌小磨香油

（一）石嬷嬷的传说

无论生产技术和研发如何与现代相对接，生产香油所用的设备石磨是永远不可丢弃的宝贵财富。每年的农历正月初十石嬷嬷节，瑞福油脂的全体员工都要给石嬷嬷举行祭祀活动，是出于对这位磨神的敬拜。

在很久很久以前的远古时代，人们靠打猎为生。后来人口多了，猎物少了，食物不够了，便经常挨饿。有一个人叫神农氏，看到大家饿肚子心急如焚，他决定试一试，为众人找到可以吃的东西。他从身边的东西开始，把目标定在了树和草上。果、叶、茎、根、籽，他一一品尝，能吃的、好吃的、不能吃的、有毒的，他都---记下来，不断地发现能吃的果儿、穗儿、角儿，⋯⋯ 在《神农本草经》中有"神农尝百草，日遇七十二毒，食芝麻而解之"的记载。他用那两只芭蕉扇似的大手，把草丛中的穗儿撸下来，放在手掌心，

合起双掌，细细摩搓，最后用嘴吹去秕糠，把粒儿放到口中去尝，一把、两把、三把：一天、一月、一年…他不停地撸、搓，手掌磨破了，双手血肉模糊、疼痛难忍。一个身材窈窕，浓眉大眼，黑发飘飘的姑娘忽然站到他的面前。姑娘微笑着指了她身旁一样东西说："以后你甭用手搓啦，这样东西可以把皮搓碾下来。神农氏有些惊疑地看了看地上的东西，块半尺立方的石头，中间深凹进去，旁边放着一个磨得圆圆的杵头。姑娘伸手撸了一串穗的种子放进凹洞里，用杵头慢慢捣着，不一会儿，粒儿和壳儿分离开来，抓出一把，轻轻一吹，手里就只剩下了种子。从此，他们奔走在广阔天地之间，撸来穗儿、角儿，用白代替了手搓，分离出植物的种子，然后分别去尝，对地上的植物进行取名儿，鉴定。神母不仅帮助神农氏找到了人们可以吃的粮食，还将山女许配给神农氏为妻，成全了一对美满姻缘。他们把这个工具介绍给各个部落的人们，人们一用，省劲多了，都十分感激山女，后来人们称其为"石磨"。再后来，人们发现，石磨上挖出不同的沟纹，用来把各种草本的粒儿磨成粉、糊、浆。再后来，开始有了姓氏，先贤们在给山女赐姓的时候，因为她是一位漂亮的姑娘，又住在山脚下，所以就取"山下佳人"的意思，给山女赐姓为"崔"。据传说，她的子孙后代都随她而姓。后来，人们为了纪念这位发明了石磨的山女，尊称她为"石嬷嬷"。她也就成为石磨的磨祖！传说她的生日是正月初十，凡是开山、做磨、用磨、石雕、石刻等行业的人都要给她过生日，这是黄河流域文化、特别是山东孔孟文化多年流传下来的民间习俗。

（二）崔字小磨香油始祖

崔字牌小磨香油发源于"潍县城西十五里许永平社大于河西岸"之崔家庄（今潍坊市潍城区崔家庄）。根据《崔氏族谱》记载推算，其创始时间，应为明朝初年崔氏始祖自"山西广长"迁徙山东潍县立庄之后，至二十世纪初潍县辟为商埠之前，约计六百年时间。崔氏香油始祖叫崔泽世，因排行老二，也叫崔老二。

崔氏香油世家，是从明代崔氏香油始祖"崔香油"起始。"崔香油"是崔氏第一代三兄弟中的排行老二，乡称崔老二，名为崔泽世，字济民，生于元末1348年，即元朝至正八年，卒于1432年，1408年发明了小磨香油。

（三）郑板桥与崔字号小磨香油

1. 郑板桥闻香赋诗

一天，郑板桥很早就更衣，由衙役陪侍登上他的吟诗楼。大人感到一阵浓郁扑鼻的香味，沁人心脾，深吸一口，极目远眺，却辨不清香味从何散发而来。他问身边的衙役道："何味甚香也？"衙役答道："城西十五里有个崔家庄，家家户户磨香油。今天刮西风，那里散发出的香味随风而来。听老辈人讲，他们的祖传工艺有四五百年了吧！"郑大人点了点头，深深地陶醉于此香味中，自言自语道："香，香，实在是太香了！"继而随口吟诵道：十里郊野满城香，举目远眺阡水长。神工鬼磨五百载，正宗芳味崔家庄。

2. 郑板桥香油贡品谢恩师

正好年关将近，他想起了自己仕途的引路人—乾隆皇帝的叔叔慎那王允倍。从范县到潍县，自己当着这个"小芝麻官"。整天忙于政事，也应该去看恩师了。想到此，郑大人连忙修书封，命管家快马加鞭将香油连同书信送到京城慎郡王府。

慎都王允禧传令将香油送到厨房。谁知，慎郡王爷吃晚饭时，却在菜肴里吃出了味道的不同。"今天的菜肴怎么这么香啊？"叫来厨子一问原来是菜里加了香油。取来坛子仔细端详，封口的红油纸正中写一个"崔"字。打开坛子，立刻一股纯正浓郁的香味扑鼻而来，油质澄澈，色泽棕红，可谓"余音绕梁，三日不绝"。"崔"字号香油，真乃极品也！"王爷大发感慨。

如此美味，岂敢独享！王爷忙命福晋进宫，给太后奉上一坛。太后一尝，喜上眉梢，赞道："香，实在是香啊！""崔字号香油，天下一绝！"太后即刻传下懿旨，让慎郡王府将送香油之人进宫询问这香油是从何而来？那位送油的管家受宠若惊，进宫面见太后，将"崔"字号香油的历史、工艺等一一察告太后，自然也提到了郑板桥为"崔"字号香油题写的诗文。太后十分高兴重重地赏赐了他，并传口谕，"崔"字号香油，天下一绝，列为贡品，年年进贡。

（四）崔氏香油传承人

1. 十八代传人－崔升杨

1948年春天潍县解放，老百姓翻了身，日子过得一天比一天好。崔升扬的香油生意一天比一天红火起来。崔字号小磨香油畅销到昌邑、昌乐、益都、高密、胶州等地。他做生意有自己的道德规范。他经常语重心长的教育儿女，做生意要心正，诚实，要做到老不欺，少不瞒。做香油、做麻汁要注重质量。他还制定了"四不"的标准。一不：买不到优质好芝麻不生产香油，香油质量的好坏芝麻原料的质量是关键。就像好小麦推好面，好白面蒸好馒头。他说猪肉是瘦肉好吃，但是，肥猪上的瘦肉就更好吃。二不：用来做香油清水质达不到卫生标准，决不使用。三不：盛香油的器具不干净不盛香油。四不：消费者盛散香油的瓶子不干净就不给他香油。

2. 承前启后的崔信山

随着新中国的建立，崔字号香油成了向广大老百姓供应的生活用品。因此每到重大传统节日，按户口本、粮本每人2市两（60克）供应给昌潍地区及平度、胶县、胶南等地的城镇户口居民，而广大农民还是吃不上香油的。这种局面，一直持续到一九七九年。随着分地承包制度的推进，各行各业都在抓住刚刚对外开放的机遇，扩大再生产，而当时的崔家村人还在承袭着祖传的生产工艺和方法。只是磨制香油的设备工具有了些改进，将原来的用手拐动的小石磨已经改成用直径为60~70cm，上、下厚为50cm左右的较大的石磨，用人力推动或用畜力拉动石磨转动，将原来口径较小的锅改为口径较大的锅。这样的生产方法一定要改，因为它太落后啦！"崔字号香油的第十九代传人、时任村支部书记的崔信山坚定地自语道。他决心要把500多年的祖宗传下来的香油工艺在这代人中发扬广大，创造更大经济效益和社会效益。1984年，崔信山和党支部、村委一班人决定在原来生产队香油作坊的基础上，成立崔家香油厂，以厂带全村，振兴崔家村的香油事业。于是，他们在村东南贴王潍路309国道北边圈地8亩，建房24间，调人60名，建起来于河乡崔家香油加工厂。当时，村里还没有几个懂工业生产经营管理的，崔信山只得兼任厂长。传统工艺和现代科学生产相结合，香油产量大增，年生产能力达360吨。

3. 掌门旗手崔瑞福

1998年，企业进行了改制，成立了"潍坊瑞福油脂调料有限公司"，崔瑞福担任董事长。"崔字牌"香油能够在众多的厂家产品中脱颖而出，誉播海内外，靠的是什么呢？崔瑞福的回答掷地有声：一辈子只吃一碗饭，一百年只做一件事！

潜心研究香油及芝麻制品，是瑞福油脂员工的共识。为保证产品质量，瑞福油脂在全国同行业中率先引进ISO9001国际质量管理体系，从原材料进公司到生产的每一个环节都建立了完整的操作规程和检验、化验记录，实现了原料到成品的有据可依和可追溯性。

2003年，瑞福油脂又建立了自己的绿色食品原料基地，通过了"绿色食品"认证，进一步确保了产品的质量、卫生、安全、营养、健康、绿色、无污染的特性。近年来，崔瑞福带领公司科研人员先后研制开发出了多种高端产品。有工业用香油、药用香油、国外客户用浅色香油、黑芝麻香油、保健香油等市场适应性强的产品。并与沃尔玛、欧尚、麦德隆等国际大型零售商建立了长期的伙伴关系，实施强强联合，通过全国联供和实施OEM定牌加工，使"崔字牌"香油冲出国门，走向世界。企业需重品牌，老板需重事业——这是崔瑞福语录中的一句。

三、瑞福公司企业文化设计

（一）瑞福精神

1. **石磨精神**：越香越磨，越磨越香。
2. **公司信念**：一辈子只吃一碗饭，一百年只做一件事.
3. **公司训诫**：公司兴我幸福，公司衰我耻辱，公司亡我流亡。
4. **公司宗旨**：全心全意为顾客创造香味、营养、健康。
5. **公司理念**：经典企业，百年瑞福，第一品牌。
6. **公司经营道德**：有质量就有市场，有诚信就有未来。
7. **核心价值观**：堂堂正正，踏踏实实做人；正打正上，认认真真做事。
8. **主体广告词**：闻着香，吃了更健康；出锅之前加香油，加崔字牌小磨香油。
9. **质量观**：品质源于道德，品质源于细节，有价值才有消费。
10. **经营观**：小磨长转，薄利多销。

（二）员工行为礼仪规范

1. **公司对员工行为礼仪**

敬重员工，为员工负责，为员工谋福利，创造互尊环境。礼贤下士，善于发现人才，明确用人条件，突出用人特点，创造成才环境，平等待人。

2. **员工对公司行为礼仪**

以公司为根，勇于担当责任，建言献策，成长着公司的成长，试着多做一点，

把自己视作公司一滴水，自觉接受管理。要自我修炼，对公司充满信心，正确对待抱怨，正确对待传言，保持好心态。

3. **员工对员工的行为礼仪**

同事之间，尊重同事的工作。体谅同事的处境。善于倾听对方的表述。多看同事的优点。要明确指出同事的差错，并帮助解决。主动给对方参与的机会。认真听取对方的意见和建议。每个人都有优点和长处，应善于取长补短。

（三）员工一般行为规范

1. **仪表、着装规范**

（1）员工出入公司必须穿戴文化工装；

（2）员工在公司内必须穿戴文化工装；

（3）文化工装要勤换洗，穿戴整齐、干净，严禁只穿一件上衣或裤子；

（4）穿戴整洁合体，切忌衣冠不整，或开线少扣；

（5）员工上班期间严禁穿背心、拖鞋、短裤。

2. **就餐行为规范**

（1）全体员工在公司员工餐厅就餐，严禁在其他场所用餐；

(2) 餐厅内严禁喧哗；

(3) 餐具要轻拿轻放，严禁敲击餐桌、餐具；

(4) 就餐打饭要排队，严禁插队；

(5) 在餐厅用餐时，不得大声喧哗，按顺序排队；吃多少打多少，避免浪费；

3. 住宿行为规范

(1) 按照公司指定房间、床位住宿，不得随意调换房间和床位；

(2) 每日清扫宿舍卫生，床铺、地面保持整洁、整齐；

(3) 爱护公司配置的床铺、凉席、电视机等公司物品：

(4) 节水节电，爱舍如家。

(5) 员工晾晒衣服仅限于指定地点；

(6) 宿舍内使用电器注意安全，严禁私拉电线；

(7) 宿舍内不得使用煤气、电炉、酒精炉等；

(8) 不得在宿舍内高声喧哗、打闹；

(9) 宿舍内不准吸烟；

4. 诚信行为规范

(1) 切实履责，不泄露公司需要保密的任何信息，勇于制止、及时举报损害公司利益和形象的行为。

(2) 大事讲原则，小事讲风格，不搞小圈子。

(3) 心态平和，荣誉不争，困难不躲，责任不推。

(4) 管理基础扎实，按制度管理，按程序办事，不越权表态，不隐瞒失误。

(5) 作风正派，不乱发议论，不信谣传谣。

(6) 撒一个谎，十个谎圆不起来。

(三) 质量管控

1. 质量方针：始终以顾客为关注焦点，确保食品安全，持续提升产品质量。规范公司管理是"零缺陷"的质量工作保证。

2. 质量目标

(1) 成品一次交检合格率99%以上；

(2) 产品出厂检验合格率100%；顾客满意度≥97%；

(3) 顾客投诉处置率100%；

(4) 食品安全事故为零。

3. 质量管理建设：规范公司管理，提升公司整体质量管理水平，加强供应商质量管理，形成质量合力。

4. 全面质量管理：原料芝麻质量控制，600年经典工艺确保产品品质，规范公司质量管理，持续提升产品质量。严格把关与食品直接接触的内包装材料质量。

先进质量检测平台确保产品质量。

5. 质量格言

质量"十要十不要"

要防患未然，不要故障频发；

要照章办事，不要各行其是；

要关注细节，不要粗枝大叶；

要警钟长鸣，不要麻痹松懈；

要科学求实，不要敷衍了事；

要加强领导，不要放任自流；

要人人参与，不要袖手旁观；

要责任到此，不要推诿扯皮；

要面向市场，不要怠慢顾客；

要持续改进，不要浅尝辄止。

（四）人才机制

1. 科学合理的用人机制

选人：公司在多年的招聘工作中以及根据公司发展的需要，公司招聘引进人才的门槛越来越高，公司坚持人才高学历、高起点。现在公司总部引进人才的标准是不低于全日制二本学历，二本及硕士研究生的学历才是公司需要的，对于在短时间内有多项应聘经历、频繁更换工作的的人员，公司也是不予录用的。公司选人首要注重的是人员的品德、能力。

用人：瑞福油脂的用人理念是用稳定之人，做长久之事。公司要想长久、持续的经营，首先要有忠诚公司、长久为公司做事的员工。

育人：在对员工的培训方面，公司始终坚信"没有经过培训的员工就是公司最大的经营成本"这一理念，通过培训，切实提高了员工的工作能力和工作效率，也培养了他们对工作的热情和对公司的向心力，得到了员工的一致好评。

留人：安全和健康是员工最大的福利，打造舒适优美的工作环境和人文环境，构建和谐的文化环境。做强做稳做久公司，通过激励考核增加员工收入，公司始终坚持以人为本，着力打造和提升公司综合素质，增强公司凝聚力，向心力及公司活力，提高员工归属感，让员工感受家的关爱。公司注重员工的职业生涯管理。

2. 激发员工的正能量

激发原则：激励做事果断，不鼓励循规蹈矩。激励独创精神，不鼓励亦步亦趋。激励简约，不鼓励复杂繁琐。激励默默无闻，不鼓励"光说不做"，激励速度，不鼓励慢条斯理。激励忠心诚实，不鼓励见异思迁。

3. 完善的人才危机预警系统

建立人才危机预警系统，建立人才危机预警系统是对公司人才安全状况进行识别、分析、判断、并做出警示和调控的管理活动。对核心人才的跟踪管理，核心员工离职之后，瑞福油脂本照对员工负责的态度进行跟踪管理，因为这些"跑了"的人还可以第二次成为公司的再生资源。

四、瑞福油脂股份有限公司大事记

1. 1984年6月8日，崔字小磨香油第十九代传人崔信山创建山东省潍坊市潍城区于河乡崔家香油加工厂。

2. 1985年，崔字小磨香油第十九代传人崔信山，注册"崔字牌"商标。

3. 1998年，企业成功改制，将潍坊香油厂改制为潍坊瑞福油脂调料有限公司，崔瑞福任董事长。

4. 2006年12月10日，被商务部重新评定为"中华老字号"。

5. 2009年9月崔字牌小磨香油传统技艺被评定为"山东省非物质文化遗产"。

6. 2010 年 5 月 21 日，潍坊瑞福油脂调料有限公司升格为瑞福油脂股份有限公司。

7. 2012 年 12 月，公司被评为山东省企业文化建设十佳企业。

8. 农历正月初十为石祖石嬷嬷节日（石嬷嬷生日）。

9. 农历七月二十二为瑞福油脂"员工节"（财神节）。

10. 农历十二月初八为瑞福油脂香油节（崔香油纪念日）。

讨论题：

1. 你是如何理解瑞福油脂公司在企业文化方面的理念设计的？

2. 你认为瑞福油脂公司的企业文化建设内容有哪些优势和不足？

3. 你从瑞福油脂公司的企业文化中学习到了哪些？

参考文献

[1] 赵绪生. 传统文化与时代精神［M］. 西安：陕西师范大学出版社，2015.

[2] 刘新科. 中国文化概论［M］. 长春：东北师范大学出版社，2015.

[3] 高奇. 传统文化与治国理政［M］. 北京：中华书局，2018.

[4] 石伟. 组织文化［M］. 上海：复旦大学出版社，2006.

[5] 陈维政，张丽华，忻榕. 转型时期的中国企业文化研究［M］. 大连：大连理工大学出版社，2005.

[6] 黎群，李卫东. 中央企业企业文化建设报告（2010）［M］. 北京：中国经济出版社，2010.

[7] ［美］特伦斯·迪尔，艾伦肯·尼迪. 企业文化：企业生活中的礼仪与仪式［M］. 北京：中国人民大学出版社，2008.

[8] ［美］埃德加·沙因. 组织文化与领导力［M］. 北京：中国人民大学出版社，2011.

[9] ［美］迈克·茨威尔. 创造基于能力的企业文化［M］. 北京：华夏出版社，2002.

[10] ［荷］吉尔特·霍夫斯泰德. 文化与组织：心理软件的力量［M］. 北京：中国人民大学出版社，2010.

[11] 曹世潮. 文化战略：成为世界一流或第一的竞争战略［M］. 上海：上海文化出版社，2001.

[12] ［美］道格拉斯·霍尔特，道格拉斯·卡梅隆. 文化战略［M］. 北京：商务印书馆，2013.

[13] 黎群. 企业文化与企业战略紧密相连［M］. 中国企业文化，2003（11）.

[14] 黎群. 试论企业文化与战略管理的关系［M］. 中国企业文化，2004（5）.

[15] 黎群，张文松，吕海军. 战略管理［M］. 北京：北京交通大学出版社，2006.

[16] 刘彧彧. 企业文化塑造［M］. 北京：中国人民大学出版社，2012.

[17] 孙法平，贾文慧. 企业文化建设：从理念意识到行为习惯［M］. 北京：人民日报出版社，2018.

[18] 黎群. 如何定义企业使命［M］. 中国电力企业管理，2004（3）.

[19] 黎群. 如何构建企业共同愿景［M］. 中国电力企业管理，2004（4）.

[20] ［美］金·S. 卡梅隆，罗伯特·E. 奎因. 组织文化诊断与变革［M］. 北京：中国人民大学出版社，2006.

[21] 张勉，张德. 组织文化测量研究述评［M］. 外国经济与管理，2004，26（8）.

[22] 王吉鹏. 企业为文化建设［M］. 北京：中国人民大学出版社，2017.

[23] "思维格局文库"编委会. 企业管理法则［M］. 福建：海峡出版发行集团福建科学技

术出版社，2017.

[24] 王乾龙. 阿里巴巴的企业文化——阿里巴巴研究书系 [M]. 深圳：海天出版社，2010.

[25] 戴航. 企业培育人本文化的管理制度研究 [D]. 北京：北京交通大学，2010.

[26] 黎群. 深化央企文化建设，推动行业文化发展. 企业文明，2011（8）.

[27] 李林波. 营销决策的伦理判断研究 [D]. 北京：北京交通大学，2007.

[28] [丹] 昆德. 公司精神 [M]. 昆明：云南大学出版社，2002.

[29] 浦坚. 解放企业 我的企业文化方法论 [M]. 北京：中信出版社，2019.

[30] 黎群. 提升品牌的情感与文化价值，现代企业文化，2009（11）.

[31] 刘海燕. 基于消费者行为的品牌文化研究 [D]. 北京：北京交通大学，2008.

[32] [瑞士] 亚历山大·奥斯特瓦德，[比] 伊夫·皮尼厄. 商业模式新生代 [M]. 北京：机械工业出版社，2017.

[33] 张海瑞. 我国企业跨国并购中的文化整合研究 [D] 北京：北京交通大学，2007

[34] 张琦. 浅谈日本文化的特征. 东京文学，2010（2）.

[35] [美] 苏珊 C. 施耐德. 跨文化管理 [M]. 北京：机械工业出版社，2019.

[36] 黎群，李海燕. 基于企业生命周期的企业文化变革方向研究 [J]. 中国行政管理，2007（7）.

[37] [美] 伊查克·爱迪思. 企业生命周期 [M]. 北京：中国人民大学出版社，2017.

[38] 何健湘. 企业文化建设实务 [M]. 北京：中国人民大学出版社，2019.

[39] 张德. 企业文化建设 [M]. 北京：清华大学出版社，2009.

[40] 陈春花，曹洲涛，曾昊. 企业文化 [M]. 北京：机械工业出版社，2010.

[41] 李继先. 企业文化变革理论与实务 [M]. 北京：经济管理出版社，2009.

[42] [美] 西蒙·L 多伦，[西] 萨尔瓦多·加西亚. 价值观管理：21 世纪企业生存之道 [M]. 北京：中国人民大学出版社，2009.

[43] 李海燕. 企业文化变革研究 [D]. 北京：北京交通大学，2006.

[44] 黎群，杨志民. 我国公用事业国有企业转型期文化变革的方向 [J]. 北京交通大学学报：社会科学版，2009（3）.

[45] [美] 彼得·圣吉. 第五项修炼 [M]. 上海：上海三联书店，1998.

[46] 石中和. 行动学习理论研究与实证检验 [D]. 北京：北京交通大学，2007.

[47] 石春生，张春风. 领导者的文化角色 [J]. 企业管理，2004（4）.

[48] 稻盛和夫. 企业家精神 [M]. 北京：机械工业出版社，2018.

[49] 樊耘，邵芳，李纪花. 企业家对组织文化和组织变革影响的实证研究：基于组织文化四层次模型 [J]. 管理评论，2009（8）.

[50] 黎群，李卫东. 中央企业企业文化建设报告（2011）[M]. 北京：中国经济出版社，2011.

[51] 郭峰民. 工匠精神 [M]. 北京：电子工业出版社，2016 年.

[52] 尹杰. 品牌真相 [M]. 北京：北京工业大学出版社，2012.

[53] 常继生. 品牌重塑 [M]. 北京：机械工业出版社，2018.

[54] 张继辰. 腾讯的企业文化 [M]. 深圳：海天出版社，2015.

[55] 张继辰. 标杆企业研究经典系列：阿里巴巴的企业文化 [M]. 深圳：海天出版

社，2015.

[56] 王明胤. 企业文化定位·落地一本通 [M]. 北京：中华工商联合出版社，2016.

[57] 陈春花. 高成长企业组织与文化创新 [M]. 北京：机械工业出版社，2016.

[58] 特伦斯·迪尔（Terrence E. Deal）. 新企业文化：重获工作场所的活力 [M]. 北京：中国人民大学出版社，2015.